MIT BESTEN EMPFEHLUNGEN

D1697352

medianet

4
INHALT

STAUD'S
WIEN

Sorten wie damals. Für Leute von heute!

studiosteinwender

Die feinen
Jubiläums-
Konfitüren aus
dem Hause
STAUD'S
sind da!

Jaja, die Oma
hat schon
g'wusst
wie's geht!

stauds.com

LIEBE GENIESSERINNEN, LIEBE GENIESSER!

Mit dem Genuss Guide 2023 feiern wir unser 20-jähriges Bestehen. Es waren zwanzig beeindruckende Jahre, in denen sich enorm viel, vor allem genussvoll, weiterentwickelt hat. Beleuchten wir jedoch die aktuelle Situation. Umbruch, Zeitenwende, wirtschaftliche Korrektur prägen zurzeit die Wirtschaft und ganz besonders den Lebensmittelhandel. Das Genusserlebnis droht, getrübt zu werden.

Wir meinen jedoch: Stopp mit dem Krisengejammer! Freuen wir uns auf das, was kommt; auf das, was wir gerade erleben und mitgestalten dürfen. Die Chancen für Veränderung sind bereits spürbar. Ein Beispiel dafür sind die Dorfladenboxen und digitale Marktplätze mit physischer Abholmöglichkeit. Regionale Lieferanten, die saisonal und nachhaltig ihre Produkte über eine weitere Vertriebsschiene anbieten, beleben die Lebensmittelvielfalt.

Dennoch liegt der Schwerpunkt unseres Guides auf dem Aufspüren herausragender Genuss-Momente. Hier zählen Service, Kommunikation, Information und einfach Herzlichkeit dazu. Es sind oft Familienbetriebe und Geschäfte mit langjährig beschäftigten Mitarbeitern, bei denen man sich willkommen und bestens aufgehoben fühlt. Der unermüdliche Einsatz der im Genuss Guide aufgelisteten Betriebe kann nicht hoch genug bewertet werden. Uns tagtäglich mit frischen Produkten, neuen Genuss-Ideen und Schmankerln zu verwöhnen und zu verzaubern, ist wahrlich außergewöhnlich. Jedes der im Genuss Guide gelisteten Geschäfte ist ein besonderes.

Alljährlich gibt es im Guide zwei Schwerpunktthemen: Einerseits wird eine Region besonders hervorgehoben — 2023 ist dies Oberösterreich. Andererseits beleuchtet unsere redaktionelle Arbeit diesmal das Thema Nachhaltigkeit.

Oberösterreich als Bundesländerschwerpunkt im Genuss Guide zu featuren ist eine wahre Freude. Es war das erste Genussland-Bundesland in Österreich, das bereits vor 20 Jahren eine Vorreiterrolle eingenommen hat. Die Vielzahl an regionalen Spezialitäten spiegelt sich auch im speziellen Angebot in den Supermärkten, Greisslereien und Schmankerl-Geschäften wider. Hier findet man Einkaufserlebnisse abseits der Masse — und der oberösterreichische Menschenschlag trägt das Seine dazu bei, dass Einkaufen auch mit der nötigen Herzlichkeit vereint werden kann.

Nachhaltigkeit ist heute in aller Munde. Wenn es um Genuss geht, versteht es sich jedoch von selbst. Produkte aus der direkten Nachbarschaft zu genießen, saisonal an ihrem Höhepunkt — das ist wahrer Genuss. Allerorts gibt es bereits Geschäfte, die sich verstärkt diesem Sortimentsaspekt widmen. Das führt uns zu den drei Sonderpreisen, die wir jedes Jahr für ganz besonders herausragende Verdienste um den Genuss verleihen. Im Genuss Guide 2023 ergehen diese Sonderpreise an Hannes Royer für seine Initiative „Land schafft Leben" und „Heimatgold".

Für sein Lebenswerk wird Gerhard Zoubek, Gründer des Adamah BioHof — ein Vordenker und Visionär — geehrt.

Der Sonderpreis für Start-ups geht last but not least an die oberösterreichische Dorfladenbox.

Als Herausgeber-Team des Genuss Guide möchten wir die Chance nützen, danke zu sagen. Danke für 20 Jahre Treue, Danke für Ihre Unterstützung, für Ihre Anregungen und Tipps. Sie sind es, die dazu beitragen, dass der Genuss Guide zu dem wird, von dem wir immer geträumt haben. DAS Nachschlagewerk für genussvollen Lebensmitteleinkauf in Österreich. Wir wünschen Ihnen mit unserer Jubiläumsausgabe viel Spaß und zahlreiche lukulische Inspirationen.

Andrea Knura   Willy Lehmann
Herausgeber Genuss Guide

Markus Achleitner, Wirtschafts- und Tourismus-Landesrat

Michaela Langer-Weninger, Agrar- und Ernährungs-Landesrätin, Obfrau Genussland Oberösterreich

GEMEINSAM DEN GENUSS ZUM ERLEBNIS MACHEN

Essen und Trinken stillt Hunger und Durst.
Gutes Essen und Trinken stillt auch unsere Sehnsucht.
Nach Erlebnissen, an deren guten Geschmack wir uns erinnern.

Die Sehnsucht nach Echtem ist größer denn je. Die Menschen sind hungrig auf echten Geschmack, auf echte Begegnungen. Diese Sehnsucht können wir in Oberösterreich stillen.

Das Kulinarik-Potenzial Oberösterreichs ist groß. 365 Tage im Jahr stehen regional produzierte, hochwertige landwirtschaftliche Produkte zur Verfügung. In den Genuss-Manufakturen gewerblicher Produzenten und in den Küchen vieler kreativer Köchinnen und Köche werden diese Lebensmittel mit exzellenter Handwerkskunst und kompromisslosem Qualitätsanspruch veredelt und verarbeitet. Es sind die regionalen Produkte und die Menschen, die mit diesen arbeiten, die einen authentischen Bezug zum Ursprung schaffen und das kulinarische Oberösterreich prägen.

Die Zusammenarbeit von Landwirtschaft und Tourismus hat in Oberösterreich eine lange Tradition und manifestiert sich in Initiativen wie dem „Genussland Oberösterreich". Die Oberösterreich Kulinarik Strategie bündelt die Kooperation von Tourismus, Landwirtschaft, Handel, Gewerbe und Produzenten in einer breiten Genuss-Allianz. Ein Netzwerk, das den Blick über den eigenen Tellerrand hinaus richtet und in dem die echte Begeisterung für die Region und ihre Kulinarik spürbar ist. Hier teilen Menschen die außergewöhnliche Leidenschaft, den unverwechselbaren Geschmack Oberösterreichs zu finden und auf die Spitze zu treiben. Sie verknüpfen regionale Traditionen mit einer spezifisch oberösterreichischen Kulinarik zu einem neuen Genusserlebnis.

Wir laden Sie ein. Begleiten Sie uns auf den folgenden Seiten auf einer abwechslungsreichen Reise zum authentischen Geschmack Oberösterreichs. Wir wünschen Ihnen viel Freude beim Entdecken und Genießen!

VIELFALT BY METRO

WENN ES FÜR ALLES EINE METRO MARKE GIBT.

- Über 1.000 Produkte der beliebten **METRO** Marken
- Großes Sortiment frischer Zutaten
- Breite Auswahl diverser Ausstattungen
- Beste Qualität zum besten Preis

metro.at

METRO Chef

METRO Premium

METRO PROFESSIONAL

METRO Chef Bio

ENTDECKEN SIE DIE METRO MARKEN

METRO
IHR ERFOLG IST UNSER BUSINESS

GENUSS GUIDE AWARD

AUSGEZEICHNETER LEBENSMITTELHANDEL

Wie jedes Jahr, haben wir uns mit der Unterstützung vieler engagierter Genussfreunde auf Einkaufstour durch Österreich begeben. Unsere Einkäufer testen den Lebensmittelhandel auf Herz und Nieren oder vielmehr vom Obst über alle Warengruppen bis zur Feinkost. Rund 1.000 Geschäfte aus ganz Österreich haben es in den Genuss Guide 2023 geschafft. Pro Bundesland gibt es jetzt fünf Sieger, jeweils einen in den Kategorien Feinkost und Greisslerei, Supermarkt, Spezialisten, Weltgenuss und Am Markt. Weiters gibt es ein Schwerpunktthema mit je einem

Bundeslandsieger. In diesem Jahr haben wir jene Geschäfte für Sie hervorgehoben, die sich auf dem Gebiet der Nachhaltigkeit besonders auszeichnen (siehe Seite 74/75). Zum dritten Mal vergeben wir im Genuss Guide 2023 Sonderpreise: Lebenswerk, Nachhaltigkeit und kreative Start-ups. Im Rahmen der Recherche für den Guide treffen wir jedes Jahr großartige Persönlichkeiten mit ebenso großartigen Visionen für den Lebensmittelhandel. Wir freuen uns sehr, diese vor den Vorhang bitten zu dürfen.

DIE BUNDESLAND-SIEGER

ADAMAH – GERHARD UND SIGRID ZOUBEK
2280 Glinzendorf, Sonnenweg 11, +43/2248/2224
www.adamah.at

Nachhaltigkeit wird am ADAMAH BioHof seit der Gründung 1997 auf allen Ebenen gelebt. Vor 20 Jahren war das Wort Nachhaltigkeit zwar noch nicht in aller Munde, Sigrid und Gerhard Zoubek war es jedoch schon immer eine Herzensangelegenheit, mit dem ADAMAH BioHof Werte zu vermitteln, die Menschen und Natur respektvoll und wertschätzend gegenüberstellen. Mit dem Herzstück, der eigenen Bio Landwirtschaft, wurde von Beginn an ein ökologischer Weg eingeschlagen. Dieses verantwortungsbewusste Denken begleitet das Handeln des Familienbetriebes auf allen Ebenen und ist stets im Mittelpunkt.

Wie alles begann? Mit viel Experimentierfreudigkeit, Enthusiasmus und Neugierde, jedoch ganz ohne landwirtschaftliche Ausbildung, haben Gerhard und Sigrid Zoubek die Landwirtschaft von Sigrids Familie im Marchfeld übernommen. Gemeinsam mit dem Biologen Peter Lassnig haben sie im Jahr 1997 erstmals eigenes Gemüse angebaut. Schon damals haben Gerhard und Sigrid den Weg in Richtung Raritäten und Vielfalt eingeschlagen und waren stets offen für Neues. Mit dem ersten Marktstand auf der Wiener Freyung wurde 1998 der Grundstein der Direktvermarktung gelegt. 2001 gelang ein für ADAMAH wegweisender Schritt. Die ersten 60 BioKistln mit erntefrischem BioGemüse und BioObst wurden zu Kunden nach Wien in den 21. und 22. sowie in den Bezirk Gänserndorf geliefert. Bio-Gemüse & Bio-Obst kommen möglichst unverpackt zum Kunden. Übrigens: ADAMAH kommt aus dem Hebräischen und bedeutet „Ackerboden – lebendige Erde".

HANNES ROYER – LAND SCHAFFT LEBEN
8970 Schladming, Erzherzog-Johann-Str. 248b, +43/3687/24008
www.landschafftleben.at

Als Hannes Royer 2012 neben seiner Tätigkeit als Bergbauer die Regionalmarke „Heimatgold – Kostbares aus der Region" gründete, um im Zuge der Ski-WM in Schladming bäuerliche Produkte anzubieten, stellte sich heraus, wie gering das Wissen der Konsumenten über Produktion und Verarbeitung von Lebensmitteln ist. Dass Verbraucher ihre Kaufentscheidungen primär über den Preis treffen, gab den Anstoß, etwas zu bewegen: Die Idee, „Land schafft Leben" zu gründen, war geboren. „Meine Vision ist es, den Menschen den Wert österreichischer Lebensmittel bewusst zu machen und gemeinsam mit allen an der Produktionskette Beteiligten aufzuzeigen, was ein Lebensmittel ausmacht. Jeder Konsument und jede Konsumentin soll wissen, dass er oder sie über die Entscheidung für ein Produkt die Qualität und die gesamte Wertschöpfungskette von der Produktion am bäuerlichen Betrieb über die Art der Verarbeitung bis hin zur Präsentation im Handel mitbestimmen kann!"

Maria Fanninger ist als Partnerin im Verein für die Themen Bildung und Ernährung zuständig: „Nur wer Verantwortung übernimmt, kann auch gestalten – ganz besonders, wenn es um Gesundheit, Ernährung und Konsum geht." Förderer, darunter verarbeitende Unternehmen der verschiedenen Lebensmittelbereiche und Vertreter aus dem Lebensmittelhandel, machen mit ihrer finanziellen Unterstützung die Arbeit von „Land schafft Leben" möglich. Grundvoraussetzung für Hannes und Maria ist allen voran aber die Unabhängigkeit des Vereins.

CONVOTHERM®

MERRYCHEF®

Große Leistung auf kleinstem Raum.

- Effiziente Snack- & Mini-Menü-Zubereitung
- Schnell und ergebnissicher, auch ohne Fachpersonal
- Top-Qualität für sicheres und hygienisches Arbeiten

conneX   mini

WELBILT®
Bringing innovation to the table

DORFLADEN BOX
4616 Weißkirchen an der Traun, Schnitzlerweg 12
www.dorfladenbox.com

Die Dorfladenboxen sind moderne Selbstbedienungsläden. Das Warenangebot umfasst ausschließlich regionale Lebensmittel und Erzeugnisse aus handwerklicher Produktion. Durch den Zutritt per Smartphone-App haben die Dorfladenboxen rund um die Uhr für einen bargeldlosen Einkauf geöffnet. Damit wird nicht nur die Lebensmittelproduktion für Direktvermarkter und kleinstrukturierte Erzeuger wieder attraktiver, sondern es wird auch den Kundenwünschen nach qualitativ hochwertigen Nahrungsmitteln aus der direkten Umgebung nachgekommen. Mit der Dorfladenbox wird zudem den lokalen Lebensmittelprodu-

zenten ein weiterer Vertriebskanal zur Verfügung gestellt und ein Teil zur regionalen Entwicklung beigetragen. Die Bedeutsamkeit von Regionalität und der Bezug zur landwirtschaftlichen Lebensmittelproduktion wird nach Außen getragen. Durch die direkte Lebensmittelanlieferung der Produzenten werden die Transportwege verkürzt. Außerdem sind die Produkte verschiedener lokaler Hersteller jederzeit und zentral an einem Ort verfügbar. Die Kunden müssen somit nicht mehr von Hof zu Hof fahren, sondern können alle Erzeugnisse der umliegenden Höfe kompakt in der Dorfladenbox erwerben. Gegründet wurde die Dorfladenbox von Johannes Fischerleitner, Thomas Fellinger und Patrick Schoyswohl. Dabei vereinen die drei Unternehmer ihre Kompetenzen in den Bereichen Direktvermarktung, Softwareentwicklung und Marketing, um damit den Konsumenten ein modernes Einkaufserlebnis von regionalen Lebensmitteln zu ermöglichen.

OBERÖSTERREICHISCH
GENIES
SEN

HUNGRIG AUF ECHT
OBERÖSTERREICH VERBINDET TRADITION, ESSKULTUR, LEBENSLUST MIT ERLEBNIS UND NEUER REGIONALITÄT.

Oberösterreich ist ein Land ehrlicher Gastfreundschaft, mit engagierten und innovativen Wirtsleuten, das selbst erfahrene Genießer:innen immer wieder mit unerwarteten Freudenmomenten überrascht. „Ob im Wirtshaus, im Gourmetrestaurant, in der Mostschänke oder bei landwirtschaftlichen Betrieben – echten Genuss, authentische Begegnungen mit Gastgeber:innen, die den Geschmack Oberösterreichs immer wieder in neuen, kreativen Zubereitungen zur Geltung bringen, findet man in Oberösterreich", sagt Mag. Andreas Winkelhofer, Geschäftsführer des Oberösterreich Tourismus.

WAS OBERÖSTERREICHS KULINARIK AUSMACHT

Tradition spielt bei der oberösterreichischen Esskultur zweifellos eine große Rolle, die Kultivierung der typischen Spezialitäten, die Pflege kulinarischen Brauchtums. Innovation, Interpretation und Kreativität aber genauso. Das genussvolle Experiment ist seit jeher fixer Bestandteil der oberösterreichischen Kochkultur und erlebt in der jungen Gourmet-Szene des Landes einen geradezu fulminanten Aufschwung. Die Landwirtschaft liefert die besten Zutaten, ein ganzes Jahr lang, die dann von den Köch:innen zu einzigartigen Gerichten in der Wirtshaus- und Haubenküche verarbeitet werden. Dabei lassen sie sich gerne in die Kochtöpfe schauen, immerhin ist ein Blick in ihre Pfannen und Schüsseln nichts anderes als eine Betrachtung der Umgebung, in der sie kochen.

Oberösterreich ist vielfältig – kulinarisch, landschaftlich und kulturell. Oberösterreich ist die Heimat der ältesten, der meisten und besten Brauereien Österreichs und hat eine bedeutsame und gerade wieder aufkeimende Most-Tradition. Oberösterreich ist die Heimat des Leberkäs', berühmt für seine Gemüseverarbeitung, der einzige Ort der Welt, an dem es wahrhaftigen Steckerlfisch gibt und zugleich die Heimat innovativer Gastro-Projekte. Das Netzwerk und Miteinander von Produzent:innen und Gastronomen ist einzigartig. Das Netzwerk „Mühlviertler Hoch.Genuss", „Schmecktakuläres Almtal" oder „Kostbarkeiten und Köstlichkeiten" in der Donauregion Oberösterreich gehören zu den beispielhaften regionalen Initiativen. Veranstaltungen wie das jährliche Wirtshausfestival FELIX im Salzkammergut, die Genusslandstraße Linz, das Kulinarikfestival TAVOLATA in Steyr und Umgebung, der Innviertler Biermärz oder der Genussherbst in der Region Attersee-Attergau zählen zu den genussvollen Jahreshighlights. Zahlreiche kulinarische „Entdeckertouren" verleihen dem Urlaub in Oberösterreich eine besondere Würze und tragen dazu bei, die Kultur des Landes und ihre Menschen kennenzulernen. Ob beim Besuch des bäuerlichen Direktvermarkters, in einer Genussmanufaktur oder bei Design- und Handwerksbetrieben. Von der „Voi Guad Genussreise" in Wels über „So schmeckt Handwerk" in der Region Dachstein Salzkammergut bis hin zu „Most Relaxed" in der Vitalwelt Bad Schallerbach.

GENUSSLAND OBERÖSTERREICH

„Genuss und Land – in keinem anderen Bundesland verbinden Land- und Lebensmittelwirtschaft, Gastronomie und Tourismus diese zwei Komponenten so gekonnt wie in Oberösterreich", ist Birgit Stockinger, Leitung Stabstelle Genussland Oberösterreich stolz. Bereits seit dem Jahr 2004 wird im Genussland Oberösterreich gemeinsam an der Stärkung der Esskultur und dem Qualitätsbewusstsein für regionale Lebensmittel gearbeitet. Mit Erfolg, denn ebenso abwechslungsreich wie seine Landschaft präsentieren sich auch Oberösterreichs erstklassigen Produzenten: leidenschaftliche und engagierte Bauern und Lebensmittelmanufakturen.

Bier, Knödel, Most und Speck gelten zwar als Klassiker der oberösterreichischen Identität und Lebenslust, doch heute

verleihen innovative Produzenten und junge Protagonisten diesen Leitprodukten bzw. ihren Ausgangsrohstoffen neuen Stellenwert. Der Innovationsgeist, der den Oberösterreichern innewohnt, wird immer wieder neu entfacht. Das kulinarische Erbe wird hochgehalten und gleichzeitig eine Neue Regionalität gelebt.

MOST, SCHNAPS & CO – OBST ZUM TRINKEN

Unter den vielen kulinarischen Spezialitäten Oberösterreichs nimmt der Most eine ganz spezielle Stellung ein. Basiert er doch auf den Streuobstwiesen, die seit Jahrhunderten das Landschaftsbild prägen. Althergebrachte Sorten wie der Florianer Rosmarin, der Brünnerling und der Bohnapfel oder die Winawitzbirne, Landlbirne, Hirschbirne und Pichlbirne stammen von den rund 1,2 Millionen Bäumen der oberösterreichischen Streuobstwiesen und Baumalleen. Diese Äpfel und Birnen werden in Oberösterreich traditionell zu Mischlingsmost verarbeitet. Es ist eine Kunst, die Obstsorten so miteinander zu vereinen, dass über die Jahre ein gleichbleibendes und für Oberösterreich typisches Geschmacksprofil entsteht. Doch

egal ob Cuvée, Cider oder reinsortiger Most, Oberösterreichs Mostproduzenten stehen an der Spitze einer neuen Mostqualität. Es sind zwei wesentliche Komponenten – das Wissen um diese alten Apfel- und Birnensorten sowie die moderne Kellertechnik – die die Genusskultur rund um den Most neu etabliert haben.

Mehr als eine Million Streuobstbäume stehen in Oberösterreich und sorgen für gut 110.000 Tonnen Äpfel und Birnen pro Jahr, die zu feinem Most verarbeitet werden.

Hiesiger Most ist gesund, schmackhaft und kann inzwischen auf eine jahrhundertealte Geschichte verweisen – immerhin sind viele der Bäume auf den Streuobstwiesen in Oberösterreich bis zu 250 Jahre alt. Was die Most-Produzenten aber nicht daran hindert, innovative Produkte am laufenden Band herauszubringen, denn Most hat weniger. Alkohol als Wein und lässt daher mehr Raum für andere Geschmackswelten – Kompositionen mit Beeren und Gewürzen etwa sind äußerst beliebt. Und junge Menschen fühlen sich besonders zu Cider-Produkten hingezogen – auf dieser Schiene gibt es Spitzenqualität, eine große Vielfalt und außerdem trendiges Design.

Doch das Obstland Oberösterreich steht nicht nur für Most, Saft, Tafel- und Dörrobst. Edelbrände haben im Land ob der Enns lange Tradition, denn das Obst bildet neben Getreide oder Erdäpfeln die Basis der oberösterreichischen Brenner. Exklusivität und die Liebe zum Detail prägen sowohl die Obstverarbeitung als auch die Sortenauswahl. So entstehen in Oberösterreich erstklassige Naturprodukte, die namhafte Auszeichnungen vorweisen und auch international einen erstklassigen Ruf genießen. Die lebendige Brennerei-Szene beherrscht das Traditionshandwerk und besticht durch Innovationsgeist. Neben klassischen und außergewöhnlichen Obstbränden ergänzen seit ein paar Jahren internationale Spirituosenkategorien das traditionelle Produktportfolio und setzen mit dieser Kombination neue Maßstäbe bei den heimischen Spirits.

BIERJUWEL

Oberösterreichs Braukunst hat Tradition. Im Bierland Nummer eins würdigt eine lebendige Brauerei-Szene dieser Tradition und spürt gleichzeitig Craft-Bier Trends auf. Über 60 unabhängige Brauereien prägen gemeinsam mit Braugasthöfen und Biersommeliers die oberösterreichische Bierkultur. Das Mühlviertel und das Innviertel sind dabei die Zentren dieser Bierkompetenz. Über Jahrhunderte entwickelte sich dort, geprägt von bayerischen und böhmischen Einflüssen, eine enorme Vielfalt an Bierspezialitäten.

Die Hauptbestandteile des Bieres, das Getreide als Körper und der Hopfen als Seele, stammen aus der oberösterreichischen Landwirtschaft. Im Mühlviertel, dem größten Hopfenanbaugebiet Österreichs, hat der Hopfenanbau lange Tradition und reicht gar auf das Jahr 1206 zurück. Heute kultivieren 37 Familienbetriebe auf rund 150 Hektar Anbaufläche typische Mühlviertler Aromahopfen unter besten Bedingungen und grüne Dolden prägen das Landschaftsbild.

Das Land ob der Enns ist auch eine der wichtigsten Kornkammern Österreichs. Auf mehr als 200.000 Hektar reift im Innviertel und dem Flachland zwischen der Donau und den ersten Erhebungen der Alpen im Süden des Landes Getreide, das den Jahreskreis der Bauern auf ihren typischen Vierseit- bzw. Vierkanthöfen bestimmt.

BROTKULTUR UND KNÖDELTRADITION

Das Getreide ist nicht nur Basis des Bieres, es ist auch Basis der oberösterreichischen Bäckereikunst. Dieses in Oberösterreich noch blühende Handwerk blickt auf eine lange Tradition überlieferten Wissens zurück und bringt heute eine enorme Vielfalt hervor. Oberösterreichs Bäcker geben ihren Teigen Zeit, setzen auf individuelle Rezepturen und hochwertige, regionale Rohstoffe. Handwerksbäcker schließen sich vielfach zusammen und paaren das ursprüngliche, traditionelle Bäckerhandwerk mit Innovation und Schaffenskraft.

Nach dem Brot kommt der Knödel. Die oberösterreichische Weltkugel, die neben Getreide auch auf Erdäpfeln basieren kann, ist traditionell deftig. Ob als Beilage zum Bratl in der Rein, dem für Oberösterreich typischen Sonntagsbraten, als Innviertler Surspeck- oder Grammelknödel, das heimische Soul-Food ist so stark mit der Region verbunden, wie wohl kein anderes Gericht der schmackhaften, oberösterreichischen Küche. Die Bedeutung eines Knödels sollte man in Oberösterreich niemals infrage stellen.

FLEISCH UND FISCH

Speck ist einer der wichtigsten Protagonisten der oberösterreichischen Küche und die Haltung und Aufzucht von Schweinen gehörte bis vor wenigen Jahren zu jedem oberösterreichischen Bauernhof. Er ist der Klassiker in Oberösterreichs Jausen Szene und sorgt auch in für Oberösterreich typischen Rezepten für den richtigen Geschmack. Zu Beginn der Speckproduktion erfolgt eine sorgfältige Fleischauswahl. Anschließend wird das gute Stück mit Salz und natürlichen Gewürzen wie Wacholder, Pfeffer und etwas Knoblauch eingerieben. Dann wird traditionell gepökelt und über Buchenholz geräuchert. Junge Produzenten verzichten auf jederlei Zusatzstoffe, traditionelle Rassen wie das Duroc oder das Schwäbisch Hällisch ergänzen heute das Geschmacksportfolio. Generell stehen in Oberösterreich Bio und Tierwohl hoch im Kurs. Doch nicht nur das Schwein, sondern auch Rinder, Schafe, Ziegen und Wild werden von Oberösterreichs Bauern, Metzgern und Jägern gekonnt in Szene gesetzt.

Das Land ob der Enns ist nicht nur für seine Fleischspezialitäten bekannt, es ist auch Fischland. Oberösterreichs Seenfischer

und Fischzüchter arbeiten mit hervorragender Wasserqualität und liefern dank bester Zuchtbedingungen, natürlicher Grundlagen und kurzer Transportwege hochqualitative Fischspezialitäten. Das Portfolio reicht vom Kaviar bis zum Steckerlfisch. Und genau dieser ist vor allem im Salzkammergut eine Glaubensfrage. Dort muss es eine Reinanke sein. Traditionell ist der Steckerlfisch ein kleiner Weißfisch. Nach dem frischen Fang geht es für den Fisch, von einem Steckerl durchbohrt, über glühende Holzkohlen. Am Traunsee wird diese Tradition besonders hochgehalten. Dort gibt es den Stanglfisch. Auf die kürzeren Holzsteckerl werden Riedlinge gespießt, eine Fischart, die in Österreich ausschließlich im Traunsee beheimatet ist.

ERDÄPFEL UND ÖL

Oberösterreichs fruchtbare Böden sind bekannt für Erdäpfel und Kraut. Doch vor allem entlang der Donau erblühen Gemüsefelder in neuer Vielfalt. Alte Sorten und Exoten ergänzen das traditionelle Produktportfolio der heimischen Gemüsebauern und decken mittlerweile 365 Tage im Jahr den Tisch. Doch der Erdapfel bleibt Leitprodukt, ist er doch fixer Bestandteil des oberösterreichischen Speiseplans. Je nach Region – ob im Sauwald, dem Eferdinger Becken oder dem Mühlviertel – entdeckt man unterschiedliche, teils autochthone Sorten mit spezifischem Geschmack, geprägt durch Klima, Boden und Gelände.

Im Land ob der Enns werden Erdäpfel und Gemüse durch hochwertige Öle ergänzt. Im Mühlviertel entstand daraus gar ein eigenes Gericht: die Mühlviertler Leinöl Erdäpfel. Aus Leinsamen, traditionell als Nebenprodukt der Leinherstellung gewonnen, wird noch heute das wertvolle und geschmacksintensive Leinöl erzeugt. Der leichte nussige Geschmack, gepaart mit zarten Bittertönen, macht es zum wohl typischsten aller oberösterreichischen Öle. Doch in allen Vierteln des Landes werden hochwertige, naturreine Speiseöle, basierend auf Ölsaaten wie Raps-, Sonnenblume, Mohn, Leindotter, Hanf oder Kürbis hergestellt.

TYPISCHES OBERÖSTERREICH

Oberösterreich verfügt über kulinarische Vielfalt aus allen Regionen, die stark von Landschaft und Geschichte geprägt

sind. Ausschließlich am Traunsee etwa gibt es den einzigen und wahrhaftigen Steckerlfisch, so steht es geschrieben, für den ein Fisch namens Riedling gebraten wird. Und der heißt dort übrigens „Stanglfisch", nicht Steckerlfisch. Einig ist man sich in Oberösterreich bei den drei unumstößlichen Säulen unserer Küche: Bratl, alias Schweinsbraten, Bier und natürlich Knödel. In Oberösterreich wird vieles zu Knödeln verarbeitet: Mehl, Kartoffeln, Grieß, Brot, Gemüse und Fleisch, die man dann je nach Laune und Tradition mit Grammeln, Speck, Innviertler Kübelspeck, Wurst oder was auch immer füllt. Unser Knödel-Stolz reicht so weit, dass wir Knödeln, die auch im restlichen Österreich zu Hause sein mögen, den eigenen Stempel aufdrücken — Leberknödel werden bei uns paniert, basta. Apropos Leber, ein Gericht wie den „Leberschädel" gibt es definitiv nur in Oberösterreich. Und wenn man meint, Bratwürstel seien ein in ganz Mitteleuropa beheimateter Alltags-Snack, dann sollte man den ersten Advent-Sonntag unbedingt einmal in Oberösterreich verbringen: Da wird nämlich „Bratwürstel-Sonntag" (Betonung auf „o"!) gefeiert. Und danach eine Linzer Torte gefällig?

GENUSSLAND OBERÖSTERREICH BUCKET-LIST

- **Mostkost im Traun- oder Mühlviertel:** Innovative und leidenschaftliche Produzenten wie Karin Maleninsky, Wilfried Hirschvogel, Norbert Eder oder Irene Wurm setzen auf Sortenvielfalt und Spitzenqualität. Übrigens, ein Besuch auf einer Mostkost oder in einer Mostschänke darf bei einem Oberösterreich Besuch nicht fehlen.

- **Edelbrände im Hausruckviertel und Zentralraum entdecken:** Hans und Hansi Reisetbauer, Martin Schosser oder die Destillerie Parzmair setzen auch international neue Maßstäbe in einer lebendigen Brennerei-Szene. Zu finden auch für alle Nachtschwärmer in den Bars des Landes, wo heimische Destillate zu regionalen Drinks gemixt werden.

- **Biervielfalt entdecken:** Ob die Brauerei Raschhofer oder die Brauerei Ried im Innviertel, die Brauerei Hofstetten oder die Braucommune Freistadt im Mühlviertel. Gemeinsam mit diesen Traditionsbetrieben gilt es, auch kleine Brauer mit beeindruckender Vielfalt, wie The Beer Buddies, zu entdecken.

- **Lerne die Eigenbrotler kennen:** Acht oberösterreichische Handwerksbäcker haben sich im Verein „Wir Eigenbrotler" zusammengeschlossen und lassen Backtraditionen wiederaufleben.
- **Knödel kochen:** Die Knödelwerkstatt von Werner Dilly bringt allen, die nicht selber rollen wollen, oberösterreichisches Lebensgefühl nach Hause.
- **Speckbrote jausnen:** Mario Thauerböck setzt bei seinen „Kaltenberger Whiskyschweinen" auf geschlossene Betriebskreisläufe sowie alte Schweinerassen und am Biohof Thomabauer gibt's Prosciutto und Guanciale in beeindruckender Qualität – Geschmack pur steht hier im Vordergrund.
- **Fisch verliebt in alle Qualitäten:** Helmut Schlader produziert oberösterreichischen Alpenkaviar in exzellenter Qualität und nirgends sonst schmeckt Steckerlfisch besser als bei Johann Parzer am Traunsee.
- **Erdäpfel einkaufen:** Oberösterreichische Erdäpfel kauft man am besten mit Blick auf Bayern, bei den Bauern der Sauwald Erdäpfel GmbH, oder mit Blick auf die Donau bei den Bauern der Erzeugergemeinschaft Eferdinger Landl-Erdäpfel.
- **Bio-Öle vom Bauernhof:** Mit Farmgoodies haben Judith und Günther Rabeder ein nachhaltiges Landwirtschaftskonzept geschaffen und gemeinsam mit 40 weiteren Landwirten die alte Kultursorte Lein erneut im Mühlviertel etabliert.

Diese Produzenten stehen stellvertretend für engagierte, leidenschaftliche Bauern und Lebensmittelhandwerker, die in allen Vierteln des Landes Tradition leben, neuen Trends und Techniken nicht abgeneigt sind und erstklassige Lebensmittel erzeugen. Alle Produzenten des Genusslands Oberösterreich findet man am Marktplatz, unter www.genussland.at
Hungrig auf mehr Inspiration und Reiseideen: www.hungrigaufecht.at

Hungrig auf echt.

ober österreich

Echt wie wir. Es gibt Dinge, von denen man nie genug haben kann: vom Mutigen und Ursprünglichen, von Geheimtipps und Geselligkeit, von Pioniergeist und Leidenschaft, von Begegnungen und Erlebnissen. Und unser Land ist voll davon. Erlebe ehrlich in echt. Bei uns in Oberösterreich.

hungrigaufecht.at

Genussland Oberösterreich

NACH
HALTIG
KEIT

GENUSS BEDEUTET AUCH VERANTWORTUNG
NACHHALTIG PRODUZIERT SCHMECKT BESSER UND SORGT AUCH FÜR EIN ENKELTAUGLICHES ÖSTERREICH.

Genuss aus Österreich, Wir wollen wissen, wo es herkommt. Nahgenuss. Aus'm Dorf. Nachhaltigkeit hat auch im Lebensmittelhandel viele „Markennamen". Egal ob kleine Ab-Hof-Läden, Greisslereien oder Supermärkte. Sie alle verkaufen längst nicht mehr nur Lebensmittel. Sie achten auf die Herkunft, auf artgerechte Tierhaltung, auf bio, auf die Verpackung, … Viele von ihnen wie Sonnentor, Denns BioMarkt, Biohof Achleitner, Zotter Schokolade, Adamah BioHof, Bio-Hofbäckerei Mauracher, Ölmühle Fandler machen Österreich sogar enkeltauglich! Mach mit!" Mit diesem Aufruf ging die Bewegung Enkeltaugliches Österreich mit einem Maßnahmenplan und einer Challenge im Mai dieses Jahres an die Öffentlichkeit. Mit viel Freude und Mut zur Veränderung haben sich die größten Bio-Pioniere und nachhaltigen Unternehmer, führende Wissenschaftler, aktive Vereine, Organisationen und zahlreiche Biobauern zu dieser beachtlichen Bewegung Österreichs zusammengeschlossen. Das Besondere ist, dass Forschung und Umsetzung hier Hand in Hand gehen. Die Maßnahmen setzen in vier Bereichen an: Landwirtschaft, Wald, Landschaft und Wirtschaft. 100 % Bio in Österreich, saubere Böden, von denen man essen kann, gesunde Mischwälder, die auch für den Klimaschutz als CO_2-Senke arbeiten, biologische Lebensmittel in öffentlichen Einrichtungen und Gastronomie sowie der Schutz unserer Landschaften und der Artenvielfalt – das sind die Ziele der Bewegung „Enkeltaugliches Österreich".

Kooperation und Zusammenarbeit erweisen sich auch in der Natur als die besten Strategien. Mit der Bewegung „Enkeltaugliches Österreich" ist es gelungen, alle Akteure von der Wissenschaft über Unternehmen bis zu Biobauern an einen Tisch zu bringen, um nicht nur Ziele festzulegen, sondern auch den Weg und Lösungen dahin zu planen und umzusetzen. Wie wichtig das ist, erklärt Sonnentor Gründer Johannes Gutmann, Initiator der Bewegung „Enkeltaugliches Österreich": „Beim

Reden kommen die Leute zusammen, aber bisher war es so, dass viele Akteure nicht miteinander gesprochen haben. Mit der Bewegung ist es uns gelungen, endlich alle mit Freude und Mut zusammenzubringen und daraus entsteht Großes."

Barbara Holzer-Rappoldt, Projektleiterin, erläutert das Konzept: „Von Anfang an war es uns wichtig, eigenverantwortlich und unabhängig – also ohne Förderungsgelder und endlose Briefe an Politiker – Österreich enkeltauglich zu machen. Und so arbeiten wir auch. Für und nicht gegen etwas. Wir sind Menschen der Tat und machen uns jetzt die Welt wie sie uns gefällt, nämlich enkeltauglich. Wir übernehmen mit Freude Generationenverantwortung." Unter enkeltauglich versteht die Bewegung, dass der Lebensraum bewahrt und gestaltet wird, sodass die Gesundheit, Vielfalt und Fülle der Natur für kommende Generationen erhalten bleibt oder regeneriert wird.

Enkeltaugliche Landwirtschaft – 100% Bio

„Im Bereich der Landwirtschaft bedeutet das Kreislaufdenken, Pestizidfreiheit und biologischer Landbau," erläutern Michaela und Johann Aufreiter vom Bio-Kräuterhof Aufreiter „Uns ist aber auch wichtig zu zeigen, dass 100 % Bio in Österreich gerade jetzt keine Utopie, sondern eine reale Möglichkeit und ein machbarer Weg in eine gute Zukunft sind." Als wichtigster Punkt steht die Bewusstseinsbildung in der Gesellschaft sowie die umfassende Betrachtung und Verknüpfung von der Arbeit am Feld über die betriebswirtschaftliche Praxis bis hin zu wissenschaftlichen Studien. „Alle Bäuerinnen und Bauern sowie Unternehmen sollen die Möglichkeit haben, unsere Nahrung biologisch, regional, sozial und frei von chemisch-synthetischen Pestiziden zu produzieren. Dies ist weder teuer noch weltfremd, sondern langfristig das günstigste und einzig vernünftige Zukunftsmodell", so Andreas Achleitner vom Biohof Achleitner.

Ein Wald für unsere Enkel

Das Konzept „Enkeltauglich" wird auch auf die Forstwirtschaft angewendet. Der Wald ist ein Lebensraum mit schützenswerter Artenvielfalt, unsere grüne Lunge, wertvoller Rohstofflieferant, natürliche Klimaanlage, Wasserspeicher und Erholungsraum. Doch durch extreme Wetterereignisse, Borkenkäfer und Monokulturen sind auch die Wälder in den letzten Jahren verstärkt unter Druck geraten. Enkeltaugliche Wälder sind vielfältig, stabil, gesund und produktiv. „Der Waldverband Steiermark bekennt sich zur enkeltauglichen Bewirtschaftung unserer Wälder", erklärt Bernd Poinsitt, Geschäftsführer des Waldverbands Steiermark, „das ist unsere Verantwortung für die nächsten Generationen."

Enkeltauglich in der Wirtschaft

Über 20 Prozent der Menschen in Österreich verpflegen sich bereits außer Haus. Diese große Menge macht diesen Bereich zu einem außerordentlich wichtigen Faktor für den Schutz und Ausbau der biologischen Landwirtschaft und den Naturschutz in Österreich! Eine spürbare Erhöhung des Anteils biologischer Lebensmittel in der öffentlichen Versorgung — darunter fallen z.B. Kindergärten, Schulen oder Krankenhäuser — wäre heute schon problemlos realisierbar, wie die Studie der Universität für Bodenkultur und des FiBL Österreich belegt. „Wenn Österreich ein echtes Biovorzeigeland sein möchte, dann führt kein Weg daran vorbei, auch hier auf Bio zu achten. Auch im Tourismus und in der Gastronomie streben wir eine Zertifizierung an", erklärt Michaela Russmann, Obfrau der Biowirtinnen Österreichs.

Ist BIO zu teuer oder können wir uns billige Lebensmittel nicht mehr leisten?

Dass bio der wichtige, richtige Weg ist, um unsere Artenvielfalt und Böden zu erhalten sowie unser Österreich vor der massenhaften, flächendeckenden Ausbringung von chemisch-synthetischen Giften zu schützen, wissen wir. Kaum jemand widerspricht heute noch dieser Tatsache. Aber schon drei Sekunden später kommt das „Totschlagargument": „Ja, alles gut und schön, aber bio ist einfach zu teuer. Wie soll ich mir das für mich und meine Familie leisten können? Das geht sich nie aus." Was soll man da antworten?
Hier ein paar Fakten: Der komplette Umstieg auf bio — wenn verbunden mit einer gesünderen Ernährung — kostet nur

12 Euro pro Woche mehr? 70 % Bio-Anteil gehen sich sogar ohne Mehrausgaben aus. Dazu ein kleiner Rückblick: In den 1950ern haben wir noch knapp die Hälfte des Einkommens für Lebensmittel ausgegeben. Heute dürfen es noch etwas über zehn Prozent sein, sonst gilt die Ernährungsvariante bereits als unleistbar.

Der WERT und die WERTSCHÄTZUNG von ökologisch produzierten und gesunden Nahrungsmitteln sowie das Bewusstsein, wie wichtig eine biologische Produktionsweise für unsere Natur und unsere Nachkommen ist, ist in Vergessenheit geraten — mit gravierenden Konsequenzen für die Natur.
Die Bewegung Enkeltaugliches Österreich will auch darüber reden. „Oder darüber, dass die Konsumenten getäuscht werden. Bio kostet im Regal etwas mehr, da die Herstellung natürlich aufwendiger ist, aber die wahren Kosten, die mit der Herstellung von billigen Lebensmitteln einhergehen, sehen wir nicht im Produktpreis, sondern sie werden in Steuern und Abgaben, die wir später bezahlen, versteckt. So erscheint das nicht nachhaltige Produkt im Regal billiger."
Das Bewusstsein für negative Folgen unseres Konsumverhaltens rückt gerade in die Mitte der Gesellschaft. Deshalb möchten die Bewegung auch mal das Bewusstsein für die positiven Folgen eines achtsamen Konsums auf die Bühne holen und zeigen, wie jeder von uns mit möglichst saisonalen und regionalen Bio-Produkten Einfluss auf die Zukunft unserer Kinder und Enkelkinder nimmt.

Über die Bewegung Enkeltaugliches Österreich

Enkeltaugliches Österreich ist eine Bewegung des 2019 gegründeten Vereins „Verein für eine enkeltaugliche Umwelt". Die Bewegung besteht aus Biobäuerinnen und Biobauern, renommierten ForscherInnen, nachhaltigen Unternehmen, naturnahen Organisationen und motivierten Privatpersonen, die eigenverantwortlich und unabhängig für eine enkeltaugliche Umwelt eintreten. Ziel ist, die österreichische Landwirtschaft, Wälder, Landschaft und Wirtschaft enkeltauglich zu machen. Es geht darum, nachhaltige AkteurInnen und engagierte Menschen österreichweit zu vernetzen, einen konkreten Maßnahmenplan weiterzuentwickeln, diesen auch selbst umzusetzen und nicht zuletzt, durch eine gemeinsame Kommunikation für eine breite Bewusstseinsbildung zu sorgen.
www.etoe.at

GUT FÜR UNS UND DIE UMWELT
„DIE GENUSSVOLLSTE ART NACHHALTIG ZU LEBEN IST, SICH BIO ZU ERNÄHREN." SUSANNE MAIER, BIO AUSTRIA.

Was wir essen hat direkte Auswirkungen auf die Umwelt. Umgekehrt beeinflusst die Qualität unserer Lebensmittel das eigene Wohlbefinden. Bio ist gut für Umwelt, Klima und Tiere. Aber wie nachhaltig ist Bio wirklich? Wir fragen Bio Austria.

Warum ist Bio gut für die Umwelt?
Bio-Bauern verwenden organische Dünger wie Kompost und Stallmist, also keine chemisch-synthetischen Düngemittel. Kunstdünger wird ja mit hohem Energieaufwand aus fossilen Ressourcen gewonnen. Bio-Bauern dürfen auch keine chemisch-synthetischen Spritzmittel verwenden, welche ebenfalls aus fossilen Grundstoffen erzeugt werden. Und Bio ist gentechnikfrei! Es geht immer um den Boden. Er liefert uns Nahrungsmittel, ist gleichzeitig aber auch Lebensraum für unvorstellbare Biodiversität. Die schonende Bodenbewirtschaftung, wie in der Bio-Landwirtschaft üblich, trägt zu dessen Schutz bei. Bio-Bauern achten auf weite Fruchtfolgen und bauen immer wieder unterschiedliche Pflanzen an. So gibt es beispielsweise Buchweizen, Emmer, Einkorn, Linsen und sogar Reis in Bio-Qualität aus Österreich. Die Fruchtbarkeit des Bodens steht wiederum in engem Zusammenhang mit der Vielfalt an Lebewesen, die ihn bewohnen. Rund 80 Prozent der wichtigsten Nutzpflanzen sind auf Insektenbestäubung angewiesen. Der Verlust an Bienen und anderen Bestäubern wirkt sich daher auch unmittelbar auf unsere Lebensmittelvielfalt aus. In der biologischen Landwirtschaft finden sich doppelt so viele Individuen wie durchschnittlich üblich. Insbesondere Vögel, Wildbienen und Schmetterlinge profitieren.

Was haben Biodiversität und Nachhaltigkeit mit Genuss zu tun?
In Landschaften mit reicher Biodiversität können sich Schädlinge aufgrund der vermehrt vorkommenden Nützlinge weniger stark vermehren. Es sind die natürlichen Selbstregulationsmechanismen, die sich Bio-Bauern zunutze machen. Der Verzicht auf Herbizide und die reduzierte Stickstoffdüngung macht die Pflanzen robust und gesünder und schafft Lebensraum: Auf biologischen Standorten gedeihen viele besondere Pflanzen, die bei Gourmets auch immer öfter auf die Teller kommen. Bio-Köche, aber auch Bio-Lebensmittelproduzenten achten auf umweltschonende und klimafreundliche Erzeugung in allen Verarbeitungsprozessen.

Was schätzen Bio-Köche besonders?
Dass Biogemüse intensiv und geschmackvoll ist, mehr Sortenvielfalt geboten wird und natürlich bei Fleisch die Qualität. Weil Tiere artgerecht leben dürfen, schmeckt ihr Fleisch einfach gut. Bioschweine können im Matsch suhlen, Hühner scharren und nehmen Sandbäder, Kühe grasen auf der Weide. Damit Biotiere ein ihrer Art entsprechendes Verhalten ausleben können, brauchen sie vor allem eines: genügend Platz. Biobetriebe bieten das sowohl im Stall als auch im Auslauf. Der Zugang ins Freie und die Weidehaltung sind im Biolandbau inklusive. Daher sind die Tiere weniger anfällig für Krankheiten und Infektionen durch Verletzungen. Antibiotikagaben sind so kaum erforderlich – prophylaktisch dürfen diese Medikamente den Tieren gar nicht verabreicht werden. Das ist in der Fleischqualität dann spürbar. Und das Fleisch ist auch gesünder: Tierische Erzeugnisse biologischer Herkunft weisen ein besonders günstiges Fettsäuremuster und einen hohen Gehalt an Omega-3-Fettsäuren auf. Alles zusammen ergibt dann einen außergewöhnlichen Geschmack und Genuss.

Ihre Lieblingsspeise?
Hmmm .... das, was gerade wächst, frisch aus dem Garten kommt und kreativ zubereitet wird. Solche Gerichte haben meist keinen Namen, sie sind oft einzigartig und sind perfekt genau so, wie sie sind. Und natürlich schmeckt alles besser, was man mit gutem Gewissen isst. Also BIO.

Gut für den Planeten. Gut für die Menschen. Gut für dich:

Lidl - dein nachhaltiger Frische-Diskonter

AUF DEM **WEG NACH MORGEN**

www.lidl.at/verantwortung

Biodiversität achten

Wir fördern die biologische Vielfalt und bauen unser **Bio-Sortiment** bis Ende 2023 **auf 350 Produkte** aus.

EIN GUTES STÜCK **HEIMAT**

FAIRANTWORTUNG *fürs Tier*

Tierwohl

Mit unserer Eigenmarke „**FAIRantwortung fürs Tier**" und dem Ausbau unseres **Bio-Sortiments**, fördern wir tiergerechte **Haltungsbedingungen**, die über die **gesetzlichen Mindeststandards** hinausgehen.

Lidl **KLIMA-OFFENSIVE**

Klima schützen

Wir messen, vermeiden und reduzieren unsere CO_2-Emissionen*. Damit auch unsere Kund:innen **klimafreundliche** Entscheidungen treffen können, bieten wir immer mehr **vegane** Produkte an.

* Für bisher noch unvermeidbare CO_2-Emissionen übernehmen wir Verantwortung indem wir in anerkannte Klimaschutzprojekte investieren.

Reduktions-**strategie**

BESTER
HÄNDLER
DES JAHRES
ÖSTERREICH
2022-2023
NACHHALTIGKEIT*

Gesundheit fördern

Wir unterstützen die Gesellschaft dabei, gesünder zu leben. Wir reduzieren zum Beispiel bis 2025 **den Gehalt an Zucker und Salz** in unserem Eigenmarkensortiment um **20%**.

rette MICH box

Ressourcen schonen

Wir tragen dazu bei, Lebensmittelverschwendung zu reduzieren und rabattieren Lebensmittel schon vor dem Mindesthaltbarkeitsdatum um bis zu **50 %**. Obst & Gemüse bekommt mit der „**Rette mich Box**" eine **zweite Chance.**

Best
Workplaces™

Great
Place
To
Work.

**AUSTRIA
2022**

Great Place to Work

Bereits seit 2014 lassen wir uns von unseren **Mitarbeiter*innen** bewerten, um daraus Maßnahmen abzuleiten wie wir als Arbeitgeber noch besser werden können.

Lidl lohnt sich

ZWISCHEN VORRAT UND VERSCHWENDUNG
MAN SOLLTE SICH ZWAR LIEBER NUDELN ALS SORGEN MACHEN. VORRATSHALTUNG IST ABER WICHTIGER DENN JE.

Farfalle, Radiatori, Lungenspiralen, Nester, Rilli, Pappardelle, Rotunde, Sputnik, Fleckerln, Gobetti, Drachenhörnchen, Bandnudeln, … Es gibt sie in allen möglichen Formen und Grössen. Wer sich also bei dieser Vielfalt immer noch Sorgen macht oder nur Spaghetti kocht, der ist selber schuld! Nudeln stehen ganz oben auf der Liste unserer Lieblingsgerichte. Ja, wir lieben Nudeln! Allein nur auf das Aussehen kommt es aber mittlerweile schon lange nicht mehr an. Auch Nudeln haben, je nach verwendetem Getreide, „innere Werte". Es ist eben nicht so, wie man in der Steiermark sagt: „Alles a Nudl a Teig!" Ein weiterer großer „Nudelvorteil" ist ihre Haltbarkeit. Als Klassiker des Trockensortiments dürfen sie in der Vorratshaltung ebenso wenig fehlen wie Mehl, Reis oder Hülsenfrüchte.

Da steckt mehr drin! Natur bedeutet Vielfalt. Und zur Vielfalt am Feld finden auch unsere heimischen Bauern immer mehr zurück. Der Anbau von alten und/oder alternativen Getreidesorten bringt auch eine Vielfalt an Produkten hervor. Übrigens wird seit einiger Zeit auch Reis wieder in Österreich angebaut, das neben Linsen und Bohnen aus heimischer Landwirtschaft wunderbare Vorratshaltungseigenschaften hat. Auch große, heimische Produzenten wie Recheis setzen im Sinne der Nachhaltigkeit und natürlich Wertschätzung und -schöpfung auf heimische Zutaten. So wird der Hartweizen für die Recheis Goldmarke Nudeln von österreichischen Vertragsbauern in Niederösterreich im Weinviertel angebaut. Es werden also ausschließlich natürliche Zutaten zu besten Nudelprodukten aus Österreich verarbeitet. Der verantwortungsvolle Umgang mit Lebensmitteln ist fester Bestandteil der Recheis Firmenphilosophie.

Wie viel Vorrat brauchen wir? Von Hamsterkäufen und dem Horten großer Mengen an verderblichen Lebensmitteln wird auch aus Gründen der Haltbarkeit abgeraten. Experten empfehlen nur das zu lagern, was auch normalerweise im Alltag genutzt und verbraucht wird, um nicht Lebensmittel und wichtige Ressourcen zu verschwenden. Denn unnötige Hamsterkäufe führen leider häufig dazu, dass Lebensmittel letztlich im Müll landen. Der sorgsame Umgang mit Nahrung und die Vermeidung von Abfällen ist zwar keine Raketenwissenschaft, ein wenig Mitdenken und Planung ist aber unbedingt notwendig. Dazu kommt, dass es für viele schon als mutig gilt, nicht alles, was gerade das „Mindesthaltbarkeitsdatum" überschritten hat, sofort wegzuwerfen.

Rund um das Mindesthaltbarkeitsdatum (MHD) bestehen nämlich viele Missverständnisse: Anders als beim Verbrauchsdatum ist das Mindesthaltbarkeitsdatum kein „empfohlenes Wegwerfdatum". Es ist vergleichbar mit einer Garantie bei einem Elektrogerät. Und kaum jemand würde nach Ablauf der Garantie seinen Kühlschrank wegwerfen. Tatsächlich garantiert der Hersteller damit nur, dass sich Eigenschaften wie Geschmack, Geruch, Farbe, Konsistenz und Nährwert des Produkts bis zu diesem Datum bei richtiger Lagerung und solange es ungeöffnet bleibt nicht verändern. Mit Ablauf des Mindesthaltbarkeitsdatums ist die Ware in der Regel noch lange nicht verdorben. Hier gilt es, seine eigenen Sinne einzusetzen: sehen, riechen, schmecken. Sieht das Produkt noch gut aus, riecht es so, wie es riechen soll und schmeckt es gut, ist es auch nicht verdorben und kann ohne weiteres noch verzehrt werden. Eier sind ein besonders gutes Beispiel. Wie lange Eier haltbar sind, kommt auf die Lagerung an. Sie können ohne Bedenken die ersten 18-20 Tage auch ungekühlt gelagert werden, da sie durch die Schale einen natürlichen Schutz haben. Wer Eier länger als 20 Tage nach Legedatum lagern möchte, sollte diese im Kühlschrank aufbewahren, da die Kälte Keime und Krankheitserreger ebenfalls davon abhält, das Ei zu befallen. Im Kühlschrank können sie sogar bis vier Wochen über das Mindesthaltbarkeitsdatum gelagert werden. Für Frischei-

speisen wie Tiramisu oder Mayonnaise empfehlen sich Eier, die maximal 18 Tage alt sind. Aber wenn ein Ei schlecht ist, dann riecht man es garantiert.

Ist die Lebensmittelverpackung einmal geöffnet, wird das Mindesthaltbarkeitsdatum allerdings ungültig. In diesem Fall können Sauerstoff, Feuchtigkeit und Mikroorganismen hineingelangen und das Lebensmittel verderben. Bei besonders leicht verderblichen Waren wie Fleisch und Fisch gilt es hingegen, das aufgedruckte Verbrauchsdatum jedenfalls einzuhalten, da sonst die Gefahr einer Lebensmittelvergiftung droht. Daher ist es bei Fleisch und Fisch besonders wichtig, sie wie empfohlen zu lagern, um sie nicht wegwerfen zu müssen. Die wenigsten Lebensmittel, die im Müll landen, gehören dorthin. Laut Abfallwirtschaftsverband sind 14,5 Prozent des Restmülls in Österreich vermeidbare Lebensmittelabfälle. Das sind jährlich ca. 157.000 Tonnen bzw. rund 19 kg pro Kopf. Gemeinsam mit anderen Entsorgungswegen (z.B. Biotonne oder Komposthaufen) entspricht das ca. 300 bis 400 Euro pro Haushalt und Jahr. Der größte Anteil fällt auf Gemüse und Brot, gefolgt von Molkereiprodukten und Käse, Süßwaren, Backwaren sowie Fleisch. Die EU-Kommission schätzt, dass auf EU-Ebene 53 % aller weggeworfenen Lebensmittel auf das Konto der privaten Haushalte gehen. In einem durchschnittlichen Haushalt wird ein Viertel der eingekauften Lebensmittel weggeworfen, vieles davon ungeöffnet.

Alle können ihren Beitrag dazu leisten, Lebensmittelverschwendung zu vermeiden. Dabei tut man etwas für den Klimaschutz und senkt gleichzeitig die eigenen Haushaltsausgaben. Denn natürlich hinterlässt auch die Herstellung von Lebensmitteln einen CO_2-Fußabdruck.

Kühlschrank-Tipps

• Räumen Sie frische Lebensmittel möglichst schnell nach dem Einkauf in den Kühlschrank.
• Stellen Sie Lebensmittel nicht offen in den Kühlschrank. Verpackungen (Folien, Plastiksäcke, Plastikgeschirr oder auch Gläser) schützen vor Austrocknung, Geschmacksveränderung und Geruchsübertragung.
• Überladen Sie den Kühlschrank nicht, da es so zu einer Temperaturerhöhung kommen kann.
• Lassen Sie Reste von Gekochtem erst auf Raumtemperatur abkühlen, bevor Sie diese in den Kühlschrank geben.

• Packen Sie Fleisch, Fisch und Geflügel gut ein, damit kein Saft mit anderen Lebensmitteln in Kontakt kommen kann.
• Achten Sie beim Einräumen des Kühlschrankes auf die unterschiedlichen Temperaturbereiche: Käse sollte eher oben (+5 bis +8 ºC), Milch eher in der Mitte (+4 ºC), Fleisch/Wurst im kältesten Bereich des Kühlschranks (0 bis +2 ºC; Glasplatte) und Obst/Gemüse am besten in der Gemüselade (+8 bis +10 ºC) aufbewahrt werden. Manche Kühlschränke haben eine separate 0-ºC-Lade.

Tipps für weniger Verschwendung im Alltag

• Wer Lebensmittel klug lagert, bewahrt sie vor dem vorzeitigen Verderben. Oft kann schon etwas Wasser Wunder bewirken. So auch beim grünen Spargel, Zitronen oder bei Karotten: einfach in ein Wassergefäß in den Kühlschrank stellen, und schon halten sie sich um einiges länger.
• Re-Growing ist eine gute Alternative zum Einkauf. Einfach die Knolle von Frühlingszwiebel mit Wurzeln abschneiden, die Enden mit den Wurzeln in ein Glas mit Wasser stellen und das Wasser alle paar Tage wechseln. Nach ein paar Tagen sind die Zwiebeln nachgewachsen. Funktioniert auch bei Ingwer, Sellerie, Salat und Zitronengras!
• Viele vermeintliche Küchenabfälle sind wahre Gewürzwunder. Die Blätter von Kohlrabi sind würzige Salateinlagen, die harte Parmesanrinde mitgekocht in Suppen verleiht eine kräftige Note und das geschmackvolle Öl von eingelegtem Gemüse ist ein ideales Salatdressing.

Too good to go

Steigende Preise verändern die Wertschätzung gegenüber Lebensmitteln und es wird bewusst, dass mit den weggeworfenen Lebensmitteln auch bares Geld in die Tonne wandert. Gleichzeitig wird auch der Einfluss der Lebensmittelverschwendung auf den Klimawandel immer präsenter, denn zehn Prozent der globalen Treibhausgasemissionen sind auf die Verschwendung von Essen zurückzuführen. Ein Weg, um Geld zu sparen und gleichzeitig etwas Gutes für die Umwelt zu tun, ist die Vermeidung von Lebensmittelverschwendung. Mithilfe der Too Good To Go-App können Nutzer überschüssige Lebensmittel von Geschäften in ihrer Umgebung kaufen. Das schont wertvolle Ressourcen und den Geldbeutel. Denn die teilnehmenden Betriebe bieten unverkauftes Essen zur Selbstabholung an – für zirka ein Drittel des ursprünglichen Verkaufspreises.

Sauerkraut-Spezialitäten
aus dem Eferdinger Becken.

JETZT **NEU** IM GLAS

AUS DER GEMÜSE-REGION EFERDING

efko
Sauerkraut
NATÜRLICH FERMENTIERT
MILD

Bratwürstel
Sauerkraut
sämig-weich
efko

efko
Eferdinger
Sauerkraut

efko
Ohne efko iss nix!

Recheis
SEIT 1889

Da bin i daheim.

Einfach ur-gut.

Emmer Nudeln von Recheis.
Genuss aus reinem Urgetreide.

JETZT NEU

Recheis
1889
Urkorn
Emmer
MAKKARONI
Bewusster Genuss aus reinem Urgetreide

Recheis
1889
Urkorn
Emmer
DRALLI
Bewusster Genuss aus reinem Urgetreide

Recheis
1889
Urkorn
Emmer
SPAGHETTI
Genuss aus reinem Urgetreide

100% Österreich

330 G

330 G VEGAN

FÖRDERT DIE ARTENVIELFALT

WAS IST EINE „VERPACKUNG MIT ZUKUNFT"?
IST WENIGER VERPACKUNG BESSER FÜR DIE UMWELT? WELCHEN NUTZEN UND FUNKTIONEN HABEN VERPACKUNGEN?

Welches Material ist das nachhaltigste? Als Konsument ist es oft nicht einfach, sich in diesem Verpackungsdschungel zurechtzufinden. Die Plattform „Verpackung mit Zukunft" klärt über diese Themen auf:

„Viele Konsumenten sind sehr bemüht, möglichst nachhaltig zu handeln und beim Einkauf die richtigen Entscheidungen zu treffen. Sie sind dabei aber oft von Mythen geleitet, wonach zum Beispiel Kunststoffverpackungen immer die schlechteste Wahl sei und am besten sowieso ganz unverpackt gekauft werden sollte. Viele achten auch sehr auf die richtige Mülltrennung, aber es gibt nach wie vor Unsicherheiten bzw. Aufklärungsbedarf", erzählt Plattformkoordinatorin Sandra Pechac. „Klar ist: Jede überflüssige Verpackung ist zu vermeiden. Was auf den ersten Blick manchmal überflüssig erscheint, ist es in vielen Fällen aber nicht. Denn der Einsatz der optimalen Verpackung hat bei richtiger Entsorgung überwiegend positive Effekte auf die ökologische Bilanz eines Produktes."

Schutz vor Lebensmittelverschwendung

Weltweit gehen ein Drittel aller Lebensmittel entlang der Wertschöpfungskette verloren — klimatechnisch eine Katastrophe, denn so entstehen 8 % der weltweiten Treibhausgase. Auch in österreichischen Haushalten werden jährlich ca. 206.000 Tonnen vermeidbarer Lebensmittelabfälle produziert. Verpackungen sind ein wichtiger Hebel im Kampf gegen Lebensmittelverschwendung, denn sie sorgen dafür, dass Lebensmittel schonend transportiert werden können und zudem länger haltbar sind. Dadurch können Lebensmittelabfälle um bis zu 75 % reduziert werden. Der so bewirkte ökologische Nutzen überwiegt den ökologischen Aufwand für die Verpackung meist deutlich. Grob geschätzt halten Gemüse, Milchprodukte und Fleisch in optimaler Verpackung zwischen 10 und 25 Tage länger als unverpackte Produkte. Es kommt beim Einkauf daher auf die Planung an: Wenn man weiß, dass man bestimmte Lebensmittel innerhalb der nächsten Tage verbraucht, müssen sie nicht unbedingt verpackt sein. Ist man sich über den Zeitpunkt des Verbrauchs nicht sicher, ist ein Einkauf mit Verpackung besser, denn wenn das Lebensmittel verdirbt, wäre das deutlich schlechter für die Ökobilanz.

Kreislauffähiges Verpackungsdesign

Eine Verpackung hat nur dann eine Zukunft, wenn sie den geringstmöglichen ökologischen Fußabdruck aufweist. Hierbei haben alle Verpackungsmaterialien ihre Berechtigung. Auch Kunststoff ist in manchen Fällen besser als sein Ruf. Kunststoffverpackungen sind beispielsweise wesentlich leichter als Glas und haben daher beim Transport eine bessere CO_2-Bilanz. Die Gesamtökobilanz wird stark von den Transportwegen mitbestimmt. Je näher der Produzent räumlich beim Endkonsumierenden ist, umso besser schneidet etwa die Glasflasche ab. Je weiter der Transportweg, desto größer die Emissionen.

Die Mitgliedsunternehmen der Plattform „Verpackung mit Zukunft" sind bestrebt, Verpackungsmaterialien einzusetzen, die wiederverwendbar & -verwertbar sind. Ein positives Beispiel für den geschlossenen Kreislauf ist die PET-Flasche. Sie wird getrennt nach Farben sortiert, zerkleinert, eingeschmolzen und daraus neu erzeugt — in sehr guter Qualität.

„Es gibt noch Verbesserungspotenzial, um die Materialien im Kreislauf zu halten. Je besser das gelingt, desto weniger Abfälle produzieren wir. Durch die intensivere Einbindung der Konsumenten kann dies noch verstärkt werden. Wir wollen es den Endverbrauchern durch einen kontinuierlichen Dialog so einfach wie möglich machen, sich im Verpackungsdschungel zurechtzufinden", schließt Sandra Pechac ab.
www.verpackungmitzukunft.at

Gemüse
für
FEINSCHMECKER

nach original
französischem
Rezept

RATATOUILLE GEMÜSE

Köstlich auf Baguette
oder als Sauce für Pasta

Erhältlich bei

Mehr dazu auf
www.cassegrain.at

VERPACKUNGEN BITTE RECYCLINGFÄHIG
DIE KREISLAUFWIRTSCHAFTSZIELE DER EU SIND AMBITIONIERT UND RECYCLING DAS GEBOT DER STUNDE.

Bis 2030 sollen alle in der EU auf den Markt gebrachten Verpackungen wiederverwendbar oder kostengünstig recycelt werden können. Festgesetzte Quoten verpflichten alle Materialarten dazu, recyclingfähig zu sein. In Österreich muss die Kunststoffverpackungsrecyclingquote bis 2030 von derzeit 26 % auf 55 % gesteigert werden.

Im Sinne der sogenannten Herstellerverantwortung und gemäß der Verpackungsverordnung muss jeder Hersteller, Importeur oder Abpacker dafür Sorge tragen, dass die inverkehrgesetzten Verpackungen wieder ordnungsgemäß gesammelt und einem Recycling zugeführt werden. Diese Aufgabe kann an ein Sammelsystem durch eine Entpflichtungs- oder Lizenzvereinbarung übertragen werden. Dadurch wird eine effiziente, flächendeckende und kostengünstige Sammlung, Entsorgung und Verwertung der Verpackungen aus Gewerbe, Industrie und Haushalt ermöglicht.

Ab voraussichtlich 2024 wird eine wesentliche Teuerung der Entpflichtung für nicht recyclingfähige Verpackungen eintreten — die sogenannte Ökomodulation. Die Basis dafür wird ein nationaler Standard zur Bemessung der Recyclingfähigkeit bilden. Dieser wird regulatorische Klarheit darüber schaffen, welche Verpackungen recyclingfähig sind und welche nicht. Denn, nur wenn eine Verpackung im Realzustand als Abfall unter Miteinbeziehung von Füllgutresten und Verformungen sortiert, rückgewonnen und wieder materialgerecht zum Einsatz kommen kann, ist das Recycling auch technisch realisierbar.

Bewertung der Recyclingfähigkeit
Am unabhängigen Prüf- und Forschungsinstitut OFI beschäftigen sich Experten gezielt mit Verpackungslösungen und Recyclingprozessen. Seit Jahrzehnten prüft das OFI bestehende Verpackungen, entwickelt diese gemeinsam mit der Industrie weiter und forscht aktiv an neuen, innovativen Lösungen. Da die Sammel-, Sortier- und Verwertungsstruktur regional verschieden ist, wird die Bewertung der technische Recyclingfähigkeit, wie sie das OFI anbietet, anhand der jeweilig verfügbaren Infrastruktur vorgenommen. Mit dieser detaillierten und praxisnahen Bewertung wird gewährleistet, dass die Verpackung wieder als hochwertiges Rezyklat eingesetzt werden kann. Zur Bewertung der technischen Recyclingfähigkeit zieht das OFI in Kooperation mit cyclos-HTP das internationale Bewertungssystem „CHI-Standard" heran, das für sämtliche Verpackungsmaterialien und Packstoffe angewendet werden kann. Durch langjährige Erfahrung können auch geplante Entwicklungen vorzeitig in den Standard integriert und verifiziert werden. Damit besteht die Möglichkeit zu belegen, dass Verpackungen, die derzeit nach theoretischen Guidelines als (noch) nicht recyclingfähig gelten, praktisch im Recyclingstrom verträglich sind. Ist die Recyclingfähigkeit aufgrund von Verpackungsmerkmalen oder Recyclingstrukturen nicht gegeben, können die Verpackungsexperten bei der Optimierung unterstützen.

Design for Recycling
Dass Kunststoffe Vorreiter im Recycling sein können, zeigt der geschlossene Materialkreislauf von PET-Flaschen, welche nach dem Recycling anwendungsgleich eingesetzt werden können. Es gilt, die Potenziale recyclingfähiger Kunststoffmaterialien auch in anderen Bereichen zu nutzen und so nachhaltige Alternativen zu den derzeit nicht verwertbaren Materialverbunden zu entwickeln. Verpackungen müssen bewusst recyclingverträglich gestaltet, von Konsument:innen korrekt entsorgt und durch den Ausbau von Sortier- und Recyclinganlagen wieder zu wertvollem Rohstoff verarbeitet werden — nur so können die Recyclingziele erreicht werden. Die Herausforderung ist groß, doch mit dem branchenübergreifenden Willen kann Österreich zu einem Vorreiter der Abfallvermeidung, Ressourcenschonung und damit funktionierenden Kreislaufwirtschaft werden.

Wir schauen aufs Ganze.
Die Biobäuerinnen & Biobauern

Bio, regional und sicher.

Bio-Einkaufsquellen ums Eck schonen Klima und Umwelt. Wo Sie Bio-Genussadressen in Ihrer Nähe finden und was das Besondere an Bio-Lebensmitteln ist, erfahren Sie auf **bio-austria.at** und **biomaps.at**.

Mit Unterstützung von Bund, Ländern und Europäischer Union

Bundesministerium
Land- und Forstwirtschaft,
Regionen und Wasserwirtschaft

LE 14-20
Entwicklung für den Ländlichen Raum

Europäischer
Landwirtschaftsfonds für
die Entwicklung des
ländlichen Raums:
Hier investiert Europa in
die ländlichen Gebiete.

DIE „ERBSENZÄHLER"
BONDUELLE, EIN PIONIER DER PFLANZLICHEN ERNÄHRUNG, NIMMT ES MIT DER NACHHALTIGKEIT SEHR GENAU.

„Ist es uns egal, was mit unserer Erde passiert? Nein! Und zum Glück können wir alle etwas verändern!" Alexia Dessyllas von Bonduelle über nachhaltige Landwirtschaft, Reduktion der CO2 Emissionen und nachhaltige Verpackungslösungen.

Was macht Bonduelle Gemüse so besonders?
Gemüseküche ist gefragter denn je. Erbsen, Karotten, Kichererbsen, Mais, Bohnen, Linsen, ... sind auch in der Österreichischen Küche beliebte Zutaten. Immer mehr Menschen ernähren sich vegetarisch oder sogar vegan. Hülsenfrüchte, wie zum Beispiel Linsen oder Kichererbsen, sind durch ihr hochwertiges Eiweiß und die geschmackvollen Zubereitungsmöglichkeiten besonders aktuell. Es kommt aber natürlich auf die Qualität an. Bonduelle hat sich dazu verpflichtet, das Nährwertkennzeichnungssystem Nutri-Score auf der Verpackung seiner Produkte anzubringen. Aktuell sind 98 Prozent der Bonduelle-Produkte in A und B klassifiziert und gehören damit hinsichtlich der Nährwertqualität zu den bestbewerteten Produkten. Bonduelle-Gemüse kommt überwiegend aus Frankreich und Ungarn. Der Anbau findet saisonal in den Regionen statt, in denen das Gemüse am besten wachsen kann. Das Gemüse wird zum optimalen Reifegrad geerntet und anschließend schonend verarbeitet, um den Geschmack, die Konsistenz und wertvolle Inhaltsstoffe bestmöglich zu erhalten.

Was versteht Bonduelle unter nachhaltiger Landwirtschaft?
Bis 2025 sollen mindestens die Hälfte unserer Produkte aus ökologischem Anbau oder einem Anbau ohne Pestizidrückstände kommen. Außerdem soll bis dahin der Anteil unserer Hülsenfrüchte aus europäischem Anbau 40 Prozent unseres Hülsenfrüchte-Sortiments ausmachen. Seit 1996 arbeiten unsere Vertragslandwirte mit unserer landwirtschaftlichen Anbaucharta, die neben einer hohen Gemüsequalität auch den schonenden Anbau im Einklang mit der Natur sicherstellt. Ein besonderes Augenmerk legen wir dabei auch auf die Pflege der Feldränder zum Schutz der biologischen Vielfalt sowie einen persönlichen Kontakt zur Unterstützung jedes einzelnen Vertragsbauern durch regelmäßige Besuche auf ihren Höfen und Feldern. Das Ergebnis: 100 % aller Bonduelle-Produkte sind ohne Gentechnik und ohne Glyphosateinsatz hergestellt. Der Bonduelle Goldmais ist übrigens der einzige Mais garantiert ohne Pestizidrückstände.

Wie nachhaltig ist Bonduelle bei der Verpackung?
Ressourcenschonend, nachhaltig und innovativ ist die Lebensmitteldose aus Weißblech, unser Superstar unter den Verpackungen. Unsere Konserven erhalten seit 2020 das offizielle Logo der Initiative Lebensmitteldose „Metall Recycling ohne Ende", denn sie sind bereits jetzt unendlich oft recycelbar und haben laut der Recycling-Bilanz für Verpackungen aus 2018 mit 90 % die höchste Recycling-Rate in Deutschland. Nachhaltigkeit ist der einzige Weg, um unseren Planeten zu erhalten. Das bedeutet, Ressourcen schonen, Materialien verwenden statt verbrauchen und vor allem bedeutet es recyceln. Übrigens gehören leere Lebensmitteldosen in den gelben Sack oder in die gelbe Tonne. Die Dosen werden zu Schrottwürfel gepresst und zusammen mit flüssigem Roheisen wieder zu Rohstahl verarbeitet. Daraus entstehen die nächsten Produkte und der Kreislauf beginnt von Neuem. Weißblechdosen sind natürlich perfekt für die Vorratshaltung geeignet.

Bonduelle ist Teil des European Plastics Pacts und Ziel des Unternehmens ist, dass bis 2025 100 % die Plastikverpackungen recycelbar sind, die Plastikprodukte und Plastikverpackungen um mindestens 20 % reduziert und gleichzeitig die Verwendung von Rezyklaten gesteigert wird.
Auf www.bonduelle.at gibt es weitere Informationen und auch viele köstliche Rezepte.

ARTGERECHT IS(S)T SAUGUT
AUCH NUTZTIERE HABEN EIN RECHT AUF EIN GUTES LEBEN.
IHR DANK DAFÜR? BESTE FLEISCHQUALITÄT.

1,8 Mio. Rinder, 2,7 Mio. Schweine, 402.000 Schafe, 100.600 Ziegen, 20 Mio. Geflügel und 130.000 Pferde werden in Österreich auf den überwiegend von Familien geführten Betrieben gehalten. Ihre Produkte Fleisch, Geflügel, Eier, Milch und Milchprodukte tragen wesentlich zur Versorgungssicherheit Österreichs mit qualitativ hochwertigen Lebensmitteln bei. Die Produktions-, Umwelt- und Tierwohlstandards sind in Österreich viel höher als in anderen Ländern, und es gibt vielfach eine enge Partnerschaft mit der Tierärzteschaft sowie regelmäßige Kontrollen. Hier wird die Mensch-Tier Beziehung tagtäglich gelebt, das Tierwohl steht bei allen Aktivitäten an oberster Stelle. Die Nutztierbranche selbst bringt sich auch mit großem Engagement, praxisorientierten Lösungen und Forschungstätigkeit zur Verbesserung der Lebens- und Haltungsbedingungen der Tiere ein.

Wichtige Weichenstellungen für die Weiterentwicklung zum Wohle der Tiere wurden bereits eingeleitet: der vom Landwirtschaftsministerium initiierte Tierwohlpakt, das Ende der Anbindehaltung, der Ausstieg aus der Vollspaltenhaltung, das Verbot des Kükenschredderns und Schwanzkupierens. Parallel dazu wurden Fortschritte im Tierschutzgesetz, im Tiertransportgesetz und in der 1. Tierhaltungsverordnung beschlossen. Gütesiegel, wie das AMA-Gütesiegel, und Markenqualitätsprogramme werden ausgebaut. Es geht um Tierwohl, um Artenschutz und auch um Biodiversität.

Ein Saugutes Leben

Mangalitzaschweine waren so gut wie vom Aussterben bedroht. Noch vor gut 100 Jahren war die Rasse in Osteuropa extrem beliebt. Allein in Ungarn gab es 1890 vermutlich neun Millionen Exemplare. Doch als superfettes Speckschwein, das langsam wächst und nur kleine Würfe von etwa sechs Ferkeln hat, wurde das Mangalitza unbeliebt. Ende der 1990er-Jahre war es fast verschwunden, ersetzt durch fruchtbarere, fleischigere Rassen, durch magere vor allem. Es ist jetzt aber gerade die Fettmarmorierung des Mangalitzas, das ihm zu einem grandiosen Comeback verhilft. Das Fett dient nämlich als Geschmacksträger und verleiht so dem Fleisch sein besonderes Aroma. Und wenn jemand doch über den Fettgehalt des Wollschweines wettert, kann man mit durchaus weiteren überzeugenden Argumenten kontern: nämlich mit einem hohen Anteil an Omega-3-Fettsäuren und natürliche Antioxidantien.

Auch die Haltung der Mangalitzaschweine beeinflusst Geschmack und Qualität des Fleisches. So ein Wollschwein ist kein Zuchtschwein, das in einem Mastbetrieb aufwächst und innerhalb von nur wenigen Monaten zur Schlachtreife „gequält" wird. Mangalitzaschweine wachsen zufrieden und artgerecht auf, verbringen mindestens ein Jahr auf der freien Weide. Und ganzjährig weidetauglich ist es eben durch seinen dicken Woll- und Fettgürtel – Kälte ist ihm egal, und hat es ausreichend Suhlmöglichkeiten, kann ihm auch die Hitze nichts anhaben. Seine Neugierde macht es zu einem besonders aktiven Tier. Obwohl es einen sehr massigen Körper hat, ist es geländetauglich und ständig in Bewegung. Es schnüffelt und gräbt nach Insekten, Würmern, Wurzeln oder aber auch Obst. Alles, was in den oberen 30 cm Erde zu finden ist, wird verspeist. Heimische Fleischer wie Thum Schinkenmanufaktur oder der Tschürtz schätzen das Fleisch dieser Tiere und haben eine eigene Produktserie aus Bio-Mangalitza Spezialitäten entwickelt, die einfach nur sagenhaft gut schmecken.

Schweineglück auf steirisch

Vulcano Schweine – nein, das keine besondere Rasse, haben es auch saugut. Sie haben Auslauf und Schattenplätze im Freien und viel Platz, um sich zu bewegen. Darüber hinaus bekommen sie bestes Futter aus eigener Landwirtschaft oder von qualitätsvollen und immer wieder evaluierten Lieferanten. Denn nur aus „glücklichen" Schweinen können in Folge beste

Schinken und sonstige „Schweinereien" entstehen. Vulcano, die steirische Schinkenmanufaktur, vermarktet schon seit vielen Jahren seine Produkte ausschließlich über die Qualitätsschiene. „Was in der Qualitätsgastronomie weltweit und im spezifischen Einzelhandel sehr gut ankommt, erweist sich jedoch im breiten Markt mitunter sehr schwierig zu platzieren. Vulcano-Erzeugnisse und die anderer Qualitätsproduzenten werden dort immer nur über den Preis und nicht die Qualität mit Produkten von billigen Anbietern verglichen," erläutert Geschäftsleiterin Bettina Habel.

„Der Denkansatz sollte jedoch sein, dass wir weniger Fleisch in höherer Qualität zu einem angemessen höheren Preis konsumieren, wenn man noch bessere Haltungsbedingungen forcieren möchte. Denn eine Haltung nach Tierwohl-Kriterien ist nur finanzierbar, wenn der Landwirt auch einen dementsprechenden Preis dafür erhält."
Im Biobereich hat jeder Konsument eigentlich die Möglichkeit, Fleisch von Tieren aus einer besseren Haltung zu genießen. Diese Produkte, dieses Fleisch, das aus einer Haltung mit höherem Aufwand kommt, braucht auch Konsumenten, die bereit sind, dafür mehr zu bezahlen. Die Frage, die sich Bettina Habel stellt, lautet: „Was möchte unsere Gesellschaft wirklich? Sind wir bereit, nur mehr wenig Fleisch zu essen und das aber aus einer guten Haltung zu einem höheren Preis? Ich freue mich sehr über jeden, der sich mit diesem Thema bewusst auseinandersetzt und für sich den Entschluss fasst, nur mehr Fleisch zu kaufen, das aus vertretbarer Haltung stammt. Denn nur mit einem ganzheitlichen Ansatz geht es uns allen besser. Frei nach dem Motto: „Du bist was du isst. Sei nicht billig".

Markus Salcher ist Fleischermeister und Landwirt im Lesachtal, einem Bergtal in Kärnten. Es muss sich etwas verändern, sagt er. Das sagt auch Martin Schlatzer vom Forschungsinstitut für biologischen Landbau (FiBL) in einer aktuellen Studie. Er zitiert Dirk Messner, den Präsidenten des deutschen Bundesumweltamtes. „Wir müssen die Massentierhaltung reduzieren, damit die zu hohen Stickstoffeinträge sinken und Böden, Wasser, Biodiversität und menschliche Gesundheit weniger belastet werden. Dafür müssen wir uns ehrlich machen und über den zu hohen Fleischkonsum reden." Der Konsum von Fleisch in Österreich ist um zwei Drittel zu hoch, verglichen mit den Empfehlungen der Österreichischen Gesellschaft

für Ernährung (ÖGE). Eine dementsprechende Abnahme des Fleischkonsums hätte neben sehr positiven gesundheitlichen sowie ökologischen Wirkungen auch positive Auswirkungen auf die Tiergerechtheit respektive Tierwohl in der Tierhaltung in Österreich.

Fleisch muss wieder zum wertvollen Produkt werden

„Ich habe 50 Stück Vieh. Jedes Tier hat einen Namen. Von der Geburt bis zum letzten Atemzug bin ich für die Tiere verantwortlich. Die Kühe vertrauen mir," erzählt Markus. Es ist also Aufgabe des Bauern darauf zu achten, dass es den Tieren gut geht. Sie brauchen Platz und sind gerne auf der Weide. Rinder sind bekanntlich Pflanzenfresser und benötigen am Tag zwischen 16 und 20 Kilogramm Futter. Auf der Weide fressen die Tiere Gras und Kräuter, bei reiner Stallhaltung werden sie oft mit Futtermais, Stroh oder Kraftfutter, einem besonders energie- und proteinreichen Futtermix aus Getreide, versorgt. „Wenn die Kuh aber reichlich frisches Gras bekommt, braucht sie weniger Zusatzfutter," erläutert Salcher. Fleisch braucht faire und ordentlichen Preise für den Bauern, aber auch für den Konsumenten. „Es kann nicht sein, dass ein Kilo Schweinekotelette weniger kostet als ein Kilo Käferbohnen," so Salcher. Zwei Drittel weniger Fleisch, dafür aber gutes mit Herkunft genießen, das wäre ein guter Anfang, ist auch Salcher überzeugt.

Edel und gut

Hubert Huemer hat sich nicht nur für eine besondere Rinderrasse entschieden. Seine Herde, das sind 40 Wagyu-Rinder, hat viel Weidefläche. Wagyu Rinder sind eine sehr alte Rasse, die in Japan aus der Region Kobe kommt und nur dort als Kobe Rind bezeichnet werden darf. Das Fleisch der Rinder hat eine besonders mürbe Struktur und eine exzellente Marmorierung mit feinen Fettäderchen. Es ist sogar das am stärksten marmorierte Fleisch aller Rinderrassen. Dieses Fleisch ist tatsächlich ein kleiner Luxus, den wir uns ab und zu gönnen sollten. Bei uns haben die Rinder Zeit und leben ganz natürlich, ohne Intensivmast," so Huemer. Er setzt auch auf „kleinere" Tiere, da diese leichter zu händeln sind, den Boden nicht zu stark belasten und auch leichter in der Verarbeitung sind. „Die Tiere haben ein gutes Leben bei uns am Hof, wir müssen sie bestmöglich behandeln, schließlich haben wir die Verantwortung gegenüber der Schöpfung, das gilt auch für ihren letzten Weg," sind sich Diana und Hubert Huemer einig.

Österreichs Schinkenliebling

FRIERSS
SEIT 1898

Frierss Kärntner Bauernschinken verspricht höchsten Schinkengenuss. 125 Jahre Meisterhandwerk, bestes, heimisches Fleisch und das überlieferte Familienrezept garantieren erstklassigen Geschmack: fein-schmackhaft und herrlich saftig. **So schmeckt nur das Original!**

SCHWEINEFLEISCH WIE „FRÜHER"
THUM STEHT SEIT ÜBER 160 JAHREN FÜR ÖSTERREICHISCHE SCHINKEN-SPEZIALITÄTEN UND FLEISCHERZEUGNISSE.

Wer Fleisch wirklich genießen möchte, muss sich Gedanken machen. Darüber, wo das Tier gelebt hat, ob es ihm artgerecht gut ergangen ist und letztendlich auch, wie sein letzter Weg war. Roman Thum tut das und noch mehr. Er kennt seine Schweinezüchter im Burgenland, in der Steiermark, im Weinviertel und arbeitet eng mit ihnen zusammen. Für ihn als Fleischermeister ist es keine Frage, dass Genuss auch eine große Verantwortung bedeutet, die weit über Tierwohl hinausgeht.

Nachhaltigkeit beutet?
Einen verantwortlichen, achtsamen und wertschätzenden Umgang mit Rohstoffen, im Speziellen mit Fleisch. Was Thum Schinken ausmacht, ist, natürlich neben bester Fleischqualität, das Handwerk. So wird der Schlögel im Ganzen behandelt, um eine unvergleichlich saftige Struktur zu erhalten. Beim Pökeln wird die Salzlake behutsam durch die natürliche Verzweigung der Adern eingebracht. Durch diese schonende Technik bleiben die Fleischfasern komplett unberührt, was für den einzigartigen Geschmack des Beinschinkens sorgt. Das Fleisch wird in einer Räucherkammer mit Buchenspänen zart geräuchert und anschließend mit Dampf schonend gekocht. Gearbeitet wird ausschließlich mit natürlichen Zutaten. Geschmacksgebend beim Schinken sind beispielsweise lediglich Salz und eine Prise Zucker. Um besondere Geschmacksnoten zu kreieren, werden die Schinken zusätzlich mit Preiselbeeren, Kürbiskernen, Kräutern veredelt. Diese Gewürzmischungen werden nach alter Rezeptur selbst hergestellt und wirken sich köstlich auf den Eigengeschmack des Fleisches aus.

Woher kommt das Fleisch für den Thum Schinken?
Konventionelles Fleisch beziehen wir aus dem Weinviertel, von Bauern im nahen Umfeld, um kurze Transportwege zu haben. Unsere Qualitätskriterien sind Regionalität und damit kurze Transportwege, aber natürlich auch die Haltung der Tiere,

also Tierwohl. Und schließlich, um unseren Kunden auch perfekten Genuss bieten zu können, die Fettmarmorierung.

Warum Mangalitza?
Mein erstes Mangalitza habe ich vom Freund meines Vaters aus Ungarn bekommen. Der Grund war die Suche nach perfektem Schweinefleisch, eben Schweinefleisch wie „früher". Heute bekomme ich das Mangalitzafleisch aus dem Burgenland. Es ist eine sehr schöne Zusammenarbeit mit Josef Göltl, der mittlerweile von seiner kleineren Landwirtschaft leben kann, einen eigenen Hofladen sehr erfolgreich führt und in Frauenkirchen und Umgebung tolle Werbung macht, auch für uns. Andererseits gibt es noch die Zusammenarbeit mit dem grünen Kreis, der auch Schweine biologisch im Freiland hält. Der grüne Kreis ist ein Verein, der in ganz Österreich Niederlassungen hat, um ehemalige Suchtkranke wieder in den Alltag zu führen. Dies geschieht unter anderem auch durch das Arbeiten mit Pflanzen und Tieren. Es geht in der Therapie darum, Verantwortung zu übernehmen. Diese Tiere sind unsere Bio-Mangalitzaschweine, die im Wechselgebiet unter richtig tollen Bedingungen leben dürfen. Qualität zu produzieren ist das eine, mir geht es aber auch um die Menschen, um den persönlichen Umgang mit Lieferanten, Mitarbeitern und Kunden.

Fleisch zwischen Genuss und Massenprodukt. Wie finden Sie die richtige Balance?
Das ist für mich ein ganz wichtiger Punkt. Ich wünsche mir einen achtsamen Umgang und dass wir Fleisch wieder als Lebensmittel und nicht nur als Produkt sehen. Wir essen heute alle zu viel Fleisch. Da geht es gar nicht um das Schnitzerl, das Leberkässemmerl, die Burenwurst. Das alles liebe ich auch. Es geht um die Quantität des Konsums. Weniger Fleisch, mehr Gemüse und Obst. Es braucht die Balance. Und wenn doch Fleisch, dann richtig gutes. Wenn schon, denn schon.

KÄSE IST NACHHALTIG GUT
WARUM WIR KÄSE LIEBEN, KÄSE DAS KLIMA SCHÜTZT, DIE ARTENVIELFALT FÖRDERT UND FÜR TIERWOHL SORGT.

Österreich hat sich in den vergangenen Jahrzehnten zu einer namhaften Käsenation entwickelt. 20 Kilo essen Herr und Frau Österreicher pro Jahr. Und die Vielfalt ist enorm. Es gibt mehr als 400 heimische Käsesorten. Man nehme Milch, natürlich von Tieren aus artgerechter Tierhaltung. Diese gilt aufgrund ihrer hohen Nährstoffdichte als besonders gesundes Lebensmittel. Dann braucht es das passende Klima, Zeit und das Wissen um die hohe Kunst der Käserei. Das Ergebnis ist ebenso köstlich wie vielfältig in vielerlei Hinsicht: Konsistenz, Würze, Reife sind die geschmacklichen Unterscheidungsmerkmale. Käse ist aber nicht einfach nur geronnenes Milcheiweiß. Guter Käse hat immer eine Geschichte. Die der Kühe, die im Sommer auf den heimischen Almen nur die besten Gräser fressen. Die der Ziegen, die wahre Kräuterexperten sind. Die der Wanderschäfer, die mit ihren Herden zu den saftigsten und schönsten Futterplätzen ziehen. Die der Menschen, die nach alter Tradition arbeiten und dem Käse die Zeit und Zuwendung geben, die er braucht, um zum vollen Geschmack zu reifen. „Man muss Käse lieben, ohne Liebe geht's nicht!"
Diese Weisheit gilt nicht nur für die Herstellung von Käse, sondern auch für seinen Genuss. Wer Käse in seinem Wesen begreifen und wirklich verstehen will, muss neugierig sein, Mut zur Entdeckung neuer Geschmackswelten haben und mehr als nur Schnittkäse probieren. Wir fragen daher die AMA, die schließlich auch alljährlich die Käsekaiser auszeichnet.

Niederösterreich: Heimat des Schaf- und Ziegenkäses
Typisch niederösterreichische Bauernkäse sind die verschiedenen Frischkäse, die früher aus Schaf- und Kuhmilch, heute aber oft als reine Schafmilch- oder reine Ziegenmilchkäse hergestellt werden. Diese Frischkäse haben vor allem im Alpenvorland eine jahrhundertealte Tradition. Der Frischkäse wird nach wie vor auf die überlieferte Art erzeugt, nur waren ursprünglich die Formen, in denen er von der Milch zum Käse reifte, Tonge-

fäße, heute sind es meistens Kunststoffbehälter. Heute wird Frischkäse in allen Regionen Niederösterreichs hergestellt. Weichkäse, Schnittkäse und Hartkäse werden hier erst seit vergleichsweise kurzer Zeit in größeren Mengen erzeugt.

Kärnten: Käse von Freunden
Sowohl die geografische Nähe zu Italien als auch die Traditionen haben ihre kulinarischen Spuren hinterlassen. Das südlichste Bundesland Österreichs ist sehr stark durch die Almwirtschaft geprägt, und die Milch wird täglich von 86 Almen geliefert. Mit Ausnahme des Rosentales wird heute in allen Tälern Kärntens Käse hergestellt. Klassische Hart- und Schnittkäse aus roher Kuh- und Ziegenmilch in den höher gelegenen Bergtälern und ihren Almen, Schaf- und Ziegenkäse in den flachen, von Hügeln gesäumten Tälern Mittel- und Unterkärntens. Eine Kärntner Spezialität, die bei keiner Kärntner Brettljause fehlen darf: Glundner Kas.

Oberösterreich: Die größte regionale Käsevielfalt
Die Heimat der größten regionalen Käsevielfalt, Oberösterreich, ist nicht nur ein Hochgebirgsland, sondern umschließt auch große, fruchtbare Weideanteile im Alpenvorland. Die Bodengestalt hat sich wesentlich auf die Käsekultur Oberösterreichs ausgewirkt. Im Laufe der Jahre konnte sich eine breite Kultur Schnitt-, Weich- und Frischkäse entwickeln. Mit fast 50 % des gesamten Milchaufkommens Österreichs kann das traditionelle Milch- und Butterland auch auf einen großen Facettenreichtum an Käsesorten verweisen und ist auch für seine Kochkäse bekannt.

Salzburg: Das Land der Käse-Weltmeister
Zwar fangen da und dort auch Kleinbetriebe bzw. einzelne Bauern mit der Herstellung spezieller Käse an, geprägt wird das Bundesland aber von den alten gewerblichen Strukturen

Echte Vorarlberger Käsespezialitäten

In den kleinen Alma Bergsennereien und auf den Sennalpen
wird gekäst wie früher. Aus unbehandelter Heumilch entstehen in
Handarbeit Alma Vorarlberger Bergkäse g.U., Alma Alpkäse und
andere Spezialitäten. Diese Tradition werden wir bewahren.
Aber für unseren Direktverkauf nützen wir gerne neue Wege.

Den Echten
online kaufen auf
shop.alma.at

der Molkereien. Hinsichtlich der Entwicklung der Milch- und Käsewirtschaft kann Salzburg in zwei unterschiedliche Regionen eingeteilt werden: einerseits das Alpenvorland (Flachgau — wo hauptsächlich Emmentaler hergestellt wird, begründet mit der guten Milch dieses durchgehend silofreien Gebietes — und der nördliche Tennengau) und andererseits die gebirgigen Regionen (Pinzgau, Pongau und Teile des Tennengau). Zahlreiche Biokäse und Schnittkäsespezialitäten wie Hirtakas oder Seetaler stammen aus diesem Gebiet.

Steiermark: Käse aus dem grünen Herzen Österreichs
Neben alten Käsereien, die sich beizeiten umgestellt und ihre ganze Erfahrung in besondere Produkte einfließen ließen, sind einige bemerkenswerte Klein- und Privatkäsereien entstanden. Die steirische Käselandschaft zeichnet sich vor allem durch ihre Sortenvielfalt auf dem Spezialitätensektor aus. Neben zahlreichen Schnittkäsen wie z. B. Amadeus, Moosbacher, Dachsteiner, Erzherzog Johann und Chorherrenkäse wird auch ein Großteil der österreichischen Blau- und Grünschimmelkäse in der Steiermark hergestellt. Seit geraumer Zeit auch Weichkäsespezialitäten wie Brie, Camembert oder Weinkäse Affineur. Außerdem sorgt die Steiermark für die Hälfte der österreichischen Gesamtproduktion an Butterkäse und Tilsiter.

Tirol: Das „heilige Land" der Käsekultur
Was die Käsekultur betrifft, präsentiert sich Tirol als absolut homogenes Gebilde. Der Schwerpunkt liegt, bedingt durch die Landschaftsstruktur, eher auf Hartkäse als auf Weichkäse. Tirols Hartkäseproduktion konzentriert sich vor allem auf das Außerfern (Lechtal und Tannheimtal), das Gebiet der Unteren Schranne zwischen Kufstein und St. Johann sowie das Zillertal und Kaiserwinkel. Alle diese Regionen sind Silosperrgebiete. Im Sommer weiden Kühe auf Almen, was zu einer besonderen Milchqualität und weiters zu einer außergewöhnlichen Qualität der Hartkäse führt. Almkäse, Bergkäse und Emmentaler gehören heute zu den besten Hartkäsen der Welt. Tirols traditionellste Käsesorte ist allerdings der Graukäse, der seit jeher aus vorgereiftem Magertopfen fast fettfrei hergestellt wird.

Vorarlberg: Heimat des Original Rohmilch-Bergkäse
Mit Sicherheit nimmt Vorarlberg in der österreichischen Käseproduktion einen Spitzenrang ein. Die Alpinwirtschaft (hier heißt sie so und nicht, wie im restlichen Österreich, Almwirt-schaft) bringt aufgrund ungedüngter Wiesen, einer besonderen Graswurz und klarer Höhenluft eine geschmacklich unerreichte Milch hervor, aus der Alpkäse, Berg- und Emmentalerkäse hergestellt werden. Die Herstellung fetter Hartkäse ist im Bregenzerwald (wo man auch die meisten Melkalpen und Sennereien findet) und im großen Walsertal zu Hause; im Montafon produziert man nach wie vor hauptsächlich den traditionellen Sauerkäse. 40 % des österreichischen Alpkäses werden in Vorarlberg produziert.

Heumilchkäsehype
Käse nachhaltig fängt auf der Weide an. Denn nur wenn es den Kühen gut geht, geben sie auch die gute Milch für den richtig guten Käse. Klingt einfach und ist logisch. Klar ist: In der Massentierhaltung ist das nicht möglich. Nur die kleinbäuerlichen Strukturen ermöglichen eine individuelle und persönliche Tierbetreuung. Und das ist den Heumilchbauen wichtig — denn das Wohlbefinden der Tiere hat für sie den höchsten Stellenwert. Was ist aber Heumilch? Bei der Heuwirtschaft handelt es sich um die ursprünglichste Form der Milcherzeugung. Heumilchkühe bekommen frische Gräser und Kräuter im Sommer sowie Heu im Winter. Das Heumilch-Gütesiegel garantiert die Herstellung von Produkten aus bester Milch, die gänzlich ohne vergorene Futtermittel wie Silage erzeugt werden. Heumilch trägt das EU-Gütesiegel g.t.S. Die besonders schonende und extensive Wirtschaftsweise der Heumilchbauern wirkt sich auch positiv auf die Natur aus und trägt entscheidend zum Schutz der Umwelt und zum Erhalt der Artenvielfalt bei. Heumilchbauern setzen auf Rinderrassen, die perfekt an die Anforderungen der Heuwirtschaft angepasst sind. Sie halten gesunde und widerstandsfähige Tiere, die sich auch bis in hohe Almlagen hervorragend zurechtfinden. So sind Braunvieh, Grauvieh, Original Pinzgauer und viele weitere Rassen auf den Höfen der Heumilchbäuerinnen und Bauern zu sehen. Heuwirtschaft schützt das Klima und schont die Böden. Die Heuwirtschaft ist seit jeher geprägt durch nachhaltiges, auf Generationen aufgebautes Denken und Handeln. In einem Stück Heumilchkäse steckt nicht nur viel Geschmack, sondern auch Arbeit, Zeit und Leidenschaft. Käse ist ein Naturprodukt und reift auch nach dem Kauf weiter. Käse ist, je nach Sorte, sehr lange haltbar. Er gehört sogar zu den wenigen Lebensmitteln, die bei richtiger Lagerung mit der Zeit noch schmackhafter werden.

TRADITIONELLE KÄSESPEZIALITÄTEN VON SCHÄRDINGER

JETZT NEU!

SCHÄRDINGER MONDSEER
Würzig-kräftiger, pikant – leicht säuerlicher Käsegenuss.

SCHÄRDINGER MONDSEER GERÄUCHERT
Das milde Räuchern über Buchenholz verleiht ihm seinen fein-aromatischen Rauchgeschmack.

Schärdinger. So schmeckt mir das Leben!

BIERLAND OBERÖSTERREICH
VOM WILDEN HOPFEN, DER WEIZENBIER-VIELFALT UND DEM STÄRKSTEN BIER VON ÖSTERREICH. CONRAD SEIDL

Wenn man meint, über Bier sei schon alles gesagt, dann kommt eine Einladung zu einem neuen Bier daher, das wieder eine ganz neue Facette eröffnet. Im Herbst 2022 führte diese Einladung zu einem Bockbieranstich ins Mühlviertel. Bist Du extra deswegen hierhergekommen? Die Frage hätte sich der Gastgeber sparen können — wie er selbst gleich bemerkt und sich auch selbst beantwortet hat: Natürlich, im Mühlviertel kommt man nicht einfach vorbei. Da fährt man gezielt hin. Gerade, wenn es ums Bier geht.

Wobei: Das sagen auch die Bierbrauer in den anderen Vierteln des Landes. Aber bleiben wir kurz im Mühlviertel. Im Hopfenland. Da, wo die wichtigste aromagebende Zutat des Bieres wächst. Quasi vor der Haustür der Neufeldner Brauerei. Also: Genau genommen ist Neufelden Sitz der Hopfenbaugenossenschaft. Die Hopfengärten liegen weit verteilt auf den Hügeln des Bezirks Rohrbach. Aber dann wächst irgendwo auch wilder Hopfen — nicht so gern gesehen von den Hopfenbauern, die befürchten müssen, dass die wild wachsenden Pflanzen ihre Kulturen unerwünschterweise bestäuben. Aber natürlich ein spannender Anblick für einen professionellen Brauer wie Tobias Pumberger: Kann man mit dem wilden Zufallsfund auf einem Bio-Bauernhof aus der Umgebung der Brauerei tatsächlich brauen?
Diese Frage hätte sich vor der wissenschaftlichen Erforschung des Hopfenanbaus und dessen Professionalisierung niemand gestellt: Noch vor 200 Jahren hätte ein Brauer mit Freuden die Hopfen aus der Umgebung des Brauhauses geerntet — oder durch das damals noch zu Dutzenden vorhandene Hilfspersonal ernten lassen — und so viel wie möglich seinem Sud zugesetzt. Denn im 19. Jahrhundert wollte man so viel Hopfenbittere im Bier wie nur möglich. Dies weniger wegen des bitteren Geschmacks (der dann mit der Vollmundigkeit der damals ganz anders vermälzten Gersten balanciert

werden musste) als wegen der konservierenden Wirkung der Gerbstoffe: Zu Zeiten, als Biere weder filtriert noch pasteurisiert werden konnten und auch sonst die Hygiene mangelhaft war, musste der Hopfen vor allem als Konservierungsmittel herhalten. Nur wenige Brauer konnten sich die international gehandelten Hopfensorten aus streng kontrollierten (und mit dem jeweiligen Stadtsiegel dokumentierten) Hopfenanbaugebieten wie Saaz, Kent oder der Hallertau leisten. Um 1860 stieg auch das Mühlviertel in den erlauchten Kreis der international anerkannten Herkünfte auf — man baute englische Sorten aus der Gegend von Malling in Kent an und exportierte die Ernte auch teilweise nach England.

Womit sich auch fragt, welche Verwandtschaft der „wilde" Hopfen aus Neufelden wohl hat? Die Neufeldner haben ihm den Namen „Karolina" gegeben und ein Starkbier gebraut. Sicherheitshalber, denn von dieser offiziell nicht anerkannten Sorte kennt man die Bitterwerte nicht — in einem vollmundigen und alkoholreichen Bier lässt sich eine allenfalls zu starke Bittere gut einbauen. Tatsächlich ist ein hellbernsteinfarbenes, trübes Bockbier entstanden, das eine schöne Balance zwischen den Hopfen- und den Malznoten aufweist. Und gefährlich süffig ist es auch — man könnte leicht vergessen, dass es sich hier um ein ziemlich alkoholreiches Bier handelt. Fraglich bleibt viel eher, ob sich dieses Experiment in künftigen Jahren wiederholen lässt: Der im Garten eines Biobauern gewachsene Hopfen liefert noch weniger als andere vorhersagbare Qualitäten.
Und diese Vorhersagbarkeit wird immer wichtiger, je größer eine Brauerei ist: Nachhaltigkeit bedeutet letztlich ja auch, dass man als Gast genau weiß, was wohl serviert wird, wenn man dieses oder jenes Bier bestellt.
Wobei Bier-Profis wie der Rieder Wirt Karl Zuser darauf hinweisen, dass man beim Bestellen sehr genau darauf achten

sollte, welches Bier man wirklich haben wollte. Gerade bei der Rieder Brauerei, getragen von einer Gastwirte-Genossenschaft, an der auch die Familie Zuser beteiligt ist, gibt es eine große Auswahl. Wobei die Spezialität traditionell das Weizenbier ist – in Ried gibt es sogar ein eigenes Weizenbiermuseum in der ehemaligen Brauerei Träger, die heute ein stattlicher Braugasthof und ein attraktiv ausgestatteter Hotelbetrieb ist.

Wo Weizenbier so stark verankert ist, scheut man sich auch nicht, sich zu vergleichen: Zuser hat nicht nur die Rieder Biere im Programm, in seinem Gasthof Riedberg gibt es auch einen legendär gewordenen Keller mit gereiften Bieren und im Februar 2023 soll es sogar ein Weizenbier-Festival in Ried geben, bei dem die Weizenbier-Vielfalt aus Ried (darunter mehrere Weizenböcke) gemeinsam mit Weißbieren aus der näheren und ferneren Nachbarschaft verkostet und verglichen werden kann.

Dahinter steht das erwähnte regionale Selbstbewusstsein: Während sich das Mühlviertel seit bald einem Vierteljahrhundert als „Bierviertel" touristisch und kulinarisch vermarktet, pocht das Innviertel auf eine aus Bayern stammende Tradition. Viele Innviertler Städte zählten bis in die Zeit Maria Theresias zu den prominentesten bayrischen Bierlandschaften. Selbst die heute so erfolgreichen Rezepturen der bayrischen Weißbiere wurden seinerzeit in Innviertler Brauereien entwickelt, der Herzog von Bayern betrieb zu diesem Zweck eigene Weizenbierbrauereien, denn er verteidigte unnachgiebig das herzogliche Weizenbiermonopol.

All das schien im Innviertel so selbstverständlich, dass man die gemeinsame Vermarktung der Bierregion erst ernsthaft anzugehen begann, als die Mühlviertler sich anschickten, ihnen die Bierkompetenz streitig zu machen. Aber das ist auch nur ein Teil der Geschichte – und ein bisserl etwas davon ist auch in den Bereich der Legende zu verweisen: Schließlich kooperieren die Mittelstandsbrauer über Viertelsgrenzen hinaus. So hat die

Trappistenbrauerei Engelszell am südlichen Donauufer keinerlei Probleme, mit dem Stift Schlägl nördlich der von der Donau gebildeten Viertelsgrenze zu kooperieren. Und die Freistädter Brauerei preist auf Plakatwänden der Landeshauptstadt augenzwinkernd ihr Mühlviertler Bier als Linzer Bier an.

Dies ist als Spitze gegen die Brauunion gedacht, die die Marke Linzer Bier vor Jahrzehnten zugunsten der Marke Kaiser aufgegeben hat und das Bier erst 2017 wiederbelebt hat — es wurde allerdings bis zum Frühjahr 2022 nicht mehr in Linz gebraut. Die Revitalisierung der ehemaligen Tabakfabrik hat allerdings die Gelegenheit eröffnet, in Linz eine hochmoderne Brauerei zu errichten, in der das Linzer Bier nun seine Heimat auf Linzer Boden hat.

Dazu muss man wissen, dass die Brauunion als Österreichs größtes Brauereiunternehmen in Oberösterreich fester verankert ist als anderswo: Nukleus des heutigen Konzernbetriebs war die Poschacher Brauerei in Linz, die sich mit anderen Betrieben - der bis 1969 betriebenen Salzkammergut-Brauerei Gmunden, der Wieselburger Brauerei und dem Hofbräu Kaltenhausen - 1921 zur Braubank AG zusammengefunden und vier Jahre später zur Brau AG fusioniert hat. 1970 ist die Zipfer Brauerei dazugekommen - sie hatte damals mit dem Zipfer Urtyp eine Ikone der Bierkultur geschaffen und hat diesen Kultstatus seither erfolgreich gepflegt: Seit Jahrzehnten ist der Donnerstag Kellerbier-Tag im Zipfer Brauhaus und neuerdings gibt es dieses unfiltrierte Kellerbier auf Basis des Zipfer Märzen auch an anderen Wochentagen als Flaschenbier und im Handel. Zipf ist heute der größte Braubetrieb Oberösterreichs, womit das Hausruckviertel den Anspruch erheben könnte, das eigentliche Bierviertel zu sein.

Dem könnte man allerdings mit einigem Recht entgegenhalten, dass das Traunviertel durchaus auch seine bierigen Meriten hat. Hier ist es vor allem die Brauerei Schloss Eggenberg, die für internationalen Ruhm gesorgt hat: Die Besitzerfamilie Stöhr hat seit Jahrzehnten neben den regionalen Bieren die Tradition des Starkbieres gepflegt. Und dann tat sich in den 1990er-Jahren die einmalige Chance auf, das Portfolio um ein weltweit berühmtes Bier zu erweitern. Längst ist vergessen, dass es eigentlich Martin Hürlimann von der gleichnamigen Brauerei in Zürich-Enge war, der ein Bier im (Schweizer) Namen des Heiligen Nikolaus gebraut hat: Hürlimann wollte einfach sehen, ob seine hauseigene Hefe imstande wäre, auch eine

Bierwürze mit extrem hohem Anteil an Malzzucker zu vergären. So wurde ein Sud mit 29 Grad Stammwürze eingebraut, zufällig an einem 6. Dezember, was den Namen des Bieres nahelegte. Das Experiment gelang und das Samichlaus-Bier (bei dessen Vergärung genau genommen zwei verschiedene Hefen beteiligt sind) wurde zu einem weltweit gesuchten Kultbier.

Hürlimann wurde an die Feldschlösschen Brauerei in Rheinfelden bei Basel verkauft (und Feldschlösschen selber bald darauf an die dänische Carlsberg-Gruppe); Feldschlösschen aber hatte keine Lust, am Nikolaustag, der in der Schweiz Samichlaustag heißt, ein spezielles Bier einzubrauen, dieses mit einer besonderen Hefekultur zu vergären und ein Jahr lang zu lagern. Der letzte vor der Schließung von Hürlimann in Zürich gebraute Jahrgang ist jener von 1996.

Gelegentlich tauchen noch Flaschen davon bei eBay oder gar auf Wein-Auktionen auf, denn je älter die Samichlaus-Biere werden, desto milder werden sie. Übrigens ein schöner Beweis dafür, dass altes Bier durchaus seinen Wert hat, den manche Leute auch zu zahlen bereit sind.

Als das Bier vom regulären Markt verschwunden war, gab es loyale Fans — vor allem Amerikaner und Engländer: Sie trauerten dem Bier nicht nur nach, indem sie feierlich die letzten Flaschen leerten, sondern machten von ihrer Verbrauchermacht Gebrauch. Also erschienen im Internet „Nachrufe" auf das Bier, es gab ein virtuelles Kondolenzbuch und ein Mailing an die Hürlimänner und Feldschlösschen-Herren. Und siehe da, der Konsumentenprotest hatte Erfolg: Seit dem Jahr 2000 gibt es wieder frischen Samichlaus (gebraut 1999). Er hat weiterhin eine beachtliche Stammwürze von 30 Grad Plato, die von einer speziellen untergärigen Hefe zu 15 Volumsprozent Alkohol vergoren werden. Es ist damit das stärkste Lagerbier weltweit. Die Eggenberger Brauerei in Vorchdorf hat sich die Rechte an der Samichlaus-Marke gesichert, womit das stärkste Bier der Schweiz nun eben das stärkste Bier Österreichs ist, das, wie schon bisher, traditionell am 6. Dezember gebraut wird.

Es hat, wie gesagt, internationalen Erfolg. Aber es steht damit nicht allein: Gerade die starken Biere Oberösterreichs findet man gelegentlich auch in internationalen Bierbars. Das gilt neben dem Samichlaus auch für die Starkbiere aus Wildshut oder aus Hofstetten — und, wer weiß?, vielleicht bald auch für das Karolina-Bier aus Neufelden.

EINE URTYPISCHE ERFOLGSGESCHICHTE
DIE WIEGE DES BIERGENUSSES HAT EINEN NAMEN: ZIPF!

Tradition Naturhopfen.

Als sich der Wiener Bankier Wilhelm Schaup 1858 in Zipf nieder-
ließ, schlug die Geburtsstunde von Zipfer - mit einer urtypi-
schen Zutat: Naturhopfen. Sprich Dolden, die nach der Ernte
lediglich getrocknet werden und ganz natürlich unser Bier
würzen. Diese Kostbarkeit ist dabei in den sorgsamen Händen
unserer Hopfenbauern, mit denen uns eine langjährige Partnerschaft verbindet. Der Naturhopfen prägt nicht nur unser Bier, er
prägt auch die Landschaft und das Leben in Oberösterreich.

Urtypisch verwurzelt.

Wertschöpfung in der Region, die zugleich Heimat ist: Hier wird
gebraut, hier sind unsere Wurzeln. Von Kellerbier-Abenden bis
ZipfAir genießt man sein Lieblingsbier in bester Gesellschaft
und - urtypisch!

BRAUEREI ZIPF
4871 Zipf, Zipf 22 | +43(0)810 206 97 97
www.zipfer.at

UNIMARKT
Genuss ♡
verbindet

Beste Genussmomente bei Unimarkt: Genuss bedeutet für den regionalen Lebensmittelhändler, dem Alltagsstress zu entfliehen, den Gaumen zu verwöhnen sowie ein Bewusstsein für die Produkte und deren Herkunft zu schaffen!

Warum Genuss? Etwas bewusst zu genießen hat zahlreiche positive Auswirkungen auf Körper, Geist und Seele. Daher ist Genuss ein **unverzichtbarer Faktor für ein glückliches und gesundes Leben.** Ein Aspekt, der Unimarkt und seinen Handelspartnern bewusst ist und den der Lebensmittelhändler künftig noch stärker betonen will. Kurzum: Genuss verbindet – genau dafür steht Unimarkt! Dieser Genuss steht auch bei der Herstellung der Markenprodukte sowie bei der Zusammenarbeit mit unseren regionalen Produzenten im Vordergrund. Außerdem ist es stets das gute Essen und Trinken, der charakteristische Geschmack und das Besondere und Regionale, das **Menschen zusammenbringt.**

Unimarkt Standorte als Genussbotschafter

Der **regionale Nahversorger** ist mit seinen rund 130 Standorten in den Bundesländern **Oberösterreich, Niederösterreich, Salzburg, Steiermark** und **Burgenland** vertreten. Aktuell werden mehr als die Hälfte der Standorte von Franchisepartnern geführt. Dadurch kann der Lebensmittelhändler das Thema Regionalität und Genuss noch stärker in den Mittelpunkt rücken, da der Kontakt eines Franchisepartners zu seiner Umgebung noch intensiver und persönlicher ist.

Beste Qualität

Täglich angeliefertes Obst und Gemüse, stündlich frisch aufgebackenes Brot sowie Gebäck und Fleischwaren mit dem AMA-Gütesiegel.

Klimaneutral

Unimarkt kompensiert seine Emissionen seit 2018 freiwillig und stellt österreichweit auf ein klimaneutrales Standortnetz um.

DAS IST
Genuss verbindet

Sparen beim 1. Stück

Bei Unimarkt sparen Kunden schon beim ersten Stück. Das ist einzigartig in Österreich. Damit leistet Unimarkt einen wichtigen Beitrag gegen das Wegwerfen von Lebensmitteln.

Markenqualität

Wir setzen auf bekannte Marken und bieten diese zum besten Preise.

Online Shop

Alles frisch, alles drin: Bei Unimarkt können Sie auch online einkaufen und sich den Einkauf bis vor die Haustür liefern lassen.

Verlässliche Partner

Unimarkt ist Teil der UNIGRUPPE, die solide aufgestellt ist.

shop.unimarkt.at

UNIMARKT IST PAYBACK PARTNER!

Bei jedem Einkauf, können wertvolle Punkte gesammelt werden, mit denen Kunden sparen können und Prämien erhalten. Die gesammelten Punkte können dann direkt an jeder Unimarkt-Kassa eingelöst werden.

Auch bei einem Einkauf im Unimarkt Online Shop und in der UNIBox können PAYBACK Punkte gesammelt werden!

MAGEN KNURRT UND KÜHLSCHRANK LEER?

EINKAUFSERLEBNIS AUF EINEM NEUEN LEVEL

 WAREN DES TÄGLICHEN BEDARFS

 EINFACHES & KONTAKTLOSES EINKAUFEN

 PAYBACK PUNKTE SAMMELN

 EINKAUFEN ZU SUPERMARKTPREISEN

UNSER BROT
EINE ODE AN DAS ALLTÄGLICHE, DAS LEBEN. GEMACHT AUS EHRLICHEM HANDWERK, GUTEM GETREIDE UND ZEIT.

Das Korn. So klein und doch so unendlich bedeutsam für die Menschheit. Seit jeher spielt es eine wichtige Rolle, wenn es um das Wohlergehen und das Überleben ganzer Völker geht. Denn aus Korn wird Brot. Und dies stand früher nicht alleine für sich selbst als Lebensmittel, sondern stets als Synonym für Nahrung, Speise, Beschäftigung oder Unterhalt. Wer „brotlos" war, hatte nicht nur nichts zu essen, sondern kein Auskommen. Der griechische Philosoph Pythagoras (ca. 570 - 510 v. Chr.) schrieb sogar: „Das Universum beginnt mit dem Brot." Unsere Geschichte schrieb Zeiten, in denen es an Brot mangelte. Während der großen Hungersnöte wurde rohes Getreide mit allerlei gekochten Kräutern, mit Wurzeln und Gras, sogar mit Häcksel und Baumrinde vermischt. In Österreich suchte man im ersten Weltkrieg beispielsweise nach Brotersatz. In Wien riet man der Bevölkerung, sich aus Ermangelung an Brot von Pilze zu ernähren, was so mancher aber mit dem Leben bezahlte.

Korn und Brot – Spiegelbild der Kultur der Menschen
Ein Weiser sagte einmal: „Korn und Brot sind der Ausdruck der Beziehung von Himmel und Erde." Im alten Ägypten glaubte man beispielsweise, dass der Mensch im Augenblick seines Todes ein Getreidekorn war. Es fiel zu Boden, um aus ihm heraus wieder zu neuem Leben zu erwachen. So waren Korn und Brot von allem Anfang an für viele Menschen heilige Nahrung und hatte ein hohen spirituellen und rituellen Charakter. Ein Geschenk Gottes, um dass wir im Vaterunser ausdrücklich bitten und auch darauf hoffen, daß es uns erhalten bleibt. Gerade in der christlichen Religion gibt es unzählige Brotrituale. Zum Einzug in ein neues Haus schenkt man Salz und Brot als Glücksbringer. Wöchnerinnen legten ein Stück Brot unter das Kissen, um eine glückliche Geburt zu erbitten. Über Neugeborenen wurde das Brot gebrochen, damit Leib und Seele gut gedeihen. Brot ist eines der ältesten Lebensmittel. Es ist aber auch das ideale Fast food – und hier spreche ich von gutem Fast food. In der Pause ein richtiges gutes Hausbrot mit Butter und Schnittlauch ... Das geht schnell und schmeckt richtig gut.

Humanität und Kreativität
Im Umgang der Menschen mit Korn und Brot spiegelte sich ihre Humanität und die Achtung und Missachtung der Natur wider. Aber auch ihre Kreativität. Die Menschheit ernährt sich seit mindestens 30.000 Jahren von Getreidebrei. Mit dem Anbau von Getreide (d. h. von Süßgräsern bis dato wild wachsend), begann man vor ca. 11.000 Jahren und das machte den Menschen sesshaft. Schließlich ermöglichte es die Kenntnis von der Säuerung des Teigs, die Fladen lockerer und mit einer schönen Krume zu backen. Es waren die Ägypter, die den Sauerteig und somit den Brotlaib erfanden. Sie stülpten vor ca. 6000 Jahren heiße Backtöpfe über den Teig, damit dieser schön aufgehen konnte. Das trennte schließlich die Brei- von den Brotvölkern. Zwei Drittel der Weltbevölkerung sind übrigens bei den Breien geblieben, zu denen unter anderem auch viele Hirse- und Reiszubereitungen in Afrika und Asien gehören. Die Abkömmlinge des ursprünglichen Fladenbrotes sind aber in vielen Ecken der Welt noch „tägliches Brot" – Chapati in Indien, Tortillas in Mexiko, Oat cake in Schottland oder Pao Ping in China.

Wir sind Brotesser
„Er saß beim Frühstück äußerst grämlich,
da sprach ein Krümchen Brot vernehmlich ..."
Mit diesen Zeilen beginnt das Gedicht „Brot" von Wilhelm Busch, das den Werdegang eines Weizenkorns bis hin zum Brot beschreibt. Das Korn selbst spricht also über sein nicht immer einfaches Leben, sein mutiges Heranwachsen, die Gefahren durch Witterung und Feldtiere, seine Verarbeitung. In der letzten Strophe fordert das Brot sein Gegenüber auf, sich auf seinen Wohlstand zu besinnen. Nicht grämlich zu sein und

das Brot mit reichlich Butter selber zu genießen und auch mit anderen zu teilen.

Wir Österreicher müssen nicht zum Brotessen aufgefordert werden. Das tun wir gerne und viel. Für unsere Brotvielfalt sind wir bekannt. Immerhin bringen wir es auf rund 150 verschiedene Brotsorten. Laut landschaftseben.at beläuft sich der jährliche Pro-Kopf-Verbrauch von Gebäck in Form von Semmeln, Vollkornbrot, Mischbrot oder anderen Backwaren auf 51,5 Kilogramm. Sieben von zehn Österreicher essen mindestens einmal pro Tag Brot oder Gebäck und bevorzugen dabei Schwarzbrot, dicht gefolgt von weißem. Allerdings ist der Brotverzehr nicht in jedem Alter gleich. Die älteren Konsumenten essen mehr Brot und halten sich dabei an die klassischen Brotmahlzeiten morgens und abends. Die jüngere Generation ist flexibler und isst es auch gerne zwischendurch.

Wir haben Glück

Denn wir haben gutes Brot, das in den vergangenen Jahren fast Kultstatus erlangt hat. Der Tag des Brotes, er wird immer am 16. Oktober gefeiert, unterstreicht diese Tatsache. Traditionelles Bäckerhandwerk ist also wieder in Mode. Ist Handarbeit. Es steckt im wahrsten Sinne des Wortes ganz viel Fingerspitzengefühl in den Backwaren. Kompromisslos, was die Qualität betrifft, kommen künstliche Zusatzstoffe nicht infrage. Für den unverwechselbaren Geschmack sorgt bestes Korn aus der Region, Natursauerteig oder Hefe. Vor allem fehlt es an einem nicht: an der Zeit, die gutes Brot zum Entstehen braucht.

Für Brot geht man heute aber vielfach nicht mehr zum Bäcker, sondern in den Supermarkt. Ist es nicht einfach praktischer, alle seine Einkäufe an einem Ort zu tätigen. Mit 82,4 beziffert landschafftleben.at den Prozentsatz von Brot und Gebäck, das in den Backstationen von Supermärkten über die Theke geht. Nur 13 % der Österreicher kaufen direkt beim Bäcker ein, der Rest von 4,6 % teilt sich auf sonstige Einkaufsstellen wie Tankstellen und Bauernmärkte auf.

Brot als Hightechprodukt

Dass im Supermarkt kein Bäcker steht, ist klar. Zum Großteil handelt es sich daher um industriell gefertigtes Brot, um Teiglinge, die vor Ort aufgebacken und als frisches Brot verkauft werden. Was diesen Broten vor allem fehlt, ist die wichtige Zutat Zeit. Von Liebe und handwerklichem Können wollen wir erst gar nicht sprechen. Dieses „schnelle" Brot hat mit dem

„langsam Gehen" nichts im Sinn. Natürliche Fermentierung bei der Teigherstellung? Nein, es muss schnell gehen. Damit meinen wir sowohl den Teig als auch das Brotbacken als Tätigkeit an sich. Backmittel und künstliche Zusatzstoffe machen es möglich. Aminosäuren, Enzyme, Stabilisatoren und Emulgatoren beschleunigen die Brotwerdung, beeinflussen Gärtoleranz, Gebäckvolumen, Krumenhelligkeit und Teigelastizität. Brot ist so kein natürliches Lebensmittel mehr, sondern ein modifiziertes und optimiertes Hightechprodukt.

Mehr als nur ein Laib Brot

Viele Täler haben aber noch ihr eigenes, typisches Brot, das eng mit der Region verbunden ist. Es liegt also an uns Konsumenten, die richtige Wahl zu treffen. Wer sich für Brot vom regionalen Bäcker entscheidet, der unterstützt aktiv die heimische Wirtschaft und regionale Kreisläufe. Ein guter Bäcker kauft natürlich auch Mehl aus einer Mühle seiner Umgebung und diese bezieht das Getreide von Landwirten aus der Region. Unsere Landwirte wiederum sind die „Gärtner" unserer Kulturlandschaften. Diese betreiben im besten Fall natürlich keine intensive Landwirtschaft, sondern setzen auf ökologische Anbaumethoden. Denn nur aus gesundem Boden entstehen gesunde Getreideprodukte.

Brot gehört genossen, nicht verschwendet

Der Genuss von heimischem Brot und Gebäck steht gleichzeitig einem riesigen Berg an verschwendeten Backwaren gegenüber: Schätzungen zufolge beläuft sich die Menge insgesamt auf 210.000 Tonnen an Brot und Gebäck, die in Österreich jährlich entlang der gesamten Wertschöpfungskette ihren Zweck verfehlen. Anstatt die historische Aufgabe als Hungerbekämpfer zu erfüllen, landen sie nicht selten in der Tonne hinter dem Supermarkt als Tierfutter, in der Biogasanlage oder — und das nicht zuletzt — in den Mülleimern privater Haushalte.

Brot wertschätzen

Etwa 146.000 Tonnen und damit durchschnittlich um die 16 Kilogramm pro Jahr verschwendet eine Privatperson im Durchschnitt in Österreich. Dabei wird das Grundnahrungsmittel in der Regel nicht mit Absicht verschmäht. Eher wird zu viel gekauft und dann vergessen. Bedenken wir immer: Brot ist nichts Selbstverständliches, sondern ein wertvolles Grundnahrungsmittel, das wir mit mehr Achtsamkeit genießen sollten.

Mauracher Hof
Bio – von der **Ähre** bis zum **Brot**.

Nur mit der nötigen **Wertschätzung** in
unserem täglichen Tun erhalten wir einen gesunden
Boden, gesunde Pflanzen, gesunde Tiere und demnach
auch gesunde Meschen. **Enkeltaugliche Kreislaufwirtschaft** steht bei all unserem Tun im Mittelpunk.

Bio-Hofbäckerei Mauracher GmbH
Pogendorf 8, 4152 Sarleinsbach, Österreich
+43 7283 8466, office@mauracherhof.com

Ein Fest des Lebens.

Mauracher Hof

BIO – VON DER ÄHRE BIS ZUM BROT
DER MAURACHERHOF ACHTET AUF DEN KREISLAUF DER NATUR, BACKTRADITION UND DAS LEBEN IN DEN LEBENSMITTELN.

Seit den 1980er-Jahren ist der „Mauracherhof", Hof-Bäckerei und Bio-Landwirtschaft, fernab jeder Industrialisierung und Fließbandarbeit. Andreas Eder ist im Familienbetrieb mit besonderen Werten groß geworden. Nachhaltigkeit denkt er weiter. Hier im oberösterreichischen Sarleinsbach wird mit wertvollen Lebensmitteln Bio auf ganzer Linie gelebt. Der Mauracherhof ist aktives Mitglied bei vielen Vereinigungen und Institutionen wie Genussland Oberösterreich, Enkeltaugliches Österreich und diversen Bio-Verbänden. „Weil wir vieles bewahren, aber auch verändern wollen, denn Veränderung ist das einzig stabile im Leben," so Andreas Eder.

Was bedeutet Brot für Sie?
Brot ist Leben. Es ist die Basis für eine gesunde Ernährung. Brot ist Tradition, aber auch Zukunft. Bei uns am Mauracherhof steckt in jedem Laib Brot eine lange Geschichte. Seit jeher steht höchste Bio-Qualität durch bestes Korn und frische Verarbeitung bei uns an erster Stelle. Wir sind ja nicht „nur" Bäcker, sondern auch Landwirte mit Wiesen, Äckern, Kühen und Kälbern, … Alles hängt mit allem zusammen. Die Grundlage für unser Brot ist lebendige Erde und gesundes, reines Saatgut. Also regional angepasste, spezielle Sorten wie Roggen, Dinkel, Einkorn und Hafer. So entdecken wir alte Getreidesorten auch wieder neu und sichern die Sortenvielfalt. Das Getreide wird auch immer erst kurz vor dem Backen frisch gemahlen, beim Vollkornbrot wird es sogar direkt in den Teig gemahlen. Jedes Brot erzählt aber auch die Geschichte der Bauern, die mit uns arbeiten. Selbst das Wasser für unser Brot – es kommt aus der eigenen Hofquelle, die ganz natürlich sprudelnd aus kühlem Mühlviertler Urgestein kommt und reich an natürlichen Mineralien ist –, enthält Information und Wissen. Wasser ist die Quelle jeglichen Keimens und somit die Quelle des Lebens. Brot ist Landwirtschaft, Liebe, Handwerk, unsere ganze Natur.

Man sagt, gutes Brot braucht Zeit
Das stimmt absolut. Je mehr Zeit ein Brotteig zum Aufgehen hat, desto besser ist er „verdaut". Das ist besonders bei Broten aus traditionellem Sauerteig der Fall, die bekömmlicher für die menschliche Verdauung sind als alle anderen und am längsten frisch bleiben. Nach einem seit Generationen überlieferten Rezept wird unser hofeigener Mehrstufen-Natursauerteig, der ist noch von der Oma, besonders behutsam und aufwendig weitergeführt. Aber auch der Brotgenuss braucht Zeit. Auch wenn es noch so verlockend duftet, sollte man Brot nicht frisch aus dem Ofen essen. Früher hat man Brot zwei bis drei Tage ruhen lassen. Dadurch wurde weniger gegessen und es wurde für den Körper auch bekömmlicher. Die Aromen brauchen auch Zeit, um von der Kruste in die Krume zu gehen. Und wenn man dann ein Stück Brot isst, sollte man das doch immer bewusst machen. Ich rieche zum Beispiel immer zuerst am Brot. Denn auch der Geruchssinn ist entscheidend für die Geschmackswahrnehmung.

Wie definieren Sie Genuss?
Das hat ganz viel mit Achtsamkeit zu tun. Ich kann nur genießen, was mir gut tut. Also schaue ich erst mal, was mein Körper braucht. Dann ist es für mich echter Genuss, wenn ich mir Zeit nehmen kann. Ich bin gerne in der Natur. Wir am Mauracherhof sagen: „Wer die Natur achtet, achtet den Körper, den Geist und die Seele." Da versteht es sich von selbst, dass alle unsere Produkte frei von künstlichen Aromen, Backhilfsmitteln oder Zusatzstoffen sind. Brot und alle anderen Backwaren sehen wir als reines Produkt von Natur und Zeit. Im Gegensatz zu standardisiert gefertigten Nahrungsmitteln, die vielen auf den Magen schlagen können, kommen bei uns nur Lebensmittel aus biologischer Landwirtschaft, wie sie unser Immunsystem vor Generationen kennengelernt hat, in die Produkte. Und das ist Genuss.

SÜSSE VERFÜHRUNG UND VERWIRRUNG
HABEN WIR MARMELADE ODER KONFITÜRE AM SEMMERL?
UND IST DIESER HONIG WIRKLICH HONIG?

Für viele ist alles Marmelade. Für Sie auch? Es könnte nämlich sein, dass Sie tatsächlich Konfitüre statt Marmelade am Semmerl (oder Toastbrot) haben. Alles fing im Jahr 1979 an. Damals legte die EU Richtlinien fest, wie „solche Produkte" heißen sollen, wie viel Fruchtanteil sie enthalten müssen und welche Zusatzstoffe erlaubt sind. Man orientierte sich an den Briten. Ausgerechnet. Die streichen sich bekanntlich marmelade oder jam auf ihren Toast. Wobei marmelade ausschließlich aus Zitrusfrüchten besteht. Das sind die bekannten Orangen- oder Zitronenmarmeladen. Alles andere ist jam, also alles das, was bei uns dann zur Marmelade wird, wie Marille, Himbeere, Dirndl oder Erdbeere. Die englische marmelade wurde einfach mit unserem Wort Marmelade gleichgesetzt. Und jam ist Konfitüre. Marmelade konnte also plötzlich nur mehr für Aufstriche aus Zitrusfrüchten verwendet werden, die auf der österreichischen Beliebtheitsskala eher weiter hinten stehen.

Der Passus aus der Verordnung des Bundesministeriums für Gesundheit und Frauen über Konfitüren, Gelees, Marmeladen und Maronenkrem lautet: „Marmelade" ist die auf die geeignete gelierte Konsistenz gebrachte Mischung von gegebenenfalls Wasser, Zuckerarten und einem oder mehreren der nachstehenden, aus Zitrusfrüchten hergestellten Erzeugnisse: Pulpe, Fruchtmark, Saft, wässriger Auszug, Schale.

Es folgt die Ergänzung zur österreichischen Konfitürenverordnung. Marmelade war nämlich in Österreich, genauso wie in Deutschland, die gängige Bezeichnung. Auch bäuerliche Betriebe haben da wie dort ihre Produkte als Marmelade verkauft. Und damit kam es 2003 erstmals zu Ärger, als die Niederösterreichische Lebensmittelbehörde einen Wachauer Obstbauern anzeigte, weil er das Eingemachte als „Marillenmarmelade" anbot. Die ausgelösten Diskussionen führten 2004, mit erweiterten EU-Richtlinien, zur „Österreichischen Konfitürenverordnung neu". Diese besagt, dass Marmelade

für den Verkauf an den Letztverbraucher, also auf Bauernmärkten und Wochenmärkten, zulässig ist. Marmeladen, die in Supermärkten angeboten oder exportiert werden, müssen aber weiterhin als Konfitüre verkauft werden. Fazit: Wer regional und direkt ab Hof einkauft, bekommt damit nicht nur garantiert Marmelade oder einen Aufstrich mit Herkunft, sondern sorgt auch dafür, dass Marmelade nicht aus unserem Wortschatz verschwindet.

Tatsächlich Honig? Es ist kein Geheimnis mehr, dass kaum ein Lebensmittel sich so leicht im Labor herstellen lässt wie Honig. „Importiert aus China" könnte bedeuten, dass der Honig, den Du Dir aufs Brot streichst, nie eine Biene gesehen hat. Aus Reissirup, Zucker und wenigen Pollenbestandteilen, damit er authentischer schmeckt, entsteht Honig, den selbst erfahrene Imker nicht als Fälschung erkennen können. In Österreich werden pro Jahr rund 4.600 Tonnen Honig produziert, diese Menge könnte theoretisch 45 Prozent des Bedarfs decken, aber rund die Hälfte davon wird exportiert. Tatsächlich ist also etwas mehr als 20 Prozent des gesamten in Österreich konsumierten Honigs aus heimischer Herkunft, fast 80 Prozent wird importiert.

Herkunft fraglich. Bei rund 50 Prozent des handelsüblichen Honigs ist als Herkunft „Mischung von Honig aus EU- und Nicht-EU-Ländern" angegeben. Die EU deckt 60 Prozent des Eigenbedarfs, der Rest kommt auch aus Ländern wie China. Aber selbst wenn einer Honigmischung aus China nur eine kleine Menge Honig aus der EU beigemischt wird, darf diese nach geltender Honigverordnung als „Mischhonig aus EU- und Nicht-EU-Ländern" gekennzeichnet werden. „Solange die Honigverordnung dieses Schlupfloch zulässt, müssen die Hersteller hier mit gutem Beispiel vorangehen und selber für mehr Transparenz auf den Produkten sorgen", fordert Sebastian

Theissing-Matei von Greenpeace. Nur bei heimischem Honig steht, laut einem Martcheck von Greenpeace, Österreich als Herkunftsland immer auf dem Produkt. Auf einigen Produkten in den Supermarktregalen findet sich der Hinweis „abgefüllt in Österreich" in einer rot-weiß-roten Optik. Greenpeace kritisiert, dass dieser nichts über die Herkunft des Honigs aussagt. „Der Aufdruck ‚abgefüllt in Österreich' gaukelt uns eine heimische Herkunft vor, sagt aber tatsächlich nichts über die Produktionsländer des Honigs aus", so Theissing-Matei. Es geht aber noch weiter. Imker haben grundsätzlich viele Möglichkeiten, beim Ertrag ein wenig „nachzuhelfen", da müssen die Bienen nicht mehr aus ihrem Stock raus, sondern sind nur noch — im besten Fall — Zuckerverarbeiterinnen. Das hat dann aber auch nichts mehr mit Honig zu tun.

Laut Honigverordnung …
muss auf dem Etikett das Ursprungsland bzw. die Länder, in denen der Honig erzeugt wurde, angegeben sein. Hat der Honig seinen Ursprung in mehr als einem EU-Mitgliedstaat oder Drittland, so kann stattdessen folgende Angabe gewählt werden:
• Mischung von Honig aus EU-Ländern
• Mischung von Honig aus Nicht-EU-Ländern oder
• Mischung von Honig aus EU-Ländern und Nicht-EU-Ländern.

Bio bevorzugt
Positiv ist, dass immerhin rund 17 Prozent des Honigs in den heimischen Supermärkten Bio-Qualität haben. Denn die biologische Landwirtschaft schützt Bienen und andere Bestäuber, die unersetzbar für eine sichere Versorgung mit Lebensmitteln wie Obst und Gemüse sind. Bio-Imker dürfen zur Schädlingsbekämpfung nur organische Säuren und zur Bekämpfung der Varroamilbe nur ätherische Öle einsetzen, da Medikamente und aggressive Mittel zur Schädlingsbekämpfung Rückstände im Bienenwachs hinterlassen. Bio-Imker sorgen daher nicht nur für einen eigenen Wachskreislauf, sondern kümmern sich vielfach auch selbst um die Königinnenzucht. Im Wachs werden Giftstoffe gespeichert, daher macht es für Imker keinen Sinn, auf Industrieware zurückzugreifen.
Warum wir zu Bio-Honig aus Österreich greifen sollten? Um eine regional verankerte und umweltfreundliche Honigproduktion zu unterstützen. Honigkauf ist nicht nur eine Frage des Geschmacks, sondern Vertrauenssache. Bio-Honig aus

der Region ist besonders empfehlenswert, denn er schützt Bienen als wichtigste Bestäuber von Obst und Gemüse und sichert damit auch unsere Lebensmittelversorgung.

Honig ist Urnahrung, Nahrung und Getränk. Ein Geschenk der Götter und Quelle der Unsterblichkeit. Zahlungsmittel, Medizin und Süßungsmittel. Die großen Propheten des Alten Testaments erwähnen Honig in ihren Schriften, der Koran widmet den Bienen sogar eine eigene Sure und beschreibt den Honig als erste Wohltat, die Gott den Menschen erwiesen hat." So jagen wir wegen dieser „Wohltat" den Bienen schon seit Menschengedenken hinterher. Die Vorfahren unserer heutigen Imker, die Zeidler, sammelten im Mittelalter den Honig wilder Bienenvölker. Sie schnitten die Waben mit dem Honig aus dem Stock, später dann stellten sie den Tieren ausgehöhlte Baumstämme als Behausung zur Verfügung. Das Wissen über die Bienenhaltung schritt fort, die Bienen wurde schließlich domestiziert und in der Nähe der Menschen als Nutztiere gehalten.

Die Vielfalt von Honigprodukten
Honig ist aber nicht das einzige Geschenk der Bienen. Weitere Produkte sind Blütenpollen, Bienenbrot (Perga), Propolis, Gelée Royale (Futtersaft der Bienenkönigin) und Bienenwachs. Diese „Bienenprodukte" werden entweder für unsere Ernährung genutzt oder für eine Vielzahl kosmetischer und küchentechnischer Produkte verwendet.
Bienenbrot oder Perga sind von den Bienen weiterverarbeitete Blütenpollen. Nicht der ganze in den Stock transportierte Pollen wird sofort verfüttert. Aber nachdem er sich nur wenige Tage aufbewahren lässt, müssen ihn die Bienen haltbar machen. So vermischen sie Pollen mit Speichel, Enzymen und Drüsensekreten und lagern diese fertige Substanz dann in den Wabenzellen ein. Es entsteht eine feste, sechseckige Platte — das Bienenbrot. Diese wird zusätzlich durch eine dünne Propolisschicht vor Pilzbefall und Bakterien geschützt. Und einen weiteren Vorteil hat diese Haltbarmachung und Fermentierung des Pollens: Die Bienen kommen nun auch leichter zu den im Blütenpollen vorhandenen Inhaltsstoffen, die im „Rohzustand" von einer harten Schutzschicht umgeben sind. Bienenbrot besteht aus Hunderten von Inhaltsstoffen — Eiweiße und Zucker, Enzyme, Vitamine und Mineralstoffe. Es schmeckt mild und leicht süßlich und wird deshalb, wie auch Blütenpollen, gerne als Topping verwendet.

Bonne Maman®

Natürlich mit Liebe gemacht.

**Nach einem Rezept mit vielen Haselnüssen und besten Zutaten –
einfach aus Liebe zum Guten.**

Lecker, zartschmelzend und selbstverständlich ohne Palmöl gewinnt
unser süßer Aufstrich die Herzen von Groß und Klein.
Bonne Maman, Natürlich mit Liebe gemacht.

Viele Rezeptideen und Inspirationen unter www.**bonnemaman.at**

„WIR WAREN SCHON IMMER HEIKEL."
BEI STAUD'S WURDE NACHHALTIGKEIT BEREITS GELEBT, ALS SIE NOCH NICHT IN MODE WAR.

Schon lange kein „Nice to have", sondern definitiv ein „Must have" für Unternehmen: nachhaltiges Wirtschaften. STAUD'S Geschäftsführer Stefan Schauer weiß, warum es dabei auch hilft, heikel zu sein. (Übrigens eine typisch Staud'sche Eigenschaft.) Seit über 50 Jahren steht der Traditionsbetrieb STAUD'S aus dem 16. Wiener Gemeindebezirk Ottakring für höchste Qualität und exzellenten Geschmack. Für Beschäftigte wie Geschäftstreibende ist das Unternehmen treuer Partner mit Handschlagqualität. Auch eine Form von Nachhaltigkeit? Absolut, findet Stefan Schauer, der selbst bereits seit über 31 Jahren im Unternehmen ist.

Nachhaltigkeit, mehr als nur ein Gedanke?
Das sollte sie zumindest sein. Heutzutage spricht jeder davon, nachhaltig zu sein bzw. schreibt sich das auf die Unternehmensfahne. Oftmals ist das Marketing wohl nachhaltiger als die Maßnahmen selbst. Den Nachhaltigkeitsgedanken hat es ja immer schon gegeben, er hat nur andere Facetten und eine größere Gewichtung in der Gesellschaft bekommen. Wir achten tatsächlich immer schon auf einen schonenden Umgang mit Ressourcen und einen respektvollen Umgang mit allen Menschen, mit denen wir zu tun haben. Das schafft gegenseitiges Vertrauen und in weiterer Folge nachhaltige Geschäftsbeziehungen, auch in Krisenzeiten.

Tradition und Innovation, wie geht das zusammen?
Sehr gut, finde ich. Wichtig ist, mit der Tradition verbunden, aber nicht in ihr verhaftet zu sein. So bleiben die grundlegenden Werte in der Unternehmenskultur erhalten und man bleibt gleichzeitig offen für Neues. In den letzten Jahren haben wir im Rahmen der Ökoprofit-Initiative der Stadt Wien ein Programm entwickelt, das sich den Themen Umweltschutz, Energieeffizienz und sozialer Nachhaltigkeit widmet. Darüber hinaus ist es in unserem Haus gelebte Tradition, heikel zu sein,

vor allem, wenn es um die Beschaffung unserer Rohware geht. So haben wir beispielsweise schon vor über 30 Jahren damit begonnen, die Herkunft der Früchte für unsere Limitierten Sorten am Etikett anzuführen. Für damalige Verhältnisse wohl ziemlich innovativ. Unsere Vorliebe für regionale Zutaten hat sich seither nicht geändert.

Ist Bio gleich besser?
Nicht unbedingt, daneben müssen auch Geschmack und regionale Verfügbarkeiten passen. Wenn es Bio ist, umso besser. Wir unterstützen unsere landwirtschaftlichen Partner laufend bei der Umstellung. Der Bio-Anteil beträgt derzeit knapp 20 Prozent und ist stetig steigend. Für manche konventionellen Produkte wählen wir auch Rohware in Bio-Qualität aufgrund des Geschmacks. So sind zum Beispiel alle unsere Apfelmus-Sorten ausschließlich aus Bio-Ware produziert. Bewusst gesüßt wird mit österreichischem Rübenzucker oder Apfelsaftkonzentrat. Auch unsere Bio-Honige sind sehr gefragt. Sie stammen ausschließlich aus dem Osten Österreichs, wo wir auch 100 eigene Bienenvölker betreuen. Im Zuge der Umgestaltung unseres betriebseigenen Gartens im Hinterhof des Betriebs in der Hubergasse bauen wir für unsere fleißigen Bienen außerdem Bio-Blumensaatgut und Blühsträucher an.

Ein Blick in die Zukunft: wie geht's weiter?
Ein Umdenken wird notwendig sein, um unseren gewohnt hohen Lebensstandard in Österreich aufrechterhalten zu können. Da ist vor allem die Politik gefragt, um passende Rahmenbedingungen für Unternehmen zu schaffen. Nachhaltig wirtschaften und langfristig erfolgreich sein, bedeutet für uns vor allem, sichere Arbeitsplätze zu schaffen und langjährige Partnerschaften auf Augenhöhe zu pflegen. Und eben auch heikel zu sein, sich nicht mit dem Erst-, sondern wirklich nur dem Allerbesten zufrieden zu geben.

WISSEN, WO ES HERKOMMT
BAUERNLADEN.AT IST DER GRÖSSTE HEIMISCHE ONLINE-MARKTPLATZ DER 1000 BESTEN IN ÖSTERREICH.

Digital, regional einkaufen. Einfach praktisch, nachhaltig, großartig. bauernladen.at ist aber nicht nur eine, also irgendeine, „Verkaufsplattform", sondern unterstützt die kleinstrukturierte heimische Landwirtschaft und handwerklichen Produzenten. „Wir wollen wissen, wo es herkommt", war von Anfang an das Leitmotiv. Jede Woche gibt es spannende, informative Geschichten der Produzenten zu lesen. Sie nehmen uns mit auf die Felder, in die Weingärten, in Hühnerställe, zu den Rindern auf die Weide und natürlich zu Schweinen, denen es saugut geht. Übrigens trifft man sogar Exoten wie Lamas, Strauße oder edle Kobe Rinder, die nur in Japan so bezeichnet werden — bei uns ist die Rasse als Wagyu bekannt. Hier trifft man Menschen, die abseits von Massenproduktion arbeiten, denen das Wohl ihrer Tiere am Herzen liegt und für die Klimaschutz jetzt passieren muss und nicht erst irgendwann.

Und noch viel mähh …r
Der wertschätzende Umgang mit der Natur und dem, was sie uns gibt, gewinnt immer mehr an Bedeutung. Die Veredelung von Rohstoffen und die Produktion hochwertiger, regionaler Lebensmittel ist nicht nur eine Vision, es ist ein Credo, das sich die Weizer Schafbauern auferlegt haben. Kleinbäuerlich strukturiert, wird bei den über 300 Mitgliedsbetrieben besonders Wert auf die artgerechte Aufzucht und Haltung der Schafe sowie die natürliche Landschaftspflege des Oststeirischen Hügellandes gelegt … und das sieht und schmeckt man! Auf bauernladen.at kauft man direkt bei den Weizer Schafbauern ein, also Fleisch, Wurst und Käsespezialitäten.

Die Joglland Bergforelle
… schwimmt in der Steiermark. Bei seiner Jobi®-Fischzucht und im Forellenhof Joglland setzt Erich Tösch auf eine artgerechte Haltung und Betreuung durch Menschen, die achtsam mit den Tieren umgehen, damit sie sich rundum wohlfühlen.

Deswegen wehrt sich Tösch auch strikt gegen die Versetzung der Aquakulturen mit Antibiotika und behält von der Zucht über die Fütterung bis zur Zubereitung und der hohen Kunst des Beizens seine Fische im Auge. „Unsere Forellen und Saiblinge sind reich an hochwertigem Eiweiß, enthalten keinen Zucker und kaum Fett. Die Zubereitung der fangfrischen Fische wird nach traditionellen Rezepten und mit regionalen Produkten veredelt — ganz ohne Zugabe von künstlichen Konservierungsstoffen und nachhaltig in kleinen Mengen."

Was ist eine Annanasrenette?
Im Weinbaugebiet Traisental hat sich Familie Preiß ganz dem Obstbau, natürlich auch den alten Sorten, und dem Wein verschrieben. Im Weinbau spielt der Grüne Veltliner eindeutig die Hauptrolle, und das so gut, dass er schon vielfach ausgezeichnet wurde. Mit Bedacht, Liebe zum Detail und viel Handarbeit hegt und pflegt Familie Preiß ihre Obst- und Weinkulturen durchs Jahr im Wechsel der Jahreszeiten. Sorgsam gehen sie mit den natürlichen Ressourcen um, rücksichtsvoll mit den Pflanzen, Tieren und Menschen, mit denen sie arbeiten. Die Annanasrenette ist übrigens eine alte, fast in Vergessenheit geratene Apfelsorte, die von Familie Preiß wieder kultiviert wird. Daraus wird reinsortiger Apfelsaft gemacht.

Fleisch online bestellen?
Wer Sorge hat, sensible Lebensmittel wie Fleisch oder Fisch online einzukaufen, kann beruhigt werden. Die Lebensmittel werden perfekt gekühlt frisch oder in innovativen, nachhaltigen Kühlbehältern ohne Unterbrechung der Kühlkette von Post oder Paketdienst geliefert. Bei Frischfleisch muss man sich eventuell nach den Schlachtterminen richten. Aber sagt man nicht auch, dass die Vorfreude die schönste Freude ist und wir ein gutes Stück noch mehr genießen, wenn es nicht in Massen oder aus Massentierhaltung jeden Tag verfügbar ist?

GAUMENFREUDE MIT WEITBLICK
FÜR MANCHE IST NACHHALTIGKEIT NUR EIN STICHWORT, ANDERE LEBEN SIE. UND SIE BRINGEN DAMIT ECHTEN GENUSS OHNE REUE AUF DEN TISCH.

BURGENLAND

HIESIGES – REGIONALER GENUSSLADEN
7321 Lackendorf, Hauptstraße 52
+43/664/5169101
www.hiesiges.co.at

siehe Seite 90

KÄRNTEN

KLEINE FREIHEIT UNVERPACKT
9020 Klagenfurt, Radetzkystraße 1/ Ecke Villacherring
www.kleine-freiheit.at

siehe Seite 114

NIEDERÖSTERREICH

KREDENZ.ME DER BIODORFLADEN
2326 Maria-Lanzendorf
Achauer Straße 17,
+43/664/5454774
www.kredenz.me

siehe Seite 143

OBERÖSTERREICH

DIE GIESSEREI
4910 Ried/I., Rainerstraße 5
+43/7752/21323
www.giesserei-ried.at

siehe Seite 196

SALZBURG

MUSPELHAUS
5020 Salzburg,
Willibald-Hauthaler-Straße 23
+43/662/840407
www.muspelhaus.at

siehe Seite 228

STEIERMARK

DAS GRAMM – DIE REGIONALE BIO- GREISSLEREI
8010 Graz, Joanneumring 16
+43/316/812008
www.dasgramm.at

siehe Seite 249

TIROL

GREENROOT
6020 Innsbruck, Marktgraben 14
+43/660/2400824
www.greenroot.at

siehe Seite 284

VORARLBERG

SUNNAHOF TUFERS
6811 Göfis, Tufers 33
+43/5522/70444
www.sunnahof.or.at

siehe Seite 319

WIEN

DER GREISSLER – UNVERPACKT.EHRLICH
1040 Wien, Margaretenstraße 44
+43/677/61615420
www.der-greissler.at

siehe Seite 350

BURGEN LAND

DIE BESTEN GENUSSLÄDEN
IM BURGENLAND

FEINKOST
UND GREISSLEREI

CHEZ PAUL

7000 Eisenstadt, Matthias-Marckhl-Gasse 5, +43/2682/25449
www.chezpaul.at

Chez Paul ist Leidenschaft für ehrliche, handwerkliche Lebensmittel gepaart mit der Liebe zu Gutem und Schönem! Eine wahre Bereicherung für Eisenstadt, auch was den Ort und das Ambiente anbelangt. Moderne Architektur in einem alten Bürgerhaus lädt zum Wohlfühlen und Genießen ein: Petit Paris in der kleinsten Großstadt der Welt. Hinter Chez Paul steht ein junges Ehepaar, das gutem Geschmack bereits seit seiner Schulzeit zugetan ist. Mit Klaus hat das Chez Paul nicht nur einen leidenschaftlichen Sommelier, sondern auch kreativen Koch und Genussmenschen. Als Wirtssohn trägt er das Gastgeber-Gen in sich und liebt es, seine Kunden zu beraten, zu bewirten und sie oftmals zu Freunden zu machen. Stets auf der Suche nach Neuem, zeichnet er für feine Kost, spannenden Wein und abwechslungsreiche Küche verantwortlich. Chez Paul lädt ein, zu genießen, Neues zu entdecken, zu gustieren und zu kosten. Bio-Brot von Joseph, Frischmilch, Joghurt, Salumis und Wurstwaren, gereifte Käse, Pasteten, Alimentari, Öle, Essige, Schokoladen und Pralinen — alles, was das Gourmetherz begehrt, findet sich im diesem kleinen Delikatessengeschäft. Ins Regal kommt das, was Ina und Klaus überzeugt. Gerne bio und regional, in jedem Fall aber herausragend gut.

SUPERMÄRKTE

NAH&FRISCH LEPSCHI-ROSNER

7432 Oberschützen, Gottlieb-A. Wimmer-Platz 9
+43/3353/7529
www.nahundfrisch.at/de/kaufmann/lepschi-rosner
Im Juli 2020 übernahmen Annabell und Sandra Lepschi-Rosner das Nah&Frisch Geschäft in Oberschützen und damit eine wichtige Aufgabe. Natürlich geht es bei Nah&Frisch um die nachhaltige Nahversorgung. Annabell und Sandra kennen die Produzenten, sie wissen wo die Erdäpfel wachsen und woher das Mehl kommt, wo die Bienen fliegen, der Imker den Honig erntet und wo die Kühe grasen. Und weil man im Burgenland ist, wissen sie auch, wo der Wein herkommt. Sie arbeiten eng mit den Bauern und Produzenten der Region zusammen, die das Sortiment mit ihren Produkten abrunden. Das alles bieten die jungen Kauffrauen gemeinsam mit ihrem Team. Da ist aber noch mehr: Neben dem gewohnt umfangreichen Sortiment in allen Warengruppen freut man sich über eine wunderbare Frischeinsel mit einem großen Angebot an Obst und Gemüse. Die Feinkostabteilung lässt ebenso keine Wünsche offen. Mit dem neuen Nah&Frisch Konzept „Mei Eck" wurde außerdem eine gemütliche Kaffee-Ecke zum Plaudern geschaffen. Besondere Extras: Platten- und Brötchenservice, Geschenkkörbe, Geschenkgutscheine, Partyservice, Hauszustellung ...

SPEZIALISTEN

RANKEL'S GENUSS-SHOP

2473 Potzneusiedl, Obere Hauptstraße 21, +43/699/18141993
www.rankel.at
Im nordburgenländischen Potzneusiedl an der Grenze zum Weinbaugebiet Carnuntum dreht sich alles um die Walnuss, denn Bernhard Rankel macht die Walnuss zum geNUSS! Er stellt Walnusslikore nach eigener Rezeptur her, füllt sie zum Teil in Holzfässer und gibt dem „schwarzen Gold" vor allem viel Zeit zum Reifen! Darüber hinaus entwickelt und produziert er einzigartige Walnuss-Delikatessen wie z.B. Walnuss Likör, Walnuss-Senf, schokolierte Walnüsse, Walnuss-Mus und -Tapenade, eingelegte Schwarze Nüsse nach eigenen Rezepturen, die er in seinem Shop anbietet. Im Sortiment findet man auch feine burgenländische Gänse-Delikatessen im Glas (meineWeideGans), eingelegten Spargel und -Gemüse, Röster (Fam. Krennwallner Marchfeld), Apfelsäfte („Alles Apfel" Leeb, Seewinkel), Seewinkler Kernöl vom Biohof Pölzer, Sekt von A-Nobis Norbert Szigeti und verschiedene hervorragende Weine von ausgesuchten Winzern rund um den Neusiedlersee. Bernhard Rankel, ein gebürtiger Steirer, war Jurist, bevor er sein jahrelanges Hobby – das Ansetzen von Walnusslikören – als Berufung erkannte und zu seinem Beruf machte. Beim Einkauf im geNUSSshop Potzneusiedl werden Sie von Bernhard Rankel persönlich beraten. Onlineshop.

WELTGENUSS

SPAR-GOURMET

7000 Eisenstadt, Hauptstraße 13, +43/2682/63940
www.spar.at
Der Spar-Gourmet in Eisenstadt ist ein feinkostorientierter Markt mit einem überragenden Angebot an hochwertigen Lebensmittelspezialitäten. Wenn man das Besondere sucht,

dann wird man hier sicher fündig: An der Käsetheke wird bei hervorragender Beratung eine große Auswahl an Spezialitäten aus dem In- und Ausland (wie zum Beispiel Stilton, Jacobean und Sagederby, aber auch die Genussregionen sind unter anderem mit Murtaler Steirerkäs vertreten) angeboten, und auch bei Wurst und Schinken besticht die breite Produktpalette mit zahlreichen Biovarianten. Eines der Highlights des Marktes ist die Obst-und-Gemüse-Abteilung: eine tolle Auswahl von Produkten aus aller Welt in perfekter Qualität und Frische, auch hier mit Vertretern der Genussregionen wie Marchfeldspargel oder Wiesener Ananas Erdbeere. Das herrlich duftende Brot und Gebäck wird frisch von regionalen Anbietern geliefert, und in der Weinabteilung lacht das Herz des Genießers: Eine breite Palette an Exquisitem aus Österreich, Frankreich, Spanien oder Chile wird hier geboten.

AM MARKT

MARKT DER ERDE

7111 Parndorf, Schulgasse 1, +43/699/18980010
www.marktdererde.at
Die Märkte der Erde gehören zum internationalen Slow Food-Netzwerk der Earth Markets. Weltweit gibt es derzeit rund 80 Earth Markets. Ende August 2010 wurde in Parndof der erste Vielfaltsmarkt im deutschsprachigen Raum nach dem Vorbild der „Earth Markets" der Slow Food Stiftung für Biodiversität eröffnet. Der „Markt der Erde" in Parndorf ist ein ganz besonderer Vielfaltsmarkt im Stadel am Ziegenhof Ziegenliebe. Von 20 bis 25 handwerklich arbeitenden Produzenten werden an jedem Markttermin Lebensmittel und Spezialitäten aus der Region direkt angeboten. Die Produktion hat in einem Umkreis von etwa 40 km zum Marktstandort zu sein (im Sinne von kurzen Transportwegen und Regionalität). Erntefrisches Bio-Gemüse und Sortenraritäten vom Biohof Pölzer, Äpfel von Obstbau Leeb und Beerenobst

aus dem Seewinkel, Fleisch und Wurstwaren vom Grauen Steppenrind und Mangalitza-Schwein aus dem Nationalpark Neusiedlersee von der Fleischerei Karlo bis hin zu Käse von der Schafzucht Hautzinger und dem Ziegenhof Ziegenliebe, Eingelegtes und Eingekochtes, Edelbrände, Wein und naturreine Säfte von der Kittseer Marille u.v.m. Geöffnet ganzjährig jeden 1. Samstag im Monat und von April bis Oktober auch jeden 3. Samstag im Monat.

WENN
ROTWEIN
DEINE WELT IST,
IST DAS DEIN
GUIDE

Die PREMIUM GUIDES von medianet

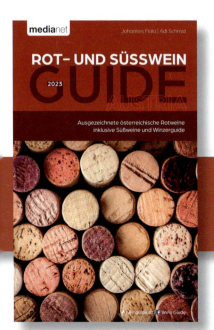

Man muss nicht alles wissen.
Man muss nur wissen,
wo man nachschauen kann.

Weitere Informationen
und Bestellung unter
www.weinguide.at

🌐 weinguide.at | f Wein Guide

SAGMEISTER MÜHLE, NATUROST

7461 Altschlaining, Altschlaining 87, +43/664/3951086
www.sagmeister-muehle.at

In dieser wunderschönen alten Mühle bietet ein kleiner Verkaufsladen großen Genuss. Zahlreiche Getreide- und Mehlsorten sind selbstverständlich in Bioqualität erhältlich. Neben Produkten der Paradiesbetriebe (Bischof Nudeln, Hirmann Essige, Xunder Xandl, Kräuter aus der Genussregion etc.) findet man eine große Anzahl an Bio-Naturprodukten wie Müslis, Flocken, Tees, Dinkelspezialitäten, schokolierte Produkte, kaltgepresste Öle, Honigprodukte u.v.m. Sonnentor Produkte, Salz-Soleprodukte, Stutenmilchprodukte vom Steirischen Töchterlehof sowie glutenfreie Mehle runden das Sortiment ab. Burgenland-Chips oder Burgenland-Kracherl sind ebenfalls Teil der Produktpalette. Neu im Sortiment sind auch einige italienische Spezialitäten, wie die Caputo Mehle, Gustini Balsamico Essige und ein Risottoreis. Gerne werden individuelle Geschenkkörbe zusammengestellt oder Gutscheine ausgestellt. Astrid Sagmeister berät kompetent und freundlich. Qualität und Frische der Produkte sind ihr besonders wichtig.

PANNER EVA-MARIA NAH&FRISCH

7042 Antau, Untere Hauptstraße 17, +43/2687/62144
www.nahundfrisch.at/de/kaufmann/panner-eva-maria

Das Nah&Frisch-Kaufhaus wurde im Februar 2021 neu eröffnet und bietet regionale Spezialitäten, ofenfrisches Gebäck, Platten- und Brötchenservice, Geschenkkörbe und Geschenkgutscheine sowie Coffee to go sowie auch Hauszustellung an.

DIE GENUSSQUELLE ROSALIA

7202 Bad Sauerbrunn, Schulstraße 14, +43/2625/20270
www.die-quelle.at

In der Vinothek & Greißlerei wird man genussvoll zu feinen Spezialitäten aus dem Burgenland verführt. Das Angebot umfasst Rot- und Weißweine der regionalen Winzervereinigung Vinum Rosalia sowie der mittelburgenländischen Vitikult Winzer und des Weinguts Esterházy. „Die Pure Lust am Genuss" steht am Hof von Hans Bauer aus Pöttelsdorf an vorderster Stelle. Neben anspruchsvollen Rotweinen produziert der Nebenerwerbswinzer köstliche Schinkenspezialitäten wie den Wulkaprosciutto. Die breite Palette an Genussprodukten bietet Schmankerl und regionale Spezialitäten, z.B. Nudeln der Familie Werkovits, Hochprozentiges, Süßes vom Obsthof Pankl aus Pöttsching, Wurstspezialitäten vom Dorffleischhauer Tschürtz bis hin zu Wildprodukten von

Franzl's Bauernladen. Ein zu 100 % burgenländisch-biologisches Kürbiskernöl verführt ebenso wie knusprige Vollkornspezialitäten, Bio-Schafkäse von Hautzinger oder Schokoladevariationen der Pralinenmanufaktur Spiegel. Die Genussregionen Wiesener Ananas Erdbeere, Kittseer Marille, Südburgenländische Kräuter, Mittelburgenländische Kästen und Nuss sowie Leithaberger Edelkirschen sind mit Produkten vertreten. Würzige Chutneys und Pesti, Honig, Fruchtsäfte, Fruchtaufstriche und Gelees runden das Angebot ab.

Die Genussquelle Rosalia

PRALINEN MANUFAKTUR SPIEGEL

7411 Bad Tatzmannsdorf, Tatzmannsdorfer Straße 55
+43/3353/8482-0
www.hotelspiegel.at

Chocolatière Evelien Spiegel verzaubert mit ihren feinen Pralinen-Kreationen. Jede Spiegel-Praline wird in liebevoller Handarbeit ohne Konservierungsstoffe und Aromastoffe hergestellt und ist ein kleines Kunstwerk. In den vergangenen Jahren hat sie eine Vielzahl von eigenen Rezepten entwickelt und ständig kommen neue hinzu. Je nach Praline befinden sich in der Füllung Nüsse, Sonnenblumen- und Kürbiskerne, Honig, Weintrauben, Mohn, Weichseln, Holunder, Erdbeeren, Kirschpfefferoni und vieles mehr. Insgesamt werden über 50 Sorten im Sortiment geführt, die Zutaten dafür stammen alle von regionalen Betrieben. Die Pralinen sind sowohl in Vollmilchschokolade als auch in der besonders süßen Variante mit weißer Schokolade und in edler Zartbitter-Umhüllung erhältlich. Die feinen Tafelschokoladen, mit oder ohne Füllung, sind unter Schokoladenliebhabern ebenso beliebt wie die Karamellschokolade oder die Trinkschokolade, die in vielen Sorten erhältlich ist. Schokoherzen schlagen höher! Onlineshop.

ALOISIA MEHLSPEIS & KAFFEESTUBN

7512 Badersdorf, Untere Dorfstraße 29, +43/3366/77369
www.aloisia.at

Aloisia's Mehlspeis & Kaffeestub'n

Mehlspeisen spielen bei den traditionellen Hochzeiten im Burgenland eine zentrale Rolle, und Aloisia Bischof – aufgewachsen mit dieser burgenländischen Tradition der Hochzeitsmehlspeisen – hat sich zum Ziel gesetzt, diese burgenländische Tradition zu bewahren. Dieses Ziel wird auch in der nächsten Generation weiter verfolgt. Wie in alten Zeiten werden mit hochwertigen, natürlichen und frischen, überwiegend aus der unmittelbaren Region stammenden Rohstoffen, Torten, Mehlspeisen und Kekse hergestellt. Aber auch traditionelle Mehlspeisen wie Kleingebäck, Schnitten, Lebkuchen, Grammelpogatschen oder feine burgenländische Schmankerl verführen in der sehr einladenden und gemütlichen Kaffeestub´n mit Wintergarten zum Genuss.

Insgesamt kann man aus über 60 verschiedenen hausgemachten Sorten wählen. Aloisias Team liebt aber auch immer wieder Ausflüge in die moderne Welt der Pâtisserie und Confiserie. Kombiniert mit den traditionellen Produkten entstehen dabei weitere, neue raffinierte Desserts. Selbstverständlich gibt es auch Süßes in Bio-Qualität, Kürbiskernöl, Schnäpse & Liköre, Nudeln, Knabberkerne, Tee, Säfte, Wein, Honig & Marmeladen aus der Region. Die süßen Verführungen gibt es auch im Onlineshop! Und nach einem Besuch in der Kaffeestub´n kann man sich im ersten Burgenländischen Hochzeitsmuseum in die wunderbare Zeit des Brauchtums des südlichen Burgenlandes begeben.

LENDL'S BACKSTUBE

7521 Bildein, Hauptstraße 132, +43/3323/2915
www.lendls.at

„Regional schmeckt genial", wird bei Erich Lendl und seinem Team gelebt und gebacken. In seinem süßen kleinen Reich werden aus ausgewählten Zutaten aus der Region köstliche Mehlspeisen aller Art zubereitet. Von der traditionellen Hochzeitsmehlspeise bis zu Dekor- und kunstvoll gestalteten Hochzeitstorten … Seine Liebe aber gehört dem Lebkuchen: So hat er mit dem „Bildeiner Lebkuchen" und dem „Pinkataler Lebkuchen" aus regionalen Zutaten einen bereits mehrfach ausgezeichneten Genuss kreiert. Nach dem Motto „Schenk auch du ein Zeichen des Friedens", kreierte Erich Lendl einen Lebkuchen mit dem „PEACE"-Zeichen. Auch die Lebkuchenstangen (gefüllt mit Uhudlermarmelade, Marzipan- oder Aranzinifüllung) sowie die Weinbauern-Winzerbusserl und -stangerl, wo im Teig der Wein mitverarbeitet wird, verführen zum Genuss ebenso wie das köstliche Dessert-Buffet. Aber auch Salz- und Käsepikanterien als ideale Begleitung zum Wein dürfen nicht fehlen. Beim internationalen Konditorenwettbewerb 2022 in Wels wurde die Konditorei zweimal mit Gold und einmal mit Silber ausgezeichnet. Die freundliche Bedienung komplettiert den sehr guten Gesamteindruck.

HOFLADEN ROTH

2423 Deutsch Jahrndorf, Kirchengasse 9, +43/676/7089277
www.hofladen-roth.at

Im Hofladen werden regionale, saisonale und natürliche Produkte aus Eigenanbau wie Wein von den eigenen Weingärten in Halbturn – dem Weingut Roth – und Traubensaft, Bio-Getreide von den Feldern aus Deutsch Jahrndorf und Nickelsdorf, das zu Mehl verarbeitet wird, Bio-Linsen, Bio-Kichererbsen, Bio-Leindotteröl, selbst kreierte Kräutersalze und hausgemachte Vollkornkuchen geboten. Ergänzt werden diese durch Produkte von anderen bäuerlichen Betrieben der Umgebung wie Milch, Honig, Schafkäse,

Rapsöl, Bio Kartoffeln; Schweine-, Hühner- und Putenprodukte, saisonales Obst & Gemüse, alles rund um den Apfel und Schafkäse vom Biohof Hautzinger. Um Verpackungsmüll zu vermeiden, kann ein Großteil der Produkte in eigenen oder einmal gekauften Gefäßen und nach eigenem Maß erworben werden. Geöffnet jeden Freitag von 9:00 bis 12:00 und 14:00 bis 18:00 Uhr.

DEUTSCHKREUTZ

BURGENLAND VINOTHEK

7301 Deutschkreutz, Hauptstraße 42, +43/670/5527999
www.burgenland-vinothek.at

Vinophile Genießer erwartet eine Auswahl von rund 450 Spitzenweinen von Topwinzern aus dem ganzen Burgenland zu Ab-Hof-Preisen. Das umfangreiche Angebot wird nach Winzern und Anbaugebieten räumlich getrennt präsentiert und ist sehr übersichtlich geordnet: von edlen Weißweinen über exquisite Rotweine bis zu den weltbesten Süßweinen. Liebhaber von Sekt und Schaumweinen werden hier auch fündig. Natürlich darf auch der Uhudler nicht fehlen. Verschiedenes Weinzubehör, Geschenkideen, Gläser und Karaffen, Spezialöle und -essige, feine Fruchtsäfte, Honig, pannonischer Safran sowie eingelegtes Gemüse und Marmeladen von Stekovics sind erhältlich. Frau Glöckl verfügt nicht nur über ein umfangreiches Wissen, sie nimmt sich auch Zeit, gemeinsam mit dem Kunden den für ihn passenden Wein auszusuchen. Verkostungen! Onlineshop!

DRASSMARKT

Werkovits die Nudel-Manufaktur

WERKOVITS DIE NUDEL-MANUFAKTUR

7372 Draßmarkt, Hauptstraße 7, +43/2617/2216
www.werkovits-nudeln.at

„Es ist Zeit für bessere Nudeln." Mit diesem Anspruch produziert Werkovits hausgemachte, qualitativ hochwertige Teigwaren aus den besten Zutaten wie frische Eier aus Boden- und Freilandhaltung vom eigenen Hühnerhof im Mittelburgenland. Die Produktpalette reicht von 6 Ei-Teigwaren wie Bandnudeln, Spiralen, Fleckerln, Hörnchen, Makkaroni, Suppeneinlagen sowie bunte

Teigwaren, Dinkelteigwaren ohne Ei, aber auch Spezialitäten wie Bärlauch-, Steinpilz-, Kräuter-, Knoblauch-, Curry-, Weißwein- oder Kürbiskern- oder Chilinudeln. Nudelliebhaber werden hier besonders köstlich verführt, und auch die süßen Kakao- oder Vanille-Nudeln muss man probiert haben. Onlineshop!

EISENSTADT

Bäckerei Altdorfer

BÄCKEREI ALTDORFER

7000 Eisenstadt, Hauptstraße 10, +43/2682/62356
www.altdorfer.at

Aus der Region — für die Region. Die Backtradition der Familie Altdorfer reicht bis ins Jahr 1746 zurück. In der Angebotspalette finden sich Traditionsprodukte wie das Roggenmischbrot oder das Großvater Johannbrot genauso wie aktuelle Brotsorten wie beispielsweise das Dinkelvollkornbrot, Nussbrot oder Purpurleinsamenbrot. Der Tradition entsprechend werden für die Brote ausschließlich täglich neu angesetzte Natursauerteige verwendet. Neben dem klassischen Weißbäck gibt auch eine Vielfalt an Korngebäcken, z.B. Sonnenweckerl, Dinkelspitz, Dinkel-Herzweckerl, Kremserspitz) und verschiedene, reine Dinkelgebäcke wie Dinkelmohn- und -sesamstriezerl, Dinkelsemmerl, Dinkelkipferl, Dinkelspitz, Dinkelherzerl ... Süße Spezialität des Hauses ist die Haydnrolle aus einem mit Powidl gefüllten Lebkuchenteig, umhüllt mit Marzipan und Schokolade. Genüsse wie Rahmkipferl, Dinkel-Topfen- und Versöhnungsstangerl werden nach alten Hausrezepten hergestellt. Sündhaft gut! Catering mit kaltem Buffet und auch mit warmen Speisen.

BAUERNLADEN EISENSTADT

7000 Eisenstadt, Lobäckerstraße 6, +43/650/4027717
www.facebook.com/pages/Bauernladen-Eisenstadt/716299885059141

Der kleine urige Bauernladen verführt mit einem großen Angebot an regionalen Bioprodukten und Spezialitäten aus den Genussregionen des Burgenlandes. Die Palette reicht von Obst wie Kittseer Marille, Wiesener Ananas Erdbeeren, Südburgenländischer Apfel über Seewinkler Gemüse und Südburgenländischer Kräuter bis hin zu Weidegans, dem Pannonischen Mangalitzaschwein, dem Zickentaler Moorochsen – von dem es hier hervorragenden Schinken gibt. Lammfleisch und -würstel von Hautzinger, frischen Fisch und Räucherspezialitäten der Fischfarm Hochwimmer in Sigless, Bio Puten aus dem eigenen Betrieb in Oberschützen, Fruchtsäfte von Pankl, Bio Weine, Uhudler und Uhudler Sekt oder Nudeln von Werkovits sowie Bio Weißbier von der Brauerei Kobersdorf und Bio Pilzaufstriche aus Kräuterseitlingen, Pilz Bruschetta und in Marinade eingelegte Shiitake Pilze gibt es ebenfalls. Und die Pralinenmanufaktur Spiegel verführt hier mit ihren Kreationen. Neu sind die Köstlichkeiten der Genussmanufaktur Schalk Mühle mit einer großen Auswahl an Linsen oder Bohnen sowie Kürbiskern- oder Hanfsamencreme mit Kakao, Steirer Kaffee aus Lupinen und vegane Aufstriche von Herzblatt. Jeden Mittwoch und Freitag gibt es frisches knuspriges Bauernbrot. Die Bedienung ist herzlich und kompetent. Öffnungszeiten: Mi, Do, Fr 9:30 bis 16:30 Uhr; Sa 9:00 bis 13:30 Uhr.

CHEZ PAUL

7000 Eisenstadt, Matthias-Marckhl-Gasse 5
+43/2682/25449
www.chezpaul.at
Gewinner des Genuss Guide Award 2023, „Bester Genussladen im Burgenland"/Kategorie Greisslerei und Feinkost, siehe Seite 78.

MARKTHALLE KULINARIUM BURGENLAND
7000 Eisenstadt, Esterházyplatz 4, +43/664/88348318
www.markthalle-burgenland.com
Produzenten wie Erich Stekovics, Hans Bauer, Annemarie und Georg Rohrauer und die Slow Food Bewegung Burgenland sind gemeinsam mit dem Bio-Landgut Esterházy die Initiatoren der „Markthalle Kulinarium Burgenland". In den Stallungen des Schlosses Esterházy werden auf rund 150 m² jeden Freitag und Samstag von 8:30 bis 13:00 Uhr hochwertige regionale Produkte direkt von verschiedensten regionalen Produzenten oder Bauern angeboten. Die Aussteller bieten dem bewussten Genusssuchenden hochwertige Lebensmittel an, z.B. Brot, Honig, Bio-Weizenmehl oder Kürbis-, Sonnenblumen- und Soja-Öle, Bio Angus-Rind-

fleisch und Wildspezialitäten vom Bio-Landgut Esterházy, Obst & Gemüse vom Neudlhof, Käsespezialitäten von Zechi's Mausefalle, Milchprodukte, Bio Eier vom fürstlichen Wanderhuhn, Bio Wurst- und Selchwaren vom Hausschwein sowie Bio Frischfleisch vom Angusrind der Wurstmanufaktur Palatin, Frischfisch von Perschfisch, Fruchtsäfte, Edelbrände der Brennerei Bifra, Bio Bier der Privatbrauerei Gols, Seewinkler Bio-Tofu von Manufaba, Kunsthandwerk u.v.a.m. Ein einzigartiges Genuss-Erlebnis auf Rädern – die Rollende Markthalle. Die mobile Verkaufseinrichtung ist in der Region unterwegs und versorgt Feinschmecker vor Ort mit regionalen Schmankerln und pannonischen Spezialitäten. Die Termine und Standorte der Trailer-Markthalle finden Sie im Kalender auf der Webseite.

SPAR-GOURMET

7000 Eisenstadt, Hauptstraße 13
+43/2682/63940
www.spar.at
Gewinner des Genuss Guide Award 2023, „Bester Genussladen im Burgenland"/Kategorie Weltgenuss, siehe Seite 80.

Spar-Gourmet Eisenstadt

WALDHERR – DER VOLLKORN-BIO-BÄCKER
7000 Eisenstadt, Kleinhöfleiner Hauptstraße 39
+43/2682/61008-0
www.vollkornbaeckerei-waldherr.at
Verkaufsstellen: 8010 Graz, Gleisdorfer Gasse 21; 1010 Wien, Marc-Aurel-Straße 4; 1060 Wien, Am Naschmarkt.
Seit 1994 setzt Clemens Waldherr auf Vollkorn, Bio, alte Getreidesorten und traditionelles Bäckerhandwerk. Im liebevoll renovierten Winzerhaus werden Brot und Gebäck streng nach den Richtlinien der Vollwerternährung hergestellt. Das Sortiment umfasst traditionelle Sauerteig-Brotklassiker, Spezialbrote und Gebäck mit und ohne Hefe oder aus alten und alternativen Getreidesorten wie Dinkel, Roggen, NOAH's KORN oder Amaranth. Echte Besonderheiten sind u.a. das Vollkorn-Bio-Quinoabrot und das glutenfreie Vollkorn-Bio-Reisbrot mit Zutaten aus fairem Handel und das glutenfreie und intensiv aromatische Vollkorn-Bio-Buchweizenbrot. Pikante und süße Gebäckspezialitäten und

Mehlspeisen aus Dinkel runden das Sortiment ab. Hier gibt es auch regelmäßig Neues zu entdecken. Vervollständigt wird das Angebot mit feinen Fruchtaufstrichen.

ELTENDORF

UHUDLEREI MIRTH

7562 Eltendorf, Kirchenstraße 7, +43/3325/2216
www.uhudlerei-mirth.at

Das Herz von Familie Mirth schlägt für den Uhudler – sein Geschmack ist einzigartig und das Bouquet duftet nach Walderdbeeren, Himbeeren und Robinien. Die Trauben sind handverlesen und werden zu Weinen in Weiß und Rot, Fruchtsaft, Frizzante, Brände und Likör, Essig und Fruchtaufstriche verarbeitet. Ein Genuss sind die Uhudler-Kräcker. Zusätzlich zum Uhudler keltert Familie Mirth auch PiWi-Weine aus pilzresistenten Rebsorten. Exquisite Schmankerl vom Wildschwein, Reh und Hirsch aus der eigenen Wilderei werden nach alten Hausrezepten hergestellt: Wild-Salami, Wildschweinschinken und -speck, Wildschweinleberpastete und -grammelschmalz ... verfeinert mit sorgfältig ausgewählten Rohstoffen. So werden einzigartige Geschmackserlebnisse kreiert, die man im Shop oder online (www.shop.uhudlerei-mirth.at) kaufen kann.

FRAUENKIRCHEN

BIO-HOFLADEN ROMMER

7132 Frauenkirchen, Kirchenplatz 11, +43/2172/2496
www.biohofladen-rommer.at

Das Arbeiten in und mit der Natur ist die Leidenschaft von Julia und Carina Rommer. Seit 2005 ist der Hofladen der Familie Rommer ein anerkannter Bio-Betrieb, auf ihren Feldern rund um Frauenkirchen wachsen verschiedene Kartoffelsorten, Knoblauch, Zwiebel, Paprika, Paradeiser-Raritäten und Kürbisse. Aber es werden auch Bio-Produkte von anderen Partnerbetrieben im Hofladen angeboten. Man findet praktisch alles, was das Burgenland an Bio-Genussprodukten hergibt: Schaf- und Ziegenkäse, Eier aus Freilandhaltung, Tee, Gewürze, Senf, Nudeln, Müsli, Kürbiskernöl, Honig, Marmeladen, Apfel- & Traubensaft, Wein u.v.m.

GÖJO – DER BIOBAUERNHOF

7132 Frauenkirchen, Kanalgasse 5, +43/2172/2160
www.goejo.at

Biobauer Josef Göltl hält Mangalitzaschweine in ganzjähriger Freilandhaltung! Sie brauchen rund 20 Monate bis das Schlachtgewicht erreicht wird. Einmal im Monat wird geschlachtet und bei der Herstellung der Produkte auf Konservierungsmittel verzichtet. Dadurch sind, im Gegensatz zu einer Massenproduktion, Schmankerl wie Lardo, Schmalz, Aufstriche, Schinken ... nicht immer und jederzeit erhältlich. Im Hofladen werden auch hoch-

wertige Produkte von Produzenten aus der Region angeboten. Es finden sich eine Vielzahl von Köstlichkeiten: mildes Joghurt, Marmeladen, Nudeln, Edelbrände, Edelkirschsaft, Apfelsaft ...

Stekovics

STEKOVICS

7132 Frauenkirchen, Schäferhof 13, +43/676/9660705
www.stekovics.at

Erich Stekovics hat sich seinen Kindheitstraum vom Gärtnern erfüllt und sich der Vielfalt verschrieben. 2001 war es dann soweit und er erfüllte sich diesen Traum, und zwar so erfolgreich, dass er mittlerweile die weltweit größte Samensammlung an Paradeisern zusammengestellt hat. Aber auch Paprika und Chilis gehören zu seiner Leidenschaft. Gemeinsam mit seiner Frau Priska entdeckte er Charapita – den wertvollen und letzten Pfeffer der Inkas, der in einer exklusiven Edition erhältlich ist. Und das Ehepaar Stekovics wird auch weiterhin auf der Suche nach himmlischen Geschmäckern bleiben. Kultiviert wird ausschließlich im Freiland. Im April und Mai werden die Raritäten als Jungpflanzen angeboten, ab Mitte Juli kann man dann die Raritäten Ab Hof kaufen: bunt gemischte Paradeiser, Knoblauch gibt es als Zopf und auch lose, sowie mehr als ein Dutzend Zwiebelraritäten – ihr Geschmack ist so unterschiedlich wie ihre Herkunft. Die wunderbare Vielfalt vom „Kaiser der Paradeiser" gibt es auch eingelegt im Glas, von Cocktail- und Wildparadeiserraritäten, Paradeiserchutney und -tatar bis zum fruchtig-süßen Paprikapulver. Und es versteht sich von selbst, dass auch die Chili nicht zu kurz kommt: vom süßen Chili „Gänseschnabel" über den extrem fruchtigen und scharfen Akazienchili, dem extrascharfen Zitronenchili bis zu dem mit Salz vermengten Habanero-Mix.

GOLS

FLEISCHHAUEREI MEIRINGER

7122 Gols, Untere Hauptstraße 73, +43/2173/2238
www.meiringer.at

Julius Meiringers Motto: „Leben mit Qualität = Lebensmittelqualität", wird in allen Bereichen beherzigt. Das Rind- und Schweinefleisch stammt aus eigener Schlachtung, bezogen werden ausschließlich Tiere aus der Umgebung um den Neusiedler See und aus artgerechter Haltung. Und auch die feinen Wurst- und Selchwaren und Pasteten stammen aus eigener Erzeugung. Besonders stolz ist man auf den Titel „Blunzn-Weltmeister" — Meiringers Blutwürste wurden bereits mehrfach mit „Gold" ausgezeichnet. Dienstags gibt's die beliebte heiße Kesselblutwurst und donnerstags heiße Kesseldürre. Weiters im Sortiment zu finden sind Produkte aus der Region, z.B. Nudeln und Eier von Fleischhacker, Weine und Most aus Gols, Honig von Vogel und Nitzky, Schafkäse von Hautzinger, Äpfel und Apfelsaft von Leeb, Kartoffeln von Meixner sowie Gemüse aus Eigenanbau. Partyservice. Meiringer ist jeden Samstag am Hainburger Markt von 7:00 bis 12:00 Uhr, am Wiener Naschmarkt (Höhe Kettenbrückengasse) jeden Samstag von 6:00 bis ca. 14:00 Uhr und am Liesinger Markt jeden Freitag von 7:00 bis ca. 15:00 Uhr.

SEKTKELLEREI SZIGETI

7122 Gols, Sportplatzgasse 2a, + 43/2173/2167
www.szigeti.at

Sektkellerei Szigeti

SZIGETI

Don't forget to sparkle.

Wenn es um edle Tropfen aus Österreich geht, ist einer der wohl international bekanntesten Geheimtipps die Sektkellerei Szigeti aus Gols im Burgenland. Hergestellt wird im Hause Szigeti nach der „Méthode Traditionnelle", der klassischen Flaschengärung, die im Keller dafür sorgt, dass die erstklassigen Grundweine zu außergewöhnlichen Sektspezialitäten heranreifen und Szigeti-Sekt sein feines, unvergleichliches Mousseux entwickeln kann. Neben der Kunst, den sortentypischen Geschmack heimischer Trauben unverkennbar einzufangen, gelingt es dem von Peter Szigeti geführten Haus immer wieder, mit feinen Spezialitäten und Neuheiten im so traditionsbedachten Markt zu überraschen. Wer einmal solche Eleganz im Glas gekostet hat, der versteht, warum Szigeti-Liebhaber überall auf der Welt darauf anstoßen. Also: Don't forget to sparkle.

GROSSHÖFLEIN

ALTES KAUFHAUS

7051 Großhöflein, Hauptstraße 81, +43/676/889697132
www.alteskaufhaus.at

Altes Kaufhaus

100 % regional, saisonal, natürlich und gemütlich einkaufen im Alten Kaufhaus. Inhaberin Simone Stadlhofer ist bestrebt, Produkte in allerhöchster Qualität in einem Ambiente, in dem sich die Kunden wohlfühlen, anzubieten. Das mit Sorgfalt ausgewählte Angebot ist nahezu 100 % bio-zertifiziert, der Rest stammt aus naturbelassener und regionaler Produktion. Die Genusspalette umfasst ausschließlich Kostbarkeiten aus der Region wie Pöttelsdorfer Wulka Prosciutto, Bauernschinken, Großhöfliner Hartweizennudeln .... neben frischem Obst und Gemüse auch Milchprodukte von Kuh, Schaf und Ziege, Brot, Getreide, Fleisch, Wurst, Eier, Nudeln, Fisch frisch und geräuchert, Spezialitäten gibt es auch im Glas. Chutneys und Marmeladen werden ebenso geboten wie Blütensalze, Schnaps und Likör. Das Weinangebot ist klein, aber fein — alle örtlichen Winzer sind vertreten. Das Kaufhaus hat jedoch nur zweimal wöchentlich geöffnet, nämlich montags von 8:30 bis 13:00 Uhr und freitags von 8:30 bis 18:00 Uhr. Bestellen kann man aber auch online oder persönlich.

STREMTALER SCHMANKERL-ECK

7540 Güssing, Stremtalstraße 21a, +43/3322/42527
stremtaler-schmankerleck.at

Köstlichkeiten aus dem Südburgenland — denn die Region deckt den Tisch ... und zwar reichlich mit erntefrischen, köstlichen Delikatessen — liebevoll und sorgfältig angebaut, geerntet und verarbeitet von Bäuerinnen und Bauern aus der Region. Im Stremtaler Schmankerl-Eck erwartet den Besucher frisches Bauernbrot und Gebäck, köstliche Fleisch- und Wurstwaren von Schwein, Rind, Gans, Huhn, Strauß, Lamm und Dammwild, Milchprodukte und herzhafte Käsesorten aus Kuh-, Schaf- und Ziegenmilch, saftiges Obst und Gemüse nach Saison, schmackhafte Säfte, edle Weine und Brände, Süßes und Saures, verschiedenste Produkte von den Fairtrade-Partnern (Tee, Kaffee, Kakao, Schokolade, Gewürze ...) sowie Kunsthandwerk und Kosmetik. Ein Verkaufsautomat bietet rund um die Uhr die Möglichkeit, auch außerhalb der Öffnungszeiten regionale, bäuerliche Produkte vor Ort zu erwerben.

DIE GRÜNE ECKE

7172 Illmitz, Obere Hauptstraße 76, +43/664/1531704
www.gruene-ecke.at

Die grüne Ecke

Sie sind auf der Suche nach frischem, saisonalen Gemüse und Obst? Dann sind Sie hier bei Familie Weinhandl genau richtig. Das grüne Sortiment wird verstärkt durch Wein und Brand. Darüber hinaus gibt es neben hausgemachten Marmeladen und Säften auch Honig, Nudeln und noch vieles mehr. Familie Weinhandl hat ihren kleinen Laden von Ende April bis Ende Oktober geöffnet.

NAH&FRISCH STEINMETZ NICOLE

7531 Kemeten, Am Dorfbrunnen 7, +43/3352/50403
www.nahundfrisch.at/de/kaufmann/steinmetz-nicole

Als Nahversorger bietet Nicole Steinmetz in ihrem Geschäft in Kemeten auf einer Verkaufsfläche von 140 m² ein abgestimmtes, umfangreiches Sortiment, wobei der Schwerpunkt auf regionalen Produkten liegt. Herzstück neben der sehr gut sortierten Obst & Gemüseabteilung bildet die Feinkosttheke mit einer feinen Auswahl an Wurst- und Schinkenspezialitäten. Platten- und Brötchenservice, Geschenkgutscheine und eine eigene Haubis Backstation für frisches Brot und Gebäck runden das Angebot ab. Freundliche Bedienung.

Hofladen Thorschütz

HOFLADEN THORSCHÜTZ

7563 Königsdorf, Bachstraße 9, +43/3325/2373
www.thorschuetz.at

Bei Familie Thorschütz dreht sich alles um's Schwein und den Kürbis. Der Hofladen bietet besondere Schmankerl aus eigener Züchtung, Schlachtung und Produktion. Geselcht wird nach altem Hausrezept, Spezialitäten des Hauses sind der mehrfach prämierte Schinken, die ebenfalls prämierte ungeräucherte Uhudler-Salami und der Leberkäse (donnerstags warm). Weiters verführen Brat- und Grillwürste, Blunzen und Breinwürste, knuspriger Schweinsbraten und Kümmelbraten zum Genuss. Gebratene Stelzen gibt es auf Vorbestellung, Frischfleisch von Donnerstag bis Samstag. Presswurst, Grammelschmalz, Leberaufstrich, Verhackert's und Kürbiskernaufstrich und Kürbiskern- öl von den eigenen Kürbisfeldern komplettieren das „schweinige" Angebot. Platten- & Brötchenservice.

THAMHESL'S HOFLADEN

7563 Königsdorf, Bachstraße 4, +43/3325/2289
www.thamhesl.at

Thamhesl's Hofladen

„Wennst woast woher's kummt, woast wost isst", ist der Leit- satz der Thamhesl's. Aus einem kleinen landwirtschaftlichen Betrieb mit Tierhaltung heraus entwickelte sich der Hofladen, in dem vielfach prämierte Produkte aus eigener Produktion wie Geselchtes und Würste von den hofeigenen Schweinen angeboten werden. Die Palette reicht von verschiedenen Würsten wie Schin- kenwurst, Polnische, Koblauchwurst, Kürbiskern-Uhudlerwurst, Haus- und Bratwürstel über Aufstriche bis hin zum Geselchten von Schinken, Karree, Schopf oder Schulter – gekocht oder roh. Allerlei Sorten hausgemachter Nudeln aus Hartweizengrieß, Kernölprodukte, Fruchtaufstriche vom Kürbis, Dinkelmehl, Dinkelreis u.v.m. verführen zum Genuss. Liebevoll eingerichtet präsentiert sich die Paradiesecke, wo von 14 verschiedenen Pro- duzenten des Vereins „Südburgenland – Ein Stück vom Paradies" Produkte zum Verkauf angeboten werden. Gerne werden auf Be- stellung kalte Platten und Buffets für Ihre privaten Feiern oder Firmenfeste zubereitet. Onlineshop.

GEBHARD BAUMANN NAH&FRISCH

7512 Kohfidisch, Untere Hauptstraße 31, +43/3366/77217
www.nahundfrisch.at
Ein Nahversorger, wie man ihn sich wünscht. Der Familienbetrieb in 4. Generation zeichnet sich durch das umfangreiche Sortiment in allen Warengruppen sowie durch eine freundliche und kompe- tente Bedienung aus. Obst und Gemüse, wie auch die Feinkost- theke mit reichhaltiger Auswahl an regionalen und ausgesuchten Produkten verschiedenster namhafter Produzenten, lassen keine Schmankerlwünsche offen. Täglich wird hausgemachter warmer Kümmelbraten, selbst gemachtes Grammelschmalz und Bratlfettn angeboten. Ofenwarmes Gebäck, vieles davon in Bio-Qualität, verführt ebenso zum Genuss wie Mehlspeisen und Torten vom regionalen Konditor, die es auf Bestellung gibt. Selbst gemachte, frisch belegte Pizzen und verschiedenste Leberkäse- sorten aus der heißen Theke sind weithin bekannt. Abgerundet wird das Komplettangebot mit frisch gepressten Obst- und Ge- müsesäften, Partybrezn, Feinkostbrötchen und Partyplatten. Regionale Honigvarianten, verschiedenste Gin- und Rumsorten und heimische Weinspezialitäten wie z.B. Uhudler, Zweigelt, Welschriesling, Frizzante und Liköre gehören da einfach dazu. Ein Imbissstüberl mit Kaffee, Getränken und kleinen Mahlzeiten lädt zum Verweilen ein. Hauszustellung für Kunden in der nähe- ren Umgebung sind ein weiteres Markenzeichen des Betriebes geworden, wo Kunden rasch und problemlos Waren aller Art in- nerhalb kürzester Zeit geliefert bekommen.

Kukmirn-Genussmarkt Destillerie Puchas

KUKMIRN-GENUSSMARKT DESTILLERIE PUCHAS

7543 Kukmirn, Genussplatz 3, +43/3328/32003 -14
destillerie-puchas.at/destillerie/genusszentrum
„Das gewisse Etwas" hat Josef Puchas mit der Eröffnung des Genussmarktes bei der Destillerie Puchas in Kukmirn geschaffen und den ersten Schritt unternommen, Kukmirn zum südburgen- ländischen Genusszentrum und größten und vielfältigsten Regio-

nalmarkt des Südens zu machen. Rund 800 Produkte vom Kernöl, Essig, Obst über Nudeln bis hin zum Pesto und vielem mehr – so präsentiert sich seit Ende 2021 der Genussmarkt der Destillerie Puchas. Mit der Eröffnung des regionalen Genussmarktes ist ein weiterer Schritt vollzogen, bereits 2023 wird mit der Schaubrennerei und dem Erlebnis- und Genussheurigen mit regional-typischer Kulinarik die nächste Ausbaustufe beendet sein. Diese wird mit großzügigen Chalets und Ferienappartements im Obstgarten auch für Nächtigungen in der größten Obstbaugemeinde Österreichs sorgen. Für das kommende Jahr ist der Verkauf von Fisch, Fleisch und vielem mehr geplant.

LACKENDORF

HIESIGES – REGIONALER GENUSSLADEN

7321 Lackendorf, Hauptstraße 52, +43/664/5169101
www.hiesiges.co.at

Der direkt an der Hauptstraße befindliche kleine Genussladen ist fast so, wie die Läden früher immer schon waren. Bereits beim Betreten kommt einem der Duft von frischem Brot und Gebäck entgegen. Regionalität ist Irene Wagner sehr wichtig, Bio-Obst und -Gemüse, Milchprodukte, Fleisch- und Wurstwaren, Bier, Honig, Nudeln und viele weitere Produkte stammen alle aus der nahen Umgebung und sind in diesem Geschäft vereint. Aber auch Naturkosmetik, Besen und Bürsten, natürliche Reinigungsmittel und sogar Staubwedel aus Straußenfedern findet man hier. Kleine Dekorationsgegenstände, Geschenkkörbe und Wiesenblumensträuße eignen sich gut als Mitbringsel.

Hiesiges – Regionaler Genussladen

LITZELSDORF

GUMHALTER KAFFEE KONDITOREI

7532 Litzelsdorf, Marktstraße 87, +43/3358/2411
Filiale: 7400 Oberwart, Hauptplatz 6.
www.konditorei-gumhalter.at

Seit 1938 versüßt die Familie Gumhalter das Leben im Südburgenland. Die Rückbesinnung und Verwendung von regionalen Zutaten

ist hier eine Selbstverständlichkeit. So kommt beispielsweise das Mehl von der Sagmeister Mühle direkt aus dem Ort und die Früchte der Saison für Mehlspeisen und Eis aus Kukmirn. Alle Produkte werden in Litzelsdorf produziert und können somit zu Recht als "hausgemacht" bezeichnet werden. Wie ausgezeichnet Lebkuchen schmecken kann, zeigen die handgefertigten Lebkuchenkreationen wie z.B. der Uhudler-Lebkuchen – ein besonderes Produkt der Region – der neben flaumigem Lebkuchen auch den fruchtig-süßen Geschmack der Uhudlertraube im Inneren verspricht, die traditionellen Pressburger Stangerl, der Elisen Lebkuchen oder die Litzelsdorfer Busserl. Und auch das hausgemachte Eis – darunter auch vegane Sorten –, das für jeden Geschmack etwas zu bieten hat, ist mehr als eine Sünde wert! Die Kaffee-Konditorei wurde in der Region als Genussbetrieb mit Qualität und Originalität ausgezeichnet.

Gumhalter Kaffee Konditorei

SAGMEISTER MÜHLE – MÜHLENLADEN

7532 Litzelsdorf, Mühlenweg 20, +43/3358/2400
www.sagmeister-muehle.at

In der Sagmeister Mühle in Litzelsdorf befindet sich ein Naturkostladen mit einer besonderen Auswahl an Naturkost- und Bioprodukten. Es gibt speiseaufbereitete Körner, Roggen-, Weizen-, Dinkelmehle verschiedener Typen, Vollkornmehle, -schrote und -flocken und Fertigmischungen sowie Weizengrieß. Zahlreiche Getreide- und Mehlsorten sind selbstverständlich in Bioqualität erhältlich. Neben Produkten der Paradiesbetriebe (Bischof Nudeln, Hirmann Essige, Xunder Xandl, Kräuter aus der Genussregion etc.) findet man eine große Anzahl an Bio-Naturprodukten wie Müslis, Flocken, Tees, Dinkelspezialitäten, schokolierte Produkte, kaltgepresste Öle, Honigprodukte und und noch vieles mehr. Sonnentor Produkte, Salz-Soleprodukte, Stutenmilchprodukte vom Steirischen Töchterlehof sowie glutenfreie Mehle runden das breite Sortiment ab. Burgenland-Chips oder Burgenland-Kracherl sind ebenfalls Teil der Produktpalette sowie viele weitere Spezialitäten, die sich auch bestens als Mitbringsel eignen. Neu im Sortiment sind auch einige italienische Spezialitäten, wie die Caputo Mehle, Gustini Balsamico

Essige und ein Risottoreis. Gerne werden auch Geschenkkörbe zusammengestellt.

DER TSCHÜRTZ

7020 Loipersbach im Burgenland, Herrengasse 27
+43/650/4700265 oder +43/664/4920345
www.der-tschuertz.com

Der Tschürtz

Schinken und Hammerfleisch von Tschürtz zählen zu den feinen Delikatessen, die das Burgenland zu bieten hat. So wird zum Beispiel das Original Loipersbacher Hammerfleisch nach alter Tradition erzeugt: Ausgewähltes Schweinefleisch wird mit einer Mischung aus Meersalz und Knoblauch gewürzt und über Buchenholz mild geselcht und einer Reifezeit von 6 Monaten unterzogen. Weiters zu empfehlen sind die Loipersbacher Rohwürstel und Safranwürstel. Die exquisiten Produkte von Tschürtz wie der am Knochen gereifte Rohschinken, die prämierten Blunzen, das Dry-Aged-Beef, Würstel mit ausgewählten pannonischen Gewürzen, Leberpasteten & Rillettes ... werden in Eisenstadt am Wochenmarkt: Freitag 8:00 bis 12:00 Uhr, am Wochenmarkt in Bad Vöslau: Samstag 8:00 bis 13:00 Uhr und in Wien samstags am Karmelitermarkt beim Slow Food Corner angeboten. Nach telefonischer Vorbestellung und Terminvereinbarung können die Spezialitäten auch in Loipersbach Dienstag bis Donnerstag jederzeit, Freitag & Samstag ab 15:00 Uhr abgeholt werden.

CAFÉ KONDITOREI HARRER

7210 Mattersburg, Judengasse 8, +43/2626/62429
www.harrer-mattersburg.com
Seit über 50 Jahren verwöhnt die Konditor-Dynastie Harrer mit den verschiedensten süßen Köstlichkeiten. Konditormeister Michael Harrer sucht die süße Herausforderung mit laufend neuen Kreationen, in welche er Altbewährtes und Modernes einfließen lässt. Neben Hochzeits- und Anlasstorten finden sich aber auch gut bekannte und beliebte Mehlspeisen sowie feine Trüffel-Kreationen. Auch die eigene Kaffee-Edition in Zusammenarbeit mit Tovolea® zeugt von Harrers Kreativität. Sein Bruder Karl Harrer holt mit der Schokoladenmanufaktur im benachbarten Sopron immer wieder Auszeichnungen – zuletzt den Weltmeistertitel. Und Anton Harrer Junior sorgt mit seiner Eisdiele in Sollenau auch in 1130 Wien, Lainzer Straße 132, für Furore.

GANZGANS

7210 Mattersburg, Hauptstraße 5, +43/664/3959139
www.ganzgans.at
Ganz frisch, ganz regional & ganz ursprünglich, lautet das Motto am Hof von Angelika Moser. Im Slow Food Burgenland Betrieb findet man neben den Mattersburger Weidegänsen auch Enten, Bauernhendl und Eier. Ebenso auch mit viel Liebe und Sorgfalt hergestellte Lebensmittel, z.B. Bauernhof-Brot, Pasteten, Pesto, Chili, Hollerkoch und vieles mehr ... Das Produktangebot wechselt saisonal. Ab-Hof-Verkauf jeden 1./2./3. Freitag im Monat von 15:00 bis 18:00 Uhr und nach telefonischer Vereinbarung.

CASA.PEISO & DIÓ

7072 Mörbisch am See, Herrengasse 16, +43/2685/8221
www.casapeiso.at
Die casa.peiso, ein unverfälschtes Winzerhaus, ist im idyllischen Mörbisch gelegen. Die romantische, mediterran anmutende Casa bezaubert mit dem Charme von anno 1890 und dem Komfort von heute und beherbergt drei loftartige, individuelle Suiten. Gleich neben der Casa befindet sich die Weinkantine DIÓ. Und es ist ein ganz besonderer Laden – eine Mischung aus Bistro, Greisslerei und Heuriger mit authentischer, regionaler Feinkost aus dem Burgenland von kleinen Produzenten und Familienbetrieben. Von Käse von Kuh, Schaf und Ziege über Spezialitäten vom Graurind und Mangalitza Schwein, hausgemachten Marmeladen und Pesti bis zu spezifischen regionalen Produkten wie den köstlichen Schwarzen Nüssen und „alles vom Apfel". Essige, Öle, Chutneys, Golser Bier, Bio-Nussbrot vom örtlichen Bäcker und überhaupt Produkte von der Schwarzen Nuss (Nuss-Salami, Walnüsse, Schoko- und Chilinüsse, Nussöl, Nusspesto ...), Kaffee & Tee

sowie saisonale kalte Speisen aus der Vitrine und Mehlspeisen komplettieren das genussreiche Angebot – fast! Denn DIÖ hat noch mehr zu bieten, nämlich herrliche Weine aus dem eigenen Weingut: Von trockenen Weißweinen über fruchtige Rotweine bis zu Süßweinen wird eine farbenreiche Auswahl an autochthonen Sorten gekeltert. 2019 wurde der Betrieb auf biologisch-organischen Weinbau umgestellt. Achtung: Die Öffnungszeiten sind saisonal abhängig, am besten telefonisch nachfragen.

Casa Peiso & Diö

LIKÖRMANUFAKTUR POSCH-KINDLHOFER

8382 Mogersdorf, Deutsch Minihof 60, +43/664/1401850
Brigitte Posch-Kindlhofer erzeugt in ihrer Likörmanufaktur Uhudler-Spezialitäten wie Uhudlerwein, Frizzante, diverse Variationen von Likören wie Uhudler-, Kürbiskern-, Schokoladenlikör, Haselnussschaps – um nur einige davon zu nennen – Schnäpse, Uhudler-Fruchtaufstrich sowie auch Kürbiskernöl aus der Steinmühlenröstung und handgeschöpfte Schokoladen und vieles mehr. Auch handgesiedete Seifen – meist Ringelblume und Lavendel – mit Blüten aus dem eigenen Garten und feine Fruchtaufstriche zählen zu ihrem Angebot ebenso wie Kürbiskern-Kräutersalz oder Kürbiskern-Petersilie-Pesto. Gemeinsam mit der Fritz Mühle schuf man eine Uhudler-Walderdbeerlikör- und eine Kürbiskernlikör-Schokolade. Diese Spezialitäten können ab Hof erworben werden oder man lässt sich ein Päckchen mit „Proviant" schicken. Öffnungszeiten: generell ab 10:00 Uhr, Verkostungen nach telefonischer Vereinbarung.

KUCHLKREDENZ IM GASTHOF ZUR TRAUBE

7311 Neckenmarkt, Herrengasse 42, +43/2610/42256
www.zurtraube.at/kulinarik-mehr/kuchlkredenz
Der kleine Shop in Neckenmarkt bietet Feines aus der Heimat – Regionales in allen Variationen, das saisonal variiert, wie z.B. Essige, Öle, Gewürze, Teigwaren, Mehle, Schokolade, Pralinen,

Säfte, Biere, „haus'gmochte" Traubensäfte, Marmeladen, Chutneys, Knuspermüsli, Pestos, Saucen, Kekse, Kuchen … sowie Handgemachtes aus der Region wie Keramik, Blaudruck, Körberl, Handarbeiten … und selbstverständlich erlesene Weine aus dem Mittelburgenland, die hier zu ab-Hof-Preisen verkauft werden. Mit der „Kulinarik to go" können frische Speisen vakuumiert zum Selberwärmen für zu Hause mitgenommen werden. Die Kuchlkredenz ist zu den Restaurantzeiten des Hotels geöffnet.

DIE FISCHEREI – FISCHDELIKATESSEN OLDENBURG

7100 Neusiedl am See, Obere Hauptstraße 48
+43/660/6517318
www.diefischerei.at
Fisch, frisch, fantastisch! Das kleine, feine Fischgeschäft überzeugt mit einem mehr als überwältigenden Angebot. Neben Zander, Karpfen und Wels aus dem Neusiedler See gibt es wöchentlich auch frische Saiblinge und Forellen aus Österreich. Auf Qualität und Herkunft der Ware wird besonders großer Wert gelegt. Die wöchentliche Wildware (z.B. Wolfsbarsch, Seeteufel, Heilbutt oder Schwertfisch) kommt aus der Bretagne und wird erst vor Ort geschuppt und ausgenommen. Je nach Saison und Verfügbarkeit werden auch verschiedenste eingelegte und geräucherte Fischdelikatessen, vom Bismarck-Hering bis hin zu fein marinierten Alicefilets (Sardellen) angeboten. Nach Wunsch und auf Vorbestellung ist in diesem Fischdelikatessen-Geschäft auch frischer (lebender) Hummer aus der Bretagne erhältlich. Von der Amalfiküste stammen diverse Risotti, Pasta-Mischungen (Ravello, Positano, Sorento), Schwertfischstücke und Weisser Thunfisch in Öl, Nero di Sepia (Pasta-Sauce). Ebenfalls erhältlich: frische Austern jeden Mittwoch und Freitag, Thunfisch und Lachs in Sashimi-Qualität sowie Räucherfisch aus Bremerhaven. Neben frischem Fisch für zu Hause werden auch „kleine Happen" für Zwischendurch (frische Austern, Lachs- und Thunfischcarpaccio, Zandercarpaccio vom Neusiedler See-Zander mit Wasabi-Dip, Heringssalate und Räucherspezialitäten) angeboten. Montag und Dienstag geschlossen.

NAGLREITER BÄCKEREI & KONDITOREI

7100 Neusiedl am See, Wiener Straße 66, +43/2167/3600
www.naglreiter.com
Frisch gebackenes Brot ist ein Fest der Sinne. Sein herrlicher Duft erfüllt den Raum, die knusprige Kruste kracht unter dem Schnitt des Messers und ein zart-würziger Geschmack macht mit jedem Bissen Lust auf mehr. „Brotbacken ist keine Kunst – es ist pure Liebe", so Hans Martin Naglreiter. Das Korn kommt aus der burgenländischen Seewinkelmühle, die Rohstoffe von den Bauern der Region. Damit die ganze Kraft der Sonne in den Körnern und

dem Mehl erhalten bleibt. Schließlich heißt es bei Naglreiter: Die Sonne bringt dein Brot. Und das schmeckt man. Das Angebot bietet Vielfalt und Abwechslung, denn es gibt immer wieder Neues zu entdecken wie z.B. auch süße Köstlichkeiten wie Preßburger, Krapfen gefüllt mit feinster Marmelade aus der Kittseer Marille, Briochestriezel und feinste Kuchen und Torten. Filialen im Burgenland und Niederösterreich siehe Homepage.

WEINWERK BURGENLAND GREISSLEREI VINOTHEK

7100 Neusiedl am See, Obere Hauptstraße 31, +43/2167/20705
www.weinwerk.at

Die wohl umfangreichste Vinothek des Burgenlandes lädt zu einer besonderen Weinreise durch das östlichste Bundesland Österreichs ein. Fast 660 Weine von über 160 Winzern begleiten die Weinliebhaber von den Anbaugebieten des Neusiedler Sees über das Leithagebirge bis ins Mittel- und Südburgenland. Die hauseigene Greißlerei macht das Weinwerk Burgenland um eine geschmackvolle Attraktion reicher. Feinschmecker finden hier eine breite Produktpalette an regionalen Köstlichkeiten wie Schafkäse aus dem Seewinkel. Die Greißlerei bietet bewussten Genießern hochwertige Erzeugnisse von Produzenten mit klingenden Namen wie Martin Karlo, Wolfgang Hautzinger oder Richard Triebaumer ebenso wie von kleinen engagierten Selbstvermarktern. Traditionell überlieferte Schmankerl werden so bewahrt und mit Finesse neu erfunden. Weincafé: www.zumechtenleben.at

Weinwerk Burgenland Greißlerei Vinothek

GENUSS UNTER EINEM DACH

NIKITSCH

BIOFLEISCHEREI & WURSTMANUFAKTUR PALATIN

7302 Nikitsch, Mittelgasse 9, +43/699/12184034
www.zumpalatin.at

Biofleischerei & Wurstmanufaktur Palatin

Das Familienunternehmen in zweiter Generation ist Burgenlands einzige zu 100 % bio-zertifizierte Fleischerei, deren Tiere ausschließlich von burgenländischen Kleinbetrieben bezogen werden. Andreas Palatin verarbeitet die Produkte nach traditionellen Zubereitungsarten und bestgehüteten Familienrezepturen und sorgt so für unverfälschten Genuss. Das handgefertigte Sortiment umfasst Frischfleisch vom Angusrind, Schwein und Weidelamm. Wurst- und Selchwaren, verschiedene Kochwürstel und Schinken, Trockenwürste, Salami, Aufstriche sowie Gulasch, Xöchts und Schweinsbraten im Glas. Aus dem Reiferaum werden „special cuts" wie T- Bone vom Schwein, Lamm und Rind, Ribeye, Clubsteak, Tomahawk, Flat Iron, Rinderrippen ... angeboten. Die exquisiten Wurst- und Fleischwaren können im Palatin-Mobil samstags in der Markthalle Burgenland Kulinarium in Eisenstadt und in Wien freitags am Rochusmarkt sowie samstags am Kutschkermarkt gekauft oder vorbestellt werden.

OBERPULLENDORF

GRADWOHL BIO VOLLWERTBÄCKEREI

7350 Oberpullendorf, Hauptstraße 5, +43/2612/43101
www.gradwohl.info

In den Produkten von Gradwohl spürt man die Kraft des Korns. Liebe zum Handwerk, Sorgfalt im Umgang mit Backwaren und einzigartiges Know-how zeichnen den burgenländischen Familienbetrieb aus. Angeboten wird eine Vielzahl von feinsten, mit regionalen Rohstoffen in Handarbeit hergestellten und liebevoll präsentierten Brotsorten, darunter Spezialitäten wie das Bio Vollkorn Bad Tatzmannsdorfer Kraftbrot, das Karotten-Nuss-Brot, Leinsamen-Amarantbrot oder das Kürbisbrot. Kleine Tische laden zum Genuss der knusprigen Spezialitäten vor Ort ein. Neben verschiedenen Backwaren für Allergiker gibt es auch Salate und Müslis, Torten und Kuchen gibt es auf Bestellung. Und den kleinen Hunger zwischendurch kann man hier mit Snacks, herrlich duftendem Kaffee oder Kakao stillen. Freundliche und sehr kompetente Mitarbeiter. Onlineshop.

OBERSCHÜTZEN

NAH&FRISCH LEPSCHI-ROSNER

GENUSS GUIDE AWARD 2023

7432 Oberschützen
Gottlieb-A. Wimmer-Platz 9, +43/3353/7529
www.nahundfrisch.at/de/kaufmann/lepschi-rosner
Gewinner des Genuss Guide Award 2023, „Bester Genussladen im Burgenland"/Kategorie Supermärkte, siehe Seite 79.

Nah&Frisch Lepschi-Rosner

NATURHOF SCHRANZ

7432 Oberschützen, Augasse 5, +43/664/88368230
www.schranz.bio
Der Naturhof Schranz liegt inmitten des Südburgenlandes, dazu gehören aber nicht nur Felder, sondern auch einige Wälder, Grünlandflächen und zwei Streuobstwiesen, auf denen ausschließlich alte Sorten wachsen. 2020 wurde der Hof adaptiert und erweitert, dadurch gibt es nun einen größeren Hofladen sowie einen Seminarraum mit integrierter Workshopküche. Im Hofladen findet man ausschließlich Produkte, die am Hof gewachsen und verarbeitet wurden, z.B. naturbelassene Öle aus eigener Pressung, wie Hanföl, frisch gemahlene Mehle (Dinkel) von den eigenen Steinmühlen, auch alternative Mehle wie Buchweizenmehl, hausgemachte Nudeln, saisonales Obst und Gemüse, Rotklee- und Löwenzahnblüten-Sirup, Fruchtaufstriche aus der Streuobstwiese, Hanf- und Dinkelprodukte, Urgetreide, Eingelegtes und Süßspeisen, Chutneys, Kräuter & Samen, Raritäten aus Oma's Kochbuch, Kuchen im Glas und Gewürze. In der Tatzmannsdorferstraße 28 in Oberschützen wurde ein 24/7 SB-Hofladen aufgestellt. Onlineshop: shop.schranz.bio

OBERWART

IL SAPORE

7400 Oberwart, Wiener Straße 18, +43/699/19236547
www.ilsapore.at
„Il sapore" heißt aus dem Italienischen übersetzt „der Geschmack". Den guten Geschmack und die Faszination für Kulinarik und Gastfreundschaft teilen die Schwestern Sandra und Katrin Wilfling gleichermaßen. Ihre FeinkostBar im Vintage-Look ist so geschmackvoll und selbst gemacht, wie ihr Angebot. Da die Familie einen kleinen Weingarten am Hannersberg besitzt, wo nicht nur guter Wein wächst, sondern auch viele andere herrliche Früchte und Gemüse gedeihen, war es für die Schwestern aufgrund ihrer Liebe zum Einkochen naheliegend, die Feinkostlinie „il sapore pur" ins Leben zu rufen und ins Glas zu bringen. So entstehen viele feine Marmeladekreationen und Fruchtaufstriche wie Feige & Walnuss, Bella Isabella (Uhudler), fruchtige Käse- & Fleischbegleiter wie Zwiebel/Apfel/Chili oder Birne/Cranberry Senf. Und da die Schwestern auch Pasta lieben, kochen sie Sugo aus verschiedenen Tomatensorten nach traditionellen italienischen Rezepten ein. In der Feinkostvitrine werden frisch aufgeschnittener Prosciutto, Salami und Käsespezialitäten geboten, ebenso wie Olivenöl aus der Region Umbrien und Oxymel der in Oberwart ansässigen Bio-Imkerei Trenker. Eine kleine, aber feine Vinothek beherbergt Weine vorwiegend aus Italien und Österreich, und der Kaffee stammt aus Eigenimport aus Neapel.

NATUR:GENUSS

7400 Oberwart, Wiener Straße 3, +43/699/17284595
www.bio-naturgenuss.com

naturgenuss

Das Motto lautet hier „Regionalität, Bio und Zero Waste". 2011 gegründet, ist natur:genuss heute zu einem festen Bestandteil der Stadt Oberwart geworden. Hochwertige Lebensmittel werden zu erschwinglichen Preisen angeboten. Viele der Produkte kommen von Bauern und Kleinproduzenten aus der Umgebung. Lebensmittel wie Obst und Gemüse sind bio, saisonal und regional. Getreide, Hülsenfrüchte und Flocken gibt es zum Selbstabfüllen. Verpackungsfrei werden aber auch Essige, Öle und Salz angeboten.

Zu den frischen Spezialitäten gehören u.a. verschiedene Sorten von Oliven, Käse, italienischer Salami, Joghurt und Milch in der Pfand-Glasflasche. Rücksicht auf die Umwelt nehmen und nein zu Verpackungen zu sagen, ist Dank Bio-Läden wie natur:genuss in Oberwart ganz einfach.

OLLERSDORF IM BURGENLAND

Bischof Spezialnudeln

BISCHOF SPEZIALNUDELN

7533 Ollersdorf im Burgenland, Bundesstraße 1
+43/3326/52280
www.bischof-nudeln.at
Qualität und Einfallsreichtum sind das Fundament des Familienbetriebs, der ein umfangreiches und hochwertiges Sortiment an Spezialteigwaren aus eigener Produktion anbietet. Insgesamt mehr als 50 verschiedene Sorten – von Knoblauch-Bandnudeln bis zu regionalen Uhudler Nudeln, Bio Teigwaren und klassische Nudeln werden in der Manufaktur Teigwaren in erstklassiger Genussqualität hergestellt und perfekt präsentiert. Nach Voranmeldung kann man auch eine Führung durch die Produktion erhalten. 2022 wurden die Bio-Kamut®-Locken beim Pastakaiser mit Gold ausgezeichnet. Mit den Faden-Spezial Suppennudeln ging man als Sieger hervor. Unbedingt probieren sollte man die neuen Zitronen-Spaghetti und die bunten Radiatoren, aber auch Chili- und Tomatennudeln zeugen von Innovation und Geschmack. Im Angebot finden sich darüber hinaus Spezialitäten aus der Region wie Weine und Spirituosen, Dinkel- und Vollkornprodukte in Bioqualität, Honig, eingelegtes Gemüse, Kürbiskernprodukte oder Marmelade. Die Mitarbeiter beraten fachkundig und freundlich und verraten auch gern Rezepte. Onlineshop.

PAMA

NAH&FRISCH KUNI SABINE

2422 Pama, Untere Hauptstraße 1, +43/2142/5241
www.nahundfrisch.at/de/kaufmann/kuni-sabine
Sabine Kuni ist Kauffrau mit Leib und Seele und Nahversorger des 1.200-Seelen-Dorfs Pama nahe der slowakischen Grenze. Auf 450 Quadratmetern bietet die Frohnatur von Wurst und Käse über Kümmelbraten, Leberkäse bis zum Schweinsbraten vieles aus der Gegend. Schweine- und Rindfleisch, Blutwurst, Grammeln und Schmalz liefert ein Fleischer aus Mannersdorf, das Gebäck kommt von Haubi, aber auch von kleinen Bäckereien aus Parndorf und Deutsch Jahrndorf. Unter der Marke „aus'm Dorf" findet man Honig, Marmeladen, Biosäfte und Wein, ein Teil des Gemüseangebots stammt von einem nahen Biohof. Und die gemütliche Kaffeeecke ladet nach dem Einkauf zum Genießen ein.

PAMHAGEN

FLEISCHEREI MARTIN KARLO

7152 Pamhagen, Rosengasse 1, +43/2174/2126
www.fleischerei-karlo.at
Filiale: 7142 Illmitz, Söldnergasse 20. Ein besonderer, traditionsreicher Familienbetrieb, der sich durch eine breite Palette an außergewöhnlichen Spezialitäten auszeichnet: Als einziger Betrieb schlachtet und verarbeitet Martin Karlo die Graurinder aus dem Nationalpark Neusiedler See/Seewinkel. In regelmäßigen Abständen wird auch Frischfleisch vom Angus Rind der Domaine Albrechtsfeld angeboten und von Zeit zu Zeit auch "Dry-Aged"-veredelte Teilstücke. Bei Wurst und Schinken findet man Feines vom Mangalitza-Schwein und auch den bekannten, kalt geräucherten und luftgetrockneten Rinderschinken gibt es nach wie vor. Am letzten Wochenende jeden Monats gibt es frisches Fleisch vom Mangalitza-Schwein. Ein kleines Feinkostsortiment von burgenländischen Genuss-Partnern wie Nudeln, Gewürze, Schnäpse und verschiedene Aufstriche sowie eine Palette an Imbissen rundet das Angebot ab. Das Team beratet überaus freundlich und kompetent, auf Wunsch erhält man auch nützliche Kochtipps von Profis.

SEEWINKLER EIERTEIGWAREN

7152 Pamhagen, Hauptstraße 53 (hinter dem Haus)
+43/2174/2146
www.seewinkler-eierteigwaren.at
Ein kleines Geschäft, in dem die Genießer mehr als 70 feine Nudelspezialitäten erwarten. Unter Verwendung von hochwertigen, regionalen Rohstoffen werden in Handarbeit burgenländische Eierteigwaren, Festtagsnudeln, aber auch Kräuternudeln (Majoran, Thymian), Kürbiskern-, Safran-, Paprika-, Dinkelnudeln, Chilinudeln sowie vegane oder glutenfreie Nudelprodukte für Suppeneinlage, Beilage oder Hauptspeise hergestellt. Ein ganz besonderer Genuss sind die süßen Nudeln: Kakao-, Mohn- und Zimtnudeln. Den Einkauf zu einem Vergnügen macht aber auch die sehr freundliche und kompetente Chefin, die gerne Zubereitungstipps gibt und auch die lokalen Restaurants, Bäckereien, Feinkost- und Bauernläden mit ihren Nudelkreationen beliefert. Onlineshop.

MARKT DER ERDE

GENUSS GUIDE AWARD 2023

7111 Parndorf, Schulgasse 1
+43/699/18980010
www.marktdererde.at
Gewinner des Genuss Guide Award 2023, „Bester Genussladen im Burgenland"/Kategorie Am Markt, siehe Seite 80.

Markt der Erde

BIO BÄCKEREI RINGHOFER

7423 Pinkafeld, Bruckgasse 15, +43/3357/42290
ringhofer-biobaeck.at
Filiale: 7400 Oberwart, Wiener Straße 10. Natürlichkeit wird in
der Bäckerei Ringhofer seit über 150 Jahren gelebt. Jedes Brot
wird mit eigenem Natursauerteig gebacken, das verwendete
Getreide für das Mehl stammt von den Bauern in der Region und
für die Herstellung der Teige wird ausschließlich Granderwasser
verwendet. Den Teigen wird genügend Zeit zur Reife gegeben,
um den typischen natürlichen Geschmack entstehen zu lassen.
Ebenso ist die Verwendung von Natursole aus den salzreichen
Bergmassiven des Salzkammergut selbstverständlich. Spezialität des Hauses ist das Urkorn 1862, ein saftiges Urkornmischbrot
aus den Urgetreidesorten Emmer, Einkorn und Waldstaudenrog-
gen. Ebenso gelangt nur beste österreichische Butter in die Bri-
ocheteige ... und das schmeckt man einfach! Alle Produkte sind in
Bio Qualität – egal ob Gebäck, Brot, Plunder oder Cremeschnitte.
Die Backwaren sind sehr liebevoll präsentiert, die Beratung ist
freundlich und kompetent. Catering-Service.

TRUMMERS BAUERNLADEN

7423 Pinkafeld, Meierhofplatz 8, +43/3357/422820
www.fruchtsaft-trummer.at
In Trummers schmucken Bauernladen in Pinkafeld werden neben
dem eigenen umfangreichen Sortiment an Fruchtsäften – neu

sind die Streuobstwiesen Fruchtsäfte –, Marmeladen, Essigen
und sämtlichen Uhudlerprodukten auch feine Produkte wie Obst,
Gemüse, Selchwaren, Würste, Gewürze, Öl, Brot, Müsli und vieles
mehr geboten. Gerne werden auch mit regionalen Produkten be-
füllte Geschenkkörbe und Platten nach individuellen Wünschen
zusammengestellt. Onlineshop.

BIO-ARCHEHOF „ZUR GRUBE"

7141 Podersdorf am See, Mühlstraße 23, +43/699/11119003
www.zurgrube.at
Am Archehof werden bedrohte Nutztierrassen vor dem Aussterben bewahrt und seltene Obst- und Gemüsesorten wiederent-
deckt. Diese vergessene Vielfalt wird in Handarbeit und mit traditionellen Methoden zu wunderbaren Naturprodukten verarbeitet.
Im Bio-Hofladen in Selbstbedienung gibt es Hausgemachtes
vom Archehof sowie viele weitere Produkte aus der Region, z.B.
den in der eigenen kleinen Biokäserei hergestellten Ziegen- und
Schafkäse, Joghurt und frische Naturmolke. Frische Bio-Ziegen-
rohmilch gibt es gerne auf Vorbestellung einen Tag im Voraus.
Getrocknete Zackelschafwürstel und Bio-Hühnereier bereichern
das interessante Angebot. Weiters finden sich Archehof-Spezia-
litäten von seltenen Pflanzenarten und Früchten, die alle selbst
produziert werden: Bio-Sirupe wie beispielsweise Indianernessel
oder Feigenblatt, Bio-Essige, Bio-Pestos und Bio-Marmeladen
(Ziegenmilchmarmelade, Quitte, Kaki, Marille-Minze). Weine
aus Podersdorf, Bio-Ukorn Bier und Bio-Golser Bier, Kartoffeln,
Reis, Linsen, Teigwaren und Mehle, Hanfprodukte u.v.m. Neu ist
der Bio Keesu, eine pflanzliche Käsealternative aus heimischen
Mandeln, Lupinen und Soja sowie die Aufstriche „lalas veg". Der
Bio-Hofladen in Selbstbedienung hat täglich von 7:00 bis 22:00
Uhr geöffnet. Auch werden Workshops und an Samstagen Hof-
führungen mit Raritäten-Verkostung angeboten.

BIO-WEINGUT ETTL

7141 Podersdorf am See, Seestraße 48 - 52, +43/2177/72483
www.bioweingut-ettl.at
Ursprünglich war das heutige Weingut Ettl ein sogenannter
„Mischbetrieb". Es wurden nicht nur Weintrauben angebaut,
sondern auch Gemüse und Getreide. Christa und Paul Ettl kon-
zentrierten sich in den 1980er-Jahren auf den Weinanbau und
begannen mit der Umstellung auf biologischen Anbau. In der
angeschlossenen Vinothek kann der Besucher die Weine in
Ruhe verkosten und kennenlernen. Einkaufen direkt beim Winzer bedeutet, die Weine und ihre Wurzeln zu entdecken. Neben
den erlesenen Weinen wird eine Vielzahl an ausgewählten
bäuerlichen Produkten aus der Region Neusiedler See – Seewinkel geboten. Onlineshop! Die Spezialitäten gibt es auch in Wien
jeden Freitag von 9:00 bis 13:00 Uhr am Weinverkaufsstand im

Kaufpark Alterlaa (vor der Bank Austria) und jeden Samstag von 7:00 bis 12:00 Uhr auf den Bauermärkten am Vorgartenmarkt und Hannovermarkt.

BAUER WEIN & PROSCIUTTO

7023 Pöttelsdorf, Bachzeile 24 , +43/664/5379491
www.hans-bauer.at

Bei Hans Bauer trifft traditionelles Handwerk auf Individualität – von der Fleischveredlung, der Weingartenarbeit und Vinifizierung bis zur Vermarktung. Im alten und liebevoll restaurierten Keller des traditionellen Bauernhauses findet man den intimen und heimeligen Rahmen für Präsentationen und Degustationen. Dort wird auch der mittlerweile weit über die Grenzen hinaus bekannte Wulka Prosciutto zur Verkostung gereicht, der Genießer ins Schwärmen kommen lässt. Und mit den Spezialitäten wie dem 34 Monate luftgetrockneten Wulka Prosciutto Reserve, dem mindestens 18 Monate getrockneten Wulka Prosciutto, dem feinen Mangalitzaspeck aus der Genussregion oder dem Wuggerlspeck, Mangalitza Rilettes, Wulka Pastrami... kann man auch gleich die hervorragenden Weine des Hauses verkosten! Das Sortiment umfasst zusätzlich feines Olivenöl und Käse, handgemachte Sauerteiggrissini und Spezialitäten von Erich Stekovics. Ab Hof Verkauf samstags 9:00 bis 17:00 Uhr oder gegen telefonische Voranmeldung.

Bauer Wein & Prosciutto

DOMAINE PÖTTELSDORF FAMILYMADE

7023 Pöttelsdorf, Kellerweg 15, +43/2626/5200
www.domaine-poettelsdorf.at

Das Weingut Domaine Pöttelsdorf Familymade liegt im Weinbaugebiet Rosalia. Familymade – von der Weingartenarbeit über die Vinifizierung bis hin zur Abfüllung und weltweiten Vermarktung der Produkte. Dieses Familymade-Konzept beinhaltet nicht nur einen verantwortungsbewussten und nachhaltigen Umgang mit Ressourcen, sondern auch die Garantie, dass in den Flaschen genau das drin ist, was außen drauf steht: Familymade – Wein mit Freude gemacht! Im gut sortierten Wein-Shop werden hochwertige Qualitätsweine in allen Preisklassen, exklusive Weingeschenke, aber auch Großflaschen und Accessoires rund um den Wein angeboten. Interessante Einblicke ins Barriquelager und in den alten Fasskeller machen den Einkauf im Wein-Shop zum Erlebnis. Ein liebevoll zusammengestelltes Sortiment an Zubehörartikeln rund um das Thema Wein sowie diverse Genussprodukte aus der Region runden das Angebot perfekt ab. Onlineshop.

S'GSUNDE ECK

7025 Pöttelsdorf, Hauptstraße 54-56, +43/664/2411075
www.sgsundeeck.at

AndreaRosa Rittnauer ist mit ihrem Laden von Mattersburg nach Pöttelsdorf umgezogen. Die Kräuterpädagogin, Grüne Kosmetik Pädagogin und seit 2018 zertifizierte Seminarbäuerin bietet sowohl eigene Produkte als auch Produkte anderer (Bio-)Bauern: „s'gsunde Eck" ist eine Fundgrube für regionale und biologische Produkte. Umweltbewusste Konsumenten finden hier neben frischem Obst und Gemüse frische Kuh- und Ziegenmilch, Käse, Topfen, Honig, Nudeln, Brot & Gebäck und weitere Bio-Produkte. Auch das Fleischangebot kann sich sehen lassen: Geselchtes, Schweinsbraten, Käswurst, Florentina, Luftgetrocknetes; zum gleich Essen Teuferl, Hauswürste mit und ohne Knoblauch, Gewürzspeck, Verhacktes... Frischfleisch sowie Grillfleisch, Spieße, Ripperl gibt es auf Bestellung immer bis Montag um 10 Uhr. Seit Kurzem bereichert eine neue „Mitarbeiterin" das g'sunde Eck: ein Automat, der 24 Stunden / 7 Tage geöffnet hat (Münzen- oder Kartenzahlung) – auch liebevoll „fleißige Rosi" genannt. s'gsunde Eck ist ein Treffpunkt für alle, denen Regionalität, Nachhaltigkeit, saisonale Bioprodukte, Transparenz und gesunde Ernährung wichtig sind.

Destillerie – Obsthof Pankl

DESTILLERIE – OBSTHOF PANKL

7033 Pöttsching, Hauptstraße 52, +43/2631/2103
www.facebook.com/pankl.destillerie

Die Destillerie Pankl erzeugt seit 1989 Edelbrände, darunter sind auch besondere Spezialitäten aus alten bodenständigen Sorten zu finden wie Maschanzker, Ontarioapfel oder Kronprinz

Rudolf. Aber auch die Fruchtsäfte und Fruchtnektare erfreuen sich großer Beliebtheit. Wer sich mit frischem, saisonalen Obst, feinen Fruchtsäften oder den edlen Destillaten eindecken will, der ist im Hofladen an der richtigen Adresse. Neu ist der GIN von Pankl, eine Mischung aus 8 ausgewählten Botanicals, aber auch feine Marmeladen, Gelees mit und ohne Alkohol, Apfelessig und pannonisches Obst der Saison aus eigenem Anbau lassen Genießerherzen höherschlagen. Für Süße gibt es auch handgeschöpfte Schokoladen mit den eigenen Produkten wie mit Walnuss Likör, Holunderblüten Cider, Kirschwasser, Apfel- oder Birnenbrand … Der neue Frischobstautomat, bestückt mit frischen und regionalen Produkten, ist rund um die Uhr zugänglich.

POTZNEUSIEDL

RANKEL'S GENUSS-SHOP

GENUSS GUIDE AWARD 2023

2473 Potzneusiedl, Obere Hauptstraße 21
+43/699/18141993
www.rankel.at
Gewinner des Genuss Guide Award 2023, „Bester Genussladen im Burgenland"/Kategorie Spezialisten, siehe Seite 79.

Rankel`s Genuss-Shop

RIEDLINGSDORF

RIEDLINGSDORFER BAUERNLADEN FAM. ZAPFEL

422 Riedlingsdorf, Sägegasse 6, +43/3357/43453
www.bauernladen-zapfel.at
Am Bauernhof der Familie Zapfel werden schmackhafte Schmankerl aus eigener Produktion und Schlachtung nach traditionellen Rezepten verarbeitet, wie die Kürbiskernwurst, Rindersalami und Rinderrohschinken, Haussalami oder Hausgeselchtes. Einmal wöchentlich gibt es Frischfleischverkauf von den eigenen Schweinen und einmal monatlich ist frisches Rindfleisch von den eigenen Aberdeen Angus Rindern erhältlich. Und von den Feldern der Familie Zapfel stammen Kartoffeln, Kürbiskerne und das daraus erzeugte Burgenländische Kürbiskernöl. Im kleinen,

feinen Bauernladen findet man weiters Kürbiskernschokolade & Pralinen aus der Manufaktur Spiegel, Kekse von der Sagmeister Mühle, Kräutersalz von Elke Piff, Honig, Schnäpse vom Obstgut Hoanzl und Obstgut Nikles, Teigwaren von Thamhesl, Essig der Manufaktur Hirmann, feine Weine aus dem Burgenland, Gemüse aus dem Seewinkel u.v.a.m. Geschenkboxen, Geschenkkörbe und belegte Platten werden gerne auf Bestellung zusammengestellt.

RITZING

ADEG MÜLLNER

7323 Ritzing, Hauptstraße 36, +43/2619/67271
Als einzige Nahversorgerin in ihrer Gemeinde weiß Angela Müllner um ihre Verantwortung für viele lokale Lieferanten. Aus diesem Grund achtet sie darauf, dass sie in ihr Sortiment so viele heimische Produkte wie möglich aufnimmt. Aktuell bezieht sie bereits knapp 20 % ihrer Waren, wie zum Beispiel Brot, Fleisch- und Wurstwaren, diverse Milchprodukte und unterschiedliche Weinsorten direkt in der Region. Das Miteinander in ihrem Markt liegt der ADEG Kauffrau sehr am Herzen, weswegen der Service bei ihr auch über die Ladentüre hinausgeht. So bietet ADEG Müllner unter anderem einen Lieferservice an, bei dem man jederzeit anrufen und sich seinen Einkauf nach Hause bringen lassen kann. Besonders ältere Menschen werden dadurch entlastet.

ADEG Müllner

RUST

WEIN & REGIONALES
RICHARD & BEATE TRIEBAUMER
7071 Rust, Rathausplatz 4, +43/2685/20438
www.triebaumerrichard.at
Destillate, Pikantes, Wurst, Nektar, Marmeladen, Öl, Kompotte. Das Angebot dieses besonderen Geschäfts am Rathausplatz von Rust kann sich wahrlich sehen und schmecken lassen. Man findet in allen Warengruppen Besonderheiten, bei den Spirituosen zum Beispiel einen Vanille-Nusslikör, Muskatellerbrand oder einen Hagebuttenbrand, beim Pikanten Dörrzwetschken-Oliven-Schmalz oder Paprika-Limetten-Schmalz, bei Wurst unter anderem Spezialitäten vom Mangalitza-Schwein wie Schinken- und Bauchspeck, Lardo und Rohwürste. Feinste Fruchtnektare werden hier ebenso angeboten wie Marmeladen (Zigeuner-Apfel, Vogelbeere) oder außergewöhnliche Kompotte (Weinbrand-Zwetschken, Hollerkoch, Dirndlkompott). Unglaublich gut!

SCHÜTZEN AM GEBIRGE

GREISSLEREI BEIM TAUBENKOBEL
7081 Schützen am Gebirge, Hauptstraße 31 - 33
+43/2684/2297
www.taubenkobel.com
In das Restaurant taubenkobel von Familie Eselböck kommt man natürlich zum Essen, oder vielmehr zum Eintauchen in eine wunderbare Geschmackswelt. Man kommt aber auch in die Greiss-lerei zum Einkaufen. Geboten wird ein Streifzug durch die Pannonische Vielfalt – alles, was Gaumen, Magen und Herz begehren: erlesene Weine, feinste Schinken und Speckspezialitäten vom Mangalitzaschwein bis zum Steppenrind, köstliches Eingemachtes, würzig Eingelegtes und Süßes, das verzaubert. Man lässt sich also zuerst von der feinen Küche verführen und kann dann noch das eine oder andere mit nach Hause nehmen. Wer gerne gut isst und trinkt, liebt auch Schönes zum Anrichten und Einschenken. Auch daran wurde hier gedacht. Großartig!

ST. ANDRÄ AM ZICKSEE

ALLES APFEL – OBSTBAU FAMILIE LEEB
7161 St. Andrä am Zicksee, Wiener Straße 40, +43/664/4513614
www.allesapfel.at
Vera und Albert Leebs Leidenschaft dreht sich um die Paradiesfrucht Apfel. Ihre Apfelgärten befinden sich im burgenländischen Seewinkel von St. Andrä am Zicksee, Tadten und Wallern. Bewirtschaftet werden rund 10 ha, händisch geerntet werden die besten Sorten wie Early Gold und Piros, Pinova, Kronprinz Rudolf, Granny Smith oder die rotfleischige Sorte Baya Marisa bis hin zur Wintersorte Mariella. Neben Äpfeln werden

auch die prämierten sortenreinen Säfte sowie Apfelprodukte wie Chips, Essig und Lekvár angeboten – ein alter Ausdruck aus dem Ungarischen für Marmelade. Die Apfelmarmelade gibt es je nach Saison als Sommer-, Herbst- oder als Winterlekvár mit Zimt verfeinert. Im Ab Hof Laden gibt es immer etwas Neues zu entdecken: Apfelschneider, Gehäkeltes oder Geschneidertes rund um den Apfel sowie Produkte von regionalen Partnern wie z.B. Honig, Gewürze, Chutneys und vieles mehr. Onlineshop.

STEGERSBACH

Gurkenprinz

GURKENPRINZ
7551 Stegersbach, Wiener Straße 18, +43/3326/52355
www.gurkenprinz.at
Wer es sauer eingelegt mag, ist im „Reich des Prinzen" im siebenten Himmel. Gurken in Hülle und Fülle, z.B. Chili- oder Knoblauch Gewürzgurken, die mittlerweile selten gewordenen Salzgurken, Pfeffergurken, Salate, Pfefferoni und Paprika, Maiskölbchen, Champignons, Salate … Die Grundzutaten für die Produkte kommen von Vertragsbauern aus der Region, aber auch von dort, wo sie am besten gedeihen. Die sorgfältige Verarbeitung erfolgt nach Rezepturen, die beständig verfeinert werden, aber dabei immer die Ursprünglichkeit der Produkte bewahren. Bei der Bio-Linie wurde auf die Herkunft „Nachbarschaft" höchstes Augenmerk gelegt – die Felder der Bäuerinnen und Bauern liegen quasi vor Gurkenprinzens Haustüre.

TRUMMER FRUCHTSÄFTE
7551 Stegersbach, Wiener Straße 63, +43/3326/54149
www.fruchtsaft-trummer.at
Im Einklang mit der Natur und mit viel Verständnis für die Bedürfnisse unserer Umwelt stellt Familie Trummer ihre Produkte mit viel Liebe her. Aber nicht nur mit Säften hat sich Trummer einen Namen gemacht, denn die Produktpalette wird laufend erweitert, z.B. mit Streuobstwiesen Fruchtsäften, Erdbeer Nektar oder Brennnessel- und Schafgarbensirup. Derzeit werden mehr als 20 direkt gepresste Säfte hergestellt, Uhudler gekeltert und traumhaft fruchtige Marmeladen produziert. Feinheiten wie der Uhudlertraubensaft und -sekt oder Uhudler-Tee, ein großes Sor-

timent an Weinen und Edelbränden, die auch im Geschäft verkostet werden können, aber auch Fruchtnektare, Essigvariationen, Kürbiskernöl, Apfelwein und weitere regionale Spezialitäten, über die das Personal gerne und sehr kompetent Auskunft gibt, sind hier erhältlich.

STEINBRUNN

Dorfladen Wirth

DORFLADEN WIRTH
7035 Steinbrunn, Wr. Neustädter Straße 2, +43/2688/72512-13
www.dorfladen-wirth.at
Wissen, woher's kommt und erfahren, wie's schmeckt. Der Dorfladen Wirth folgt diesem Weg. Denn wer die Produzenten kennt, der weiß, worauf er sich verlassen kann: Bezug direkt bei den Landwirten, kurze Transportwege, natürliche Zutaten. Bio-Schafkäseprodukte von Hautzinger, Bio-Ziegenkäseprodukte vom Biohof Reumann, Bio Kasperl - Kuhmilchkäse in verschiedenen Geschmacksrichtungen, Weinviadla Kas von der Bergkäserei Schoppernau werden ebenfalls geboten wie hauseigene Wildprodukte wie Pastete, Sulz, Wildwurst und Bratwürstel, Saller's Bio-Salami, Produkte von der Schinkenmanufaktur „Der Tschürtz" und diverse Fleischprodukte. Die Biobäckerei Waldherr liefert frisches und knuspriges Brot und Gebäck.

STREM

UNSER G'SCHÄFT IN STREM
7522 Strem, Lindenstraße 16, +43/3324/61354
www.unser-gschaeft.at
Der Nahversorger in Strem und Feinkostladen mit Spezialitäten aus der Region bietet alles für den täglichen Bedarf und mehr. Ofenfrisches Brot liefern die Bäckerei Wolf aus Güssing und die Bäckerei Gansfuss aus Eberau. Spezialitäten wie Honig, Waldschweinwürste, Dinkelmehl, Polenta, Edelbrände, saisonales Obst und Gemüse, Kernöl … stammen aus der Region von Rotenturm über Güttenbach bis Neumarkt an der Raab und von Kukmirn über Hasendorf bis Moschendorf — und werden von ca.

30 Partnern geliefert. Der Uhudler ist hier übrigens nicht nur als Wein, sondern auch als Frizzante, Sekt oder Schokolade erhältlich. In diesem Geschäft kann man richtig gut einkaufen.

TADTEN

SCHAFZUCHT HAUTZINGER
7162 Tadten, Jägerweg 15, +43/2176/2693
www.schafzucht-hautzinger.at
In diesem Familienbetrieb spürt man die langjährige Erfahrung, das fachliche Wissen, aber auch die Liebe zu den Tieren. Im hellen und sehr freundlichen Verkaufsraum der Schafzucht Hautzinger findet man praktisch alle Genussprodukte rund ums Schaf aus eigener Erzeugung. Die frisch gemolkene Schafmilch wird täglich in der kleinen Hofkäserei zu Joghurt und verschiedenen Käsesorten verarbeitet – darunter in Asche gereifter Schafkäse (saisonal), Schafkäse geräuchert, Camembert oder Schafkäse mit Basilikum und Tomaten. Daneben findet man aber auch hervorragende und nach traditionellen Rezepten hergestellte Wurst- und Schinkenspezialitäten, Lammfleischaufstrich oder frisches Lammfleisch in allen Variationen. Die hohe Qualität der Fleischprodukte wird durch die eigene Hausschlachtung gewährleistet. Die Beratung ist freundlich und kompetent. Authentisch, ehrlich!

UNTERWART

BAUERNHOF SZABO
7501 Unterwart, Obere Hauptstraße 70, +43/3352/32773
bauernhof-szabo.business.site
Juliana Szabo und ihr Sohn Gerhard bewirtschaften ihren Hof mit Leib und Seele — gilt es doch, rund 300 Schweine zu versorgen, und sogar die Futtermittel werden selbst angebaut. Schmankerl, wie das hauseigene Kernöl oder das knusprige Bauernbrot, Haus- und Knoblauchwürstel, Geselchtes und andere Spezialitäten aus Schweinefleisch werden hier nach eigenen Rezepten und selbst zusammengestellten Gewürzmischungen liebevoll hergestellt. Neben Selchwaren, Presswurst, Blutwurst und Würstel bietet der Bauernhof auch Grammelschmalz, Verhackertes, Leberknödel und Leberaufstrich, frisch gepresstes Kernöl und Eier sowie Mehlspeisen aus Germteig an. Julianas Köstlichkeiten erhält man ab Hof oder in umliegenden Wochen- und Bauernmärkten.

WEPPERSDORF

GRADWOHL BIO VOLLWERTBÄCKEREI
7331 Weppersdorf, Hauptstraße 40, +43/2618/27179
www.gradwohl.info
Feinste Bio-Brote, Kleingebäck, Plunder, Kuchen, Kekse verführen besonders genussvoll. Liebe, Sorgfalt, Überzeugung und Biozutaten aus der Region sind die Basis der Gradwohl Backkunst.

Das Korn wird natürlich in der hauseigenen Getreidemühle gemahlen. Spezialitäten wie das Bio Vollkorn Dinkelkeimlingsbrot, das Bio Vollkorn Kürbisbrot oder das Leinsamen-Amarantbrot muss man probiert haben. Kleine Stehtische laden zum Genuss der knusprigen Spezialitäten vor Ort ein. Neben verschiedenen glutenfreien Backwaren gibt es auch Snacks zum Mitnehmen. Torten und Kuchen werden auf Bestellung gebacken. Die sehr freundlichen Mitarbeiter wissen auch bei Allergien und Unverträglichkeiten hervorragend zu beraten und runden den durchwegs positiven Eindruck ab. Onlineshop.

OLIVER'S TEIGWERKSTATT
7331 Weppersdorf, Bäckerstraße 1, +43/2618/227349
www.teigwerkstatt.at
Filialen: Plankengasse 6, 1010 Wien; Goldschmiedgasse 5, 1010 Wien; Krugerstraße 10, 1010 Wien, Alser Straße 37, 1080 Wien.
So wie seinem Vater, so wurde auch Oliver Gradwohl das Bäckerhandwerk in die Wiege gelegt. Im elterlichen Betrieb konnte er sich mit neuen Kreationen einbringen und mit seinem einzigartigen Backverfahren hat er ein Bio Dinkel-Gebäck entwickelt, das lange Frische garantiert und hervorragend schmeckt. Zugleich mit der Übernahme von vier Filialen der Firma Mühlenbrot hat Oliver Gradwohl eine neue Bäcker-Marke entwickelt – Oliver's Teigwerkstatt. Neben köstlich knusprigem Brot wie Olivers's Bio Hausbrot oder das Bio Vollkorn Pharaobrot gibt es auch Klein- und Jourgebäck, darunter auch das speziell entwickelte Bio Dinkel-Gebäck mit Langzeitführung, Plundergebäck und Mehlspeisen sowie traditionelle burgenländische Produkte sowie saisonale Spezialitäten. Feine Snacks wie das Bio Schinkenhandsemmerl, Bio Camembert Mohnflesserl oder der Hühnerstreifensalat stillen den kleinen Hunger zwischendurch.

WIESEN

BIOHOF PREISEGGER
7203 Wiesen, Hauptstraße 21A, +43/2626/81615
biopreisegger.at
Der Biobetrieb, der bereits seit 1989 organisch-biologisch bewirtschaftet wird, liegt am Fuße des Rosaliengebirges im waldigen Hügelland, umgeben von Obstanlagen und Erdbeerfeldern. 2009 wurde der Biohof Preisegger auf Demeter Landwirtschaft umgestellt. Das genussvolle Angebot stammt zum Großteil aus eigener Produktion und reicht von Erdäpfeln, Zwiebeln, Wurstwaren, Milch und Käse (auch vom Schaf), Getreide wie Dinkel, Roggen, Weizen bis zu diversen Obstsorten (Erdbeeren, Kirschen, Marillen, Pfirsiche, Äpfel, Zwetschken und Birnen). Fleisch von Rind, Schwein und Pute gibt es auf Bestellung. Hausgemachte Fruchtaufstriche, Obst- und Gemüsesäfte aus eigener Produktion sowie Essig und verschiedene Gewürz-, Früchte- und Kräutertees sind ebenfalls im Hofladen zu finden. Aber auch selbst

hergestelltes Brot, Gebäck und Mehlspeisen. Angeschlossen ist ein Bioheurigenlokal mit der einzigen burgenländischen Bauerngolfanlage. Cateringservice „Biomichi" der viel gereisten Köchin Michaela Preisegger.

OBSTGARTEN FAMILIE GUSTAV KOCH
7203 Wiesen, Forchtenauerstraße 4, +43/650/8088999
www.obstgartenkoch.at
Frisches Obst in Hülle und Fülle, natürlich aus eigenem Anbau, gibt es saisonal im Genussladen des Obsthofes Koch und seinen GenussStandl'n in Bad Sauerbrunn, Wr. Neustadt Ost, Eisenstadt Süd & Ost, Neusiedl am See, St. Margarethen, Klingenbach und Unterpetersdorf. Die Palette beim Obst reicht von Äpfeln wie Idared, Maschanzker, Cox Orange und Jonagold über süße Erdbeeren aus der Genussregion Wiesener-Ananas Erdbeeren, Kirschen, Himbeeren, Weichseln, Marillen, Zwetschken und Birnen, Weintrauben bis zu Kastanien, Nüssen oder Holunder. Auch herrliche Naturobstsäfte und Nektare, Essig, Steirisches Kürbiskernöl, Edelbrände und Liköre (Haselnusssahnelikör!) oder prämierte Marmeladen werden angeboten. Die freundliche, tolle Beratung macht den Besuch hier zu einem echten Genuss. Weiters gibt es von Montag bis Sonntag rund um die Uhr die Möglichkeit zur Selbstbedienung. In dieser Zeit bekommen Sie verschiedene Sorten an saisonalem Obst zum Selbstaussuchen und Mitnehmen (Obstkasse!).

Obstgarten Familie Gustav Koch

WIMPASSING AN DER LEITHA

NAH&FRISCH HÖNIGSBERGER MARTINA
2485 Wimpassing an der Leitha, Eisenstädter Straße 42
+43/2623/72201
www.nahundfrisch.at
Der Nah&Frisch Markt von Martina Hönigsberger bietet auf 130 m² Verkaufsfläche alles, was man sich von einem modernen Nahversorger wünscht. Feinkost, Frische und regionale Produkte sind der Nah&Frisch Kauffrau besonders wichtig. Weitere Extras sind unter anderem eine Backstation sowie Feinkostplatten und die liebevoll verpackten Geschenkkörbe und -gutscheine..

KÄRNTEN

DIE BESTEN GENUSSLÄDEN
IN KÄRNTEN

FEINKOST
UND GREISSLEREI

FRIERSS FEINES HAUS
9500 Villach, Gewerbezeile 2b, +43/4242/3040-45
www.feines-haus.at
Hier wird italienische Genusskultur vom Feinsten und Kärnt-
ner Genuss zelebriert: 14 Monate gereifter Frierss Prosciutto
Castello, traditionell gebratene Mortadella, handgebundene
Edelschimmelsalami und würziger Osso Collo. Man schmeckt,
was darin steckt: 124 Jahre Handwerkstradition, beste heimische
Fleischqualität, größte Leidenschaft und viel Zeit! Um das Italien-
Geschmackserlebnis perfekt abzurunden, findet man in diesem
Feinkostgeschäft auch ausgezeichnete Olivenöle, klassische Bal-
samico-Zwiebel, Pomodori Secchi, knusprige Grissini, cremigen
Dolce Latte und eine feine Weinauswahl! Ein gelungenes Genuss-
konzept aus Delikatessenladen und Restaurant, das seit 2013 zu
den besten kulinarischen Adressen des Landes zählt. Die delikat
bestückte Feinkosttheke verführt mit einer einmaligen Vielfalt an

Fleisch-Gustostückerl aus der Region, Feines vom heimischen Du-
roc-Schwein sowie mehr als 150 Wurst- & Schinkenspezialitäten,
handwerklich gefertigt im gegenüberliegenden Traditionsbetrieb
der Familie Frierss. Frierss ist weit über die Grenzen hinaus für
seine Kärntner Spezialitäten bekannt, seine vielfach prämierten
Zirbenrauchspezialitäten ebenso wie für seine besonderen italienischen Spezialitäten. Onlineshop: www.frierss-onlineshop.at

SUPERMÄRKTE

SPAR-MARKT TREFFEN
9521 Treffen, Sparstraße 1, +43/4248/29781
www.spar.at

Regionalität steht hier absolut im Mittelpunkt. Im rund 2.100 Produkte umfassenden, regionalen Sortiment lassen sich eine Vielzahl an wunderbaren Köstlichkeiten von mehr als 130 Kärntner Lieferanten entdecken. So gibt es Molkerei-Produkte des nahe gelegenen Klosters Wernberg ebenso zu erstehen, wie Brot und Gebäck der Bäckerei Kandolf aus Hermagor oder Nudelspezialitäten der Amlacher Nudelmanufaktur oder die Köstlichkeiten des Gailtaler Speckbauern Johannes Smole, die es ebenso in Treffen zu kaufen gibt, wie Landskroner Eier von Martin Gfrerer. Obst und Gemüse, Wurst, Schinken, Käse, Brot und Gebäck und auch die Frischfleisch-Abteilung verschmelzen zu einer umfassenden und inspirierenden Frischeabteilung, die wirklich keine Wünsche offen lässt. Marktleiter Thomas Strasser kümmert sich gemeinsam mit seinem 24-köpfigen Team um die Anliegen und Wünsche der Kunden. Aufgrund der Lage am Ossiacher See und am Fuße der Gerlitzen ist der Spar-Supermarkt in Treffen einer der wenigen „2-Saisonen-Standorte" in Kärnten, weshalb der Markt auch den Großteil des Jahres über an sieben Tagen in der Woche geöffnet hat.

SPEZIALISTEN

LESACHTALER FLEISCH
9654 St. Lorenzen, St. Lorenzen 42, +43/4716/22713
www.lesachtaler-fleisch.at

Hier lautet das Credo, das hervorragende Fleisch, das heimische Bauern bieten, zu köstlichen Fleisch- und Wurstspezialitäten zu verarbeiten, wobei auf handwerkliches Können und alte Rezepte großer Wert gelegt wird, denn Markus Salcher ist Fleischer mit Leib und Seele. So lässt er an seinen Lesachtaler Speck nur hochwertiges Salz und … Das Geheimnis eines richtig guten Specks verrät er gerne: „Achtsamer Umgang mit den Tieren sowie Zeit, Zeit und nochmals Zeit." Für einige Monate hängt der Speck ab, um sein herrliches Aroma zu entfalten und zu reifen. Vom Schlachten bis zum fertigen Speck dauert es schon mal ein Jahr. Und dann braucht es nur noch Zeit zum Genießen. Die Produktion der Wurstwaren ist Handwerks- und Kochkunst gleichermaßen. Brat- und Grillwürste in verschiedenen Geschmacksrichtungen, köstliche Schinkenspezialitäten, Käse und Butter von heimischen Bauern, Frischfleisch von Rind, Kalb, Schwein und Schaf von regionalen Bauernhöfen und viele Bio-Produkte der eigenen Landwirtschaft finden sich ebenfalls im Laden in St.Lorenzen im Lesachtal. Neben dem geschmackvollen Feinkostsortiment gibt es auch Nudeln sowie Honig von regionalen Imkern. Das berühmte Lesachtaler Bauernbrot ist hier übrigens immer frisch.

WELTGENUSS

PUNTO ITALIA

9620 Hermagor, Hauptstraße 22, +43/650/2408677
punto-italia-hermagor.business.site

Für die absolut beste italienische Jause muss man nicht nach Italien fahren. Auch wenn es in diesem Fall nicht weit wäre, schließlich liegt Hermagor nahe der Grenze ganz im Süden. Im

Punto Italia findet man ausgewählte Produkte aus den verschiedenen Regionen Italiens und wird charmant zu Genuss verführt. Roberto und Gerlinde Morocutti sind immer auf der Suche nach dem wirklichen Geschmack Italiens und bringen diesen direkt über die Grenze. Olivenöl aus Umbrien und Kalabrien, Pasta aus Apulien, Sughi aus Salerno, täglich frisches, sagenhaft gutes Gebäck aus einer kleine Bäckerei aus dem Resiatal in Friaul ... Wobei natürlich auch viel Käse (Montasio, geräucherter Ricotta) und Wurst wie Mortadella, Salami und Prosciutto aus der nahe gelegenen Region angeboten wird. Und dann ist da noch das großartige Wein- und Proseccoangebot. Besonderer Wert wird natürlich auf die Qualität gelegt. Und da werden keine Kompromisse gemacht. Aber zurück zur italienischen Jause. Diese reichliche Platte an Spezialitäten, hauchdünn geschnitten wie es sein soll, gibt es auf Vorbestellung.

AM MARKT

MARKTHALLE VILLACH

9500 Villach, Burgplatz 4

Die helle, freundliche und lichtdurchflutete Markthalle und das anschließende Freigeländer bescheren ein besonderes Einkaufsgefühl. Die Markthalle umfasst rund 400 Quadratmeter und bietet 20 Standlern genügend Platz. Das Freigeländer auf dem Burgplatz / Draulände dehnt sich über 900 Quadratmeter. Die teilweise einheitlichen Standln - 49 transportable Marktstände - werden mit riesigen dunkelgrünen Schirmen „behütet"; bei Regen bleibt damit nicht nur der Marktfahrer, sondern auch die Kundschaft trocken. Eine Markthalle, viele Märkte. Allen voran der Wochenmarkt, der zum Teil ein Bauernmarkt ist. Angeboten werden Obst und Gemüse je nach Saison ebenso wie Fleischwaren, Selchwaren, Wurstsorten verschiedener Art oder auch Käse in verschiedener Art und Sorte. Somit reicht die Palette von der Bratwurst bis zum Schnittkäse, Schweinefett oder Ver-

hacktes wird ebenso verkauft wie auch Sulzen oder Leberwurst. Kunsthandwerk, Naturkosmetik und Alltagsgegenstände sind ebenfalls am Markt zu finden. Der Villacher Wochenmarkt findet das ganze Jahr über immer mittwochs und samstags statt. Es wird geerntet, Blumen zeigen sich in ihrer schönsten Pracht und mancher hat Lust auf eine deftige Brettljause mit erfrischendem Apfelsaft.

Das Beste aus Österreichs Regionen -
Vom Produzenten direkt zu Dir

ÖSTERREICHS GRÖSSTE DIREKT-VERMARKTUNGSPLATTFORM

18.000

PRODUKTE VON

1.000

HEIMISCHEN KLEIN- & FAMILIEN-BETRIEBEN

Regionalität & Qualität

Direkt vom Produzenten

Ab Hof & Versand

www.bauernladen.at

BÄCKEREI WEISSENSTEINER

9546 Bad Kleinkirchheim, Dorfstraße 58, +43/4240/219
www.weissensteiner.at

Der Handwerksbetrieb verwendet ausschließlich heimische Rohstoffe und ist die einzige Bäckerei Kärntens, die statt Salz reine Sole aus dem Salzkammergut verwendet! Sole ist unraffiniert und enthält 84 wichtige Spurenelemente und Mineralien. Das verwendete Getreide stammt zu 100 % aus Österreich, der Großteil sogar aus Kärnten und wird in der Trattner-Mühle bei Mühldorf in Spittal an der Drau vermahlen und geliefert. Butter, Eier und Topfen werden ebenfalls von Bauern der Region bezogen. Das Genussangebot reicht vom Steinofenbrot, Patergasser oder Arriacher Landbrot, Bauernlaib oder Falkertbrot bis zu zahlreichen Kleingebäcksorten, hausgemachten Kuchen und Torten, diversen Nudelsorten, Marmeladen und hausgemachtem Granola. Im Backodrom in Spittal/Drau kann man an 7 Tagen in der Woche – auch vom Auto aus – einkaufen. 12 Filialen in Bad Kleinkirchheim, Radenthein, Treffen, Villach, Feistritz, Feldkirchen, Patergassen, Spittal/Drau und Klagenfurt.

BIOLADEN MALLHOF

9546 Bad Kleinkirchheim, Dorfstraße 29, +43/4240/8332
www.mallhof.at

Bioladen Mallhof

Es ist die Wertschätzung, die das Mallhof-Team jedem Tier und jedem Rohstoff entgegenbringt, die das Besondere bei diesem Bioladen ausmacht. Keine Chemie am Feld oder im Stall und artgerechte Tierhaltung sind hier eine Selbstverständlichkeit, ebenso wie die Sorgfalt bei der Arbeit und die handwerkliche Verarbeitung der Produkte. Im Bioladen werden ein rundes Sortiment von Biolebensmitteln für den täglichen Bedarf sowie auch Frischfleisch, z.B. vom Angus-Jungrind, angeboten. Das Käsesortiment umfasst Produkte von Kuh, Schaf und Ziege, unter anderem einen prämierten Camembert, Schafgouda, Glundner und Graukäse. Neben den frischen Köstlichkeiten aus der Mallhof-Biomolkerei

wie frische Milch, Joghurt, Topfen und Aufstriche gibt es feinste Speck- und Wurstspezialitäten, Schinkenspeck, Bauchspeck, Hauswürstel und Salami, auch Brot- und Getreideprodukte, Nudeln, Tee und Säfte, Weine und Schnäpse, Speiseöle und Essig sowie Honig und Marmelade von Biobauern aus der Region. Der Hofladen ist von Mo-Fr von 8:00 bis 13:00 Uhr und Samstag von 8:00 bis 12:00 Uhr geöffnet. Außerdem ist das Mallhof-Team jeden Donnerstag und Samstag von 8:00 bis 12:00 Uhr am Benediktinermarkt in Klagenfurt und jeden Freitag von 9:00 bis 14:00 Uhr am Biobauernmarkt am Hans-Gasser-Platz sowie im Geschäft im Neukauf in Villach zu finden.

Cafe-Konditorei Hutter

CAFE-KONDITOREI HUTTER

9546 Bad Kleinkirchheim, Bacherweg 1, +43/4240/454
www.konditorei-hutter.at

An dieser Vitrine kommt keine Naschkatze vorbei! Seit 50 Jahren lockt die Konditorei & Confiserie mit süßen Verführungen. Rund 50 verschiedene Torten und ebenso viele Mehlspeisen in unzähligen Variationen, Köstlichkeiten aus Marzipan und rund 25 Sorten Pralinen sind nur einige Beispiele für die Vielfalt, die hier geboten wird. Auszeichnungen wie die Goldene Kaffeebohne oder das Goldene Teeblatt zeugen nicht nur von der vorbildhaften Produktqualität, sondern auch von der besonderen Kaffeehaustradition und dem gemütlichen Flair, auf das man sich hier freuen darf. Und als süßen Abschluss kann man sich auch eine hauseigene handgeschöpfte Schokolade gönnen.

GREISSLEREI RASCH

9551 Bodensdorf, 10.-Oktober-Straße 10 , +43/676/9178013
greisslerei-rasch.at

Die Greißlerei in Bodensdorf am Ossiacher See bietet biologische und nachhaltige Produkte. Caroline Hollein hat das ehemalige, von ihrem Urgroßvater im Jahre 1929 gegründete Kaufhaus in eine moderne Genussgreißlerei umgewandelt. Was es gibt? Heimisches Gemüse sowie Gemüseraritäten von verschiedenen Kärntner Bauern, frisches Brot vom Palzerhof, Frischfleisch von Rind, Schwein, Huhn und Pute vom Palzerhof, Bio-Tees von alveus, Kärntner Nudeln mit unterschiedlichsten Füllungen – natürlich hausgemacht, Haferflocken, Hafer, Hirse, Grünkorn, Sonnenblumenkerne und Leinsamen, Bio-Rohmilch und Bio-Milch, Erzeugnisse wie Topfen, Glundener und Butter von der Familie Tauchhammer, Säfte und Sirupe, Eingekochtes und Eingerextes (Fertigküche), verschiedenste Bio-Öle, saisonales Obst, Pasta al Bronzo, und vieles mehr …

DELLACH

ST. DANIELER G'SCHÄFT

9635 Dellach, St. Daniel Nr. 53, +43/4718/8857
bewusstgekaftdahamdotinfo.wordpress.com/2016/05/19/
st-danieler-g-schaeft
Der kleine Greißlerladen in St. Daniel ist Slow Food Partner. Er bietet den Bauern aus der Umgebung eine Plattform, ihre Köstlichkeiten zu verkaufen. Von Getreide über Gailtaler Bienenhonig, handgemachten Nudeln aus dem Gailtal, Säften, frischem Gemüse von Kollmitzer in Würmlach, und natürlich Wurst und Speck, bis hin zu verschiedenen Sorten Biokäse und dem Gailtaler Almkäse (natürlich sind auch die Genussregionen mit Gailtaler Almkäse und Gailtaler Speck vertreten), Almschoten, Hofkäse, Bergkäse, Camembert und Ziegenkäse finden Feinschmecker eine feine Auswahl der besten Produzenten aus der Umgebung. Eine Besonderheit sind die Spirituosen aus der St. Danieler Edelbrennerei sowie die geräucherten Alpenforellen. Ergänzt wird das regionale Angebot unter anderem durch Sonnentor-Produkte, Talgggen, Schokoladen von Zotter und Pichler aus Sillian, Gewürze sowie Buchweizen aus der Genussregion Jauntaler Hadn.

FEISTRITZ AN DER DRAU

ADEG WINKLER

9710 Feistritz an der Drau, Drautalstraße 4, +43/4245/6140
www.adeg-winkler.at
Josef Winkler ist Kaufmann aus Leidenschaft und in seinem freundlichen Supermarkt findet sicher jeder etwas – von internationalen Spezialitäten im Feinkostbereich bis hin zu Regionalem sowie Köstlichkeiten aus den Genussregionen wie z.B. Speck und Käse aus dem Drau- und Gailtal, Weißen Gailtaler Landmais, Honig aus dem Drau- und Gailtal, Bauerntopfen, San Giusto Kaffee, Loncium Bier, Getreideprodukte vom Biohof Tomic, Aronia Produkte, Gartner Weine aus dem Lavanttal, Joghurt vom Ertlhof, Gailtaler Alpenlachs u.v.m. Für den kleinen Urlaub zu Hause werden köstliche Produkte aus dem Trentino, Südtirol und Udine geboten, z.B. Mortadella, Prosciutto, Parmesan, Scombrie, Crissini, Polenta, Nudeln und vieles mehr – für einen gelungenen Abend wird man hier mit Sicherheit bei den italienischen Spezialitäten, die auch über den Onlineshop (italy4me.at) bestellbar sind, fündig.

FELDKIRCHEN

DIE NOCKBAUERN

9560 Feldkirchen in Kärnten, Milesistraße 2, +43/4276/2300
nockbauern.at
Neben Fleisch liegt das Hauptaugenmerk auf den selbst produzierten Dauerwaren, bestehend aus verschiedenen Sorten Speck, mehreren Sorten Rohwürsten und Salami und diversen Hartwürsten. Spezialprodukte wie Kräuterlaibchen, Almkräuterschinken, etc. runden das Sortiment ab. Zusätzlich finden Sie bei den Nockbauern auch verschiedenste selbst gemachte Produkte von Bauern aus der Region. Brot, Apfelwein, Teigwaren der Norischen Nudelwerkstatt, aber auch Milch und Käseprodukte.

Genuss-Meierei Feldkirchen

GENUSS-MEIEREI FELDKIRCHEN

9560 Feldkirchen, Ossiacher Straße 5, +43/4276/2141
www.kaerntnermilch.at
Die Genuss-Meierei der Kärntnermilch bietet regionale Produktvielfalt mit erstklassiger Beratung. Hier dreht sich alles um die Region, das Land und die Menschen. Von den köstlichen Kärntnermilch-Milchprodukten aus der weltbesten Rohmilch über die feinen Käsespezialitäten der Meisterkäser bis hin zu regionalen Schmankerln und erstklassigen Fleisch- und Wurst-Spezialitäten von Karnerta und Kärntner Fleisch, lässt die Genuss-Meierei keine Wünsche offen. Neben den mehrfach national und international ausgezeichneten Kärntnermilch- sowie Bio Wiesenmilch Käse- und Milchspezialitäten werden viele weitere exquisite Köstlichkeiten aus Kärntens Regionen angeboten, z.B. die Bio Wiesenmilch Fruchtjoghurts in diversen Sorten, Eier, Marmeladen, Honig, Nudeln, Getränke, Mehl sowie Öle. Individuelle Geschenkkörbe sowie Aufschnitte und Käseplatten sind auf Vorbestellung erhältlich. Mit der Genuss-Meierei wird die Kärntnermilch als Kärntens größter Direktvermarkter einmal mehr zum Botschafter des guten Geschmacks und bietet eine Plattform für hochwertige Produkte aus der Heimat. Onlineshop: www.kaerntnermilch.at/online-shop

NATURKOST DUSCHLBAUR

9560 Feldkirchen in Kärnten, Obere Tiebelgasse 6
+43/4276/37710

www.naturkost-duschlbaur.at

Dieser liebevoll gestaltete Naturkostladen lässt jeden Kunden in die Tradition für gesunde, qualitativ hochwertige Naturprodukte eintauchen und erleben, oder besser gesagt, fühlen und spüren. Des Müller Männchen's Ursprung, der Duschlbaur, steht für Tradition, Leidenschaft, Regionalität. Und Liebe. Täglich von Montag bis Freitag gibt es frisch gekochte Mittagsmenüs. Eine wahre Oase für Menschen, die auf der Suche nach Lebensmitteln aus der Region sind. Christian Telsnig betreibt seinen Naturkostladen mit Herzblut. Er kennt fast alle seine Lieferanten persönlich. Ganz egal ob Fleisch, Fisch, Käse, Obst oder Gemüse oder Tee, alles stammt aus der Region. Wer gerne selbst Brot bäckt, kann das Getreide hier frisch mahlen. Großartig!!!

FRIESACH

ADEG KOHLWEG

9360 Friesach, Industriestraße 4, +43/4268/50006

www.adeg-kohlweg.at

Auf 546 m² bietet Alexander Kohlweg im komplett sanierten Adeg vor allem regionale Produkte von 20 lokalen Produzenten an. Käse- und Milchprodukte beispielsweise von der Molkerei Tschadamer, Speck und Geselchtes vom Puff-Bauern. Das Brot kommt von der Bäckerei Kronlechner, typische Wild-Produkte gibt es von Strohmeier. Im Sortiment findet man ebenso Teigwaren von Finkensteiner, Gewürze von Grassers Welt und das Weinsortiment ist erlesen. Ein Nahversorger, wie man ihn sich wünscht.

CAFÉ KONDITOREI SCHOKOLADENMANUFAKTUR CRAIGHER

9360 Friesach, Hauptplatz 3, +43/4268/2295

www.craigher.at

Vor über 100 Jahren gegründet, blickt die Traditionskonditorei Craigher auf eine lange und süße Geschichte zurück. Craigher zählt sicherlich zu den schönsten Konditoreien Kärntens und hat neben feinsten Kuchen und Torten noch weitere süße Argumente:

In der Schokoladenmanufaktur entstehen handgeschöpfte Köstlichkeiten, die in großer Auswahl zum Genuss verführen, wie z.B eine Zartbitterschokolade mit Marzipan und Bockbierbrand, die Marc de Champagne – eine Milchschokolade mit Champagnerfülle – oder die Mocca, eine Milchschokolade mit Moccaganache und karamellisierten Kakaobohnen … Schokoplättchen und verführerische Trüffel. Chocolatier Dieter Craigher hat die Geschichte der ältesten Stadt Kärntens, Friesach, in süße Genüsse verpackt in Form des Friesacher Würfels, des Burgbausteins oder des Friesacher Pfennigs – in Liebe zur Handarbeit wird jedes Stück Craigher Schokolade zum Unikat. Und für alle, die nicht nach Friesach kommen können, bietet der Onlineshop eine große Auswahl der köstlichen Schokolade-Kreationen. Interessierte können an einer Führung durch die Schokolade Erlebnis- und Schaumanufaktur Mo-Sa von 9:00 bis 17:00 Uhr und So von 10:00 bis 17:00 Uhr teilnehmen.

GÖDERSDORF BEI VILLACH

MARKT CAFE IN DER FINKENSTEINER NUDELFABRIK

9585 Gödersdorf bei Villach, Warmbaderstraße 34
+43/4257/22116

www.nudelfabrik.at

Das idyllische Markt Café in Gödersdorf begeistert Pasta-Liebhaber mit ausgezeichneter Küche, frischer Qualität und einer Atmosphäre zum Wohlfühlen. Ambiente, Service und liebevolle Gestaltung bis ins kleinste Detail ist im gesamten Lokal spürbar. Genuss pur bei herrlichen Pasta-Kreationen, italienischer Jause, köstlichem Wein, Bier und Natursäften. Der liebevoll gestaltete Feinkostladen bietet das Beste aus den Kärntner Genussregionen und ausgesuchte Schmankerl aus den Nachbarregionen: 90 verschiedene Nudelsorten, Getreide, hochwertige Olivenöle, Bio-Gewürze, Tees, Gailtaler Honig und Speck, Schokoladen, Knabbereien, Pesti und Sugi aus Ullis Küche für Zuhause u.v.m. Im Markt Café können die frischen und mit Liebe zubereiteten Spezialitäten mit diversen Nudelvariationen vor Ort genossen werden.

GREIFENBURG

AUER – DER FEINKOST-PROFI

9761 Greifenburg, Dolomitenstraße 221, +43/4712/8184-0

www.feinkost-profi.at

Kein typischer Fleischhauer, sondern echte Feinkost-Profis – das sind Hans und Petra Auer. Sie legen besonderen Wert auf beste österreichische und regionale Qualität abseits jeglicher Massenproduktion. Das Angebot umfasst neben Fleisch und Käse auch andere feine Delikatessen rund ums Essen: Gölles Essige, Weine, Spirituosen, Sauergemüse und ein breites Sortiment direkt aus Italien. Die typischen Kärntner Spezialitäten stammen aus Eigenproduktion wie z.B. Speck, Hauswürstel, Salami und Schinken, Kärntner Nudeln. Und aus Petras Küche kommen die vielen hausgemachten Spezialitäten für die schnelle Küche: Knödel, Gulasch, Suppe, Lasagne und frische Pasta.

Auer – Der Feinkost-Profi

FORELLENZUCHT JOBST
9761 Greifenburg, Bruggen 25, +43/4712/500
www.forellen-jobst.at
Hier dreht sich alles um Regenbogenforellen, Lachs- oder Bachforellen und Saiblinge – frisch, als Filet oder geräuchert. Reinstes Quellwasser mit ganzjährig gleichbleibender Temperatur, naturbewusstes Arbeiten und Erfahrung sind ein Garant für Topqualität bei Speiseforellen und Besatzforellen. Öffnungszeiten: Mo-Sa 8:00 bis 12:00 Uhr.

SHOP 013
9761 Greifenburg, Bruggen 8, +43/4712/82354
www.wulz-greifenburg.at
Im Gasthaus Wulz hat man sich eindeutig dem Thema Bier verschrieben. Hier gibt es den Shop 013, der mit einer Auswahl von mehr als 1.000 Sorten Bier seine Kunden vor die Qual der Wahl stellt. Wer zuerst kosten möchte, kann dies im angeschlossenen Gasthaus tun. Die Beratung ist freundlich und kompetent.

GRIFFEN

MOCHORITSCH MOCHO MARKT
9112 Griffen, Gewerbestraße 11, +43/4233/25353
www.mochoritsch.at
Betritt man den Mocho Markt, so ist das der Eintritt in ein kleines, aber feines Universum alpe-adriatischer Genussprodukte von herausragender Qualität. Salami, Schinken, Bauernwürste verschiedener Geschmacksnoten, Käse in allen Variationen, weitere Milchprodukte, köstliche Brot- und Gebäcksorten – alles da. Im Mocho Markt in der Griffen Rast, im Landgasthaus Mochoritsch und Mochoritsch Eck gibt es viel zu entdecken. Es begann mit dem Wein. Man wollte den Gästen einen besonderen Hauswein anbieten. Im Laufe der Zeit folgten mocho Honig, mocho Kernöl, mocho

Sonnenöl, mocho Mehl und mocho Polenta. Die Familie der mocho Produkte wächst langsam, aber stetig. Ausgewählte regionale Partner verarbeiten die Früchte der eigenen Felder. Die Familie Mochoritsch steht mit ihrem Namen für erstklassige Qualität, im Mocho Markt wartet eine reiche Auswahl.

HEILIGENBLUT

KAUFHÄUSL AM DORFPLATZ
9844 Heiligenblut, Hof 3, +43/4824/2256-154
Wer auf der Suche nach regionalen Produkten ist, wird hier sicher fündig. Neben Mölltaler Almkäse oder Tauernalm Biokäse findet man an der Feinkosttheke feinen Schinkenspeck, Glockner- und Hirschsalami. Natürlich gibt es auch eine kleine Vinothek und ausgesuchte Spirituosen. Zum süßen Abschluss gibt es Bio-Schokolade. Geboten werden weiters Jause und süßes Gebäck, das man gleich vor Ort genießen kann. Das Personal berät freundlich und kompetent. Gäste werden auch bei der Auswahl an Souvenirs das richtige Mitbringsel finden.

HERMAGOR

ADEG FILIPPITSCH
9620 Hermagor, Georg Egger-Straße 11, +43/4282/42228
www.der-nahversorger.at
Großer Wert wird hier auf regionale Produkte und beste Qualität sowie auf ein breites Sortiment der Genussregion Gailtal gelegt. Täglich frisches Brot von heimischen Bäckern, Hauswürstel, Gailtaler Speck, Gailtaler Almkäse, italienische Jausenprodukte, frischer Topfen, Butter, Schotten, geräucherter Fisch vom Bauern aus dem Tal sind nur einige Spezialitäten, die hier geboten werden. Als besonderen Service bietet Adeg Filippitsch Geschenkkörbe, gratis Hauszustellung, Festbelieferungen …

Bachmann´s

BACHMANN'S
9620 Hermagor, Obervellach 33, +43/4282/2069
bachmann-lachs.at
Europas bester Lachs kommt aus dem wilden Nordatlantik der Färöer Islands. Er wird nach kurzer Reise mit perfekter

Logistik in der kleinen Manufaktur bei Bachmann's mit Leidenschaft und Hingabe liebevoll in Handarbeit veredelt und in einer „Gailtaler Selch" nach alter Tradition geräuchert. Das Ergebnis ist ein wunderbar nussig schmeckender Räucherlachs, zart in der Konsistenz und herrlichem Aroma. Im hauseigenen Shop „Lachs & Friends" finden sich köstliche Schmankerl mit und um Bachmann's Räucherlachs bis hin zum eigenen „Lachswein". Weiters bietet sich auch eine kultige Räuchereiführung mit Verkostung aller Schmankerl an. Auf der ausführlichen Homepage finden Sie weitere Informationen und einen Onlineshop mit allen Schmankerln: Binnen einem Tag befindet sich der köstliche Lachs bei Ihnen auf dem Tisch.

KAFFEE KONDITOREI SEMMELROCK CONFISERIE

9620 Hermagor, Gasserplatz 6, +43/4282/2243
www.konditorei-semmelrock.at

Sie suchen süßen Genuss, den feinen Geschmack, traditionelle Handarbeit, Innovationsgeist und Ideenreichtum? Dann sind Sie bei Familie Semmelrock richtig. Konditormeister Erich lässt sich immer neue Genussvariationen einfallen und sorgt mit seinen Mehlspeisen, Kuchen und Torten für tolle Geschmackserlebnisse. Die riesige Auswahl an hausgemachtem Konfekt und handgeschöpfter Schokolade kann man auch individuell als kleines Geschenk verpacken lassen. Spezialität des Hauses ist unter anderem der Reindling im Glas. Unser Tipp: Im Sommer unbedingt das hausgemachte Eis probieren und gemütlich auf der Terrasse genießen!

PUNTO ITALIA

9620 Hermagor, Hauptstraße 22
+43/650/2408677
punto-italia-hermagor.business.site

Gewinner des Genuss Guide Award 2023, „Bester Genussladen in Kärnten"/Kategorie Weltgenuss, siehe Seite 106.

GENUSS GUIDE AWARD 2023

Punto Italia

HERMAGOR-PRESSEGGER SEE

DER KLEINE BÄR

9620 Hermagor-Pressegger See, Sparkassengasse 2
+43/664/7511 3935
www.baerenwirt-hermagor.at

Ein kleiner Genussladen im Zentrum von Hermagor. Zu kaufen gibt es Gewürze wie Manuels Tonka Bohne, Oxymel sowie Säfte und Eingelegtes aus der Bärenküche oder immer freitags Kärntner Nudeln. Hinter dem kleinen Bären stehen Haubenkoch Manuel Ressi und seine Frau Claudia. Es ist ein Ort der Kleinigkeiten, einer an dem man die Leidenschaft für die Produkte der Region ausleben und sprichwörtlich auf den guten Geschmack kommen kann.

Genuss-Meierei Hermagor

GENUSS-MEIEREI HERMAGOR

9620 Hermagor-Pressegger See, Gailtal Straße 4
+43/4282/2852
www.kaerntnermilch.at/genuss-meierei

Die Genuss-Meierei der Kärntnermilch bietet regionale Produktvielfalt mit erstklassiger Beratung. Hier dreht sich alles um die Region, das Land und die Menschen. Von den köstlichen Kärntnermilch-Milchprodukten aus der weltbesten Rohmilch über die feinen Käsespezialitäten der Meisterkäser bis zu regionalen Schmankerln und erstklassigen Fleisch- und Wurst-Spezialitäten von Karnerta und Kärntner Fleisch, lässt die Genuss-Meierei keine Wünsche offen. Neben den mehrfach national und international ausgezeichneten Kärntnermilch- sowie Bio Wiesenmilch Käse- und Milchspezialitäten werden viele weitere exquisite Köstlichkeiten aus Kärntens Regionen angeboten, z.B. die Bio Wiesenmilch Fruchtjoghurts in diversen Sorten, Eier, Marmeladen, Honig, Nudeln, Getränke, Mehl sowie Öle. Individuelle Geschenkkörbe sowie Aufschnitte und Käseplatten sind auf Vorbestellung erhältlich. Mit der Genuss-Meierei wird die Kärntnermilch als Kärntens größter Direktvermarkter einmal mehr zum Botschafter des guten Geschmacks und bietet eine Plattform für hochwertige Produkte aus der Heimat. Onlineshop: www.kaerntnermilch.at/online-shop

ADEG EINETTER

9632 Kirchbach, Kirchbach 19, +43/4284/25166
www.gailtaler-mundart.at

Der Adeg Markt in Kirchbach ist der klassische Nahversorger, jedoch mit einem besonderen Schwerpunkt: Regionale Produkte stehen im Mittelpunkt. Die Spezialitäten der „Gailtaler Mundart", einem Zusammenschluss von Direktvermarktern aus dem Gailtal, gibt es hier exklusiv. Speck, Würste, Schinken, Frischfleisch, Käse oder Honig muss man einfach probiert haben. Adeg Einetter ist auch offizieller Handelspartner der Slow Food Travel Region und von Genussland Kärnten.

BÄCKEREI TAUMBERGER

9020 Klagenfurt, Fleischmarkt 7, +43/463/513471
www.taumberger.co.at

In der Bäckerei Taumberger in Klagenfurt versteht man sich noch auf die traditionelle Kunst des Backens, man verwendet Getreide aus biologischem Anbau und Mehl aus der Region. Insgesamt gibt es rund 160 verschiedene Sorten Brot und Gebäck, Spezialitäten sind der Taumberger Laib in verschiedenen Größen, ein würziges Mischbrot oder die besonders saftigen Käsestangerln. Zusätzlich werden süße Versuchungen wie kleine Mamorküchlein, Knusper-Kipferln, Croissants, Linzerradl aus Hadnmehl, Apfelkuchen und zahlreiche weitere Leckereien angeboten. Besonders hervorzuheben: Das Taumberger-Team ist überaus freundlich, kompetent und hilfsbereit. Neben der Filiale am Fleischmarkt gibt es noch fünf weitere Standorte in Klagenfurt – ein Taumberger ist immer in Ihrer Nähe.

BIOFELD

9020 Klagenfurt, Krassnigstraße 36, +43/676/9474487
www.biofeld.co.at

Hier spürt man, dass mit Überzeugung biologischer Genuss verkauft wird. Die Biofeld-Inhaber kommen aus der biologischen Landwirtschaft, und das spürt man hier, denn beste Qualität und gesunde Ernährung stehen an oberster Stelle. Obst und Gemüse kann sogar lose gekauft werden, selbst wenn es nur eine Karotte ist. Das Käsesortiment überrascht mit Spezialitäten wie Adneter Rauchkäse, Bio-Schafrauchkäse, Goudavarianten mit Koriander/Pesto/Karotte oder auch mal von der Ziege. Fleisch ist natürlich aus der Region, und selbst der Truthahn kommt aus Kärnten. Den Kräuter-Rinderschinken muss man probiert haben! Bioweine gibt es aus Österreich, Italien und Slowenien. Der gelebte Bio-Gedanke zieht sich durch alle Warenbereiche. Die Bedienung ist sehr freundlich und kompetent und trägt den Slogan „Wir machen Bio aus Liebe".

DELIKATESSEN JÄGER – DER GENUSS-TREFFPUNKT AM KREUZBERGL

9020 Klagenfurt, Radetzkystraße 38-40, +43/463/57354
www.delijaeger.com

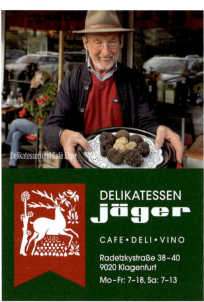

Delikatessen und Café Jäger

DELIKATESSEN
jäger
CAFE · DELI · VINO
Radetzkystraße 38–40
9020 Klagenfurt
Mo–Fr: 7–18, Sa: 7–13

Delikatessen Jäger wurde bereits 1961 von Alois Jäger gegründet. 1984 wurde das Geschäft von Erwin Jäger mit dem Café und 1990 mit der Vinothek erweitert. Seit 2021 führt Doris Jäger den Betrieb in dritter Generation. Nun belebt die neue Weinbar Jäger den Standort: Es entstand der Genuss-Treffpunkt am Kreuzbergl. Die Auswahl an regionalen Spezialitäten ist groß: Vom Sicher in Tainach den Kärntner Saiblingskaviar, vom Marzi im Lavanttal die geräucherten Forellenfilets, aus dem Gailtal gibt es jede Woche frisch geräucherten Lachs vom Bachmann, vom Salcher aus dem Lesachtal kommen der Beinschinken, Rindersaftschinken und die Edelhirschsalami. Aus dem Nockgebiet liefert die bäuerliche Kooperation Nockfleisch wöchentlich alles vom Jungrind. Aus dem Gurktal vom Seiser luftgeselchter Speck und die luftgeselchten Salamiwürstl. Obst und Gemüse wird je nach Saison frisch in Kärnten bezogen, die Nudeln kommen von der Norischen Nudelwerkstatt und auch vom Torbauer aus dem Metnitztal, das beste Brot aus Sauerteig und das Gebäck von der Bio-Bäckerei Nadrag aus Krumpendorf und Bäckerei Walter aus Klagenfurt. Frische Milchprodukte und Bio-Käse werden von Kärntner Bauernhöfen wie Nuart, Skofitsch, Höfer, Oprießnig sowie vom bäuerlichen Milchhof Sonnenalm aus dem Görtschitztal geliefert. Große Auswahl an österreichischen Weinen.

GENUSSKANZLEI KARL ROCKENBAUER

9020 Klagenfurt, Priesterhausgasse 1, +43/660/5066209
www.genusskanzlei.at

Regional und qualitativ hochwertig – zwei Kriterien, bei denen der GenussRat bei der Auswahl seiner Produzenten keine Kompromisse eingeht. Daher sind im Klagenfurter Delikatessen- und Feinkostladen nur Produzenten vertreten, deren Vision es ist, aus hochwertigen Rohstoffen die hochwertigsten Produkte zu produzieren – von Aufstrichen, Chutneys über Sardinen, Gewürze und Öle – bis zum feinen Schinken aus der Vitrine. GenussRat Karl Rockenbauer kennt 99 % seiner Produzenten persönlich und kann nahezu zu jedem seiner angebotenen Produkte die Geschichte dahinter erzählen. In den Regalen der GenussKanzlei findet man keine Produkte, die mit Aroma- oder Konservierungsstoffen versetzt wurden – erstklassige Qualität steht hier an erster Stelle, ebenso wie der persönliche Kontakt zu den Produzenten. Parteienverkehr: Mo, Mi-Fr 9:00 bis18:00 Uhr, Sa 9:00 bis 13:00 Uhr, dienstags findet kein Parteienverkehr statt.

KÄRNTNEREI GUAT . FEIN . DAHEIM

9020 Klagenfurt, St.Veiterstraße 194, Telefon: +43/4272/2261-0 / DW Geschäft: -22 / DW Büro: -20
www.kärntnerei.at

Die KÄRNTNEREI öffnete ihre drei nagelneuen Genussräume für alle Freunde des guten Geschmacks. Die drei Kärntner Traditionsbetriebe Wienerroither, Frierss und Kaslab'n haben in der St. Veiter Straße 194 in Klagenfurt einen trendigen Markt nach dem Shop-in-Shop-Konzept erschaffen. Wenn Sie Lust auf Kärntner Spezialitäten haben, dann sind Sie hier genau richtig. In den drei Genussräumen gibt es hochwertige regionale Köstlichkeiten soweit das Auge reicht. Martin Wienerroither ist der erste Brotsommelier Kärntens, ein Meister des Brothandwerks. In seinem Genussraum gibt es Brotspezialitäten vom Lieblingsbrot bis zum Hadnstoppl, vom Emmer-Nuss-Spitz bis zum Vollkornbrot. Heimische Fleisch-, Wurst- und Schinkenspezialitäten und ausgesuchte Alpen-Adria-Feinkost in hervorragender Qualität präsentiert die Genusswelt Frierss. Der preisgekrönte Prosciutto, der aus dem Selchkamin ragt, ist nur eines der vielen optischen Highlights. Und last but not least – der Genussraum Kaslabn, mit aromatischen Käsespezialitäten aus den Nockbergen und frischen Bio-Milchprodukte: von der Milch über Butter, Topfen, Joghurt und Frischkäse bis hin zu kleinen Gerichten wie Kärntner Kasnudeln. Spezielle österreichische und internationale Käsesorten ergänzen die heimische Palette.

KLEINE FREIHEIT UNVERPACKT

9020 Klagenfurt, Radetzkystraße 1/Ecke Villacherring
www.kleine-freiheit.at

Der erste unverpackt-Supermarkt in Klagenfurt. Die Kleine Freiheit ist eine Plattform für ressourcenschonenden Konsum.

Geboten werden unverpackte Lebensmittel sowie plastikfreie Haushalts- & Drogerieartikeln bei maximaler Regionalität und minimalem Müllaufkommen. Was noch für dieses Geschäft spricht: transparente Beschaffungskriterien, verantwortungsvolle Produktion und kompetente Beratung. Ein kleines Ladencafé mit Take Away Lunches, frischen Säften und Smoothies. Mit jedem Einkauf vermeidet man nicht nur Verpackungsmüll, man reduziert seinen CO_2-Abdruck, da die Waren regional gekauft werden.

La Mozzarella

LA MOZZARELLA

9020 Klagenfurt, St. Veiter Straße 107, +43/676/5102714
www.lamozzarella.at

Die erste und einzige italienische Molkerei in Kärnten. Betreiber Antonio und Michele di Perna bilden gemeinsam mit dem Käsemeister Paolo Salcone das La Mozzarella-Team. Da viel Wert auf höchste Qualität gelegt wird, erfolgt die Herstellung des Mozzarella ausschließlich von Hand auf Basis von heimischer, zu 100 % Biomilch. Dafür konnten Kärntner Biomilchlieferanten gewonnen werden, die dem BIO AUSTRIA Standard entsprechen, was auch für den benötigten Biowiesenmilch-Sauerrahm der Kärntnermilch gilt. Es stehen Mozzarella sowie die typisch apulischen Spezialitäten Straciatella und Burrata zur Auswahl. Neben dem Bio-Käse gibt es italienische Spezialitäten wie Lasagne oder Cannelloni Siciliani, Wein und Öl aus Süditalien. „Siamo sempre aperti" steht vor dem Geschäft. 24 Stunden offen, Selbstbedienung und eine Kassa, in die man das Geld einwirft. Italienischer Genuss rund um die Uhr. Großartig.

MULTIMARKT

9020 Klagenfurt, St. Ruprechter Straße 44, +43/650/4607660
www.multimarkt.at

Wer Lust auf aromatische Gerichte gegen Fernweh hat, ist hier genau richtig. Das Sortiment orientalischer Zutaten und Speisen ist vielseitig. Sie finden hier türkische, arabische, iranische, russische, balkanische und orientalische Lebensmittel. Es gibt

Reis, Nudeln, Kräuter, Speiseöl, Oliven, Halal-Fleisch, Käse, Datteln, Honig, Marmelade, Halva, Getränke, Brot, Gebäck und Desserts. Die süßen Datteln sind in Tunesien gereift, die Pismanie (Türkische Zuckerwatte) ist mit Kakao oder mit einem Schokoladenmantel überzogen, und die typischen Lokum mit Rosengeschmack dürfen natürlich auch nicht fehlen.

SONNENTOR KLAGENFURT
9020 Klagenfurt, Wiener Gasse 5, +43/463/276002
www.sonnentor.com/de-at/geschaefte/sonnentor-geschaefte/sonnentor-klagenfurt

Im Herzen der Stadt liegt dieses SONNENTOR-Geschäft, das mit viel Liebe geführt wird. Hier sind alle Produkte unter dem Logo der lachenden Sonne vereint – vom „Gute Laune" Tee und der Kaffee-Linie „Wiener Verführung" über den Gewürz-Adventkalender bis hin zur beliebten Kinder-Linie Bio-Bengelchen und einer Vielzahl von kreativen, nachhaltigen Geschenkideen. Genuss trifft auf bäuerliche Tradition und zeitgemäßes Design. Ein Bistrobereich lädt zum Verweilen ein, um gleich vor Ort in die faszinierende Welt des Geschmacks und der Gerüche einzutauchen. In gemütlichem Ambiente werden neben Tee, Kaffee und Bio-Säften auch Mehlspeisen geboten – und wer möchte, kann die süße Versuchung auch gleich vor Ort genießen und so eine kleine Waldviertel-Entdeckungsreise antreten.

Sonnentor Klagenfurt

SUSSITZ – WIR LEBEN WEIN
9010 Klagenfurt, Feldkirchnerstraße 24a, +43/463/57557
www.sussitz.eu

Als Weinfachhandel bietet Sussitz eine große Auswahl bekannter Weine von Traditionswinzern, Raritäten aus Österreich mit unschlagbaren Preisen und „kleine Unbekannte". Ergänzt wird das Weinsortiment durch den Schwerpunkt Italien sowie einer gut durchdachten Weinauswahl aus aller Welt. Pasta & Reis, Sugo & Pesto kleiner Manufakturen werden als Grundzutat für einen mediterranen Abend angeboten. Olivenöle & Essige sowie eingelegte Köstlichkeiten in Essig & Öl dürfen da natürlich auch nicht fehlen. Spirituosen, Gewürze vom Alten Gewürzamt, Schokolade bester

Chocolaterien, Säfte bekannter Qualitätsproduzenten, eine einzigartige Auswahl an Geschenken und Kochbüchern sowie Süßes, das wohl nicht mehr so schnell in Vergessenheit gerät, runden das Angebot ab. Onlineshop!

WAKONIG'S HOFGREISSLEREI
9020 Klagenfurt am Wörthersee, Schumystraße 52
+43/463/44267
www.wakonigs-hofgreisslerei.at

Wakonig's HofgreißlerEi

Aus einer Diplomarbeit ist diese besondere HofgreißlerEi entstanden. Eier, Nudeln, Wachteleier, Eierlikör, Brot stammen aus eigener Erzeugung. Die nicht-eigenen Produkte in der HofgreißlerEi stammen zu über 90 Prozent aus Kärnten, der Rest sind Produkte aus Österreich. Fertigprodukte vom Kärntner Bauernhof, natürlich ohne chemische Zusatzstoffe, wie z.B. Ritschert, Beuschel gibt es zum Mitnehmen im Glas; auf Bestellung, in der Regel eine Woche im Voraus, gibt es Frischfleisch vom Schwein oder auch Huhn.

KLEIN ST. PAUL

SONNENALM
9373 Klein St. Paul, Milchstraße 1, +43/4264/2716-0
www.milcherlebniswelt.at

Hier wird noch von Hand die Milch verarbeitet und das breite Sortiment lässt kaum Wünsche offen: vom Kürbiskern Gervais, der Bio Ziegenmilch über süße und pikante Topfencremes (sehr empfehlenswert ist dabei unter anderem die süße Preiselbeertopfencreme!), Bio Eiskaffee und vielen weiteren edlen Milchprodukten bis hin zu Nudeln, dem typischen Kärntner Reindling, aber auch mit Honig, Marmeladen und Sirupe findet man im Sonnenalm ein buntes Spektrum an Waren. Ein weiteres Highlight ist die Möglichkeit, an einer Führung durch die Molkerei teilzunehmen und selbst Käse herzustellen.

BÄCKEREI MATITZ

9640 Kötschach-Mauthen, Kötschach 24, +43/4715/357
www.baeckerei-matitz.at
Der Slow Food Travel Betrieb wurde bereits 1902 gegründet, und heute ist die Bäckerei Matitz eine Familienbäckerei mit viel Tradition. Es wird nicht nur traditionell hergestelltes Sauerteigbrot, sondern auch Handsemmeln und zwei völlig neue Spezialitäten geboten: das Loncium-Baguette mit Braumalz aus der nahen Loncium-Brauerei und das Maisbaguette aus Gailtaler Weißem Landmais hergestellt. Hervorragend sind die Original Lesachtaler Speckkräcker mit Bio Speck vom Harterhof. Eine echte Köstlichkeit ist auch der Reindling, er schmeckt wie von Oma gebacken. Großartig! Onlineshop (www.alpenurcraft.at).

Edelgreißler Herwig Ertl

EDELGREISSLER HERWIG ERTL

9640 Kötschach-Mauthen, Nr. 19, +43/4715/246
www.herwig-ertl.at
Herwig Ertl ist nicht nur Edelgreißler. Er ist Botschafter des guten Geschmacks im Alpe Adria Raum im „köstlichsten Eck Kärntens in der 1. Slowfood Travel Region der Welt", die mitunter durch seinen vorausgegangenen Weg des Miteinanders entstanden ist. Am langen Eichentisch bei seinem zelebrierten Genuss in seiner Edelgreißlerei erzählt er über wertvolle Lebensmittel und deren Produzenten. Feinsten Ziegen-, Schaf- und Kuhmilchkäse findet man in seiner kleinen Frischetheke wie Gailtaler Speck vom Lerchenhof, Bio-Seitenspeck aus dem Lesachtal von Markus Salcher aus dem Lesachtal oder Bio-Lardo und Bio-On Air-Schinken von Josef Zotter, besonders ist seine Weinauswahl aus dem Alpen Adria Raum. Edelbrände aus Österreich und dem Friaul, Wildsäfte ohne Zucker, Loncium Bier, Wein und Weißer Gailtaler Landmais kommt aus dem Ort, eingelegtes Berggemüse aus dem Carnia im Friaul, Olivenöle aus Friaul, Slowenien und Istrien, feinste Essige und Gewürze, Bio-Branzino und Bio-Dorade, Sardellen, Kaffee, Kräutertee aus dem Kräuterdorf Irschen, Marmelade und Honig aus Österreich und Friaul, feinste Kekse aus der Toskana und aus Deutschland, Haselnuss-Produkte aus dem Piemont, beste Pasta

aus Italien begeistern immer wieder aufs Neue. Jeder Besuch beim Edelgreißler ist ein Glücksmoment, wer bei ihm wieder hinausgeht, muss etwas Neues entdeckt und gelernt haben.

Kastner Fleischerei

KASTNER FLEISCHEREI

9640 Kötschach-Mauthen, Mauthen 286, +43/4715/323 oder +43/664/521 2781
www.fleischerei-kastner.at
Wer beim Kastner kauft, weiß, dass garantiert Naturprodukte aus Kärnten auf den Tisch kommen. Das gesamte Fleisch im Sortiment bezieht das Team von ausgewählten Bauern aus der Region. Wurst und Schinken stammen ausschließlich aus eigener Produktion und wurden bereits mehrfach ausgezeichnet. Egal ob hervorragender Speck aus der Genussregion Gailtaler Speck, Streichwurst, Schinkenspeck, Salami, Mettwurst oder geselchte Stelzn – höchste Qualität ist hier oberstes Gebot. Auf der Suche nach Biokalbfleisch, Lamm vom Plöckenpass oder Fleisch vom Almochsen wird kaum ein Weg an der Fleischerei vorbeiführen. Ergänzt wird das Sortiment durch ein kleines, aber immer frisches Sortiment an Obst und Gemüse von Bauern aus der Region bzw. aus Italien sowie eine feine Käseauswahl. Gailtaler Almkäse aus der Genussregion, Gailtaler Wald- oder Wildblütenhonig oder Weißer Landmais – übrigens eine echte Rarität – dürfen ebenfalls nicht fehlen wie handgemachte Nudeln, Lesachtaler Schafkäse, Schafmilchjoghurt, Binters Topfentraum sowie Loncium Bier aus Mauthen. Direkt im Geschäftslokal können Sie außerdem ein verlockendes Imbissangebot mit Gerichten aus der heißen Theke sowie ein tägliches Mittagsmenü genießen.

BIOBÄCKEREI NADRAG

9201 Krumpendorf, Bachweg 45, +43/4229/2466
www.nadragbrot.at
Ein Bäcker, der in seinem Bio-Mehl nicht nur die Grundlage für sein Bio-Brot sieht, sondern die Chance, nachhaltig zu arbeiten und zu leben, etwas zu schaffen, um den nächsten Generationen eine Grundlage zu bieten, und der den Menschen zeigen will, was echtes, leidenschaftliches BIO und ehrlicher Umweltschutz

bedeuten können. Alles unter einem Dach – Backstube und Verkaufsladen. Überlieferte Rezepte und der bewusste Verzicht auf chemische Zusätze ist das Geheimnis von Nadrag. Rohstoffe aus heimischen Regionen garantieren den hohen Qualitätsstandard der Backwaren wie hefefreie Dinkel-Vinschgerl, Kürbiskernbrot, Mehrkornbrot …

LENDORF

EBNER'S GREISSLEREI
9811 Lendorf, Lendorf 56, +43/4769/20351
www.ebners-greisslerei.at

Eine Genuss-Greißlerei, die auch ein Nahversorger, Feinkostladen, Bauernladen, Café, Jausenstation und kommunikativer Treffpunkt mit Atmosphäre ist. Auf 140 m² werden ausgewählte Produkte von österreichischen ProduzentInnen sowie von Klein- und Mittelbetrieben ins rechte Licht gerückt. Brot von Bauern und Bäckern aus der Region, Milch und Milchprodukte – auch von Ziege und Schaf – Wurst, Speck von regionalen Bauern und Feinkost zählen zum Basissortiment dieser Greißlerei. Nockfleisch darf hier natürlich nicht fehlen, verarbeitet wird es als Bündner Fleisch, Zirbenwürste und Kräutersalami angeboten sowie auch Hirsch-, Gams-, Reh- und Wildschweinwürste. Feinste Gewürze und Tees aus dem Kräuterdorf Irschen gibt es ebenso wie Spirituosen aus Kärnten. Wer das Alltägliche sowie das Besondere

sucht, wird hier fündig. Käse, Honig, Mehle, Jauntaler Had'n-Produkte, Öle, Fruchtsäfte, Schokoladen und Marmeladen runden das Angebot perfekt ab. Bei Bier gibt man sich hier ebenfalls kärntnerisch mit dem Loncium Bier aus Kötschach-Mauthen. Großartig! Onlineshop.

MALTA

ANNI DANLER-SWATT
9854 Malta, Malta 53, +43/4733/203
Ein kleiner, feiner Nahversorger im Zentrum. Bereits in dritter Generation wird das Geschäft von Anni Danler-Swatt geführt. Mehr als nur Lebensmittel zu bieten, ist ihr Anspruch. Im Feinkostbereich werden neben einem Standardsortiment an Wurst und Käse – hier darf der Drautaler Käsekaiser nicht fehlen – regionale Produkte wie Honig, Talgg'n, Dinkelmehl sowie frisches Brot und Gebäck vom regionalen Bäcker geboten. Das kleine Obst- und Gemüseangebot überzeugt durch Frische und ansprechende Präsentation. Angeboten werden aber auch verschiedene Tees (Kräuter- und Wohlfühltees, auch in Bio-Qualität), Bergkernsalz mit Rosenblüten, Brunnenkressesalz oder Bodenschätze von Sonnentor. Ein kleines Angebot an Bio-Produkten sowie der Birkenzucker Xylitol, Bonbons und Zahnpasta runden das umfangreiche Sortiment ab.

MARIA LUGGAU

LESACHTALER BAUERNLADEN
9655 Maria Luggau, Maria Luggau 15, +43/4716/484
www.lesachtal.com/bauernladen
Der Lesachtaler Bauernladen in Maria Luggau, direkt unter der Wallfahrtsbasilika gelegen, ist ein kleiner, aber feiner Ort, der eine Vielfalt an hand- und hausgemachten Produkten aus dem Lesachtal anbietet. Im Sortiment werden ausschließlich Köstlichkeiten von ca. 60 Produzenten aus dem Tal geführt. Dazu gehören Produkte vom Lesachtaler Lamm, Hirschsalami, Würstel vom Hochlandrind, Lesachtaler Speck, Schafkäse (frisch & eingelegt) sowie Bergkäse. Im Tal der 100 Mühlen darf natürlich das Lesachtaler Bauernbrot nicht fehlen. Ein weiterer Schwerpunkt liegt auf exquisiten Spirituosen in Form von Schnäpsen und Likören, die man anderswo wohl vergeblich sucht. Das Sortiment reicht von Apfel-, Birnen-, Kümmel-, Zirben- und Honigschnaps über die verschiedensten Liköre – etwa aus Ribiseln, Walnüssen, Trauben, Kümmel, Zwetschken, Minze, Heidelbeeren bis hin zum Honiglikör. Wer es lieber ohne Alkohol mag, der kann sich eine der vielen Teesorten mitnehmen, die allesamt aus Lesachtaler Bergkräutern bestehen. Köstlich ist auch die frische Butter von Bauern aus der Umgebung. Vielfältiges bäuerliches Handwerk gehört ebenfalls zur umfangreichen Produktpalette. Geöffnet: 1. Mai bis Ende Oktober.

Nuart vulgo Hafner

NUART VULGO HAFNER

9102 Mittertrixen, Waisenberg 6, +43/4231/2043
www.nuart.at

In der bäuerlichen Hofkäserei wird die traditionelle Käsekunst gepflegt und hervorragende Schafmilch handwerklich zu frischen und gereiften Käsesorten verarbeitet. Besonders stolz ist man auf das Schwarze Schaf, ein in Holzasche gereifter Sauermilchkäse. Das Käsesortiment mit ca. 15 Sorten ist vielfältig, je nach Verfügbarkeit und Jahreszeit gibt es auch weitere Schafmilchspezialitäten wie Schafcremetopfen, Schaffrischkäse „Typ Mozzarella", Sauermilch, Milch und Joghurt natur oder mit verschiedenen Früchten verfeinert u.v.m. Zu kaufen gibt es den Käse ab Hof freitags und samstags und in vielen Feinkostläden und am Slow Food Eck am Wiener Karmelitermarkt. Onlineshop unter www.vielfalt.com , der ersten Online-Greißlerei.

ADEG STRAUSS

9813 Möllbrücke, Mölltalstraße 18, +43/4769/20849
www.adeg.at

Auf 600 m² und mit acht Mitarbeitern versorgt Isabel Strauss die knapp 1.200 Einwohner des idyllischen Ortes am Ende des oberen Drautals mit einem breiten Lebensmittelsortiment. Köstliches Bauernbrot aus den Bäckereien, Lengfeldner und Trojer, der Grau- und der Glundner Käse der Familie Serro, die reiche Auswahl an Speck und Schinken aus dem Hause Scheiflinger und von Kerschbaumer oder die handgemachten Nudelvariationen nach Oberkärntner Tradition runden das regionale Sortiment ab.

BÄCKEREI MÜHLE WIEGELE

9611 Nötsch im Gailtal, Nötsch 39, +43/4256/2148
www.wiegelehaus.at

In dieser Bäckerei wird noch nach alter Tradition Brot gebacken. Seit 1876 in Familienbesitz, ist dies gleichzeitig die letzte Gailta-

ler Mühle. Alle Produkte werden aus unbehandelten Mehlen ohne Zusatzstoffe und Backhilfsmittel nach alten Rezepten hergestellt, die Milchprodukte stammen aus der eigenen Landwirtschaft. Spezialitäten sind das Gailtaler Weizenkeimbrot sowie das klassische Bauernbrot. Weitere regionale Köstlichkeiten sind weiße und gelbe Polenta, Kärntner Nudeln, Reindling sowie Gailtaler Bienenhonig. Als Partner des Naturparks Dobratsch werden auch Schmankerln wie Dotteröl, naturbelassene Obstsäfte, Karreespeck, Glundner u.v.m. geboten. Für Kulturgenuss sorgt das Museum des Nötscher Kreises, das sich im ersten Stock des Hauses befindet.

BAUERNLADEN WALTER

9821 Obervellach, Räuflach 6, +43/4782/2028
www.bauernladen-walter.at

Bauernladen Walter

Egal ob frisch gebackenes Brot nach Rezept des Hauses, lufttrockneter Mölltaler Speck, Kärntner Hauswürstel, Salami oder Most – für Liebhaber der Kärntner Jausenkultur ist der Bauernladen Walter in Räuflach längst kein Geheimtipp mehr. Produkte der Region stehen im Vordergrund: Speck, Salami vom Wild aus dem Nationalpark Hohe Tauern und köstliche Bauernschinken. Streichwurst, Haussulze und vieles mehr stammen aus eigener Landwirtschaft. Die Rinder- und Schweinemast sowie deren stressfreie Schlachtung finden direkt am Hof statt. Verarbeitet wird das Fleisch noch per Hand ausschließlich mit Naturgewürzen. Geöffnet Mo 8:00 bis 18:00 Uhr, Mi-Fr 8:00 bis 18:00 Uhr, Sa 8:00 bis 13:00 Uhr.

BÄUERLICHE VERMARKTUNG NOCKFLEISCH

9564 Patergassen, Vorwald 84, +43/4275/301
www.nockfleisch.at

Vor über 20 Jahren schlossen sich mehrere Bauern zu einer Vermarktungsgemeinschaft zusammen, um die Wertschöpfung in der Region zu erhalten. Mittlerweile werden pro Woche 2-3 Nockberge Almrinder und ca. 25 Schweine zu Frischfleisch, Dauerwaren und Wurst verarbeitet. Im kleinen, aber feinen Geschäft werden zusätzlich zum großen Warensortiment Bauernbrot, frische Eier, Bio-Nudeln und Bio-Käse von der Kaslab'n, Wein und Schnaps und etliches mehr geboten. Neu im Sortiment sind das Zirbengelee und der Zirbensirup vom Zirbenkistl, Olivenöl von Kredeli und Brotbackmischungen von WeBread. Geöffnet Di-Mi 8:30 bis 12:30 Uhr, Do-Fr 8:30 bis 17:00 Uhr, Sa 8:00 bis 12:00 Uhr. Onlineshop.

PÖRTSCHACH AM WÖRTHER SEE

BÄCKEREI & CAFÉ WIENERROITHER

9210 Pörtschach am Wörther See, Hauptstraße 145
+43/4272/2261-0
www.wienerroither.com

Das Backhandwerk hat bei Wienerroither seit dem Jahr 1937 Tradition. Für die täglich frische Zubereitung der 20 verschiedenen Weckerl und fast ebenso vielen Brotsorten wird vorwiegend Mehl, Wasser, Salz, 4-Stufen-Natursauerteig, viel Know-how, Leidenschaft … und jede Menge Zeit! verwendet. Durch Zugabe von Saaten, Körnern, groben und feinen Schroten, durch das Verfeinern mit Gewürzen sowie die Verwendung verschiedenster alter Getreidearten wie z.B. Emmer, wird eine breit gefächerte Auswahl an abwechslungsreichen Geschmacksrichtungen und ernährungs-physiologisch wertvollen Lebensmitteln geboten. In der ersten Schaubäckerei Kärntens stellen die Bäcker und Konditoren vor den Augen des Besuchers Handsemmerl, Weckerl, Strudel und delikate süße Kunstwerke wie Marzipanrosen oder Baiser-Figuren her. Spitzenreiter sind natürlich die Klassiker wie Sachertorte und Cremeschnitte, der Alt Wiener Apfelstrudel und der flaumige Millirahm-Strudel. Aber auch regionale Köstlichkeiten wie der Kärntner Reindling verführen hier zum Genuss.

RADENTHEIN

KASLAB'N

9545 Radenthein, Mirnockstraße 19, +43/4246/37500
www.kaslabn.at

In der Kaslab'n wird Ziegen- und Kuhmilch zur gelben Palette verarbeitet. Also zu Bergkäse, Emmentaler und Schnittkäse und auch etwas Butter. Vier Bauernhöfe vom Laufenberg, Klammberg, Obermillstätterberg und vom Glanz gründeten die Genossenschaft. Mittlerweile sind es 20 Betriebe, die ihre Bio Heumilch an die Kaslabn liefern. Im Reifelager ruhen und verwandeln sich die Käseleibe. Manche reifen 4 Wochen, manche brauchen sie ein Jahr. Mehr über Käse erfährt man bei einer Führung und in der Schaukäserei.

SEEBODEN

HEITZMANN, DER FLEISCHVEREDLER

9871 Seeboden, Hauptstraße 76, +43/4762/81146
www.heitzmann-der-fleischveredler.at

„Natürlich hausgemacht", so lautet das Motto von Florian Heitzmann, dem Fleischveredler. Speck, Wurst, Imbiss, Feinkost: Beim Heitzmann wird man immer fündig. Steckenpferd ist das „Edelkärntner Hauswürstel", das nur vom Fleischveredler in Seeboden produziert werden darf. Ebenso ist er für seinen unübertroffenen Speck weit über die Grenzen Oberkärntens bekannt. „Natürlich hausgemacht" werden auch: Kärntner Nudeln, verschiedene Suppeneinlagen, Salate und vieles mehr. Im Winter wurde das rundum modernisierte Geschäft eröffnet, ein noch größeres Sortiment erwartet alle Kunden mit hohem Anspruch. Auch Feinkost von ausgewählten Produzenten kann man kaufen. Marmeladen, Schnäpse, Säfte, Honig, eingelegtes Gemüse und Heitzmann-Kräcker sind nur einige Schmankerl davon. 24h-Automat und Onlineshop.

Heitzmann der Fleischveredler

SPITTAL AN DER DRAU

GENUSS-MEIEREI SPITTAL

9800 Spittal an der Drau, Villacher Straße 92
+43/4762/61061-77
www.kaerntnermilch.at

Ein neues Ladenkonzept auf einer Fläche von 550 m². Zwei Betriebe, ein Standort: Kärntnermilch und Karnerta unter einem

Dach. Das Geschäft ist der absolute Käse-Kaiser in der Region! Rund 100 verschiedene Käsesorten — sowohl aus Österreich als auch internationale Spezialitäten — lassen keine Wünsche offen. Die Besonderheit ist jedoch, dass sich hier darüber hinaus eine außergewöhnliche Auswahl an Fleischprodukten, in erster Linie von Bauern aus Kärnten und der Steiermark, findet. Als sinnvolle Ergänzung zum Käse- und Fleischsortiment erhält man ausgewählte Weine, Obst und Gemüse-Basics sowie Öle und Essige. Ein Bio-Nudelsortiment sowie einige Bio-Käsesorten sind ebenso zu finden wie luftgetrockneter Speck oder Weinschinken.

KONDITOREI LIENBACHER CONFISERIE
9800 Spittal an der Drau, Schillerstraße 10, +43/4762/2525
www.konditorei-lienbacher.at
Echte Schleckermäulchen, die gerne dem süßen Genuss frönen, kommen in der Konditorei Lienbacher voll auf ihre Kosten. Eine gute Portion Kreativität und Herzlichkeit macht die besondere Atmosphäre aus. Schokoladen- und Pralinenliebhaber, die der industriellen Fertigproduktion überdrüssig sind, sind bei den Lienbachers an der richtigen Adresse. Hier wird die Tafelschokolade mit viel Liebe handgemacht. Sogar an Diabetiker hat das Team gedacht und produziert für sie eine eigene, handgeschöpfte Schokolade. Die passende Verpackung dazu wird in einzigartiger Weise von der Dame des Hauses gefertigt und dekoriert. Nette Geschenkideen für süße Genießer gehören ebenso zum fixen Sortiment wie frische Kuchen und Torten wie die ausgezeichnete Schoko-Vanille-Torte, oder aber auch das selbst erzeugte Eis. Ein Angebot an Talern wie Porcia-Taler oder Wappentaler bereichern das süße Sortiment. Täglich stehen außerdem zwei Mittagsmenüs zur Auswahl. Das Team ist überaus freundlich und kompetent.

Konditorei Lienbacher Confiserie

OBST & GEMÜSEWELT BRANDNER
9800 Spittal an der Drau, Bahnhofstraße 3, +43/4762/37232
www.obst-gemuesewelt.at
Das bunte Obst- und Gemüse-Angebot wird besonders geschmackvoll und übersichtlich präsentiert und stammt vorwiegend aus der Region bzw. von heimischen Bauern. Köstlichkeiten, wie z.B. Glinzer's handgefertigtes Wiener Salonnougat, Leinöl von Katja Schmidt aus Irschen, Sugi und Hauptgerichte im Glas aus der steirischen Manufaktur Christöphl, Premium Ursäfte von Terra Mater, 20 verschiedene, handverarbeitete Pesti von Grossauer, Essige von Gölles, vegane Suppen u.v.m. runden das Sortiment perfekt ab.

ST. LORENZEN

LESACHTALER FLEISCH
9654 St. Lorenzen, St. Lorenzen 42
+43/4716/22713, www.lesachtaler-fleisch.at
Gewinner des Genuss Guide Award 2023, „Bester Genussladen in Kärnten"/Kategorie Spezialisten, siehe Seite 105.

GENUSS GUIDE AWARD 2023

Lesachtaler Fleisch

ST. MAREIN

FISCHZUCHT MARZI
9431 St. Marein, Völking 4, +43/4352/81165
www.marzi-forellen.at
Fischfreunde zieht es geradezu magisch in dieses Geschäft in St. Marein. Vom Saibling über Kärntner Laxn aus der Genussregion bis zum Biokarpfen zu Weihnachten ist das Angebot sowohl frisch, gebeizt als auch geräuchert erhältlich. Neben Regenbogenforellen, Lachsforellen, Saiblingen, Seeforellen und der patentrechtlich geschützten Kaiserforelle aus eigener Aufzucht gibt es auch hausgemachtes Sushi, Forellenkaviar, Forellentatar und -aufstrich. Besonders zu empfehlen: die geräucherte Kräuterforelle. Für besondere Anlässe und Feiern werden Fischplatten mit einer Variation aller verarbeiteten Produkte mit diversen Zubereitungen geboten. Durch die Zugehörigkeit zu den Lavanttalern Qualitätsbauern werden auch deren Produkte angeboten. Dazu gehören Imkereiprodukte, verschiedene Öle (Kürbiskernöl) und Apfel- und Birnenessig sowie Spirituosen, aber auch Lavanttaler Wein sowie Apfelwein aus der gleichnamigen Genussregion.

GENUSSLADEN ST. PAUL

9470 St. Paul im Lavanttal, Schwarzviertler Straße 2
+43/4357/28987
www.hausderregion.at
Der Genussladen St. Paul ist die Adresse für die Kostbarkeiten des Lavanttals im Herzen von St. Paul. Als Filialbetrieb vom Haus der Region in Wolfsberg stehen qualitätsvolle Lebensmittel, feine Weine und Kunsthandwerk im Mittelpunkt. Gemeinsam mit rund 85 Partnerbetrieben, vorwiegend aus dem unteren Lavanttal, bietet der Genussladen Schinken- und Wurstspezialitäten, Käse, Eier, Bio-Huhn und Bio-Pute, Honige und Fruchtaufstriche, prämierte Spezialitäten von den Mostbarkeiten und dem Stift St. Paul, Knoblauchprodukte, Bio-Kräutertees, Essige und Öle, St. Pauler Weine und vieles mehr. Besonders beliebt: die „Schatzkisterln", nach Wunsch zusammengestellte und liebevoll verpackte Geschenkvariationen.

FLEISCHEREI SMOLE

9623 St. Stefan im Gailtal, St. Stefan 35, +43/4283/2128
www.gailtalerspeckbauer.at
Das kleine Fleischerfachgeschäft Smole ist in der Region ein Geheimtipp, wenn es um Qualität und echte Fleischerspezialitäten geht. So findet man hier noch verschiedene Selchwürste, Stelzen, Saumaisen und ein großes Angebot an Frischfleisch (aus eigener Schlachtung) und Aufschnitt aus eigener Erzeugung. Selbst den Gailtaler Speck gibt es hier, und wer es deftig mag, dem sei hier der würzige Salzspeck empfohlen. Sogar das Sauerkraut ist hier hausgemacht! Die Chefin bedient persönlich, ist sehr freundlich und bei der Beratung merkt man, dass sie dieses Handwerk kennt und lebt. Schön, dass es diese kleinen Fleischer noch gibt!

BAUERNLADEN

9300 St. Veit an der Glan, Villacher Straße 14
+43/664/6575335
Die „kleine" Adresse für alle, die echte Schmankerln aus der Region zu schätzen wissen. Von Äpfeln aus dem Glantal über 15 verschiedene Käsesorten bis hin zu Blutwurst, Leberpasteten oder Salami aus dem Glantal finden Genießer hier eine reiche Auswahl. Räucherforellen aus Frauenstein, täglich frisch gebackenes Bauernbrot sowie Biogemüse runden das Angebot ab. Bäuerliche Anbieter aus der Region beliefern den Bauernladen darüber hinaus auch mit Essig, Honig, Marmeladen, Tees und sogar mit Seifen. Besonderheiten wie Leinöl, Ziehöl oder Leindotteröl finden sich hier ebenso wie spezielle, saisonale Produkte – vom Weihnachts-

gebäck bis hin zu Adventkränzen. Tipp: Kärntner Hausmannskost vom Veidlhof (Ritschert, Beuschl …) und das legendäre Wimitzer Biobier sowie handgeschöpfte Schokoladen in exquisiten Sorten!

Demeterhof Kraindorf

DEMETERHOF KRAINDORF

9300 St. Veit an der Glan, Kraindorf 1, +43/4212/5252
www.kraindorf.com
Seit 1980 führt Familie Erian ihren biologisch dynamischen Familienbetrieb nach Demeterrichtlinien und den Erkenntnissen Rudolf Steiners. Dabei versuchen sie Tag für Tag, mit den Mitmenschen und Tieren in Einklang zu leben und den Boden zu pflegen und zu ehren – damit auch künftige Generationen davon leben können. Und den Tieren am Hof geht es richtig gut: Kühe, Schweine, Hühner, Pferde, Katzen, Hunde, Gänse, Pfaue und Enten sind Teil der Hofgemeinschaft! Und so werden sie auch behandelt – mit Zuneigung, Respekt und allem, was es zu einem art- und wesensgerechten, gesunden Tierleben braucht: viel Auslauf an der frischen Luft, ein Plätzchen zum Suhlen oder Räkeln und – natürlich – bestes Futter. Knuspriges, duftendes Backwerk aus vollwertem Roggen, Hafer, Dinkel und Weizen – das möchte man am liebsten ofenfrisch genießen. Für die roggenhaltigen Brote wird ausschließlich Sauerteig als Triebmittel verwendet. Grieße und Brotmehle werden in der hofeigenen Steinmühle hergestellt. Saftige Weidegräser und Kräuter geben der Milch, der Butter, dem Topfen und dem Käse ihren unvergleichlichen Geschmack. Leider kann man am Demeterhof Kraindorf nur freitags direkt am Hof einkaufen. Am Samstag gibt es die Köstlichkeiten vom Demeterhof in Kraindorf von 8:00 bis 12:00 Uhr am Bauernmarkt in St. Veit.

LE DELIZIE

9300 St. Veit an der Glan, Hauptplatz 9, +43/664/3266186
Klein, fein und ganz italienisch. Das Geschäft präsentiert sich mit einer Fülle an italienischen Spezialitäten, frischem Obst und Gemüse, sogar frischer Fisch wird angeboten. Auf Wunsch kann man eine italienische Jause für zu Hause bestellen. Top.

TAINACH

ZIEGENHOF LUGER

9121 Tainach, Siedlungsstraße 25, +43/4239/3267
www.kulinarisches-erbe.at/kärnten/produzent/ziegenhof-luger
Ziegenkäse wird wegen seines delikaten Aromas und der feinen Konsistenz als Delikatesse geschätzt. Die Ziegenproduktpalette vom Biohof Luger reicht von 17 verschiedenen Ziegenfrischkäsesorten, Weich- und Schnittkäse, Mozarella über Acidophilusmilch, Rohmilch, Natur- und Fruchtjoghurt, Topfen, Butter, Weichkäse mit Blau- und Weißschimmel. Ziegenmilch ist für die Herstellung von Frischkäse besonders geeignet. Fester Frischkäse, zum Beispiel in Öl eingelegt, ist ein besonderer Genuss zum frischen Salat. Mit seinem Ziegenweichkäse mit Bockshornklee errang der Familienbetrieb die Genusskrone 2018/2019. Die Ziegenmilchspezialitäten gibt es ab Hof zu kaufen sowie am Benediktinermarkt in Klagenfurt und Mi & Sa am Bauernmarkt Waidmannsdorf.

TREFFEN

SPAR-MARKT TREFFEN

GENUSS GUIDE AWARD 2023

9521 Treffen, Sparstraße 1, +43/4248/29781
www.spar.at
Gewinner des Genuss Guide Award 2023, „Bester Genussladen in Kärnten"/Kategorie Supermärkte, siehe Seite 105.

Lesachtaler Fleisch

VELDEN AM WÖRTHER SEE

FLEISCHEREI GORITSCHNIGG

9220 Velden am Wörther See, Casinoplatz 3-5, +43/4274/2035
www.goritschnigg.com
Seit 1893 ist die Familie Goritschnigg als Fleischer tätig und verwöhnt ihre Kunden rund um den Wörthersee mit Köstlichkeiten in höchster Qualität und hervorragender Auswahl und freundlicher, kompetenter Bedienung. Alle angebotenen Wurst- und Fleischwaren stammen aus eigener Produktion, wie der nach traditionellem Familienrezept in drei verschiedenen Variationen hergestellte Leberkäse. Die besondere Spezialität ist das Dry-Aged-Beef vom Kärntner Bio-Jungrind (T-Bone & Prime-Rib), die man abends in Goritschniggs Steakhaus genießen kann. Montag bis Freitag wird mittags ein herrliches, abwechslungsreiches Menü angeboten, und während der Grillsaison kann man aus einem vielfältigen Sortiment an Fleisch-Spezialitäten, natur oder fertig mariniert, wählen. Tipp: Goritschniggs Genuss im Glas — gefüllt mit Hauptgerichten (Lasagne, Fleischlaberl ...) und Beilagen wie Sauerkraut oder Semmelrolle, einfach zum Erwärmen oder Anbraten.

VILLACH

ASTRID'S GOURMET GARAGE

9500 Villach, Italiener Straße 14, +43/650/4184404
www.gourmetgarage.at

Astrid's Gourmet Garage

DIE BESTEN DINGE · ASTRID'S *Gourmet* GARAGE · PASSIEREN IN DER GARAGE

Hier wird purer Genuss für Feinschmecker geboten. Die Gourmet Garage ist nicht nur Kärntens größter Zotter-Shop, sondern bietet noch viel mehr. Bio-Gewürze, Tees, Kräuter, Kaffee & Säfte von Sonnentor, Bio Leinöl, Reinling, Kuchen und Buchteln aus eigener Produktion und heimischen Rohstoffen direkt vor Ort, edle Brände, verschiedene feinste Essigsorten und Brände von Gölles aus der Südsteiermark. Um auch zu Hause noch schlemmen zu können, gibt's alles natürlich auch zum Mitnehmen!

FRIERSS FEINES HAUS

9500 Villach, Gewerbezeile 2b
+43/4242/3040-45, www.feines-haus.at
Gewinner des Genuss Guide Award 2023, „Bester Genussladen in Kärnten"/Kategorie Greisslerei und Feinkost, siehe Seite 104.

Frierss Feines Haus

GENUSS ECK

9500 Villach, Italiener Straße 5, +43/664/4028640
www.genusseck-villach.at
Das Genuss Eck bietet ausschließlich den Geschmack Österreichs: ausgewählte Weine, prämierte Destillate, weltbester Wodka, verschiedene Gin, edle Grappe und Liköre, Waldviertler Whisky, Kärntner Wein vom Weingut Vinum Virunum, Apfelwein und fruchtige Essige und hochwertige Öle. Süßweine, Zigarrenbrände sowie Vulcano Schinken oder Wollschweinaufstriche. Auch eingelegte Delikatessen, Pesti, Gelees, (Bio)Chutneys, Bio-Kräutersalze, Senfspezialitäten, Stollenkäse aus dem Almenland sowie Erlesenes aus der Vielfalt der Paradeiser lassen das Herz von Genießern höherschlagen. Die Original Wachauer Marille aus der gleichnamigen Genussregion, veredelt in verschiedenen Produkten, muss man probiert haben, ebenso wie den Verjus. Der Carnica Bienenhonig sowie edle Schokoladen und dragierte Knabberkerne versüßen den Gaumen eines jeden Schleckermauls. Auch Geschenkkörbe und Geschenkpakete werden angeboten.

GENUSS-MEIEREI

9500 Villach, Industriestraße 3, +43/4242/3122-00
www.kaerntnermilch.at/genuss-meierei
Die Genuss-Meierei der Kärntnermilch bietet regionale Produktvielfalt mit erstklassiger Beratung. Hier dreht sich alles um die Region, das Land und die Menschen. Von den köstlichen Kärntnermilch-Milchprodukten aus der weltbesten Rohmilch über die feinen Käsespezialitäten der Meisterkäser bis hin zu regionalen Schmankerln und erstklassigen Fleisch- und Wurst-Spezialitäten von Karnerta und Kärntner Fleisch, lässt die

Genuss-Meierei keine Wünsche offen. Neben den mehrfach national und international ausgezeichneten Kärntnermilch- sowie Bio Wiesenmilch Käse- und Milchspezialitäten werden viele weitere exquisite Köstlichkeiten aus Kärntens Regionen angeboten, z.B. die Bio Wiesenmilch Fruchtjoghurts in diversen Sorten, Eier, Marmeladen, Honig, Nudeln, Getränke, Mehl sowie Öle. Individuelle Geschenkkörbe sowie Aufschnitte und Käseplatten sind auf Vorbestellung erhältlich. Mit der Genuss-Meierei wird die Kärntnermilch als Kärntens größter Direktvermarkter einmal mehr zum Botschafter des guten Geschmacks und bietet eine Plattform für hochwertige Produkte aus der Heimat. Onlineshop: www.kaerntnermilch.at/online-shop

ITALMARKT TOMINI HANDELS GMBH

9500 Villach, Maria Gailer Straße, 36, +43/4242/34008
www.italmarkt.eu
Nur das Beste aus Italien! Für italophile Gourmets ist der Italmarkt mit seinen regionalen italienischen Spezialitäten ein Schlaraffenland. Für Prosciutto, Salami und die vielen anderen Wurst- und Käsespezialitäten gibt es das passende handgemachte Gebäck aus Italien (täglich frisch).

MARKTHALLE VILLACH

9500 Villach, Burgplatz 4
Gewinner des Genuss Guide Award 2023, „Bester Genussladen in Kärnten"/Kategorie Am Markt, siehe Seite 106.

Markthalle Villach

MIRAMARE FISCHGESCHÄFT

9500 Villach, Italienerstraße 8, +43/4242/27572
www.facebook.com/miramarefischvillach/
Miramare in Villach – das bedeutet für den Fischliebhaber fangfrischer Fisch, vor allem aus der Adria, kompetente Beratung und viele hervorragende Fischgerichte. Das ist das Geheimnis dieses besonderen Geschäfts, das man so auch in Triest finden könnte. Schließlich ist Marco Stagni, der das Geschäft mit seiner Frau Sara führt, in Triest mit Fisch aufgewachsen. Rotbrasse, Goldbrasse, Meerbarbe, Calamari, Meeresfrüchte, Sardellen, Thun-

fisch, Schellfisch, Kabeljau, Lachsforelle … Die frische Seezunge kann dann auch schon mal aus Grado kommen. Großartig.

Miramare Fischgeschäft

STRONG FELLOW – TRUE TASTE
9500 Villach, Getreideweg 3, +43/660/5500010
www.truetaste.at

Nur die besten Olivenöle kommen in dieses Geschäft. Handverlesen sind nicht nur die Oliven für die höchste Qualität, sondern auch die Lieferanten und Produkte. Jedes Olivenöl wird von Manuel Wulz persönlich verkostet und ausgewählt. Erleben und verkosten kann man die Öle in dem kleinen Shop. So schmecken Olivenöle nach frischen Kräutern und grünen Tomaten oder nach Artischocken und grünen Mandeln … Bei Seminaren und Degustationen gibt der Olivenölexperte sein Wissen gerne weiter. Onlineshop.

VÖLKERMARKT

BIOLADEN VÖLKERMARKT
7562 Völkermarkt, Hauptplatz 30, +43/4232/2611

Ein gelungenes Beispiel einer bäuerlichen Initiative ist der Bioladen Völkermarkt. Angeboten werden ausschließlich Bioprodukte von höchster Qualität, mittlerweile beliefern 29 Biobauern aus der Region den Laden mit frischen Lebensmitteln. Die Palette reicht von Schaf-, Ziegen- und Kuhmilchprodukten, Schweine- und Rindfleischspezialitäten über Gemüse und Obst der Saison, vielen verschiedenen Brotsorten, Vollkornnudeln und eine große Auswahl an hervorragenden Ölen. In den Regalen finden sich auch Getreideerzeugnisse, Kräutertees, Säfte und Schnäpse, Eier, Honig, Marmeladen und Essiggemüse und vieles mehr. Die Bioweine liefert ein Winzer aus dem Burgenland. Geöffnet Mi von 9:00 bis 13:00 Uhr, Fr von 9:00 bis 15:00 Uhr, Sa 8:00 bis 12:00 Uhr.

WEISSENSEE

WEISSENSEEFISCH
9762 Weißensee, Neusach 106, +43/676/5013674
www.weissenseefisch.at

Mit Herzblut betreibt Martin Müller seinen Fischereibetrieb am Weissensee. Reinanken, Rotaugen, Flussbarsch und Karpfen holt er aus dem See, wobei auf eine nachhaltige Bewirtschaftung geachtet wird. Frisch oder verarbeitet sind die Weissenseefische eine wahre Delikatesse. Verkauf Wildfänge aus dem Weissensee: Di & Fr 14:00 bis 16:00 Uhr, Angelguiding und Angelseminar nach Voranmeldung.

WERNBERG

KLOSTERLADEN IM KLOSTER WERNBERG
9241 Wernberg, Klosterweg 4, +43/4252/2216 140
www.klosterwernberg.at/klosterladen

Das himmlisch anmutende Sortiment im rustikalen Klosterladen ist eine unglaubliche verführerische Vielfalt an köstlichen Produkten aus eigener Herstellung sowie von Bauern aus der Region. Frische Rohmilch wird im Haus verarbeitet und in schmackhaftes Joghurt, Topfen, Frischkäse sowie Butter umgewandelt. Obendrein gibt es täglich frische Kräuter, knackiges Gemüse, Eier und Getreide aus der klostereigenen Landwirtschaft. Hier wird noch mit Liebe gebacken: Dienstags und donnerstags gibt es selbst gebackenes Brot (gerne auch auf Vorbestellung) und täglich gibt es süße Backwaren. Fleischprodukte und Wurstwaren werden von Markus Salcher im Lesachtal geliefert. Kärntner Weine vervollständigen das herzhafte Sortiment. Öffnungszeiten: Mo-Fr 8:00 bis 18:00 Uhr, Sa 8:00 bis 12:00 Uhr.

Klosterladen im Kloster Wernberg

WOLFSBERG

SAJOVITZ
9400 Wolfsberg, St. Stefanerstraße 50, +43/4352/2232-14
www.sajovitz.at

Seit 1950 steht Sajovitz für besondere Qualität bei Fleisch und Fleischwaren. In dem Geschäft in Wolfsberg, sowie in Völkermarkt, findet man köstliche Handwerksunikate aus wertvollem Rohstoff. Der Großteil der Ware ist aus eigener Produktion. Eingekauft wird regional. Täglich gibt es frisch gekochte Menüs zum Mitnehmen sowie ein Brötchenservice, das man auch online nutzen kann. Catering!

NIEDER ÖSTER REICH

DIE BESTEN GENUSSLÄDEN
IN NIEDERÖSTERREICH

FEINKOST UND GREISSLEREI

BIOHOF BROSCHEK

2353 Guntramsdorf, Hauptstraße 43, +43/2236/52009
www.biohof-broschek.at

Gute Auswahl an heimischen Lebensmitteln, beste Bioqualität, mit kurzen Transportwegen, Einsparen an Verpackungsmaterial und beste Beratung. Damit punktet der Biohof Broschek im Herzen von Guntramsdorf und wurde auch schon vielfach ausgezeichnet. Unter anderem als Regionalladen des Jahres 2021. Seit 30 Jahren vermarktet Familie Broschek Produkte aus der eigenen Landwirtschaft, darunter Erdäpfel, Zwiebel (rot und gelb), verschiedene Sorten an Getreide, Luzerne, Mais und Zuckerrüben - das Beste vom Land, alles aus garantiert biologischem Anbau. Die Auswahl im Biohofladen reicht von Kuhmilch, Schafmilch und Ziegenmilch in Pfandflaschen und Käse von Kuh, Schaf und Ziege über einer riesigen Auswahl an Obst und Gemüse, Gewürzen, Nüssen und köstlichen Mehlspeisen bis hin zu Fleisch und Wurstwaren. Frischen Fisch gibt es von der ARGE BioFisch (wechselndes Sortiment). Getreide, Teigwaren aus eigener Produktion sowie Fair-Trade-Produkte aus aller Welt können Sie ebenfalls mit gutem Gewissen hier einkaufen. Für den süßen Genuss gibt es Torten und Kuchen sowie ein schönes Sortiment an Zotter-Schokoladen. Brottipp: Smartbread - ein gluten- und hefefreies Brot in 4 verschiedenen Sorten.

SUPERMÄRKTE

NAH&FRISCH HEIDENBAUER

3042 Würmla, Hauptstraße 9, +43/2275/20404
www.nahundfrisch.at/de/kaufmann/heidenbauer-josef
Als Nahversorger macht der moderne Markt mit einem umfangreichen und geschmackvollen Angebot in allen Warengruppen seine Aufgabe perfekt. Die sehr gute Auswahl an Spezialitäten aus der Region bei Käse (hervorragend: Ziegen- und Schafkäse) und Wurst (sehr gutes Geselchtes) überzeugt im Feinkostbereich. Hausmannskost ist bei Heidenbauer sehr beliebt. Zum Beispiel hausgemachte Wurstknödel mit Sauerkraut und Pfeffersauce, ein Schweinsbraten mit Semmelknödel oder auch mal eine echte serbische Bohnensuppe bzw. ein Rindsgulasch. Das Angebot an Frischfleisch wird saisonal mit Wild und Lamm ergänzt. Frisches Brot und Gebäck gibt es hier natürlich den ganzen Tag über. Die Genussregionen sind unter anderem mit der Mostviertler Mostbirn vertreten. Nachhaltigkeit wird hier ebenso gelebt. Der Nah&Frisch Markt macht bei „To good to go" mit und rettet damit Lebensmittel. Resümee: Auf 160 m² Verkaufsfläche bietet Josef Heidenbauer neben einem Lebensmittelvollsortiment ofenfrisches Gebäck bis Ladenschluss, regionalen Spezialitäten „aus'm Dorf" und auch das gemütliche „Mei Eck", die Nah &Frisch Kaffeeecke.

SPEZIALISTEN

KASKIST'L

3352 St. Oswald, Kürnberg 103, +43/7252/30492
www.kaskistl.at
Seit der Gründung im Jahr 1990 steht kasKistl für eine wertschätzende Verbindung zwischen Erzeugern und Konsumenten. KasKist'l ist eine Bio-Käseplattform, die Produkte aus bäuerlichen Hofkäsereien aus Ober- und Niederösterreich und Salzburg vertreibt und auch einige Genussregionen mit ihren Spezialitäten im Angebot hat: Großwalsertaler Bergkäse, Flachgauer Heumilchkäse, Mostviertler Schofkas sowie Schlierbacher Käse. Ganz logisch wird auf Bio gesetzt. „Nur so lassen sich die Grundsätze einer nachhaltigen Wirtschaftsweise bis zum fertigen Produkt umsetzen", sind die Betreiber überzeugt. Das sind zum Beispiel Renate und Johann Dorfer aus Kürnberg, kasKistl-Partner der ersten Stunde. Auf ihrem Hof entsteht Schafjoghurt und Frischkäse in handwerklicher Tradition. Die Schafe von Gertrude und Johann Brandner liefern die Grundlage für Schafmilchprodukte. Bekannt sind die beiden aber auch für das köstliche Holzofenbrot, das sie ab Hof verkaufen. Dann wären da noch Franziska und Gottfried Ensmann mit ihren Schafen, Familie Prüller, die seit über 25 Jahren Teil der kasKistl-Familie ist. Auf ihrem Wurmbachhof entstanden vor mehr als 25 Jahren die ersten Meck Ziegenkäse.

WELTGENUSS

das französische Mandelgebäck aus Mandeln, Staubzucker und Eiweiß von Hand hergestellt. Aus dem ursprünglichen Hobby, Macarons zu backen, entwickelte sich aufgrund der großen Beliebtheit und Nachfrage mit der Zeit eine Idee. Mit der Backstube mit Verkaufsraum in Perchtoldsdorf hat sich Palfalvi einen Traum erfüllt. Man kann ihr auch bei der Arbeit zusehen, denn die Produktion liegt nur durch eine Glasscheibe getrennt hinter dem Verkaufsraum. Durch kreatives Kombinieren natürlicher Zutaten werden ständig neue Sorten entwickelt, wobei man sich hauptsächlich an Klassiker der französischen Patisserie orientiert und auch das Traditionelle mit dem Modernen kombiniert - die Sortenkreationen finden ihren Ursprung in der österreichischen Mehlspeisküche. Saisonale Macaronsorten wie z.B. Aschanti, Schwarzwälder Kirsch oder Mariandl runden das Standardsortiment optimal ab.

MACARONMANUFAKTUR
2380 Perchtoldsdorf, Hochstraße 21, +43/676/5947336
www.macaronmanufaktur.at
Ein kleiner, besonders süßer Laden, in dem sich frische Macarons in ihrer Vielfalt präsentieren. Seit 2012 wird in der Macaronmanufaktur von Ursula Palfalvi mit großer Begeisterung und Präzision

AM MARKT

GRÜNER MARKT
2500 Baden bei Wien, Brusattiplatz, +43/2252/86800600
www.baden.at/Genussmarkt
Brusattiplatz, also Genussmarkt und Grüner Markt, das gehört einfach untrennbar zusammen. Der „Badener Genussmarkt" findet jeden Freitag von 8.00 bis 13.00 Uhr statt, hat sich längst auch als beliebter Treffpunkt etabliert und stellt mit einer sehr großen Vielfalt an frischen, schmackhaften Lebensmitteln vor allem die Regionalität in den Fokus. Hier entdeckt man großartige Milchprodukte von Schaf und Ziege genauso wie Speck, Hauswürste, Gemüse und Obst in seiner bunten Vielfalt und Saisonalität. Das Angebot des Wochenmarktes orientiert sich dabei unverkennbar an den historischen Wurzeln des „Grünen Marktes" und besteht nur aus Lebensmitteln und Getränken. Badens Marktgeschichte hat bekanntlich eine lange Tradition. Bereits im Jahr 1811 wurde der damalige Markt vom Hauptplatz

auf den heutigen Erzherzog Rainer-Ring verlegt. Nach kurzer Zeit jedoch herrschte Platzmangel am Markt und man verlagerte ihn auf den jetzigen Brusattiplatz. 1891 wurde der Grüne Markt an seinem heutigen Standort endgültig eingerichtet. Die Bezeichnung „Grüner Markt" geht übrigens darauf zurück, dass neben Fleisch und Fisch auch Obst und Gemüse erhältlich waren und natürlich noch immer sind.

AUF ENTDECKUNGSREISE GEHEN
ALLES WISSENSWERTE ÜBER DIE SCHNITTKÄSEHERSTELLUNG

Die KÄSEMACHERWELT im nordwestlichen Waldviertel ist die Erlebniswelt von DIE KÄSEMACHER und beherbergt Schaumanufaktur, Restaurant und Shop. Sie zählt zu den TOP-Ausflugszielen Niederösterreichs. Das Herzstück der Erlebniswelt ist die Schaumanufaktur, die im Rahmen einer Führung besichtigt werden kann. Als Pioniere von mit Frischkäse gefülltem Gemüse und Früchten, gewähren DIE KÄSEMACHER Einblicke in deren Antipasti-Produktion. Außerdem erfahren Besucher Wissenswertes über die Schnittkäseherstellung und haben die Möglichkeit das reichhaltige Sortiment von DIE KÄSEMACHER an unterschiedlichen Stationen zu verkosten.

Am besten verbindet man den Besuch der Schaumanufaktur mit einem anschließenden Aufenthalt im Restaurant „KASKUCHL".

Im angrenzenden Shop „WALDVIERTLER SCHATZKAMMER" findet man neben dem umfangreichen Sortiment von DIE KÄSEMACHER auch Handwerkskunst sowie regionale Waldviertler Köstlichkeiten.

Tipp: Tickets für die Führung gleich unter www.kaesemacherwelt.at vorab buchen!

DIE KÄSEMACHERWELT
3860 Heidenreichstein, Litschauer Straße 18, | +43/2862 52528-0
www.kaesemacherwelt.at

SAISON 2023
1. April bis 17. Dezember
Mittwoch bis Sonntag und feiertags, Montag und Dienstag Ruhetag

NAH&FRISCH SCHLÖGELHOFER DAGMAR

3365 Allhartsberg, Markt 48, +43/7448/70175
www.nahundfrisch.at/de/kaufmann/schloegelhofer-dagmar
Der Nah&Frisch Markt von Dagmar Schlögelhofer in Allhartsberg bietet als Nahversorger auf einer Geschäftsfläche von 270 m² ein abgestimmtes Sortiment für den täglichen Bedarf sowie ein großes Sortiment an Bio Produkten, regionale Schmankerl, Feines vom Donauland Rind und Donauland Schwein, ofenfrisches Brot & Gebäck, Platten- und Brötchenservice für alle Anlässe, Geschenkkörbe und Geschenkgutscheine.

BAUERNLADEN LINDENHOF

3300 Amstetten, Eggersdorferstraße 67, +43/7472/28137
www.bauernladen-lindenhof.at
In diesem wunderbaren Bauernladen wird das Beste aus dem Mostviertel präsentiert. Auch das Fleisch und Wurstangebot ist geschmackvoll. Die Österreichischen Genussregionen sind mit der Mostviertler Mostbirn, Mostviertler Schofkas, Waldviertler Graumohn, Pielachtaler Dirndl, Pöllauer Hirschbirn sowie Buchkirchner-Schartner-Edelobst vertreten. Verschiedene Bio-Biersorten und Weine machen das Sortiment rund.

Bauernladen Lindenhof

ELLEGAST

3300 Amstetten, Rathausstraße 6, +43/7472/62731
www.ellegast.at
Filialen in Seitenstetten, Mauer und Aschbach. Der Feinschmeckertreff in Amstetten! Mit viel Herz und Traditionsbewusstsein produziert die Fleischerei Ellegast seit 1891 Fleisch- und Wurstspezialitäten. Rund 80 prämierte Fleisch und Wurstprodukte aus eigener Erzeugung – darunter original Mostviertler Speckvariationen wie der Mostviertler Prosciutto sowie eine eigene Rohwurst- und Salamiherstellung mit den Klassikern Cacciatore und 4-Kanter zeugen vom Ideenreichtum und der Liebe zu den Produkten.

GENUSSBAUERNHOF DISTELBERGER

3300 Amstetten, Gigerreith 39, +43/7479/7334
www.distelberger.at
Tradition und Innovation erleben und genießen kann man im „Genuss-Bauernhof" Distelberger. Die Palette der Versuchungen aus der Genussregion Mostviertler Mostbirn reicht vom ganz milden, süßlichen Obstwein von der Schweizer Wasserbirne bis zum trockenen, reschen Apfelmost oder dem Gourmet-Most in 3 verschiedenen Variationen bis zu Cuvées – insgesamt 12 verschiedene, ausschließlich reinsortige Mostsorten werden angeboten. Aber auch Edelbrände und Liköre sowie Birnenschaumwein und -cider, handgeschöpfte Schokoladen mit Fruchtzutaten, Chutneys, Marmeladen sowie Essig- und Senfvariationen. Die Beratung durch den Mostbaron ist ausgezeichnet!

Genussbauernhof Distelberger

LIEGLHOF

3300 Amstetten, Gschirm 55, +43/7472/65425
www.lieglhof.com
Der Lieglhof liegt im Herzen des Mostviertels. Aus eigener Produktion werden zehn verschiedene Sorten an Naturfruchtsäften, darunter der prämierte Apfel-Quitten-Saft oder der Klassiker Apfelsaft, Apfel-Birnen Cider und Frizzante oder Speckbirnenbrand geboten, die zeigen, dass hier echte Liebhaber am Werk sind. Onlineshop.

MOST & KOST MOSTLAND

3300 Amstetten, Waidhofnerstraße 1, +43/7472/25572
www.mostland.at
Im Mostland Shop findet man ein großes Angebot an regionaltypischen Spezialitäten und Geschenkideen aus dem Mostviertel. Das Sortiment umfasst sämtliche flüssige Schätze des Mostviertels - von Mosten und Säften über Wein und Bier bis zu Edelbränden und Likören. Außerdem gibts Kaffee, Tee, Honig und Teigwaren sowie Dörrobst, frisches Bauernbrot und Mehlspeisen, handgeschöpfte Schokoladen, Marmeladen, Knabbersnacks. Filiale in Zeillern, Ludwigsdorf 23, Mostland Shop als Selbstbedienungsmarkt bei einer Tankstelle.

MARILLENHOF HACKL

2191 Atzelsdorf, Dorfstraße 20, +43/2574/28628
www.hackls-marille.at

Marillenhof Hackl

Das Marillenparadies mitten im Weinviertel in Atzelsdorf bei Gaweinstal! Der Bauernhof, der bereits in der 10. Generation — seit 1711 — bewirtschaftet wird, steht für Tradition, Regionalität und Naturbelassenheit. Frische Marillen gibt es jährlich am Hof von Mitte Juni bis Mitte August zu kaufen. Zusätzlich werden aus den sonnengereiften Marillen in der eigenen Manufaktur fruchtige Marmelade, Nektar, Marillen-Früchtetee, Marillenbrand, Liköre, Marillen Kompott, Schokolade, Schokokuchen im Glas und MarillenViertler (100 % Marillen Perlwein) hergestellt.

ADEG HAFERL

3452 Atzenbrugg, Bgm. Haferl-Gasse 2, +43/2275/5364
www.adeg-haferl.at
Ein Nahversorger und Familienbetrieb, wie man ihn sich wünscht. Regionalität wird bei Markus Haferl großgeschrieben. Hier findet man ein feines Angebot an Köstlichkeiten aus der Region. Die Genussregionen bieten Marchfelder Spargel sowie Tullnerfeld Schwein. Verkaufsautomat.

LANGER MÜHLE

3452 Atzenbrugg, Schubertstraße 15, +43/2275/5273
www.lamuehla.at
Die Langer Mühle in Atzenbrugg ist die einzige noch produzierende Mühle in der Region. Seit vier Generationen wird sie von der Familie Langer betrieben. Neben der Herstellung verschiedener Mehlsorten aus Roggen und Weizen wird im Mühlenladen „la müh la" alles rund ums Backen und Kochen wie Mehl, Mehlmischungen und Mehlprodukte angeboten, aber auch viele andere Köstlichkeiten und handwerklich hergestellte Lebensmittel und Spezialitäten. Das Sortiment ist rapide gewachsen — neben

Backzutaten, Backzubehör, Geschirr und Gesundem werden Köstlichkeiten, allerlei Praktisches, Nützliches, Wiederentdecktes und sorgfältig ausgesuchte Geschenkideen angeboten. Regelmäßig werden themenbezogene Backkurse abgehalten, um eigenes individuelles Brot und Gebäck selbst herzustellen. Nach Voranmeldung kann man bei einem informativen Spaziergang die Mühle kennenlernen und viele Details zur Mehlherstellung erfahren. Onlineshop!

Langer Mühle

la müh la
Langers Mühlenladen

Körner, Mehle und
viele Köstlichkeiten
aus der Natur

SCHNEEBERGLAND GENUSSLADEN

2721 Bad Fischau-Brunn, Hauptstraße 6, +43/650/7279221
www.schneebergland-genussladen.at
Regionaler Geschmack hat einen guten Platz im Schneebergland GenussLaden von Friederike Schneider gefunden. BIO fängt hier vor der Haustüre an und die Produzenten aus der Region Schneebergland und Umgebung liegen ihr besonders am Herzen. Obst und Gemüse kommen aus Bauerngärten und von Feldern in der nahen Umgebung. Friederike Schneider kennt jeden Hof ihrer Lieferanten persönlich. Bio-Bauern liefern Fleisch- und Wurstwaren (Alpannon Angusrind, Bio-Weideochse, Bio-Lammfleisch), Bio-Enten im Ganzen oder auch die Teile davon bis hin zu Entenrilette und Gans. Alpenlachs gibt es im Ganzen, als Filet sowie kalt oder heiß geräuchert. Weitere Fische im Angebot sind Lachsforellen,

Bachsaibling, Forellen- oder Saiblingskaviar sowie Karpfen. Topfen, Käse, Säfte, Pilze (Shitake, Kräuterseitlinge) ... bis hin zum Bauernbrot und Bauernhofeis vom Eis-Greißler vervollständigen das Angebot. Auch Geschenkkörbe, liebevoll und individuell bestückt, werden gerne angeboten.

BADEN

BACKHAUS ANNAMÜHLE

2500 Baden, Heiligenkreuzergasse 3-5, +43/2252/48502
www.backhaus-annamuehle.at
Filialen: 2540 Bad Vöslau, Hochstraße 27; 2500 Baden: Schlossgasse 36, Erzherzog-Wilhelm-Ring 49, Wimmergasse 23, Wassergasse 6

Backhaus Annamühle

Die Annamühle ist aus einer alten Bäckertradition 1576 entstanden und diese wird heute noch hochgehalten. Natürliche Backzutaten und ofenfrische, handgefertigte Backwaren aus regionalen Zutaten stehen hier im Vordergrund, die über 20 Brotsorten werden ausschließlich mit Natursauerteig hergestellt. Dadurch erhält es einen natürlichen Eigengeschmack. Das Angebot an süßen Verführungen aus der Annamühle-Pâtisserie ist vielfältig und lädt zum Verweilen bei einem Kaffee, zubereitet aus der eigenen Hausmischung, ein. Dazu wartet auch eine kleine feine Speisekarte mit regionalen Schmankerln auf. Je nach Saison finden sich auch süße Köstlichkeiten wie Faschingskrapfen, Faschingsmarzipanfiguren, zum Valentinstag auch kleine Törtchen. Exklusiv gibt es hier auch vegane Fruchtsäfte. Ein kleines Bäckereimuseum kann zu den Öffnungszeiten des Stammhauses besucht werden.

KOST.BAR

2500 Baden, Grüner Markt, Stand 9 und 10, +43/680/2202483
kostbar-baden.at/; www.facebook.com/kostbarbaden
Die KOST.BAR am Grünen Markt in Baden ist ein Delikatessengeschäft mit angeschlossener Gourmetgastronomie. Am Marktstand von Nadine Pernjak findet man Bio Delikatessen direkt von

regionalen und steirischen Bauern: Butter, Joghurt, Rohmilch, Topfen, Fleisch, Fisch, Huhn und eine große Auswahl an erlesenen Käse- und Schinkensorten, Speck und Würste, Weidegansspezialitäten und hausgemachte Aufstriche sowie Marmeladen mit geringem Zuckergehalt vor ausschließlich heimischen Früchten. Ganz speziell ist das hochqualitative Fleisch vom Moorochsen und Mangalitzaschwein. Auch das frische Wildfleisch und die veredelten Wildprodukte sind von hoher Qualität. Das Fischangebot wurde um Alpenlachsmousse, geräucherten Alpenlachs, Alpenlachskaviar und Alpenlachstatar erweitert. Ebenso wurde das Sortiment um Trüffelspezialitäten aus Istrien, den herrlichen A-Nobis Champagner, 1404 Gin aus Graz sowie ganz spezielle Chutneys, Gewürze, Öle, Essig, Honig und Marmeladen aus heimischen Früchten bereichert – es gibt jetzt auch ÖsterReis und Dinkelnudeln. Sehr gute Beratung für die feinen Spitzenweine und ausgewählten Spirituosen und Champagner.

GRÜNER MARKT

GENUSS GUIDE AWARD 2023

2500 Baden bei Wien, Brusattiplatz
+43/2252/86800600
www.baden.at/Genussmarkt
Gewinner des Genuss Guide Award 2023, „Bester Genussladen in Niederösterreich"/Kategorie Am Markt, siehe Seite 128.

Grüner Markt

BERNDORF

FLEISCH- UND WURSTWAREN PEPPERL HOPPEL

2560 Berndorf, Leobersdorfer Straße 3, +43/2672/82306
pepperl-hoppel-berndorf.stadtausstellung.at
Als Grillstaats- und Vize-Europameister und zugleich Fleischermeister weiß Pepperl Hoppel nicht nur, wie man Fleisch zubereitet, sondern auch, wie man es geschmackvoll verarbeitet. Das Angebot an Wurst- und Schinkenprodukten ist umfangreich, Schinkenspeck, Bauernspeck und luftgetrocknetes Rindfleisch finden sich im Programm, Sonderwünsche erfüllt man gerne auf

Bestellung. Der Chef berät hier selber, freundlich und kompetent, und der hauseigene Partyservice lässt auch Ihre nächste Grillparty garantiert gelingen!

HIMMELROSA CONFISERIE & ZUCKERWERKSTATT

2345 Brunn am Gebirge, Leopold-Gattringer-Straße 17
+43/660/7693630
www.himmelrosa.at

Himmelrosa Confiserie & Zuckerwerkstatt

Sandra Langmann ist Konditormeisterin und Chocolatière aus Leidenschaft mit viel Liebe zum Detail. In reiner Handarbeit werden edelste Rohstoffe in ihrer Show-Confiserie zu einer unglaublichen Vielfalt an Köstlichkeiten verwandelt. Auch bei den Hochzeitstorten ist für jeden Geschmack etwas dabei, das Angebot reicht von der klassischen Sachertorte mit Marillenmarmelade bis zu ausgefalleneren Sorten mit Lemon Curd und Brombeere.

DENISE BAECKERIN

2823 Brunn an der Pitten, Hauptstraße 23, +43/650/8011900
www.baeckerin.at
Als fünfte Generation einer österreichischen Bäckerdynastie lebt und liebt Denise Pölzelbauer ihre Berufung – das Backen. Ernährung ist für die Bäckerin Leidenschaft, Faszination und kreative Herausforderung. So verbindet sie in ihrer Slow Bakery das altbewährte Handwerk mit dem modernen Zeitgeist der 5-Elementeernährung. Dabei entstehen Produkte wie das in verschiedenen Variationen erhältliche Weingebäck aus Traubenkernmehl oder das Bio Crisp sowie Gebäck aus Dinkelmehl, diverse Roggenbrote aus Natursauerteig und das Tartinebrot. Verkauf Freitag 8:00 - 12:00 und 15:00 - 18:00 Uhr, Mittwoch 11:00 bis 20:00 Uhr am Neubaumarkt in Wien (7, Lindengasse 45) und Samstag von 8:00 bis 12:00 Uhr am Marienplatz in Wr. Neustadt sowie jeden Freitag 8:00 bis 12:00 Uhr am Markt Eisenstadt (Fußgängerzone).

HOFKÄSEREI ROBERT PAGET

3492 Diendorf am Kamp, Kirchenweg 6, +43/664/1540218
www.bufala-connection.at
Die Diendorfer Hofkäserei ist vor allem für den hervorragenden Büffelmozzarella bekannt. Inhaber Robert Paget nennt eine Büffelherde und auch Ziegen sein Eigen. Er produziert feinste Milchprodukte ganz nach biologischen Richtlinien: Büffelmozzarella, Büffelcamembert, Frischkäse (von Mai bis September), Ziegenkäse, diverse Produkte aus Rohmilch, aber auch – in geringen Mengen – Büffel- und Ziegenfleisch. Käse- und Kochkurse.

NAH&FRISCH ELISABETH LINSBAUER

2095 Drosendorf-Zissersdorf, Hauptplatz 17, +43/2915/8866
www.nahundfrisch.at/de/kaufmann/linsbauer
Ein Nahversorger, wie man ihn sich wünscht. Hier gibt es beste Produkte aus der Region, das herausragende Sortiment an Brot und Gebäck stammt aus der hauseigenen Bäckerei, die Zutaten aus der direkten Umgebung. Ein großes Sortiment an Schmankerln „aus'm Dorf" wie Getreide, Öle und Waldviertler Graumohn komplettiert das Angebot. Hier trifft man sich aber auch auf einen Kaffee, nimmt sich Zeit und genießt den Einkauf.

Domäne Wachau – Shop 11a

DOMÄNE WACHAU – SHOP 11A

3601 Dürnstein, Dürnstein 11a, +43/2711/371-0
www.domaene-wachau.at/de/kaufen/shop-11a
Im neuen Shop 11A in der Dürnsteiner Altstadt findet man eine erlesene Auswahl der Weine von der Domäne Wachau – sie gilt als eines der besten Weißweingüter Österreichs – sowie regionale Wachauer Spezialitäten wie Wachauer Marillenmarmelade, Riesling-Essig, Marillen-Senf, handgeschöpfte Veltlinerbrand-Schokolade und edle Geschenksets. Von Steinfedern über Federspiele bis hin zu grandiosen Smaragden können hier Weine verkostet und zum Ab-Hof-Preis gekauft werden.

NAH&FRISCH HARTL BARBARA PIA

3601 Dürnstein, Dürnstein 132, +43/2711/80540
www.nahundfrisch.at
Dieser Nah&Frisch Markt ist der perfekte Nahversorger. Produkte aus der Region finden hier ein besonderes Forum. Wachauer Weine, verschiedene Marillenprodukte aus der Genussregion, Marmeladen, Konfekt und Obstbrände gehören ebenso zum Sortiment wie eine reiche Auswahl an geschmackvollen Käse- und Wurstsorten.

SCHMIDL – WACHAUER BACKKUNST

3601 Dürnstein, Dürnstein 21, +43/2711/224
www.schmidl-wachau.at
Die Bäckerei Schmidl gibt es bereits seit 1780. Zwei Generationen später, 1857, erfolgte der Umzug an den heutigen Standort in der Altstadt von Dürnstein, ins Haus Nr. 21. Seither wird dort bis heute nach traditioneller Backkunst gebacken. Die Bäckerei & Konditorei Schmidl ist auch der Geburtsort des „Original Wachauer Laberl", das 1905 von Rudolf Schmidl erfunden wurde und das noch heute nach dem Originalrezept gebacken wird.

ERNSTBRUNN

BIOKREATIVBÄCKEREI MARKUS KÜRRER

2115 Ernstbrunn, Hoher Hausberg 3, +43/2576/2330
www.kreativbäckerei.at

Biokreativbäckerei Markus Kürrer

Markus Kürrer ist Bäcker aus Leidenschaft, er verwendet für sein Brot und Gebäck nur beste biologische Zutaten. Die vielfältige Auswahl reicht vom Bauernbrot über Weißbrot bis zu verschiedenen Vollkornbroten. Besonders beliebt ist der „Urkornbulle", ein rund 3 kg schwerer Brotlaib, der für die Kunden individuell aufgeschnitten wird. Im Herbst wird das Kürbis-Nussbrot – ein frisches, g'schmackiges Nussbrot verfeinert mit gerissenem Kürbisfleisch gebacken und zu Weihnachten köstliche Weihnachtskrapferl. Filialen in Leobendorf und Stockerau.

FEUERSBRUNN AM WAGRAM

MÖRWALD MARKTHALLE

3483 Feuersbrunn am Wagram, Große Zeile 7, +43/2738/2298
www.moerwald.at/markthalle

Mörwald Markthalle

Da Toni Mörwald schon immer großes Augenmerk auf die Grundprodukte gelegt hat, hat er sich im Lauf der Jahrzehnte ein ständig expandierendes Netzwerk an Top-Produzenten und Händlern aufgebaut. In Toni Mörwalds Markthalle werden an jedem 3. Samstag im Monat wertvoll produzierte und liebevoll ausgewählte Produkte und Lebensmittel direkt von den ProduzentInnen feilgeboten.

FRIEDERSBACH

WALDLAND

3533 Friedersbach, Oberwaltenreith 10, +43/2826/7443-0
www.waldland.at
Ein Potpourri an wohltuenden Düften und Aromen von würzigen Pflanzen und frischen Backwaren umfängt den Waldlandhof. Es gibt Plätze am Waldlandhof, die besonders beliebt sind, hier entstehen die regionalen Köstlichkeiten. Es ist ein Stück Waldviertel, das sich hier zeigt: schön, genussvoll und verführerisch. Die Produktpalette von Waldland ist sehr umfassend und deckt ein weites Spektrum an Spezialitäten ab. Waldviertler Karpfen und Forellen, Edelwels, Hendl, Enten und Gänse. Besonders beliebt sind die hausgemachten Waldviertler Knödelvariationen. In der Waldland Backstube werden zahlreiche Mohnschmankerl wie Strudeln, Zelten, Torten u.s.w. frisch gefertigt. Onlineshop.

GARS AM KAMP

KIENNAST NAH&FRISCH

3571 Gars am Kamp, Hauptplatz 7, +43/2985/2341
www.nahundfrisch.at/de/kaufmann/kiennast
Das Handelshaus Kiennast wird bereits seit 9 Generationen als Familienbetrieb geführt und überzeugt seine Kunden mit viel

NACHHALTIGE NAHVERSORGUNG: BESTE PRODUKTE AUS DER REGION IN WIEDERVERWENDBAREN VERPACKUNGEN.

Die Bewohner von Dürnstein und Umgebung finden im Nah&Frisch Markt von Pia Hartl alles, was man täglich benötigt und auch ein bisschen mehr. Denn hier ist man nicht nur Nahversorger von Lebensmitteln, sondern auch Post-Partner und Tabak Trafik. Im Kaffeehaus „Mei Eck" trifft man sich gemütlich zum Kaffee.

Pia Hartl hat im Oktober 2022 das Geschäft als Quereinsteigerin übernommen. Gemeinsam mit ihrem Team ist sie mit aller Leidenschaft für ihre Kunden da. Bei den Produkten liegen der Kauffrau Regionalität und Herkunft besonders am Herzen: von den besonderen Bio-Eiern verschiedener Hühnerrassen von der Bäuerin aus dem Ort, Milchprodukte, Bäckermüsli, Honig, Kaffee von kleinen Röstereien, Schnäpse, Wein und auch eine gute hausgemachte Marillenmarmelade.

Nachhaltigkeit ist nicht nur ein Schlagwort, sondern wird im Markt gelebt. Strom kommt von der eigenen Photovoltaik Anlage, Mülltrennung und Müllvermeidung sind ebenso selbstverständlich wie das Energiemonitoring. Es wird auf wiederverwendbare Verpackungen geachtet, wie zum Beispiel Geschenke im Glas oder „Kekserl to go" im Kaffeebecher. Auch „ökologisches Waschen und Putzen" sind ein Thema. In Zukunft möchte man verstärkt chemiefreie Putzalternativen anbieten.

Der Nah&Frisch Mark ist ein Ort der Begegnung. Jedes Jahr werden hier vier Veranstaltungen im und um den Nah&Frisch organisiert, wobei der Schwerpunkt auf der Präsentation von heimischen Kunstschaffenden und auf dem Miteinander liegen: offene Vernissagen, ein Pflanzen- und Gartenmarkt, Summer Vibes oder ein besinnlicher Advent im Park.

NAH&FRISCH HARTL
3601 Dürnstein, Dürnstein 132 | +43 2711 80540 | www.wachau-store.com
www.nahundfrisch.at/de/kaufmann/hartl-barbara-pia

ÖFFNUNGSZEITEN
Mo, Di, Mi, Fr 7.30 – 12.30 und 15.30 – 18.00 Uhr
Sa 7.30 – 12.30 Uhr

Kompetenz, Herz und Engagement. Geschmack und Regionalität wird in dem 800 m² großen Markt ehrlich gelebt, man wird als Kunde in die heimischen, aber auch fernen Geschmackswelten entführt.

Kiennast Nah&Frisch

MOHNZUZLER – GREISSLEREI

3571 Gars am Kamp, Dreifaltigkeitsplatz 55, +43/2985/2241
www.mohnzuzler.at

In der Original Waldviertler Mohnzuzler-Greißlerei der Familie Ehrenberger in Gars am Kamp findet man Feines und Einzigartiges, Leckeres und Ungewöhnliches, Vielfältiges und Liebliches. Die Bäckerei ist nicht nur die Heimat des Original Waldviertler Mohnzuzlers und der Waldviertler Mohnzuzlertorte (die natürlich mit hochwertigem Mohn aus der Genussregion hergestellt werden), zum Genuss verführen hier auch die täglich frisch handgefertigten Brot- und Gebäcksorten.

ÖFFERL

2154 Gaubitsch, Gaubitsch 15, +43/2522/88337
oefferl.bio

Bereits seit drei Generation wird in der Bäckerei in der kleinen Weinviertler Ortschaft Gaubitsch Brot „mit Charakter" im Dampfbackofen gebacken. Weiters wird dem Teig aus Urgetreidesorten 48 Stunden Zeit zum Ruhen gegönnt. Die Brote schmecken nicht nur genial, haben Charakter und sind bio, sondern haben auch lustige Namen wie Madame Crousto oder Robert der Vino, ein Weinviertler Sonnenblumenkernbrot. Für Zuckergoscherln gibt es den Erdäpfel Sonntagsbriochknopf, Kipferln, Strudel und Buchteln.

FLEISCHEREI WILD

2191 Gaweinstal, Bischof-Schneider-Straße 5, +43/2574/2240
www.fleischerei-wild.at

Ein Haus voller Genuss. Die Fleischerei Wild bietet Fleisch- und Wurstwaren in höchster Qualität. Die Rinder und Schweine werden von den Bauern der umliegenden Region bezogen und die Schlachtung erfolgt im eigenen Betrieb. Durch die sorgfältige Herstellung und eigene Rezepturen ist ein einzigartiger und besonderer Genuss garantiert.

RITONKA

2201 Gerasdorf bei Wien, Gerasdorferstraße 350
+43/664/3462442
www.ritonka.com

Im Ritonka Café & Gourmet Store ist für jeden etwas dabei. Einkaufen, Café, Cocktails und sogar eine Kleinigkeit zu essen. Der Store selbst ist mit einem Ziel inszeniert und eingerichtet: Dich zu inspirieren, um abzuschalten und zu genießen und etwas Abwechslung in Deinen Alltag zu bringen. Die Auswahl an ausschließlich handgemachten Produkten reicht von verschiedenen Schokoladen, liebevoll präsentierten Pralinen bis hin zu Ketchup ohne Weißzucker in verschiedenen Geschmacksrichtungen und Gourmet-Salzen. Alles begann mit der Leidenschaft zu kochen und mit neuen kulinarischen Kreationen Menschen glücklich und überrascht zu machen. Das ist Ritonka gelungen!

Ritonka

`GLINZENDORF`

ADAMAH BIOHOF

2280 Glinzendorf, Sonnenweg 11, +43/2248/222421
www.adamah.at
Der ADAMAH BioHof ist nicht nur bekannt für sein BioKistl, das im Großraum Wien Bio-LiebhaberInnen mit erntefrischem Bio-Gemüse und Bio-Obst sowie vielfältigen Bio-Lebensmitteln verwöhnt, sondern begeistert auch mit seinem BioLaden. Onlineshop!

Adamah BioHof

`GMÜND`

WALDVIERTLER ECK

3950 Gmünd, Stadtplatz 23, +43/2852/20139
www.waldviertlereck.at
Das Waldviertler Eck bietet kulinarische und köstliche Produkte aus dem Waldviertel und neuerdings auch regionale Genüsse aus ganz Österreich. Dabei wird besonderer Wert darauf gelegt, qualitativ hochwertige Bio-Produkte anzubieten. Genussregionsprodukte wie Waldviertler Graumohn, -Erdäpfel und -Karpfen sind selbstverständlich. Das Sortiment ist umfangreich. Einkaufen ist hier ein echter Genuss!

`GÖPFRITZ AN DER WILD`

NAH&FRISCH GRILL

3800 Göpfritz an der Wild, Hauptstraße 69, +43/2825/70013
www.nahundfrisch.at
Ein Nah&Frisch Markt, der besonders hell und freundlich ist. Schon im Eingangsbereich des Geschäftes gibt es eine Insellösung für Feinkost, Brot & Gebäck in Bedienung und Selbstbedienung. Der Verkaufsraum ist offen und übersichtlich gestaltet. Die knapp 4.000 Artikel des täglichen Bedarfs werden zusätzlich durch regionale Produkte, z.B. mit Bio Kümmel aus der „aus'm Dorf" Linie abgerundet.

`GRAFENEGG`

TEICHWIRTSCHAFT HABERZETH

3485 Grafenegg, Hauptstraße 32, +43/664/1413934
www.instagram.com/teichwirtschaft_haberzeth
Matthias Haberzeth legt größten Wert auf nachhaltige Bewirtschaftung und den Einsatz natürlicher Futtermittel. Die hochwertigen Speisefische werden mit größter Sorgfalt verarbeitet und als Frischware oder Räucherfisch angeboten. Das Fischsortiment ist saisonal abhängig.

VINOTHEGG – VINOTHEK IM SCHLOSS GRAFENEGG

3485 Grafenegg, Grafenegg 10, +43/2735/39939
www.vinothegg.at
Weingenuss pur im stimmungsvollen Ambiente der Vinothegg! In der modernen Design-Vinothek im Meierhof Grafenegg präsentieren rund 30 Weinbaubetriebe aus dem Kamptal, Kremstal und Wagram ihre vinophilen Highlights. Bevorzugte Böden, hervorragende Lagen und besondere klimatische Bedingungen zeichnen die Landschaft um Grafenegg aus, in der vor allem die Sorten Grüner Veltliner, Riesling und Zweigelt bestens gedeihen. Onlineshop.

`GROSSMUGL`

NAH&FRISCH SEILER THOMAS

2002 Großmugl, Marienplatz 58, +43/2268/61286
www.nahundfrisch.at
Alles für den täglichen Gusto und außerdem viele Spezialitäten findet man beim Einkauf in diesem Geschäft in Großmugl. Die Feinkost sowie die Obst- und Gemüseabteilung überzeugen mit Frische und Qualität. Lebensmittel aus der Region im „aus'm Dorf"-Regal sowie die besonders freundliche Bedienung sind ein zusätzliches Plus.

`GROSSWEIKERSDORF`

ERNST KNELL NAH&FRISCH

3701 Großweikersdorf, Hauptplatz 3, +43/2955/70202
www.nahundfrisch.at
Freundlicher Nah&Frisch-Markt mit einer breiten Palette an Käsespezialitäten, guter Wurst und feinem Schinken. Knackiges und ansprechend präsentiertes Obst und Gemüse gibt es aus der Region. Frisches, knuspriges Brot und Gebäck wird von zwei Bäckereien angeliefert. Das Angebot an Produkten aus den Genussregionen wird kontinuierlich erweitert und enthält mittlerweile unter anderem auch Weinviertler Getreide sowie Weinviertler Schwein. Das Highlight des Marktes ist das umfassende Weinangebot.

BIOHOF BROSCHEK

GENUSS GUIDE AWARD 2023

2353 Guntramsdorf, Hauptstraße 43
+43/2236/52009, www.biohof-broschek.at
Gewinner des Genuss Guide Award 2023, „Bester Genussladen in Niederösterreich"/Kategorie Greisslerei und Feinkost, siehe Seite 126.

Biohof Broschek

DESTILLERIE GEORG HIEBL - DIE SCHNAPSIDEE

3350 Haag, Reichhub 44, +43/7434/42114
www.die-schnapsidee.at
Für Georg Hiebl ist Destillieren eine Leidenschaft, Kreativität und
Innovation wird bei ihm gelebt. So entstehen mitten im Mostviertel im 300 Jahre alten Vierkanthof weit über 100 verschiedene und
vielfach prämierte Edelbrände und Liköre in höchster Qualität –
von typisch bis ausgefallen. Mit Paprika, Tomate, Roter Rübe,
Karotte oder Steinpilz hat hier auch das Gemüse Einzug in die
Brennerei gehalten und bietet außergewöhnliche Gaumenkitzel.

HANSBAUER

3350 Haag, Krottendorf 12, +43/7434/44702
www.hansbauer.at
Spezialkulturen wie Nackthafer, Buchweizen, Roggen und alte
Getreidesorten werden zu Spezialitäten wie Mehl, Whisky und
Edelbrände verarbeitet. Für die hochwertigen Moste und Edel-
brände in geschmackvollen Variationen werden die Äpfel und
Birnen aus Streuobstbeständen der Genussregion Mostviertler
Mostbirn händisch geerntet, traditionell verarbeitet und zu au-
ßergewöhnlichen Tropfen veredelt.

LEHNER BEERENSTADL

3350 Haag, Straße zur Autobahn 7, +43/676/7786842
lehners-beeren.at/beerenstadl-haag
Bäuerliche Produkte aus der Region. Der Beerenstadl in Haag
zeigt eine der schönsten Seiten des Mostviertels – nämlich die
Fülle an saisonalen bäuerlichen Produkten aus der Region. Wie
der Name bereits verrät, sind die Lehner Erdbeeren, Himbeeren,
Heidelbeeren und Brombeeren im Beerenstadl erhältlich. Diese
kommen frisch und reif vom Feld auf die Verkaufstheke. Auch
Fruchtaufstriche, Sirupe, Nektar und Frizzante, die mit Liebe
selbst aus den Beeren hergestellt werden, werden im Beerenstadl
zum Kauf angeboten. Zusätzlich erhalten Sie ein breit gefächertes Angebot an Köstlichkeiten von regionalen landwirtschaftlichen Betrieben.

MOSTVIERTLER BIO-KÜRBISHOF METZ

3350 Haag, Heimberg 22, +43/7434/42555
www.biokuerbishof-metz.at

Mostviertler Bio-Kürbishof Metz

Über 150 verschiedene Speise- und Zierkürbissorten werden
hier vom eigenen Hof angeboten. Eine große Auswahl an Kürbis-
kernprodukten, von gerösteten oder gesalzenen Kürbiskernen,
Kürbisnudeln, Kürbiskern-Cracker bis hin zu feinem Pesto, dem
exquisiten und prämierten Kürbiskernöl und dem ebenfalls prämierten selbst gepressten Rapsöl sowie Leinöl und Hanföl ist
ebenfalls zu finden wie der Himbeer-Kürbis-Apfel-Fruchtauf-
strich. Auch seltene Erdäpfelsorten in den Farben Lila (Blaue
Elise) und Rosa (Rote Emma) und Geschenkkörberl finden sich
im Sortiment.

FEINKOST REITHOFER

3170 Hainfeld, Hauptstraße 44, +43/2764/2440-0
www.dascatering.at
Nach einem Umbau erstrahlt der Feinkost-Markt in komplett
neuem Design. Die Obst- und Gemüseabteilung wurde vergrößert,
um das vielfältige Sortiment regionaler Produkte und frisches-
ter Marktspezialitäten noch reichhaltiger zu präsentieren. Die
großzügige Feinkost-Theke bietet Platz für das herrliche Wurst-,
Schinken- (handgeschnittener Beinschinken, Prosciutto di Parma Grande Reserva!) und Salami-Angebot. Die Käsetheke wartet

auf mit einer erlesenen Vielfalt. Das Frischfleisch stammt von Bauern der Region, ein Highlight ist der eigene Dry Ager. Exquisite Weine ergänzen die neue Vinothek.

HINTERBRÜHL

KOLM – DIE BÄCKEREI

2371 Hinterbrühl, Beethovengasse 2/1, +43/2236/328200
www.kolm-diebaeckerei.at

Kolm – die Bäckerei

Die Filiale der mehrfach ausgezeichneten Bäckerei Kolm bietet neben täglich frischem Brot, Gebäck und verlockenden Mehlspeisen auch weitere Produkte des täglichen Bedarfs. Gebacken wird im Mödlinger Familienbetrieb. Die Teigverarbeitung wird in alter Backtradition noch größtenteils von Hand durchgeführt.

HEIDENREISTEIN

DIE KÄSEMACHERWELT

3860 Heidenreichstein, Litschauer Straße 18, +43 2862/525 280
www.kaesemacher.at
Die Käsemacher stellen in der Manufaktur im Waldviertel mit viel Liebe und nach bewährter Tradition vielfältige Käse- und Antipasti-Spezialitäten her. Voraussetzung dafür ist eine sorgfältige Milchproduktion im Einklang mit der Natur. Die Käsemacherwelt ist eine Erlebniswelt und beherbergt Schaumanufaktur, Restaurant und Shop. Hier findet man neben hauseigenen Käseprodukten auch weitere regionale Waldviertler Köstlichkeiten.

HORN

BAUERNGSCHÄFTL

3580 Horn, Prager Straße 2, +43/2982/20562
www.bauerngschäftl.at
Die Idee des Bauerngschäftl war, dass sich regionale Landwirte und kleine Lebmittelbetriebe zusammenschließen, um ihre Waren nicht nur im Ab-Hof-Verkauf zu vermarkten – das Bauerngschäftl wurde so quasi zu einem permanenten Marktplatz.

IRNFRITZ-MESSERN

ZOTTER RUDOLF NAH&FRISCH

3754 Irnfritz-Messern, Bahnstraße 5, +43/2986/6226
www.kaufhaus-zotter.at
Auf 170 m² präsentiert der Nahversorger ein umfangreiches Angebot, vom klassischen Standardsortiment bis hin zu Spezialitäten in den einzelnen Frischebereichen. Bei Wurst und Schinken hat man die Qual der Wahl zwischen fast 80 verschiedenen Sorten. Brot und Gebäck wird von zwei regionale Bäckereien zugeliefert, ebenso wie die Mehlspeisen. Köstliche Produkte von den Direktvermarktern und regionalen Erzeugern aus der Umgebung, z.B. Honigprodukte vom Imkerladen „Strak", Edelbrände aus dem Hause Deringer und Bio-Mehl aus der Illymühle haben hier ein eigenes Regal.

KLOSTERNEUBURG

ACETAIA PECORARO

3400 Klosterneuburg, Eisenhütte 32, +43/2243/87323
www.balsamico.at; www.instagram.com/pecorarobalsamico;
www.facebook.com/pecorarobalsamico
Am Ölberg in Klosterneuburg produziert Staatsopernsänger Herwig Pecoraro mit seiner Familie Aceto Balsamico – und zwar einen der weltbesten. Dieser Balsamico wird – in streng modenesischer Tradition – nach einem uralten Verfahren hergestellt. Das Premium-Produkt reift fünfzehn volle Jahre in Holzfässern verschiedener Größe sowie verschiedener Holzarten, darunter Eiche, Akazie, Maulbeere, Kastanie, Kirsche, Esche oder Wacholder. Durch die Lagerung unter speziellem Klima in offenen, nur mit Leinen bedeckten Fässern, verdunstet der Wasseranteil des Balsamico Sommer für Sommer etwas mehr und verdichtet sich so von Jahr zu Jahr zu diesem einzigartigen Elixier.

Acetaia Pecoraro

BÄCKEREI & KONDITOREI HOLLANDER

3400 Klosterneuburg, Stadtplatz 29, +43/2243/32517
www.hollander.at
In der kleinen Bäckerei am Stadtplatz wird die Backtradition seit bald 120 Jahren hochgehalten. In der breiten Palette an frischem

Brot und Gebäck finden sich Brotsorten wie Roggen-, Dinkel-, Fenchel- oder Landbrot, Topfenbällchen mit verschiedenen Füllungen wie Nougat oder Vanille. Auf Bestellung werden auch Torten kreativ für alle Anlässe gestaltet. Filialen in Zeiselmauer und in der Gärtnerei Spitzbart in Klosterneuburg (nur von April bis September).

BÄCKEREI DACHO
3400 Klosterneuburg, Stadtplatz 35, +43/2243/32730
de-de.facebook.com/baeckereidacho
Der Familienbetrieb in dritter Generation produziert ausschließlich mit regionalen Rohstoffen und stellt damit in traditioneller Handarbeit hochwertiges Brot und Gebäck her. Die Auswahl des mit Natursauerteig hergestellten Brotes reicht vom frischen Vollkorn- und Weidlinger Hauerbrot bis zum Körnerbrot, aber auch die zahlreichen herrlichen Mehlspeisen verführen zum Genuss.

Fisch und Feinkost Svoboda

FISCH UND FEINKOST SVOBODA
3400 Klosterneuburg, Weidlingerstraße 36a, +43/2243/25015
www.fisch-feinkost.at
Nicht nur frische Fischspezialitäten, sondern auch kompetentes Fachwissen, freundliche Beratung und bestes Service bietet das am Weidlingerbach gelegene Familienunternehmen. Man achtet auf Nachhaltigkeit, der Schwerpunkt liegt auf Bio-Fisch aus Österreich (Genussregion Waldviertler Karpfen) und auf Fische, die nicht auf der Liste der artengefährdeten Fische stehen.

KÖNIGSTETTEN

BLUNZNKAISER GUTSCHER
3433 Königstetten, Wiener Straße 19, +43/2273/2229
www.blunznkaiser.at
Im kleinen Weinort Königstetten wird in der Fleischerei Gutscher eine besondere Spezialität geboten: die Kaiserblunz'n. Seit 1935 ist das Rezept in Familienbesitz und wird seitdem nach strengem Qualitätsdenken hergestellt: ganz ohne Innereien oder Hilfszusatzstoffe, aus bestem Fleisch der Region und mit Granderwasser — was mit zahlreichen Auszeichnungen

honoriert wurde! Produkte aus den Genussregionen Tullnerfelder Schwein und Traisentaler Fruchtsäfte bereichern das Sortiment. Unbedingt probieren muss man auch die saftigen Selchripperln, mild gesalzen und auf Buchenholz geräuchert, oder das fertige Kaiser Blunz'n-Gröstl. Hier kauft man gerne ein und ist bestens beraten.

KORNEUBURG

WEINVIERTLER FLEISCHEREI HOFMANN
2100 Korneuburg, Hauptplatz 13, +43/2262/72104
www.fleischhauerei-hofmann.at
Die Fleischerei Hofmann ist seit mehr als 130 Jahren die erste Adresse für typische Weinviertler Fleischspezialitäten. Bei der Herstellung der erlesenen Fleisch- und Wurstspezialitäten wird nichts dem Zufall überlassen, sondern man hält sich genau an eine traditionelle Vorgangsweise in Verarbeitung und Veredelung der besten Rohstoffe. Hochwertiges Frischfleisch von Rind und Schwein (unter anderem aus der Genussregion Weinviertler Strohschwein) kommen aus der Region und wird teilweise auch in Bio-Qualität angeboten.

KREMS

BÄCKEREI AUBRUNNER MICHAEL
3500 Krems, Ringstraße 67, +43/2732/84500
www.baeckerei-aubrunner.at

Bäckerei Aubrunner Michael

Die Bäckerei-Konditorei Aubrunner setzt aus Tradition auf Qualität und eine auf den Kunden abgestimmte Produktvielfalt. Die Rohstoffe werden soweit als möglich von regionalen Anbietern bezogen. Das umfangreiche Sortiment bietet für jeden Geschmack etwas, der Bioschwerpunkt mit Biobroten auf Kamut- oder Dinkelbasis ist einzigartig, ebenso wie das Eiweißbrot und die Chia-Kekse aus dem Waldviertel. Dazu kommen feine Marillenmarmelade aus eigener Erzeugung und ein umfassendes Mehlspeisenprogramm, das ebenfalls zahlreiche Bio-Leckereien enthält. Gerne wird auch auf Bestellung hefefreies Gebäck gebacken. Tipp: der Boscoverde Bio-Caffè in zwei Blends für zu Hause.

BÄCKEREI SABATHIEL

3500 Krems, Hohensteinstraße 55, +43/2732/82021
www.sabathiel.at
Filialen: 3500 Krems: Obere Landstraße 1; Bahnhofplatz 14; Göttweigergasse 33; Steiner Donaulände 50.
Seit über 90 Jahren wird in der familiengeführten Bäckerei Sabathiel in Krems Brot gebacken und die Öfen 18 Stunden täglich geheizt. Mittlerweile ist das Unternehmen BioAustria zertifiziert. Glutenfreies Brot gibt es auf Bestellung.

EVI-NATURKOST

3500 Krems, Utzstraße 5, +43/2732/85473
www.evinaturkost.eu

Evi Naturkost

Ein reiner Naturkostladen, der auf fairen Handel setzt sowie auf regionale Produkte, die im Kreislauf der Natur (biologisch) hergestellt und verarbeitet wurden. Mehr als 40 Sorten Brot und Gebäck, Schaf- und Ziegenkäse, bei Wurst und Schinken Spezialitäten vom Turopolje-Freilandschwein ebenso wie Büffelsalami oder Lammwurst. Waldviertler Karpfen gibt es auf Bestellung.

KÄSEHELDIN

3500 Krems, Kirchengasse 1, +43/650/3013168
www.kaeseheldin.at
Käsesommelière Eva Scharnagl eröffnete Ende 2021 ihren exquisiten Käseladen in der Kremser Innenstadt und erfüllte sich ihren langjährigen Traum. Die ausgesuchten Köstlichkeiten stammen von kleinen Produzenten, so sind z.B. feine Ziegenkäse-Spezialitäten von Robert Paget aus Hadersdorf, Camembert von den Milchbuben aus Tirol oder Weichkäse vom Kärntner Biohof Nuart im Soriment zu finden. Darüber hinaus gibt es saisonal abwechselnd internationale Rohmilchkäse-Spezialitäten aus Italien, Frankreich und der Schweiz, die im Käseladen nicht fehlen

dürfen. Dazu gesellen sich selbst gemachte Chutneys sowie eine kleine, feine Weinauswahl – die perfekte Ergänzung zu Camembert, Bergkäse & Co.

SONNENTOR KREMS IM BÜHL CENTER

3500 Krems, Wiener Straße 96-102/Top 2, +43/2732/78237
www.sonnentor.com/krems

Sonnentor Krems im Bühl Center

Bei Sonnentor im Bühl Center lacht die Sonne seit Sommer 2020 als Markenzeichen des Unternehmens! Sonnentor-Fans finden hier das gesamte sonnige Sortiment. Egal ob Tee, Gewürze, ätherische Öle, süße Knabbereien oder viele weitere schmackhafte Bio-Produkte.

WACHAUER PRIVATDESTILLERIE HELLERSCHMID

3500 Krems, Obere Landstraße 36, +43/2732/76257
www.hellerschmid.com
Seit mehr als 70 Jahren werden im seit Juli 2021 bio-zertifizierten Betrieb nach überlieferten Rezepturen und nach traditionellen Verfahren köstliche Destillate und Liköre aus der edlen Marille der Genussregion hergestellt. Im Geschäft am Steinertor findet man aber auch feine Weine, Bier, Essig, Öl, Senf, Kremser Bienenhonig, Marmelade aus eigener Erzeugung oder von lokalen Produzenten bis hin zu Pestos und Schokolade, Pralinen, Kaffee, Tee sowie diverse Graumohn- und Marillenprodukte aus der Genussregion. Onlineshop.

KRUMBACH

BAUERNLADEN-JAUSENSTUBE UNGERBÖCK

2851 Krumbach, Bundesstraße 17, +43/2647/42285
www.bauernladen-ungerboeck.at
Ein Bauernladen mit den feinsten Schmankerln aus der Region. Neben einem großem Angebot an Wurst- und Schinkenspezialitäten, Speck und Geselchtem, Schaf- und Ziegenkäse reicht die Auswahl von Fleisch über Fisch auf Bestellung über Brot und Gebäck, Wein, Spirituosen bis hin zu Honig, Freilandeiern, Din-

kelwaren, Most und Erdäpfel. Regionalität, so umfangreich und geschmackvoll, ist ein wahrer Genuss.

LOISIUM WEINWELT

3550 Langenlois, Loisium Allee 1, +43/2734/32240-0
www.loisium.com/weinwelt-langenlois

Loisium Weinwelt

In der umfassenden LOISIUM Vinothek in Langenlois, die sich als Zentrum für Wein und Kultur in Niederösterreich etabliert hat, stehen die besten Tropfen der Top Winzer aus der Region in Reih und Glied und warten darauf, entdeckt zu werden. Aus diesem Sortiment können knapp 30 Weine direkt vor Ort verkostet werden. Man taucht ein in das bis zu 900 Jahre alte Kellerlabyrinth tief unter der Weinstadt Langenlois. In der Vinothek und Sektothek werden über 200 ausgezeichnete, edle Tropfen aus ganz Niederösterreich zu Ab Hof Preisen angeboten. Die neue LOISIUM Linie mit eigens für das LOISIUM hergestellte Sekt, Spritzer, Pinot Noir, Sauvignon Blanc, Traubensaft, Gin, Olivenöl, Kürbiskernöl und saisonalen Spezialitäten, wie Chutneys, Marmeladen, u.s.w., die ebenfalls im Genuss-Shop erhältlich sind, runden den Besuch ab.

FISCHGENUSS

2103 Langenzersdorf, Wiener Straße 38/14, +43/664/1252681
www.fischgenuss.at

Andreas Nägler ist Fischer aus Leidenschaft. Als zertifizierter und passionierter Fachmann für Frisch-, Grill- und Räucherfisch bieter er mit „fischgenuss" alles, was man sich an hochwertigem Fischgenuss" wünscht. Sei es österreichische Reinanke, Bachforelle, Seesaibling, Wels, Karpfen für Weihnachten, Räucherlachs, Lachspralinen und Kaviar. Fischgenuss findet man am Wochenmarkt, donnerstags in Langenzersdorf und freitags in Korneuburg.

GUT DORNAU

2544 Leobersdorf, Dornau 1, +43/2256/62666
www.gutdornau.at

Nur 30 km südlich von Wien werden in drei Partnerbetrieben Fische in höchster Qualität gezüchtet. Je nach Saison gibt es Regenbogenforelle, Bachforelle, Bach- und Seesaibling und Lachsforelle, Karpfen, Amur, Schleien, Hecht, Zander, Wels und Huchen ... und geräucherte Fische sowie Edelfischsulz. Zusätzlich werden Walnüsse aus eigener Plantage und Walnussöl angeboten. Ab Hof-Verkauf ganzjährig jeden Donnerstag und Freitag von 8:00 bis 12:00 Uhr.

LINAUER BACKSTUBE

2493 Lichtenwörth, Bäckerstraße 1, +43/2622/23607
www.linauer.at

Auf hohe Rohstoffqualität, bewährte Rezepte und traditionelles Backen wird besonderes Augenmerk gelegt. Und auch die Herkunft der verwendeten Produkte liegt Linauer am Herzen — Mehl und Schrot wird zu 100 % aus Österreich bezogen. Tipp: das Superbrot mit 10 Ballaststoffen. Weizen- und laktosefreies Brot und laktosefreie Konditoreiwaren sind ebenfalls erhältlich. Aber nicht nur Brot & Gebäck verführen zum Genuss, Apfelstrudel, Topfenschnitten und köstliches Feingebäck müssen einfach probiert werden.

MANKER BAUERNLADEN „ZUM ALTEN WIRTSHAUS"

3240 Mank, Dr. Dollfußplatz 1, +43/676/7707685
bauernladen-mank.jimdofree.com

Manker Bauernladen „Zum alten Wirtshaus"

Bäuerliche Schmankerl aus der Region. Neben Brot- und Backwaren, Milchprodukten (Schollacher Schnittkäse, Schofkas ...) und

Fleischwaren befinden sich weitere Spezialitäten von Getreide, Obst und Gemüse bis zu Fruchtaufstrichen, Honig und Imkereiprodukten, Spirituosen, Likören, Kürbis und Teigwaren, Schinken (Pfeffer- oder Wildschinken) und gefülltes Bauchfleisch im Sortiment. Auf Bestellung gibt es frisches Lamm- oder Hirschfleisch, Pute und Schwein. Die Genussregionen sind mit dem Mostviertler Schofkas sowie Pielachtaler Dirndln geschmackvoll vertreten.

MARIA ENZERSDORF

RADATZ
2344 Maria Enzersdorf, Südstadt Zentrum 1/15
+43/2236/48068
www.radatz.at

Radatz

Diese Radatz-Filiale in Maria Enzersdorf zeichnet sich vor allem durch eine hervorragende Auswahl an Wurst- und Schinkenspezialitäten in bester Qualität und Präsentation aus. Die Fleisch- und Wursttheke verführt mit einer Vielfalt an Schinkenkreationen wie dem Wien Gin Beinschinken oder dem Schönbrunner Beinschinken. Donnerstags bis samstags wird Fisch angeboten. Eine kleine Auswahl an hausgemachten Nudeln, Babette's Gewürzen, Spirituosen und Wein sowie eine ausgewählte Palette an süßen Verführungen, mit Schokoladen von Zotter oder Dirndlsirup und -marmelade aus der Genussregion Pielachtaler Dirndl, rundet das Programm ab.

SCHNABULERIE
2344 Maria Enzersdorf, Grenzgasse 111, +43/699/12015658
www.schnabulerie.com
Die Schnabulerie hat sich den Köstlichkeiten der Wiener und Pariser Süßspeisen-Tradition verschrieben. Pâtissière Christina Krug ist bekannt für ihre wunderschönen und handgearbeiteten Luxustorten, sie verbindet die traditionelle Zuckerbäckerkunst mit zeitgenössischem Design.

MARIA TAFERL

KÄSEHÜTTE STIX – BAUERNLADEN
3672 Maria Taferl, Wimm 6, +43/7413/6180
www.kaesehuette.at
In uriger Hüttenatmosphäre werden im Bauernladen von Karl und Herta Stix schmackhafte Käsespezialitäten von bäuerlichen Hofkäsereien und Dorfsennereien präsentiert. Highlight ist die breite Auswahl an g'schmackigen Käsesorten, von mild bis extra würzig – ob Kuh, Schaf oder Ziege. Die Spezialitäten werden ergänzt von veredelten Käsesorten aus dem hauseigenen Reifekeller. Dazu findet man im Bauernladen noch zahlreiche Leckerbissen aus der eigenen Bio Backstube.

SCHÜLLER GENUSSWERKSTATT
3672 Maria Taferl, Hauptstraße 5, +43/7413/303
www.brennerei-schueller.at
Brennerei mit angeschlossener Genusswerkstatt. Besonders stolz ist man hier auf den berühmten „Maria Tafler Magenbitter", der nach einem Geheimrezept der Familie aus Kräutern, Wurzeln und Samen hergestellt wird. Wachauer Marille und das Waldvierter Kriecherl stehen fruchtig im Mittelpunkt. Besonderes Highlight ist der Dry Gin No 5 mit Bestandteilen von 25 Kräutern, Blüten und Gewürzen. Onlineshop.

MARIA-LANZENDORF

kredenz.me Der Biodorfladen

KREDENZ.ME DER BIODORFLADEN
2326 Maria-Lanzendorf, Achauer Straße 17, +43/664/5454774
www.kredenz.me
kredenz.me ist der etwas andere Nahversorger. Dieser unkonventionelle Laden fördert den bewussten Umgang mit der großen Fülle an kostbaren Lebensmitteln. Angeboten werden Produkte, die – so weit wie möglich – natürlich, naturbelassen, unverarbeitet, hochwertig und frei von gesundheitsschädlichen Stoffen sind. kredenz.me strebt in allen Bereichen Fairness an. Den Herstellern der Produkte wird einen angemessener, fairer Preis bezahlt. Und das Angebot kann sich sehen lassen. Man kann übrigens auch Mitglied werden. Großartig!

NAH&FRISCH JURIC

2282 Markgrafneusiedl, Altes Dorf 70, +43/699 13007007
www.nahundfrisch.at
Martin Juric ist der neue Nahversorger in Markgrafneusiedl. Das modernisierte Geschäft bietet nun, neben einem vielfältigen Sortiment, auch eine Post- und Lotto-Annahmestelle, Tabakverkauf und eine gemütliche Sitzecke, die zu Kaffee und Kuchen einlädt.

SCHMANKERLFLEISCHER JOSEF SDRAULE

3390 Melk, Hauptstraße 2, +43/2752/52447
www.sdraule.at
Traditioneller Genuss aus der Region liegt bei Josef Sdraule in der Familie. Fleisch von bäuerlichen Kleinbetrieben aus eigener Schlachtung. Ab Donnerstag gibt es frische Fische von der Bründlmühle. Im Convenience-Bereich verführen frische Wurst-, Speck-, Grammel- und Fleischknödel und ofenfrischer Kümmelbraten mit Popcorn-Kruste. Die Schmankerlstube und der herrliche Gastgarten mit Blick auf Stift Melk locken mit Mittagsmenüs, die von der Chefin täglich frisch gekocht werden. Spezialessige wie Hirschbirnen- oder Johannisbeeressig, hochwertige Öle und Salze runden das Angebot ab. Catering — empfehlenswert sind Sdraules außergewöhnliche Pikante Torten, die in vielen Variationen erhältlich sind.

'S GSUNDE KÖRBERL BIOLADEN KROMER

2130 Mistelbach, Bahnstraße 29, +43/2572/4604
www.bioladen-kromer.at
Hier hat man es sich zur Aufgabe gemacht, eine größtmögliche Auswahl an Bio-Produkten in bester Qualität bereitzustellen, beginnend beim frischen und perfekt präsentierten Obst und Gemüse, das übrigens auch als buntes Biokisterl zur Selbstabholung ab Donnerstag Mittag bereit steht. Die Auswahl an Käsespezialitäten überzeugt genauso wie die feine Palette an frischem Fleisch. Frisches Brot und Gebäck wird von Bäckern aus der Umgebung geliefert, das Korn aus der Genussregion Weinviertler Getreide.

KOLM – DIE BÄCKEREI

2340 Mödling, Hauptstraße 62, +43/2236/22416-0
www.kolm-diebaeckerei.at
1902 wurde im Gewölbe des Bäckereibetriebes zum ersten Mal Brot gebacken und seit 1960 befindet sich Kolm – Die Bäckerei in Familienbesitz. Hier wird täglich frisch gebacken, und das mit österreichischem Getreide. Die Teigverarbeitung wird nach alter Backtradition noch größtenteils von Hand durchgeführt, die Teiglinge werden bei ruhiger Hitze auf Steinplatten gebacken. Innovation und Tradition prägen Stil und Geschmack, was Kolm bereits vielfache Auszeichnungen einbrachte. Große Vielfalt in kleiner Stückzahl — das macht wohl die Exklusivität der beliebten Bäckerei aus.

LEBZELTEREI RACHENZENTNER E.U.

2340 Mödling, Herzoggasse 4, +43/676/6486890
www.lebzelterei-rachenzentner.at

Lebzelterei Rachenzentner

In der Lebzelterei blickt man auf eine über 300-jährige Geschichte zurück. Seither werden in diesem Traditionsbetrieb Lebkuchen in liebevoller Handarbeit nach den überlieferten Familienrezepten gefertigt. Rachenzentner ist weit über Mödling hinaus bekannt für den sensationellen Lebkuchen. Das Sortiment umfasst über 48 verschiedene Lebkuchensorten, vom klassischen Honiglebzelten über verschiedene fruchtige Füllungen bis zum Weinbeisser, die süße Begleitung zum Heurigen. Weiters gibt es verschiedene Sorten Met, Honig und Geschenkideen. Die Auswahl wird ständig innovativ erweitert und saisonal angepasst, der Lebzelter berät freundlich und mit großem Fachwissen.

PLAN BIO

2340 Mödling, Bahnhofplatz 1b, +43/2236/908175
www.planbio.at
Auf knapp 500 m² findet man ein umfassendes Vollsortiment mit über 6.000 Artikeln von ca. 150 österreichischen Bio-Produzenten, ganz nach dem Motto: So regional wie möglich, so weit wie nötig! Mit über 100 verschiedenen Sorten unverpacktem Obst und Gemüse, einem umfangreichen Käse-, Wurst- und Fleischangebot und natürlich täglich vom Bäcker frisch gebackenem Bio-Brot! Die Sortimentsgestaltung richtet sich ganz nach den Wünsche der Kunden.

NIEDERÖSTERREICH MEETS ISTRIEN
NACHHALTIGKEIT BRAUCHT HERKUNFT.

Nach Monaten ohne Nahversorgung hat die Gemeinde Markgrafneusiedl seit September 2022 nun wieder einen Nah&Frisch-Markt. Martin Juric betreibt in Strasshof bereits das Geschäft „Aura Delikatessen" und hat gemeinsam mit seiner Gattin Irena Juric den Nah&Frisch-Standort übernommen. Eine tolle Herausforderung für den Kaufmann, der seine kroatischen Wurzeln besonders geschmackvoll nun auch als Nahversorger leben kann.

Neben den Produkten von heimischen Bauern und Produzenten aus der Region, also dem Geschmack Niederösterreichs, bietet Juric auch Lebensmittel aus Istrien. Allen voran natürlich Ajvar, Trüffel (von der Knolle bis zu Käse oder Chips), Pasta und auch Spirituosen sowie Liköre wie den Teranino. Selbst frischer Fisch wie Branzino, Dorade oder sogar Muscheln kommen direkt aus Istrien nach Markgrafneusiedel. Im „Aura Delikatessen Sortiment" gibt es unter anderem auch natives Olivenöl aus Kroatien. Es wird in einem ausschließlich mechanischen Produktionsverfahren aus Olivenfrüchten hergestellt. Händisch gepflückt werden die Olivensorten Toscana, Lecino, Pendolino und Frantoio. Die Früchte werden noch am gleichen Tag zu Öl verarbeitet. Juric: „Mir ist die Qualität der Lebensmittel sehr wichtig, schließlich ist es die Nahrung, die unser Leben bestimmt."

Neben einem vielfältigen Sortiment ist Nah&Frisch Juric auch eine Post- und Lotto-Annahmestelle, bietet Tabakverkauf und eine gemütliche Sitzecke, die zu Kaffee und Kuchen einlädt.

NAH&FRISCH AURA
2282 Markgrafneusiedl, Altes Dorf 70 | +43 699 13 00 70 07 | office@auradeli.com
www.nahundfrisch.at/de/kaufmann/juric

ÖFFNUNGSZEITEN
Mo bis Fr 6.00 – 13.00 und 15.00 – 18.00 Uhr
Sa 7.00 – 13.00 Uhr

NAH&FRISCH ZANITZER ANGELIKA

3473 Mühlbach, Landstraße 1, +43/2957/32780
www.nahundfrisch.at/de/kaufmann/zanitzer-angelika
Das Herzstück des neuen Geschäfts von Angelika Zanitzer ist die Feinkosttheke, die Genuss auf höchstem Niveau verspricht und ein Vollsortiment bietet, das keine Wünsche offen lässt. Besonders die Zusammenarbeit mit Bauern aus der Region ist hier geschmackvoll an den Produkten „aus'm Dorf" zu sehen: Nuss- und Mohnwupferl sowie Nuss- und Mohnzelten von Mühlbacher, Fruchtsäfte, Öle und Eingelegtes vom Genussgut Zeilinger-Wagner u.v.m. Freundliche und kompetente Beratung.

BIOKÄSEREI ROLAND BERGER

3622 Mühldorf, Weingraben 7, +43/664/73646615
www.biokaeserei-berger.at
Jenseits von Wein hat die Wachau auch noch anderes zu bieten. Käse beispielsweise. Diplom Käsesommelier Roland Berger verarbeitet ausschließlich Schaf-, Ziegen- und Kuhmilch aus biologischer Landwirtschaft. Im 300 Jahre alten Reifekeller in Mühldorf wird dem Käse die Zeit gegeben, um zu herrlichen Köstlichkeiten heranzureifen. Der Käse kann verkostet werden, auch mit dazu passenden Topweinen aus der Wachau.

Harreither Staudenmühle

HARREITHER STAUDENMÜHLE

3364 Neuhofen an der Ybbs, Staudenmühle 1, +43/7474/338
www.staudenmuehle.at
Ausschließlich Getreide aus Niederösterreich wird hier auf dem neuesten technischen Stand gemahlen. Der Verkaufsraum bietet eine perfekte Bühne für das Sortiment: naturbelassenes Getreide wie Hirse oder Buchweizen, Mehle (auch in Bio-Qualität), Samen, Kerne, Brotbackmischungen, Müslimischungen, Backerbsen, Teigwaren, Tees, Öle, Salze und für Naschkatzen Kekse, Waffeln, getrocknete Früchte u.v.m.

Der Weinfinder

DER WEINFINDER

2620 Neunkirchen, Fabriksgasse 10-12, +43/650/5051975
www.der-weinfinder.at
In dieser Vinothek der etwas anderen Art findet man vorwiegend Weine und Produkte von österreichischen Winzern und Weingütern sowie zahlreiche internationale Feinheiten aus Italien, Spanien, Frankreich oder der Neuen Welt. Auf „Bio" wird vermehrt Wert gelegt. Dank kompetenter Beratung fällt die Entscheidung trotz der enormen Auswahl hier nicht schwer. Grappe und Schnäpse, eingelegte Beeren, Säfte, Essige und Öle sowie Nudeln und Pesto aus der der Region Neunkirchen machen das Angebot komplett. In Schladming, Hauptplatz 39, befindet sich eine weitere Vinothek nach dem Neunkirchner Vorbild.

FLEISCHERHANDWERK SEIDL

2620 Neunkirchen, Wiener Straße 1, +43/2635/68687
www.seidl-fleischerhandwerk.at
Der Familienbetrieb aus dem Schneebergland hat es sich seit Generationen zur Aufgabe gemacht, hochwertige und geschmackvolle, nach handwerklicher Tradition hergestellte Fleisch- und Wurstspezialitäten anzubieten. Feinschmecker werden hier mit zahlreichen Feinheiten aus der Genussregion Schneebergland Schwein in Versuchung geführt. Schwarzataler Schinkenspeck findet sich ebenso im Programm wie die prämierten Kren- und Wacholderschinken oder – saisonal – Hirsch- und Wildschweinschinken, und natürlich auch die Spezialität des Hauses, der Adlitzgrabner Schluchtenspeck. Weitere Filialen befinden sich in Gloggnitz, Lichtenwörth, Ternitz, Baden und Gerasdorf bei Wien.

STYX SCHOKOLADENMANUFAKTUR

3200 Ober-Grafendorf, Am Kräutergarten 6, +43/2747/3250
styx.at/de/Schokoladenmanufaktur
Die STYX Schokoladenmanufaktur kreiert feinste Schokoladen mit besten Bio-Zutaten und bietet alles, was das Schokoladenherz begehrt. Gefüllt werden die Schokoladen mit erlesener Gana-

che, einer Creme aus Kuvertüre und Sahne, in die frische Früchte oder edle Brände einfließen. Die Füllungen reifen über Nacht und erhalten am nächsten Tag ihre köstliche Hülle aus Vollmilch- oder Zartbitterschokolade. Dragierte Früchte, vegane Schokoladen.

DESTILLERIE FARTHOFER
3362 Öhling, Mostviertelplatz 6 , +43/7475/53674
www.destillerie-farthofer.at
Der Familienbetrieb mit Sitz in Öhling hat sich auf die Herstellung von hochwertigen Bränden und Likören in Bio-Qualität spezialisiert. Bereits in fünfter Generation destilliert Josef Farthofer hochqualitative Fruchtschnäpse und Brände. Althergebrachte Traditionen werden bei Farthofers gekonnt mit neuen Technologien vereint mit dem Ziel, Qualität und Geschmack der Spezialitäten weiter zu steigern. Farthofers Organic Premium Wodka wurde beim World Spirits Award 2021 mit Gold ausgezeichnet. In der eigenen Bio Landwirtschaft hat sich Farthofer auf seltene Urgetreide-Sorten spezialisiert.

WALDVIERTLER MOHNHOF GRESSL
3631 Ottenschlag, Haiden 11, +43/2872/7449
www.mohnhof.at

Waldviertler Mohnhof Gießl

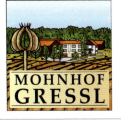

Der Waldviertler Mohnhof ist ein kleiner bäuerlicher Familienbetrieb, der sich seit 30 Jahren auf den Mohnanbau spezialisiert hat und seit gut 20 Jahren kaltgepresste, hochwertigste Speiseöle aus den Mohnvarietäten erzeugt. „Mohn schauen und Erleben mit allen Sinnen", lautet das Motto. Im Verkaufsraum werden Graumohn, Weißmohn und Blaumohn aus der Genussregion Waldviertler Mohn, verschiedene Mohnöle, der Mohnbrand „Papaver", Mohnpesto, -schokolade, Mohnhonig, -likör und sogar Mohnkochbücher und Mohnölseifen angeboten. Die Produkte rund um den Mohn sind vielfach ausgezeichnet. Hier macht der Mohneinkauf richtig Spaß. Die Köstlichkeiten können nicht nur vor Ort, sondern auch über den Onlineshop bezogen werden. Tipp: Zur Zeit der Mohnblüte (Mitte Juli) werden Exkursionen mit Produktverkostung nach Voranmeldung angeboten.

DER KLEINE ITALIENER
2380 Perchtoldsdorf, Brunner Gasse 2/2, +43/650/9578147
derkleineitaliener.at
In diesem kleinen Geschäft gibt es den guten Geschmack Italiens und auch die notwendige „Hardware" dazu. Kaffee in ganzen Bohnen, gemahlen, Pads oder Kapseln, Kaffeemühlen und Espressomaschinen, typisch italienische Trinkschokolade und natürlich Aceto Balsamico sowie Olivenöle von Salvagno, der bekannten Ölmühle bei Verona, Prosecco, Grappa, italienische Liköre, Pesto und Amaretti. Das Produktportfolio wurde durch feine Haselnüsse und Haselnusscremes von Papa dei Boschi aus dem Piemont erweitert. Küchenmaschinen der Kultmarke Smeg runden das Angebot ab. Beratung wird hier großgeschrieben, egal ob es sich um die italienischen Schmankerln handelt oder um eine Espressomaschine, Kaffee- und Trinkschokoladenverkostung inklusive. Molto delizioso! Onlineshop.

ENOTECA AMICI MIEI
2380 Perchtoldsdorf, Marktplatz 18, +43/664/4532307
www.enoteca-amici.at
Neben einer schönen Auswahl an italienischen Weinen werden vor allem handgemachte Pasta, Schinken und Prosciutto, Käse sowie Bio Olivenöl und Balsamico geboten. Köstlich: die hausgemachten Gerichte im Glas der Fleischerei Seidl in Neunkirchen. Onlineshop.

GENUSSFARM RENATE NEUBAUER
2380 Perchtoldsdorf, Wienergasse 15, +43/1/8658177
www.genussfarm.at
Ein Feinkostgeschäft der besonderen Art, denn hier geht der Kunde auf eine kulinarische Weltreise. Für die Feinkost-Auswahl lasst sich Renate Neubauer aus aller Welt inspirieren — von der Queen Marmelade aus England über exklusive Balsamico Essige

aus Italien bis zu Spezialitäten aus Österreich und der Region. Es verführen zum Genuss: Käsespezialitäten aus Frankreich, Sugi & Pesti aus Italien, Öle von Hartl, Essige mit Fruchtfleisch aus Frankreich und Spanien, Weine, Pariser Tee-Spezialitäten von Kusmitea & Le Palais de Thés, Edelkonserven von Grossauer, Marmeladen und Spirituosen von Wieser u.v.m. lassen das Herz jedes Genusssuchenden höherschlagen.

MACARONMANUFAKTUR

GENUSS GUIDE AWARD 2023

2380 Perchtoldsdorf, Hochstraße 21
+43/676/5947336
www.macaronmanufaktur.at
Gewinner des Genuss Guide Award 2023, „Bester Genussladen in Niederösterreich"/Kategorie Weltgenuss, siehe Seite 128.

Macaronmanufaktur

NATURSTUBE PERCHTOLDSDORF

2380 Perchtoldsdorf, Wiener Gasse 30, +43/1/8656083
www.naturstube.at
In diesem kleinen Naturkostgeschäft steht die Natur im Mittelpunkt, die Hektik bleibt vor der Tür. Man nimmt sich Zeit für die Kunden, denn schließlich gibt es über die Produkte und deren Herkunft viel zu erzählen. Biobauern aus dem Wald-, Mühl- und Mostviertel beliefern den Laden. Außerdem gibt es Joghurt aus dem Mostviertel, Tofu, Soja, frisches Obst und Gemüse je nach Saison, Spezialöle, Teigwaren und Aufstriche sowie verschiedene Fair-Trade Produkte – genießen mit gutem Gewissen, 100 Prozent bio.

PERSCHLING

SCHWAMMERLPRINZEN

3142 Perschling, Gewerbepark 10, +43/2784/20396
www.schwammerlprinzen.com
Die Vitus Bio-Edelpilze wie Kräuterseitlinge, Austernpilze, Shiitake und Spezialitäten wie Pom Pom Blanc werden nachhaltig und umsichtig im Wienerwald produziert, von Hand geerntet und verpackt und erreichen so die Märkte in der Region frisch und in bester Qualität. Die Pilze und viele weitere Produkte wie z.B. Pilzburgerpatties, Gewürze, Saucen etc., Teigwaren von Tobias Wallner sowie exquisite Öle von Oleum sind auch im Shop direkt am Firmenstandort erhältlich. Das Selektive Sortiment wird laufend erweitert.

PFAFFENSCHLAG BEI WAIDHOFEN A.D.THAYA

NAH& FRISCH BAUER

3834 Pfaffenschlag bei Waidhofen a.d.Thaya, Pfaffenschlag 39
+43/2848/6214
www.bauer-fleischerei.at
Ein Nah&Frisch Geschäft und eine Metzgerei. Neben dem allgemeinen Sortiment des Nahversorgers werden sämtliche Produkte aus der eigenen Fleischerei angeboten. Meisterliche Fleisch- und Wurstwaren werden mit handwerklicher Tradition hergestellt. Dafür werden ausschließlich Tiere von den Bauern der Umgebung in der eigenen Schlachtung verarbeitet. Die Spezialität des Meisterbetriebes ist das Geselchte, das weit über die Bezirksgrenzen hinaus seine Liebhaber hat. Im Sortiment finden sich auch regionale Produkte „aus'm Dorf". Das Brot & Gebäck wird täglich frisch von zwei regionalen Bäckern geliefert.

ROGGENREITH

Whisky-Erlebniswelt & Destillerie Haider

WHISKY-ERLEBNISWELT & DESTILLERIE HAIDER

3664 Roggenreith, Roggenreith 3, +43/2874/7496
www.whiskyerlebniswelt.at
In der 1. Whiskydestillerie Österreichs und Whisky-Erlebniswelt brennt Familie Haider seit 1995 edle Tropfen auf weltweit höchstem Niveau. Hier wird die Faszination Whisky mit allen Sinnen spürbar: Malz riechen und schmecken, Whisky-Kino, Besichtigung der Produktions- und Lagerstätten, Whisky verkosten. Über 10 verschiedene Sorten führt die Destillerie mittlerweile, die auch schon international hoch ausgezeichnet wurden. Ein breites Sortiment an edlen Fruchtbränden und Likören sowie Wodka und Gin ist ebenfalls erhältlich. Onlineshop.

BRAUSCHNEIDER

3553 Schiltern, Laabergstraße 5, +43/2734/32917
www.brauschneider.at

BrauSchneider

Seit Mai 2017 werden die BrauSchneider-Biere in Schiltern bei Langenlois in einer der modernsten Brauereien Österreichs gebraut. Neben den 8 Hauptsorten werden auch saisonale Biere angeboten. Für Besucher steht das Craft Bier-Erlebnis im Vordergrund: Ein kreatives, handwerklich erzeugtes Produkt hautnah erleben, den Stoff, aus dem echte Biere sind, kennenzulernen, zu begreifen und dort zu verkosten, wo produziert wird.

ELLEGAST GMBH

3353 Seitenstetten, Marktplatz 6, +43/7477/42560
www.ellegast.at
Delikatessen, soweit das Auge reicht: Die Auswahl bei Speck, Wurst und Schinken ist mit 80 Sorten umfangreich. Beim Käse findet man an eine Vielzahl an Sorten, u.a. Mostviertler Schofkas und Ybbsitzer Biokäse aus der Genussregion. Im Frischfleischbereich gibt es eine breite Palette an Spezialitäten, darunter auch zahlreiche hausgemachte vorbereitete Gerichte wie Krautrouladen, gefüllte Hühnerbrüstchen, Rindsrouladen oder hausgemachte Leberknödel. Fangfrische Fische gibt es donnerstags und freitags. Auch das sonstige Programm verspricht puren Genuss: verschiedene Antipasti, knuspriges Bio-Brot und -Gebäck, Nudeln, Pestos, Essige und Öle, Moste und Obstsäfte aus der Region.

KLOSTERLADEN STIFT SEITENSTETTEN

3353 Seitenstetten, Am Klosterberg 1, +43/7477/42300
stift-seitenstetten.at/zu-gast-im-kloster/klosterladen
Im Klosterladen des Benediktinerstift Seitenstetten kann man von der hektischen Zeit etwas zurücktreten, Atem holen und sich von den wertvollen Garten- und Klosterprodukten inspirieren lassen. Man weiß Gutes zu schätzen und auch in Szene zu setzen

... Erlesene Rot- und Weißweine von Stiften aus Nieder- und Oberösterreich, Birnenschaumwein der Wein- und Sektkellerei Kirchmayr, Edelbrände und feine Klosterliköre, Moste von Produzenten aus der Region, aber auch Tees, Honig und Schokolade findet man in dem feinen Klosterladen, ebenso wie zur Saison Lebkuchen aus der Steiermark.

BERGER AM PLATZ

3443 Sieghartskirchen, Karl-Berger-Platz 1, +43/2274/46894
www.berger-schinken.at

Berger am Platz

Der Name Berger steht für Qualität und Regionalität bei Fleisch, Wurst und Schinkenspezialitäten. Vertragsbauern im Umkreis von maximal 50 km zum Standort Sieghartskirchen garantieren, dass die Tiere ohne gentechnisch verändertem Sojaschrot gefüttert werden. Wurst und Schinken gibt es hier in überragender Vielfalt, darunter der Feine Berger Schinken, Traditions-Beinschinken, Sauna Schinken, Wellness Schinken, Hanf-, Römer-, Rosmarin- oder Weinherbstschinken – dabei setzt Berger auf Handarbeit. Eine Auswahl an Pesto von Grossauer, Marmeladen, Vorarlberger Käsespezialitäten, Chutneys von der Familie Raidl sowie feine Öle von der Ölmühle Fandler bereichern das breite Angebot.

FLEISCHEREI STEINER-BERNSCHERER

2601 Sollenau, Hauptplatz 15, +43/628/47249
www.steiner.fleischer.at
Die Fleischerei Steiner ist bekannt für ihre exquisiten, mehrfach prämierten Produkte, wie die nach Hausrezept hergestellte Blutwurst. Mit weiteren Leckereien wie Preiselbeerblunze, Bärlauchblunze, Blunzengröstl, Blunzenstriezel und Blunzenknödel kann das Fleischerfachgeschäft ebenfalls punkten. Catering und Party-Service.

SPITZ AN DER DONAU

HUBERT FOHRINGER – DIE VINOTHEK
3620 Spitz, Donaulände 1a, +43/2713/2029
www.fohringer.at
Die Vinothek in der Wachau. Weinliebhaber und Genussmenschen finden im Sortiment nahezu alle großen Namen der Wachau und Österreichs sowie eine besondere Selektion von Weinen und Destillaten der bekanntesten Produzenten aus aller Welt. Neben dem umfangreichen Weinangebot gibt es erlesene Fruchtsäfte vom Stift Klosterneuburg und Obsthof Reisinger sowie diverse Essige & Öle, Antipasti, Marmeladen, Honig und Schokoladen.

SPAR ZEPPELZAUER GABRIELE
3620 Spitz, Teichbach 2, +43/2713/72901
www.spar.at
Gabriela Zeppelzauer versteht sich als Nahversorgerin und setzt massiv auf Produkte aus der Region. Ergänzend zum SPAR-Sortiment rund um Feinkost und Spezialitäten, arbeitet die Kauffrau mit rund 50 Betrieben aus der Wachau zusammen. Dazu gehören beispielsweise Bäcker, Fruchtverarbeitungsbetriebe, Landwirte, Käsereien, Fischzüchter und natürlich auch Winzer aus der Wachau.

ST. LEONHARD AM FORST

D'GREISSLEREI
3243 St. Leonhard am Forst, Hauptplatz 6, +43/664/1770089
www.d-greisslerei.at
D'Greisslerei bietet ein ausgewähltes Sortiment sowohl an Bio-Lebensmitteln als auch aus konventioneller Landwirtschaft. Und ein jedes Produkt im Geschäft hat seine Berechtigung, weil es aus der Heimat kommt, besonders nachhaltig erzeugt oder angewendet wird. Die Direktvermarktung wird als Überlebenschance für landwirtschaftliche Klein- und Mittelbetriebe gesehen. D'Greisslerei stärkt somit die heimische, besonders die kleinstrukturierte, Landwirtschaft. Das Vermeiden von Verpackungsmüll hat hier oberste Priorität. Aber auch Fleisch und Wurst, Fisch, Milchprodukte von Kuh und Schaf, Essige und Öle, Gewürze, Aufstriche & Saucen, Süßes & Saures gibt es hier zu entdecken. Und die „Hausmannskost to go" – eigens zubereitete Gerichte im Glas, „gezaubert" aus den hochwertigen Produkten und portionsweise abgefüllt und „wia daham" zubereitet, sollte man probiert haben!

HANFWELT RIEGLER-NURSCHER
3243 St. Leonhard am Forst, Straß 1, +43/2756/8096
www.hanfwelt.at
Seit Generationen verbindet Familie Riegler-Nurscher auf ihrem Biobauernhof traditionelles und modernes Handwerk. Mit Erfah-
rung, Freude und jeder Menge Ideen baut sie Hanf an und verarbeitet diesen mit Sorgfalt zu hochwertigen Produkten weiter. Zu kaufen gibt es diese (also Hanföl, Hanfsamen, Hanfmehl, Hanfsirup, Hanfteigwaren, -schokolade...) im Hofladen. Weiters gibt es Getreide,Dinkel, Kürbiskerne, Sonnenblumenkerne, Tees, Gewürze, Knabbereien – zum Teil aus der Region. Alles ausschließlich Bio. Onlineshop.

ST. OSWALD

KASKIST'L
3352 St. Oswald, Kürnberg 103
+43/7252/30492, www.kaskistl.at
Gewinner des Genuss Guide Award 2023, „Bester Genussladen in Niederösterreich"/Kategorie Spezialisten, siehe Seite 127.

ST. PETER IN DER AU

ROSENFELLNER MÜHLE UND NATURKOST
3352 St. Peter in der Au, An der Bahn 9, +43/7477/42343
www.rosenfellner.at
Qualität und Regionalität sind die Basis für den traditionellen Familienbetrieb. Verarbeitet wird hochwertiges, naturbelassenes und biologisches Getreide aus der Region. Angeboten wird auch eine große Auswahl an Brotbackmischungen, Kuchenmischungen und Teigwaren, aber auch Tees, Öle, Gewürze, Fruchtaufstriche, Obstsäfte, feine Weine, Most oder Edelbrände aus biologischem Anbau.

ZUR STEINERNEN BIRNE
3352 St. Peter in der Au, St. Johann 155, +43/7434/42112
www.steinernebirne.at
Umgeben von Streuobstwiesen und Hühnergarten, ist der Ab-Hof-Einkauf in diesem stilvollen Laden ein echter Genuss. Ein Großteil der angebotenen Produkte stammt aus eigener Erzeugung, die Genussregion Mostviertler Birnmost wird hier mit

einem Sortiment von 12 Mostsorten perfekt präsentiert. Aber auch Freilandeier, hausgemachte Bauernkrapfen und bäuerliche Mehlspeisen, Bauernbrot sowie Direktsäfte sind ein wahrer Genuss. Bei den Bränden überzeugen Speckbirne und Himbeergeist, von der hohen Qualität zeugen zahlreiche Auszeichnungen. Die vielen Köstlichkeiten können Sie natürlich auch direkt beim Hof-Mostheurigen „Zur Steinernen Birne" genießen oder auf den Bauernmärkten mittwochs in der Plus City in Linz und freitags am Bauernmarkt Steyr.

Hauer-Hauersdorf

HAUER-HAUERSDORF
3300 Stift Ardagger, Hauersdorf 4, +43/7472/65424
hauer-hof.at
Hauer produziert nach ökologischen Gesichtspunkten, veredelt Obst und Gemüse aus eigenem, naturnahen Anbau und bietet beste Fleischqualität, die auf die Haltung und Fütterung der eigenen Tiere und eine ausreichende Reifung des Fleisches nach der Schlachtung zurückzuführen ist. Glücklich sind bei Hauer aber nicht nur die Hühner, sondern auch die Schweine und Rinder. Frischfleisch gibt es im Hofladen Dienstag & Mittwoch, und frisches knuspriges Brot wird dienstags, mittwochs und freitags gebacken. Weiters werden im Shop hausgemachte Marmeladen, diverse Säfte, Spezialessige und -öle, Chutneys, Fruchtsäfte, Birnen-Cider, Knabberobst und Schokoladen angeboten. Onlineshop.

ST. PÖLTEN

PARZER-REIBENWEIN
3100 St. Pölten, Rossmarkt 9, +43/664/3500590
www.parzer-reibenwein.com
Seit über 130 Jahren steht der Familienbetrieb Parzer-Reibenwein für Qualität in Sachen Fleisch- und Selchwaren. Neben den klassischen Produkten rund um Schwein und Rind wird ein großes Sortiment an Wild und Wildspezialitäten geboten. Für Eilige gibt es das Proviantglas'l mit über 20 frisch gekochten und gesunden Gerichten, mit Raffinesse zubereitet und fix und fertig im umweltschonenden Glas abgefüllt.

STAATZ

Zart Pralinen

ZART PRALINEN
2134 Staatz, Burgring 17, +43/664/5933414
www.zartpralinen.at
Schokoherzen mit flüssigem Karamell, Pralinen mit Lavendel aus eigenem Anbau, Staatzer Schokolade, Milchschokolade mit karamellierten Walnüssen oder sogar Zartbitter mit Zwiebel … alles wird hier in reiner Handarbeit hergestellt. Selbst die Weine der Region finden sich als Zutat in Zart Pralinen wieder. In der Pralinenmanufaktur gibt es nicht nur die Pralinenerzeugung und Verkauf, sondern auch ein kleines, aber feines Kaffeehaus. In einem angenehmen Ambiente genießt man die Pralinen oder die hausgemachten Mehlspeisen bei einem Kaffee oder Tee. Onlineshop!

STOCKERAU

WEINVIERTLER FLEISCHEREI HOFMANN
2000 Stockerau, Bahnhofstraße 1a, +43/2266/72500
www.fleischhauerei-hofmann.at
Die Fleischerei Hofmann ist seit mehr als 130 Jahren die erste Adresse für typische Weinviertler Fleischspezialitäten. Bei der Herstellung der erlesenen Fleisch- und Wurstspezialitäten wird nichts dem Zufall, sondern man haltet sich genau an eine traditionelle Vorgangsweise in Verarbeitung und Veredelung der besten Rohstoffe. Mit der besten Kranzl-Extra weit und breit konnte man schon früher die Weinviertler begeistern. Außerdem: eine hervorragende Auswahl an Weinen regionaler Winzer und Käseeinheiten, wie den Bregenzerwälder Käse!

STRASS IM STRASSERTALE

FRISCHE PASTA
3491 Straß im Straßertale, Talstraße 17, +43/676/6054145
www.frischepasta.at
Doris Wasserburger verleiht dem Geschäft in Strass nicht nur mit ihrem Charme, sondern auch mit den angebotenen Delika-

tessen echt italienisches Flair: Die Pastaspezialitäten (Ravioli, Spaghetti, Pappardelle, Strozzapreti und Lasagneblätter) werden ganz nach italienischem Vorbild aus Hartweizengrieß und frischen Eiern hergestellt, und der Kreativität bei der Füllung der 40 Sorten scheinen keine Grenzen gesetzt.

STRASSHOF AN DER NORDBAHN

GEIER. DIE BÄCKEREI
2231 Strasshof an der Nordbahn, Hauptstraße 207
+43/2287/2331
www.geier.at

Geier. Die Bäckerei

Seit über 120 Jahren lebt Geier Weinviertler Brotkultur. Im Familienbetrieb wird in 4. Generation ausschließlich nach überlieferten Rezepturen gebacken. Die Geier Brote sind Einzelstücke und werden von Hand aufgearbeitet und geformt. Maschinen werden nur dort eingesetzt, wo es die Hand nicht besser kann. Denn nur mit den Händen ist es möglich, lange gereifte und weiche Teige zu verarbeiten. So entstehen geschmackvolle Brote mit langer Frischehaltung. Wie anno dazumal wird hier noch auf Regionalität geachtet, die Rohstoffe für die Herstellung stammen zu 80% aus einem Umkreis von 50 km. Im Stammhaus Strasshof erfreuen sich alle Besucher an einem reichhaltigen Frühstücksangebot und einer großen und frischen Brot- und Gebäcks Auswahl. Kindergeburtstag-Parties in der Backstube und großer Indoor-Kinderspielplatz. Sehr ambitioniertes Personal und tolles Ambiente!

THAYA

BÄCKEREI KONDITOREI KASSES
3842 Thaya, Hauptstraße 11, +43/2842/52657
www.kasses.at
Bei der Produktion und Gestaltung des Sortiments legt die Familie Kasses besonders Augenmerk auf ihre Wurzeln in der Region, im nördlichen Waldviertel, der sie sich sehr verbunden fühlt. Die Bäckerei ist Bio-zertifiziert und war das erste zertifizierte Slow-Baking Unternehmen in Österreich. Der benötigte Roggen

wird zur Gänze aus dem Waldviertel bezogen, Weizen kommt aus Niederösterreich. Die alten Roggen- und Weizensorten werden selbst angebaut, zum Beispiel Champagnerroggen, Waldstaude, Gebirgsroggen und Schwarzer Emmer. Wer Brot lieber „geistig" mag, dem sei der Schwarzbrot Edelbrand empfohlen. Im süßen Bereich werden neben zahlreichen exklusiven Feinbackwaren und hausgemachter handgeschöpfter Schokolade (Jasmin-Rose, Mohn-Powidl oder Feige …) auch typische Waldviertler Spezialitäten angeboten.

Bäckerei Konditorei Kasses

TULLN

BÄCKEREI HAGER
3430 Tulln, Hauptplatz 8, +43/2272/64604
www.hager.co.at

Bäckerei Hager

Qualität und Frische zählen in dieser modernen, freundlichen und auch architektonisch interessanten Bäckerei. Das Geschäft punktet mit einem tollen Angebot an knusprigem und herrlich duftenden Brot und Gebäck, das durch spezielle Verfahren besonders bekömmlich gemacht wird. Die Rohstoffe kommen zum überwiegenden Teil aus Ostösterreich, der Roggen aus dem Waldviertel, der Weizen aus dem Mostviertel und dem Nordburgenland … Fast schon selbstverständlich, dass auch die Teige mit energetisiertem Wasser angerührt werden. Zu den Highlights des süßen Warenangebotes zählen die Topfen-Biomehlspeisen. Es gibt außerdem noch zwei rollende Filialen (Hagermobil, Tel. +43/2742/362268).

FLEISCHHAUEREI JOHANN SCHMÖLZ

3430 Tulln, Hauptplatz 10, +43/2272/62317-0
www.fleischerei-schmoelz.at

Fleischhauerei Johann Schmölz

Die Traditionsfleischerei bietet beste Qualität aus der Region und individuelle Beratung. Alle Wurst- und Schinkenspezialitäten stammen ausschließlich aus der eigenen Produktion, das Fleisch dafür wird von Bauernhöfen aus der Umgebung bezogen. Fertiggerichte wie Beuschl, Knödel oder Leberkäse vervollständigen die breite Palette an Delikatessen.

WAIDHOFEN/THAYA

WAIDHOFNER BAUERNLADEN

3830 Waidhofen/Thaya, Hans-Kudlich-Straße 2
+43/2842/20248
www.bauernladen-waidhofen.at
Im sehr gut sortierten Bauernladen fängt der Genuss aus der Region schon beim frischen Obst und Gemüse an. Bei Käse findet man Spezialitäten aus ganz Österreich von der Käsehütte Stix aus Maria Taferl, Vorarlberger Rässkäse, Salzburger Dorfkäse, Bregenzerwälder Heukäse und Köstliches von den Käsemachern. Das Fleisch vom Rind (Genussregion Waldviertler Weiderind), Huhn, der Gans oder der Pute kommt aus der Region, frischer Waldviertler Karpfen aus der Genussregion und Forellen werden jeden Freitag geliefert. Die Bauern der Umgebung sorgen außerdem für frisches knuspriges Brot sowie verführerische Kuchen und Torten. Edelbrände, Öle und Teigwaren, Antipasti, Säfte, Bioessig und Marmeladen, auch Chutneys, Sugo, Zucchini-Sauce oder Gurken in Senf finden sich im Sortiment.

WAIDHOFEN/YBBS

DIE HOFLIEFERANTEN

3340 Waidhofen/Ybbs, Oberer Stadtplatz 9, +43/7442/54894
www.diehoflieferanten.at
So köstlich. So Bio. Die Hoflieferanten – das sind fünf Gesellschafter-Familien und Bio-Bauern, die sich voll und ganz der bio-logischen Landwirtschaft und einer gemeinsamen Vermarktung verschrieben haben. Im Bio-Markt in Waidhofen gibt es alles, was das Bio-Herz begehrt. Feinste Käsesorten vom Schaf, von der Ziege oder der Kuh sowie saftiges und zartes Fleisch, Wurst, Schinken und Speck wird Genießer überzeugen. Knuspriges Brot & Gebäck und herrliche Mehlspeisen gibt's aus Weistrach. Das erntefrische Gemüse kommt zu einem Teil aus dem Eferdinger Becken, Obst wird in großer Vielfalt angeboten und darüber hinaus edle Bioweine, Essige, aber auch Bioteigwaren. Im Bio-Bistro werden Frühstück und Mittagsmenüs angeboten, natürlich biologisch und regional.

WANG

NAH&FRISCH WANG

3262 Wang, Erlaufgasse 2/2, +43/7488/71732
www.nahundfrisch.at/de/kaufmann/wang-sabine-holzer
Ein Nahversorger, wie man ihn sich hier gewünscht hat. Sabine Holzer ist Nah&Frisch Kauffrau aus Leidenschaft, und das spührt man bereits beim Betreten des Geschäfts. Die Kunden erwartet ein großes Sortiment an „aus'm Dorf"-Produkten, das sind Produkte direkt aus dem Ort oder den umliegenden Gemeinden, regionale Spezialitäten aus dem Mostviertel sowie weitere lokale Schmankerl. Zweimal pro Woche kann Frischfleisch des nächstgelegenen Fleischers bestellt werden. Schmankerlwochen mit Wildspezialitäten oder anderen saisonalen Kulinarik-Highlights runden das Angebot ab.

WEITRA

WALALA – WALDVIERTLER LAND-LADEN

3970 Weitra, Rathausplatz 9, +43/680/1188172
www.walala.at

WaLaLa – Waldviertler Land-Laden

Ein großes Angebot an kulinarischen Köstlichkeiten, Bauernspezialitäten, Bio-Produkten, Raritäten und Kleinkunsthandwerken. Der Waldviertler Land-Laden führt ausschließlich Qualitätsprodukte aus der Region Waldviertel – aus Liebe zur Heimat, im Sinne von Nachhaltigkeit und Wertschöpfung in der Region. Die WaLaLa Greißlerei ist auch ein verpackungsarmer Nahversorger. Ausgewählte, qualitativ hochwertige Lebensmittel gibt es ohne bzw. in umweltschonender Verpackung. Onlineshop www.waldviertlerlandladen.at

ZIMMERMANN TEIGWAREN

3970 Weitra, Walterschlag 15, +43/2856/3167
www.zimmermanns-teigwaren.at

Zimmermann Teigwaren

Hier offenbart sich die Welt der Nudeln, der keine Grenzen gesetzt sind. Zimmermanns Teigwaren enthalten ausschließlich hochwertigen Hartweizengrieß aus der Genuss Region Weinviertler Getreide und frische Eier aus dem eigenen Legehennenbetrieb. Dinkelmehl und Gewürze, die zu einer riesigen Anzahl an Nudelsorten, auch in vielfältigen Geschmacksrichtungen, verarbeitet werden, stammen direkt aus dem Waldviertel. Öffnungszeiten der Nudlstubn: Mo, Mi, Fr: 8:00 bis 18:00 Uhr, Sa: 9:30 bis 14:00 Uhr.

WIESELBURG

MOSER WURST „CULTO"

3250 Wieselburg, Pfarrhofgasse 1, +43/7416/52318-180
www.culto.at
Im CULTO von Moser lässt die Feinkosttheke sogar verwöhnte Genießer staunen. Mehr als 100 Wurstsorten aus eigener Herstellung laden zum Entdecken und Probieren ein – darunter die mehrfach prämierte Schwarze Pute, die g'schmackige Glockner oder die kräftige Kasmugler. Nicht umsonst ist Moser berühmt für seine traditionell geräucherten und gereiften Würste.

WINDIGSTEIG

NAH&FRISCH WALTER NITSCH

3841 Windigsteig, Marktplatz 13, +43/2849/20114
Hier werden Genusssuchenden viele Möglichkeiten geboten. Besonders das regionale Angebot, die „aus'm Dorf" Produkte, ist

beachtlich. Selchwaren, Mageres und Bauchfleisch, Hamburger-Speck und Hüttenspeck werden von regionalen Lieferanten bezogen. Das Weinsortiment umfasst vorwiegend Weine aus der Wachau, dem Burgenland, Bio-Weine aus dem Weinviertel sowie eine kleine Auswahl an italienischen Weinen wie Barbaresco und Dolcetto D'Alba.

WÖSENDORF IN DER WACHAU

SALOMON BROT UND WEIN

3610 Wösendorf in der Wachau, Hauptstraße 71, +43/2715/2271
www.brotwein.at
Wenn eine Bäckerei auf einen Weinhauer trifft, entsteht im Optimalfall ein Projekt, das zwei elementare menschliche Kulturleistungen miteinander verbindet – so geschehen in Wösendorf im Jahr 1900. Seit damals wird in dem steinalten Eckhaus an der Wösendorfer Hauptstraße gebacken und gekeltert, und Josef und Sabine Salomon führen diese Tradition konsequent fort. Seit der Geschäftsgründung werden hier original Wachauer Laberl produziert. Weiters gibt es eine Vielfalt an Produkten, die nach alten Rezepten und Verfahren ohne Konservierungsmittel, aber mit Einbindung von schonenden Technologien hergestellt werden. Handarbeit ist das große Credo der beiden, und zwar sowohl in der Bäckerei wie auch am Weingut. Tipp: Jeden Samstag gibt es frisch das Wösendorfer Weinbrot mit Traubenkernmehl und einem Schuss Wein. Onlineshop.

WÜRMLA

NAH&FRISCH HEIDENBAUER

GENUSS GUIDE AWARD 2023

3042 Würmla, Hauptstraße 9
+43/2275/20404
www.nahundfrisch.at/de/kaufmann/heidenbauer-josef
Gewinner des Genuss Guide Award 2023, „Bester Genussladen in Niederösterreich"/Kategorie Supermärkte, siehe Seite 127.

Nah&Frisch Heidenbauer

UNIMARKT SCHATZ KARIN

3370 Ybbs an der Donau, B 1 Center Nr. 8, +43/7412/5356000
Hier wird mehr geboten als einfach nur Lebensmittel-Einkauf.
Frische und Geschmack wird in allen Abteilungen in Szene gesetzt. Von der liebevoll gestalteten Obst- & Gemüseabteilung
mit einer Bar mit frischem Obstsalat bis hin zur Feinkost. Neben
regionalen Produkten wie Geselchtem, Honig und fruchtigen
Säften findet man auf der Suche nach Genuss viele Besonderheiten.

BIOHOF WIDERNA – MUNDWERK

2051 Zellerndorf, Dietmannsdorf 56, +43/2945/2646
www.widerna.com

Die Lebensweise von Alexander und Elisabeth Widerna ist geprägt von Umweltbewusstsein und Respekt vor der Natur. Genau
diese Art zu leben zeigt sich auch in der ressourcenschonenden
Herstellungsweise ihrer Produkte, die im idyllischen Ambiente
des Biohofs im Selbstbedienungsladen & Kostraum „Mundwerk"
geboten werden: ein bunt gemischtes Sortiment an feinen Bio-
Produkten, Getreide und Getreideprodukte wie Nudeln, Müsli,

Saaten, aber auch Tofu, Säfte, Essig, Öle, Kräuter, Gewürze und
die erlesenen, prämierten Weine von den eigenen Rieden. Hausgemachtes Brot kann jeden letzten Freitag im Monat gekauft
werden, saisonales Gemüse und Obst sind ebenfalls freitags
erhältlich und runden das Angebot ab. Bücher und Rezepthefte
laden zum Schmökern ein. Onlineshop.

FLEISCHEREI KARL HÖLLER

2871 Zöbern, Kampichl 35, +43/2642/8246
www.hoeller-fleischer.at

Fleischerei Karl Höller

Regionalität ist für den Familienbetrieb mehr als nur ein Schlagwort. Die feinen Fleisch- und Wurstspezialitäten reichen von
traditionellen Stangenwürsten über Brüh-, Brat- und Rohwürs-
teln bis hin zu herzhaften geräucherten Dauerwürsten. Bodenständige Speckvariationen, delikate Schinkenspezialitäten – ein
Genusstipp ist der Mohnschinken – oder feinster Kümmelbraten.
Das Frischfleisch (darunter auch Schneebergland Jungrind aus
der Genussregion) stammt von bäuerlichen Familienbetrieben in
der Region und wird in der hauseigenen Schlachtung zerlegt. Die
Käsetheke ist klein, aber gut sortiert.

KASTNER EXTRA NAH&FRISCH

3910 Zwettl, Neuer Markt 18, +43/2822/52572
www.nahundfrisch.at
Hochwertige Produkte, überwiegend aus der Region, aber auch
aus ganz Österreich findet man in diesem kleinerem, feinen
Markt. Die Käseauswahl überzeugt mit zahlreichen Spezialitäten aus Österreich, bei Wurst und Schinken findet man unter
anderem Feines aus der Region wie z.B. Bauerngeselchtes. „Echt
Niederösterreich"-Produkte wie Fruchtsäfte, Honig, Öl, Kürbiskerne, Dinkel, Müsli oder Nudeln wurden ins Sortiment aufge-
nommen. Die Obst-, Gemüse- und Kräuterauswahl überzeugt mit
Frische und ansprechender Präsentation, natürlich gibt es auch
eine breite Palette an Bio-Produkten in fast allen Warengruppen.

MEHR BEWEGUNGSFREIHEIT
FÜRS TIERWOHL UND DIE FLEISCHQUALITÄT

Bei der Austrian Meat-Award-Gala der AMA die heuer in Linz über die Bühne ging, stand GUSTINO im Mittelpunkt.

Dem GUSTINO-Stroh-Programm wurde der „Oscar" der heimischen Fleischwirtschaft, der sogenannte Lukullus verliehen. Die AMA-Marketing verleiht diese hohen Auszeichnungen für vorbildliche Unternehmen und Projekte im Hinblick auf Qualitätserhöhung und nachhaltige Verbesserung der daraus gewonnenen Produkte.

GUSTINO erhielt die Auszeichnung, da es vor über 25 Jahren als eines der ersten Markenprogramme im Schweinefleischbereich ins Leben gerufen wurde und seither durchgehend als Vorbildprojekt am Markt präsent ist.

GUSTINO Strohschweine wachsen ganz natürlich in Stallungen mit Stroh als Einstreu auf. In unseren speziellen Tierwohl-Ställen haben sie 60 Prozent mehr Platz und Bewegungsfreiheit. Dieser Luxus macht sich später bei der Fleischqualität bemerkbar.

Tierwohl-Schweinefleisch aus Österreich wird streng kontrolliert und sorgt für zufriedene Tiere und in weiterer Folge für ein optimales Genusserlebnis.

Saustark für unser Klima ist die Fütterung der GUSTINO Strohschweine, da ein Großteil der Nahrung direkt bei den Schweinebauern produziert wird. Auf dem täglichen Speiseplan stehen ausschließlich gentechnikfreie Futtermittel aus der Region. Als zusätzliche Eiweißquelle gibt es für GUSTINO Schweine Donausoja aus dem Donauraum.

Gut fürs Klima sind auch kurze Distanzen zwischen Produzenten und Konsumenten und der Schlachthof in unmittelbarer Nähe. Das GUSTINO Markenschwein steht durch und durch für Regionalität und eine nachhaltige und umweltschonende Wirtschaftsweise.

GUSTINO
Strohschwein

GUSTINO
4021 Linz, Auf der Gugl 3 | +43 732 922 922
www.gustino.at

OBER ÖSTER REICH

UNIMARKT LEBT
Regionalität!

Genuss
AUS DER REGION

Kulinarische Köstlichkeiten gibt es nicht nur von großen Erzeugern, denn gerade aus der Region schmeckt es am besten!

Da die **Wurzeln von Unimarkt in den ländlichen Regionen liegen,** bietet der Nahversorger als nachhaltiger Genusshändler einzigartige Produkte aus der Heimat. Schon seit langem besteht eine gute Zusammenarbeit mit hunderten Bäckern, Fleisch- und Wurstproduzenten sowie kleinen bäuerlichen Betrieben. Der regionale Lebensmittelhändler glaubt an die **besondere Qualität der Partner** – landwirtschaftliche Handwerksbetriebe, die ihr ganzes Können und ihre Leidenschaft in die Herstellung der Produkte stecken!

Einzigartig im österreichischen Einzelhandel!

Unimarkt setzt auf 100 % Österreich in Bedienung!

Ob Fleisch-, Wurst- und Käseprodukte sowie alle Brot- und Gebäckwaren – an der Feinkostbedienungstheke kommen alle Produkte zu 100 % aus Österreich.

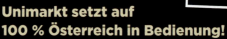

UNIpur

Qualität & Genuss für die ganze Familie

Die Preis-Leistungsmarke UNIpur setzt auf **österreichische Produkte und geprüfte Qualität**. Neben der großen Auswahl ist die **Co2-neutrale Produktion** aller **UNIpur-Produkte** ein entscheidender Vorteil. Alle **UNIpur-Produkte** sind zu einem **fairen Preis erhältlich** - somit wird Genuss für die ganze Familie leistbar!

✓ *Geprüfte Qualität*   ✓ *CO_2-neutral*   ✓ *Tiefpreisgarantie*

Alle natürlich für uns Produkte werden palmölfrei produziert!

Das ist Bio mit Mehrwert: natürlich für uns

Die Bio-Marke natürlich für uns ist bei Unimarkt mit einem vielfältigen Sortiment vertreten und **steht für einen verantwortungsvollen Umgang mit Ressourcen, Nachhaltigkeit, Tierwohl und höchste Qualität.** Als einzige klimaneutrale Bio-Dachmarke in Österreich garantiert natürlich für uns Transparenz und Verantwortung gegenüber der Kunden und Kundinnen dieser und zukünftiger Generationen.

Alle natürlich für uns Produkte werden gemäß EU-Bio-Verordnungen produziert, dabei wird die Einhaltung der Vorschriften auf allen Verarbeitungsstufen mindestens einmal jährlich von unabhängigen Kontrollstellen überprüft.

natürlich für uns – hohes Maß an Regionalität

- In der Saison: Obst und Gemüse aus Österreich
- Keine Überseeware
- Keine Flugware
- Keine Ware aus Ländern, in denen durch landwirtschaftliche Exporte der Grundwasserspiegel gefährdet wird
- Brot und Gebäck zu 100 % in Österreich hergestellt
- Alle Milchprodukte – bis auf wenige internationale Spezialitäten – zu 100 % aus Österreich

Bio-Produkte der Marke Alnatura!

Nachhaltigkeit ist bei **Alnatura** ein wesentlicher Teil der Unternehmenskultur und wird u.a. durch **langfristige Partnerschaften** mit landwirtschaftlichen Betrieben und Herstellern, das **große Sortiment an hochwertigen Bio-Lebensmitteln** oder durch die Förderung des Bio-Landbaus gelebt.

DIE BESTEN GENUSSLÄDEN
IN OBERÖSTERREICH

FEINKOST
UND GREISSLEREI

BIOHOF LADEN HEHENBERGER
4600 Wels, Wallerer Straße 222, +43/677/63927255
www.biohof-laden.at

Ein persönlich und liebevoll geführter Hofladen mit Vollsortiment. Vor fast 20 Jahren legten Andrea und Markus Hehenberger den Grundstein für ihren Biohof Laden, Bio-Äpfel vom Hof wurden aus der Garage verkauft. Ein Garagen-Startup, sozusagen. Mittlerweile führt der Biohof Laden mehrere hunderte Produkte. Und jedes Einzelne ist biologisch geprüft und zertifiziert. Ein Geheimtipp in Sachen Obst ist der Hofladen aber schon lange nicht mehr. Heute gedeihen in den Obstgärten der Hehenbergers nicht nur 18 verschiedene Sorten Äpfel - von klassischen Bio-Sorten wie Topaz und Gala über alte Sorten wie den Boskoop bis hin zu Neuzüchtungen wie Gräfin Goldach und Sommernachtstraum, die sogar für einige Apfel-AllergikerInnen geeignet sind -, sondern auch sechs Sorten Birnen sowie Kirschen, Quitten, vier Sorten Marillen, drei Sorten Pfirsiche und zwei Sorten Zwetschken. Neben Bio-Produkten aus eigener Erzeugung, wie Äpfel, Birnen, Marillen, Weintrauben, Apfelsaft uvm. gibt es noch viele weitere Produkte, was Hehenberger zum „Vollversorger für gesunde Lebensmittel" macht. „Wir haben eine ausgezeichnete Beziehung zu unseren ProduzentInnen und schätzen die großartige Qualität ihrer Waren", freut sich Andrea Hehenberger.

SUPERMÄRKTE

WINKLER MARKT

4040 Linz, Altenbergerstraße 40, +43/732/757530-0
www.winklermarkt.at

Wer im Raum Linz regionale Produkte im Supermarkt sucht, wird im Winkler Markt fündig: Von rund 450 Lieferanten stammen 150 aus Oberösterreich und davon wiederum rund 80 aus der nahen Mühlviertler Umgebung. Obst und Gemüse wird hauptsächlich von oberösterreichischen Produzenten geliefert, auch Feinheiten wie Spargel aus der Genussregion Leondinger Grünspargel. Die Feinkost verführt mit regionalen, internationalen und saisonalen Spezialitäten. Käseliebhaber werden die vielen Sorten von kleinen Hofkäsereien zu schätzen wissen, darunter auch den Ziegenkäse sowie die Pakete „Genussland Österreich". Knuspriges Brot und Gebäck kommt von regionalen Bäckern, Frischfleisch von der Fleischerei Traunmüller aus Altenberg sowie von Sonnberg Fleisch. Austernpilz-Bruschetta und -Pesto von der Mosberger Pilzmanufaktur, Fair-Trade-Produkte, eine große Palette an Bio-Spezialitäten und Feinheiten aus den Genussregionen und eine gute Auswahl an frischem Fisch lassen keine Wünsche offen. Das hopfige Angebot reicht von der Bierschmiede über Gusswerk Biere bis hin zu Frankenmarkter, Grieskirchner und Freistädter Bier.

SPEZIALISTEN

BIOHOF GEINBERG

4943 Geinberg, Moosham 33, +43/7723/21521810
www.biohof-geinberg.at

In diesem großartigen Hofladen findet man neben dem Gemüse vom BIOhof Geinberg eine breite kulinarische Produktpalette von Erzeugern aus der Region Innviertel, das sind die Bezirke Braunau, Ried und Schärding. Im Mai dieses Jahres eröffnete dieser modern ausgestattete Laden, der vielen im Innviertel beheimateten Landwirten und Manufakturen eine Plattform für die Vermarktung ihrer Produkte bietet. Der Verein „Wie's Innviertel schmeckt" vereint eine große Zahl an Landwirten, Manufakturen und Produzenten. So ist bei den Geschäftsführern Wolfgang Steiner und Patrick Haider die Idee gereift, in einem eigenen Hofladen nicht nur die eigenen, im BIOhof Geinberg produzierten Gemüsesorten anzubieten, sondern die regional produzierte kulinarische Vielfalt von über 40 heimischen Anbietern. Sie haben alle Anbieter des Hofladens persönlich besucht und dabei die Produktpalette kennen gelernt und getestet. So findet man ein ausgesuchtes Angebot von Backwaren, Fleisch, Gewürzen, Ölen, Spirituosen, Trockenfrüchten, Müslis, Nudeln und vielem mehr. Die Idee: Nachhaltiger und umweltschonender Anbau und kurze Transportwege sind die Grundlagen ebenso wie schonende Anbau- und Verarbeitungsmethoden.

WELTGENUSS

DIE PASTAMACHER

4020 Linz, Marktplatz 20, +43/660/4020133
www.diepastamacher.at
„Wir stehen für regionale Produkte aus Oberösterreich und beziehen unsere Zutaten direkt bei Bauern aus der Region."„Selbstgemacht" ist das Credo der Pastamacher. Die

Pastamacher, das ist ein Vater-Tochter-Gespann mit Dietmar Öller und Melanie Heizinger am Südbahnhofmarkt Linz. In den Gläsern finden sich neben regionalen Schmankerln handverlesene Kräuter, selbst geräucherter Speck und sogar selbst gefangene Fische und Krebse, die den aufregenden Kreationen Würze und Geschmack verleihen. Vom Vater-Tochter-Gespann per Hand abgefüllt und etikettiert, landen sie in dem kleinen Laden am Linzer Südbahnhofmarkt, wo sie über den Ladentisch verkauft oder als warmes Take-away-Gericht die „Südi"-Besucher kulinarisch erfreuen. Die Vielfalt der Pastamacher kann sich sehen lassen: frische und handgemachte Pasta-, Ravioli- und Antipasti-Spezialitäten füllen ebenso die Gläser und biologisch abbaubaren Verpackungen wie Sugos, Pestos, Säfte und Suppen. Man könnte sagen, ein kleines Stück kulinarisches Italien mitten in Linz. Onlineshop!

AM MARKT

LEONE MARKT

4190 Bad Leonfelden, Mitterweg 1, +43/7234/82205 -1010
Die Erfolgsformel „Fahr' nicht fort, kauf im Ort" spiegelt die Lagerhaus-Philosophie, vor allem aber die Haltung des LEONE Marktes wider. Denn was am Ende des Tages zählt, ist Qualität und der grüne Fußabdruck der Herstellung. Zudem werden Arbeitsplätze gesichert und die Synergien mit den Landwirten gefördert. Bauern kaufen im Lagerhaus ihr Saatgut, verarbeiten es weiter und beliefern den Leone Markt wieder mit ihren Enderzeugnissen - also Kreislaufwirtschaft par excellence. Auch alle anderen Lieferanten des LEONE-Marktes kommen aus einem Umkreis von rund 25 bis 30 Kilometern. Auf 130 Quadratmetern Bodenständiges und kulinarisch Überraschendes - im wahrsten Sinne des Angebotes. Die Genusszeile reicht von A wie Aronia-Beeren von Brigitte und Andreas Froschauer bis Z wie Zagler BIO GmbH, die den Markt mit ihrem Müsli beliefern. Und dazwischen

finden sich unzählige, mit Hingabe erzeugte Köstlichkeiten, Erzeugnisse und originelle Schöpfungen wie Speck, Honig, Milchprodukte, Säfte, Getreide, Nudeln und saftiges Gemüse aus der näheren Umgebung. Bäuerliche Direktvermarkter und ihr großartiges Warensortiment steht im Einkaufszentrum LEONE jeden 1. Samstag im Monat von 8:00 bis 11:30 Uhr genussversprechend im Zentrum.

WENN
BIER
DEINE WELT IST,
IST DAS DEIN
GUIDE

Die PREMIUM GUIDES von medianet

medianet

Conrad Seidl

BIER

GUIDE 2022 AUSTRIA

Österreichs beste Bierlokale, Biershops und Brauereien
Das Standardwerk für optimalen Biergenuss

Man muss nicht alles wissen.
Man muss nur wissen,
wo man nachschauen kann.

Weitere Informationen
und Bestellung unter
www.bierguide.net

STEFANSPLATZERL

Genussland

4170 Afiesl, St. Stefan am Walde 36, +43/7216/4407
stefansplatzerl.at/nahversorger
In diesem kleinen, aber feinen Laden findet man all das, was man
täglich benötigt und einiges mehr! Hier legt man Wert auf Wertschöpfung in der Region und versucht daher möglichst viel des
Sortiments von regionalen Anbietern und Produzenten zu beziehen. Wenn möglich, sind die Produkte auch biologisch hergestellt.
So kommt frisches Brot und Gebäck von der Bäckerei Wiplinger
und Bäckerei Ledermühle Bindl, Wurst & Aufschnitt von der Fleischerei Schuster aus Piberschlag, Eier aus Auberg und Käse von
Christian Stöbich in Sarleinsbach. Die Stefansplatzerl Zutritts-
karte verlängert dem Kunden die Öffnungszeiten.

NAH&FRISCH WÖBER

4160 Aigen im Mühlkreis, Marktplatz 11, +43 7281/6305
www.nahundfrisch.at/de/kaufmann/woeber
Produkte aus der Region sind bei Nah&Frisch natürlich nicht
wegzudenken. Denn Lebensmittel, die keine langen Transportwege hinter sich haben, schmecken einfach besonders gut. Und das
wiederum ist besonders nachhaltig, sichert Arbeitsplätze — und
trägt damit zur Lebensqualität von uns allen bei.

Alkovner Bauernladen

ALKOVNER BAUERNLADEN

4072 Alkoven, Prägartnerhofstraße 1a, +43/7274/71628
www.alkovner-bauernladen.at
Der Alkovner Bauernladen bringt den frischen Genuss der Region
an einen Platz. Im Angebot befinden sich einzigartige, auf traditionelle Weise erzeugte Leckerbissen von bäuerlichen Kleinproduzenten aus der Region. Insgesamt werden von ca. 50 regionalen
Bauern und Direktvermarktern feine Lebensmittel und Schmankerl angeboten, die alle hausgemacht sind. Das verführerische

Obst und Gemüse kommt aus den Genussregionen Eferdinger
Landl Gemüse und Buchkirchner-Schartner Edelobst, beim Käse
findet man regionale Spezialitäten vom Schaf ebenso wie von
der Ziege, natürlich auch in Bioqualität. Bauerngeselchtes oder
Speck sowie Rindersalami werden angeboten, es gibt Schweinefleisch, Leberkäse ebenso wie frische und geräucherte Forellen.
Frisches Fleisch vom Bio Angus-Rind und vom Lamm oder Kitz
sowie Enten und Ansfeldner Weidegänse gibt es saisonal und auf
Vorbestellung. Aus Hartkirchen stammt das jeweils prämierte
Kürbisbrot, Nussbrot, Bauernbrot, Karotten-Vollkornbrot, Vollkornbrot, das jeden Freitag frisch und je nach saisonaler Verfügbarkeit erhältlich ist. Die frischen Kuchen und Mehlspeisen
verführen mit herrlichem Duft, und auch eine Auswahl an Fruchtsäften, Leinöl, Essigen, Marmeladen, edlen Bränden, Teigwaren,
Tees, Kräutersalz, Honig, Milchprodukten, Bioprodukten wie
Topfen, Butter, Joghurt und Eier wird angeboten.

WENSCHITZ MAITRE CHOCOLATIER

4511 Allhaming, Allhaming 47, +43/7227/7115
www.wenschitz.at
Helmut Wenschitz gilt als einer der führenden Maître Chocolatiers Österreichs, ein experimentiermutiger Visionär, der mit
seinem Team aus Konditoren nur die besten Zutaten verwendet
und in seinen Kreationen oft überraschend kombiniert. Mit seinen
Produkten gewann die Confiserie Wenschitz über 100 nationale
und internationale Auszeichnungen und verarbeitet als Einzige in
Österreich die Pure Nacional, die seltenste Kakaobohne der Welt.
Seit 2018 ist Helmut Wenschitz offiziell einer der ersten österreichischen Schokoladensommeliers und gibt seine Expertise
gern an Kollegen und Interessierte weiter. Die 2019 eröffnete
Wenschitz Pralinenwelt mit Kugelkino und Duft-Universum sowie
Schokoladen- und Pralinen-Degustation bietet dem Handwerk
eine gebührende Bühne und zeigt den Besuchern alles Wissenswerte rund um die süße Gaumenfreude. Onlineshop.

BRÄUER MÜHLVIERTLER NATURBÄCKER

4203 Altenberg bei Linz, Raiffeisenweg 2, +43/7230/70950
www.naturbaecker.at
In dieser kleinen Bäckerei spürt und schmeckt man, dass backen
für Martin Bräuer Leidenschaft ist. Sämtliches Brot wird nach
alter Tradition handwerklich nach eigenen Rezepturen gebacken,
mit selbst gerührtem Natursauerteig und langer Teigführung.
Das Getreide wird zu 100 % aus Oberösterreich bezogen, der Bio
Dinkel wird in der hauseigenen Mühle gemahlen. So entstehen das
köstlich knusprige Holzofenbrot oder das gschmackige Gewürz-
laibchen mit Koriander, Fenchel und Kümmel. Eine Sünde wert ist

EIN NACHHALTIGER NAHVERSORGER IM ORT MIT LEIB UND SEELE UND STROM AUS DER EIGNEN PHOTOVOLTAIKANLAGE.

Der Nah&Frisch Markt Wöber befindet sich im Ortskern von Aigen-Schlägl. Herr Wöber wurde das Kaufmannsein sozusagen in die Wiege gelegt – er übernahm das Geschäft als junger Mann vom Vater. Er möchte die Menschen im Ort gut versorgen und gleichzeitig dazu beitragen, dass der Ortskern seine natürliche Frequenz nicht verliert, sondern ein Ort der Begegnung und des Lebens bleibt. Und nachhaltig ist der Wöber, mit einer über 100 Kw Photovoltaikanlage auch bei der Stromversorgung.

Der Nah&Frisch Markt Wöber ist ein klassischer Nahversorger, der seine Kunden mit den wichtigsten Produkten für den täglichen Bedarf eindeckt, vom ofenfrischen Gebäck bin hin zu regionalen Schmankerln. Die Produktpalette spiegelt den Anspruch auf Regionalität und Nachhaltigkeit wider. Denn Lebensmittel, die keine langen Transportwege hinter sich haben, schmecken einfach besser. Und das wiederum ist besonders nachhaltig, sichert Arbeitsplätze und trägt damit zur Lebensqualität von uns allen bei. Deshalb hat auch das „Aus'm Dorf" Regal beim Wöber so manches zu bieten. Feinste Produkte aus der unmittelbaren Nachbarschaft, die keine Zweifel darüber aufkommen lassen, wer sie gemacht hat oder wie sie verarbeitet wurden.

Süßen Genuss versprechen (und halten) beispielsweise verschiedene Honigsorten, aber auch Propolis-Tropfen aus der Imkerei von Alois Oberpeilsteiner. Frische Eier von glücklichen Hühnern kommen vom Biohof Haslinger, selbst gemachte Dinkelteigwaren von Familie Pöchersdorfer. Obstbau Allerstorfer liefert Most, Säfte und Essige, Heinz bereichert das Sortiment mit feinen Schnäpsen und Spirituosen.

Die Mühlviertler Ölmühle ist mit verschiedenen Ölen wie Distel-, Raps-, Sesam- und Hanföl in naturbelassener Qualität vertreten. Alkoholischer Quittenpunsch und Klaus' steirischer Wermut gibt es u.a. vom Pressmayr und Gabi's Genusskistl liefert feine Chutneys, Pestos, Senf und Sirupe.

Beim Wöber ist man um die Kunden bemüht. Kürzlich wurden neue Parkplätze geschaffen.

NAH&FRISCH WÖBER
4160 Aigen, Marktplatz 11 | +43 7281 6305
www.nahundfrisch.at/de/kaufmann/woeber

ÖFFNUNGSZEITEN
Mo bis Fr 7.00 - 18.00 Uhr
Sa 7.30 - 17.00 Uhr

der Mühlviertler Blau-, Rot- und Weissmohnzelten. Die „Kekse mit Sinn" – Bio-Dinkelkekse nicht nur für Kinder – oder der innovative Steinofenbrot-Edelbrand bekunden Bräuers Kreativität.

Fleischerei Traunmüller

FLEISCHEREI TRAUNMÜLLER

4203 Altenberg bei Linz, Schmiedgasse 2, +43/7230/7224
www.fleischerei-traunmueller.at

Seit 100 Jahren wird in der Fleischerei Traunmüller nach Handwerkstradition gearbeitet. Großes Augenmerk wird auf Regionalität, Frische und Geschmack gelegt, Johannes Traunmüller achtet bei der Herkunft und Auswahl der Tiere auf beste Qualität. Die große Palette an verführerischen Wurstwaren und Schinken ist ausschließlich hausgemacht, im Imbissbereich findet man viele Schmankerln wie Kesselheiße, warmes Bauchfleisch oder Leberkäse in verschiedenen Variationen. Von Mittwoch bis Samstag gibt es Stelze, Ripperl und Schopf gegrillt, frisches Gebäck liefert die Bäckerei Haubis. Ein Angebot von Produkten der regionalen Bauernhöfe sowie Teigwaren und Olivenöl ergänzen das Sortiment. Man kauft hier genussvoll ein und kommt auch wegen der freundlichen Bedienung gerne wieder. Plattenservice.

ZIEGENHOF ECKERSTORFER

4203 Altenberg bei Linz, Pargfried 3, +43/7230/7481
www.ziegenhof-eckerstorfer.hofportrait.at

Am Ziegenhof Eckersdorfer wird seit über 30 Jahren feinster Heumilch-Ziegenkäse hergestellt. Derzeit liefern 50 Milchziegen den Rohstoff, aus dem Evelyn und Bernhard Mayr feinsten Ziegenkäse in jeder erdenklichen Art erzeugen: als Frischkäse, Camembert, Schnittkäse, in Kräutern gewälzt oder als Aufstrich ... und darüber hinaus werden auch Ziegenmilch und -joghurt geboten. Und man schmeckt, dass die Produkte mit viel Liebe, Leidenschaft und Hingabe hergestellt werden. Eine echte Empfehlung! Aber Achtung: Von Anfang Dezember bis Ende Februar ist der Laden geschlossen, denn im Winter brauchen die Ziegen ihre Milch selbst. Die Produkte gibt es im Hofladen Do von 9:00 bis 18:00 Uhr und am Südbahnhofmarkt Linz jeweils freitags von 6:00 bis 12:00 Uhr und samstags von 6:30 bis 12:00 Uhr und am Hof im neu aufgestellten Kühlschrank zur Selbstbedienung.

ALTHEIM

GENUSS-METZGEREI LETTNER

4950 Altheim, Bahnhofstraße 1, +43/7723/42241
www.lettner.fleischer.at

Die Genuss-Metzgerei wurde einem Totalumbau unterzogen und erstrahlt nun seit Mai 2021 in neuem, modernem Glanz. Die sorgfältige Auswahl des Fleisches, das von traditionellen bäuerlichen Betrieben aus der Umgebung stammt, und meisterliche Handwerksqualität sind die Eckpfeiler der vielfach prämierten Fleisch- und Wurstspezialitäten der Genuss-Metzgerei Lettner. Die geschmackvolle Stärke liegt in der Schinkenvielfalt: vom Saunaschinken, Krenschinken über Mehrkräuterschinken und Winzerschinken bis zum Wacholderschinken oder den Rindersaftschinken, die allesamt in feinster Handarbeit (weder gepresst noch geklebt) gefertigt werden. Auch die beliebten Altheimer Dauerwürste, Kärntner Roh- oder Hauswürstel, Bauerngeselchtes, der Innviertler Surspeck aus der gleichnamigen Genussregion oder ein köstliches Aufschnittsortiment fehlen nicht. Der Großteil der Produkte ist glutenfrei. Donnerstags gibt es frischen und geräucherten Fisch. Die heiße Theke bietet Kaspressknödl, Surbratl u.v.m. Die Beratung ist freundlich und kompetent. Catering-Service.

GENUSSBAUERNHOF JENICHL

4950 Altheim, Wagham 1, +43/676/9056080
www.genussbauernhof-jenichl.at

Genussbauernhof Jenichl

Qualität beginnt bei den Wurzeln, darum werden die Schweine am Hof der Familie Jenichl nur mit dem eigenen Getreide gefüttert. Vom zarten Schinken über gschmackige Würste und dem Innviertler Surspeck aus der gleichnamigen Genussregion bis zum Leberkäse, aber auch frisches Schweinefleisch wird angeboten. Vier weitere Genussregionen sind hier vertreten: Mattigtal Forelle, Sauwald Erdäpfel, Buchkirchner-Schartner Edelobst sowie Mittelburgenländische Kaesten und Nuss. Weiters gibt es Bauernsulz, selbst gebackenes Brot, Eier sowie verschiedene Brände, auch in Bio-Qualität. Speck-, Grammel- oder Leberknödel gibt's zum Mitnehmen. Daneben werden – übrigens bei sehr freundlicher Beratung – feine Liköre angeboten, Boskoop-Most, verführerische selbst gemachte Marmeladen wie Brombeer, Rhabarber-Erdbeer, Holler oder Pfirsich, aber auch eingelegte Spezialitäten. Für Feste wird vom Knödelessen über kalte Buffets bis hin zum Bratl aus der Rein viel Köstliches geboten. Öffnungszeiten Hofladen: Fr 8:00 bis 18:00 Uhr, Sa 8:00 bis 12:00 Uhr oder nach telefonischer Vereinbarung. Die Produkte sind auch jeden Donnerstag und Freitag am Bauernmarkt in der Weberzeile in Ried im Innkreis erhältlich oder über den Onlinehop.

SPECK O' THEK
4950 Altheim, Stadtplatz 1, +43/699/81636300
speckothek.at
Auch in Altheim macht Familie Zaglmayer in ihrem im Frühjahr 2021 neu eröffneten Genuss- und Dekoladen mit ihren selbst erzeugten Produkten Lust auf besondere Fleischwaren, wie dem Innviertler Surspeck aus der Genussregion, Karreespeck, Schopfspeck, Bauchspeck oder den Speck-o-thek scharfen Hauswürsteln (Speck o'thekerl). Produkte von anderen regionalen Anbietern wie Feinkostspezialitäten, Fleischwaren, Käse, Öle, Essig, Wein und Spirituosen sowie Geschenkartikel, Deko, Geschenkpakete u.v.m. runden das Angebot ab. Onlineshop.

ALTMÜNSTER

FISCHER IN DER WIES
4813 Altmünster, Fischerweg 20, +43/7612/89931
www.fischer-in-der-wies.at
Seit vielen Generationen betreibt die Familie von Gerlinde Trawöger das Fischerei-Handwerk – bekannt ist sie auch als „Fischerin vom Traunsee". Tägliches Netzauslegen am Abend und Einholen der Netze mit dem Fang am Morgen garantiert die Frische der Produkte, die dann zu Fischleberknödeln, Räucherfisch, Stanglfisch, Fischsuppe oder zu Aufstrichen verarbeitet werden.

ANDORF

BÄCKEREI BUCHEGGER
4770 Andorf, Hauptstraße 30, +43/7766/2029
www.baeckerei-buchegger.at
Seit mittlerweile drei Generationen legt die Familie Buchegger großen Wert auf regionale Rohstoffe, ehrliche Handarbeit und echten Geschmack. Die Lieferanten für Getreide, Gewürze, Eier und Milchprodukte kommen alle aus der näheren Umgebung. Das Mehl, das in der Backstube verwendet wird, ist auch zu 100 Prozent aus Österreich. Aus diesen erstklassigen Rohstoffen fertigen acht tüchtige Bäcker und vier kreative Konditorinnen in einer kürzlich modernisierten und bestens ausgestatteten Backstube täglich feinste Backwaren wie würzige Natursauerteigbrote, knusprige Weckerl, resche Salzstangerl und feine Mehlspeisen. Die handgemachten Köstlichkeiten können Kunden im Stammhaus in Andorf und in drei weiteren Filialen (Raab, Riedau, Schärding) sowie bei sechs Gaifahrern (rollende Filialen) kaufen. Onlineshop: www.brot-shop.at

BAD GOISERN AM HALLSTÄTTERSEE

SENFEREI ANNAMAX
4822 Bad Goisern am Hallstättersee, St. Agatha 38
+43/6135/50723
www.senferei.at

Senferei Annamax

Senf hat viele Leben. Rainer Baumgartner schenkt ihm ein neues, schmackhaftes Leben, denn Senf ist mehr als nur ein treuer Begleiter für Würstel und Co. In reiner Handarbeit kredenzt er Senf in mehr als 30 Geschmackssorten, die allesamt den Gaumen überraschen und erfreuen. Das Geheimnis der Senferei ist das Kaltmahlverfahren, in dem alle Aromen und wertvollen Wirkstoffe der Gewürz- und Heilpflanze Senf erhalten bleiben. Bei Annamax entdeckt man den überaus beliebten nussig-pikanten Steyrersenf, Waldhonigsenf, Chilisenf, Mohnsenf, Senf aus Wachauer Marillen, Ananas Chilisenf, Tomatensenf, Sardellensenf, Currysenf … um nur einige zu nennen. Sensationell ist der Senfkaviar, der in verschiedenen Variationen erhältlich ist und ein Geschmackserlebnis der besonderen Art bietet. Schon beim ersten Bissen erkennt man die Vielfalt an Aromen, und der zarte Biss erinnert an echten Kaviar. Senfkaviar Bier und Honig, Senfkaviar Gurkerl oder der beliebte Senfkaviar Salzzitrone zeugen von Rainer Baumgartners Kreativität! Und wer noch das Besondere sucht, wird auch bei Annamax fündig: Birnenfruchtaufstrich mit Chili und Garam Masala, Goiserer Nudeln, Senfflocken, Salzzitronen, Senflöffel aus Kirsch- oder Lindenholz machen das besondere Angebot komplett. Führungen durch die Schau-Senferei nach vorheriger Anmeldung. Onlineshop.

UNIMARKT BAD GOISERN

4822 Bad Goisern am Hallstättersee, Obere Marktstraße 9
+43/6135/70326
unimarkt.at/standort/bad-goisern
Die Wurzeln von Unimarkt liegen in den ländlichen Regionen Österreichs, wo viele kleine Erzeuger ihre Produkte mit Liebe und Handwerkswissen herstellen. Die enge Zusammenarbeit mit den regionalen Produzenten zieht sich in diesem Unimarkt durch alle Warengruppen, von der Obst- und Gemüseinsel bis hin zum Feinkostbereich. Ausgezeichnete Beratung.

BAD HALL

ZELLINGER – FEINKOST BY GOURMETFEIN

4540 Bad Hall, Hauptplatz 18, +43/7258/3519
www.zellinger.at
Seit über 80 Jahren vertrauen Kunden auf die hochwertigen Handwerksprodukte und deren ausgezeichnete Qualität. Kern der Philosophie von Gerald Zellinger ist es, in puncto Qualität keine Kompromisse einzugehen. Bei Wurst und Schinken findet man eine fabelhafte Auswahl an Produkten aus eigener Erzeugung, darunter hervorragenden Bratschinken oder original Beinschinken, luftgetrockneter Prosciutto, Speck und Salami, aber auch eine Vielzahl an fettreduzierten Köstlichkeiten. Das Frischfleisch wird perfekt präsentiert. Angeboten werden weiters Käse aller Art (darunter auch Schafkäsespezialitäten, Bio-Ziegenkäse, italienische sowie französische Feinheiten). Hier bekommt man das Beste geboten! Catering-Service.

Zellinger – Feinkost by Gourmetfein

BAD ISCHL

GREISSLEREI LIFESTYLE & GENUSS

4820 Bad Ischl, Wirerstraße 6, +43/664/1816061
www.greisslerei-ischl.at
Gerhard Schierl bietet in seiner Greisslerei Genussmomente für den Gaumen im historischen Ambiente der Villa Dietrichstein. Die Spezialitäten aus Österreich und aus aller Welt werden direkt von Bauern, Direkterzeugern und Winzern bezogen. Es gibt hier nicht nur erlesene Weine, feinste Öle, Senfvariationen, Pesto, Wurst- und Käsespezialitäten, Schokoladen, Schnäpse und andere Köstlichkeiten zu kaufen, man kann herrlich gustieren und kosten, bevor man sich zum Kauf entscheidet. Ergänzt wird die Auswahl durch die hauseigene Marke „Schierl's feine Genussmanufaktur & Liqueure", mit feinsten Produkten, z.B. Fruchtaufstriche wie Sisi's Erdbeeraufstrich mit Prosecco, Franz Lehar Fruchtaufstrich mit Zirbenschnaps, Franz Josef mit Nussschnaps und natürlich mit allen Klassikern wie Marillen-, Erdbeer-, Apfel-, Himbeerbrotaufstriche. Ebenso gibt es das Feigen-Chili-Gelee, das perfekt zum Käse passt. Zur Hausmarke GIN Boom No1 wurden zwei weitere Gin kreiert — GIN o'clock, der Gin für jede Stunde, und der GIN Franz Josef, mit 50 Vol.-% — ein Muss für GIN Kenner.

ISCHLER LEBKUCHEN – FRANZ TAUSCH

4820 Bad Ischl, Schulgasse 1, +43/6132/236341
www.ischler-lebkuchen.at
Die Geschichte des Ischler Lebkuchen begann, als ein Nürnberger Lebzelter und Wachsziehermeister die Lebzelterei in Bad Ischl im 19. Jahrhundert gegründet hatte. In der Ischler Backstube am Franz-Stelzhamer-Kai wird heute noch nach den alten, überlieferten Rezepten gebacken, die auf das Jahr 1848 zurückgehen. Über 40 verschiedene Lebkuchen-Spezialitäten entstehen hier in Handarbeit aus Mehl aus der Region, hochwertigem Honig und jede Menge anderer guter, natürlicher Zutaten wie Nüsse, Früchte und Gewürze sowie eine sehr hochwertige Schokolade. Auch edle Lebkuchenschokolade, feine Lebkuchentorte mit Nougat und Kirschfülle gibt es hier zu entdecken — ein wahres Paradies für Lebkuchenfreunde! Den Ischler Lebkuchen gibt es auch aus Dinkelmehl und selbstverständlich in vielen verschiedenen Geschenksverpackungen. Ebenfalls hier zu finden: Kosmetik auf Honigbasis wie Honigseife, Honigschaumbad, Honigshampoo von Haslinger. Onlineshop.

KONDITOREI ZAUNER

4820 Bad Ischl, Pfarrgasse 7, +43/6132/23310-0
www.zauner.at
Für die traditionelle österreichische Konditorei und ehemaliger k.u.k.-Hoflieferant & Hofzuckerbäcker ist es seit eh und je oberstes Gebot, die Tradition zu pflegen, Altbewährtes zu bewahren und trotzdem dem Modernen aufgeschlossen zu sein. Die mit vielen Auszeichnungen bedachte Konditorei ist eine Genuss-Institution im Salzkammergut und lockt mit ganz speziellem Flair und einem überragenden Angebot an hochwertigen süßen Verführungen. Bekannt sind die sensationelle Zauner-Stollen oder auch die Ischler Oblaten, insgesamt aber werden über 250 verschiedene Tortenspezialitäten wie die Oblatentorte oder die Linzer Torte angeboten. Umwerfend ist auch die Palette an feinsten und in traditioneller Handarbeit hergestellten Pralinen,

die Wahl zwischen 60 verschiedenen Sorten fällt schwer. Und wer nicht nach Bad Ischl kommen kann, kann vom weltweiten Spezialitäten-Versand Gebrauch machen!

MAISLINGER VOLLWERTBÄCKEREI

4820 Bad Ischl, Auböckplatz 11, +43/6132/23728
www.baeckerei-maislinger.at
Filialen: 4820 Bad Ischl, Grazerstraße 50 und Brennerstraße 5. Seit über 30 Jahren pflegt Ernst Maislinger das Bäckerhandwerk nach Tradition von Hand, das heimische Getreide aus biologischem Anbau wird in der eigenen Mühle vermahlen. Daraus entstehen knusprige Spezialitäten auf Sauerteigbasis wie das Roggen-, Dinkel- und Kamutbrot oder das Holzofenbrot. Die Natursole für die Brotherstellung stammt von der „Ischler Marie Louisen Quelle". Unbedingt probiert werden sollten die diversen süßen Rouladen. Im Angebot finden sich auch Bio-Tee und Bio-Kaffee, Bio-Teigwaren und Müsli sowie Spezialöle und -essige.

BAD LEONFELDEN

HOFBAUER'S GENUSSVIERTEL

4190 Bad Leonfelden, Burgfriedstraße 19, +43/676/6480940
hofbauers-genussviertel.at
Seit rund 40 Jahren werden in der familiengeführten Destillerie hofeigene Rohstoffe zu Hochprozentigem verarbeitet. Angefangen bei aromatischen Whiskys und puristischen Edelbränden über aufregende Gins und vielfältige Liköre bis hin zu scharfen Spirits und süffigem Most ist hier für jeden Geschmack etwas dabei. Das Sortiment wächst ständig. Der Platz selbst ist beeindruckend. Ein 200 Jahre altes Gewölbe wurde zum Schauraum der Sonderklasse. Hier werden Schaulustigen und Interessierten tiefe Einblicke in die Welt des Whiskys, des Gins und der Edelbrände gewährt.

LEONE MARKT

GENUSS GUIDE AWARD 2023

4190 Bad Leonfelden, Mitterweg 1
+43/7234/82205-1010
Gewinner des Genuss Guide Award 2023, „Bester Genussladen in Oberösterreich"/Kategorie Am Markt, siehe Seite 161.

Leone Markt

MÜHLVIERTLER LANDBÄCKEREI ERLEBNIS- UND SCHAUBÄCKEREI

4190 Bad Leonfelden, Gewerbepark 2 , +43/7213 93026-30
www.mlb.at

Mühlviertler Landbäckerei

Hinter der Marke Mühlviertler Landbäckerei stecken die Handwerksbäckereien Filipp aus Walding und Pammer aus Bad Leonfelden. Die Schaubäckerei und Erlebnisbäckerei mit Brotkino und Drive in ist schon besonders. Drive in – Brot & Gebäck backfrisch zum bequemen Mitnehmen. Die Mühlviertler Landbäckerei legt großen Wert auf ihr Handwerk. Bäcker mit Leib und Seele, so beschreiben sie sich selbst. Von morgens bis abends gibt es hier frisches Gebäck, Sauerteigbrote, Kekse und Cracker, Frühstücke sowie kalte und warme Snacks – alles von Hand und mit viel Liebe nach eigenen Rezepturen zubereitet. Ergänzt werden die Leckereien durch Kaffee, Tee und ein warmes Lächeln.

BAD SCHALLERBACH

FRAU HOLLE – DER BIOLADEN

4701 Bad Schallerbach, Linzer Straße 2, +43/7249/42697
www.holle-bioladen.at
Bei frau holle wird Regionalität gelebt – im eigenen Regionalbereich werden die verschiedensten Lieferanten aus der Region vor den Vorhang geholt. „Unsere Produkte erzählen stets Geschichten über ihre Hersteller, die Region, über Traditionen und fast vergessenem Wissen." Angeboten werden neben Produkten aus der Region viel Frisches wie Obst und Gemüse in einer bunten Vielfalt, ebenso wie feine Käsespezialitäten wie Scheunenkäse, Rohmilch-, Ziegenfrisch-, Berg-, Kochkäse, geräucherter Mozarella, Scamorza und Biotopfen. Und auch die Auswahl bei Wurst und Schinken sowie beim Frischfleisch überzeugt. Daneben gibt es knuspriges Brot und Gebäck vom Mauracher Hof und von Brotsüchtig, regionale Bio-Freilandeier, feine Aufstriche, frisch gepresste Säfte, Tee oder fair gehandelten Kaffee. Viele der Produkte für das tägliche Leben gibt es zum Selbstabfüllen. Das finden wir großartig! Auf Wunsch kann Dinkel, Einkorn, Weizen, Hafer und Buchweizen gleich vor Ort in der eigenen Getreide-

mühle frisch vermahlen werden. Die wunderschönen Produkte der Firma Räder und der Marke Eulenschnitt ergänzen das umfassende Sortiment, das auch mit traumhaften Grußkarten in verschiedensten Motiven bestickt. Neu bei frau holle: neben den verschiedensten Produkten zum schöner Wohnen und Essen gibt es auch ausgewählte Kindermode und schöne Dinge für die kleinsten frau holle Kunden.

Frau Holle – Der Bioladen

BIO-BÄCKEREI CAFÉ-KONDITOREI STÖCHER
4283 Bad Zell, Marktplatz 2, +43/7263/7228
www.stoecher.at
Schon seit 1260 wird hier im Bäckerhaus Brot gebacken, verwendet werden 100 % biologische Rohstoffe. Die Teige werden nach alter, hauseigener Rezeptur zubereitet und händisch geformt. Das beliebte Mühlviertler Urbrot wird nach wie vor im Holzofen ausgebacken — und das schmeckt man! Auch das Bio-Zeller-Brot, die berühmten Stöcher Butterkipferln oder die Mühlviertler Urbrot-Kräcker zum Knabbern sind sehr zu empfehlen. Aber auch die süße Abteilung weiß zu gefallen: Zum Genuss verführt eine große Auswahl an Torten — darunter die Linzer Torte ebenso wie die Bad Zeller Torte, ein beliebtes Mitbringsel. Mit der Eismanufaktur „Natur Eis" hat sich Karl Stöcher einen weiteren Traum erfüllt — das Natur Eis besteht ausschließlich aus natürlichen Rohstoffen, die großteils aus der unmittelbaren Hügellandschaft des Mühlviertels kommen. Onlineshop.

HEDWIGS GARTL
4283 Bad Zell, Brawinkel 26, +43/7263/6291
www.hedwigsgartl.at
Kleiner Mühlviertler Bio Betrieb, der sich mit der Verarbeitung von Kräutern, Gemüsen und Früchten, köstlichen Fruchtaufstrichen, Kräuterpasten, Chutneys, Kräutersirupen, Kräuterkissen und so manch anderen Schmankerln beschäftigt. In Hedwigs Gartl wird „Natur pur" geboten: Bio-Köstlichkeiten aus der Region, mit den selbst erzeugten Spezialitäten sowie Schmankerln von Biobauern aus der Umgebung und fair gehandelten Produkten.

Mit der Natur-Bio-Saft-Sirup Auswahl und der Kräuter-Limonade „Zischerl" erhielt Hilda Gruber schon viele Auszeichnungen und Preise, so wurde z.B. der Holunder-Schafgarbe-Lavendel-Sirup bereits mehrfach ausgezeichnet. Die Auswahl an Schafkäsespezialitäten, Kräutergelees, edlen Schnäpsen, Likören, Getreiden, Tee- und Gewürzspezialitäten aus dem Mühlviertel und Honig heimischer Imker ist hervorragend. Abgerundet wird die Palette mit Hausgemachtem wie die vielen feinen Fruchtaufstriche, Kräuterpestos, Chutneys und Kräuternudeln sowie vielen weiteren Gesundheitsprodukten. Das Wissen um die Kräuterkunde und der Erfahrungsschatz aus der Bio-Küche fließen hier mit ein. Vorträge, Kochkurse, Führungen durch den Kräutergarten sind nur nach vorheriger telefonischer Anmeldung möglich.

Hedwigs Gartl

KASTNER ZIEGENSPEZIALITÄTEN
4342 Baumgartenberg, Schneckenreithstal 9, +43/7269/7192
www.bio-produkte.at
Mit Herz und Leidenschaft bewirtschaftet Rudolf Kastner seinen Biohof, der seit über 200 Jahren in Familienbesitz ist. Hergestellt werden feinste Ziegenspezialitäten. Den rund 40 Ziegen geht's hier richtig gut, und das sieht und schmeckt man. Die Auswahl reicht von Ziegencamembert über Ziegenschnitt- und Ziegenweichkäse bis zu Ziegenbällchen in Öl oder Ziegenkäsesalat in Öl. Frischer Topfen natur oder mit Gewürzen verfeinert und Ziegentrockenmilch sowie von März bis Mai Kitzfleisch bereichern das Angebot. Frau Kastner erzählt gerne mehr über die Produkte und ihre Ziegen, sehr freundlich und natürlich sehr kompetent.

BIOHOF SILBER
4611 Buchkirchen, Welser Straße 2, +43/664/2518006
www.biohof-silber.at
Auf dem Biohof der Familie Silber tummeln sich in intakter Natur nicht nur Enten und Gänse, sondern auch Puten, Legehühner, Perlhühner, Schwäbisch-Hällische Landschweine und schot-

tische Hochlandrinder. Im sehr geschmackvoll eingerichteten Hofladen wird eine feine Palette an Bio-Produkten aus eigener Erzeugung und von ausgesuchten Partnerbetrieben angeboten. Neben dem Gemüse aus der Genussregion Eferdinger Landl Gemüse wie Kartoffeln, Rote Rüben, Tomaten, oder saisonal auch Paprika, gibt's auf Bestellung frisches Fleisch von den eigenen Tieren. Darüber hinaus werden aber auch Brot, Teigwaren, Honig, Eier, Milch & Joghurt und Butter, Käse, Öle u.v.m. angeboten. Hier wird Einkaufen bei toller Beratung zum Genuss.

OBSTHOF SCHIEFERMÜLLER
4611 Buchkirchen, Spengenedter Straße 31, +43/7242/28038
www.obsthofschiefermueller.at
Im wunderschön eingerichteten Hofladen des Obsthofes Schiefermüller werden nicht nur ca. 30 verschiedene Apfelsorten, sondern auch Birnen, Weichseln, Zwetschken, Kirschen, Marillen, Mini-Kiwis und Quitten – vieles davon aus der Genussregion Buchkirchner-Schartner Edelobst – perfekt präsentiert. Die Früchte aus eigener Erzeugung werden am Hof zu Säften wie dem prämierten Apfelsaft, Apfel-Holundersaft, Apfel-Karotten-Saft oder Apfel-Quitten-Saft, Apfelmost, exquisiten Edelbränden wie Apfelbrand, Williamsbrand, Weichselbrand, Vogelbeerbrand oder Hagebuttenbrand, Likören, Dörrobst, Apfelessig oder Quittenessig veredelt. Angeboten werden darüber hinaus Honig, hauchdünne (Schoko-) Apfelchips, handgeschöpfte Schokoladen, edles Kürbiskernöl oder Holundersirup.

DIETACH

GOURMETFLEISCHEREI ZEHETNER
4407 Dietach, Winklingerstraße 8, +43/7252/38254
www.zehetner-fleischer.at

Gourmetfleischerei Zehetner

Die Gourmetfleischerei Zehetner punktet seit über 50 Jahren mit der sehr hohen Qualität der angebotenen Produkte, verkauft wird ausschließlich Frischfleisch aus der engsten Heimat. So stammt z.B. das Schweinefleisch aus der Region um Steyr, das Rind- und Kalbfleisch aus dem unteren Mühlviertel. Über 100 Wurst-, Schin-

ken- und Speckspezialitäten werden im EU-zertifizierten Betrieb in Dietach produziert, auch zahlreiche Bio-Feinheiten werden angeboten. Viele Eigenkreationen wie der Dietacher Saftschinken, die Dietacher Speziale, Zehetners Frankfurter oder die Mozzarellabratwurst mit Basilikum zeugen von der großen Vielfalt der Produkte. Daneben setzt man aber auch auf Convenience, zum Genuss verführen hier Putenspieße, Kaspressknödel, Schweinsbraten, Speck, Gourmetplatten oder bereits marinierte Hüftsteaks. Vervollständigt wird die Palette an regionalen Feinheiten mit frischem Bauernbrot & Gebäck, Käse, Obst & Gemüse, Eiern oder Ölen u.v.m. Die Gourmetfleischerei ist darüber hinaus aber auch Caterer (unter anderem wird Spanferkelgrillen angeboten), für den Hunger zwischendurch gibt es appetitliche Mittagsmenüs. Zudem punktet Zehetner mit dem ersten Fleischer-Drive-in Österreichs.

EBERSTALZELL

BÄCKEREI CAFÉ SCHMIDLER
4652 Eberstalzell, Hauptstraße 5, +43/7241/5574
www.schmidler-brot.at
Filiale: 4551 Ried im Traunkreis, Hauptstraße 31.

Bäckerei Café Schmidler

Brot mit Herz. Seit sechs 6 Generationen wird in Eberstalzell Brot und Gebäck mit handwerklichem Geschick, traditionellen Verfahren und höchstem Qualitätsbewusstsein gebacken. Das gesamte Backwarensortiment wird mit Naturvollsalz und Natursauerteig produziert: Zur Auswahl steht eine Vielfalt an Brotsorten, darunter reines Dinkelvollkornbrot, Schwarzroggenbrot, Hanfbrot, Rotkornbrot oder Walnussbrot. Handgemachtes Kleingebäck, darunter auch die Dinkel-Handsemmel, die neu im Programm ist, und Jausengebäck sowie nach alten Originalrezepten gefertigte Torten, Mehlspeisen und Feingebäck verführen zum Genuss. Zusätzlich gibt es auch Müsli, Honig, Dinkelprodukte, Knödelbrot, Brösel, Nudeln, Kaffee oder Tee. Das überaus freundliche Personal rundet den sehr guten Eindruck ab.

ACHLEITNER BIOHOF

4070 Eferding, Unterm Regenbogen 1, +43/7272/485970
www.biohof.at

Was als kleiner Hofladen mit Verkauf von den eigenen Feldern in Eferding begann, ist heute ein sehenswerter Bio-Frischmarkt. Auf dem eigenen Biobauernhof werden Karotten, Pastinaken, Porree, Salate, Brokkoli, Kohlrabi, Kraut, Paprika, Gurken, und neuerdings auch Grünspargel, geerntet und kommen direkt in den Laden. Schauen, riechen, probieren – im Achleitner Bio-Frischmarkt gibt's immer irgendetwas zu gustieren: frisches Obst und Gemüse, köstliche Käsesorten – vom milden Butterkäse über scharfen Chilikäse bis hin zu Schaf- und Ziegenkäsespezialitäten, feinste Fleisch- und Wurstspezialitäten, Forellen, Saibling, Lachs von der Biofischzucht Krieg sowie Biofisch Haider, im Holzofen gebackenes Brot, feine Weine und mehr. Auch Dinge, die man nicht überall bekommt, wie zum Beispiel Rohmilch oder „Wildererstangerl" vom Rotwild gibt es hier. Vieles davon stammt von kleinen Biobauern aus der Region. Einkauf ist hier ein echter Genuss und ganz bio. Die Biokiste ist ein Lieferservice vom Biohof Achleitner. Jede Woche werden die Biokisten mit erntefrischem Obst & Gemüse gefüllt und direkt zu den Kunden nach Hause geliefert. Onlineshop.

EFI

EFI

4020 Eferding, Linzerstraße 4/2, +43/677/63766566
www.lebensmittelpunkt-efi.at

Lebens.mittel.punkt Eferding. Efi, eine Genossenschaft, präsentiert die saisonale, bunte Vielfalt aus der Region und diese Qualität und Frische schmeckt man. Die ehrliche und sorgsame Produktion der hochwertigen Lebensmittel ist Evi ein besonderes Anliegen! Regionalität ist hier kein Lippenbekenntnis, sondern gelebte Realität. Familie Huemer, das nächstgelegenes Mitglied, ist gerade einmal 750 Meter von Efi entfernt. Alle Genossenschaftsmitglieder stammen aus Oberösterreich - der Großteil davon aus dem Bezirk Eferding. Efi's Sortiment reicht von Obst,

Gemüse und Getreide aus dem Eferdinger Becken und Obst-Hügel-Land bis hin zu frisch gebackenem Bauernbrot und neu kreierten Köstlichkeiten, vorwiegend von bäuerlichen Familienbetrieben. Daneben findet sich regionale Kunst und traditionelle Handwerkskunst.

Jungmaier – Ihr Metzger mit Herz

JUNGMAIER – IHR METZGER MIT HERZ

4070 Eferding, Stadtplatz 18, +43/7272/4155
www.jungmaier.at

Manuel Jungmaier, „Der Metzger mit Herz", steht für regionale, bodenständige Fleisch- und Wurstspezialitäten. Im herrlich nach frischem Geselchten duftenden Geschäft gibt's neben delikaten Wurst- und Schinkenspezialitäten auch Spezialitäten wie Omas Vergossenes (gebratenes Surfleisch im Tonkrug mit Fett eingegossen), original Schartner Bauernspeck, Karree und Bauchspeck nach hauseigenem Rezept. Frischfleisch und Wurstwaren gibt es von Lamm, Schwein, Rind, Geflügel. Vom sehr freundlichen Personal werden täglich wechselnde Mittagsmenüs angeboten. Verschiedene hausgemachte Aufstriche und Knödel, eine feine Auswahl an österreichischem Käse, frischem Obst und Gemüse aus den Genussregionen, Brot von Eferdinger Bauern, Eier, Milchprodukte und Salate runden das Angebot ab. Freitags und samstags gibt es darüber hinaus frischen Fisch. Catering mit Grillbuffets sowie mit kalten und warmen Buffets.

HOF MALENINSKY

4470 Enns, Maria Anger 20, +43/650/6776919
www.maleninsky.at

Als einziger österreichischer Betrieb erfüllt der Hof Maleninsky die Kriterien der ursprünglich aus Italien stammenden „Citta slow" Bewegung. Die Kriterien für einen Einzelbetrieb sind: Erhaltung alter Bausubstanz, Erhaltung von Grünraum in einer Stadt, regionale Produkte - Urprodukte, Ab-Hof-Verkauf u.a. Der Hof ist das einzig erhaltene „Sacherl" auf dem historischen Boden im Ennser Stadtgebiet. Die 300 Jahre alte Bausubstanz wurde über Generationen erhalten und behutsam mit einem modernen Holzzubau erweitert. Mit viel Liebe und Leidenschaft produziert dort Karin Maleninsky Most- und Obstperlweine, wie Moseccco, Holler-, Marillo-, Powerberry- und Redhotsecco. Geschmacks-explosiv verarbeitet sie das landschaftsprägende Kulturgut, die Birne, in Kooperation mit dem Genussbauernhof Distelberger zu neuen spannenden Produktlinien, wie NONEssig und NONKaviar in den Geschmacksrichtungen Birne, Gurke, Rote Rübe und Maracuja. Die innovativen Produkte bringen den Geschmack der reinen Natur auf die Gaumen und wurden vielfach prämiert und ausgezeichnet. Eintauchen, genießen, riechen, schmecken - eine Reise der besonderen Art.

HOFLADEN ENNS
4470 Enns, Linzer Straße 8, +43/7223/80602
www.hofladen-enns.at
Im Hofladen von Silvia Egger gibt es immer wieder Neues zu entdecken. Das angebotene Vollsortiment stammt vorwiegend aus der Region, aus Ober- und aus Österreich. So findet man Speck und Fleisch vom Duroc- und Mangalitzaschwein, Wildwürste, Feines von Sonnberg Biofleisch, Edelteile vom Hochlandrind, Bio Wildhendl und Puten, Bio Enten und frischen Fisch. Milchprodukte gibt's von Kuh, Ziege und Schaf, knuspriges Brot stammen von der Biohofbäckerei Mauracher und Hoflieferant Bachleitner. Säfte, Most, Kamptaler Wein, Öle, Essige, Getreide und Nudeln lassen keine Wünsche offen. Auch für Naschkatzen ist gesorgt mit Buburuza Eis, Pralinen und Schokoladen von Bachhalm und Wenschitz. Alles in allem ein Geschäft für heimatverbundene Feinschmecker!

FRAHAM

ÖLMÜHLE RAAB

4070 Fraham, Oberhillinglah 8, +43/699/122 56741
www.oel-muehle.at
Mitten im Eferdinger Becken werden aus 100 Prozent biologischen Saaten hochwertige kaltgepresste Speiseöle. Durch die schonende Kaltpressung behält jedes Naturöl seinen arttypischen Geschmack und seine Vitalstoffe. Die Öle werden nicht nachbehandelt und enthalten keine Zusätze. Die Verarbeitung von Kleinmengen garantiert Frische und höchsten Genuss. Während die Öle so rasch wie möglich nach dem Pressen in die

Flaschen gefüllt werden, hat der Naturessig viel Zeit, um sein fruchtiges Aroma zu entwickeln. Weiters im Angebot sind glutenfreie Mehle. Onlineshop.

FRUCHT & SINNE

4890 Frankenmarkt, Mühlberg 8, +43/7684/20238
www.fruchtundsinne.at

Wenn vollreife Früchte auf erlesene Schokoladen treffen, dann ist es FRUCHT & SINNE. Erstklassige Qualität der Rohstoffe, echtes Handwerk, perfekte Technik, absolut saubere Arbeit und die Kunst, dies alles zu einem besonderem Ganzen zusammenzuführen. Das Geheimnis des unvergleichlichen Geschmacks sind die regionalen Früchte bester Qualität, die in Handarbeit verlesen und schonend gefriertrocknet werden. Himbeere, Apfel, Banane, Marille, Erdbeere gibt es einfach zum Naschen als Fruchtpralinen, Fruchttrüffeln, gefüllte Schokoladen und ca. 25 verschiedene Sorten an Fruchtschokoladen. Die Erdbeeren stammen aus der Genussregion Buchkirchner-Schartner Edelobst. Betriebsführungen nach Vereinbarung. Onlineshop.

Bauernladen Xund Leben

BAUERNLADEN XUND LEBEN

4240 Freistadt, Hauptplatz 9, +43/7942/72287
www.bauernladenfreistadt.at

Genuss am Ursprung ist hier wörtlich zu nehmen, die regionale Kreislaufwirtschaft steht im Fokus des täglichen Tuns, es geht um saisonale und regionale Nahversorgung – denn man kennt jeden Erzeuger und Landwirt persönlich. Das vielseitige Sortiment mit über 1.600 Produkten umfasst hauptsächlich Regionales wie Schaf- oder Ziegenkäse, Speck, Putenschinken, Obst und Gemüse mit Herkunftsangabe, Convenience-Produkte wie Leberknödel oder Frischfleisch von Ziege, Lamm, Schwein und Rind. Jeden Freitag gibt es frische Fische: Regenbogen- sowie Lachsforelle, Bachsaibling- und Eismeersaibling. Brot und Gebäck werden von mehr als fünf Bäckern aus der Region geliefert, für Nasch-

katzen gibt es herrlich duftende und frische Mehlspeisen und Krapfen. Nicht fehlen dürfen hier natürlich Most und Schnaps. Honig, Gewürze, Nudeln, Getreide- und Milchprodukte machen das Angebot „vollwertig". Ebenfalls im Bauernladen zu finden: „Pedacola" aus der Eberraute (Colastrauch), die von Bio-Bauern im Mühlviertel angebaut wird. Das geschmackvolle Sortiment wird auch als Catering, Buffet oder Plattenservice angeboten. Auch Geschenkkörbe werden gerne individuell zusammengestellt sowie Picknickkörbe für Familienpicknick, Romantik-, Aktiv-, Partypicknick, auch mit vegetarischen und veganen Varianten. Onlineshop.

Lubinger der Zuckerbäcker

LUBINGER DER ZUCKERBÄCKER

4240 Freistadt, Hauptplatz 10, +43/7942/72686
www.lubinger.at

Das Zuckerbäcker- & Lebzelterhaus am mittelalterlichen Hauptplatz ist vor allem für seine süßen Köstlichkeiten bekannt. Naschkatzen werden hier täglich mit feinsten backofenfrischen Torten, Mehlspeisen und Strudeln (jeder Montag ist Strudeltag mit saisonalen Köstlichkeiten wie warmer Topfen-Marille oder Topfen-Blaubeer-Strudel oder Mühlviertler Strudel mit Äpfel und Zwetschken mit luftig leichter Topfenfülle), exquisiten Lebkuchenspezialitäten oder handgefertigten Pralinen, darunter auch die Bier-Kugeln, mit Freistädter Bier und Bierschnaps verfeinert, in Versuchung geführt. Das reichhaltige Angebot lässt Genießer-Herzen höherschlagen, im Sommer gibt's auch erfrischende Eisspezialitäten aus eigener Erzeugung.

FLEISCHMANUFAKTUR ANTON RIEPL

4210 Gallneukirchen, Dienergasse 5, +43/7235/63898-15
www.antonriepl.at

Nachhaltigkeit. Regionalität. Qualität. Diese Werte verkörpert die Fleischmanufaktur Anton Riepl. Die Verarbeitung des Fleisches beginnt in der hauseigenen Schlachtung, die den Grundstein der hohen Qualität legt. Die persönliche Selektion durch Anton Riepl beim trockengereiften Rindfleisch schafft die Basis der Marke „Luxus Beef". Wurstwaren werden täglich frisch hergestellt. Zusätzlich zur breiten Fleisch- und Wurstauswahl werden täglich frisch gekochte Speisen zu Mittag angeboten. Darüber hinaus gibt's eine feine Palette an Pasteten, Saisongemüse, Nudeln und Sonnentor-Gewürzen. Catering-Service.

UNIMARKT DEISINGER

4210 Gallneukirchen, Dr. Rennerstraße 1, +43/7235/66522
unimarkt.at/standort/gallneukirchen
Der Faktor Genuss wird beim Unimarkt vom Ehepaar Deisinger großgeschrieben. Daher bieten sie als Nahversorger den Kunden neben einem vielfältigen Sortiment auch zahlreiche ausgezeichnete Produkte aus der Region, denn sie wissen: Genuss verbindet. Genuss bedeutet, dem Alltagsstress zu entfliehen, Wohlbefinden zu schaffen, den Gaumen zu verwöhnen sowie ein Bewusstsein für die Produkte und deren Herkunft zu schaffen. Dieser Genuss steht sowohl bei den Markenprodukten als auch bei der Zusammenarbeit mit den regionalen Produzenten im Vordergrund. Und sie glauben an die besondere Qualität ihrer Partner – landwirtschaftliche Handwerksbetriebe, die ihr ganzes Können und ihre Leidenschaft in ihre Produkte stecken. Meist ist es das Wissen, das über Generationen weitergegeben wurde und heute aus der Region für die Region erzeugt wird. Die Mitarbeiter haben ein freundliches Lächeln, geben Auskunft und helfen gerne bei Fragen weiter. Zusätzlich bieten die Deisingers einen Plattenservice vom Feinsten: Ob Käseplatte, Schinkenplatte, gemischte Platte, Fitnessplatte, Brötchen, Partybrezel oder die selbst zusammengestellte „Mehr für mich"-Platte – hier ist für jeden Anlass etwas dabei. So macht der tägliche Genusseinkauf Spaß.

Dorfer Metzger Nah&Frisch

DORFER METZGER NAH&FRISCH
4851 Gampern, Hauptstraße 21, +43/7682/43486
www.nahundfrisch.at
Ein sehr stilvoller Nahversorger mit einer ganz besonderen Fleisch- und Feinkostabteilung. Die Familien Murauer und Holl betreiben bereits seit mehr als 20 Jahren einen eigenen Schlachtbetrieb mit Produktion. Somit hat dieser Nahversorger

die Metzgerei gleich im Haus. Ein besonderes Augenmerk wird auf Frische in der Feinkost, aber auch in allen anderen Bereichen gelegt. So verführt die große Obst und Gemüse Insel mit bunter Vielfalt. Das Angebot an Käse lässt keine Wünsche offen. Jeden Freitag ab 11:30 Uhr gibt es vom Chef persönlich zubereitete frische Grillhendl und das Café im Haus lädt zu hausgemachten Mehlspeisen. Ein mit saisonalen Produkten und Getränken bestückter Fleischautomat befindet sich vor dem Geschäft.

BIOHOF GEINBERG

4943 Geinberg, Moosham 33
+43/7723/21 521810
www.biohof-geinberg.at
Gewinner des Genuss Guide Award 2023, „Bester Genussladen in Oberösterreich"/Kategorie Spezialisten, siehe Seite 161.

Biohof Geinberg

KAUFDAHOAM
4810 Gmunden, Theatergasse 6, +43/7612/22400
www.kaufdahoam.at
Ein Geschäft für alle, die gerne bewusst einkaufen und hochqualitative Lebensmittel sowie innovative Produkte von österreichischen, kleinstrukturierten Landwirten, die einen sorgfältigen Umgang mit der Natur, den Menschen sowie den Tieren pflegen, schätzen. Das umfangreiche Produktangebot reicht von Lebensmitteln über Kosmetikprodukte bis hin zu Wein und Schnäpsen und wird ständig erweitert. Besonderheiten im Sortiment: Reis aus der Steiermark, Zirbensirup, Brennnesselsalz, feine Fruchtaufstriche, Bio Zistrosen-Cremehonig, Hanfnougat, Apfel-Speck Pesto, Bio Getreide, Hanfkosmetik ... Kräuterprodukte und eine große Auswahl an alkoholischen Kräuterauszügen für Ihr Wohlbefinden runden das Sortiment perfekt ab. Gerne werden auch liebevoll zusammengestellte Geschenkkörbe angeboten. Onlineshop.

GUTAU

BIO-SCHAFKÄSEREI ORTNER
4293 Gutau, Marreith 15, +43/7946/6874-0
bioschafkaese.at

Bio-Schafkäserei Ortner

Mühlviertler Bio-Schafkäse: Das ist der bewusste und schonende Umgang mit der Natur, der Einklang im Rhythmus der Schafe. Familie Ortner bewirtschaftet ihren Betrieb seit 1989 nach organisch biologischen Richtlinien, hier leben ca. 175 ostfriesische Milchschafe und ihre Lämmer. In sorgfältiger Handarbeit wird die Schafmilch täglich zu hochwertigen und auch prämierten Bio-Schafkäsen verarbeitet, wie Frischkäse, Käsebällchen oder -würfel mariniert mit Mühlviertler Bergkräutern, nach Tilsiter Art, naturgereifter- oder geräucherter Schnittkäse. Saisonal gibt es auch zartes Bio-Lammfleisch, Schäferschinken, Lamm-Kabanossi, würzige Schafpunkerl sowie luftgetrocknete Rohwürste. Als Zusatzsortiment werden Most – natürlich Bio – Saft und Schafmilch angeboten. Die freundliche, kompetente Beratung sowie die hochwertigen Produkte vom eigenen Hof machen Lust auf Genuss. Im Einklang mit der Natur: Den Mühlviertler Bio-Schafkäse gibt es von Anfang Februar bis Ende Oktober. Geöffnet jeweils Freitag nachmittags und Samstag vormittags nach telefonischer Vereinbarung. Die Käseköstlichkeiten werden auch österreichweit versendet.

HAGENBERG IM MÜHLKREIS

HONEDER NATURBACKSTUBE
4232 Hagenberg im Mühlkreis, Hauptstraße 92
+43/7236/26003
www.naturbackstube.at

Brot mit Wurzeln: Seit 125 Jahren bietet Honeder alles, was man von einem guten Bäcker erwartet – eine gesunde Vielfalt an Brot und Gebäck, traditionell gebacken. Bio Natursauerteig, Salz-Sole, überliefertes Wissen und Ruhe. Honeders Brote bekommen genau das, was gute Brote brauchen: natürliche Rohstoffe, eine gekonnte Verarbeitung und viel Zeit. Denn eine lange Teigreife macht das Brot erst bekömmlich und geschmackvoll. Künstliche Aromen, künstliche Enzyme oder Fertigbackmischungen kommen erst gar nicht in die Backstube! Und auch die Mehlspeisen wie Mohnzelten, Topfengolatsche oder Marillenfleck bekommen das, was sie so besonders macht – reife Früchte der Saison, hausgemachte Füllungen oder selbst gekochte Cremes. Honeder bietet leckere Snacks für Zwischendurch und auch ein kleines Angebot für den täglichen Bedarf.

HARTKIRCHEN

HOF-LADEN HAISS
4081 Hartkirchen, Karling 37, +43/7273/6280
www.haiss.at

Hof-Laden Haiss

Gemüseanbau hat am Hof der Familie Haiß Tradition – seit Generationen werden auf dem Hof Gemüsepflanzen gezogen und deren Früchte geerntet – mit Bedacht auf Vielfalt und ein stimmiges saisonales Angebot. Sorgsames Ernten und gute Lagerung erlauben auch in den Monaten der Ruhe und Vorbereitung ein großes Sortiment an Einlagerungsgemüse und Erdäpfel sowie Süßkartoffeln. So können sich Genießer über mehr als 50 Gemüsesorten im Regal freuen. Aber die stilvoll eingerichtete Hofladen hat noch mehr an regionalen bäuerlichen Köstlichkeiten zu bieten: feine Käsespezialitäten (darunter auch Ziegenkäse, Bio-Käse aus Kuhmilch wie Camembert und Hofkäse) sowie Ziegenmilch, Aufstriche im Glas (Verhackert, Grammelschmalz, Leberstreichwurst), Bauernhenderl (Apr.-Okt.), Weidegänse (Nov.), Bauernbutter, Topfen, kaltgepresste Öle aus der Ölmühle Raab, Getreide, feine Mehlspeisen, Schokoladen, Weine aus Eferding, Schnäpse aus der Region, Eier, Kräuter, Salz, Nudeln, Natur- und Kräutersalze sowie Honig und Marmeladen u.v.m. Frisches Gemüse kann auch im SB-Gemüseeck von Samstag bis Montag 8:00 bis 19:00 Uhr und Mittwoch & Donnerstag 12:00 bis 19:00 Uhr ins Körbchen wandern.

MOSER BÄCKEREI & KONDITOREI

4081 Hartkirchen, Schaunbergstraße 2, +43/7273/6371
www.moser-baecker.at

Moser Bäckerei & Konditorei

Die Geschichte der Bäckerei reicht bis ins Jahr 1371 zurück. Von damals bis heute zieht sich die Liebe zum Beruf und zur Region. Gebacken wird nach alten Familienrezepten und neuen kreativen Ideen. Viele der köstlichen Backwaren wurden bereits prämiert, so auch die Fastenbrezen, das Bauernbrot, das Rustikalbrot, die Flesserl und die Böhmischen Dalken. Spezialitäten wie die Schlägler Roggen- und das Einkornvollkornbrot, Bauernbrot, Wurzelbrot und das neue Landbrot verführen zum Genuss. Und auch beim knusprigen und täglich frischen Gebäck fällt die Wahl schwer. Süßes, wie die Zimtküsschen, muss man einfach probiert haben! Die Beratung ist sehr freundlich und beweist Kompetenz.

SCHMANKERL HOFLADEN RATHMAYR

4081 Hartkirchen, Karling 36, +43/7273/20219
hofladen-rathmayr.at

Im Schmankerl-Hofladen der Familie Rathmayr finden sich mehr als 150 gschmackige Produkte rund um's Schweinefleisch sowie viele regionale und saisonale Schmankerl, vieles auch in Bio-Qualität. Die Genusspalette reicht vom saisonalen und perfekt präsentierten Gemüse, das erntefrisch direkt vom Hof kommt, über exquisite Ziegenkäsespezialitäten aus der Region bis zum hervorragenden Frischfleisch von den eigenen Schweinen und dem umfangreichen, aus eigener Produktion stammenden Angebot: Schweinefrischfleisch, Surfleisch, Verhackertes, Leberknödel, Blunzen, Sulz, Leberschädel, fertiges Beuschel, Grillfleisch mariniert, Haschee- und Speckknödel, Würste (geräuchert) und Käsekrainer, Jausenwurst, Tirolerpunkerl ... Abgerundet wird das Angebot mit knusprigem Bauernbrot aus dem Ort, süßen Bauernkrapfen, verschiedenen Edelbränden und Likören, Säften, hausgemachter Marmelade, Nudeln oder Eiern. Ein Hofladen, wo Qualität und bester Geschmack zu Hause sind!

VINOTHEK PEPERINO

4081 Hartkirchen, Rathen 20, +43/7273/69525
www.peperino.at

Nach dem Motto „Nimm Dir Zeit und genieße", eröffnet sich die Welt der Weine im sehr einladenden und gemütlichen Gewölbekeller aus alten Ziegeln aus der Monarchiezeit der Vinothek Peperino. Der Schwerpunkt im Sortiment ist auf Italien ausgerichtet, aber auch die österreichischen Weine sind sehr gut vertreten. Neben den 500 verschiedenen Weinen ist auch eine schöne Auswahl an Magnums und Grappe geboten, die darauf warten, verkostet zu werden. Zahlreiche Raritäten sowie Wein aus biodynamischem Anbau sind auch zu finden. Verfeinert wird das Angebot durch eine kleine, sorgfältige Auswahl an Alimentari wie Prosciutto, Pasta, knuspriges italienisches Brot, aber auch Sugi, Pesti, feine Antipasti, eingelegter Thunfisch, Essige und Öle, Trüffelhonig oder Trüffelbutter, Panforte, Torrone. Und als Abschluss kann man einen herrlich duftenden Espresso aus einer über 40 Jahre alten Faema-Kaffeemaschine geniessen. Ein echter Tipp, nicht zuletzt auch wegen der sehr freundlichen und überaus kompetenten Beratung. Öffnungszeiten ab 2023: nach telefonischer Vereinbarung.

HINZENBACH

ELISABETH & KURT SCHÖLNBERGER

4070 Hinzenbach, Wackersbach 16, +43/7272/4613
www.schoelnberger.at

So soll es sein: Die am Hof gehaltenen Schweine liegen auf Stroh, die im Obstgarten frei laufenden Enten und Gänse werden ausschließlich mit dem betriebseigenen Getreide gefüttert, aus dem eigenen Roggen wird köstliches Brot gebacken. Genießer werden in diesem kleinen Hofladen mit Sicherheit fündig. Neben hochwertigem Schweinefleisch, Blunzn, Leberwurst, Leberknödel, Leberschädl, Sulz (Ente und Gans gibt's zwischen Martini und Weihnachten) und prämiertem Speck werden 30 exquisite und ebenfalls mehrfach prämierte Edelbrände, Liköre und Raritäten (Asperlbrand, BBQ-Dirndl-Brand) angeboten. Anläßlich der 800 Jahre Eferding-Feierlichkeiten wurde 2022 der EFER-Gin entwickelt. Hausgemachtes Bauern- und Vollkornbrot, prämierte hausgemachte Marmeladen oder Quittengelee komplettieren das Angebot. Die Chefin berät sehr freundlich und zuvorkommend und macht nicht zuletzt auch damit den Einkauf zu einem wahren Genuss. Ab Hof Verkauf nach telefonischer Vereinbarung.

Elisabeth & Kurt Schölnberger

RUCKZUCK LADEN BEIM KRÄUTERWIRT DUNZINGER

4242 Hirschbach, Guttenbrunn 18, +43/664/4395013
kraeuterwirt.at/ruckzuckshop.html

KräuterWirt Dunzinger bietet in seinem RuckZuck Shop in Selbstbedienung 24 Stunden 7 Tage die Woche hausgemachte, mit viel Liebe hergestellte Fertiggerichte im Glas unter Verwendung von regionalen Zutaten, z.B. Karotten-Ingwer Suppe, Gemüse Sugo, Schoko-Nusskuchen, Marmelade, Bratensoße, Semmelknödel u.v.m. Zusätzlich komplettieren Bauern aus der Umgebung das Angebot mit ihren Spezialitäten wie Bio-Eier, Mühlviertler Erdäpfel, Käse vom Biohof Abraham, Senf von Pankrazhofer, Bio Kaffee, Fruchtjoghurt, Knabbereien von Kekse mit Sinn, Öle & Essige, Gewürze & Tees.

BERGKRÄUTERGENOSSENSCHAFT

4192 Hirschbach im Mühlkreis, Thierberg 1, +43/7948/8702
www.bergkraeuter.at

Die Österreichische Bergkräutergenossenschaft steht seit 1986 für Bio-Kräuter und Bio-Gewürze in höchster Qualität der Genussregion Mühlviertler Bergkräuter, die auf kleinen Feldern zwischen 500 und 800 Meter Seehöhe wachsen. Das Sortiment wird laufend erweitert und umfasst mittlerweile Bio-Gewürze und Gewürzmischungen, Bio-Tees, Bio-Sirupe, Bio-Essige, Bio-Schokoladen und Bio-Kräuterbäder. Der Shop kann direkt in der Kräuterei in Hirschbach von Mo - Fr 8:00 bis 17:00 Uhr besucht werden oder man durchstöbert ganz einfach den Onlineshop.

JAGERBAUER FISCHSPEZIALITÄTEN

4492 Hofkirchen im Traunkreis, Kiebach 6, +43/7225/7340
www.jagerbauer.at

Seit über 25 Jahren ist der Ackerbaubetrieb der Familie Jagerbauer mit einer Teichwirtschaft kombiniert. Die Erdteiche, in denen die Forellen, Lachsforellen, Saiblinge und Karpfen heranwachsen, werden vom Wasser des Ipfbaches gespeist. Das Sortiment des prämierten Fischkaisers umfasst frische oder geräucherte Filets. Karpfen gibt es im Ganzen oder in Stücken (Oktober bis März). Aber auch Aufstriche wie z.B. der hervorragende Lachsforellen-Kren-Aufstrich und Forellensalat oder Forelle in Aspik kann man hier kaufen, ebenso wie gebeizte Lachsforelle (Graved Lachs). Für die perfekte Begleitung wird ein feines Sortiment an österreichischen Weinen angeboten sowie verschiedene Gewürzmischungen. Freitags werden die Produkte auch am Stadtmarkt Linz verkauft, da gibt es dann auch ofenfrisches Bauernbrot im Programm. Hausgemachte Fischgerichte und Fischplatten auf Bestellung. Ab Hof Verkauf Di-Fr 8:00 bis 18:00 Uhr, Sa 8:00 bis 12:00 Uhr.

NAH&FRISCH KREUZHUBER

4921 Hohenzell, Hofmark 3, +43/7752/85703
www.nahundfrisch.at/de/kaufmann/kreuzhuber

Der Familienbetrieb bietet auf einer Verkaufsfläche von 350 m² Genussprodukte aus der Region in bester Qualität sowie kulinarische Besonderheiten. Obst und Gemüse sind frisch und knackig und werden perfekt präsentiert. Die Feinkosttheke bildet das Herzstück des Geschäfts und überzeugt mit sorgfältig ausgewählten Wurst-, Schinken- und Selchspezialitäten aus dem Innviertler Raum, aber auch aus ganz Österreich. Cabanossi, Jausen- und Jagdwurst findet man ebenso wie feinen Schinken- oder Bauchspeck, die Palette an Käsespezialitäten verführt zum Genuss. Brot und Gebäck kommen aus der Backstation, aber auch von Meisterbäckern aus der Region. Und es gibt Produkte „aus'm Dorf" wie Innviertler Honig und Bio-Getreide wie Roggen, Weizen, Dinkel, Dinkel-Reis, Dinkel Vollkornmehl, Weizen Vollkornmehl, Dinkelgrieß und Haferflocken. Gerne werden auch Feinkostplatten nach individuellen Wünschen zubereitet.

BIO-OBSTHOF WIESMEIER

4615 Holzhausen, Niederprisching 2, +43/7243/57153 oder +43/680/2012904
www.bio-obsthof.at

Familie Wiesmeiers Entschluss, in den Obstbau einzusteigen, folgte auch die Selbstverständlichkeit, dies nach biologischen

Kriterien zu machen. „Bio ist uns ein großes Anliegen und bedeutet für uns höchste Qualität, als auch einen wertvollen und ressourcenschonenden Umgang mit der Natur." Geschmackvolles aus eigener Bio-Landwirtschaft, viele Produkte aus der Region und eine besonders herzliche und kompetente Beratung zeichnen diesen Hofladen aus. Äpfel, Birnen, Erdbeeren, Marillen und Zwetschken aus eigenem Bio-Anbau, sowie Säfte, Sirupe, Moste, Frizzante, Essige, (Schoko-) Apfelchips, Fruchtaufstriche, Müsli, Edelbrände, Liköre und Gin zählen unter anderem zum Sortiment. Einkaufen voll Genuss ist hier garantiert.

KALTENBERG

Biobrennerei & Biohof Thauerböck

BIOBRENNEREI & BIOHOF THAUERBÖCK
4273 Kaltenberg, Silberberg 8, +43/664/1020999
www.thauerboeck.com
„Klein, aber fein und dafür höchste Qualität." Nach diesem Motto wird auch der Hofladen der BioBrennerei & Biohof Thauerböck geführt. Es gibt mit viel Liebe und in Handarbeit hergestellte Edelbrände und Liköre, Gin, Kaltenberger Whisky mit handgeschriebenem Etikett, Kräutertees, Speck vom Kaltenberger Whiskyschwein und Dinkelprodukte (Nudeln, Mehl, Reis) und Pechöl. Fleisch gibt es auf Vorbestellung (Murbodner Weiderinder, Wildmasthühner, Kaltenberger Whiskyschwein). Alle Produkte sind 100 % Bio und stammen aus eigener Herstellung vom Familienbetrieb. Der edel eingerichtete Hofladen lädt jederzeit zum Gustieren und Verkosten ein. Auch Busgruppen sind herzlich willkommen. Onlineshop.

KIRCHDORF

BIOBAUERNLADEN KREMSTAL
4560 Kirchdorf, Simon-Redtenbacherplatz 7, +43/7582/52109
www.biobauernladen-kremstal.at
In diesem einladenden Bauernladen spürt man die Nähe zur Natur. Was vor ca. 25 Jahren als Initiative von rund 30 Biobauern aus dem Kremstal begann, ist bis heute gleich geblieben: mit Sorgfalt und Verantwortung hergestellte Produkte von den besten Erzeugern der Region. Das Angebot an frischem und knackigem

Obst – auch aus der Genussregion Eferdinger Obst – ist überwältigend, unter anderem werden auch verführerische, frisch gepresste Fruchtsäfte angeboten. An der Wursttheke gibt es feinste Biowürste und Nationalpark Kalkalpen Bio-Rind aus der Genussregion, Kübelspeck und Wollschweinspezialitäten vom Turopoljehof in Nußbach. An der Käsetheke reicht die Auswahl an Spezialitäten von Gouda mit Möhrensaft und Ziegenkäsecamembert bis zu Käse mit Bockshornklee und 14 Monate gereiftem Bergkäse. Es gibt Biofisch aus Aquakulturen, darüber hinaus werden Süßkartoffeln, Mangold, frische Ingwerwurzeln, Avocados, knuspriges Bauernbrot, edle Bioweine, Liköre, Olivenöl, Biomilchprodukte und Biogewürze und Bio Dinkel-Müslis angeboten, ebenso eine große Vielfalt an biologisch erzeugtem Wein, Bier, Edelbränden und Likör, aber auch Süßwaren und gesunde Knabbereien. Von Montag bis Freitag 8:00 bis 11:00 gibt es ein genussvolles Frühstück – vom Dinkelmüsli über klassisch bis zum „Do it yourself"-Frühstück und von 11:30 - 13:30 Uhr gibt es einen biologisch-vegetarischen Mittagstisch. Und: Man kann hier auch unverpackt einkaufen! Das Personal berät sehr freundlich und kompetent.

Biobauernladen Kremstal

LAAKIRCHEN

WAGNERS WEINSHOP
4664 Laakirchen, Weinstraße 31, +43/7613/440440
www.wagners-weinshop.com
Wagners Weinshop bietet eine feine Selektion von über 3.000 Weinen aus aller Welt. Es gibt edle Tropfen aus Österreich und Deutschland, Frankreich, Italien, Spanien, Chile, Portugal, Argentinien, Australien, Neuseeland oder den USA, natürlich werden auch Schaumweine, Süß- und Portweine und Cherry angeboten. In Versuchung führen aber auch hochwertige Brände, Grappa, Cognac, Whisky und Gin sowie Weine aus bio-dynamischem Anbau oder der Alpin Sake aus Salzburg. Ebenso: Craft Biere oberösterreichischer Brauereien, Pasta, edle Olivenöle, Essige und Öle von Gölles, Sugo, Gewürze oder auch Meersalz runden das Angebot ab. Für den süßen Abschluss gibt's Edelschokolade. Beraten wird man hier mit viel Kompetenz und Charme von diplomierten Sommeliers.

SCHNEIDERBAUER GEWÜRZE

4772 Lambrechten, Augental 7, +43/7765/358
www.innviertler-gewuerze.at
Was vor zwanzig Jahren mit Kümmel und Mohn auf zwei Hektar

Schneiderbauer Gewürze

begonnen hat, wurde zu einer Erfolgsgeschichte: Franz und Irmgard Schneiderbauer sind erfolgreiche Gewürzbauern geworden. Wer den stattlichen Hof betritt, der erlebt sofort ein Geruchserlebnis. Die hohe Qualität der Produkte – die übrigens am Hof hergestellt werden oder zumindest aus der Region stammen – zieht sich durch alle Sortimente. Spezialitäten sind Gewürze und Gewürzmischungen (auch offen!) sowie Gewürzöle, Kräutersalze und Salatkräuter. Angeboten werden aber auch edle Liköre und exquisite Brände, feine Apfel- oder Karottensäfte, Honig, Getreide, Eingelegtes, verschiedene Marmeladen, Nudeln und Tees. Empfehlenswert sind der Innviertler Senf in der Variante „A Scharfa Senf" und „A Siassa Senf". „Die Gewürzwelt mit allen Sinnen erleben" – unter diesem Motto wurde ein Gewürzkino eröffnet, eine multimediale Erlebniswelt, in der das Handwerk im Vordergrund steht und dem Besucher der spannende Weg vom Anbau bis zur Ernte und Verarbeitung der Gewürzpflanzen vermittelt wird.

BIO HOFKÄSEREI REIN

4132 Lembach im Mühlkreis, Feichten 4, +43/7286/8319 oder +43/664/3145482
30 Milchkühe liefern die Bio Heumilch, die Josef Rein auf seinem Hof zu köstlichem Käse in bester Qualität verarbeitet. Im Biohofladen der Käserei Rein kann man aus einem kleinen, aber sehr feinen Käsesortiment wählen: ob Schnittkäse wie der milde Bauernstolz oder die cremig aromatischen Hügelgraf oder Kürbiskerndl oder der Reingold, ein kernig aromatischer Bergkäse ... da fällt die Auswahl schwer! Honig, Säfte und Nudeln aus der Region werden ebenso angeboten wie Schnäpse und Liköre. Wenn man

es nicht zu den Öffnungszeiten in den Laden schafft, kann man einfach kurz anrufen und am Hof vorbeischauen.

LENGAUER LADEN

5211 Lengau, Lengauer Hauptstraße 17, +43/699/19693546
In diesem Hofladen werden vorrangig Produkte von Lieferanten aus Lengau und der Umgebung angeboten. Das vielseitige Sortiment umfasst regionale und saisonale Produkte von über 50 Lieferanten aus der Umgebung und reicht von Brot über Milchprodukte, Obst, Gemüse, Fleisch, Säfte, Essig, Bier, Schnäpse bis hin zu Bio-Müsli und Schokoladen. Weiters werden Produkte aus der Werkstätte Mattighofen angeboten. Im Lengauer Laden werden Produkte regionaler Direktvermarkter von Beschäftigten der Lebenshilfe-Werkstätte Mattighofen verkauft.

FLEISCHEREI JOSEF DERNTL

4060 Leonding, Alhartingerweg 1, +43/732/677300
www.fleischerei-derntl.at

Fleischerei Josef Derntl

„Qualität ohne Kompromisse", lautet die Philosophie der Fleischerei Derntl. Ausschließlich Tiere aus der direkten Umgebung werden in der hauseigenen Schlachtung verarbeitet, und fast 100 Prozent der angebotenen Fleisch- und Wurstwaren stammen aus der eigenen Produktion. Neben einem reichlichen Sortiment an Fleisch, darunter auch echtes Milchkalb aus dem Mühlviertel, Lamm und Geflügel überzeugt die sehr gute Auswahl an hauseigenen Speck- und Schinkenspezialitäten ebenso wie die zart gereiften Steaks aller Art, unter anderem auch das Dry Aged Steak und spezielle Cuts vom Rind und Schwein. Von Montag bis Freitag gibt es viele küchenfertige Gerichte sowie ein schmackhaftes Mittagsmenü, das vor Ort genossen oder mit nach Hause genommen werden kann. Die Bedienung ist sehr freundlich und kompetent, das Angebot wird durch ein kleines Sortiment an Käse, Eiern, Säften, Most aus der Region sowie Gebäck und Teigwaren abgerundet.

NUSSBÖCKGUT

4060 Leonding, Gaumberg 6, +43/732/671954
www.nussboeckgut.at

Ein besonderer Hofladen. Hier wird auf Herkunft mit Geschmack viel Wert gelegt. Die Region ist eine echte Schatzkammer und liefert Leondinger Grünspargel aus der Genussregion frisch vom Feld, der – anders als der Bleichspargel – an der Erdoberfläche bei viel Luft und Sonne gedeiht. Aber auch ein kleines, feines Weinangebot wie Red Uhu, Velsecco Schaumwein sowie Spirituosen aus eigener Produktion wie der Likör VelKoer und der Tresterbrand TreVel. Im Angebot findet sich darüber hinaus Österreichs erstes Spargel Bier, gebraut mit Grand Vert. Daraus wurde nun ein in der Champagnerflasche versektetes Spargelbockbier. Weiters gibt es einen köstlichen Spargel-Essig, der mit Oststeirischen Äpfeln vereint wurde. Seit Mitte 2018 ist der Tresterbrand Reserve im Verkauf, eine drei Jahre im Eichenfass gereifte Spezialität. Onlineshop.

LICHTENBERG

HOFLADEN GEFLÜGELHOF LEITNER

4040 Lichtenberg, Gramastettner Straße 10, +43/7293/6317
www.leitner-ei.at

Ein besonders sympathischer Hofladen, der geschmackvolle Überraschungen bietet. Eier aus Freilandhaltung und Bodenhaltung, 20 Sorten Hausmachernudeln, Dinkelnudeln, Schokoladen und Eierlikör von Fam. Leitner und Speck und Würste von Fam. Kogler. Zusätzlich werden Geschenkpakete und Geschenkkörbe, gefüllt mit regionalen Schmankerln (Säfte, Cider, Sirupe, Marmeladen, Liköre von Fam. Schurm, Edelbrände und Liköre von Fam. Schneider (Holzbauerngut), Öle von den Farmgoodies, Weißes Gold Salze von Veda im Hofladen angeboten. Der Hofladen ist von Montag bis Sonntag jeweils von 6:00 Uhr bis 20:00 Uhr geöffnet.

LINZ

BÄCKEREI FENZL

4040 Linz, Freistädter Straße 428, +43/732/245935
www.baeckereifenzl.at

Die Bäckerei Fenzl ist seit 1967 mit „Laib und Seele" Handwerksbäcker in Linz-Urfahr. Als regionaler „Troadbäcker" steht Fenzl für beste Zutaten und die Verwendung von oberösterreichischen Mehlen und Gewürzen aus kontrolliertem Anbau. Der hauseigene Natursauerteig, reines Natursalz und Granderwasser schaffen längere Haltbarkeit, besten Geschmack, Sicherheit und Natürlichkeit. Brotspezialitäten von Fenzl sind unter anderem das UU-Vollkornhausbrot (aus feingemahlenem Vollkornmehl), Dinkel-Vollkornbrot sowie das Franzi Brot (mit Leinpresskuchen). In jedes Gebäckskörberl gehören Troadspitz, Mohnflesserl und auch die beiden Dinkelweckerl. Eine breite Auswahl an süßen

Köstlichkeiten vervollständigt das Angebot. In den 17 Filialen kann sich der Kunde mit abwechslungsreichen Snacks oder einem Frühstück nach Wahl stärken.

BIERTEMPEL

4020 Linz, Graben 15, +43/732/947878
www.biertempel.at

Gut sortiertes Biergeschäft mit belgischem Schwerpunkt und den wichtigsten österreichischen Craft Bieren (Gusswerk, Hofstetten, Loncium, Bevog, Brew Age). Biertempel-Exklusivimport der Monyo Craft Biere aus Ungarn. Das industrielle Angebot reicht von Asahi über die Kultmarken Astra und Augustiner bis Weihenstephan. Groß – aufgrund der Nachfrage – ist das Sortiment an Geschenkartikeln und Gläsern. Das Angebot reicht von stilvollen Geschenkkörben, Geschenkkisten, Geschenksäckchen bis zu eigenen Bierträgern – alle für eine individuelle Zusammenstellung geeignet. Wer hochprozentigeres sucht, wird ebenfalls fündig: Whisky, Gin, Rum und vieles mehr – auch hier wird nichts ausgelassen. Onlineshop!

BRANDL, MEISTER DES HANDGEBÄCKS

4020 Linz, Bismarckstraße 6, +43/732/7736352
www.baeckerei-brandl.at

Filiale: Landstraße 48, 4020 Linz. Die Traditionsbäckerei Brandl im Herzen der Linzer Innenstadt ist seit jeher bekannt für Backwaren höchster Qualität. In einzigartiger Kombination werden hier hochwertigste Zutaten nach alten Familienrezepturen nach wie vor ausschließlich in Handarbeit zu feinstem Brot und Gebäck veredelt. Ein exklusiver Genuss, den man einfach schmeckt. Hier verbindet sich handwerkliche Backkunst mit Gemütlichkeit im modernen Ambiente der ersten gläsernen Schaubäckerei Österreichs. Kunden und Bäcker teilen sich als Hauptakteure dieselbe Bühne. Dabei kann bei einem entspannten Frühstück oder einem kleinen Imbiss der gesamte Produktionsablauf von der Zusammenführung der regionalen Rohstoffe über die Fertigstellung durch traditionelle Handarbeit bis hin zum Backen auf Steinplatten erlebt werden.

CONFISERIE ISABELLA

4020 Linz, Landstraße 33, +43/732/779697-0
www.confiserie-isabella.at

Einer der ältesten Familien-und Traditionsbetrieben auf der Landstraße. Allein der Blick in die Vitrinen der Confiserie Isabella lässt die Herzen von bekennenden Schokoholikern höherschlagen, denn in dieser Confiserie dreht sich alles um Schokolade! Feinste Trüffel und Pralinen von Marc Chocolatier, köstliche Schokoladen von Zotter, Rohkost, Fruchtkonfekt und feine Linzer Torten. Eine außergewöhnliche Spezialität – weiche aromatische französische Pflaumen, Pruneaux d'Agen, gefüllt mit Orangencreme, getunkt in Zartbitterschokolade mit einem Kakaoanteil von 80 %. Spezielle Anfertigungen sind jederzeit möglich. Erlesene Marken wie Slitti, Niederegger, Blanxart, Frucht und Sinne, Bonnat, Bachhalm, Leone, Marzet, Idilio Origins, Lauenstein, Läderach, Coppeneur u.v.m. finden sich ebenfalls im Angebot. Onlineshop.

DIE PASTAMACHER

4020 Linz, Marktplatz 20, +43/660/4020133
www.diepastamacher.at

Gewinner des Genuss Guide Award 2023, „Bester Genussladen in Oberösterreich"/Kategorie Weltgenuss, siehe Seite 161.

Die Pastamacher

DIE PASTAMACHER

ESSIG'S

4020 Linz, Niederreithstraße 35b, +43/732/770193
www.essigs.at

Essig's

Restaurant und Edelgreißlerei – also vor Ort genießen oder Spezialitäten für zu Hause mitnehmen, oder beides. Ob Rind-, Kalb-, Lamm- oder Gemüsesugo, verschiedenste Jus, Saucen und Suppen wie Fischfond, Hummersauce sowie Karotten-Ingwer-, Steinpilz-, Zwiebel- oder Kürbiscurrysuppe oder fertige Gerichte wie Rindsgulasch, Rindsrouladen, Kalbsvögel, frische Pasta und vieles mehr – die Köstlichkeiten stammen fast ausschließlich aus eigener Produktion und vielfach aus biologischen Zutaten. Aus den Genussregionen kann man weitere Spezialitäten finden, für den süßen Abschluss werden Kekse nach Saison und Edelschokoladen angeboten. Und auch der Weinkeller, die „Schatzkammer" des Hauses, wird den Genusssuchenden mit so manchem edlen Tropfen in Versuchung führen. Angeboten werden auch viele themenbezogene Kochkurse für ambitionierte Hobbyköche.

FEINBÄCKEREI EICHLER

4040 Linz, Leonfeldnerstraße 209, +43/732/254664
www.baeckerei-eichler.at

Filialen in Linz: Leonfeldnerstraße 133; Aubergstraße 35; Leonfeldnerstraße 73. Ein Familienbetrieb, der für wertvolles Brot, knuspriges Gebäck, handgeflochtenen Butterbrioche, saftigen

Plunder, hausgemachte Kuchenvariationen und guten Kaffee steht. Das Sortiment an Backwaren ist von Hand gemacht und die Philosophie, natürliche, gesunde und handgemachte Backwaren zu erzeugen, gilt auch heute noch. Gearbeitet wird als Team, der Erfolg beruht auch auf allen Mitarbeitern. Wertvolle Rohstoffe, handgemachte Verarbeitung und zufriedene Mitarbeiter garantieren auch in Zukunft eine hohe Qualität der Backwaren. Zur Auswahl stehen zahlreiche herrlich duftende Natursauerteig-, Vollkorn- oder Dinkelbrote, aber auch Vollkorn- und Spezialgebäck wie Nussvintschgerl, Dinkelweckerl oder Baguette. Und natürlich gibt es auch ein breites Angebot für Naschkatzen mit Topfentascherln, süße Kränze oder Krapfen sowie die besten Nuss- und Mohnkronen aus saftigem Plunderteig. Besonders ans Herz gelegt sei diese Bäckerei aber auch Frühaufstehern: Das Bäckerfrühstück gibt es hier ab 4:30 Uhr!

GOTTFRIEDS OBST UND GEMÜSEWELT
4020 Linz, Südbahnhofmarkt 2, +43/664/3979833
obstundgemuesewelt.at
Das Obst und Gemüse von Gottfried Pirklbauers Obst und Gemüsewelt kommt erntefrisch direkt vom Feld in das Fachgeschäft am Südbahnhofmarkt. Täglich werden rund 200 frische, köstliche Produkte angeboten: Original Wachauer Marillen, schmackhafte Melonen aus Eferding, auserlesene Pilze, feiner Spargel aus der Region und Feigen begeistern verwöhnte Gaumen. Obst und Gemüse werden essreif geerntet, exotische Früchte kommen als Flugware. So ist einzigartiger Geschmack garantiert. Gourmets können aus verschiedenen Trüffelarten wählen, der weltberühmte Trüffel aus Alba nimmt hier einen wichtigen Platz ein.

Gottfrieds Obst und Gemüsewelt

GRAGGER&CIE HOLZOFENBÄCKEREI

Genussland

4020 Linz, Landstraße 66, +43/660/1040536
www.gragger.at
„Brot und Gebäck sind für uns mehr als ein Grundnahrungsmittel. Unsere Bio Backwaren sollen ein Genuss sein, den man sich gönnt und der einen verwöhnt. Ebenso möchten wir mit unseren Bio Mehlspeisen den Kunden ein Lächeln ins Gesicht zaubern," so der

Anspruch von Helmut Gragger. Deshalb gehen Genuss und Verantwortung hier Hand in Hand. Gragger ist eine Bäckerei, die sich sozial engagiert, auf umweltverträgliche Produktion achtet und sich um das Weiterbestehen des Handwerks bemüht. Gebacken wird direkt vor den Kunden. Dadurch können die Backwaren mit allen Sinnen erlebt werden.

GRAND WHISKY
4020 Linz, Klosterstraße 6, +43/732/772219
grandwhisky.at

Grand Whisky

„In good spirits we trust!" Dem Besucher eröffnet sich im Grand Whisky die spannende Welt der Spirits in einem breiten, selektierten Aromenspektrum mit einer reichen Auswahl an Whisky-, Rum- und Ginspezialitäten, zahlreichen französischen Champagnern, herrlichen Cognacs sowie ein ausgesuchtes Sortiment an edlen Weinen vor allem von österreichischen Winzern. Pralinen aus Frankreich und Schokoladen aus aller Welt, Tees, diverse Antipasti, Pesto- und Sugo-Spezialitäten, Gewürze und Schokoladen verführen zu noch mehr. Fachliche und freundliche Beratung, periodische Verkostungen von Whisky, Gin und Rum (Termine auf der Homepage). Onlineshop.

HAM & LUIS, FLEISCH- UND WURST-SPEZIALITÄTEN ALOIS HÖRLSBERGER
4040 Linz, Strabergerstraße 5, +43/732/731245
www.ham-luis.at
Alois Hörlsberger hat sich voll und ganz dem Genuss verschrieben, Ihrem Genuss! Auf höchstem Qualitätsniveau versteht sich, und es werden nur die besten Zutaten in einer außergewöhnlichen Vielfalt geboten: aus Südamerika Steaks vom Angus Rind, aus Australien edles Lammfleisch. Hausgemachter Beinschinken mit Natursalz, Saunaschinken, Putenschinken, Rindersaftschinken, Rauchschinken, Hamburger, Karreespeck, Schlußspeck, Teilsames, Selchkarree, Selchschopf, Selchbrüstel stammen aus eigener Produktion und der feine luftgetrocknete Rohschinken wird von Vulcano aus Feldbach geliefert. Aber auch die Eigenkreationen wie Tomaten-Mozarella-Bratwürstel oder

Chili-Kalbsleberaufstrich sprechen für sich. Weiters verführen eine feine Auswahl an sehr guten Weinen, in Fässern gereifter Balsamico-Essig, handgefertigte Pasta oder auch Bio-Joghurts sowie Bio-Gemüse aus der Region. Täglich warme Menüs und eine kleine Auswahl an Sauergemüse, Getränken und Gewürzen machen das Angebot vollständig. Die Beratung ist freundlich und kompetent.

HONEDER NATURBACKSTUBE
4020 Linz, Pfarrplatz 19, +43/732/242401
www.naturbackstube.at
Seit 125 Jahren gibt es das gute Honeder Brot im Mühlviertel, und mittlerweile ist es an 22 Standorten erhältlich. Bei jedem Stück, das man aus der Naturbackstube Honeder genießt, spürt man die Vielzahl an natürlichen Rohstoffen. Beim Brot findet man Spezialitäten wie den „Mühlviertler Laib", ein traditioneller, rustikaler Bauernbrotlaib, der noch nach Holzofenart auf Steinplatten gebacken wird. Daher auch der unverkennbare und einzigartige Geschmack. Zahlreiche Bio-Produkte in bester Qualität verführen ebenso zum Genuss, eine goldprämierte Spezialität darunter ist der Bio-Roggenlaib, den es auch in einer großen 3kg Variante gibt. Unbedingt probieren sollte man auch die Mohnzelten oder die verschiedenen Mühlviertler Biodinkelspezialitäten! Mit Begeisterung berät das Honeder-Team über die vielen Köstlichkeiten aus Backstube und Konditorei.

K.U.K. HOFBÄCKEREI
4020 Linz, Pfarrgasse 17, +43/732/784110
www.kuk-hofbaeckerei.at

K.u.K. Hofbäckerei

Absolut bezaubernde, kleine Bäckerei, die nicht nur des geschichtsträchtigen Hauses mit der ältesten Holzfassade von Linz wegen einen Besuch wert ist – die k.u.k. Hofbäckerei ist auch die älteste Bäckerei von Linz. Neben den köstlichen Gebäcksorten, Broten und Mehlspeisen zählen Elisabethkränzchen, Kaiserkuchen und Linzer Torte – sie fand ca. 1656 ihre erste Erwähnung – zu den Spezialitäten des Hauses, die auf Wunsch gerne auch versendet werden. Ganz besonders sind die diversen Trüffel-

sorten und Trüffelspezialitäten wie Trüffel-Salami, Trüffel-Käse und Trüffel-Öl. Ein feines Sortiment an Marmeladen, Honig oder Sirup gesellt sich hinzu. Die charmante Bedienung rundet den sehr guten Gesamteindruck ab. Die Hofbäckerei 2.0 in der Hofgasse 3 ist gleichsam eine moderne Interpretation des Hauses, aber auch hier erinnern kleine Details an die lange Tradition der k.u.k. Hofbäckerei.

KÄSEGLOCKE
4020 Linz, Südbahnhofmarkt 17, +43/732/600943
www.kaeseglocke.at

Käseglocke

Wer Lebensfreude in Form von Käse sucht, ist in dieser „Fromagerie" am Linzer Südbahnhofmarkt genau richtig, denn hier wird die gesamte Geschmacksvielfalt des Naturproduktes Käse geboten. Spezialitäten aus Familienbetrieben, bäuerlichen Hofkäsereien und kleinen Dorfsennereien aus Österreich, Frankreich, Italien, der Schweiz und Deutschland lassen keine Wünsche offen. Mehr als 300 Sorten – mit besonderem Schwerpunkt auf österreichische sowie französische Spezialitäten – stehen zur Auswahl, im Sommer sind es durch das große Angebot an Frischkäsesorten noch mehr. Eine geschmackvolle Auswahl an frischer Pasta, marinierten Oliven, Senfsaucen, Risottoreis und Antipasti sowie feinste Salami aus Italien rundet das Sortiment ab. Die Beratung ist freundlich und kompetent. Onlineshop.

LACKINGER FLEISCH UND WURST VON MEISTERHAND
4020 Linz, Marktplatz 21, +43/732/663016
www.fleischerei-lackinger.at
Das Wissen um die Herkunft des Fleisches ist Andreas Lackinger wichtig. Und besonders wichtig ist ihm, über die Aufzucht der Tiere und die verwendeten Futtermittel Bescheid zu wissen. Wenn Tier, Natur & Mensch im Einklang sind, wirkt sich das auf die Qualität des Fleisches und somit auch auf die Qualität der verarbeiteten Produkte aus, ist Lackinger überzeugt. Die Flei-

scherei erzeugt Spezialitäten noch nach alten Rezepturen – 90 Prozent der Wurstwaren werden selbst hergestellt. Im freundlichen Geschäft am Südbahnhofmarkt werden feinste Sauna-, Wacholder- oder Kürbisschinken (auch in Bio-Qualität) ebenso wie italienische Spezialitäten wie Salami oder Cervelat angeboten, aber auch hausgemachte Aufstriche, Pasteten, Sulze, Spinat-, Kaspress-, Speck-, Haschee-, Leber- oder Grammelknödel sowie Milzschnitten und auch Pulled Pork. Für Liebhaber von Fisch gibt es Räucherforelle oder Räuchersaibling. Darüber hinaus verwöhnt Lackinger mittags mit einer feinen Menüauswahl. Genuss ist hier garantiert. Onlineshop.

MARC CHOCOLATIER
4020 Linz, Harrachstraße 4, +43/732/775461
www.marc-chocolatier.at

Marc Chocolatier

MARC CHOCOLATIER
HAUTE CUVÉE

Ein süßer Traum begegnet dem Genießer in der Linzer Innenstadt in Form von exquisiten Schokoladenkreationen, erlesenen Trüffeln und feinen Macarons. Selbst wenn man nur ein wenig degustieren und schauen möchte, wird man in dieser Schokoladenmanufaktur fantastisch süß verführt. Feinste handgefertigte Pralinen und Schokoladen, die kleine Kunstwerke sind, schmelzen zart am Gaumen. Himmlische Macarons gibt es in 20 bunten, unwiderstehlichen Sorten. Der süßeste Teil von Linz!

MEERESBRISE
4020 Linz, Rainerstraße 12, +43/680/4033284
www.meeresbrise.at
Feine Fische aus der ganzen Welt: Schon der Name dieses Fischladens in der Linzer Rainerstraße lässt den Besucher an den letzten Urlaub am Meer denken, an den Genuss von frischem Fisch ... Wie der Name schon sagt, wird in diesem kleinen Geschäft Fisch angeboten, allerdings nicht nur aus den Weltmeeren, sondern auch aus heimischen Gewässern. In der Vitrine verlocken Lachs, Buntbarsch, Seehecht, Tintenfisch, aber auch Miesmuscheln und frische Forellen. Eine Herkunftsliste liegt zur Information auf. Übersichtlich, sauber, kompetent. Heiße Fischsuppe gibt es auch zum Mitnehmen. Und: Ab jeweils 4 Teilnehmern werden Kochkurse mit Weinbegleitung im Geschäft durchgeführt.

MÜHLVIERTLER LANDBÄCKEREI

4020 Linz, Landstraße 12, +43 732 771350
linzerie.at/shop/muehlviertler-landbaeckerei
Auch in der Mühlviertler Landbäckerei in der Linzerie geht es um beste Backkunst. Bäcker mit Leib und Seele, so beschreiben sie sich selbst. Von morgens bis abends gibt es hier frisches Gebäck, Sauerteigbrote, Kekse und Cracker, Süßwaren, Frühstück sowie kalte und warme Snacks – alles von Hand und mit viel Liebe nach eigenen Rezepturen zubereitet. Ergänzt werden die Leckereien durch Kaffee, Tee und ein warmes Lächeln.

NON SOLO VINO
4020 Linz, Bischofstraße 15, +43/732/797788
www.nonsolovino.at
Kein anderes Land der Welt begeistert so mit seinen kulinarischen Angeboten, wie Italien. Und seit 25 Jahren ist Non Solo Vino in Linz Treffpunkt für Liebhaber von italienischen Delikatessen. Hier findet man das ausgesucht Beste von kleinen Erzeugern, mit Tradition, Sorgfalt und Liebe produziert. Unbedingt probiert haben sollte man die Nduja – eine pikante, streichfähige Rohwurst aus Kalabrien, die zu einem Drittel aus Peperoncino besteht! Nicht nur Formaggi (fast 50 Sorten aus ganz Italien) oder feinster Rohschinken in Topqualität gibt es zu entdecken, sondern auch Brot (darunter eine sehr empfehlenswerte Focaccia mit Rosmarin), edlen Wein, Antipasti, täglich frische Mehlspeisen, exquisite Grappa, hausgemachte Pasta, Olivenöl, Essig oder Kaffee. Das Angebot an hausgemachten Delikatessen ist köstlich umfangreich: Sugo mit Ente, Wildschein oder Gänsebrust, Sugo auf sizilianische Art mit Melanzani und Kapern muss man ebenso probiert haben wie die süßen und pikanten Marmeladen sowie verschiedene Patés für Crostini und Chutneys zum Käse. Die Lieferanten werden persönlich ausgewählt, beste Qualität ist damit garantiert. Täglich verlockt eine kleine Karte dazu, die Spezialitäten des Hauses gleich im kleinen Restaurant vor Ort zu probieren. Buffetservice für zu Hause.

OBSTCORNER ALOIS RÖBL

4020 Linz, Marktplatz 19 / Südbahnhof, +43/732/654859
www.roeblfruechte.at

Im Obstcorner werden frisches Obst und Gemüse appetitlich präsentiert, darunter sind auch viele Spezialitäten aus den Genussregionen wie Buchkirchner-Schartner Edelobst, Wachauer Marille, Kitzsee Marille, Waldviertler Erdäpfel oder Leondinger Grünspargel — teilweise in Bio-Qualität. Auch ein reichhaltiges Sortiment an exotischen Früchten in bester Qualität weiß zu gefallen. Das hervorragende Sortiment an Trockenfrüchten, die man hier übrigens auch ungezuckert kaufen kann, wird den Genießer überzeugen. Geschenkkörbe gefüllt mit einer feinen Fruchtpalette, geschmackvollem Trüffelöl, duftenden Gewürzen und einem Sortiment an Nüssen sind ebenso erhältlich wie Sommer- oder Wintertrüffel aus Alba und frische Pilze aus der Region.

PAUL'S KÜCHE. BAR. GREISSLEREI

4020 Linz, Herrengasse 36, +43/732/783338
www.pauls-linz.at

Allerlei Biere, darunter auch die Eigenmarke paul's Pale Ale, „brewed by Hofbräu Kaltenhausen", werden in Pauls küche.bar. greisslerei angeboten. Es gibt aber noch viel mehr: von paul's Likör Weiße Schokolade der Genusswerkstatt, paul's Wermut by Eschlböck & Parzmair, Gin mit Latschenkiefer & Preiselbeere, paul's Wein — ein Sauvignon Blanc von Florian Eschlböck — und Gewürzen über die eigene Kaffeemarke bis zu Steaks in Special Cuts sowie selbst gebackenes Brot.

SCHENKI'S VINOTHEK IN DER ARKADE

4020 Linz, Landstraße 12, +43/7732/795444
www.schenkenfelder.at/schenkis-vinothek

„Schenki's Vinothek" in der Taubenmarkt Arkade ist die kleine Filiale des Weinhof Schenkenfelder. Liebevoll von Susanne Schenkenfelder geführt, ist die Vinothek mit Degustationsbar ein beliebtes Weingeschäft in der Linzer Innenstadt. Geboten wird ein feines Programm namhafter Weingüter aus aller Welt und Schaumweine — vom Winzersekt bis zum Champagner — sowie eine Auswahl edler Brände.

SÜDBAHNHOFMARKT

4020 Linz, Südbahnhof,
www.suedbahnhofmarkt.com

Der Südbahnhofmarkt, liebevoll Südi genannt, ist das kulinarische Zentrum, der Bauch von Linz. Er ist der größte Grünmarkt Oberösterreichs und daher ein Anziehungspunkt für Genießer weit über die Stadtgrenzen hinaus. 28 fixe Marktkioske mit 45 unterschiedlichen Betrieben haben die ganze Woche geöffnet und bieten neben Lebensmitteln, Spezialitäten und anderen Waren auch ein umfangreiches Dienstleistungsangebot. An Dienstagen, Freitagen und Samstagen finden zusätzlich große Bauernmärkte statt, an denen viele regionale Produzenten und Händler ihre Produkte verkaufen und die Kundschaften auch gerne beraten. Der genusssuchende Marktbesucher findet ein riesiges Angebot vor, z.B. feine Delikatessen von Huemer, knackig frisches Obst & Gemüse, Bio-Fleisch und Bio-Feinkost von Hartl's Kulinarium, handgemachte Nudeln von Die Pastamacher, Frischfleisch und Speck-Spezialitäten von Daneder sowie feinster Käse von der Käseglocke. Durch das regionale und saisonale Angebot ist der Markt der erste Anlaufpunkt für Menschen, die bewusst einkaufen und dabei Verpackungsmüll vermeiden wollen. Die gemütliche Atmosphäre und das umfangreiche gastronomische Angebot machen den Markt zum beliebten Treffpunkt für alle. Eine zusätzliche Attraktion bietet an Samstagen die Kochsendung Arcimboldo, die der Radiosender Ö1 live vom Markt ausstrahlt.

WEINHOF SCHENKENFELDER

4020 Linz, Pollheimerstraße 20, +43/732/670711
www.schenkenfelder.at

In diesem Linzer Traditionsbetrieb wird bereits seit den 1960er-Jahren mit Wein und Spirituosen gehandelt. Heute finden sich über 1.000 Weine der angesehensten Weingüter Österreichs und aus allen berühmten Weinbaugebieten der Welt im Angebot. Für alle, die es gerne prickelnd mögen, wird eine große Auswahl an Winzersekt aus Österreich, Prosecco und Spumante sowie Champagner und Cava geboten. Edle Brände gibt es von den renommiertesten Brennereien Österreichs. Eine beeindruckende Grappa-Auswahl, Armagnac bis zurück ins Jahr 1915, Cognac, Calvados, Vodka und Whisky sowie Rum aus aller Welt sind im Weinhof lagernd.

WINKLER MARKT

4040 Linz, Altenbergerstraße 40
+43/732/757530-0
www.winklermarkt.at

Gewinner des Genuss Guide Award 2023, „Bester Genussladen in Oberösterreich"/Kategorie Supermärkte, siehe Seite 161.

Winkler Markt

XOCOLAT
4020 Linz, Herrenstraße 5, +43/732/770989
www.xocolat.at

Xocolat

Der Linzer Hotspot der Schokoladekultur liegt nur wenige Schritte von der Landstraße entfernt. Wie im Stammhaus in Wien, wird auch hier die gesamte Palette von Plantagenschokoladen, feinstem Konfekt und kreativen Schokoladekompositionen geboten. Der überwiegende Teil der Spezialitäten wird in Handarbeit hergestellt – aus hochwertigen Couverturen, frischen Nüssen und aromatischen Früchten, edlen Destillaten, gefriergetrockneten Früchten oder Fruchtmark ohne jeden Aromastoff-Zusatz. Zusätzlich gibt's aber auch Schokoladeaufstriche, Schokoladefondue oder Schokoladenlikör. Genussvolle Momente sind hier garantiert, auch wegen der sehr freundlichen und herzlichen Bedienung!

LOCHEN AM SEE

FLEISCH-WURST KRIECHBAUM
5221 Lochen am See, Ringstraße 20, +43/7745/8208
www.fleischhauerei-kriechbaum.at
Seit beinahe 70 Jahren besteht die klassische handwerkliche Metzgerei, für die die eigene Produktion aller verkauften Wurstwaren selbstverständlich ist. Mit viel Fachkenntnis und Erfahrung werden hier hochwertige Produkte hergestellt, das frische Fleisch – das auch in Bio-Qualität angeboten wird – kommt aus der hauseigenen Schlachtung. Die Angebotspalette bei Wurst und Schinken ist umfangreich, herrlich duftende Wacholder-, Burgunder-, Puten- und Beinschinken findet man ebenso wie Innviertler Speck oder Bauerngeselchtes. Auch die Salami wird hier selbst gemacht, verschiedene Sulzen, Aufstriche, Gewürze und Teigwaren, tägliche Mittagsmenüs und Fertigspeisen vervollständigen das Angebot. Auch Beratung und Service überzeugen. Die Fleischerei Kriechbaum ist auch auf den Wochenmärkten in Ried (Dienstag), in Braunau und Vöcklabruck (Mittwoch), in Salzburg - Schranne (Donnerstag), in Lehen (Freitag), in Mattighofen (Freitag & Samstag) und samstags in St. Gilgen und am Grünmarkt Salzburg vertreten. Partyservice.

LOHNSBURG AM KOBERNAUSSERWALD

DER LOHNSBURGER BÄCKER
4923 Lohnsburg am Kobernaußerwald, Kobernaußerstraße 104
+43/7754/2407
www.lohnsburger.at

Der Lohnsburger Bäcker

Der Ursprung der heutigen „Lohnsburger Bäckerei" liegt im Jahre 1850. Die kleine, feine Bäckerei von Stephan Krautgartner im Ortszentrum von Lohnsburg bietet Spezialitäten wie das Original Innviertler Bauernbrot, Bayrisches Landbrot, Kaisersemmeln, Kartoffelweckerl und Salzgebäck sowie die Orig. Lohnsburger Knoblauch- und Chilistangerln, die auch als Jourgebäck erhältlich sind. Eine feine Auswahl an pikanten Snacks, Weinen, Kaffees und Tees vervollständigen das Angebot. Aber auch Naschkatzen werden sich hier wohlfühlen: Fruchtiges Plundergebäck, eine Vielzahl an Strudel- und Kuchenspezialitäten, köstliches Brioche, Torten und Schnitten wollen probiert werden. Catering-Service.

MAUTHAUSEN

ED. KAISER'S WIRTSHAUSLADEN
4310 Mauthausen, Vormarktstraße 67, +43/680/2151068
edkaisers-gasthaus.at
Der Wirtshausladen bietet die Spezialitäten aus Ed.Kaiser's Wirtshausküche im Glas. Die feinen Rezepturen wurden seit Generationen überliefert und verfeinert, so gibt's zum Beispiel Wein- oder Kalbsbeuschel, Gulasch oder Ragouts und Suppen. Aber auch Öle, Balsamessige, Marmeladen, Weine, Moste, Fruchtsäfte, feine Destillate, Honig, Kaffee sind im Wirtshausladen zu finden ... alles frisch und das meiste aus der Region. Außerdem werden gerne auch Geschenkkörbe oder -packungen zusammengestellt.

MAYER SCHOKOLADEN

4714 Meggenhofen, Zwisl 1, +43/7242/53392
www.mayerschokoladen.at

In der Manufaktur von Martin Mayer wird Schokolade von der Bohne bis zur Tafel in Handarbeit hergestellt. Die Bohnen aus den besten Anbaugebieten Mittel- und Südamerikas werden von Hand verlesen und schonend geröstet, bis sie ihr maximales Aroma entfalten. Danach werden die Single Origin Schokoladen mindestens 96 Stunden auf traditionelle Weise auf Granitsteinen vermahlen. Das Ergebnis ist eine milde Schokolade mit besonders feiner Textur. Die fertigen Tafeln werden mit ausgewählten Früchten der Region gefüllt - darunter Spezialitäten wie Landlbirne, Kriacherl, Holunder oder die alten Apfelsorten Weberbartl und Cox Orange. Ebenso werden edle Pralinen, vegane Schokoladen und Sonderanfertigungen hergestellt. Onlineshop. Öffnungszeiten Manufakturverkauf: siehe www.mayerschokoladen.at.

Mayer Schokoladen

MARTIN MAYER
SCHOKOLADEN

BUROIDA BRENNKUCHL

4931 Mettmach, Neulendt 4, +43/7754/2757
www.buroida.at

Inmitten der idyllischen Szenerie des Kobernaußerwaldes liegt die Buroida Brennkuchl, in der seit jeher harmonische Destillate,

mit viel Liebe zum Detail gebrannt werden. Der Buroida Deichselgold Whiskey wird aus Roggen und einem speziellen Gerstenmalz hergestellt. Das Destillat ist fünf Jahre in heimischer Eiche gereift und mit Quellwasser auf vol. 45 % Trinkstärke eingestellt. Verkostet und gekauft können die Destillate im Stall werden, der allerdings bereits 1998 zu einem Hofladen umgebaut wurde. Auf Anfrage für Gruppen bis zu 10 Personen Verkostung der hauseigenen Brände.

RAINERHOF BIO SCHAFSPEZIALITÄTEN

4563 Micheldorf in Oberösterreich, Seebach 4 +43/7582/63159

Familie Zaunmair bewirtschaftet den kleinen Biobetrieb mit 65 Milchschafen und einer kleinen Waldschafherde, die sich über die saftigen Bergkräuter des Kremstales erfreuen. Die hochwertige Schafmilch wird in der eigenen Hofkäserei täglich frisch und naturbelassen zu verführerischen Schafmilchspezialitäten verarbeitet. Unter anderem werden Schaffrischkäse und Hirtenkäse Natur oder verfeinert, Schafgouda, Seebacher Käse („Schafmozzarella") und Schafmilchprodukte wie Schaftopfen, Molke oder Schafjoghurt angeboten. Alle Käsesorten sind mehrfach ausgezeichnet. Und zum Käse gibts Traunviertler Feiermost. Käsekrainer vom Lamm und Lammknacker geben dem Angebot noch mehr Würze. Apfel- und Birnensaft, feine Liköre, Edelbrände und selbst hergestellte Sirupe wie Malvenblüten, Holunderblüten, Waldmeister-Minze, Zitronenmelisse runden das Angebot ab. Der Chef bedient persönlich, sehr kompetent und freundlich. Selbstbedienungs-Automat 7 Tage von 5:00 bis 24:00 Uhr.

APFELINO KG

4613 Mistelbach/Wels, In der Haberfelden 1, +43/7242/28221
www.apfelino.at

Auf den Feldern des bio-zertifizierten Obsthofes gedeihen neben frischen Äpfeln auch saisonal frische Beeren (Ribisel, Himbeeren, Stachelbeeren, Brombeeren, Kiwibeeren, Heidelbeeren), Nektarinen, Pfirsiche, Marillen, Birnen ... die zu naturreinen, klaren oder naturtrüben Direktsäften, Beeren-Nektare, Moste, Cider, Brände und Liköre verarbeitet werden. Aber der Obsthof hat noch viel mehr zu bieten – von getrockneten Früchten und Schoko-Früchten über Essige und Frucht-Essigzubereitungen bis hin zu schmackhaften Frucht-Duos. Für den professionellen Einsatz in der Backstube, Gastronomie etc. bietet Apfelino außerdem frische, geschnittene sowie küchenfertig verarbeitete Apfel-Produkte und verschiedene pasteurisierte Früchte an. Im Hofladen sind außerdem noch viele andere regionale Produkte zu finden. In der neu eröffneten Krammerei in Wels, Mitterlaab 16, kann eine Auswahl der Produkte, die im Marktstand in modernen

Automaten platziert sind, eingekauft werden. Onlineshop: shop.apfelino.at

MARGIT ROITNER APFELHOF

4613 Mistelbach/Wels, Mistelbacherstraße 9, +43/7242/28819
www.apfelhof-roitner.at

In den hügeligen Ausläufern des Hausruck, zwischen Welser Heide und Donautal gelegen, liegt der Apfelhof in der Genussregion Buchkirchner-Schartner Edelobst. Der Familienbetrieb hat sich seit den 1950er-Jahren auf den Anbau von Tafelobst, insbesondere von Äpfeln und Birnen in höchster Qualität, spezialisiert. Im sehr freundlichen und herrlich duftenden Hofladen werden ca. 18 verschiedene Sorten Äpfel und 7 Sorten Birnen aus der Genussregion Buchkirchner-Schartner Edelobst, aber auch saisonal Marillen, Nektarinen und Pflaumen sowie Eferdinger Kartoffeln angeboten. Die Äpfel werden am Hof zu hervorragenden und prämierten direkt gepressten Säften und zu Apfelcider und Apfelessig verarbeitet. Exquisite Apfel- und Birnenbrände sowie Apfelmost kann man ebenfalls hier kaufen. Zusätzlich gibt es Honig, eine tolle Auswahl an Marmeladen (darunter z.B. Schwarze Johannisbeere mit Rotwein oder Ribisel-Chili-Rosmarin-Marmelade), süße Apfelchips und Eferdinger Kartoffeln von Fam. Kirchmeier.

MONDSEE

ERLACHMÜHLE

5310 Mondsee, Vogelsangstraße 33, +43/6232/2578
www.erlachmuehle.at

In der Erlachmuehle wird bereits seit dem 15. Jahrhundert Ge-

Erlachmühle

treide gemahlen. Noch heute kommt die wichtigste Zutat für das frische Holzofenbrot direkt aus der eigenen Mühle, würziger Roggen aus dem Wald- und Mühlviertel wird täglich frisch gemahlen. Das (prämierte) Roggenbrot wird noch mit selbst gezüchtetem Natursauerteig verarbeitet, daher bleibt es lange saftig und frisch. Das große Geheimnis ist natürlich der Holzofen, der mit Fichtenholz auf bis zu 300 °C aufgeheizt wird. Aber die Mühle hat noch weitere Köstlichkeit zu bieten: Hirse, Dinkel, Dinkel-

Vollgrieß, Dinkelreis und verschiedene Teigwaren aus kontrolliert biologischem Anbau. Und jeden Freitag gibt es frisch geräucherte Fische aus dem Mühlenbach! Müller- und Bäckermeister August Wieneroither führt auch gerne durch die Mühle.

Marias Biotreff

MARIAS BIOTREFF

5310 Mondsee, Herzog-Odilo-Straße 28, +43/6232/37427
www.biotreff.at

Im gemütlichen Laden von Maria Schorn, der im trendigen Industrie-Stil gehalten ist, mit Pop-Up-Store und einem vielseitigen Sortiment und delikatem Frühstücks- und Mittagstisch fühlt sich der Kunde bereits beim Betreten wohl. Besonderes Augenmerk liegt auf dem regionalen Bezug von Nahrungsmitteln. Die Käseauswahl und viele Milchprodukte werden von der Privat-Käserei Höflmaier aus Lochen bezogen. Das Biotreff Laiberl kommt von der Bäckerei Obauer, noch mehr Bio-Brot liefern Mauracher sowie Itzlinger. Frisches Obst und Gemüse, selbst gemachte Marmeladen, fangfrische bzw. geräucherte Mondseefische, Nudeln, diverse Mehle und Wachteleier runden das Angebot ab. Weiters gibt es die allseits beliebten Vitaminbomben: grüne und bunte Smoothies sowie frisch gepresste Säfte. Gerne wird auch bei eventuellen Allergien oder Unverträglichkeiten beraten.

MOOSDORF

WALLNERS NUDELEI

5141 Moosdorf, Kirchenstraße 1, +43/660/3682900
www.nudelei.at

In Wallners Nudelei am Thurmhof wird das Handwerk „Pasta" gelebt und der Slow-Food-Gedanke gewürdigt. Tobias und Wolfgang Wallner sind immer auf der Suche nach neuen Nudelkreationen und Geschmacksrichtungen. Verarbeitet werden nur die besten, zu 100 % natürlichen Zutaten wie Durum Hartweizengrieß aus dem pannonischen Raum, Freilandeier vom Wanderhuhn und erlesene Gewürze. Die Pasta wird heute noch wie damals in Italien luftgetrocknet, damit der feine Geschmack von Weizen und Ei erhalten bleibt! „Denn nur wer ordentlich rastet, wie unsere Spaghetti auf der Holzstange, kann anschließend sein volles Potenzial entfalten", so Wolfgang Wallner. Zu Kaufen gibt es die Nudelspezialitäten in der Nudelboutique, einem ansprechenden Verkaufsraum im alten Bauernhaus. Das Biosortiment umfasst auch besondere Kreationen wie z.B. Ananas-Curry-Nudeln oder Kamut® Khorasan-Nudeln, aber auch verschiedene Fruchtessige, Antipasti, Fruchtaufstriche, Öle, Pesti und erlesene Weine als Speisenbegleitung. Die sehr freundliche Bedienung gibt auch gerne Auskunft über das Produktionsverfahren.

FRISCHGEFLÜGEL SPATZENEGGER
5222 Munderfing, Hauptstraße 100, +43/7744/6245
www.spatzenegger.com

Frischgeflügel Spatzenegger

Wer feinstes Geflügel und Wildspezialitäten sucht, wird in Munderfing im Innviertel fündig. Das angebotene Wild stammt überwiegend aus der Region und wird ausschließlich im eigenen Betrieb zerlegt. Hirsch, Reh, Rehkitz, Wildschwein oder Gämse werden ebenso angeboten wie Wildhase oder Wildgeflügel. Darüber hinaus gibt es aber auch eine breite Palette an Geflügel- und Kartoffelprodukten, Tiefkühlprodukten – darunter auch Fischspezialitäten –, saisonal Maroni und Pilze, Käse, Nudeln oder

Eier aus Freilandhaltung, Edelbrände oder feine Liköre, Speiseeis, Mehlspeisen und Strudel. Festservice.

UNIMARKT NEUHOFEN/KREMS
4501 Neuhofen an der Krems, Linzerstraße 24, +43/7227/5575
unimarkt.at/standort/neuhofen-krems
Die Wurzeln von Unimarkt liegen in den ländlichen Regionen Österreichs, wo viele kleine Erzeuger ihre Produkte mit Liebe und Handwerkswissen herstellen. So stehen auch in diesem Unimarkt in Neuhofen an der Krems Regionalität und Bioprodukte geschmackvoll im Mittelpunkt. Der Fokus zieht sich durch alle Warengruppen und lässt auch im Frischebereich bei Obst und Gemüse sowie in der Feinkost keine Wünsche offen. Selbst bei Knabbereien und Süßwaren wird man regional fündig. Vom Guguruz Popkorn, Innpopis Maiskörner, Buburuza Eis über Zotter Schokoladen bis zur Mühlviertler Brauerei und den Naturbäcker Keksen mit Sinn. Einkaufen wir hier zum Genuss-Erlebnis.

NAH&FRISCH PÖTZELSBERGER ELKE
5145 Neukirchen an der Enknach, Bogendorf 2, +43/7729/2158
www.nahundfrisch.at
In diesem Nah&Frisch Geschäft wird besonders großer Wert darauf gelegt, dass sich der Kunde richtig wohl und gut beraten fühlt. Das Sortiment, besonders im Feinkostbereich Wurst und Käse, lässt keine Wünsche offen. Toll ist auch das Frischeerlebnis durch die frei stehende Obst- und Gemüseabteilung im Marktplatzstil. Cult Beef, die Fleischspezialitäten für Grillprofis, ist ebenfalls hier erhältlich ebenso wie „aus'm Dorf" Produkte wie Freilandeier der Fam. Beinhundner und Kartoffeln in den Sorten Ditta und Melody direkt vom Bauernhof Forthuber. Jeden Dienstag gibt es Leberknödel und Kaspressknödel aus eigener Produktion! Ein freundliches Geschäft, in dem man gerne auch mal ein bisschen länger „gustiert".

ARONIAGUT ROGL
4523 Neuzeug, Pachschallernstraße 9, +43/7259/3088
www.aroniagut.at
Die Familie Rogl hat Ende letzten Jahres die Direktvermarktung von Schweinefleisch beendet und widmet sich nun voll und ganz den Aroniabeeren, die seit 2013 auf ihren Feldern in Sierning bei Steyr nach dem Anbauprinzip von sogenannten Sonnendämmen wachsen. Dieses Anbauprinzip hat ihren Ursprung im alten China, es fördert die Wurzelmasse um ca. 35 % und unterstützt somit die Pflanze mit noch mehr Kraft und Energie. Da für Familie Rogl

eine sehr gute Qualität von „Aronia Pur" wichtig ist, achtet sie besonders auf eine Ernte von ausnahmslos vollreifen Aroniabeeren und die sorgfältige und prompte Verarbeitung. Nicht ohne Grund wird die Aronia Beere auch als „Super Food" bezeichnet, denn sie ist reich an Antioxidantien, Flavonoiden, OPC, Vitaminen, Mineralstoffen und Spurenelementen. Geboten werden Aronia Fruchtessig, Aroniabeerensaft, Aronia Bitterschokolade, Crisp-Riegel, Aronia Trüffel und schokolierte Aroniabeeren, Aronia Tee (in Kooperation mit der Österr. Bergkräutergenossenschaft in Hirschbach), Aronia Tee-Schokolade, Aronia-Brand aus dem Hause Reisetbauer u.v.a.m. Onlineshop.

Aronia gut Roe

BIO GEMÜSEHOF WILD-OBERMAYR
4491 Niederneukirchen, Ipftal 29, +43/7224/8223
www.gemuesehof.jimdo.com
Gabriele Wild-Obermayr und Klaus Wild haben ihre Erfüllung im vielfältigen saisonalen Bio-Obst- und Bio-Gemüseanbau gefunden. Gartenfrisches Bio-Obst und -Gemüse rund ums Jahr gibt es hier direkt ab Hof. Frische und Qualität der Ware stehen absolut im Vordergrund. Aber auch Spezialitäten wie Schwarzwurzel, Topinambur, Haferwurzel und Yakonwurzel stammen von den eigenen Feldern. Weiters werden hausgemachte Marmeladen wie Marille und Erdbeere, verschiedene Öle (Kürbiskern, Lein-, Kümmel-, Hanf-, Mohnöl), Honig, eingelegter Paprika, Eier, Innviertler Popkorn, Dinkelmehl, Gewürzsalze und wunderbare Fruchtsäfte von Apfel und Birne bis hin zu Johannisbeere, Erdbeere und Quitte angeboten. Besser geht's nicht. Und zu Weihnachten locken herrlich duftende Christbäume und Schmuckreisig aus dem Christbaumwald Wild-Obermayr.

BIOHOF PEVNY
4491 Niederneukirchen, Ruprechtshofen 46, +43/7224/7125
www.bio-pevny.at
Der Biohof-Pevny ist ein Geheimtipp für feinstes Bio-Brot. Jeden Donnerstag und Freitag bäckt Anna Pevny köstliches Bio-Brot und Bio-Gebäck, das im Hofladen direkt verkauft wird. Im Sortiment findet sich klassisches Bauernbrot oder Roggensauer-

teigbrot sowie Vollkornbrote aus Einkorn, Dinkel, Roggen oder Buchweizen, gern auch mit Kürbis- oder Sonnenblumenkernen. Der hofeigene Buchweizen wird ebenfalls zu Brot, Gebäck oder Mehlspeisen verarbeitet. Anna Pevny hat bereits zahlreiche Preise und Auszeichnungen für ihre Brote erhalten. Begehrt sind auch die hausgemachten Bio-Mehlspeisen wie Creme- oder Kardinalschnitten und Apfelstrudel. Annas Bio-Nudeln begeistern ebenso wie der Bio Apfel- und Birnensaft und die Liköre und Edelbrände aus eigener Erzeugung. Im Hofladensortiment sind weiters Obst, Gemüse, Milchprodukte, Wurst- und Fleischwaren, Speck & Schinken von den „Hoflieferanten", Tee und Gewürze erhältlich. Im Advent erfreuen sich die hausgemachten Bio-Weihnachtskekse großer Beliebtheit (große Auswahl, Befüllung der eigenen Keksdose an der Keksbar). Öffnungszeiten: Do 16:00 bis 18:00 Uhr, Fr 8:00 bis 17:00 Uhr, Samstag geöffnet für Kurse (auch Koch- und Brotbackkurse mit Anna Pevny) und Feiern/Veranstaltungen.

Biohof Pevny

NAH&FRISCH AIGNER
4174 Niederwaldkirchen, Markt 29, +43/7231/30574
Ein Nahversorger, der einen Großteil der angebotenen Produkte von regionalen Produzenten bezieht. Das Oberösterreich-Regal bietet einen kulinarischen Streifzug durch das Genussland Oberösterreich: Biofruchtsäfte „Hasenfit" aus Hofkirchen, Auinger Suppen aus Rohrbach-Berg, das Brot stammt aus der eigenen Bäckerei. Farmgoodies aus Niederwaldkirchen bietet vor allem heimische Bio-Lebensmittel aus regionalem Anbau direkt vom Bauern. Besonderer Fokus liegt am Leinsamenanbau im Mühlviertel für echtes Mühlviertler Bio-Leinöl, Kräuter von der Bergkräutergenossenschaft in Hirschbach sowie Bio-Gemüse in Fraham (Essiggurkerl, Sauerkraut). Auf ca. 250 m² Fläche findet man hier höchsten Genuss, beste Beratung und sogar ein kleines Café. Für 2023 ist ein größerer Umbau geplant, um den Einkauf noch attraktiver zu gestalten.

TUROPOLJEHOF FAM. STEINHÄUSLER

4542 Nußbach, Flurstraße 9, +43/664/6465800
www.turopoljehof.at

Silvia und Hubert Steinhäusler bewirtschaften mit Herz und Seele den im Kremstal gelegenen Bio-Hof. Sie haben sich zum Ziel gesetzt, alte und gefährdete Haustierrassen und Pflanzen zu erhalten. Auf dem Hof tummeln sich Turopolje, Duroc und Schwalbenbäuchige Mangalitza Schweine, dazu gesellen sich Waldschafe, Puten und Sulmtaler Hühner. Und auf den Feldern wachsen alte Kultursorten wie z.B. Ebners Rotkorn, Landmais und Johannisroggen, die in der eigenen kleinen Mühle selbst vermahlen werden sowie sechs verschiedene Kartoffelsorten. Im Hofladen werden verschiedene Bio-Schmalzgläschen, Kübelspeck, geräucherter Schinkenspeck mit Bergkernsalz, Gewürzen und frischem Knoblauch gesurt, Bauch- und Schulterspeck ... geboten. Frischfleisch vom Freilandschwein, Lamm und Pute gibt es auf Vorbestellung. Alle Sorten Kartoffeln und Topinambur gibt es das ganze Jahr hindurch und solange der Vorrat reicht, Getreide wie Roggen, Dinkel und Weizen zum Selbermahlen oder frisch aus der eigenen Mühle, Obst und Gemüse nach saisonaler Verfügbarkeit! Der Hofladen hat Dienstag und Freitag von 14:00 bis 18:00 Uhr geöffnet oder nach telefonischer Vereinbarung.

WEIGERSTORFER SPEZIAL NUSSBACHER NUSSGEIST

4542 Nußbach, Hauptstraße 53, +43/7587/8204
spezialnussbacher.at

Weigerstorfer Spezial Nussbacher Nussgeist

Was mit einem kleinen Gemischtwarenhandel anfing, ist heute ein reichhaltiges Genuss- und Lebensmittelgeschäft mit Tradition. Geboten wird ein reichhaltiges Sortiment: Feinkost, Obst, Gemüse, Getränke, Bauernbrot und Gebäck, Fleisch und Wurst. Eine Zusammenstellung an Schmankerln von Nussbacher Manufakturen ist ebenfalls vertreten, z.B. Walnuss-Zwieback, Walnussöl, Bienenhonig, Wildkräutersalz, Kremstaler Whisky, Kremstaler Kümmel, kandierte Pfefferminze u.v.m. Besonders ist aber der Spezial Nussbacher Nussgeist, der aus feinsten Zutaten wie Fenchel, Zimt, Pfefferminze, Gewürznelken, Ingwer, Sternanis und Kandiszucker gewonnen wird und als perfekter Verdauungsschluck gilt. Onlineshop.

NATURLADEN DER DIAKONIE OBERNEUKIRCHEN

4181 Oberneukirchen, Marktplatz 42 , +43/7212/20558-13

Der Naturladen bindet Menschen mit Beeinträchtigung in den Arbeitsalltag ein und bietet eine sinnvolle Beschäftigung. Gleichzeitig wird die regionale Landwirtschaft unterstützt. Somit kauft man hier Gutes ein und tut Gutes und stützt die heimische Landwirtschaft. Ergänzt wird das Sortiment mit Bio- und Fairtrade-Produkten.

Kohlböckhof

KOHLBÖCKHOF

4625 Offenhausen, Kohlböck 1, +43/7247/6195
www.kohlboeckhof.at

Brot gebacken wird am Kohlböckhof wahrscheinlich schon seit 1579, wie auf allen Höfen im Hausruckviertel (da wurde er jedenfalls erstmals erwähnt). Sicher ist, der ältere Holzofen am Hof stammt aus dem Jahr 1883. Eine der fünf Brotsorten, die Günther Fuchshuber in Handarbeit erzeugt, ist das klassische „Störi" (halbweißes Traditionsbrot in Oberösterreich), das auf einem uralten Familienrezept beruht und über Generationen weitergegeben wurde – die Urgroßmutter hat es 1883 mit auf den Hof gebracht. Die neue Variante vom Klassiker – das Dinkelstöri – erfreut sich aber ebenso großer Beliebtheit. Mit seinen im Holzbackofen gebackenen Broten hat Günther Fuchshuber bereits mehrfach Preise errungen. Die Störi sowie Bauernbrot, Roggen- und Dinkelvollkornbrot sind ab Hof Freitag von 15:00 bis 19:00 Uhr, am Wochenmarkt Wels Samstag von 7:30 bis 12:00 Uhr und am Schrannenmarkt Salzburg Donnerstag von 8:00 bis 12:00 Uhr erhältlich.

HOFKRAMEREI AM HÖDLGUT

4064 Oftering, Mitterbachhamerstraße 10, +43/664/4044929
www.hoedlgut.at

Das Hödlgut ist seit 2013 ein Demeter-Betrieb, und hier läuft alles ein bisschen anders, denn für die Produktion ausgezeichneter Produkte braucht es keine großen Maschinen und teure Geräte. Es sind die vielen kleinen Arbeiten, die man mit der Hand erledigt, und die Liebe, die hineingesteckt wird, die den Unterschied machen. Das ist die Philosophie, die in diesem Hofladen lebendig ist. Viele Produkte werden von Hand und der Kraft der Norika-Pferde und der Murbodner Rinder hergestellt. Man wählt aus einem vielfältigen und ausschließlich biologischen Sortiment! In der Hofkramerei finden Sie das Allerbeste rund um Milch, Obst, Gemüse und Fleisch und saisonale Produkte wie Schilchersturm, das Herbstbrot Nora Nuss der Bäckerei Brotsüchtig, Whisky vom Biohof Thauerböck u.v.m. Und weil das Leben noch mehr ist als gutes Essen, gibt es auch ökologische Reinigungsmittel und biologische Naturkosmetika.

BÄCKEREI-KONDITOREI BRANDNER

5120 Ostermiething, Weilhartstraße 26, +43/06277 6259-0
www.baeckerei-brandner.at

Damit es täglich frisches Brot und Gebäck gibt, legen gleich zwei Bäckermeister Hand an. Willi und Florian Brandner stehen schon frühmorgens in der Backstube, um die vielfältigen Produkte herzustellen. Gebacken wird nach hauseigenen Rezepten, die sie über Jahrzehnte immer weiter verfeinert haben. Großer Wert wird auf hochwertige Zutaten und schonende Zubereitung gelegt, das Mehl kommt ausschließlich von regionalen Mühlen und die Gewürze werden selbst vermalen. Alle angebotenen Brotsorten (darunter Innviertler Bauernlaib, Gewürztes Landbrot ...) werden ohne Verwendung von künstlichen Zusatzstoffen gebacken. Bei Brandner gibt's noch knusprige handgemachte Semmeln, Salzstangerl u.v.m. Feingebäck, Kuchen, Schnitten, hausgemachte Müsliriegel, Fruchtaufstriche ohne Zusätze, Burger-Brote für das BBQ, Bosna-Weckerl, Partybrezen und verschiedene Snacks runden das Angebot ab. Übrigens, die besten Topfengolatschen im Bezirk Braunau kommen aus dem Hause „Brandner". Das Personal bedient freundlich und mit viel Fachwissen.

FLEISCHHAUEREI FS SCHUSTER

5121 Ostermiething, Gewerbegebiet 1, +43/6278/6214
www.fs-partyservice.at

Die edle, sehr moderne Fleischhauerei ist bestrebt, ressourcenschonend und nachhaltig zu produzieren, alle Produkte werden ohne chemische Zusätze wie Nitrit-Pökelsalz/Phosphat, Konser-

vierungsstoffe, chemischen Farbstoffe, Geschmacksverstärker und künstlichen Aromen erzeugt. Das aus eigener Schlachtung stammende Fleisch wird von Bauern aus der Region geliefert. Das stylische Geschäft besticht vor allem mit einer Riesenauswahl an der Wursttheke, darunter zahlreiche feinste Schinkenspezialitäten. Die Linie „pures Österreich" kommt gänzlich ohne chemische Zusätze aus, die Produkte werden handgefertigt und nach altem traditionellen Wissen produziert, z.B. Biertrebernvwerhackertes, Biergewürzwiascht, Biermaroniwiascht, Schinkenfleisch (Kochschinken) und der Biertrebern Rohschinken. Frischer Fisch wird ebenso geboten wie Lachsbutter und hausgemachte Aufstriche, und auch die Käsepalette weiß mit Feinheiten zu gefallen. Im Imbissbereich stehen täglich mehrere Menüs zur Auswahl, die Auswahl an Fertiggerichten, unter anderem gibt's Gulaschsuppe, Beuschel oder Blunzengröstl, überzeugt. Die Bedienung ist freundlich und hilfsbereit und für besondere Anlässe werden auch ein Partyservice/Catering sowie verschiedene Geschenkartikel angeboten.

BACKWERKSTATT CASAGRANDE

4100 Ottensheim, Ledergasse 14, +43/664/6509205
www.cafe-casagrande.at

Backwerkstatt Casagrande

Beste Qualität nach überlieferten Rezepten, ausschließlich von Hand. In Isabella Fröschls Backwerkstatt neben dem Café in Ottensheim werden feinstes Brot und Gebäck und verführerische Mehlspeisen noch nach Großmutters Rezepten von Hand hergestellt. So werden beispielsweise Blätter- und Plunderteig von Hand ausgerollt, ebenso werden die Füllmassen für Nuss-, Mohn- und Topfenstrudeln oder Plundergebäck mit großer Aufmerksamkeit frisch gemischt und frei von chemischen Zusatzstoffen zubereitet. Die Produkte sind freitags von 9:00 bis 10:30 Uhr in der Backwerkstatt und am Ottensheimer Freitagmarkt ab 14:00 Uhr oder im dazu gehörigen Café am Donauradweg/Wanderweg Donausteig sowie jederzeit auf Bestellung erhältlich.

Ziegenhof Leeb

ZIEGENHOF LEEB
4624 Pennewang, Mitterfils 6, +43/664/5485973
www.ziegenhof-leeb.at
An die 50 Milchziegen liefern den Rohstoff für die feinen Käsespezialitäten der Familie Leeb. Angeboten werden zahlreiche
aus naturbelassener Ziegenmilch hergestellte Köstlichkeiten,
darunter 20 verschiedene Käsespezialitäten wie Frischkäse,
Frischkäserouladen oder eingelegter Ziegenkäse ebenso wie Zie-
gengouda oder Frischkäseterrinen mit Lachs, aber auch frische
Ziegenmilch, Molke, Joghurt, Topfen und Aufstriche. Darüber hinaus gibt es nur im Frühling auch frisches Kitzfleisch und Ziegenprodukte nur von März bis Ende November. Mit Dezember dürfen
die Ziegen in „Mutterschutz" gehen. Die Familie berät freundlich
und mit viel Fachwissen. Ab Hof-Verkauf Donnerstag von 14:00
bis 20:00 Uhr, Freitag von 14:30 bis 20:00 Uhr.

BÄCKEREI & KONDITOREI CLEMENS FRAUENDORFER
4320 Perg, Linzer Straße 6, +43/7262/52294
www.frauendorfer.cc
Clemens Frauendorfer legt auf höchste Qualität ein besonderes
Augenmerk. Deshalb werden hauptsächlich regionale Produkte
mit saisonalem Bezug verwendet. Das Bäckerhandwerk hat hier
wahrlich Tradition, schließlich wird in der Bäckerei Frauendorfer
bereits in fünfter Generation feinstes Brot, Backwaren und auch
Süßes hergestellt. Die Rohstoffe werden soweit als möglich von
regionalen Lieferanten bezogen. Für die gesamte Bäckerei wird
ausschließlich Granderwasser verwendet. Traditionelle Backkunst zeigt sich hier in speziellen Sorten wie dem „Franzlbrot",
einem geschmackvollen Vollkornbrot nach selbst entwickelter
Rezeptur. Herzhafte Snacks für den kleinen oder großen Hunger
zwischendurch werden, liebevoll und frisch, ganz nach Wunsch
zubereitet. In der Konditorei wird auf Qualität und Tradition gesetzt. Die Rezepturen der immer noch begehrten Punschkrapferl,

Pyramiden und Cremeschnitten stammen von Großmutter Friederike Frauendorfer.

STRASSER-MARKT
4320 Perg, Bahnhofstraße 16, +43/7262/525782
www.strasser-markt.at
Ein Nahversorger mit besonders freundlicher Atmosphäre und
einem hochwertigen, erstklassig sortierten regionalen Produktangebot. Obst und Gemüse sind frisch, saisonal vorwiegend aus
den Oberösterreichischen Genussregionen und natürlich auch in
Bio-Qualität zu haben, die Auswahl an der Käsetheke besticht
mit Vielfalt und Qualität. Bei Wurst und Schinken findet man regionale Feinheiten wie hausgemachten Speck aus der Selch am
Pirlhof ebenso wie eine erstklassige Auswahl an internationalen
Spezialitäten, aber auch hausgemachte Convenience-Produkte.
Frischfleisch wird fast ausschließlich von regionalen Lieferanten
zugekauft, Brot und Gebäck (auch in Bioqualität), Nudeln und Eier
kommen frisch von Betrieben aus der Region. Vervollständigt
wird die Produktpalette mit einem sehr guten Angebot an Weinen
– auch von Top-Winzern – und einem großen Angebot an Bieren
und Edelbränden. Insgesamt ein Nahversorger, wie man ihn sich
nur wünschen kann! Platten- und Partyservice.

JOHANN WINTER „MICHLBAUER"
5223 Pfaffstätt, Erlach 3, +43/7744/8222
www.michl-bauer.at
Frische mit Herkunftsgarantie. Im Hofladen von Familie Winter
werden seit fast 40 Jahren Spezialitäten aus dem eigenen landwirtschaftlichen Betrieb angeboten. Feine Spezialitäten finden
ihren Weg aus der eigenen Metzgerei direkt in den Hofladen: Der
köstliche „Innviertler Prosciutto" darf natürlich nicht fehlen, ist
er doch Johann Winters Kreation! Aber auch Innviertler Speck,
Genuss-Renkerl, Hauswürstel sowie Knödel, allerlei Wurstsorten
und der hausgemachte Faschierte Braten verführen zum Genuss. Weitere Schmankerl sind Lamm vom Schwab in Auerbach,
Schwarzbrot von Pollhammer in Mettmach, Nudeln von Leitner in
Lichtenberg, Käse von Höflmeier in Lochen und viele andere Produkte, die alle eine regionale Herkunft haben. So geschmackvoll
muss einkaufen sein! Öffnungszeiten: Mittwoch bis Freitag 8:00
bis 18:00 Uhr, Samstag 8:00 bis 12:00 Uhr.

FLEISCHEREI KARL HEINZ FÜRST
4230 Pregarten, Tragweinerstraße 7, +43/7236/2206
www.fleischerei-fuerst.at
Seit Generationen wird das „fürstliche" Handwerk in der Familie
weitergegeben. Angeboten werden nach eigenen Rezepturen

hergestellte Fleisch- und Wurstspezialitäten aus der Mühlviertler Region, darunter auch traditioneller Mühlviertler Knoblauchspeck und Mühlviertler Karree- und Bauchspeckprodukte. Beliebt ist auch die Spezialität des Hauses, der Fürstroller. In vielen Wurstsorten ist sogar kein tierisches Fett enthalten, Geschmacksträger ist gesundes Raps- oder Olivenöl. Es gibt kalorien- und cholesterinarme Schmankerl wie den Rindersaftschinken oder das Tafelspitzsülzchen. Eine feine Auswahl an Käse findet sich ebenso im Programm wie frischer Fisch am Wochenende. Als Nahversorger werden aber auch knuspriges Brot und Gebäck, frische Salate, feine, hausgemachte Mehlspeisen, Teigwaren, Essig, Öl oder Süßwaren sowie Catering und Partyservice angeboten. Mittags gibt es täglich ein Mittagsgericht, das im Metzgerstüberl genossen werden kann.

Fleischerei Karl Heinz Fürst

REDLHAM

HÜTTHALER WERKSVERKAUF REDLHAM

4846 Redlham, Gewerbepark Ost 30, +43/7673/2230-18
huetthaler.at
In der Filiale in Redlham wird feinstes Frischfleisch von Schwein, Rind, Pute, Huhn geboten sowie eine große Auswahl an Wurstsorten wie Attersee-Wurst, Cabanossi, diverse Salami- und Schinkenspezialitäten u.s.w., unter anderem auch in Bio- und Tierwohl-Qualität. Für das leibliche Wohl vor Ort sorgt eine gemütliche Jausenecke mit Getränken. Außerdem bietet der Werksverkauf Sonderpreise und Aktionen auf Frischfleisch, Grillfleisch, Wurst und marinierte Produkte sowie vergünstigte Bruchware. Ebenso erfüllt ein 24h-Automat vor dem Shop jederzeit spontane Kundenwünsche.

REICHENTHAL

BRÄUER MÜHLVIERTLER NATURBÄCKER

4193 Reichenthal, Marktplatz 3, +43/7214/4028 -22
www.braeuer.at
Für Martin Bräuer liegt die Kunst des Backens darin, Tradition mit Innovation, also das für ihn Selbstverständliche mit dem Überraschenden, zu verbinden. Es ist kein Geheimnis, dass er dem Teig ausreichend Zeit zum Reifen gibt, mit Natursauerteig, der täglich frisch angerührt wird, mit Mehl und Gewürzen von den Bauern aus der Umgebung. Der Bio-Dinkel wird in der hauseigenen Mühle gemahlen. So entstehen das köstlich knusprige Holzofenbrot oder das gschmackige, weizen- und hefefreie Roggenbrot mit Koriander, Fenchel und Kümmel. Eine Sünde wert ist der Mühlviertler Blau-, Rot- und Weißmohnzelten. Die „Kekse mit Sinn" – Bio-Dinkelkekse nicht nur für Kinder – oder der innovative, mehrfach ausgezeichnete Steinofenbrot-Edelbrand sowie das Pane Nero mit Sepiapaste und Cranberrys bekunden Bräuers Kreativität. Aber dieses Brot gibt es nur von Ostern bis Allerheiligen, jeden Freitag und Samstag. Filialen in 4240 Freistadt, Pfarrgasse 20 und 4203 Altenberg, Raiffeisenweg 2.

RIED IM INNKREIS

BECO

4910 Ried im Innkreis, Eislaufgasse 5, +43/660/9122486
de.becokaffee.com
Becos Ziel ist es, die besten Rohkaffeebohnen aus Brasilien nach Österreich zu bringen und in Ried im Innkreis zu rösten, um den Kunden immer mit frisch geröstetem Kaffee versorgen zu können. Gearbeitet wird ausschließlich mit Kaffeespezialitäten (über 80 Punkte). Onlineshop.

BRAUEREI RIED

4910 Ried im Innkreis, Brauhausgasse 24, +43/7752/82017
www.rieder-bier.at
Im Shop der Rieder Brauerei erwartet den Kunden eine wunderbare Auswahl an Bieren sowie kreative Brau-Meisterwerke, vom Honigbier über Kürbiskernbier bis zum Pale Ale – Biere, die sich mit einer kristallklaren Optik von leuchtenden Bernstein darstellen oder die von vielen Fruchttönen umspielt sind oder die an weiches Karamell mit Süßholz erinnern. Außerdem kann man im Shop vielerlei Geschenkideen finden. Öffnungszeiten: Montag - Freitag von 7:00 bis 16:00 Uhr.

DIE GIESSEREI

4910 Ried im Innkreis, Rainerstraße 5, +43/7752/21232
www.giesserei-ried.at/marktplatz
In diesen Marktplatzregalen findet man fruchtige Bio-Säfte und andere Spezialitäten aus dem Inn- und Hausruckviertel, Naturkosmetik und nachhaltige Hygieneartikel, öko-faire T-Shirts, handgefertigte Holzrechen und Gebrauchskeramik für die Küche, Schneidbretter aus alten Weinfässern, Spiel-Bausteine, Leinölfarben, Stifte, handgebundene Notizbücher, Trinkflaschen und Aufbewahrungsboxen aus Glas und Edelstahl sowie noch vieles, vieles mehr.

MAYER BÄCKER – HANDWERKS-BACKSTUBE

4910 Ried im Innkreis, Stelzhamerplatz 4, +43/7752/82563
www.mayer-baecker.at
Die Adresse für den ernährungsbewussten Genießer. Alle Brot- und Gebäcksorten tragen das AMA-Gütesiegel. Die Hauptzutaten und Rohstoffe kommen aus der direkten Umgebung. Gebacken wird nach traditionellen Rezepten und unter Verwendung von echtem Natursauerteig, mit Dampfl-Führung und langen Teigruhezeiten. Die köstlich-knusprigen Backspezialitäten verlocken zu mehr, darunter der mit Gold prämierte Ötzi UR-Laib aus Urgetreide und benannt nach dem Gletschermann, das Bergbauernbrot – ein Rogenmischbrot gewürzt mit Brotklee, oder das Innviertler Landbrot. Und für Allergiker gibt es auch Roggenbrote ohne Hefe. Das Angebot an Dinkel-und Urgetreidesorten wird weiterhin vergrößert. Naschkatzen werden die hervorragenden Konditoreiprodukte wie die Schwanthaler Torte, aber auch die hervorragenden Krapfen-Flesserl, zu schätzen wissen. Viele Spezialitäten werden in Bio-Qualität angeboten und mittags gibt es köstliche Gerichte aus der „gesunden Küche" – mit Zertifikat des Landes Oberösterreich.

ZÖLS FISCH-WILD-FEINKOST

4910 Ried im Innkreis, Bahnhofstraße 15, +43/7752/82058
www.zoels.at
Ein sehenswerter Feinkostladen in Ried im Innkreis, der den Gourmet mit einer sehr guten Palette an Wild, zum Beispiel Spezialitäten von Reh, Hirsch, Wildschwein, Wildente, Wachtel, Fasan, Rebhuhn u.v.m. überzeugt. Die Auswahl an Delikatessen reicht vom frischen Fisch – fangfrische Forelle, Saibling oder Karpfen – aus eigenen oder regionalen Gewässern – küchenfertig, handfiletiert, gebeizt oder geräuchert.Auch Hummer, Jakobsmuscheln, Austern, Langusten, Calamari, pikante Fischsalate, Flusskrebssalat, Meeresfruchtsalat, Heringskäse, feine Räucherspezialitäten, Terrinen, Aufstriche, Haus- und Edelbrände. Für die feine Küche finden sich von Essig und Ölen über Nudeln bis hin zu Pesto, Chutneys, verschiedenen Antipasti, natürlichen

Gewürzen, italienischen Spezialitäten sowie Trüffelhonig und hochwertige Schokolade. Party-Service.

Destillerie Schosser

DESTILLERIE SCHOSSER

4551 Ried im Traunkreis, Hauptstraße 35/1, +43/664/2022860
www.schosser.com
Seit 1989 werden in Ried im Traunkreis Edelbrände von höchster Qualität hergestellt. Man ist bestrebt, aus bestem Obst, genau definiertem Erntezeitpunkt, exakter Vergärung, sorgfältigem Brennen im Kolonnenverfahren den bestmöglichen Edelbrand zu erzeugen. Das Sortiment des vielfach prämierten Betriebs besteht aus Getreidebränden, Kern-, Stein- und Beerenobst bis hin zu Raritäten wie Bananenbrand oder reinsortige Tresterbrände namhafter Weine. Neueste Kreation von Martin Schosser ist der Weinbergpfirsich Brand. Einige der Brände werden in Barriques ausgebaut. Unter „Max Reserve" sind außergewöhnliche Jahrgangsbrände entstanden – mindestens 20 Jahre Lagerung sind Voraussetzung, um dieses Prädikat zu erhalten und jede Abfüllung und jeder Jahrgang sind einzigartig und streng limitiert. Im Webshop können die edlen Brände als Geschenk auch in exklusiven Holzkassetten erstanden werden.

SCHLATTBAUERNGUT

4551 Ried im Traunkreis, Rührndorf 30, +43/664/78000839
schlattbauerngut.at
Die sortenreinen Naturprodukte vom Schlattbauerngut werden zu 100 % in kontrolliert biologischem Landbau gewonnen. Die Saat der jeweiligen Frucht gelangt mittels einer „Schnecke" in die Ölpresse und wird so schonend kaltgepresst. So entstehen neben Klassikern wie Sonnenblumenöl auch Hanföl, Leindotteröl, Senföl, Mohn-Zimt Öl, Walnussöl, Bärlauchöl, Traubenkernöl, Chiliöl, Rapsöl, Bio Rapsöl mit Koriander und das neue Bio Schwarzkümmelöl. Im Hofladen können die wunderbaren Bio-Öle gemeinsam mit spannenden Essigen wie z.B. Apfel-, Birne-, Himbeer-, Quitte als reine Gärungsessige, zusätzlich auch ein Balsam Essig – den Bio Birnen Balsamessig, verkostet und natürlich auch

gekauft werden. Ebenfalls das ganze Jahr über werden spezielle Geschenkboxen für besondere Anlässe oder einfach als kleines Mitbringsel angeboten. Führungen und Vorträge zum Thema Öl bringen dem Besucher das Thema anschaulich näher. Onlineshop: schlattbauerngut.at/shop

LEIBETSEDER GASTRONOMIE UND FLEISCHWAREN

4150 Rohrbach, Stadtplatz 27, +43/7289/4276
www.essenvombesten.at

Für Leibetseder steht Qualität an erster Stelle, deshalb werden nur beste Produkte aus der Region angeboten. Mehrmals wöchentlich werden Würste, Geräuchertes und Schinkenspezialitäten mit Liebe zum Handwerk produziert, das Hauptaugenmerk liegt auf Mühlviertler Spezialitäten. Viele mit Gold prämierte Produkte zeichnen den hohen Qualitätsstandard des Unternehmens aus. Auch längst vergessene kulinarische Raritäten wie die Speckpolnische oder auch Schweinsmaisen gibt's beim Leibetseder. Ein Genuss ist der Wollschweinspeck sowie die Speck-Spezialitäten vom Gustino Strohschwein. Im Sortiment findet man auch Biofleisch von der Mühlviertler Alm Sonnberg. Rind-, Kalb- und Lammfleisch aus dem Bezirk Rohrbach, saisonal auch Böhmerwald-Wild, weiters Gustino-Schweinefleisch und Kärntner Landhuhn. Frischen Fisch gibt es jeden Donnerstag, die Auswahl reicht von Forelle und Karpfen bis zu Lachs und Heilbutt. In der Imbissecke werden Mühlviertler Spezialitäten wie Leberschädl oder gebackene Speck- und Grammelknödel angeboten. Das Café im 1. Stock rundet die Leibetseder Genusswelt mit hausgemachten süßen Spezialitäten perfekt ab. Party-Service, der Regiomat mit Grillfleisch, Speck... steht 7/24 an der Akademiestraße bereit, Online-(Speck)Shop.

MAURACHER BIO-HOFBÄCKEREI – FEINSCHMECKEREI

4150 Rohrbach, Stadtplatz 15, +43/7283/8466-0
www.mauracherhof.com

Bereits seit 1625 wird am Mauracher Hof in Sarleinsbach, mitten im Mühlviertel, Brot gebacken. Der Traditionsbetrieb stellte schon vor über 40 Jahren auf Bio um. Das hochwertige Bio-Getreide aus der Region wird auf dem Mauracher Hof unmittelbar vor dem Backen direkt in die Teigschüssel gemahlen, so bleiben Vitamine, Mineral- und Ballaststoffe, also alle wertvollen Bestandteile des Korns inklusive Keimling, erhalten. Das Ergebnis ist Premiumqualität voller Vitalkraft und Geschmack. Übrigens wird das Mauracher Brot nur in Öfen mit Holzfeuerung gebacken. Die breite Palette an hervorragenden Natursauerteigbroten ist hefefrei, weizenfrei und laktosefrei. Im Sortiment finden sich neben dem mehrmals ausgezeichneten Mauracher Struzen, knusp-

rigem Gebäck und feinsten Mehlspeisen auch glutenfreie Backwaren aus Buchweizen wie Brot, Apfelkuchen und Kokosbusserl. Zu empfehlen sind das saftige Sissys Dinkel Laiberl sowie das mit Parisercreme gefüllte, prämierte Dinkelherz. Führungen „Von der Ähre bis zum Brot" werden gerne nach Voranmeldung für Gruppen durchgeführt. Führung und Produktion: Pogendorf 8, 4152 Sarleinsbach.

BÄCKEREI-CAFÉ HEFTBERGER

4681 Rottenbach, Rottenbach Nr. 6, +43/7732/2866
www.baeckerei-heftberger.at

Produktvielfalt in bester Qualität und Frische. Das Brot wird mit großer Sorgfalt mit Natursauerteig aus eigener Züchtung im Steinofen gebacken und dem Teig wird noch die Zeit gegeben, die er braucht. Für Biogenießer wird unter anderem Bio-Dinkel-Vollkornbrot angeboten. Liebhaber von Süßem können aus einer Vielzahl an klassischen Torten wählen, auf Wunsch werden auch besondere Torten wie Anlass- oder Hochzeitstorten hergestellt. Besonders beliebt ist aber der flaumige Guglhupf nach Omas Rezept. Unter dem Motto „Land lebt auf" wird der Nahversorger im Ort mit frischem Brot beliefert. Liefertouren im nahen Umkreis für Backfrisch- oder Ofenfrisch-Bestellungen, Onlineshop.

SAXEN

UNIMARKT SAXEN
4351 Saxen, Saxen 129, +43/7269/7564
unimarkt.at/standort/saxen
Im gewohnt perfekten Unimarkt-Stil bietet dieser Markt von Gerda Schwarzl besonders viel Regionalität und guten Geschmack. Vor allem auch bei den süßen Köstlichkeiten und Gebäck lässt dieser Markt keine Wünsche offen. Einkaufserlebnis, wie man es sich wünscht!

SCHÄRDING

BÄCKEREI BUCHEGGER
4780 Schärding, Oberer Stadtplatz 45, +43/7712/29678
www.baeckerei-buchegger.at

Bäckerei Buchegger

Seit mittlerweile drei Generationen legt die Familie Buchegger großen Wert auf regionale Rohstoffe, ehrliche Handarbeit und echten Geschmack. Die Lieferanten für Getreide, Gewürze, Eier und Milchprodukte kommen alle aus der näheren Umgebung. Das Mehl, das in der Backstube verwendet wird, ist auch zu 100 Prozent aus Österreich. Aus diesen erstklassigen Rohstoffen fertigen acht tüchtige Bäcker und vier kreative Konditorinnen in einer kürzlich modernisierten und bestens ausgestatteten Backstube täglich feinste Backwaren wie würzige Natursauerteigbrote, knusprige Weckerl, resche Salzstangerl und feine Mehlspeisen. Die handgemachten Köstlichkeiten können Kunden im Stammhaus in Andorf und in drei weiteren Filialen (Raab, Riedau, Schärding) sowie bei sechs Gaifahrern (rollende Filialen) kaufen. Onlineshop: www.brot-shop.at

MOSER METZGER
4780 Schärding, Silberzeile 1, +43/7712/35880
www.moser-metzger.at
Zum Erfolgsrezept des Innviertler Familienbetriebs in fünfter Generation zählen handwerkliches Geschick und traditionelle Herstellung mit überlieferten Rezepten. Der mehrfach ausgezeichnete Betrieb zählt im Bezirk Schärding zu den wenigen Metzgereibetrieben, die nach strengen Richtlinien noch über eine eigene Schlachtung verfügen. Die überragende Auswahl an Wurst- und Fleischwaren stammt aus eigener Produktion, angeboten werden rund 150 Sorten Wurst, eine feine Auswahl an Knacker in den verschiedensten Varianten, der Grill-Pfefferschinken, Bärlauch-, Bein- und Saunaschinken, aber auch der als Oberösterreichs bester ausgezeichnete Karreespeck sowie Wurzel- oder Knoblauchspeck. Beim Frischfleisch verführen Spezialitäten vom Lamm aus eigener Landwirtschaft sowie Rind- und Kalbfleisch von den Bauern der näheren Umgebung. Für die schnelle Küche finden sich hausgemachtes Gulasch, Zwiebelrostbraten, Rindsrouladen oder Tiroler Knödel. An der Käsetheke glänzt eine feine Auswahl an regionalen Käsen wie Bio-Bergkäse und Bruder Meinrad, darüber hinaus werden Nudeln, hausgemachte Aufstriche, Senf, Sauergemüse von Biobauern aus der Region, Brot und Gebäck aus der Region sowie verschiedene Schnäpse und Liköre angeboten. Sehr freundliches Personal. Für besondere Anlässe wird ein Brötchen-/Platten-Service, Buffet mit kalten oder warmen Spezialitäten sowie Geschenkkörbe angeboten.

SCHALCHEN

ACHLEITNER FORELLEN
5230 Schalchen, Häuslbergstraße 11, +43/7742/2522-0
mattighofen-erleben.at/betrieb/achleitner-forellen

Achleitner Forellen

Die in Schalchen bei Mattighofen gelegene Forellenzucht Achleitner ist ein Vollbetrieb und Genuss-Region Österreich Mitglied. Von eigenen Mutterfischen ausgehend, werden sämtliche Entwicklungsstadien der Forellen in der professionellen Anlage durchlaufen, und dies bedeutet eine nachhaltige regionale Fischzucht mit Tradition in der Fischereibranche. Die fachgerecht in klarem, kalten Wasser aufgezogenen Forellen zeichnen sich durch besondere Vitalität sowie feinem, ausgezeichneten, unbeeinflussten und natürlichen Geschmack aus — und sind ganzjährig erhältlich. Speiseforellen gibt es hier fangfrisch, filetiert, aber auch verarbeitet, geräuchert und entgrätet. Weiters werden auf Vorbestellung Lachsforellen, Lachsforellenkaviar und Forellenaufstriche angeboten.

SILMBROTH FLEISCHHAUEREI

4644 Scharnstein, Viechtwang 23, +43/7615/2254
www.silmbroth.at

Silmbroth Fleischhauerei

Aus dem Almtal für das Almtal – und natürlich für alle, die auf Qualität und die Herkunft aller Zutaten Wert legen. In diesem Traditionsbetrieb, der seit 1905 im Familienbesitz ist, wird noch selbst geschlachtet. Das Fleisch – ob Schwein, Rind, Kalb, Lamm oder Wild – stammt ausschließlich von Bauern aus dem Almtal. Bei der Wurstauswahl hat man als Kunde die Qual der Wahl. Über 80 verschiedene Fleisch- und Wurstspezialitäten werden hergestellt, darunter verschiedene Kabanossi-Varianten als Dauerbrenner sowie feinste Aufschnittwürste kreativ anders – in jedem Fall aber sehr geschmackvoll. Spezialität ist der Kugel-Leberkäs sowie die Siebenbürger Knoblauch-Bratwurst. Und in der angeschlossenen Gaststätte kann man sich das Fleisch gleich schmecken lassen.

SCHARTEN

KRONBERGERHOF

4612 Scharten, Kronberg 3, +43/664/5353376
www.kronbergerhof.at
Inmitten einer der schönsten und ältesten Obstgegenden Oberösterreichs – inmitten des „Naturpark Obst-Hügel-Land" in der Gemeinde Scharten – steht der Kronbergerhof, und hier wird die gesamte Vielfalt der Genussregion Buchkirchner-Schartner Edelobst angeboten. Alle Produkte stammen vom eigenen Hof des Familienbetriebs, die Palette beim saisonalen Frischobst ist mehr als umfangreich: sechzehn verschiedene Apfelsorten, vier Sorten Birnen, Kirschen, Weichseln, Marillen, Nektarinen, Zwetschken, Quitten, Asperl, Tafeltrauben und Walnüsse. Na-

türlich gibt es das Obst auch in Saftform (auch Mischsäfte wie Apfel-Quitte oder Apfel-Kirsche), Marillennektar, ein hervorragender Apfelmost sowie Cider und Apfelfrizzante. Feiner Apfelessig findet sich in der breiten Palette der Produkte ebenso wie hausgemachte Marmeladen und Gelees und getrocknete Apfelringe. Und für die Genießer von „Hochgeistigem" werden die regionaltypischen Edeldestillate angeboten: Apfelbrand im Eichenfass, Birnen- oder Marillenbrand, um nur einige zu nennen, aber auch feine Liköre.

LEHNER'S BAUERNLEBERKÄSE

4612 Scharten, Herrenholz 7, +43/7272/5318
www.bauernleberkaese.at
Über 170 Jahre alter, sehenswerter Hof, wo Genussprodukte in höchster Qualität hergestellt werden. Die gesamte Palette an Wurst und Schinken ist hausgemacht, das frische Schweinefleisch stammt aus eigener Schlachtung und ausschließlich von Tieren vom Hof mit „Wohlfühlstall". An Spezialitäten werden feiner Bauernleberkäse (ohne Zugabe von Mehl und Kartoffelstärke) in den Varianten „normal", pikant oder mit Käse angeboten sowie Bauerngeselchtes, das bereits mit dem Speckkaiser prämiert wurde, oder der mit der Genusskrone OÖ ausgezeichnete Schinkenspeck, Hauswürste, Blutwürste, aber auch Sur- und Bratfleisch. Natürlich gibt es hier auch frisches Schweinefleisch. Dazu: knuspriges Bauernbrot, Fruchtsäfte vom Kronbergerhof, Most aus der Region und Honig, Eier und Gewürze. Auf Vorbestellung gibt es auch kaltes oder warmes Buffet.

SCHLATT

MEINDLHOF

4691 Schlatt, Schlatt 12, +43/7673/2484
www.meindlhof.com
Täglich frisch geerntete, saisonale Gemüse-Vitamine genießen – dieses Motto wird am Meindlhof in Schlatt bei Schwanenstadt großgeschrieben. Bewirtschaftet wird der 300 Jahre alte und knapp 30 Hektar große Erbhof von Lisa und Stefan Moritz. Je nach Jahreszeit kultivieren sie auf zehn Hektar und in drei Folienhäusern zirka 100 verschiedene Gemüsesorten. Neben Basisgemüse wie Karotten oder Salaten gibt es auch Spezialitäten wie violette Kartoffel, Okraschoten, Portulak oder Romanesco. Mithilfe von Nützlingen, effektiven Mikroorganismen und biologisch abbaubaren Materialien wird am Meindlhof im Einklang mit der Natur gearbeitet. Das Gemüsesortiment im Hofladen wird durch viele zusätzliche Produkte des täglichen Bedarfs von bäuerlichen Produzenten aus der Region ergänzt. Mit Milch und Milchprodukten, Brot & Gebäck, Wurst, Mehlen, Nudeln, Eiern, Säften, Tee, Kräutern & Gewürzen, Hochprozentigem, Essigen & Ölen, Süßem & Saurem und vielem mehr hat sich der Meindlhof mittlerweile zu einem kleinen Nahversorger entwickelt.

SCHLIERBACH

HÖFER SCHLIERBACH

4553 Schlierbach, Stiftstraße 7, +43/7582/83049
www.bschoad-binkerl.at

„Bschoad Binkerl" ist eine Kooperation mit ausgesuchten regionalen Lieferanten, regionale Köstlichkeiten sind hier nicht nur selbstverständlich, sie werden auch gelebt. Im Bschoad Binkerl-Shop gibt es jede Menge an Schmankerln, die der Gaumen begehrt: Gewürze und Tee von Akala Bio-Manufaktur, Säfte von Apfelino, Bachhalm Schokoladen, Honig vom Bienenparadies Neubauer, eingelegtes Gemüse von Pflügelmeier, Feines der Erlebnisbrennerei Peterseil, Produkte aus Hedwigs Gartl, die Wurst- und Fleischspezialitäten stammen von Hüthmayr u.v.m. Hier findet man auch große und kleine Boxen mit allem, was der Gaumen begehrt. Von den großen Mahlzeitboxen bis hin zum „Kloan Bschoad Binkerl" mit Spezialitäten wie Apfel in Grammelschmalz oder dem „Bschoad Binkerl" Kinderrucksack. Tradition wird so wieder neu erfunden.

PANORAMA STIFT SCHLIERBACH

4553 Schlierbach, Klosterstraße 1, +43/7582/83013-180
www.stift-schlierbach.at/das-panorama-stift-schlierbach/klosterladen

Panorama Stift Schlierbach

Die Klosterkäserei des Stiftes Schlierbach wurde 1924 gegründet und ist heute marktführend in der Produktion von Weichkäse mit Rotkultur (original Schlierbacher) in Österreich. Hergestellt werden verschiedene Sorten an Bio- Weich-, Schnitt- und Frischkäse aus Kuh,- Schaf- und Ziegenmilch. Im Klosterladen runden vielfältige erlesene Genussland-Köstlichkeiten das Angebot ab. Edle Weine, Bier, Schokolade, Edelbrände und Liköre aus anderen Klöstern und der Region werden ebenso gerne mit nach Hause genommen wie Kräutertees, Gewürze und Bücher sowie Glasgeschenke und Glas-Accessoires aus eigener Produktion. Ein besonderer Tipp: Kleine süße Köstlichkeiten und Kaffee im modernen Ambiente gibt es auf der Panoramaterrasse mit atemberaubendem

Blick über das Obere Kremstal. Öffnungszeiten Di – Sa 8:30 bis 17:00 Uhr (Ausnahme: 1. Nov. – 31. März: Di – Fr 8:30 bis 17:00 Uhr, Sa 8:30 bis 12:00 Uhr).

SCHWANENSTADT

GRAUSGRUBER LAMMSPEZIALITÄTEN

4691 Schwanenstadt, Hinterschützing 6, +43/7673/2910
diegrausgrubers.at

Am Hof von Christine und Klaus Grausgruber spielt das Merinoschaf die Hauptrolle, das Zusammenspiel saftiger Weiden mit vielen Wildkräutern und artgerechter Tierhaltung tragt zur einmaligen Qualität der Fleisch- und Wurstprodukte bei. Die Produktpalette reicht vom hochwertigen, frischen Junglammfleisch über verschiedenste Schafswürste wie Lammbeisser, Lammbratwürstel, Lammleberkäse bis zu feinem Schäferschinken und Pasteten und hervorragender Rohsalami mit Wildkräutern. Dazu gibt es Kräuter für das Lamm. Die Bedienung ist freundlich und berät gerne. Verkauf Donnerstag ab Hof 17:00 bis 19:00 Uhr und Freitag 8:30 bis 10:00, jeden Freitag am Salzkammergut Bauernmarkt von 12:30 bis 16:30 Uhr und am Bauernmarkt Regau Freitag von 14:30 bis 18:30 Uhr.

SEEWALCHEN AM ATTERSEE

FISCHEREI ECKER

4863 Seewalchen am Attersee, Moos 17, +43/7662/2487
www.fischerei-ecker.at

Seit über 70 Jahren verwöhnt der Familienbetrieb mit täglich fangfrischen Fischen aus dem Attersee wie Reinanken, Maränen, Saibling, Hechte, Aale und Weißfische (je nach Schonzeit und Ausfang) auch Fische aus heimischen Gewässern, wie zum Beispiel Regenbogenforellen, Bachsaiblinge und Lachsforellen. Diese Fische sind ständig in den mit Atterseewasser versorgten Hälterungen vorrätig. Je nach Jahreszeit sind auch Karpfen, Schleie oder Wels erhältlich. Alle Fische sind lebend, küchenfertig (filetiert oder im Ganzen) oder geräuchert verfügbar. Zweimal in der Woche werden frische Meeresfische angeliefert. Weiters werden gebeizte Lachsforellen, hausgemachte Salate, Aufstriche, Antipasti, Eingelegtes von Grossauer, Schokoladen von Zotter, eine feine Selektion an Spitzenweinen und Destillaten sowie ofenfrisches Gebäck geboten.

SIGHARTING

PRAMOLEUM VERTRIEBS GMBH

4771 Sigharting, Hofmark 4, +43/7766/41124
www.pramoleum.eu

Bei Pramoleum gibt es regional erzeugtes, reines und naturbelassenes Kürbiskernöl aus schonender Pressung, aber auch

Rapsöl sowie Kürbiskern-Spezialitäten zu entdecken: Pesto, Nudeln, Cookies, Knabberkerne in verschiedensten Variationen, Kürbiskernschmalz, knusprige Mini-Cookies mit Schokoladestücken und gemahlenen Kürbiskernen, Schokolade mit gerösteten Kürbiskernen und sogar auch ein Kürbiskernbier sowie schön sortierte Geschenkpakete. Zu kaufen gibt es alle Produkte im Shop im Schloss Sigharting oder auch online!

frisches, saisonales Gemüse erwerben. Die ganze Vielfalt der Genussregion Sauwald Erdäpfel findet man hier: Inzwischen bieten die Bauern verschiedene Sorten an schmackhaften Erdäpfeln in bester Qualität an: Antonia, Alexandra, Princess, Linzer Delikatess, Red Lady (rotschalig), Queen Anne, Belmonda, Concordia und Lilly. Ab Hof Verkauf Freitag 8:00 bis 12:00 Uhr und 13:00 bis 17:00 Uhr, Samstag 8:00 bis 12:00 Uhr. Und auch die Liebhaber von Hochprozentigem werden hier fündig: Aus der Sorte Freya wird mit Urgesteinswasser verfeinerter, reiner Sauwald-Wodka hergestellt. Onlineshop.

Pramleiun

Sauwald Erdäpfel

BIENENPARADIES NEUBAUER
4621 Sipbachzell, Zelldorf 7, +43/7240/8501
www.bienenparadies.com
Familie Neubauer führt neben ihrem landwirtschaftlichen Betrieb, auf dessen Ackerflächen Dinkel, Einkorn, Hafer, Weizen, Roggen, Tritikale, Soja, Ackerbohnen, Rießhonigklee und vieles mehr angebaut werden, auch eine Bio-Imkerei mit bis zu 100 Bienenvölkern. Im heimeligen und verführerisch duftenden Hofladen, in dem der Imker persönlich, freundlich und ausführlich berät, steht eine umfassende Palette an Bienen- und Honigprodukten zur Auswahl, z.B. Honig (Wald-, Blüten-, Creme-, Backhonig), Honig mit Walnüssen, Met (auch Apfel- und Pfirsichmet), Propolis-Tropfen und -creme, Bärenfang, Brände und Liköre wie Honig-Nuss-Likör, Mehle aus der eigenen Mühle und für Naschkatzen Honig-Nusslikör-Schokolade und Propolisschokolade.

SAUWALD ERDÄPFEL
4725 St. Aegidi, Schauern 26, +43/7717/8000
www.sauwalderdaepfel.at
Der Sauwald ist seit jeher für seine wohlschmeckenden Erdäpfel bekannt, und die Anforderungen an den qualitativ hochwertigen Erdäpfeln sind klar definiert. Im modernen Verkaufsraum können Besucher nicht nur die schmackhaften Sauwald Erdäpfel kaufen, sondern auch viele weitere Produkte aus der Region sowie

NAH&FRISCH BENISCHKO WOLFGANG

Genussland

4084 St. Agatha, Stauffstraße 11, +43/7277/8849
www.nahundfrisch.at/de/kaufmann/benischko-wolfgang-st-agatha
Einkaufen in angenehmer und freundlicher Atmosphäre – das erwartet die Kunden im Nah&Frisch Markt. Freundlich und kompetent beraten wird man hier in allen Bereichen. Das Herzstück ist jedoch die Frischeabteilung. Man hat die Qual der Wahl aus einem großen Sortiment an Wurst, Fleisch, Käse und Gebäck. Besonders empfehlenswert sind die hausgemachten Sulzen, Hascheeknödel und Aufstriche. Liebevoll gestaltete Obst- und Gemüsekörbe werden auf Bestellung individuell angefertigt. Diverse Verkostungen, ein Regional/Bio und Genussland Oberösterreich Regal sowie eine Kaffeetheke als Kundentreff runden das Angebot ab.

WWURM FRUCHTVEREDELUNG – GESCHWISTER WURM
4490 St. Florian, Weilling 10, +43/7224/4387
www.wwurm.at
Die Essenz aus der Natur. Auf dem Gustergut wird Gutes seit Langem gepflegt: Das sind Äpfel, Birnen, Trauben und die vielen anderen Früchte und Obstsorten, aus denen die Spezialitäten

gewonnen werden. Jedes Obst, jede Frucht wird in Handarbeit geerntet und mit viel Gespür für die Eigenschaften der Frucht weiterverarbeitet. Die Genussadresse besticht mit einer hervorragenden Auswahl an Gaumenfreuden: vielfach prämierte, naturbelassene Säfte aus baumgereiften Früchten in höchster Qualität wie Apfelsaft klar oder naturtrüb, Rubinette und Golden Delicious naturtrüb, mit Holunder, Himbeere, Quitte … reinsortige Moste und prämierte Edelbrände wie Mispelbrand, Dirndl-, Vogelbeer-, Kletzenbirnen- oder Schlehdornbrand. Auch frisches Obst und Gemüse aus eigenem Anbau wird angeboten, ebenso wie Schaumwein aus Flaschengärung, hergestellt nach der „méthode champagnoise". Ein kleines, aber feines Angebot an Likören, Pesti und Fruchtaufstrichen rundet das Angebot perfekt ab. Der Wurm-Hofladen am Gustergut hat Fr von 8:00 bis 18:00 Uhr und Sa bis 12:00 Uhr geöffnet.

ST. GEORGEN BEI OBERNBERG AM INN

STROBLOBST

4983 St. Georgen bei Obernberg am Inn, St. Georgen 48
+43/7758/30276
www.stroblobst.at

Strobl Obst

Apfel, Apfel und nochmal Apfelgenuss vom Baum! Familie Strobl umsorgt um die 12.000 Apfelbäume, deren Früchte baumgereift das Ausgangsprodukt ihrer Köstlichkeiten sind. Den Apfel gibt es hier in vielen verschiedenen Sorten, wie z.B. Weirouge®, Elstar, Santana®, Rubinette, Pilot … Neben dem Frischobst werden im Hofladen die Äpfel in Form von Most und Saft, Dörrobst, Apfelringen, Fruchtschokolade oder Marmelade in vier verschiedenen Variationen angeboten. Aber der Hofladen hat noch mehr zu bieten: Chutneys, Essig, Schwarze Nüsse, Öle, Bohnen & Linsen, Weine vom „Innviadla Weinbau" Költringer, Mehle aus der Huemer Mühle, Nudeln der Nudelmanufaktur Huber, Honig, Eier u.v.m. Einfach köstlich. Der Hofladen ist geöffnet Do & Fr 8:00 bis 18:00 Uhr, Sa 8:00 bis 12:00 Uhr. Onlineshop.

ST. MARIEN

BÄCKEREI ALFRED ZITTERL

4502 St. Marien, Stein 10, +43/7227/8205
www.zitterl.at
Seit mehr als 100 Jahren duftet es in St. Marien verführerisch nach Brot & Gebäck. Das bereits in dritter Generation geführte Familienunternehmen bietet ein umfassendes Sortiment an hochwertigen Backwaren in Spitzenqualität. Die Rohstoffe werden ausschließlich aus der unmittelbaren Region rund um St. Marien bezogen. Damit werden in handwerklicher Tradition Spezialitäten wie das Dinkel-Malz-Krustenbrot oder das echte Holzofenbrot – das noch in einem originalen Holzbackofen gebacken wird – hergestellt, aber auch geknetetes oder gezogenes, geflochtenes oder gestaubtes Gebäck, das mit viel Geschick und handwerklichem Können an sechs Tagen in der Woche frisch gebacken wird. Ein täglich wechselndes Angebot an Mehlspeisen verführt ebenfalls zum Genuss.

ST. MARIENKIRCHEN AM HAUSRUCK

HÄUSL'S BIO SCHAFKÄSE

4926 St. Marienkirchen am Hausruck, Obereselsbach 5
+43/7753/35790
www.haeusl.at
Am Hof der Familien Spitzer tummeln sich an die 50 Schafe, deren Milch in der hofeigenen Käserei zu köstlichem Käse und mehr verarbeitet wird. Im kleinen Hofladen werden vor allem Produkte aus der Region sowie die hofeigenen Schafmilchspezialitäten angeboten. Die Produkte gibt es auch von 00:00 bis 24:00 Uhr im Selbstbedienungskühlschrank oder nach telefonischer Vereinbarung und auf vielen Bauernmärkten der Region.

ST. MARIENKIRCHEN AN DER POLSENZ

SCHAUER – DAS BESTE AUS OBST

4076 St. Marienkirchen an der Polsenz, Holzwiesen 9
+43/7249/47346
www.das-beste-aus-obst.at
Das Handwerk des Mostmachens hat bei Familie Schauer Tradition, Qualität und Reinheit der Produkte stehen dabei an oberster Stelle. Die sanfte Hügellandschaft und die hohe Dichte der vielen Streuobstbestände prägen die Genussregion Hausruck Birn-Apfel-Most. Das Streuobst und auch Speiseobst der Region wird mit größter Sorgfalt zu qualitativ hochwertigen Mosten typischer Streuobstsorten wie z.B. Klettenbirne, Winawitzbirne, Speckbirne, Landbirne, Boskop, Brünnerling oder Weberbarts und zu Naturfruchtsäften, Cider, Frizzante, Birnenschaumwein, Edelbrände und Liköre verarbeitet. Die Palette reicht von Fruchtsäften wie Apfel- oder Birnensaft bis zu dem prämierten Apfel-

Karotten-Saft, Apfel-Weichsel- oder Apfel-Holunder-Saft. Und dann gibt's feinste Edelbrände wie Kriecherlbrand oder Kirschbrand sowie Liköre wie Nuss- und Weichsellikör.

Schauer – Das Beste aus Obst

ST. MARTIN IM MÜHLKREIS

BRAUEREI HOFSTETTEN KRAMMER

4113 St. Martin im Mühlkreis, Adsdorf 5, +43/7232/2204
www.hofstetten.at

Ab Hof Verkauf – frisch aus der Brauerei. Hier taucht man ein in die faszinierende Welt des Bierbrauens und selbst Nichtbiertrinker kommen auf den Hopfengeschmack. Weit weg von industriellem Einheitsbrei wird mit Liebe zum Detail und Akribie hier gebraut – und das seit 1229. Beim Rampenverkauf gibt es die Hofstettner Produktwelt wie Mühlviertler Bio Bier, Granitbier, Granitbock, Bio Kübelbier, Mühlviertler Pale Ale, Hochland Bio Honigbier, Granit EIS Bock, G'froren's, das neue Bio Hanfbier GANSCHA, aber auch Wildbrett- und Edelsaure Bockbiere. Auch nationale und internationale Bierspezialitäten finden sich im Shop neben anderen Getränken wie Mineralwasser, Fruchtsäfte und Limonaden. Ein kleines Weinsortiment gibt es übrigens auch. Eine Besonderheit sind die bierigen Geschenkideen. Öffnungszeiten: Mo - Fr: 8:00 bis 12:00 Uhr, 13:00 bis 17:00 Uhr. Sa: 8:00 bis 12:00 Uhr. Onlineshop: www.biertempel.at/kategorie/bier/?filter_hersteller=hofstettner

ST. WOLFGANG IM SALZKAMMERGUT

DAS SALZKONTOR

5360 St. Wolfgang im Salzkammergut, Markt 72
+43/6138/3027
www.salzkontor.at
Biologische und vegane Natursalzspezialitäten werden von Hand, mit Liebe und Sorgfalt in der Manufaktur in St. Wolfgang im Salzkammergut hergestellt. In den Geschäften in St. Wolfgang

und Hallstatt spiegelt sich die Philosophie in Form einer breiten Produktpalette „Alles rund um's Natursalz" wider. Hier wird man herzlich eingeladen, in die Welt des Salzes einzutauchen.

DAS SALZKONTOR

5360 St. Wolfgang im Salzkammergut, Schwarzenbach 73
+43/6138/3027
www.salzkontor.at
Alles rund um's Natursalz. Die biologischen und veganen Natursalzspezialitäten werden von Hand mit Liebe und Sorgfalt in der Manufaktur in St. Wolfgang im Salzkammergut hergestellt. Der kleine Laden direkt neben der Manufaktur bietet eine feine Auswahl an Salzen, wie z.B. Bergkernkräuter- und -natursalze, Braterdäpfelsalz, feuriges Grillsalz und Rauchsalz, aber auch Salzmühlen und -streuer sowie Sole-Zuckerl und Natursalz-Sole für Trinkkuren, Inhalationen und Bäder. Weitere Salzkontor Geschäfte gibt es in 4830 Hallstadt, Seestraße 116 und im Salzhaus, Oberer Marktplatz 54; 5360 St. Wolfgang, Markt 72; 4820 Bad Ischl, Kaiser-Franz-Josef Straße 1 und im Salzhaus Salzburg. Onlineshop.

STEINERKIRCHEN AN DER TRAUN

BÄCKEREI BAUMGARTNER

4652 Steinerkirchen an der Traun, Am Süßenberg 1
+43/7241/2228
www.baumgartner-baeckerei.at

Bäckerei Baumgartner

Christian und Friedi Baumgartner führen die Bäckerei Baumgartner bereits in 3. Generation, Tradition wir bei ihnen hochgehalten. Der bekannte „Baumi Geschmack" kommt nicht von ungefähr: Es sind die Rezepte, die von Generation zu Generation weitergegeben werden, das Urgetreide, das von der Aussaat bis zum fertigen Gebäck nie aus den Augen gelassen wird und der Sauerteig aus dem alten Holzfass, die dem Brot und Gebäck den unverkennbaren bodenständigen Geschmack verleihen. Am eigenen Bauernhof angebauter und selbst gemahlener Roggen und Dinkel sind die Rohstoffe für die knusprigen Köstlichkeiten.

Saisonale Spezialitäten wie das Früchtebrot ist zur Weihnachtszeit sind besonders beliebt und das Beugerl in der Fastenzeit darf genauso wenig fehlen wie das Weihbrot zu Ostern. In den Regalen finden sich weiters viele Produkte aus der Region – von frischer Bauernmilch in Flaschen, Ölen vom Schlattbauerngut, Eiern aus Freilandhaltung bis hin zu den köstlichen Kreationen von Maître Chocolatier Wenschitz.

STEYREGG

ADOLF WEGSCHAIDER
4221 Steyregg, Linzerstraße 42, +43/732/640034
www.wegschaider.com
Familientradition seit 125 Jahren. Bei Wegschaider steht hohe Qualität im Mittelpunkt, seit jeher wird das Fleisch von ausgewählten Bauern aus dem Mühlviertel bezogen. Mit Sorgfalt, Liebe zum Handwerk, bewährten Rezepturen und hochwertigen Zutaten werden Genussprodukte hergestellt, z.B. die Original Alpenkäswurst oder die Mühlviertler Bauernpresswurst. Geboten werden „Beef-Natur"-Rindfleisch und Gustino-Schweinefleisch. Neben der klassischen Palette an Wurstwaren, Speck und Schinken überrascht hier vor allem das umfangreiche Angebot an Hausmannskost und Convenience Produkten, das von Haschee-, Grammel- und Speckknödel bis zum Haschee-Punkerl reicht. Auch Vegetarier werden fündig, denn es gibt ein umfangreiches, hausgemachtes Suppensortiment sowie Mittagsmenüs. Teigwaren, Sauergemüse oder Senf runden das breite Angebot ab. Praktisch: Vor der Filiale steht ein Fleischautomat, an dem rund um die Uhr ausgewählte Fleisch- und Wurstspezialitäten gekauft werden können. Die Befüllung und Kühlung der stets frischen Ware wird garantiert! Filialen in Linz und Umgebung siehe Homepage.

BROTSÜCHTIG
4221 Steyregg, Linzer Straße 54, +43/660/2323235
www.brotsuechtig.at
Stefan Faschinger und Oliver Raferzeder sind nicht nur süchtig nach Brot, sie sind auch Brotsüchtig. Sie haben es sich zur Aufgabe gemacht, dem Brot wieder Wert zu verleihen. Dafür werden ausschließlich biologisch angebaute Rohstoffe bester Qualität von Hand verarbeitet, das Getreide wird aus Oberösterreich bezogen. Gesetzt wird auf echten Natursauerteig, alte und neu interpretierte Rezepte und auf ganz neu entwickelte Produkte. So entstehen Brote, die so innovativ wie ihre Namen sind: Volker Vollkorn, Krustav, Roger Roggen, Adam Apfel (mit Bio Apfelsaft) oder Nora Nuss (mit Walnüssen und Whisky). Das Bio Dinkel-Drahdiwaberl, Brigitte Baguette oder den Keimspitz sollte man unbedingt probiert haben. Und für den süßen Genießer lassen Christine Croissant oder der Guglhupf Gunni Gugl absolut keine Wünsche offen.

TAUFKIRCHEN AN DER PRAM

NIEDERMAYER SÄFTE UND MEHR
4775 Taufkirchen an der Pram, Aichedt 2, +43/7719/7781
www.niedermayer-saefte.at

Niedermayer Säfte und Mehr

Cäcilia und Johann Niedermayer bewirtschaften den Erbhof, der mit 22 Hektar Grundfläche als Stiermastbetrieb geführt wird, gemäß den Gesetzen der Natur. Ein Schwerpunkt wird auf die Direktvermarktung gelegt, deshalb vertreibt das „Gutes vom Bauernhof"-Mitglied die Produkte vorwiegend ab Hof sowie über Bauernläden. Die Herstellung hochwertiger Fruchtsäfte und Moste hat bei den Niedermayers jahrzehntelange Tradition. Produziert werden verschiedene Apfel- und Mischsäfte, wie z.B. 2021 mit der Goldenen Birne ausgezeichnete Apfel-Holundersaft sowie Most und Cider, aber auch hochwertiges Rindfleisch aus eigener Schlachtung wird angeboten. Die Beratung überzeugt mit Kompetenz und Freundlichkeit.

TIMELKAM

MARKT-METZGER HOLLERWEGER
4850 Timelkam, Pollheimerstraße 4, +43/7672/92153
www.marktmetzger.at
Wie der Name „Markt-Metzger" schon andeutet, versteht sich Hollerweger nicht als Metzgerei im herkömmlichen Sinn, sondern als moderner „Markt" und Nahversorger mit Schwerpunkt auf Fleisch und Wurst in bester heimischer Qualität. Das Rindfleisch, Kalb-, Lamm- und Schweinefleisch stammt ausschließlich von heimischen Bauernhöfen, das saisonal variierende Wild wie Reh, Hirsch und Wildschwein kommt aus heimischem Jagdgebiet. Ein reichhaltiges Wurstsortiment bietet auch verschiedene hauseigene Schinkensorten wie z. B. Beinschinken, Rohschinken, Wacholderschinken oder den hervorragenden Burgunderschinken. Auch die angebotenen Fische kommen fangfrisch aus den heimischen Seen, das knusprige Brot und Gebäck von den heimischen Bäckern. Die Auswahl an der Käsetheke überzeugt, es gibt silofreien Rohmilchkäse ebenso wie auf Bestellung Spezialitäten von

der Ziege. Darüber hinaus werden Spitzenweine von Topwinzern, hausgemachte Salate und Pasteten, verschiedene Antipasti, Essige, Marmeladen, Chutneys und gefriergetrocknete Früchte von Frucht & Sinne angeboten. Party-Service & Catering.

UNTERACH AM ATTERSEE

CHRISTIAN SCHEICHL FISCHEREI
4866 Unterach am Attersee, Jeritzastraße 90, +43/7665/8336
www.fischer-scheichl.com
Seit vielen Generationen wird in der Familie Scheichl die Fischerei am Attesee betrieben. In diesem Paradies für Liebhaber von frischem Fisch finden sich je nach Saison und Fang Reinanken, Seesaiblinge, Hechte und Weißfische. Zusätzlich stehen aus dem eigenen Teich fangfrische Forellen und Bachsaiblinge zur Verfügung, und mehrmals in der Woche werden Fische im Holzofen geräuchert – Genuss ist also garantiert!

Christian Scheichl Fischerei

UNTERWEISSENBACH

SONNBERG BIOFLEISCH
4273 Unterweißenbach, Sonnbergstraße 1, +43/7956/7970-81
biofleisch.biz
Filialen: 1030 Wien, Landstraße Hauptstraße 37; 1070 Wien, Kaiserstraße 57-59; 1190 Wien, Sonnbergplatz 2.
In der Region Mühlviertler Alm verarbeitet und produziert Sonnberg Biofleisch schon seit 2004 Fleisch- und Wurstwaren in bester Bio-Qualität. Herkunft und artgerechte Tierhaltung in den bäuerlichen Bio-Lieferbetrieben sind oberste Produktionsrichtlinie. Angeboten wird erstklassiges österreichisches Qualitätsfleisch vom Rind, Kalb, Schwein, Lamm und Geflügel, aber auch ein feines Wurst- und Schinkensortiment sowie Speck- und Selchwaren aus eigener Produktion. Ebenso im Programm sind Eier, Bio-Fische, Käse, Gewürze, Senf und weitere Schmankerl aus biologischer Landwirtschaft! Die Bio Wurst- und Fleischspezialitäten sind auch online erhältlich: biofleisch.biz/shop

VÖCKLABRUCK

Hütthaler Fleisch Feinkost

HÜTTHALER FLEISCH FEINKOST
4840 Vöcklabruck, Stadtplatz 36, +43/7672/26032
www.huetthaler.at
Seit bereits 4 Generationen veredelt Hütthaler beste Fleisch-, Wurst- und Schinkenprodukte wie z.B. Beinschinken, Filetschinken, Bratlschinken etc. und hervorragenden Speck wie Schopfspeck, Bauchspeck, Karreespeck … in gewohnt hoher Qualität. Aber nicht nur Frischfleisch vom Rind, Schwein und Geflügel, auch Dry Aged Beef, Feinkostsalate und Aufstriche, die großteils hausgemacht sind, Antipasti verführen zum Genuss. Auch die Palette an regionalen und internationalen Käsespezialitäten wird den Genießer überzeugen. Exquisite Weine und Schaumweine von ca. 30 namhaften heimischen Winzern, Spirituosen, Nudeln, Marmeladen & Honig, Schokoladen, tiefgekühlte Convenience-Produkte u.v.m. runden das Sortiment ab.

KÄSEECK
4840 Vöcklabruck, Stadtplatz 11, +43/7672/26699
www.kaeseeck.at
Das kleine Spezialgeschäft in der Generali Passage am Stadtplatz Vöcklabruck ist Anlaufpunkt für jeden Käseliebhaber der Umgebung. Rund 130 Sorten an Käseköstlichkeiten stehen zur Auswahl, darunter der Timanoix, ein Schnittkäse aus dem Périgord oder Molterino mit schwarzen Trüffeln sowie Spezialitäten aus reiner Schaf- und Ziegenmilch. Darüber hinaus werden verschiedene Antipasti, edler Prosciutto und Lardo, Trüffelsalami, steirischer Vulkanlandschinken, Aufstriche und Pasteten angeboten, und Meeresfrüchte fehlen ebenso wenig wie hausgemachte Heringbutter. Das Brot kommt frisch von Bäckern aus der Umgebung, es gibt Marmeladen, Pesto, offene Spezialessige und -öle (auch vom Fass), Grappa aus Italien, Edelbrände und Liköre aus der Region sowie eine exquisite Auswahl an Spitzenweinen. Weiters im Sortiment: die Bio-Chilisaucen von FEUERzeug aus dem Mühlviertel und die Käseeck Gewürzwelt, feine Gewürzmischungen sowie verführerische Schokoladenspezialitäten.

Pankrazhof

PANKRAZHOF

4655 Vorchdorf, Eichham 8, +43/4716/8818
www.pankrazhof.at
Auf dem Biohof der Familie Zimmer tummeln sich Wildhendln, Legehennen, Ziegen, Freiland-Mangalitzaschweine und die seltenen Murbodner Kühe. Sohn David betreut als Imker die hofeigenen Bienenstöcke. Auf den Feldern wachsen Roggen, Dinkel, Weizen, Gerste, Hafer, Einkorn und auch Hanf. Brot und Backwaren, Eier, Essig, Fleisch, Fleischprodukte, saisonales Gemüse, Getreide, Getreideprodukte, Getränke, Kartoffeln, Kräuter und Gewürze, Obst, Wein, Öle und Ölsamen, Honig u.v.m. werden im Hofladen immer am Freitagnachmittag verkauft.

NAH&FRISCH DEGENFELLNER GABRIELE

4595 Waldneukirchen, Bad Haller Straße 6, +43/7258/50609
www.nahundfrisch.at/de/kaufmann/degenfellner
Nah&Frisch-Kauffrau Gabriele Degenfellner bietet in ihrem Geschäft rund 3.800 Artikel auf 200 m² Verkaufsfläche. Produkte von mehr als 20 regionalen Lieferanten stehen zur Auswahl, dafür stehen vier Regalmeter zur Verfügung. Auch viele Genussland Oberösterreich Produkte sind ebenso zu finden wie Bio Speck-Spezialitäten vom Duroc und Turopolje Schwein sowie bestes Getreide und Kürbiskernöl aus eigenem Anbau. Je nach Saison werden hausgemachte Schmankerl wie Lasagne, Fleischstrudel, gefüllte Paprika ... geboten. Genussvoll einkaufen ist hier garantiert.

MALZNERHOF

4702 Wallern an der Trattnach, Mauer 2, +43/7249/48765
www.dasbio.net
Bereits seit Generationen bewirtschaftet Familie Hochmair den Malznerhof im Hausruckviertel. Im Bio Laden werden neben den

hauseigenen Edelbränden auch feine Liköre, Essige, hausgemachte Spezialitäten sowie ein großes Sortiment an Bio Lebensmitteln angeboten. Mit mehr als 25 verschiedenen Edelbränden kann sich das Angebot sehen lassen. Montag und Freitag gibt es Holzofenbrot aus eigener Produktion und seit Kurzem wird auch ein Sortiment an Bio Lebensmitteln angeboten. Großartig! Onlineshop.

UNIMARKT DINGHOFER

4224 Wartberg an der Aist, Hauptstraße 2, +43/7236/6370
unimarkt.at/standort/wartberg-aist
Wer regionale Spezialitäten sucht, wird in diesem Unimarkt fündig. Gerhard Dinghofer nimmt die Nahversorgung ernst, das heißt, Genuss aus der Region – für die Region. Einkaufen, wie es sein soll. Ein wunderbares Angebot in allen Warengruppen überzeugt.

MOST & MEHR MAIRINGER

4224 Wartberg ob der Aist, Obervisnitz 18, +43/7236/20512
www.mostundmehr.at

Most & Mehr Mairinger

Der obstverarbeitende Familienbetrieb Mairinger liegt eingebettet in die Hügellandschaft des Mühlviertels. Geradlinigkeit, Nachhaltigkeit und Ehrlichkeit wird hier geschmackvoll gelebt. Erzeugt werden Moste, Schaumweine, Fruchtsäfte, Sirupe und Destillate sowie Liköre von höchster Qualität. Öle, Essige, Trockenfrüchte ergänzen die selbst gemachten Produkte wie Marmeladen, Pestos und Chutneys. In der Wintersaison gibt es die beliebten trinkfertigen Heißgetränke wie Glühmost, Punsch und Kinderpunsch. Im neu gestalteten Mostshop können Moste, Säfte, Destillate und Spezialitäten befreundeter regionaler Produzenten Donnerstag von 14:00 bis 20:00 Uhr und Freitag von 13:00 bis 18:00 Uhr oder auch gerne nach telefonischer Vereinbarung verkostet werden.

WAXENBERG

WAXENBERGER EDELBRÄNDE

4182 Waxenberg, Höf 29/2, +43/650/7149306
www.waxenberger-edelbrände.at
Regina Priglinger-Simader liebt Cocktails und wollte diese große Leidenschaft teilen. So entstand ihre Idee zu LoRe, Österreichs erster Cocktailmanufaktur. Die junge Schnapsbrennerin aus Waxenberg im Mühlviertel in Oberösterreich lässt so manchen Ginfreund „Gin und weg sein" – mit ihren Edelbränden aus regionalen Früchten, ihren unterschiedlichen innovativen Gin-Sorten und dem eigenen Tonic Water. Trinkfertige Mixgetränke wie der erfrischend-prickelnden Gingin – ein Gin-Tonic mit Schlehdorn & Aronia verfeinert – sind eine weitere Besonderheit.

WEITERSFELDEN

UNIMARKT PARTNER PHILIPP RIEPL

4272 Weitersfelden, Weitersfelden 116, +43/7952/6205
unimarkt.at/standort/unimarkt-weitersfelden
Philipp Riepl ist in seinem Geschäft in Weitersfelden sehr um Regionalität bemüht, daher wird das Sortiment zu den vielen regionalen Schmankerln wie Honig, Getreide, Nudeln, Schnäpse und Liköre stetig ausgebaut. Damit unterstützt der Kaufmann nicht nur die Bauern und Betriebe der Umgebung, sondern bringt seinen Kunden den Geschmack der Heimat näher. Das finden wir gut so! Eine große Auswahl an frischem Bio-Gemüse aus der Region rundet das vielfältige Sortiment ab.

WELS

BIOHOF LADEN HEHENBERGER

4600 Wels, Wallerer Straße 222, +43/677/63927255
www.biohof-laden.at
Gewinner des Genuss Guide Award 2023, „Bester Genussladen in Oberösterreich"/Kategorie Greisslerei und Feinkost, siehe Seite 160.

Biohof Laden Hehenberger

DELIKATESSEN SPRINGER

4600 Wels, Schmidtgasse 7, +43/664/73918733
delikatessen-springer.at
Auf knapp 50 m² Verkaufsfläche, in der Schmidtgasse 7, werden die Kunden der Welser Innenstadt kulinarisch verwöhnt. Das liebevoll ausgewählte Feinkostangebot des Inhabers Alexander Springer (bekannt vom Welser Wochenmarkt) umfasst Obst & Gemüse, Pasta, Saucen aller Art, Kaffee von Dunkel und Hell aus Wels, Salami, Schinken, Wurst, Essig, Käse u.v.m. Hochwertige Lebensmittel der mediterranen Küche mitten in der Innenstadt. Bei Springer kann man auch Cateringplatten für Feste bestellen, welche dann mit Fingerspitzengefühl aus den Delikatessen zusammengestellt werden.

Delikatessen Springer

DENN'S BIOMARKT

4600 Wels, Malvenstraße 5, +43/7242/350729
www.denns-biomarkt.at
Hier kann man biologisch einkaufen vom Feinsten, eine Auswahl von über 6.500 Bioprodukten verlockt zum gesunden Genuss. Im Bereich Käse wird höchste Qualität geboten (speziell ein großes Angebot an Käse aus Österreich), ebenso bei Wurst und Fleisch. Eine schöne Auswahl an frischem und knackigen Obst und Gemüse, eine feine Auswahl an exklusiven Weinen, glutenfreie, vegane sowie laktosefreie Produkte und ein Spezialsortiment an Produkten für Nahrungsmittelunverträglichkeiten ergänzen das

Sortiment. In einem Satz: Bio, alles unter einem Dach, sowohl bei Lebensmitteln als auch bei Gebrauchsartikeln. Freundliche und sehr fachkundige Beratung.

Teehaus Tea & More

TEEHAUS TEA & MORE

4600 Wels, Bahnhofstraße 30, +43/7242/35355
www.teaandmore.at

Seit über 20 Jahren bietet Tea & More als führendes Teehaus mit Tea-Lounge in Wels feinste Teespezialitäten aus aller Welt. Zur Wahl stehen mehr als 400 Sorten, viele davon auch in Bio-Qualität. Ebenfalls im Programm sind die beliebten Bubble-Teas, die in 15 Sorten erhältlich und auch im Winter verfügbar sind. Mit Herbst- und Wintertees sowie Advent- und Weihnachtstees werden auch saisonale Schwerpunkte gesetzt. Teefreunde werden beim Schwarztee klassisch, Schwarztee Mischungen, Raritäten oder entkoffeiniertem Schwarztee sicher fündig. Aber auch bei Grüner Tee in seiner gesamten Vielfalt, Früchtetee, Kräutertee, Mate Tee, Rotbusch- und Honey Bush, Lapacho, Chai Latte, Yogi, Glühwein- und Teepunsch Mischungen verführen zum Genuss. Neben erstklassigen Plantagen Kaffeesorten werden auch Kandis, Honig, Tee Likör, Teegebäck sowie eine große Auswahl an hochwertigem Zubehör geboten. Und die neue Schokoladen-Edition von Lauenstein – Tafelschokolade mit Grünem Tee „Morgentau", mit Schwarztee „Ceylon Lavendel", mit klassisch Schwarzem „Earl Grey" oder mit „Chai Latte" lässt keine Wünsche offen. Die Liebe zu den Waren spürt man hier auch beim Personal, das sehr charmant und kompetent berät. Onlineshop.

WEYREGG AM ATTERSEE

BRENNERIN ROSI HUBER

4852 Weyregg am Attersee, Seedorf 4, +43/676/6636280
www.brennerin.at

D'Brennrin Rosi Huber bietet Edelbrände vom Feinsten. In gewissenhafter Handarbeit werden zu 100 Prozent reine Destillate ohne jegliche Zusätze hergestellt und es gibt kaum eine Frucht, die nicht zu Hochprozentigem verarbeitet wird. Das Obst stammt ausschließlich aus der Region. Die hervorragenden Brände und Liköre brachten bereits viele Auszeichnungen ein und können vor

Ort verkostet werden: Über 20 wechselnde Sorten edler Brände, darunter auch Spezialitäten wie der Zirbenholzgeist oder der Brotgewürzgeist, ebenso wie der prämierte Muskat Tresterbrand. Aber auch diverse Liköre wie Nuss- oder Dörrzwetschkenlikör stehen zur Auswahl, ebenso wie der Pfahlbauschnaps, ein Apfelbrand mit Bernstein. Das Sortiment verändert sich stetig, daher lohnt sich ein Besuch im Schnapsladen in Weyregg!

WILDENAU

KLETZL FLEISCHWAREN

4933 Wildenau, Gewerbepark Wildenau 6, +43/7755/7055-0
www.kletzl.at

Leidenschaft mit Tradition. Und diese Leidenschaft schmeckt man bei Kletzl. Seit mehr als 50 Jahren ist der Familienbetrieb in der Region verwurzelt und eng mit den Erzeugnissen, die hier produziert werden, verbunden. Zur Philosophie gehört, nur bestes Qualitätsfleisch aus der heimischen Region zu verarbeiten und die Beziehung zu den regionalen Landwirten zu pflegen. Angeboten werden verschiedene Sorten Kletzerl (schnittfester Rohwurstsnack aus magerem Rind- und Schweinefleisch sowie kernigem Speck) und Dauerwürste. An Grillschmankerl gibt es eine riesige Auswahl an klassischen Bratwürsteln oder feurige Pußta-Würstl. An Schinken gibt es Innviertler Beinschinken mit Honig, diverse Innviertler Fricandeaus wie Knoblauch- Pfeffer-, Thymian-, Wacholder-Fricandeau, Gewürz- und Surspeck sowie diverse Blut- und Streichwürste und Sulze.

WINDHAAG BEI FREISTADT

Nah & Frisch Winklehner David

NAH&FRISCH WINKLEHNER DAVID

4263 Windhaag bei Freistadt, Schulstraße 1, +43/7943/61379
www.nahundfrisch.at/de/kaufmann/nah-frisch-winklehner

Bei Nah&Frisch in Windhaag ist das Einkaufen mit einem freundlichen Gruß, einem netten Lächeln, manchmal auch mit dem Austausch von Neuigkeiten verbunden. Und das bei einem gut sortierten regionalen Warenangebot in einem modernen Lebensmittelgeschäft. Hervorragend: Das Cult Beef, das schockgefrostet im Premium Cut erhältlich ist. Das Nah&Frisch Geschäft ist auch Partner von GENUSSLAND Oberösterreich mit eigenem Regal sowie vielen regionalen Lieferanten: Honig von Punz in Windhaag, Bio Senf von Friesenegger, hausgemachte Teigwaren, Bio-Milchprodukte von Grase ...

Schnapsidee – Monika Freudenthaler

SCHNAPSIDEE – MONIKA FREUDENTHALER
4580 Windischgarsten, Hauptstraße 10, +43/7562/7600
www.schnaps-idee.at
Mitten im Ortskern von Windischgarsten befindet sich seit über 20 Jahren das urige Ladengeschäft von Monika Freudenthaler. Hier findet der Genusssuchende außergewöhnliche Edelbrände in bester Qualität sowie edelste Tropfen, darunter Champagner-, Marillen- oder Kriecherlbrand. Die Edelbrände – teilweise „Destillata" prämiert – stammen aus den besten Anbaugebieten der Steiermark und überzeugen Kenner und Genießer. Sie werden sowohl in mundgeblasenen Flaschen als auch in Standardflaschen angeboten. Natürlich können die Feinheiten bei bester Beratung vor Ort verkostet werden. Darüber hinaus gibt es auch eine kleine, aber feine Weinauswahl sowie zahlreiche Geschenksideen rund um den Schnaps und feine Essige und Öle, z.B. Bio Leinöl. Onlineshop.

UNIMARKT WINDISCHGARSTEN
4580 Windischgarsten, Gleinkerseestraße 32, +43/7562/5401
unimarkt.at/standort/windischgarsten
Auf der Suche nach besten Produkten von heimischen und regionalen Produzenten wird man in diesem Unimarkt ebenso fündig wie bei Wein, Gemüse, Obst. Hier ist Einkaufen ein Genuss. Die Beratung ist freundlich und kompetent.

DORFBÄCKEREI OBAUER
4893 Zell am Moos, Kirchenplatz 10, +43/6234/8203
shop.baeckerei-obauer.at
Seit sieben Generationen sorgt Familie Obauer für schmackhaftes Brot in Zell am Moos und viele ihrer Rezepte haben eine lange Tradition. Sorgfältig ausgesuchte Zutaten für die Produkte werden nur von regionalen Anbietern bezogen, für die Brote wird ausschließlich Natursauerteig verwendet. Dieser bewirkt, dass die im Steinofen gebackenen Brote locker und bekömmlicher werden und auch noch länger frisch bleiben. Für Naschkatzen werden in der Konditorei täglich süße kreative Verführungen gezaubert, die man im Café Obauer genießen kann oder man wählt aus der umfangreichen Frühstückskarte ebenso wie aus der regelmäßig wechselnden Mittagskarte. Mehle und Grieß aus der Trenau Mühle, Milch, Butter, Bio Freilandeier, Honig, Marmeladen und Kaffee ergänzen das feine Sortiment. Onlineshop.

DAS FRUCHTERLEBNIS
4755 Zell an der Pram, Reischenbach 3, +43/664/5407911
www.fruchterlebnis.at

Das Fruchterlebnis

Leichter Genuss – Natur pur. Edles Obst aus der Region verspricht wahres Fruchterlebnis. Christa Reiter hat sich auf die Gefriertrocknung von Früchten spezialisiert, die Früchte bleiben in ihrer Zusammensetzung mit Ausnahme des Wassergehaltes erhalten und sorgen so für einen wertvollen Fruchtgenuss. Die breite Palette reicht von Erdbeeren über Äpfel und Birnen bis hin zu Nektarinen. Produziert werden aber nicht nur gefriergetrocknete Früchte, sondern auch herrliche Edelbrände und Bio-Säfte wie Apfel-Quittensaft oder Apfel-Birne-Aroniasaft u.s.w. Und im Winter gibt es Schokolade mit Frucht – Naschkatzen werden beim Erdbeertraum, einer Vollmilchschokolade mit gefriergetrockneten Erdbeeren, fündig. Als Mitbringsel können Geschenkeschachteln individuell befüllt werden. Die Beratung ist freundlich und kompetent, man kann hier viel über die Herkunft und fachgerechte Verarbeitung der Fruchtspezialitäten erfahren. Onlineshop.

SALZ BURG

DIE BESTEN GENUSSLÄDEN
IN SALZBURG

FEINKOST
UND GREISSLEREI

FEINKOST SALZBURG

5020 Salzburg, Dreifaltigkeitsgasse 9, +43/662/874550
www.feinkost-salzburg.com

Wolfgang Steinmetz und Anton Jakob Gruber verführen gemeinsam mit Piera Podella und Roberto Mantagner im Franziskischlössl Salzburg die Gäste. Mit Feinkost in der Altstadt von Salzburg sind sie noch einen Schritt weiter gegangen. Schließlich wissen sie, was Genießer suchen. Geführt werden Delikatessen mit dem Schwerpunkt Österreich, Italien, Frankreich und Spanien. In der Feinkostvitrine finden sich neben bestem Prosciutto aus San Daniele und Parmaschinken Riserva auch ein erstklassiger Jamon Iberico Seleccion, Mailänder-Salami, Trüffel- und Wildschwein-Salami von Falorni, Finocchia und Prosciutella. Eine feine Selektion an nationalen und internationalen Käsen fehlt ebenso wenig wie das hausgemachte Vitello tonnato und die wöchentlich wechselnden hausgemachten Salate. Geboten werden auch saisonale Produkte, wie z.B. Hering- & Lachsbutter zum Fasching, feinste Pasteten und Zarenlachs zur Weihnachtszeit, erfrischende Salate und Antipasti für die heißen Tage. Ergänzt wird das Sortiment durch Salzburgs größte Auswahl an Fischkonserven, denn Sardinen sind derzeit in aller Munde. Weiters gibt es ein breites Spektrum an Olivenölen, Teigwaren und hausgemachten Sughi.

SUPERMÄRKTE

ÖKOHOF FELDINGER ROCHUSHOF SALZBURG

5020 Salzburg, Rochusgasse 6, +43/662/832798
www.oekohof.at/filiale-rochushof

Im Jahr 1999 öffnete der erste Bio-Markt Salzburgs mit Vollsortiment seine Türen. Zu verdanken war das Elisabeth Feldingers Unternehmergeist. Schon in sehr jungen Jahren war für sie klar, dass Bio-Erzeugnisse einfach besser schmecken und gesünder sind. Bis heute hat sich am Ökohof Feldinger viel getan, doch der Grundgedanke der Gründerin ist im Stammhaus Wals ebenso geblieben wie am Rochushof und der Schranne: Bio-Produkte von erstklassiger Qualität anzubieten. Im altehrwürdigen Gebäude des Stieglbrauerei Geländes, dem Rochushof, gibt es ein großartiges Angebot für Bio-Freunde und Genussmenschen. Allen voran das Bio-Gemüse aus familieneigener Anzucht. Darüber hinaus kann Montag bis Freitag ein täglich wechselnder vegetarischer Mittagstisch zum Mitnehmen genossen werden. Die hausgemachten Vollwertkuchen und -torten werden ausschließlich aus Dinkelmehl zubereitet und sind besonders zu empfehlen. Elisabeth Feldinger: „Ich glaube fest daran, dass es nicht mehr braucht als die Natur, um ein gesundes Leben zu führen. Und diese Natur in gesunder und nachhaltiger Form den Menschen bereit zu stellen, dafür arbeite ich gerne - jeden Tag."

SPEZIALISTEN

GRÜLL FISCHHANDEL

5082 Grödig, Neue-Heimat-Straße 13, +43/6246/75492
www.gruell-salzburg.at

Grüll produziert „Erlebnismittel" - kreativ, innovativ, außergewöhnlich. Auswahl, Qualität und Frische sind überragend. Je nach Saison und Verfügbarkeit bietet Grüll rund 30 verschiedene Fischsorten. Walter Grül, Gründer und Geschäftsführer des gleichnamigen Fischspezialitäten-Geschäfts, entdeckte seine Passion zum Fisch schon in den frühen Jugendjahren. Der Grundstein für den heutigen Erfolg wurde im Jahr 1981 mit der Gründung einer eigenen Fischzucht samt Handel gelegt. 1992 folgte die Eröffnung des Spezialitätengeschäfts in Grödig. Nach einem großen Umbau im Jahr 2012 ist dort nicht nur der Verkaufsstandort samt eigener Produktion beheimatet. Es ist dem Betrieb auch ein mehrfach prämiertes Bistro angeschlossen. Es ist ein großartiges Eldorado für Genießer entstanden. Grüll ist auch Österreichs erster Stör-Kaviar-Produzent und bietet auf Bestellung den seltenen Kaviar vom weißen Stör (Albinostör) an. Köstlich und innovativ sind die Produkte Trottarga und Stottarga - dehydrierter und zu einem feinen Pulver gemahlener Kaviar - eine Weltneuheit zum Verfeinern exklusiver Gerichte, für Fisch und Fleisch gleichermaßen. Der Chef berät persönlich mit viel Engagement und Fachwissen. Onlineversand.

WELTGENUSS

SAPORI DEL SUD

5020 Salzburg, Nonntaler Hauptstraße 88, +43/650/6162470
www.sapori-del-sud.at
Sapori del sud entführt den Besucher für genussvolle Augenblicke in die kulinarische Welt Italiens. Salvatore Furfaro verkauft italienische Spezialitäten von regionalen Herstellern aus ganz

Italien, verpackt in ganz viel Geschichte, Kultur, Wissen, Leidenschaft und Assoziationen von Urlaub, Meer und mediterraner Lebensart. In diesem Geschäft finden Sie besten Schafskäse aus der Toskana, Kroton (Crotone) aus Kalabrien, Sardinien und Sizilien, Wurstwaren aus der Toskana und Kalabrien, feinste italienische Nudelspezialitäten, Fische und Meeresfrüchte, kaltgepresstes Olivenöl erster Güteklasse, Olivenöl mit Trüffel, Trüffel-Carpaccio, Trüffel-Honig, Trüffelcreme, Trüffelkäse und Trüffelsalami. Balsamico-Essig, Gewürze, traditionelle Süßigkeiten aus Italien, getrocknete Tomaten, Taralli, Haselnüsse, getrocknete Steinpilze und noch vieles mehr ergänzen das Spezialitäten-Sortiment. Besonders am Herzen liegen Furfaro auch die original italienischen Weine und Spirituosen, Gemüse-Antipasti und Bruschetta-Aufstriche. Gerne nimmt man sich die Zeit für eine ausführliche Beratung.

AM MARKT

BIO-BAUERNMARKT SEEKIRCHEN AM WALLERSEE

5201 Seekirchen, Rupertusplatz, +43/6212/7128
Samstag ist in Seekirchen am Wallersee immer Markttag. Noch genauer gesagt Bio-Markttag. Und das übrigens bereits seit dem Jahr 1993. Damit ist dieser Markt einer der allerersten Biomärkte in Salzburg! Auf diesem Bio-Bauernmarkt werden verschiedenste frische Lebensmittel direkt von den Bäuerinnen und Bauern angeboten. Dazu gehören selbstverständlich Obst und Gemüse je nach Saison, Brot und Gebäck, Milch, Milchprodukte, Käse (natürlich Mattigtaler Käse aus Seekirchen - von der Milch bis zum Käse wird alles selbst gemacht - und das schmeckt man!) sowie auch verschiedene Arten von Wurst und Fleisch. Kräuter und Gewürze kann man ebenso einkaufen. Wer es gerne süß hat, wird auch bedient, weil es verschiedene Süßigkeiten und selbst gemachte Kuchen zum Kaufen gibt. Das ist den Menschen durchaus

wichtig, da die Produkte aus der unmittelbaren Region kommen und außerdem kann man den Markt auch als Treffpunkt nutzen. Dass man sich mit den Erzeugern selbst auch austauschen kann, ist nicht nur ein weiterer Pluspunkt des Bauernmarktes, sondern vielleicht auch ein Grund, warum er in letzter Zeit sogar an Bedeutung dazugewonnen hat. Der Bauernmarkt findet ganzjährig statt.

SEEGUT EISL - WOLKE 7

5342 Abersee, Farchen 24, +43/6227/3234
www.seegut-eisl.at

Wolke 7 bietet hofeigene Schafmilchprodukte, aber auch Bio-Spezialitäten aus ganz Österreich. Am Seegut EISL werden rund 140 Milchschafe gemolken, deren Milch direkt am Hof in der eigenen Hofkäserei zu wertvollen Bio-Spezialitäten verarbeitet wird. Vom fein-würzigen Schafkäse über den cremigen Schafmilchjoghurt bis hin zur erfrischenden Fruchtmolke sind alle Produkte Eigenkreationen. Ein besonderes Highlight sind die perfekt abgestimmten Eisl-Schafmilcheis-Kreationen aus 100 % biologischen Zutaten.

DORFKÄSEREI PÖTZELSBERGER

5421 Adnet, Waidach 27, +43/6245/83228
www.biokas.at

Dorfkäserei Pötzelsberger

Seit 1886 wird in der Dorfkäserei Pötzelsberger köstlicher Käse aus naturbelassener Heumilch und nach alten Familienrezepten hergestellt. Die Adneter Bauern liefern ihre Milch täglich auf kürzestem Weg, wo sie sofort frisch verarbeitet wird. Der Käse reift in alten Steinkellern zu herrlichen Köstlichkeiten heran. An der sehr umfangreichen Käsetheke gibt es Spezialitäten wie Heublumen- und Magdalenenkäse, Bauernkas, Tennengauer Almkäse aus der Genussregion, Rauchkuchlkas, Kräuterhexnkas. Kürbis- und Alpenperle. Der Kaslad'n in Adnet verwöhnt seine Kunden nicht nur mit erlesenen Käsesorten, sondern mit allem, was das Feinschmeckerherz begehrt: Sauerrahmbutter vom Fass, Topfenaufstriche, Leberknödel, Kaspressknödel, Grammelschmalz, Verhackerts, Haussulze, Hauswürste, Bauernspeck, hausgemachte Salami, traditioneller Leberkäse sowie herzhafte Leckerbissen für den Grill. Onlineshop.

UNIMARKT ADNET

5421 Adnet, Adnet 400, +43/6245/80183
unimarkt.at/standort/unimarkt-adnet

Ein echtes Genussparadies mit Regionalität und Frische im Mittelpunkt. Das Herzstück des rund 500 m² großen Marktes ist die große Feinkostabteilung, die vor allem viele regionalen Spezialitäten wie den Adneter Käse bietet. Produkte aus der Region sind in diesem Unimarkt nicht wegzudenken, ganz nach dem Motto „Genuss verbindet". Plattenservice.

Anifer Mühlenbrot

ANIFER MÜHLENBROT

5081 Anif, Mühleistraße 14, +43/6246/72312
www.muehlenbrot.at

Handwerk und Innovation perfekt kombiniert, und das seit 1870. Die Backtradition hat sich über Generationen erhalten und wird bis zum heutigen Tag gepflegt. Die Backwaren werden zur Gänze in der Backstube in der Mühleistraße ohne Zugabe von Konservierungsmitteln und unter Verwendung von biologischen und regionalen Rohstoffen hergestellt. Weiters gibt es Buchteln und Speck- oder Lauch Quiches, pikante und süße Strudel und Schinkenkipferl, Feines der Confiserie Berger, fruchtige Spezialitäten vom Weinhof Pollak und Meersalz „Sel de ma Vie".

HINTERMANN – FAM. STUHLER

5630 Bad Hofgastein, Gadaunern 70, +43/6432/2561
www.hintermann.at

Familie Stuhler bietet auf ihrem Biohof frische Kräuter, Tomaten, Paprika, Zucchini, Salate, Karotten, Kartoffel, Broccoli, Karfiol, Kürbisse, Brot, Butter, Milch, Käse, Eier, Schinkenspeck, Bratwürstel, die man das ganze Jahr über genießen kann. Selbst hergestellte Schnäpse und Liköre wie Obstler, Vogelbeer, Williams Birne, Marille, Haus- und Kräuterschnaps und der bekannte Schwarzbeer- und Hollerlikör runden das große Sortiment aus eigener Landwirtschaft bestens ab. Ab Hof Verkauf Freitag von 14:00 bis 17:30 Uhr.

ELSBETHEN

BÄCKEREI PFÖSS

5061 Elsbethen, Christophorusstraße 62, +43/662/623471
www.pfoess.com
Das Herz der Bäckerei Pföß befindet sich in Elsbethen, hier werden die Produkte seit 1888 mit viel Liebe aus den besten Rohstoffen von Hand gefertigt. Handarbeit wie damals wird mit modernen Einflüssen kombiniert und rückt so regionale und traditionelle Produkte in ein neues Licht. Das Sortiment reicht von knusprigen Bio-Schwarz- und Bio-Vollkornbroten über Gebäck bis hin zu Kuchen und Mehlspeisen. Vom Frühstück bis zu kalten und warmen Jausen-Schmankerln bleiben keine Wünsche offen.

EUGENDORF

NORBERT'S VITAMINBAR

5301 Eugendorf, Salzburger Straße 7, +43/6225/28253
Frisches Obst und Gemüse, knackige Salate und frisch gepresste Säfte locken in Norbert's Vitaminbar ebenso wie eine große Auswahl an exotischen Früchten und Besonderheiten. Knuspriges Brot und Gebäck und auch Mehlspeisen wie Muffins und Obstkuchen verführen zum Genuss. Norbert Oberreiter bedient selbst – mit viel Enthusiasmus und Freude. Seine hausgemachten Schaumrollen mit cremiger, jedoch nicht zu süßer Füllung sind legendär und eine Sünde wert!

FAISTENAU

FAISTENAUER HOFKÄSEREI

5324 Faistenau, Tiefbrunnaustraße 17, +43/664/5564026
www.faistenauer-hofkaeserei.at
In der Hofkäserei, die ursprünglich ein Sägewerk war, gibt es vieles zu entdecken, z.B. den mit Gold ausgezeichneten Faistenauer Rohmilch Schnittkäse oder den ebenfalls ausgezeichneten Weichkäse. Durch viel Handarbeit bei der Käseerzeugung entsteht so beste Qualität. Aus dem eigenen Backhäuschen kommen Holzofenbrot, Dinkelvollkornbrot, Dinkelweißbrot, Kamutbrot, verschiedenes Kleingebäck und Süßspeisen. Weiters gibt es eine feine Auswahl an Honig aus der eigenen Imkerei, Marmeladen und Säfte, Holunderlikör, Holunderessig, Schnäpse, Kräuter sowie Naturkosmetik mit Holunder.

GÖRIACH

HIASNHOF, FAM. NAYNAR-LANSCHÜTZER

5571 Göriach, Göriach 31, +43/6483/219
www.tauernroggen.at/de/hiasnhof.html
Der BioAustria zertifizierte Bergbauernbetrieb in 1.250 m Seehöhe wird von der Familie Naynar-Lanschützer bewirtschaftet. In der kleinen, aber exquisiten Käserei am Hiasnhof wird die Milch der Ziegenherde und ein Teil der Kuhmilch zu seltenen Spezialitäten verkäst. Ziegenkäse aus 100 % Ziegenmilchvollfett gibt es u.a. als jungen Ziegenfrischkäse und als herrlich aromatischen Weichkäse mit Weißschimmel. Aus 100 % Kuhrohmilch gibt es Frischkäse, Weichkäsekugerln mit Pfeffer und Knoblauch, Lungauer Camembert, Lungauer Hartkäse verschiedener Reifungsstufen, aber mindestens 10 Monate gereift, sowie Göriacher Bergkäse.

GOLLING

BÄCKEREI HOLZTRATTNER

5440 Golling, Markt 82, +43/6244/4363
www.holztrattner-baeckerei.at
Köstliche Vielfalt und ursprünglicher Geschmack. Das Getreide kommt von der Lerchenmühle in Golling, gemahlen wird täglich frisch. So kann man Biogetreide hier auch gemahlen kaufen. Um die beste Qualität zu erzielen, werden in der Produktion Sauerteige und vor allem regionale Rohstoffe eingesetzt. Besonders empfehlenswert: das Kamutbrot oder das Essener Brot.

Bäckerei Holztrattner

DÖLLERER METZGEREI + FEINE KOST

5440 Golling, Markt 56, +43/6244/42200
www.doellerer.at
Döllerers Metzgerei und Feine Kost ist ein köstlicher Teil von Döllerers Genusswelten und Anlaufpunkt für Feinschmecker. Für die hohe Qualität von Fleisch und Feinkost garantiert die hauseigene Fleischhauerei, die die Spezialitäten sorgfältig nach alten Familienrezepten herstellt, wie z.B. Döllerers Frische, Gollinger, Scharfe Gollinger und Hauswurst. Komplett wird das Sortiment durch Döllerers hausgemachte Marmeladen, Chutneys & Saucen. Schmankerl aus der Wirtshausküche gibt es als ehrlichen Genuss zum Mitnehmen! In Döllerers Weinhandelshaus & Enoteca vor den Toren Gollings lagern nicht weniger als bis zu 300.000 Flaschen bester Jahrgänge und namhaftester Weingüter. Egal ob österreichische, französische oder italienische Spitzenlagen – Weinkenner finden hier die absolute Crème de la Crème. Onlineshop.

GRÜLL FISCHHANDEL

5082 Grödig, Neue-Heimat-Straße 13
+43/6246/75492
www.gruell-salzburg.at
Gewinner des Genuss Guide Award 2023, „Bester Genussladen in Salzburg"/Kategorie Spezialisten, siehe Seite 213.

Grüll Fischhandel

Tradition. Die Produkte dieser Edeldestillerie sind längst in der Top Gastronomie und bei den Fachleuten etabliert. Nur selektierte gereifte Früchte alter Obstsorten werden verarbeitet und aroma-schonend sowie temperaturgesteuert vergoren. Nach althergebrachter Tradition wird in kleinen Kupferbrennblasen zweifach destilliert. Es erfolgt kein Zuckerzusatz, weder zur Maische noch zum Destillat. Zusätzlich zu den Jahrgangsbränden mit der Bezeichnung „Reserve" sowie „Altes Fasslager" wird in limitierter Auflage ein exquisiter 10-jähriger Single Malt Whisky mit dem Namen TauernROGG hergestellt. Neu im Portfolio ist neben dem GIN Alpin ein mit Schlehensaft verfeinerter „SLOE GIN Alpin" sowie der SAFRAN GIN, der ausschließlich in begrenzter Flaschenanzahl hergestellt wird. Beim Guglhof Premium Wermuth wiederum vereint sich der Wachauer Wein aus der Rebsorte Grüner Veltliner mit der Besonderheit des Alpenwermuths und einem erlesenen Auszug aus 13 Botanicals. Nach einer mehrwöchigen Reifung erfolgt die Veredelung schließlich mit dem einzigartigen Aroma des GIN Alpin.

Brennerei Guglhof

BÄCKEREI ROSENMAYER

5400 Hallein, Bürgerspitalplatz 1, +43/6245/80629
www.baeckerei-rosenmayer.at
Eine großartig sortierte und sehr einladende Gourmetbäckerei. Alle Brot- und Gebäckspezialitäten sind handgemacht. Süß wird es bei den Mürbteigtascherln mit Apfel- oder Topfenfülle, den Reinlingkipferln oder Cantuccini. Marmeladen und Schokoladen aus eigener Erzeugung, Pasta und Pesto, Fruchtessige, Oliven, Sardinen, Thunfisch, italienisches Olivenöl, hausgemachter Eierlikör und eine kleine Auswahl an hervorragenden Weinen.

BRENNEREI GUGLHOF

5400 Hallein, Davisstraße 13a, +43/6245/80621
www.guglhof.at
In der alten Salinenstadt Hallein liegt die älteste Brennerei des Landes. Der Guglhof wurde bereits 1641 errichtet. In den alten Gemäuern wird die Brennerei seit Generationen als Familienbetrieb geführt und hat ihren Ursprung in der bäuerlichen Brennerei-

DER DORFLADEN HALLEIN

5400 Hallein, Kornsteinplatz 11, +43/6245/80649
de-de.facebook.com/DerDorfladenHallein
Der Feinkostladen von Fabian Steinhofer lockt mit einer großen Auswahl an heimischen Köstlichkeiten aus der Region. Neben hochwertigen Fleisch- und Wurstwaren bietet er auch Milch und Käse, Holzofenbrot, „Schlenken-Honig", Säfte und Edelbrände, Natursalz und Feines von ausgewählten regionalen Produzenten wie der Bio-Hofkäserei Fürstenhof, der Familie Rettenbacher aus Kuchl, dem Obstbauernhof Buchegger aus Abtenau, dem

Seiwaldgut von Familie Harlander in Golling, Imker Josef Pichler, der Salzmanufaktur Salitri von Helmut Brudl und vielen weiteren regionalen Direktvermarktern an.

HALLWANG

AUERNIG
5300 Hallwang, Wiener Bundesstraße 16, +43/662/661339
www.auernig.at

Feinkost Fleischerei Auernig

Bei Auernig geht es um die Wurst – aber nicht nur. Es geht vor allem um Qualität und die Liebe zum Fleisch. Der Familienbetrieb in 3. Generation kombiniert bei seinen Erzeugnissen traditionelle Metzgerkunst mit innovativen Ideen und Kreativität. Die Qualität der Rohstoffe und starke Partnerschaften mit Bauern aus der Region werden hier geschmackvoll umgesetzt. Vor allem hat man sich dem guten Stück Fleisch und dem Dry Aged Beef – und neuerdings auch dem Dry Aged Pork – verschrieben. Feinkost-Spezialitäten wie Strohschwein-Salami, Bauchspeck, Bauern-geselchtes, Karreespeck oder Pfefferwürstel gibt es nicht nur im Geschäft, sondern auch im Onlineshop zu kaufen. Milch- und Käsespezialitäten von Mattigtaler Käse, Schafmilchprodukte der Hofkäserei Haslauer, Pasta, Öle, Eier, ausgesuchte Weine sowie Gewürze und Tees von Sonnentor, Brot & Gebäck der Bio-Hofbäckerei Mauracher und Leimüller u.v.m. runden das Angebot geschmackvoll ab. Und wenn einen hier spontan der Gusto über-fällt, kann man im 24 h Automaten bestes Fleisch rund um die Uhr kaufen. Großartig. Catering-Service.

HOF BEI SALZBURG

SCHLOSSFISCHEREI FUSCHL
5322 Hof bei Salzburg, Schloss-Straße 19
+43/6229/2253-1533
www.schlossfuschl.at
Die Schlossfischerei liegt malerisch direkt am glasklaren Fuschl-see mit dem weltweit bekannten Schloss Fuschl im Hintergrund. Seit Jahrzehnten bietet die Schlossfischerei perfekte Qualität an Fischspezialitäten, die auch vor Ort genossen werden können. Über die Grenzen von Salzburg hinaus bekannt ist der Räucher-fisch, den man auch direkt am Wasser genießen kann. Täglich werden frische und mit Buchenholz geräucherte heimische Fische wie Seeforellen, Seesaiblinge und Reinanken angeboten. Öffnungszeiten Fischverkauf und Fischerstüberl: Montag bis Sonntag 8.00 bis 18.00 Uhr, Änderungen in den Wintermonaten vorbehalten.

Schlossfischerei Fuschl

HOLLERSBACH IM PINZGAU

TEH NATURKRAFTWERK HOLLERSBACH
5731 Hollersbach im Pinzgau, Hollersbach 75, +43/6562/20701
www.teh-naturkraftwerk.at
Im Oberpinzgau werden in höchster Qualität TEH Produkte (regional – menschlich – natürlich – traditionell) wie Kräut-ersalze, Kräutertees, Schnäpse, Räucherwerk sowie Honig von

heimischen Imkern, Essigspezialitäten, Bio-Getreide vom Schaf-ferbauer, Lungauer Tauernroggen und Urkornsorten heimischer Getreidebauern, Schokolade, Apfelsaft aus der Genussregion, aber auch Ziegen-Jausenwurst, Ziegenkärtner vom Bio Bergbau-ernHof Lahngut Wald im Pinzgau geboten.

HÜTTSCHLAG

STEINMANNBAUER – FAMILIE HUTTEGGER

5612 Hüttschlag, Hüttschlag Nr. 57, +43/6417/265
www.steinmannbauer.at
Familie Huttegger bewirtschaftet ihren auf einer Seehöhe von 1.040 m gelegenen Bio-Bergbauernhof. 30 Pinzgauer-Kühe sorgen für die Milch, die in der Hofkäserei sorgfältig zu Sauerkas, Ölkäse, Frischkäse, Schnittkäse, Butter, Topfen und Joghurt verarbeitet wird. Im angeschlossenen Hofladen werden aber auch verführerisch feine, hofeigene Fleischprodukte angeboten, wie Wurst über Speck bis hin zu Selchwaren. Dazu gibt es Bauernbrot, frische Eier, Kürbiskernöl sowie Honig, Weine und Fruchtsäfte und natürlich Hochprozentiges. Gaumen, was willst du mehr?

KUCHL

BIO-HOFKÄSEREI FÜRSTENHOF

5431 Kuchl, Fürstenweg 15, +43/6244/6475
www.fuerstenhof.co.at

Bio-Hofkäserei Fürstenhof

Sehr einladender Genuss-Bauernhof mit eigenem Bio-Hofladen und Schaukäserei. Angeboten werden ca. 35 verschiedene Sorten an Käse aus der besonders gehaltvollen Rohmilch der hofeigenen Jersey-Kühe. Daneben gibt es ein feines Angebot an diversen hausgemachten Bio-Marmeladen und Bio-Chutneys sowie veredelte Apfelessige, Bio-Rohmilch-Butter, Aufstriche, Käsepesto, Löwenzahnsirup, veredelter Essig, Öl, Nudeln, Schokolade, Steinsalz, Säfte u.v.m. Führungen, Besichtigungen oder Aktiv-Programme wie „Käse selber machen" nach Voranmeldung.

DÖLLERER ENOTECA + WEINHANDELSHAUS

5431 Kuchl, Kellau 160, +43/6244/20567 15
www.doellerer.at
Döllerers Enoteca ist mehr als nur eine Vinothek, sie ist ein Teil des Weinhauses in Kuchl – eine lebendige Mischung aus Wein-laden und Weinbar. Hier lernt der vinophile Besucher bei jedem Kommen sowie bei Weinverkostungen die besten Erzeugnisse von mehr als 230 Weingütern der Welt kennen. Die Enoteca hat aber noch viel mehr zu bieten – etwa die Knödelspezialitäten von Marianne Döllerer, würzigen Karree- und Bauchspeck, zarten Hirschschinken, Marillen- oder Zwetschken-Chutneys, Feigen-senf und den Hausmacher-Senf, Sirupe, Tees und Gewürzmi-schungen. Onlineshop.

Döllerer Enoteca + Weinhandelshaus

LOFER

BERGER FEINSTE CONFISERIE GMBH

5090 Lofer, Schokoladenweg 1, +43/6588/7616
www.confiserie-berger.at
Berger feinste Confiserie in Lofer bezeichnet sich selbst als Stätte der Verführung. Mit viel Liebe und Leidenschaft werden aus besten Zutaten und mit viel handwerklichem Geschick Edel-pralinen und wahre süße Kunstwerke hergestellt. Unwiderstehli-che Kostbarkeiten wie die Pralinen mit Obers-Trüffel oder mit feinsten Aromen von Champagner bis Cassis über fruchtige Pra-linen bis zu den GeNussvollen überzeugen ebenso wie am Gaumen schmelzenden Trüffel und die mit Nougat gefüllten Katenzungen. Filialen in Saalfelden, Salzburg/Himmelreich, Salzburg/Kaigas-se, St. Johann in Tirol, St. Johann im Pongau und Graz.

MAISHOFEN

SPAR-MARKT FRANZ RIPPER

5751 Maishofen, Anton-Faistauer-Platz 6, +43/650/8706973
www.spar-maishofen.at
Franz Rieper kombiniert die Rolle als Nahversorger perfekt mit dem Anspruch auf genussvollen Einkauf. Und setzt dabei auf

Regionalität. In der Feinkostabteilung finden sich hausgemachte Köstlichkeiten wie Press- und Speckknödel sowie viele köstliche Aufstriche. Die Genussregionen sind hier mit dem Pinzgauer Bierkäse geschmackvoll vertreten. Die Gemüseabteilung offeriert u.a. Walser Gemüse und Lungauer Eachtling in echter Marktplatzatmosphäre. Regionale Bäckereien liefern mittwochs frisches Bauernbrot.

MAUTERNDORF

FLEISCHHAUEREI LANKMAYR
5570 Mauterndorf, Marktplatz 1, +43/6472/7266
www.lankmayr.at
Die Fleischhauerei Lankmayr stellt seit 1949 nach traditionellen Rezepten Lungauer Spezialitäten her und bietet eine große Auswahl an Wurst- und Schinkenprodukten aus eigener Erzeugung. Darüber hinaus ist der Betrieb einer der führenden Speckhersteller im Salzburger Land. Die regionale Spezialität ist der Lungauer Speck, der geräuchert und luftgetrocknet seinen typischen feinen und über die Landesgrenzen hinaus bekannten Geschmack entwickelt.

TRAUSNERS
5570 Mauterndorf, Steindorf 65, +43/6472/20065
www.trausners.at

Trausners

Frische Bergluft, klares Wasser, einzigartiges Klima, Wald und Wiesen direkt vor der Tür – das sind die Voraussetzungen für „echt andere" Köstlichkeiten: Brände, Liköre, Sirupe, Limonaden und Marmeladen aus der Biosphärenregion Salzburger Lungau. Trausners erzeugt naturreine Brände hauptsächlich mit Grundzutaten, die in der alpinen Region Lungau gedeihen. Beste Direktsäfte und selbst hergestellte Blüten- und Kräuteressenzen bilden die Basis für die HolyMagicSirupe. Und den verführerischen fruchtigen Marmeladen kann keine Naschkatze widerstehen! Onlineshop.

MICHAELBEUERN

Bioimkerei Hinterhauser

BIOIMKEREI HINTERHAUSER
5152 Michaelbeuern, Dorfbeuern 64, +43/6274/8344
www.bioimkerei.at
Schon sehr früh entdeckte Gerhard Hinterhauser die Liebe zu Bienen. Heute ist die Imkerei ein Familienbetrieb und zusammen mit seiner Frau Rosina bewirtschaftet er ca. 250 Bienenvölker. Der Wanderimker und BioAustria Mitgliedsbetrieb sucht für seine Bienenvölker immer die besten Zielorte wie Tannen- und Fichtenwälder sowie blütenreiche Gegenden. Aufgrund der Vielfalt an verschiedenen Wald- und Blütenarten bietet die Bio-Imkerei Hinterhauser eine große Auswahl an Honigsorten.

MITTERSILL

METZGEREI FEUERSINGER - OBERBRÄU
5730 Mittersill, Kirchgasse 5, +43/6562/6255
www.oberbrau.at
Das kleine Geschäft im geschichtsträchtigen „Obern Bräuhaus" überzeugt nicht nur mit einer hervorragenden Auswahl, sondern auch mit Frische und Qualität, denn es wird ausschließlich bestes österreichisches Rind- und Schweinefleisch verarbeitet. Die Palette reicht von zahlreichen Pinzgauer Frischfleischprodukten über das beliebte Dry Aged Beef bis zu feinsten regionalen Wurst- und Schinkenspezialitäten wie der „Oberbräu" Schinken oder der hervorragende Original „Bräusciutto" – ein luftgetrockneter Schinkenspeck. Onlineshop mit Pinzgauer Spezialitäten und Whisky-Raritäten.

MÜHLBACH AM HOCHKÖNIG

BÄCKEREI-CAFÉ-KONDITOREI BAUER
5505 Mühlbach am Hochkönig, Mühlbach 248, +43/6467/7220
www.baeckerei-bauer.at
In der Bäckerei Bauer stecken über 100 Jahre Backtradition und in jeder neuen Generationen wird mit der gleichen Leidenschaft und Liebe zum Detail zu Werke gegangen wie in den Generationen davor. Mehl und Getreide stammen aus kontrolliertem Anbau aus

der Genussregion Weinviertler Getreide, und als Basis für die über 40 verschiedenen Brotvarianten – darunter auch täglich frisches Holzofenbrot – dient biologischer Natursauerteig aus eigener Produktion. Daneben verführen über 100 verschiedene Sorten an Gebäck, Feingebäck, Torten und Pralinen sowie edle handgeschöpfte Schokoladen zum Genuss.

Bäckerei-Café-Konditorei Bauer

NEUKIRCHEN AM GROSSVENEDIGER

BÄCKEREI CAFÉ SCHROLL / SCHROLLBACK
5741 Neukirchen am Großvenediger, Marktstraße 117
+43/664/5035218
www.schroll-back.at
Die Bäckerei Schroll besteht seit 1885 und wird heute in vierter Generation geführt. Für die Zubereitung der vielen verschiedenen Produkte werden überlieferte Rezepturen und hochwertige Rohstoffe aus Österreich verwendet. Vom Stammhaus in Wald/Pinzgau wird auch diese Filiale beliefert. Es gibt eine große Auswahl an hausgemachten Torten und Feingebäck.

PINZGA SPECKLADEN
5741 Neukirchen am Großvenediger, Marktstraße 38
+43/664/1716 410
www.pinzgauer-speck.at
Hier wird das gesamte Produktsortiment aus dem Speckdorf Wald im Pinzgau geboten – von den köstlichen händisch hergestellten Wurst- und Speckspezialitäten über regionale Produkte wie Käse, Honig oder Edelbrände bis hin zu den vielen Geschenksideen und Mitbringseln. Das Angebot umfasst weiters verschiedene Knödelvariationen, Gulasch vom Tischler Ox, feine Käsespezialitäten u.v.m.

NIEDERNSILL

SPARMARKT LEITNER
5722 Niedernsill, Steindorfer Straße 1, +43/6548/20165
www.spar-leitner.at
Simon Leitner führt den modern gestalteten Spar-Supermarkt in Niedernsill, der mit einem Vollsortiment zum Einkauf einlädt,

in zweiter Generation. Im Mittelpunkt stehen regionale Produkte, an der Feinkosttheke findet man unter anderem Käsespezialitäten von Bauern aus der Region oder hausgemachten Karree- und Bauchspeck. Jeden zweiten Donnerstag bis Samstag gibt es frische Regenbogen-, Lachs- und Bachforellen sowie Bachsaiblinge.

PIESENDORF

KÄSEREI MONIKA VOGLREITER
5721 Piesendorf, Walchen 66, +43/676/9650750
Auf dem Oberkammern-Gut in Walchen bei Piesendorf hat Landwirtin Monika Voglreiter eine alte kulinarische regionale Spezialität wieder zum Leben erweckt: den kegelförmigen Pinzgauer Schotten. Seit 2001 bewirtschaftet sie den wunderschön gelegenen Bauernhof – fünf Milchkühe inklusive Nachwuchs gehören zum Hof. Die Pinzgauer Schotten waren früher ein traditionelles Gericht der armen Landbevölkerung, für welches die bei der Butter- und Käseerzeugung abfallende Molke und Buttermilch verwendet wurde. „Geschmacklich liegt der Reibkäse zwischen Parmesan und Speck, durch das kalte Räuchern erhält er sein besonderes Aroma.

Trafler Nah&Frisch

TRAFLER NAH&FRISCH
5721 Piesendorf, Dorfstraße 17, +43/6549/7219
www.nahundfrisch.at/de/kaufmann/trafler-piesendorf
Günter Trafler bietet als Nahversorger in seinem Nah&Frisch-Markt ein umfangreiches Produktsortiment. Obst und Gemüse sind frisch und knackig, die Käsetheke besticht mit internationalen und heimischen und Spezialitäten wie Pinzgauer Räucherkäse und Pinzgauer Schotten. Das Bio-Sortiment wird ständig erweitert und reicht mittlerweile in praktisch alle Warengruppen. Mit den „aus'm Dorf" Produkten bietet Trafler auch viele regionale Spezialitäten wie den WAWI insa Gin aus der Gebirgsregion oder die köstlichen und selbstgemachten Marmeladen von Frau Trafler, den würzigen Frischkäse von Heidi Voglreiter oder den milden

Rotweinlikör von Johann und Maria Junger, Bio Bienenhonig aus Viehhofen und eine kleine Auswahl an Tee.

FLEISCH & WURST LADINGER
5550 Radstadt, Stadtplatz 13, +43/6452/4234
www.ladinger.cc
Die Metzgerei Ladinger in Radstadt steht seit vielen Jahren für Fleisch-, Wurst- und Speckspezialitäten in höchster Qualität und mit hervorragendem Geschmack. Das Fleisch wird von Landwirten aus der Region bezogen, die auf artgerechte Haltung der Tiere achten. Die große Palette an frischen Fleisch- und Wurstspezialitäten – die überwiegend aus eigener Erzeugung stammen – wird sehr appetitlich präsentiert, Wilddelikatessen aus der Region fehlen dabei ebenso wenig wie Pongauer Speck. Eine kleine Selektion an regionalen Käsen verführt zum Genuss. An bäuerlichen Produkten der Region werden Teigwaren, Gewürze, Öle, eingelegtes Gemüse, Fruchtsäfte und Schnäpse angeboten. Onlineshop.

ZUM KASWURM
5550 Radstadt, Farnwangweg 5, +43/6452/4114
www.zum-kaswurm.at
Der über 470 Jahre Hof „Unterfarnwang" wird seit Generationen von Familie Kaswurm bewirtschaftet. Durch die Verwurzelung und Liebe zur Landwirtschaft gibt es im Hofladen nicht nur Produkte aus der eigenen Bio Landwirtschaft, sondern auch Köstlichkeiten aus der Salzburger GenussRegion zu erwerben wie essfertige Fleisch- und Bauernkrapfen, Speck & Hauswürste, frisches Rindfleisch vom hofeigenen Bio-Rind (auf Vorbestellung im Jänner, April, Juli & November), Most, freitags gibt es ofenwarmes Bauernbrot. Take Away – online bestellen.

BIOHOF STECHAUBAUER
5760 Saalfelden am Steinernen Meer, Wiesersberg 3
+43/6582/73394
www.stechaubauer.at
Seit dem Jahr 1964 produziert Familie Haitzmann „Stechaubauer" Produkte nach den strengen Kriterien der biologischen Landwirtschaft und ist somit einer der Bio-Pioniere im Land Salzburg. Die regionale Vermarktung der Produkte wie Gemüse von Artischocken bis Zwiebel und Eier erfolgt durch den Verkauf direkt am Hof (Di 9:00 bis 11:30 Uhr, Fr 14:00 bis 17:00 Uhr) und im Bioladen in der Obsmarktstraße in Saalfelden (Sa 9:00 bis 12:00 Uhr). In der Gemüsehütte (Selbstbedienungsautomat) direkt beim der Hofzufahrt kann man 7 Tage die Woche rund um die Uhr eine Auswahl der selbst erzeugten Produkte erwerben. Beim Einkauf erzählt

Familie Haitzmann dann über ihr Gemüse, was es so besonders macht, und warum bio für sie selbstverständlich ist.

SIEGFRIED HERZOG DESTILLATE
5760 Saalfelden am Steinernen Meer, Breitenbergham 5
+43/6583/75707
www.herzogdestillate.at

Siegfried Herzog Destillate

International höchst prämiert! Qualitätsbewusstsein und größte Sorgfalt bei der Herstellung der edlen Produkte stehen für Siegfried Herzog im Vordergrund. Nicht zuletzt deshalb wird ausschließlich frisches, handverlesenes und saisongerechtes Obst für die Herstellung der herausragenden und vielfach international prämierten Destillate verwendet. Die edlen Destillate werden auch als Basis für die Herstellung von Likören, Schokoladen (Berger) und Fruchtaufstrichen herangezogen. Neben den edlen Bränden werden in dem 400 Jahre alten Erbhof, in dem sich auch die wahrscheinlich modernste Brennanlage Europas befindet, auch feine Liköre, Gin, Vodka, Rum und limitierte Sondereditionen von Meisterhand destilliert. Im erweiterten Hofladen (Mo-Fr 8:00 bis 18:00 Uhr, Sa 8:00 bis 12:00 Uhr) finden Genussfreunde exzellenten Heumilchkäse aus der eigenen Hofkäserei, Schokoladen, Essig, Öle, Schmankerl aus der Region und Geschenke individuelle Geschenke, auf Wunsch auch personalisiert! Onlineshop.

SALZBURG

AZWANGER DELIKATESSEN

5020 Salzburg, Getreidegasse 15 / Universitätsplatz 11
+43/662/843394-0
www.azwanger.at

Hinter dem Azwanger-Genussreich in der Getreidegasse stehen die Schwestern Valerie Egelkraut-Kopp und Andrea Glück-Kopp, die in vierter Generation mit dem Azwanger-Betrieb aufgewachsen sind – der Sinn für Delikatessen und erlesene Weine wurde ihnen sozusagen in die Wiege gelegt. Das Sortiment umfasst unter anderem Spirituosen, Sekt, Champagner sowie heimische und internationale Weine. Neben österreichischen Spezialitäten wie Schokoladen, Marmeladen, Essigen, Ölen und Kaffees werden auch Delikatessen aus der ganzen Welt angeboten. Mit dem zweiten Standort am Grünmarkt ist das Traditionsgeschäft zu seinen Wurzeln zurückgekehrt und bietet hier Delikatessen aus Österreich, Spanien, Frankreich und Italien aus der Frischwarentheke, feine Weine und alle Getränke zum Genießen vor Ort an. Alles natürlich auch zum Mitnehmen. Onlineshop.

BÄCKEREI FUNDER

5020 Salzburg, Nonntaler Hauptstraße 29, +43/662/841332
www.baeckerei-funder.at

Bäckerei Funder

Eine kleine, feine Bäckerei, ein Verkaufsladen, der den Genießer in eine Zeit zurückholt, als Handwerk noch selbstverständlich war. In der bereits 1957 gegründeten Bäckerei entstehen Brot, Gebäck, Kuchen und Kekse immer noch mit natürlichen Zutaten und nach alten Hausrezepturen. Nicht zuletzt für die Vielzahl an Gebäck und tagesfrischen süßen Verführungen wie die Schnittkuchen mit saisonalem Obst ist die Bäckerei bekannt. In der großen Palette an Spezialitäten finden sich auch feines Früchtebrot, natürliches Sauerteigbrot, reines Vollkornbrot und große Auswahl an Dinkel- und Roggenprodukten, darüber hinaus kann man hier auch Milchprodukte vom Salzburger Milchhof, Eier, Staud's Marmeladen, griechischen Bauernhonig und hochwertiges Olivenöl kaufen. Die ganze Familie arbeitet im Betrieb, man spürt die Begeisterung und Freude, mit der hier das Bäckerhandwerk ausgeübt wird. Eine Filiale befindet sich in der Linzergasse 2, 5020 Salzburg.

BASIC BIO-SUPERMARKT

5020 Salzburg, Alpenstraße 75, +43/662/626211-0
basicbio.de

„Bio-Genuss für alle" – das ist das Motto der basic Bio-Supermärkte. Geboten wird ein Top-Sortiment mit über 15.000 Bio-Artikeln. Im Geschäft in Salzburg befindet sich gleich beim Eingang die Backstation, die auch zu süßen Bio-Köstlichkeiten verführt. Von einer hervorragend sortierten Käsetheke über sehr ansprechend präsentiertes Fleisch bis zum begehbaren Kühlregal für frisches und knackiges Obst und Gemüse (Genussregion Walser Gemüse). So soll ein Supermarkt aussehen.

BIO-MARKT BORROMÄUS POINT

5020 Salzburg, Gaisbergstraße 20

Der Borromäus Point ist zu einem wichtigen Nahversorger geworden: Am Bio-Markt wird bewussten Konsumenten seit 2004 eine große Auswahl an regionalen Feinheiten in Bio-Qualität geboten, die man direkt von den Bäuerinnen und Bauern beziehen kann wie etwa frisches Obst und Gemüse, aber auch Bio-Wurstsorten oder Bio-Fleischprodukte, Milch, Milchprodukte oder allerlei Käsespezialitäten. Dazu gibt es knuspriges und herrlich duftendes Brot- und Gebäck in unterschiedlichen Variationen und alles, was man benötigt, will man sich saisonal, regional und Bio ernähren. Der Bio-Markt hat jeden Freitag von 14:00 bis 18:00 Uhr geöffnet.

BUONGUSTAIO SALZBURG

5020 Salzburg, Maxglaner Hauptstraße 20, +43/664/2307311
www.buongustaio.at/de/standorte/salzburg-2

Im Salzburger Stadtteil Maxglan wird das Italienische Lebensgefühl gelebt – man genießt einen kräftigen Espresso wie in Italia oder ein Glas Prosecco. Man erfreut sich an einem exklusiven Sortiment für die italienische Küche wie Mehl, Polenta, Risottoreis, handgemachte Pasta, Antipasti und Sugi. In ansprechender

Präsentation locken Salami, Mortadella, zarter Lardo, Salsiccia, Bresaiola oder Pancetta. Die Käsetheke hält mit 24 Monate gereiftem Parmesan und Mozzarella di Bufala feinste Käsedelikatessen aus Kuh-, Schaf- und Ziegenmilch bereit. Aber auch Balsamico und exklusives Olivenöl extra vergine wissen ebenso zu überzeugen wie die Auswahl der besten Weine von Südtirol bis Sizilien. Für alle Hobbyköche gibt es auf der Homepage eine umfangreiche Sammlung an italienischen Rezepten zum Nachkochen. Magnificamente!

Buongustaio Salzburg

CHEESE & MORE BY HENRI WILLIG SALZBURG
5020 Salzburg, Getreidegasse 22, +43/660/8199740
henriwillig.com/de/kasegeschafte/wien/salzburg/cheese-more-salzburg
In der berühmtesten Straße Salzburgs befindet sich das 2020 eröffnete Käsegeschäft Cheese & More by Henri Willig. Geboten werden niederländische Käsespezialitäten vom eigenen Bauernhof, darunter junge Käse, gereifte Käse, geräucherte Käse und Streichkäse. Köstliche Käsegeschenke wie Käsehobel, Käseplatten und -messer, holländische Schokolade und Waffeln, diverse Sorten Senf und Dips vervollständigen das feine Angebot.

DEL ITAL ESSEN
5020 Salzburg, Imbergstraße 37, +43/662/642938
www.delitalessen-stoll.at
Manfred Stoll bietet in seinem kleinen, aber sehr feinen Laden allerlei Köstlichkeiten aus dem italienischen Raum. So kommen unter anderem Wurst, verschiedene Sorten von Prosciutto und Parmesan aus Modena. Bis hin zum getrüffelten Öl und Kaffee von Nannini spannt sich die große Bandbreite an italienischen Spezialitäten. Aber auch Produkte von regionalen Anbietern wie Spezialitäten der Grödiger Metzgerei Fuchs und des Fischhändlers Grüll haben Platz in den Regalen gefunden. Es darf aber auch mal eine Leberkässemmel oder eine feine Wurstplatte für die italienische Jause zu Hause. Und das Brot wird ofenfrisch von der Bäckerei Holztrattner geliefert. Vervollständigt wird das Angebot durch hauseigene Marmeladen und Aufstriche.

DENN'S BIOMARKT
5020 Salzburg, Sterneckstraße 31, +43/662/876415
www.denns-biomarkt.at
denn's bietet Bio für jeden Tag. Hier bekommt man alles, was man für ein nachhaltigeres Leben brauchen: Mit über 6.000 Artikel wird eine Vielfalt an täglich frischem Obst und Gemüse, Backwaren, Milchprodukten, Käsespezialitäten, Wein, Fleisch und Fisch in Bio-Qualität sowie Produkte für die vegane, gluten- oder laktosefreie Lebensweise geboten. Neben der großen Auswahl an Bio-Lebensmitteln gibt es außerdem auch Naturkosmetikprodukte, ökologische Haushaltsprodukte und vieles mehr. Weiters wird ein täglich wechselndes Mittagsmenü geboten. In einem Satz: Bio, alles unter einem Dach.

DER MACHE
5020 Salzburg, Moosstraße 94, +43/662/830011
www.dermache.at

Der Mache

„Der Mache" steht für Spitzenqualität, wenn es um Fleisch von den regionalen Bauern oder um die hausgemachten Wurstsorten oder um feinstes Brot & Gebäck geht. Denn „Der Mache" ist nicht nur bekannt für sein Qualitätsfleisch und seine rund 80 selbst produzierten, mitunter beinahe vergessenen Wurstsorten, sondern auch für seine Mehlspeisen aus eigener Küche. Kurz: Es ist eine wunderbare Fleischhauerei, ausgezeichnet mit dem AMA-Handwerksiegel, und Nahversorger zugleich. Mit Ausnahme von Salami und Rohschinken werden alle angebotenen Produkte in der sehr einladenden Genussfleischerei selbst hergestellt. Unbedingt probiert haben sollte man die feine Kalbsleberwurst mit Trüffel oder die Birnenrohwurst. Aber auch die Paradiesrolle Deluxe, das Kalbs-Mousse oder das Graved Rind mit Lavendel, Zitrone und Meersalzflocken wissen zu überzeugen. Allein Maches Italiener – heimischer Qualitätsschinken trifft auf Meersalz und eine Wildkräutermischung aus Italien – ist eine äußerst delikate Grenzüberschreitung, die den Gaumen erfreut. Ein unglaublich geschmackvolles Fleischangebot, darunter Dry Aged Beef, überzeugt den Genießer. Wochentags werden täglich wechselnde, köstliche Speisen angeboten. Vervollständigt wird die Palette mit verschiedenen Käsefeinheiten, Nudeln, Honig, Kaffee und Marmeladen sowie einer gut sortierten, kleinen Gemüseabteilung.

DIE GREISSLERIN

5020 Salzburg, Untersbergstraße 14, +43/662/841291
www.greisslerei-salzburg.com
Barbara Schweitzer ist Greißlerin aus Leidenschaft. Köstliche Delikatessen von regionalen Anbietern mit einem erlesenen Weinsortiment können hier verkostet und natürlich auch gekauft werden. Ob saftiger Wollschweinschinken, geräucherte Forelle oder Saibling, Käse oder Süßes – hier findet man Genuss in besonderem Ambiente.

DIE NUDLEREI

5020 Salzburg, Alter Markt 1, +43/660/9213939
www.dienudlerei.at
Die Nudelerei ist der neue Genusskramer in Salzburg. Täglich wird frisch genudelt. Erhältlich sind hier unter anderem Nudelgerichte, Antipasti-Platten und hausgemachte Tagliatelle.

Dolce Vita Italienische Feinkost

DOLCE VITA ITALIENISCHE FEINKOST

5020 Salzburg, Alexander-Girardi-Straße 39
+43/650/6600530
de-de.facebook.com/dolcevitasalzburg
Italien und Österreich verbindet die Liebe zu gutem Essen und zu edlen Tropfen. Und mit dem „Dolce Vita" – Feinkostladen und Trattoria in einem – hat Andrea Hangler ein Stück Italien mit einem hervorragenden Angebot an feinen italienischen Spezialitäten nach Salzburg gebracht. Eine reiche Auswahl an aromatischem und würzigen Käse wird ergänzt durch tellerfertige Antipastispezialitäten, die mit Kräutern und Gewürzen zubereitet und in hochwertigem Öl bzw. Marinade eingelegt sind. Und natürlich dürfen Prosciutto & Co aus „bella Italia" nicht fehlen: Prosciutto con Rosmarino, Mortadella mit Pistazien, Prosciutto Praga, Trüffelsalami, Wildschweinsalami Toscana, Salami Milano, Salsiccia fresca erinnern an den letzten Italien-Urlaub. Hochwertiges Olivenöl, Aceto Balsamico, und schmackhafte Sugi werden ebenfalls angeboten. Außerdem gibt es exklusive Pasta

fresca aus Italiens Feinschmeckerküche, das täglich frische Brot und Gebäck wird von der Bäckerei Reichartseder angeliefert. Zudem gibt es wechselnde Wochenmenüs mit Produkten direkt aus Italien, denn: „Wir fahren selbst mindestens einmal im Monat in die Gegend um Friaul." Schlussendlich verführen italienische Desserts wie Tiramisu oder Profiteroles.

FEINKOST SALZBURG

GENUSS GUIDE AWARD 2023

5020 Salzburg, Dreifaltigkeitsgasse 9
+43/662/874550
www.feinkost-salzburg.com
Gewinner des Genuss Guide Award 2023, „Bester Genussladen in Salzburg"/Kategorie Greisslerei und Feinkost, siehe Seite 212.

Feinkost Salzburg

GREISSLEREI BEIM GÖSSL GWANDHAUS

5020 Salzburg, Morzger Straße 31, +43/662/46966456
www.gwandhaus.com/greisslerei.html
Die Greißlerei ist ein Geheimtipp für Genießer. Der in die Räumlichkeiten des Gwandhaus Restaurant integrierte Feinkostladen mit heimeliger Terrasse bietet einen imposanten Blick ins Gebirge. Der lukullische Bogen spannt sich von Vulcano-Produkten, Bein- und Trüffelschinken, Käsevariationen aus umliegenden Dorf- und Bauernkäsereien, Steirischem Pesto, eingelegten Schwarzen Nüssen, edlen Ölen und Essigen über verschiedene Brotsorten aus regionalen Backstuben, naturgepressten Säften aus dem Stift Klosterneuburg, geräucherten Forellenfilets aus der Schlossfischerei am Fuschlsee bis zu einer herrlichen Auswahl an vorzugsweise österreichischen Weinen sowie Crémant. Ein weiterer Fokus des österreichischen Sortiments liegt auf den De Merin Produkten aus der Südoststeiermark.

GRÜNMARKT SALZBURG

5020 Salzburg, Universitätsplatz
Buntes Markttreiben findet in Salzburg im Schatten der Kollegienkirche statt. Bereits seit 1857 verkaufen hier die Bauern der Region ihr Obst und Gemüse, und mittlerweile ist der Grünmarkt

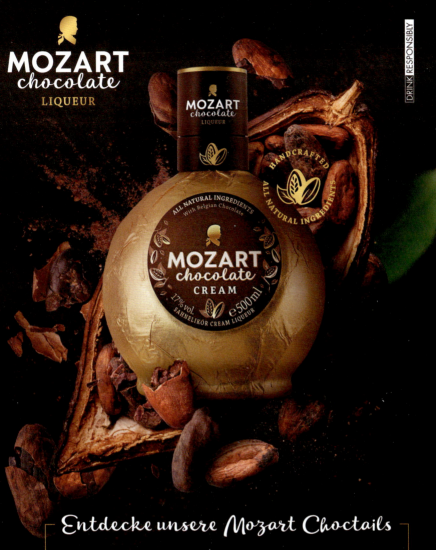

Entdecke unsere Mozart Choctails

Chocolate Espresso Martini
Zutaten für 1 Drink

4 cl Mozart Cream Chocolate Liqueur
3,5 cl Espresso (kalt) | **2,5 cl** Vodka

Dekoration: Geriebene Kaffeebohne

Weitere Rezepte

Chocolate Symphony

mozartchocolateliqueur.com

auf dem Universitätsplatz eine gern besuchte Institution – wer Frische und Regionalität sucht, kommt an diesem Markt nicht vorbei: Von Brot und Backwaren über Fleisch- und Fischprodukte bis hin zu Obst und Gemüse ist alles dabei. Besonders am Samstag umgibt den Grünmarkt eine ganz besondere Aura, denn dann wird der Markt auf die Wiener-Philharmoniker-Gasse erweitert und die Salzburgerinnen und Salzburger schätzen die gemütliche Atmosphäre, die den Markt umgibt. Während unter der Woche knapp 40 Standler vertreten sind, sind es an Samstagen um die 80 bis 90. Die freundlichen Marktstandler beraten gerne und geben diesem grünen Markt eine ganz besonders persönliche Note. Alles, was der Gaumen begehrt, ist hier in großer Auswahl zu finden: Käse, Wurst, Fleisch, Brot … natürlich regional und vielfach in Bio-Qualität, so wie z.B. die Bio-Saiblinge, Bio-Bachforellen, Bio-Seeforellen der Fischzucht Krieg, die auch wildgefangene heimische Fische anbietet. Kleiner Tipp für zwischendurch: eine „Frische" am Würstelstand. Der Markt findet täglich außer an Sonn- und Feiertagen statt, am Samstag auch in der Wiener-Philharmoniker-Gasse. Marktzeiten: Mo – Fr 7:00 bis 19:00 Uhr, Sa 6:00 bis 15:00 Uhr, an den Adventsamstagen zwischen 6:00 und 19:00 Uhr.

Kaslöchl

KASLÖCHL
5020 Salzburg, Hagenauer Platz 2, +43/662/844100
www.facebook.com/people/Kasl%C3%B6chl-Salz-burg/100057209269550/
Seit 1892 gibt es den kleinen, charmanten Laden mit der nostalgischen Holzfassade mitten in der Salzburger Altstadt. Auf rund 8 m² werden variierend zwischen 100 und 150 verschiedene Käsesorten angeboten, in bäuerlich hergestellter Rohmilchqualität ebenso wie aus biologischer Landwirtschaft. Hier findet der Käseliebhaber Spezialitäten wie Ziegen- oder Schafcamembert, Pecorino Sardo oder Blue Stilton (übrigens auch in Bio-Qualität), Trüffelbrie oder den Schweizer Bergkäse „Schwarzer Mond". Die kleine, aber feine Auswahl an Wurst weiß ebenfalls mit Feinheiten wie Mangalitza-Salami, italienischer Trüffelsalami oder Bio-Prosciutto zu überzeugen, daneben gibt es eine kleines Alimentari-

Angebot mit Chutneys, hausgemachten Aufstrichen und Teigwaren wie Käse-, Trüffel- oder Ricotta & Rucola-Ravioli, feinem Brot und Gebäck und edlem Balsamico in Demeter-Qualität sowie handgemachten Krackern der Bäckerei Matitz.

M PASSIONE
5020 Salzburg, Wolf-Dietrich-Straße 17, +43/662/874768 (Café), +43/660/4017947 (Backstube)
mpassione.com
M Passione – das sind die süßen Verführungen von Pâtissier & Chocolatier Martin Studeny, der schon in der Panzerhalle Salzburgs Naschkatzen mit seinen köstlichen Pralinen und Törtchen verzückte, und nun seine Pâtisserie im Andräviertel eröffnet hat. Martin Studeny komponiert bunte Macarons, luftig-leichte Éclairs mit einer Vielzahl an verschiedenen Füllungen und mit feiner Glasur überzogen, kostbare Pralinen und Törtchen, z.B. Passionsfrucht mit Mousse au Chocolat oder Orangen-Creme auf Olivenöl-Bisquit … Hier werden Gaumen und Augen verwöhnt!

MAGAZIN VINOTHEK UND FEINKOST
5020 Salzburg, Augustinergasse 13, +43/662/841584-0
www.magazin.co.at
In der am und im Salzburger Mönchsberg gelegenen Vinothek befinden sich mehr als 950 Weine mit starkem Schwerpunkt auf Österreich, ergänzt durch weitere aus Italien, Spanien, Frankreich und Deutschland, die darauf warten, entdeckt zu werden. Weinkenner werden viele bekannte Namen finden, aber wirklich spannend wird es dort, wo völlig unbekannte Etiketten auftauchen, die Raimund Katterbauer auf Reisen entdeckt hat. Und in der einzigartigen Feinkostabteilung des Magazins findet sich ein umfangreiches, verführerisches Sortiment an internationalem Genuss: Käse, Parma Schinken, Salami aus der Toskana, Oliven aus Ligurien, Sardinen aus Portugal bis hin zu den Marmeladen und Saucen des amerikanischen Kultproduzenten Stonewall Kitchen.

MUSPELHAUS
5020 Salzburg, Willibald-Hauthaler-Straße 23
+43/662/840407
www.muspelhaus.at
Im regionalen Bio- und Naturkostladen Muspelhaus findet man natürlich produzierte Lebensmittel, wo möglich aus der Region und in Zusammenarbeit mit den Produzenten: In diesem Sinne finden sich frische Milchprodukte von der Rohmilch bis hin zur Buttermilch und frischem Topfen direkt aus der Region vom Biobauern. Auch das Joghurt, erhältlich in verschiedensten Geschmacksrichtungen, ist ein wahrer Genuss. Es gibt täglich frisches Brot und Gebäck, eine breite Auswahl an Getreide und Hülsenfrüchten sowie frisch vermahlenes Mehl jeder Sorte. Eine große Auswahl an ausgesiebten- und Vollkornnudeln aus Hart-

weizen-, Kamut-, Dinkel-, Reis- oder Mischnudeln, ein breites Sortiment österreichischer Obst- und Gemüsesorten, Rohkostschokolade und Müslis nach Hildegard von Bingen sowie Aufstriche, Liptauer und Käseaufschnitt runden das feine Angebot ab.

NONNBERGER ERENTRUDISHOF – BIO-HOFLADEN ERNST HOFER
5020 Salzburg, Morzgerstraße 40, +43/662/822858
www.erentrudishof.at/erentrudishof-hofladen.html
Der Name ist Konzept: Das Erentrudishof-Getreide und die eigenen Bio-Eier sind selbstverständlich im Hofladen erhältlich. Das Bio-Vollsortiment, das Ernst Hofer anbietet, wurde qualitätsbewusst ausgesucht. Knackiges Obst und Gemüse, Kräuter, Käse, Fleisch- und Wurstwaren, Fisch und vieles mehr gehören zum Sortiment ebenso wie eine umfangreiche Auswahl an hervorragenden Bio-Käsen regionaler Lieferanten (darunter zahlreiche Spezialitäten vom Schaf und von der Ziege). Es werden auch Produkte für die schnelle Küche angeboten, z.B. verschiedene Pastasaucen, Knödel oder Aufstriche. Selbstgemachtes von Frau Hofer wie Kuchen und Kaspressknödel erfreuen sich großer Beliebtheit. Ein Geschäft, das großen und großartigen Genuss verspricht! Unser Tipp: Der neben dem Bioladen befindliche Milchautomat bietet frische Rohmilch rund um die Uhr.

ÖKOHOF FELDINGER ROCHUSHOF SALZBURG
GENUSS GUIDE AWARD 2023
5020 Salzburg, Rochusgasse 6
+43/662/832798, www.oekohof.at/filiale-rochushof
Gewinner des Genuss Guide Award 2023, „Bester Genussladen in Salzburg"/Kategorie Supermärkte, siehe Seite 213.

Ökohof Feldinger Rochushof Salzburg

PANZERHALLE
5020 Salzburg, Siezenheimerstraße 39 a-d, +43/662/434336
panzerhalle.at
Die Panzerhalle ist ein Beispiel für perfekt gelungene Revitalisierung der ehemaligen Struberkaserne. Herzstück ist die

Markthalle. Zu finden sind die Bäckerei Unterbäck, Gerhard Schachner bietet vor Ort frisch produzierte Pasta und feinst gefüllte Teigtaschen, Don Vito Antipasti verwöhnt mit einem Stück authentischen Italien und beim Stand von Katalin Udvardy „Gesund Naschen" freuen sich Auge und Gaumen über Mohnkuchen, Schoko-Kekse, Pofesen, Muffins und Co. — und das alles zuckerfrei! Die Markthalle lässt keine Wünsche offen. Restaurant und Verkauf gehen hier geschmackvoll Hand in Hand.

PATISSERIE – KONDITOREI – CAFÉ FINGERLOS
5020 Salzburg, Franz-Josef-Straße 9, +43/662/874213
www.cafe-fingerlos.at

Patisserie - Konditorei - Café

Patisserie cafe **FINGERLOS** *Konditorei*

Die Konditorei, Confiserie und Patisserie im Salzburger Andräviertel ist seit Jahren eine der ersten Anlaufstellen für kreative und individuelle Torten und feine Nascherereien, gefertigt aus Schokolade, Marzipan, Cremes und feinen Teigen. Die Palette reicht von Klassikern der österreichischen Tortentradition über Saisonales wie Limetten- oder Maronitorte bis zur Aloe-Vera-Torte. Und auch für Allergiker gibt es ein entsprechendes, köstliches Angebot. Probiert haben muss man auch die saisonalen Spezialitäten, wie den Fingerlos-Weihnachtskonfekt, Osterbrioche oder die Sonderanfertigungen von Torten und Patisserie für feierliche Anlässe. Eine breite Palette an köstlichem Brot und Gebäck, ein umfangreiches Frühstücksangebot und täglich wechselnde Mittagsmenüs vervollständigen das süße Angebot.

SAPORI DEL SUD

5020 Salzburg, Nonntaler Hauptstraße 88
+43/650/6162470
www.sapori-del-sud.at
Gewinner des Genuss Guide Award 2023, „Bester Genussladen in Salzburg"/Kategorie Weltgenuss, siehe Seite 214.

Sapori del Sud

SCHATZ-KONDITOREI

5020 Salzburg, Getreidegasse 3, +43/662/842792
www.schatz-konditorei.at
Die kleine Konditorei mit dem besonderen Charme ist seit 1877 für
ihre exquisiten Köstlichkeiten bekannt und legendär. Die Auswahl
an süßen Versuchungen ist riesengroß. Absolut empfehlenswert
sind die von Hand getunkten Mozartkugeln aus eigener Produktion (seit 1900!) und der Schatz-Stollen nach Zauner Art. Süßes
macht glücklich!

SEESTERN

5020 Salzburg, Neutorstraße 43, +43/662/823172
www.fischfachgeschaeft.at
Für alle Fischliebhaber in Salzburg ist der Seestern eine absolut empfehlenswerte Adresse: Fangfrischer und zum Teil direkt
gelieferter Fisch aus den besten Küstengebieten der Welt sowie
heimische Fische aus Wildfang und ausgesuchter Aquakultur
werden in diesem Fischfachgeschäft bei bester Beratung perfekt
präsentiert. Natürlich gibt es auch Gambas, Garnelen und Co. aus
Wildfang sowie — jahreszeitenabhängig — Muscheln sowie hausgemachte Fischsuppen, Saucen und Ragouts, feinste Pasteten,
Terrinen, Cremes, Parfaits und Salate sowie das einzigartige
„Thunfischbratl".

SPORER LIKÖR- UND PUNSCHMANUFAKTUR

5020 Salzburg, Getreidegasse 39, +43/662/845431
www.sporer.at
Das charmante Gewölbe in der Getreidegasse ist für Hochprozentiges bekannt. Schon seit 1903 sind die Sporers von ihrem Handwerk beseelt. Hervorragende Brände und Liköre zu erzeugen ist
ihnen eine Herzensangelegenheit: Vom Gründer und Urgroßvater

stammt der legendäre Orangenpunsch, vom Großvater die berühmte Hausmischung, und der Seniorchef zeichnet sich für zahlreiche köstliche Mischungen aus dem Sortiment verantwortlich.
Auch Whisky- und Rumliebhaber werden hier nicht enttäuscht.
Handgeschöpfte Punschschokolade verführt schließlich besonders süß und ein kleines Sortiment innovativer Produkte von
kleinen Erzeugern runden das Angebot stimmig ab. Onlineshop.

UNTERBÄCK IN DER PANZERHALLE

5020 Salzburg, Siezenheimerstraße 39b, +43/6212/7500-31
panzerhalle.at/markthalle/unterback
Täglich ab 7:00 Uhr zieht ein frischer Brotduft in die Markthalle
ein, wenn beim Unterbäck aus frisch zubereitetem, natürlichen
Teig die knusprigen Dampflstangerl, Handsemmeln, Baguettes,
Brioches und die unterschiedlichsten Jausenkreationen gebacken
werden. Köstliches, „ährliches Brot" ist die Leidenschaft von Unterbäck, und die sorgfältige Auswahl der besten Zutaten das Versprechen, das durch den persönlichen Kontakt zur Mühle und den
oberösterreichischen Bauern bis zu den Getreidefeldern reicht.

Unterbäck in der Panzerhalle

WEIN & CO WEINBISTRO

5020 Salzburg, Platzl 2, +43/50706/3151
www.weinco.at
An die 1.200 heimische und internationale Weine, Spirituosen und
Delikatessen warten darauf, entdeckt zu werden, Auswahl und
Beratung sind exzellent. Vervollständigt wird die Angebotspa-

lette mit zum Wein passenden Gläsern und einer feinen Auswahl an Antipasti, Pasta, Pesti, Essigen, Ölen, feinen Säften von van Nahmen oder Kaffee von Hausbrandt.

ALMANNSGRUB – BIOLANDBAU SEIT 1966

5202 Seekirchen, Fischtaging 16, +43/6212/7507
www.almannsgrub.at
Seit 1966 wird der Bio-Landbau Almannsgrub mit der Gesetzmäßigkeit, Leben zu achten und zu fördern, geführt. Heute bewirtschaften Peter und Stefanie Forsthuber den Gemüsebauernhof in dritter Generation. Direkt ab Hof im Laden kann man nach telefonischer Vereinbarung Gemüse und Pflanzen, aber auch Tees und Kräuter kaufen.

BIO-BAUERNMARKT SEEKIRCHEN AM WALLERSEE

5201 Seekirchen, Rupertusplatz
+43/6212/7128
Gewinner des Genuss Guide Award 2023, „Bester Genussladen in Salzburg"/Kategorie Am Markt, siehe Seite 214.

Bio-Bauernmarkt Seekirchen am Wallersee

FLEISCHHAUEREI POMMER & VINOTHEK VITIS VINIFERA

5201 Seekirchen, Hauptstraße 20, +43/6212/2240
www.wein-pommer.at
Die Fleischhauerei Pommer bietet ein herausragendes Angebot an hervorragendem Fleisch von Bauern aus der Region und aus der hauseigenen Schlachtung (Dry aged Beef v. d. Hohen Rippe) sowie feinste hausgemachte Wurst- und Schinkenspezialitäten. Und auch mit saisonalen Produkten wie Bärlauch-, Knoblauch- oder Osterschinken weiß die feine Landfleischerei in Seekirchen zu überzeugen. Geflügel, fangfrischer Fisch sowie Wild zeigen sich von ihrer besten Seite. Die Käsetheke glänzt mit exquisiten Produkten aus Italien sowie französischem und österreichischem Rohmilchkäse, und auch Eier von Bauern aus der Region, Pasta und Risottoreis, Trüffelhonig, Trüffelöl und feine Pasteten

werden angeboten. In der angeschlossenen edlen Vinothek findet der Genießer ausgesuchte Weine vorwiegend aus Österreich (z.B. von Artner oder Kirnbauer). Rum, Gin und Edelbrände ergänzen das Angebot in der Vinothek. Onlineshop.

UNTERBÄCK BERTHOLD FORSTNER

5201 Seekirchen, Hauptstraße 18, +43/6212/7500
www.unterbaeck.at

Unterbäck Berthold Forstner

Backhandwerk seit 1670. Für seine Backwaren verwendet Berthold Forstner nur beste Rohstoffe, Natursalz, Granderwasser und Vorteige wie Dampflteig, Dinkelteig und Natursauerteig, das Mehl bezieht er aus der elterlichen Forstner-Mühle in Oberösterreich. Appetitlich präsentierte Brot-Spezialitäten wie Dampfgebäck, Holzofenbrot, Flachgauer Krustenlaib, Gerstenbaguette oder Gewürzfladen, aber auch die täglich frischen Krapfen oder Schaumrollen sowie herrliche Mehlspeisen und feines Teegebäck aus der hauseigenen Konditoreibackstube verführen zum Genuss. Das ausgesprochen freundliche und charmante Personal trägt dazu bei, dass man den Unterbäck immer wieder gern besucht. Kaffeehaus mit umfangreichem Frühstücksangebot ab 6:15 Uhr!

MATTIGTALER HOFKÄSEREI

5201 Seekirchen am Wallersee, Kraiham 9, +43/6212/7128
www.mattigtaler.at
Inmitten der idyllischen Grünlandschaft des Mattigtals liegt der Krimpelstätterhof, der von der Familie Mangelberger be-

wirtschaftet wird. Gekäst wird ein vielseitiges Sortiment an prämierten Spezialitäten wie etwa der cremige Camembert oder der herzhafte Weichkäse mit Rotkultur. Bei der reichen Vielfalt an Frischkäsesorten fällt die Wahl schwer, denn auch der Bio-Camembert mit Rosmarin oder grünen Pfefferkörnern, der Bio-Blauschimmelkäse oder der Weinkäse überzeugen den Genuss-suchenden. Ein feines Sortiment an Milch und Milchprodukten ergänzt das köstlich-käsige Angebot.

ST. GEORGEN BEI SALZBURG

BIO BAUERNMARKT AGLASSING

5113 St. Georgen bei Salzburg, Wimpassing 2, +43/6272/7541
www.biomarkt-aglassing.at
Den Biobauernmarkt am Hof der Familie Eisl gibt es bereits seit 20 Jahren. Auf rund 100 m² Verkaufsfläche wird der Geschmack der Region geboten, getreu dem Motto: „Was die Natur uns gibt, das geben wir unverfälscht weiter!" Im Mittelpunkt steht das Gemüse vom eigenen Betrieb – vom Feld direkt ins Regal! Was nicht selbst produziert werden kann, wird von Bio-Betrieben der Region bezogen. So kommen die hochwertigen Öle von Schühmann aus dem nahen Innviertel und die Dinkelnudeln, Dinkelmehl und Dinkelflocken der Bambergers sogar aus der Gemeinde! Die Fleischpalette erstreckt sich von Rind-, Schwein-, Kalb-, Lamm- bis hin zu Geflügel und Wildfleisch sowie auch Fisch aus der Region. Überzeugend ist die Käsepalette aus Kuh-, Ziegen- und Schafmilch, die von Butter- über Hart- und Schnittkäse bis hin zu Camembert, Joghurt und vielen weiteren köstlichen Produkten reicht.

Bio-Bauernmarkt Aglassing

ST. JOHANN IM PONGAU

BIOBAUERNHOF REITERHOF – FAM. ROHRMOSER

5600 St. Johann im Pongau, Maschl 3, +43/664/2531605
www.reiterhof.co.at
Der Biobauernhof und BioAustria Mitgliedsbetrieb befindet sich am Stadtrand von St. Johann in schöner und ruhiger Lage im Ortsteil Maschl. Hofprodukte sind Bauernbrot, Marmeladen, Bio Apfelsaft, frische Eier und selbst gebrannter Schnaps. Die Pro-

dukte kann man übrigens als Gast auch am Hof genießen. Conny Rohrmoser, die über eine Ausbildung für Schule am Bauernhof, Waldpädagogik und für tiergestützte Pädagogik verfügt, bietet auch eben diese Bereiche auf ihrem Hof an.

BIOLADEN RENATE

5600 St. Johann im Pongau, Hans-Kappacher-Straße 1, EZ Stadtgalerie, +43/6412/7235
www.bioladen-renate.at
Renate Trigler sorgt für gesunde Ernährung und Bio-Produkte auf höchstem Niveau. Das liebevoll und sorgfältig ausgewählte Sortiment reicht von Käsespezialitäten von Kuh-, Schaf und Ziege bis zu Wein und Spirituosen, Säfte gibt es auch aus der Genussregion Linz Land Apfel-Birnensaft. Beste Backwaren der Bäckereien Holztrattner und Mauracher gibt es jeden Montag und Freitag frisch in den Regalen. Darüber hinaus wird eine sehr gute Feinkostauswahl geboten, und auch wer Fandler-Öle, Bio Essig, Natursalze oder Zotter-Schokolade sucht, wird hier fündig. Regionale Bio Honige, Tofu und Seitanprodukte, Teigwaren aus Dinkel und Kamut, Sonnentor Gewürze und Tees sowie Naturkosmetik runden das Sortiment perfekt ab.

ST. VEIT IM PONGAU

NAH&FRISCH LERCHER OG

5621 St. Veit im Pongau, Markt 18, +43/6415/20264
www.nahundfrisch.at
In diesem Geschäft fühlt man sich richtig wohl. Die Schwägerinnen Tanja und Burgi Lercher führen ihr Geschäft mit Liebe zum Detail vom ausgesuchten Sortiment bis hin zu speziellen Angeboten wie frische Produkte vom Bauern, die es einmal wöchentlich gibt. Im Feinkostbereich stehen regionale und österreichische Genussprodukte im Mittelpunkt. Das Angebot lässt keine Wünsche offen, die Beratung ist freundlich und sehr kompetent.

TAMSWEG

CONFISERIE HOCHLEITNER

5580 Tamsweg, Kirchengasse 4 - 6, +43/6474/2240
www.hochleitner.at
Tradition und Qualität seit 1859. Ausgezeichnet von Gault Millau als Café-Konditorei des Jahres für besondere Verdienste um die österreichische Kaffeehauskultur, sind die zwei Hochleitner Kaffeehäuser ein Muss für alle Kaffeehausfans. Hochleitners Gourmandisen zeichnen sich durch feinste regionale und heimische Zutaten aus, wie Lungauer Biomilch, echter Lungauer Bienenhonig, Spirituosen von heimischen Brennern. Weiters im süßen, wechselnden Sortiment gibt es Truffes, Marzipan- und Nougatpralinen, FrischSchoko, Nougat Igel, ca. 30 Sorten Schokoladetafeln, die Hochleitner Pastete oder die Waffeltorte.

KEMMTS EINA – LUNGAUER SPEZIALITÄTENLADEN

5580 Tamsweg, Marktplatz 7, +43/650/9069983

„Kemmts eina – mia gfrein ins auf enk!" ist das Motto von sechs Bauern und zwei Kleingewerbe-Betrieben, die ihre Produkte in dem Bauernladen am Tamsweger Marktplatz anbieten. Hier bekommt man die frischen, regionalen Produkte die ganze Woche über im Laden. Verkauft wird wie gewohnt von den Bauern direkt. Der Laden ist also wie ein kleiner permanenter Wochenmarkt.

WALD IM PINZGAU

Pinzga Speckdorf – Pinzgauer Spezialitäten Schöppl

PINZGA SPECKDORF – PINZGAUER SPEZIALITÄTEN SCHÖPPL

5742 Wald im Pinzgau, Vorderkrimml 70, +43/6564/7450
pinzgauer-speck.at/speckdorf

Urig und echt – die Erlebniswelt Pinzga Speckdorf in Wald im Pinzgau. Hier findet der Gourmet verschiedenste köstliche Speck- und Wurstspezialitäten. Nur ausgewähltes regionales Fleisch wird sorfältig weiterverarbeitet – traditionelle Handarbeit, überlieferte Rezepte, schonendes Räuchern und der oft monatelange Reifevorgang garantieren unverkennbare, würzige Geschmackserlebnisse. Neben Pinzgauer Almspeck oder Pinzgauer Hirschstonga findet man aber auch feinen Lammschinken oder geräucherten Entenschinken. An der Käsetheke wird eine Auswahl an Pinzgauer Käsedelikatessen („Söchkas") geboten, darunter auch würziger Almkäse und Spezialitäten aus den Genussregionen Pinzgauer Bierkäse sowie Flachgauer Heumilchkäse. Onlineshop!

WALS-SIEZENHEIM

ÖKOHOF FELDINGER STAMMHAUS WALS

5071 Wals-Siezenheim, Walserfeldstraße 13, +43/662/850897
www.oekohof.at

In den Bio-Märkten des Ökohofs Feldinger in Wals und Salzburg wird ein großartiges Angebot für Bio-Freunde und Genussmenschen geboten: Bio-Gemüse aus familieneigener Anzucht. Brot, Gebäck und hausgemachte Mehlspeisen, Wurst- und Fleischwaren, Käse und Milchprodukte, Wasch- und Putzmittel, Hygiene- und Pflegeartikel, Naturkosmetik, Getränke – alle Dinge des täglichen Bedarfs. Das Bio-Bistro bietet von Montag bis Samstag ein vegetarisches Vollwertfrühstück sowie einen täglich wechselnden vegetarischen Mittagstisch. Den ganzen Tag über gibt es auch feine hausgemachte Vollwertkuchen und -torten.

WINKLHOFER

5071 Wals-Siezenheim, Viehauserstraße 28, +43/662/853036
www.gartenbau-winklhofer.com

Von A wie Aubergine bis Z wie Zucchini findet der Kunde ein breit gefächertes Gemüseangebot im Hofladen und am Stand auf der Salzburger Schranne. Im Sortiment finden sich auch Öle, Nudeln, Käse, hausgemachte Kräutersalze, Kräuteressig, Pesto und Bio-Brot von der Bäckerei Obauer, Tees und Kräuter von Sonnentor sowie frisches Bio Fleisch und Wurstspezialitäten vom Greilhof in Tamsweg im Lungau.

ZELL AM SEE

FEINKOST LUMPI

5700 Zell am See, Seegasse 6, +43/6542/72500
www.lumpi.biz

Das Feinkostgeschäft im nostalgischen Baderhaus aus dem 16. Jahrhundert bietet einen Streifzug durch Pinzgauer Spezialitäten. Das reichhaltige Käsesortiment von regionalen Bauern umfasst Bergkäse von jung bis gereift und den Pinzgauer Almkäse sowie eine variierende Auswahl internationaler Spezialitäten. Beste Speck-, Wurst- und Schinkensorten (z.B. Hirsch-, Reh-, Gams- und Wildschweinrohschinken), Pasteten und Sulzen locken in großer Zahl. Im Paradies für Feinschmecker finden Sie auch Steirisches Kürbiskernöl ggA, handgeschöpfte Bergkernsalze mit Kräutern, Honig von Höttl, hausgemachte Marmeladen, Mariazeller Lebkuchen, handgefertigte Pralinen und Schokolade aus dem Hause Berger, feine Weine aus Österreich und edelste Destillate. Die Sommelière des Hauses ist die Tochter selbst. Sie berät ebenso wie das gesamte Team mit Kompetenz und Leidenschaft.

HEIMATGOLD – DER BAUERNLADEN

5700 Zell am See, Bahnhofstraße 1, +43/3687/22505500
www.heimatgold.at/zellamsee_geschaeft.html

Heimatgold steht für Qualität und Regionalität – unter dem Dach von Heimatgold werden bäuerliche Produkte gebündelt und ansprechend präsentiert. Alle Produkte, die unter der Marke Heimatgold vertrieben werden, repräsentieren die jeweilige Region, in der sie erzeugt werden: Schinken, Speck und Würste von den Bauern der Region, Rohmilchkäse von heimischen Kühen, Schafen und Ziegen sowie selbstgemachte Marmeladen, Honige, Aufstriche, Sirupe und Säfte, Edelbrände und Liköre oder auch Bauernbrot und frische Bauernbutter. Onlineshop.

GRAZ | EINE LIEBE, DIE BLEIBT.

genusshauptstadt.at

STEIER
MARK

DIE BESTEN GENUSSLÄDEN
IN DER STEIERMARK

FEINKOST
UND GREISSLEREI

GENUSSLADEN - GUT SCHLOSSBERG

8010 Graz, Am Fuße des Schlossberges 3, +43/316/813743
Ein heimisches Lebensmittelgeschäft inklusive originalem
Mostkeller aus dem 17. Jahrhundert mitten in Graz. Unter den
1800 Produkten werden Feinschmecker sicher fündig. Es gibt
Besonderheiten wie Thymian-, Rosmarin-, Mohn- und Oreganoöl.
Zwetschkenchutney, eingelegte Walnüsse, Räucherwelsauf-
strich, Kräuterseitling Pesto, Walnussmehl oder kreative Saucen
wie die Sorte Marille-Rosmarin-Whiskey. Unter den Getränken
finden sich Raritäten wie Hirschbirncider, Paradeisersaft, Brenn-
nessel-, Löwenzahn-, Fichtenwipfel-, Ringlotten-, Dirndl- und
Isabellatraubensirup. Und auch die Säfte aus verschiedensten
Apfelsorten kommen nicht zu kurz. Käsespezialitäten gibt es
von Kuh, Schaf und Ziege sowie Heumilchprodukte. Aus dem Xeis
kommen Wildprodukte wie die Gamskrainer. Auch der Reis, der
bis vor ein paar Jahren noch importiert werden musste, kommt
mittlerweile aus der Steiermark, z.B. als Pilzrisotto oder Reisnu-
deln. Außerdem kann man hier die Marktgutscheine erwerben,
die bei einem der ausgewiesenen Grazer Bauernmärkte eingelöst
werden können. Neben dem GenussLaden gibt es im 1. Stock eine
Probierstube für Verkostungen. Verschiedene Gerichte zu Mittag
werden aus regionalen Rohstoffen zubereitet, man kann Kaffee
trinken und auf der Terrasse das Flair genießen.

SUPERMÄRKTE

BIO-SPHÄRE WECHSELLAND

8230 Hartberg, Hofgasse 4, +43/3332/32012
www.bio-sphaere.at

Mitten im Thermenland Oststeiermark gibt es diesen besonderen Bioladen. Die Betreiber sind in der Steiermark Pioniere im Einsatz für faire, biologisch angebaute Lebensmittel. Seit 2008 führen Ushij und Rupert Matzer erfolgreich die Bio-Sphäre am Ökopark in Hartberg. Nach mehreren Jahren am Ökopark ist der Bio-Supermarkt „Biosphäre" 2021 in die Hofgasse (ehemaliger Billa-Markt), direkt in die Hartberger Innenstadt, übersiedelt. Auf einer Verkaufsfläche von rund 400 Quadratmetern werden ausschließlich biologisch produzierte Produkte für den täglichen Bedarf angeboten. Hier kauft man mit gutem Gewissen und nachhaltig ein. Das Sortiment besteht aus mehr als 6.500 Artikeln und umfasst unter anderem Lebensmittel aller Art. Schon die Gemüseabteilung ist großartig, bunt und saisonal. Natürlich unverpackt kann man hier nach Gusto Vitamine aber auch Getreide und Hülsenfrüchte einkaufen, sich über frisches Brot und eine kleine, aber feine Auswahl an Feinkost wie Wurst und Käse, freuen. Veganer und Vegetarier werden diesen Supermarkt besonders lieben. Wer auf biologisch und nachhaltig setzt, dem sei dieser Markt ans Herz gelegt.

SPEZIALISTEN

ÖLMÜHLE HARTLIEB

8451 Heimschuh, Mühlweg 1, +43/3452/82551
www.hartlieb.at

Die Ölmühle Hartlieb stellt seit vier Generationen mittlerweile über 20 Öle aus verschiedensten Rohstoffen her. Vom klassischen Steirischen Kürbiskernöl g.g.A. über Walnuss-, Haselnuss-, Lein- oder Mohnöl bis hin zu seltenen Sorten wie Erdmandel-, Schwarzkümmel- oder Kressesamenöl. Durch sein innovatives und fortschrittliches Denken setzte schon Gerhard Hartlieb neue Maßstäbe in Produktqualität und Marketing. Das von ihm bereits 1990 eröffnete, landesweit erste „Kernölmuseum" ist ein wichtiger Grundstein des bisher Erreichten. Neben Knabberkernen, Schokolade, Senf, Honig, Chutneys und Pestos bietet der historische Mühlenladen auch verschiedene Essige von den besten Produzenten der Umgebung. Neben den klassischen Brot- und Weißmehlen aus Weizen und Roggen werden auch besondere Sorten aus Dinkel, Kamut und Buchweizen, Mais und Hartweizen geboten. „Mit ehrlichem Handwerk und gewachsenem Wissen wollen wir die Natürlichkeit der Produkte bewahren und einfachen Lebensmitteln ihren echten, erlesenen Geschmack entlocken," so das Hartlieb Motto. Gerne werden Führungen und Verkostungen angeboten. Öffnungszeiten.: Mo.-Fr. 8.00 bis 12.00 Uhr und 13.00 bis 17.00 Uhr, Sa 8.00 bis 12.00 Uhr. Onlineshop.

WELTGENUSS

BRIGANTE
8010 Graz, Hofgasse 4, +43/316/814177
brigante.co.it

Das perfekte Feeling zwischen Food Design und handwerklicher Tradition in einem italienischen Lebensmittel-Shop vereint. Hochwertige und ausgezeichnete Produkte haben immer ihren Ur-

sprung in der Region, in der sie hergestellt werden. Oft stammen die Rezepte von den Großeltern oder Urgroßeltern, die sie mit viel Leidenschaft und Traditionsbewusstsein gehütet und an ihre Kinder weitergegeben haben. Im neuen Delikatessengeschäft des Architekten Andrea Vattovani wird nicht nur Feinkost aus rund 20 Regionen Italiens geboten, sondern auch perfekte Geschenke für Feinspitze. Hier gibt es das Außergewöhnliche: Black Angus T-Bone, Jamon de bellota iberico - 48 Monate Reifezeit, Blini mit sibirischem Beluga Kaviar, Culatta busseto, Salame felino, Parmiggiano reggiano und etwas ganz besonderes, die „Pitina", Gilardeau N°2 - Austern, … . Hier ist man auf den Ursprung und die Verarbeitung der Produkte stolz, die es der italienischen Küche ermöglicht haben, überall auf der Welt so berühmt und geschätzt zu werden. Es ist wohl die Liebe zum Detail, die den wichtigsten Beitrag leistet, um „den Unterschied zu machen".

AM MARKT

VINOFAKTUR GENUSSREGAL SÜDSTEIERMARK
8472 Vogau, An der Mur 13, +43/3453/406770
www.vinofaktur.at

In moderner Architektur kann man sich hier an 7 Tagen in der Woche von den Köstlichkeiten der Region zum Genuss verführen lassen. Die Markthalle mit der größten Gebietsvinothek in der Südsteiermark bietet ein vielfältiges und erweitertes Sortiment mit über 2.500 steirischen Weinen und Kulinarik-Produkten. Zotter Schokoladen, Fink's Delikatessen, Hartlieb Öle, Bohnen und Hülsenfrüchte von Steirerkraft - sogar Kichererbsen in Bio-Qualität, Vulcano Köstlichkeiten wie zart geräucherte Rohschinken, Crisp oder Süßes von Berger Schokoladen. Grundsätzlich ist das Angebot an Bio-Produkten aus der Region sehr groß. Zum Beispiel auch Köstlichkeiten von „Die Amtmann". Die Produkte werden ohne Konservierungsstoffe produziert, einfach nur der pure Geschmack der Natur. Das Sortiment ist von Früchten, Blüten und

Kräutern geprägt: Bio-Rosenprodukte, Bio-Lavendelprodukte, Bio-Minzprodukte und Wildobstprodukte. Oder die Imkerei Neber, die hier ein großes Sortiment an verschiedenen Honigsorten anbietet und auf die reinsortige Ernte der Honigsorten großen Wert legt. Was nicht fehlen darf ist Aeijst - organic and handcrafted Styrian Pale Gin. Es gibt aber noch mehr zu entdecken. Onlineshop www.vinofaktur.at.

STEIRISCHER
REIS-WHISKEY
MACHT
SO-FRÖHLICH

DER REISHOF wo unser
REIS und Quinoa
zu Hause sind!

1. Steirische Reismühle:
Vom Acker zum Teller
100% steirisch!

www.so-froehlich.at

Reishof Fröhlich
ewald@so-froehlich.at

Dietzen 45
8492 Halbenrain

FLEISCHEREI HANS GEORG AIGNER

8623 Aflenz, Aflenz 49, +43/3861/2353
www.fleischerei-aigner.at

Eine feine, sehr einladende Fleischerei, die durch beste Qualität und Frische überzeugt und die vor allem für ihre Wildspezialitäten bekannt ist. Neben einem kleinen Käse- und Fischangebot findet man eine umfangreiche Palette an Wurst und Schinken, darunter nach traditionellen Verfahren im eigenen Haus hergestellte Edelprodukte wie die prämierten Gamswurzn, Gams- und Hirschschinken oder Hirschkrainer. Das hochwertige Frischfleisch wird von den bäuerlichen Betrieben aus der Umgebung angeliefert, das Wildfleisch stammt aus der Genussregion Hochschwab Wild. Vervollständigt wird das Angebot mit Steirischem Kürbiskernöl aus der Genussregion, Milchprodukten und Teigwaren. Filialen in 8625 Turnau 7 und 8621 Thörl.

Fleischerei Hans Georg Aigner

SCHMANKERLWERKSTATT EBERL

8211 Albersdorf-Prebuch, Kalch 30, +43/680/5556683
www.eberlprodukte.at

2020 verwirklichten Daniela und Richard Eberl auf ihrem Hof ihr Herzensprojekt – Die Schmankerlwerkstatt. In diesem Hofladen gibt es regionale Schmankerl – Hofeigenes sowie auch von umliegenden Landwirten. Selbstbedienung von 6:00 bis 21:00 Uhr. Man kann sich also in Ruhe selbst bedienen, aber auch auf Beratung von Daniela zurückgreifen, wenn man das möchte oder muss. Für alkoholhaltige Getränke wie Apfelmost oder den eigenen Frizzante ist eine telefonische Anmeldung notwendig.

BÄCKEREI BUCHGRABER

8184 Anger, Hauptplatz 10, +43/3175/33640
www.baeckerei-buchgraber.at

Die Bäckerei Buchgraber ist eine Traditionsbäckerei und ein Familienbetrieb seit 1911. Regionale Spezialitäten und Qualitäts-backwaren werden nach alter Tradition hergestellt. Die Spezialität des Hauses ist die Steirerwurz'n – Das ORIGINAL – die in verschiedenen Sorten (z.B. mit Kürbiskernen) und Größen erhältlich ist, aber auch das köstliche Angerer Bauernbrot verspricht Genuss. Filialen in Weitz, Leoben und Kapfenberg.

PECHMANN FEINSTE FLEISCH- & WURST-SPEZIALITÄTEN

8184 Anger, Hauptplatz 14, +43/3175/2249
fleischerei-pechmann.at

Pechmann legt Wert auf Qualität und Herkunft, auf Geschmacks-verstärker wird ausnahmslos verzichtet. So entstehen feinste Wurstsorten wie die Angererwurst (Rohwurstspezialität) oder der Angerer Naturschinken. Lammwurst (hergestellt mit Rohware aus der Genussregion Weizer Berglamm), Hexenspeck (scharf, mit Chili), Paprika-, Selch- oder Wollschweinspeck, aber auch Beinschinken oder geräucherter Schinken – die Fleisch- und Wursttheke ist wahrlich beeindruckend. Brot & Gebäck gibt es vom örtlichen Bäcker. Weine und hausgemachte Nudeln aus der Region, Obst und Gemüse sowie Getreide gibt es teilweise auch in Bio-Qualität, frischen Fisch jede Woche von Donnerstag bis Samstag. Und auch an die rasche Küche für zu Hause hat man gedacht, dafür gibt es verschiedene Suppeneinlagen, Lasagne, Cevapcici, Gulasch oder Lungenstrudel. Ein echtes Genuss-Geschäft mit freundlicher, kompetenter Bedienung!

KLAPOTHEK

8454 Arnfels, Leutschacher Straße 37, +43/3455/6644
www.klapothek.at

Klapothek

Der gemütliche kleine Bauernladen ist ein Ort der Genüsse, in dem alle Köstlichkeiten der Süd-, West- und Oststeiermark vereint sind. Auf nachhaltig erzeugte Lebensmittel wird besonders Wert gelegt. Es gibt Frischkäse von Schaf und Ziege sowie Spezialitäten wie Kürbiskernkäse, Weinkäse, Bergkäse, Zwetschgerl, Wildbacher, Stollenkäse u.v.m. Kübelfleisch, Lammhauswürstl,

Rehwürstl, Hirschsalami, Butter- und Wurzelspeck gibt es frisch von der Selch. Zu regionalem Obst und Gemüse findet man ebenso Steirisches Bio Kürbiskernöl, frisches Bauernbrot, 100 % reines Roggenbrot aus Sauerteig sowie Spagatkrapfen, Weinstrauben, Germstrauben, Germkrapfen und Nusspotizen. Getreideprodukte, hausgemachte Teigwaren, Honig, Marmeladen sowie Pesto & Chutneys werden ebenso angeboten. Die Auswahl an Qualitätsweinen, Edelbränden, Fruchtsäften oder Essigen aus der Südsteiermark ist sehr vielfältig. Plattenservice & Buffets für jeden Anlass. Öffnungszeiten: Mi, Do, Fr 8:00 - 12:00 Uhr & 15:00 - 18:00 Uhr; Mo, Di & Sa 8:00 - 12:00 Uhr.

Unimarkt Kronsteiner

UNIMARKT KRONSTEINER
8990 Bad Aussee, Ischlerstraße 317, +43/3622/55505
unimarkt.at/standort/bad-aussee
Käse aus den Kitzbüheler Alpen oder luftgetrockneter Rohschinken aus der Steiermark – bei Unimarkt findet man neben dem umfangreichen Sortiment in allen Warengruppen viele österreichische Köstlichkeiten, die nach alter Tradition und in Handarbeit hergestellt werden.

FARMER RABENSTEINER VLG. GRAF
8524 Bad Gams, Furth 8, +43/3463/3107
www.kuerbiskernoel.at
Ein wahrer Genusshof rund um Kulinarik und ein prämierter Steirischer Kernölbetrieb. Das Angebot reicht von feinstem Steirischen Kürbiskernöl (vom eigenen Acker und aus eigener Presse) über Kürbiskernaufstrich, Kürbismarmeladen, Pesto, Knabberkernen, Essig bis zu Weine der Region. Viele Geschenkideen und auch Kosmetikprodukte wie Kürbiskernölseife und -creme runden das Angebot ab. Bäuerliche Spezialitäten und Schilcherkeller (gemeinsame Vermarktung der Bad Gamser Weinbauern). Onlineshop.

FLEISCHEREI DIECHTL
8983 Bad Mitterndorf, Hauptstraße 31, +43/3623/2321
www.diechtl.at
Ein herausragendes Fleischerfachgeschäft. Die vielen perfekt präsentierten Wurstsorten werden nach langjährig erprobten Rezepten hergestellt und wurden – wie der Beinschinken – schon oft ausgezeichnet. Vielfach prämiert wurden auch die verschiedenen Speckvariationen wie der Grimming Schinkenspeck. Die große Auswahl an Fleisch in bester Qualität wird direkt von Bauern aus der Region bezogen, das hochwertige Lammfleisch stammt aus eigener Zucht, Wild von Betrieben aus der Umgebung. Das gut sortierte Käsesortiment verführt ebenso zum Genuss wie der Fisch (aus eigener Zucht, darunter Ausseerland Seesaibling aus der Genussregion) und der edlen Spirituosen, die zum Teil ebenfalls aus eigener Produktion stammen. Diverse Nudeln, sauer eingelegtes Gemüse, Kernöl aus der Genussregion Steirisches Kürbiskernöl, Tees und Schokoladen runden das Sortiment ab.

BÄCKEREI KONDITOREI SCHOKOLADEN ERICH FELBER
8190 Birkfeld, Oberer Markt 2, +43/3174/4546
www.felber-schokoladen.at

Bäckerei Konditorei Schokoladen Erich Felber

Individueller und regionaler Schokoladengenuss mit allen Sinnen – für alle Sinne. Im umfangreichen Sortiment finden sich die beliebten kleinen Törtchen in den verschiedensten Geschmacksrichtungen und feine Schokoladenspezialitäten, z.B. die Edelweißschokolade, die Lavendelschokolade, verschiedenste Beerenschokoladen, für glänzende Kinderaugen sorgt die eigene Märchenedition. Aus den Genussregionen findet sich im hauseigenen Kletzenbrot zum Beispiel die Pöllauer Hirschbirne. Natürlich geschmackvoll, ein echter Genuss. Führungen durch die Schokoladen Manufaktur werden gerne angeboten. Onlineshop!

ZEIRINGER SPAR

8190 Birkfeld, Edlseestraße 42, +43/3174/4421
de-de.facebook.com/pg/sparmarkt.zeiringer/
about/?ref=page_internal

Seit 1924 ist der Familienbetrieb Nahversorger der Region. Feinkost vom Feinsten wird neben Alltäglichem geboten. Der regionale Schwerpunkt zieht sich durch viele Bereiche, auch Bio-Produkte gibt es in fast allen Warengruppen.

BURGAU

BIOHOF LABONCA

8291 Burgau, Hauptplatz 6, +43/3383/3349
www.labonca.at

Der Labonca Biohof ist ein Paradies und ein naturbelassenes Zuhause mit 300.000 m² Bio-Freiland für Sonnenschweine und Bergschecken-Rinder. Die hofeigene Weideschlachtung mit Bio-Fleischerei machen Labonca einzigartig. Im Hofverkaufsladen sauGUT&KOSTbar wird ein großes Sortiment an Bioprodukten geboten. Öle, Säfte, Marmeladen, Getreide und natürlich süße Köstlichkeiten. Selbstbedienungsladen, Verkaufsautomat.

DEUTSCHLANDSBERG

FLEISCHEREI KOLLAR-GÖBL

8530 Deutschlandsberg, Hauptplatz 10a, +43/3462/2642
www.kollar-fleisch.at

Fleischerei Kollar-Göbl

Der Familienbetrieb gilt als Fleischerei-Institution mitten in Deutschlandsberg, seit 1796. Die hauseigenen Spezialitäten von den eigenen Schwäbisch Hällischen Landschweinen, die mit dem Duroc Schwein gekreuzt werden, Lammrohschinken oder der 24 Monate am Knochen gereifte Winzerrohschinken machen Lust auf mehr. Das Sortiment reicht vom Schinken getreidegefütterter Edelschweine bis zu erlesenem Wildschwein- und Rehschinken, auch Spezialitäten von Lamm oder von Jungrindern finden sich im Angebot. Jeden Donnerstag gibt's frische Forellen aus Trahütten. Eine feine Käseauswahl von Familie Deutschmann

und der Hofkäserei Masser, verschiedene Essige und Öle sowie Fruchtsäfte, Marmeladen, Chutneys und Gelees lassen keine Wünsche offen. Die Genussregionen sind u.a. mit Steirischem Kürbiskernöl und natürlich dem Steirischen Vulkanland Schinken vertreten. Abgerundet wird die feine Palette an kulinarischen Versuchungen mit einem kleinen Weinangebot. Platten-, Brötchen- und Canapés-Service.

Ölmühle Leopold – Leopold's Ölkuchl

ÖLMÜHLE LEOPOLD – LEOPOLD'S ÖLKUCHL

8530 Deutschlandsberg, Frauentaler Straße 120
+43/3462/2294
www.oelmuehleleopold.at

Nur ausgesuchte, vollreife steirische Kürbiskerne mit ihren spezifischen Geschmacks- und Inhaltsstoffen werden von Josef Leopold verarbeitet. Hergestellt wird damit qualitativ hochwertiges, vielfach prämiertes Kernöl aus der Genussregion Steirisches Kürbiskernöl. Aber auch Steirisches Walnussöl und weitere Öle werden hier gepresst, angeboten werden die Produkte allesamt in Leopold's Ölkuchl, dem urigen und sehenswerten Laden in der Leopoldmühle. Hier findet man aber nicht nur selbst Gepresstes, sondern auch süße und pikante Spezialitäten von bäuerlichen Qualitätsproduzenten aus der Steiermark, darunter 20 verschiedene Essigsorten, Marmeladen und Honige aus der Region, 40 unterschiedliche Geschmacksrichtungen an Kürbisknabberkernen, Schilchertrüffel oder Kürbiskernschokolade. Überzeugen wird Genießer darüber hinaus das sehr gute Angebot an Weinen aus der Südsteiermark und an Edelbränden, unter anderem von Gölles, Jöbstl, Hochstrasser und Krauss.

EDELSCHROTT

ALPENBROT BÄCKEREI FRANZ JECHART

8583 Edelschrott, Edelschrott 4, +43/3145/294
baeckerei.jechart.at

Seit drei Generationen in Edelschrott ansässig, wird die Bäckerei seit 1997 von Franz Jechart geführt. Dem Bewährten verbunden sein, ohne sich Neuem zu verschließen: Jechart hat diesen Grundsatz auf seine Kunst des Backens umgelegt. Das geschmackvolle Ergebnis sind innovative, aber auch bodenständige und mediterrane Backspezialitäten. Das Sortiment an Broten, Kleingebäck, Jour-, Fein-, Blätterteig- und Plunderteiggebäcken wird auch noch heute großteils handgefertigt. Das Aushängeschild des Betriebes, das aromatische Alpenbrot, ist ein naturbelassenes rustikales Roggenbrot, mit hauseigenem Sauerteig hergestellt und einer starken Rindenbildung, die durch eine lange Backzeit entsteht. Eine weitere Spezialität bei Jechart ist Abazia, das ähnlich einem Lebkuchen ist und noch heute nach einem Rezept vom Großvater gebacken wird. Muss man ebenso probiert haben wie den Dinkelguglhupf mit Nuss- oder Mohnfülle.

BÄCKEREI ROSENBERGER

8063 Eggersdorf, Mühlgasse 6, +43/3117/2224
www.cafe-rosenberger.com
Die Bäckerei ist für sein Schöcklland Steinplattenbrot bekannt. Natürliche Herführung mit Natursauerteig nach Großmutters Rezept machen dieses Brot zu einem wahren Genuss. Mit süßen Verführungen wie die Schöckllandschnitte (Schoko-Rohrmarzipan-Rührteig gefüllt mit Alpenkaramell-Obers) oder der Steiermark-Torte in Herzform zeigt die Bäckerei ihre Zuckerseite. Aber auch feines Teegebäck verführt zum Genuss.

Bäckerei Rosenberger

GENUSSLADEN MAIER

8200 Eggersdorf, Brodersdorfstraße 80, +43/3117/2496
Hier findet man den Geschmack der Region. Die Feinkosttheke verführt deftig mit Schwarzautaler Karree der Familie Monschein, aber auch mit den Hauswürsteln. Bio Schaf- und Ziegenkäse wird ebenso angeboten wie – auf Bestellung – frischer und geräucherter Fisch sowie frische Ziegenmilch, Ziegenbutter und -topfen. Saisonales und regionales Obst und Gemüse wird liebevoll präsentiert, vervollständigt wird die Palette mit hausgemachten Nudeln, Fruchtaufstrichen, Honig, Essigen und Ölen, vor allem mit dem wertvollen Leindotteröl, hausgemachten Mehlspeisen wie Strauben, Spagatkrapfen, Anisbögen, aber auch Trockenfrüchten, Bio-Getreide und Edelschokolade, biologischen Gewürzsalzen, Früchte- und Kräutertees, Holunderblüten Frizzante sowie biologischen Stutenprodukten aus der Region. Auch selbst gefertigte Insektenhotels, Vogelnistkästen und handbemaltes Geschirr lassen das Herz des Käufers höherschlagen. Die Genussregionen sind unter anderem mit der Pöllauer Hirschbirne, der Südoststeirischen Käferbohne, Waldviertler Mohn und Grazer Krauthäuptel vertreten. Aroniaprodukte von Köck und Steirerreis von Fuchs sind sehr beliebt. Und nicht zuletzt sorgt die freundliche Chefin dafür, dass man gerne wiederkommt. Gerne werden auf Wunsch Geschenkkörbe mit regionalen Genuss-Spezialitäten zusammengestellt und die kleine Kaffeeecke mit feinen hausgemachten Mehlspeisen lädt zum Verweilen ein.

DOMAINES KILGER HASEWEND

8552 Eibiswald, Kirchplatz 39, +43/3466/42216
www.hasewend.at

Domaines Kilger Hasewend

Aus Liebe zum Handwerk, gutem Kontakt mit den Bauern und der SlowFood-Philosophie entsteht das Besondere. Alle Produkte werden nach alten Rezepturen selbst erzeugt, regionales Fleisch und Bio-Styria-Beef werden mit Meersalz und Naturkräutern in Handarbeit zu Speck und Würsten veredelt. Spezialitäten sind das Steirische Kübelfleisch, die geschützte Sulmtaler Želodec Rohdauerwurst sowie viele traditionelle Köstlichkeiten und steirischen Specksorten. Sechs Monate – so lange reifen die meisten der Specksorten hier. Auf Qualität und Herkunft wird hier großer Wert gelegt. Schneeweißer Mangalitza-Speck, Kräuterspeck, Sulmtaler Želodec – das ist eine nach einem alten Familienrezept des Weinbauern Koschak hergestellte Rohdauerwurst. Dann gibt es noch Kaminwurzen, Sulmtaler Krainer. Weine der Domaines Kilger dürfen natürlich nicht fehlen. Die Schilcherweinstraße und die Südsteirische Weinstraße treffen sich in Eibiswald. Schilchersekt und Schilcherfrizzante, steirische Fruchtsäfte und Biere sowie Edelbrände vom heimischen Bauern runden das Angebot ab. Viele der angebotenen Feinheiten kann man auch im anliegenden und gemütlichen Gasthaus genießen.

EYBEL SPAR-MARKT

8552 Eibiswald, Aibl 72, +43/3466/42318-0
www.eybel.at

Der über 800 m² große moderne Markt strahlt eine angenehme Atmosphäre aus, die freundlichen und kompetenten Mitarbeiter tragen entschieden dazu bei. Die Obst-und-Gemüse-Abteilung des Marktes ist eine wahre Frischeinsel und bietet auch viele regionale Vitaminspender, den Steirischen Kren oder das Grazer Krauthäuptel aus der Genussregion. Die Feinkostabteilung überzeugt mit einem besonderen Angebot an regionalen und internationalen Spezialitäten. Der Markt verfügt über eine große Auswahl an regionalen Produkten von Bauern aus der Region. Großer Imbissbereich, der ganztägig geöffnet ist. Von in der Früh bis zu Mittag gibt es warme Speisen, auch zum Mitnehmen. Abgerundet wird der Einkauf durch Auftanken und Waschen des Kfz. Und für die Kinder gibt es einen Kinderspielplatz nebenan.

Eybel Spar-Markt

WEINLANDBÄCKER KATZJÄGER

8552 Eibiswald, Eibiswald 84, +43/3466/42279
www.weinlandbaecker.at

Die Bäckerei Katzjäger wurde 1953 gegründet und hat bis heute ihren hohen Qualitätsanspruch bewahrt. Die Entscheidung zwischen Buchweizenlaib, Buschenschankbrot oder Schilcherwandl, die mit Natursauerteig hergestellt werden, fällt da nicht leicht. Oder soll es doch lieber eine der vielen süßen Leckereien wie Erdbeerschnecke, Kirschtascherl, Mandelkipferl, Apfel-Zitronentasche oder eine köstlich süße Straube sein? In Eibiswald kann man sonntags ab 7:00 Uhr frisches, ofenwarmes Gebäck kaufen, vier verschiedene Frühstücksangebote sorgen für einen optimalen Start in den Tag. Weitere Filiale: 8551 Wies, Oberer Markt 8.

Weinlandbäcker Katzjäger

FELDBACH

VEGA MARKT – MEIN NAHVERSORGER

8330 Feldbach, Lugitschstraße 4, +43/3152/67794
www.feldbacher.at

Im Vega Markt findet man eine Vielfalt an regionalen und saisonalen Produkten. Die Palette reicht von Fleischwaren über Milchprodukte bis zu Backwaren und Getränken, wobei der Schwerpunkt auf Obst und Gemüse liegt. Obst- und Gemüseproduzenten aus der näheren Umgebung liefern die Produkte nach Bedarf, wodurch die tägliche Frische und Verfügbarkeit gewährleistet ist. Köstliches aus den Genussregionen wie der Steirische Vulkanlandschinken, der Oststeirische Apfel in seiner ganzen Sortenvielfalt, die Südoststeirischen Käferbohnen, der Steirische Kren, und natürlich ist auch das Steirische Kürbiskernöl g.g.A. sowie Feldbacher Honig ebenfalls hier zu finden.

VULCANO SCHINKENMANUFAKTUR

8330 Feldbach, Auersbach 26, +43/3114/2151
www.vulcano.at

Vulcano Ursprung ist eine Erlebniswelt, in der man die Themen Schinkenerzeugung, Schweinerassen und Haltung bei Führungen erleben und erfahren kann. Es ist aber auch eine Genusswelt, in der man in gemütlicher Atmosphäre Schinkenteller und Weine, Säfte, Bier und Most genießen kann. Im Genussladen gibt es Vulcano-Produkte sowie Spezialitäten aus der Region wie Essige, Chutneys, Fruchtaufstriche, Kürbisprodukte, Käse, Wein und Edelbrände. Geöffnet Mo - Sa 9:00 bis 18:00 Uhr, So 9:00 bis 17:00 Uhr.

ROHSCHINKEN

IN HÖCHSTER STEIRISCHER QUALITÄT

✓ Vulcano Tierwohl-Kriterien
✓ ohne Geschmacksverstärker

VULCANO.AT/ONLINESHOP

BESUCHE UNS IN DER
SCHINKENERLEBNISWELT

KRENˢ *genial*

Steirer Kren
Das Original

*Immer wie
frisch gerieben!*

Nur im
KÜHLREGAL

✓ ANBAU
✓ VERARBEITUNG
✓ ABFÜLLUNG
in der Steiermark

Steiermark

BIO HOFKÄSEREI DEUTSCHMANN GBR

8523 Frauental an der Laßnitz, Oberberglastraße 10
+43/3462/4057
www.biohofkaeserei-deutschmann.at
Hier erwartet Sie ein kleines, aber feines Käseparadies. Die Basis der Genussprodukte ist Bio-Rohmilch. Zur vollkommenen Reife gelangen die Käseschmankerln im alten Kellergewölbe des Hofes. So sind der angebotene Bio-Fasslkäs, der Bio-Hofkäse, der Bio-Schilcherlandkäse, der steirische Bio-Kürbiskernkäse, der Bio-Camembert, der rote Bio-Brie und viele weitere von höchster Qualität. Die Produkte können gerne auch verkostet werden. Die fachkundige und sehr freundliche Beratung bestätigt den sehr guten Eindruck der Bio-Hofkäserei. Betriebsbesichtigungen sind nach Voranmeldung jederzeit möglich. Bestellformular auf der Homepage.

SCHILCHERLAND GENUSSHOF HAINZL-JAUK

8523 Frauental an der Laßnitz, Grazer Straße 231
+43/3462/2852
www.hainzl-jauk.at
Schilcher, Edelbrände, prämiertes Kürbiskernöl, Liköre und Nektare, produziert mit viel Liebe und Hingabe: Das ist das Erfolgsrezept des Frauentaler Weinguts „Hainzl-Jauk", das bereits in dritter Generation geführt wird. Um die zahlreichen Schilcher- und Kernölspezialitäten aus eigener Produktion in exklusivem Rahmen präsentieren zu können, wurde auf dem Weingut der neue „Schilcherlandgenusshof" geschaffen. Neben den eigenen Weinen und Edelbränden steht die ganze kulinarische Vielfalt aus der Region in den Regalen: Verschiedene Essig- und Ölsorten, Brot- und Käsespezialitäten, hausgemachte Marmeladen, feine Apfel- und Traubensäfte sowie eine große Auswahl an Kräutern. Der „Genusshof" kann für feierliche Anlässe auch gemietet werden.

SORGER WURST UND SCHINKEN-SPEZIALITÄTEN

8523 Frauental an der Laßnitz, Grazerstraße 249
+43/3462/2302
www.sorger.co.at
Filiale: 8530 Deutschlandsberg, Hauptplatz 19. Hier erwartet Sie eine riesige Auswahl an genussvoll dargebotenem Frischfleisch, Rohwürsten, feinster Wurst und hervorragendem Schinken, allen voran die Salami, die in vielfältigsten Variationen erhältlich ist Alle angebotenen Produkte stammen aus der eigenen Erzeugung, die Rohwaren dafür ausschließlich aus der Region. Der Geschmack reicht dabei von regional traditionell bis weltoffen innovativ. Und damit vieles von „damals" nicht in Vergessenheit gerät, gibt es die Anno dazumal® Produktlinie mit dem Geschmack von damals.

FAMILIE GLIEDER

8200 Gleisdorf, Labuch 18, +43/3112/3319

Familie Glieder

FAMILIE GLIEDER
BAUERNBROTSPEZIALITÄTEN

Seit fast 45 Jahren wird im Familienbetrieb Brot in höchster Qualität gebacken, und nicht umsonst wurde Josefa Glieder zur „Echt-Steirisch"-Brot-Botschafterin ernannt, denn sie sieht im Brot nicht nur eine schmackhafte Speise, sondern im wahrsten Sinne des Wortes ein wertvolles Lebensmittel. Die innovativen Kreationen werden immer wieder mit zahlreichen Auszeichnungen gewürdigt – wie zum Beispiel das prämierte klassische Bauernbrot, Hügellandbrot, das Hügelland Dinkelbrot, Nussbrot und Kletzenbrot. Wir finden das hervorragend! Angeboten werden hier aber nicht nur herrliche Brotspezialitäten in großer Vielfalt, sondern auch Germmehlspeisen wie Krapfen, Strauben, Nussreindling und Striezel, und auch für die zahlreichen Wurst- und Schinkenfeinheiten aus eigener Produktion – wie Osterschinken, Moastabratl (Karree getrocknet), Bauchspeck oder Selchwürste – wurde man bereits ausgezeichnet. Vervollständigt wird die umfangreiche Genusspalette mit Aufstrichen, Sulzen oder Breinwürsten. Die Familie Glieder bietet ihre Produkte Mittwoch Nachmittag und Samstag Vormittag am Gleisdorfer Bauernmarkt an.

WENN
WEISSWEIN
DEINE WELT IST,
IST DAS DEIN
GUIDE

Die PREMIUM GUIDES von medianet

Man muss nicht alles wissen.
Man muss nur wissen,
wo man nachschauen kann.

Weitere Informationen
und Bestellung unter
www.weinguide.at

UNIMARKT GLEISDORF

8200 Gleisdorf, Ludersdorf 193, +43/3112/38341
unimarkt.at/standort/gleisdorf
Schon im Eingangsbereich wird man in diesem Unimarkt in Gleisdorf von regionalen Lebensmitteln empfangen. Nudeln, Säfte, Öle, natürlich Kernöl und vieles mehr präsentiert sich in einem Holzregal. Unimarkt macht ja Schritt für Schritt die Regionalität in immer mehr Filialen sichtbar. Dieser Markt zeigt geschmackvoll, wie wichtig und kulinarisch großartig das Thema Regionalität ist.

GNAS

SPAR-MARKT FÜRPASS

8342 Gnas, Gnas 44, +43/3151/5115
www.fuerpass.at
Hier wird auf Genuss aus der Region gesetzt. Rund 20 Betriebe aus der Umgebung beliefern den Markt mit Lebensmitteln aus eigener Herstellung. Regionale Schmankerln und Frischfleisch gibt es vom Almochsen, Schwein und Rind mit dem AMA Gütesiegel. Ein echter Geheimtipp ist der Honig aus dem Vulkanland und der Steirische Vulkanlandschinken. Vervollständigt wird die umfangreiche Palette mit einer feinen Auswahl an Säften, Nektaren, Mosten und Weinen.

GRAZ

AOY ASIA CHINA SHOP

8020 Graz, Ghegagasse 29, +43/316/715149
www.facebook.com/aoychinashop

Aoy Asia China Shop

Der AOY China Shop ist ein Asialaden in der Nähe vom Hauptbahnhof. Im Sortiment befinden sich über 500 Artikel aus verschiedenen asiatischen Ländern. So gibt es beispielsweise jede Woche frisches Obst und Gemüse. Außerdem Saucen, Reis, Sushiprodukte, Curry, Fertiggerichte, Gewürze, Getränke, Teigwaren und vieles mehr.

BÄCKEREI SORGER

8020 Graz, Eggenberger Allee 36, +43/316/586125-30
www.sorgerbrot.at
Das Grazer Traditionsunternehmen legt seit jeher großen Wert auf Qualität, Handwerk und Herkunft der Rohstoffe. Dem Genießer bietet sich hier eine große Vielfalt an Brotspezialitäten sowie Klein- und Feingebäck wie Bio Handkaiser-Semmeln, Bio Kürbisweckerl bzw. diverse Croissants oder Plundergebäck. Neben der großen Auswahl an Bio-Produkten verführen auch die vielen Mehlspeisen und Torten zum Genuss. Kaffeeliebhaber schwören auf den Bio Kaffee aus hauseigener Röstung. Genuss ist hier garantiert – auch an Sonn- und Feiertagen. Insgesamt 13 Filialen in Graz und weitere 12 Filialen in der Steiermark, weitere Infos dazu auf der Homepage.

BAKALIKO – GRIECHISCHE SPEZIALITÄTEN

8020 Graz, Lendplatz 1, +43/660/3602493
www.bakaliko.at

Bakaliko – Griechische Spezialitäten

Bakaliko bezieht seine sorgfältig ausgesuchten Feinkostprodukte direkt von kleinen griechischen Erzeugern. Im Vordergrund steht dabei stets Frisches, Außergewöhnliches, Feines, Biologisches ... wie Wein aus vornehmlich autochthonen, in Griechenland heimischen Rebsorten, von kleinen, aber sehr feinen Weingütern Griechenlands. Wer die Spezialitäten aus der Bakaliko-Küche gleich an Ort und Stelle genießen möchte, kann aus einem feinen à la carte-Angebot wählen. Onlineshop.

BIERBOUTIQUE

8020 Graz, Lendplatz 5, +43/316/710115
www.bierboutique.at
In dieser kleinen, aber feinen Boutique warten auf rund 47 m² ca. 150 verschiedene, wohlsortierte Craftbiere. Bei diesem umfangreichen Angebot aus aller Welt tut man sich mit der Auswahl schon mal etwas schwerer, die Betreiber dieser besonderen Boutique stehen aber gerne mit Rat zur Seite. Ebenso im Programm: handgefertigte Bierchips aus reinem Biertreber und Gummi Bierchen in Dosen!

BIO-LADEN MATZER

8010 Graz, Sparbersbachgasse 34, +43/316/838799
www.bio-laden.at

Bioladen Matzer ist ein Pionier am Grazer Bio-Genuss-Himmel mit einem umfangreichen Sortiment in allen Warengruppen. Obst und Gemüse von regionalen Anbietern, eine Feinkostabteilung mit steirischen Vorlieben, bei Brot überraschen Spezialitäten mit Lavendel, die Weinabteilung bietet sogar histaminfreie Tropfen. Kurz und gut: Hier erhält man alles, was das Bio-Herz sucht oder auch nicht gesucht hat.

BIOFELD

8010 Graz, Elisabethstraße 84 – 88, +43/676/9474246
www.biofeld.co.at

Mit und aus Überzeugung wird hier biologischer Genuss verkauft. Die Biofeld-Inhaber kommen aus der biologischen Landwirtschaft, und das spürt man. Obst und Gemüse – das Angebot ist unglaublich groß – kann sogar lose gekauft werden, selbst wenn es nur eine Karotte ist. Das Käsesortiment überrascht mit Spezialitäten wie Adneter Rauchkäse, Bio-Schafrauchkäse, Goudavarianten mit Koriander/Pesto/Karotte oder auch mal von der Ziege. Fleisch ist vorwiegend aus Österreich. Bioweine gibt es aus Österreich, Italien und Slowenien. Der gelebte Bio-Gedanke zieht sich durch alle Warenbereiche. Die Bedienung ist sehr freundlich und kompetent und trägt den Slogan: „Wir machen Bio aus Liebe".

BRIGANTE

GENUSS GUIDE AWARD 2023

8010 Graz, Hofgasse 4, +43/316/814177
brigante.co.it

Gewinner des Genuss Guide Award 2023, „Bester Genussladen in der Steiermark"/Kategorie Weltgenuss, siehe Seite 238.

Brigante

CHOCOLATERIE DE NAEYER

8010 Graz, Kaiser-Josef-Platz 1, +43/664/5104105
www.denaeyer.at

Ein stylisches Geschäft und Café, in dem belgische Schokoladenkunst vom Feinsten geboten wird. Die Schokoladen stammen alle aus der weltberühmten Erzeugung von De Naeyer, die hier exklusiv in Graz seit 2007 angeboten wird. Herrliche Pralinen verführen ebenso wie köstliche Trüffeln, Geleefrüchte, Marzipanfrüchte (saisonal) und Fruchtgelees machen das Sortiment fruchtig rund.

Das Gramm – Die Regionale Bio-Greißlerei

DAS GRAMM – DIE REGIONALE BIO-GREISSLEREI

8010 Graz, Joanneumring 16, +43/316/812008
www.dasgramm.at

Einkaufen nach Maß in der Grazer Innenstadt. In dieser kleinen und gemütlichen Greißlerei werden Bio-Produkte von ausgewählten steirischen Produzentinnen und Produzenten in Bio-Qualität verkauft. Getreide, Nüsse, Müsli, Pasta, Hülsenfrüchte gibt es zum Selbstbefüllen. Ganz ohne Verpackung. Die muss man selbst mitbringen, es ist jedoch möglich, Behälter auszuleihen oder zu kaufen. Fleisch- und Wurstwaren gibt es frisch vom Bauern aus der Region, ebenso wie frischen Fisch, biologisches Obst und Gemüse, steirische Spezialitäten wie Eingemachtes, Marmeladen. Mit FRISCH VOM HOF werden frische Produkte erst nach Bestellung bei den Produzenten geerntet oder produziert.

DELIKATESSEN NUSSBAUMER

8010 Graz, Paradeisgasse 1, +43/316/829162
www.delikatessen-nussbaumer.at

Delikatessen Nussbaumer ist eine wahre Genussinstitution im Herzen von Graz und steht für ausgewählte Spezialitäten und Käse in höchster Qualität. Noch heute wird man mit k.u.k. Charme und Feinkostspezialitäten in fantastischer Auswahl verführt. Onlineshop!

DIE 3 BAUERN IM CITYPARK

8020 Graz, Citypark Einkaufszentrum, Lazarettgürtel 55
+43/664/1501783

Ursprünglich von 3 Bauern gegründet, wird der Bauernladen mittlerweile von über 70 Bauern beliefert: Bioprodukte in allen Warengruppen, Käse- und Wurstsorten, Steirischer Vulkanland Schinken aus der Genussregion, Feinheiten vom Sonnenschein, Kartoffelwürste, Nudeln, Marmeladen, frisches Sauerkraut,

Brot- und Gebäckspezialitäten (auch Bio) sowie zahlreiche Spirituosen findet man hier. Eine Besonderheit ist das naturtrübe Bier aus dem Heustadel sowie Malzbier aus der hauseigenen Solar-Brauerei, hausgemachter Balsamico und Whisky. Die Weintheke ist reichlich bestückt und auch Süßes gibt es wie die Zirbenkugerln aus Schoko-Zirbenmasse, mit Honig und Zirbenschnaps gefüllt, oder Zotter Schokoladen und feine Marmeladen. Genuss pur!

DR. BOTTLE
8010 Graz, Reitschulgasse 27, +43/316/824244
www.drbottle.at

In diesem stylischen Shop im Herzen von Graz wird eine umfassende Auswahl an Premium-Spirituosen, internationalen Craftbieren sowie erlesene Tropfen von ausgesuchten Weingütern geboten. Onlineshop!

EIS-GREISSLER
8010 Graz, Sporgasse 10, +43/664/3119195
www.eis-greissler.at

Eisliebhabern offenbart sich hier Genuss pur, der kleine, aber feine Laden verspricht großen Geschmack. Die Zutaten für das Eis werden sorgfältig ausgewählt, damit jede Sorte auch hält, was sie verspricht. So wird ausschließlich die Milch der eigenen Kühe verwendet. Echte Nüsse, erntefrische Kräuter und hochwertige Gewürze stammen vom Eis-Greissler-Partner SONNENTOR und sorgen für intensive Geschmackserlebnisse. Die Eismanufaktur bietet in Krumbach eine interaktive Erlebniswelt mit Hofladen und Café, Eisschule.

FARMAH'S INDIAN SUPERMARKT
8020 Graz, Annenstraße 41, +43/676/6306925
indiensupermarkt.com

Seit knapp 20 Jahren bietet Farmah Bhupinder Singh in seinem Farmah's Indien Supermarkt seinen Kunden ein vielfältiges Angebot an indischen Lebensmitteln, Gewürzen und Kosmetikartikel sowie exotischen Leckereien und anderen Waren aus aller Welt an; frisches Gemüse wie Lemon Gras, Okra, Papaya oder grüne Auberginen, Chutneys, Pickles & Pasten, Gewürze & Masalas, Ghee, Kokosprodukte, Linsen, Bohnen, Erbsen & Dal, Mehl und Getreide, Essige, indische, chinesische, japanische oder koreanische Nudeln und Pastas. Es gibt natürlich auch Süßes wie Khaman Dhokla Gits, Kuchen aus Kichererbsenmehl und eine Reihe von Produkten wird in Bioqualität angeboten. Wer also ein Dal, Aloo Gibi, Biryani oder Butter Chicken zubereiten möchte, der ist bei Farmah genau richtig!

FAUSTER'S FRÜCHTCHEN
8044 Graz, Föllingerstraße 100, +43/316/391189
www.most-sommelier.at

Fruchtiges steht auf diesem Bauernhof im Mittelpunkt. Im Betrieb von Manfred Fauster wird Obst mit großer Sorgfalt exklusiv zu besten Mostspezialitäten, prämierten Obstweinen, Apfelfrizzante und, je nach Jahreszeit, auch zu vielfältigen anderen Produkten, wie z.B. Marmeladen, Trockenfrüchten, Kernöl … verarbeitet. Honig und Freilandeier gehören wie alle anderen Produkte auch zum beliebten Warensegment des aktiven und etwas anderen Mostsommeliers, dem man es abnimmt, wenn man mit ihm über seine Arbeit spricht, dass er bei seiner Arbeit mit Leib und Seele dabei ist. Geführte Mostverkostungen mit Speisebegleitung werden ebenfalls gerne bei Manfred Fauster gebucht.

Fauster's Früchtchen

FLEISCHEREI MOSSHAMMER
8010 Graz, Zinzendorfgasse 12, +43/316/319195
www.mosshammer.at

Josef und Brigitte Mosshammer führen den Familienbetrieb mit voller Hingabe. Großer Wert wird auf die Herkunft der Rohstoffe gelegt, die alle aus der Steiermark kommen. Einer der Schwerpunkte liegt im Bereich Wild, die exzellente Auswahl an Wurst und Schinken — mit zahlreichen Angeboten aus den Genussregionen Steirischer Vulkanland Schinken und Weizer Berglamm — lockt ebenso wie das große Convenience-Angebot. Es gibt schmackhafte Gerichte wie Pasteten, Sulzen, hausgemachte Strudel, Leberkäse und Fleischlaibchen sowie zwei tägliche Menüs. Biogemüse aus der Umgebung, verschiedene Gewürze und Kren aus der Genussregion Steirischer Kren machen das Sortiment vollständig. Grillseminare von Grillbasics bis Wild Grillen, Partyservice. Außerhalb der Geschäftszeiten kann eine gut gekühlte Auswahl an Mosshammer-Köstlichkeiten über den 24h-Automaten bezogen werden.

FRANKOWITSCH DELIKATESSEN

8010 Graz, Stempfergasse 2, +43/316/822212
www.frankowitsch.at

Brötchenbar. Delikatessen. Pâtisserie. Brötchen essen bei Frankowitsch hat Tradition – dort, wo Kleines schnell genossen einen großen Eindruck hinterlässt, gibt es alles, was Gaumen und Herz begehren: Spezialitäten aus den Genussregionen Österreichs, Delikatessen aus dem Süden Europas sowie selbst gemachte Aufstriche aller Art. Als wahrer Verführungskünstler erweist sich die Pâtisserie mit Desserts und Mignons, Torten und anderen Köstlichkeiten aus ausgesuchten Zutaten. Die große Weinabteilung glänzt mit erlesenen Tropfen aus dem In- und Ausland, aber auch Champagner und edle Spirituosen findet man hier.

GENUSSLADEN GUT SCHLOSSBERG

GENUSS GUIDE AWARD 2023

8010 Graz, Am Fuße des Schlossberges 3
+43/316/813743

Gewinner des Genuss Guide Award 2023, „Bester Genussladen in der Steiermark"/Kategorie Greisslerei und Feinkost, siehe Seite 236.

Genussladen Gut Schlossberg

GREISSLEREI & KUCHL FAMILIE GREIMEL

8010 Graz, Riesstraße 143, +43/316/301161
www.greisslerei-greimel.com

Über 100 Jahre Nahversorger – Josef Greimel ist einer der letzten wahren Greißler in Graz. Das Angebot reicht von einer wunderbaren Auswahl an regionalen Produkten, Feinkost über Frischfleisch (Lamm und Wild auf Vorbestellung), einer ansprechenden Obst-und-Gemüse-Abteilung, hausgemachten Mehlspeisen und

Gebäck von fünf verschiedenen Bäckern bis hin zu einer Vinothek mit vorwiegend steirischen und niederösterreichischen Weinen. Viele Käsesorten wie Murauer Bierkäse, Almzeit Alpenkäse, aber auch italienische Käse. Freundliche Bedienung und Beratung sind hier selbstverständlich. Party- und Zustellservice!

H & H Tee und Kaffee

H & H TEE UND KAFFEE

8010 Graz, Hauptplatz 6, +43/316/822655
www.heissenberger.com

Nur das Feinste vom Feinen und immer mehr bio, mitten am Grazer Hauptplatz. Mehr als 400 Tee- und 50 Kaffeesorten in vier verschiedenen Röstgraden werden hier angeboten. Das Geschäft zählt zu den führenden in Europa und ist auch als größter Biolieferant bekannt. Die Ware wird aus ausgewählten Anbaugebieten in aller Welt bezogen, auf Fair Trade wird dabei besonders geachtet. Ein Schmankerl sind die mit Schokolade überzogenen Kaffeebohnen aus Eigenproduktion, der Biotee aus Japan, Grüntee mit anregendem, frischem Aroma verführt ebenso wie die vielen Kräutertees. Passend zur Teatime werden verschiedene Marmeladen wie die echte englische Orangenmarmelade angeboten.

HOFBÄCKEREI EDEGGER-TAX

8010 Graz, Hofgasse 6, +43/316/830230
www.hofbaeckerei.at

Seit 1569 in Familienbesitz, blickt man in der k.u.k. Hofbäckerei auf eine lange Tradition zurück. Selbst Kaiser Franz Josef II. hat die Hetschepetsch-Bäckerei – dünne, knusprige Kekse mit Hagebuttenmark – genossen, und auch heute noch verführt man Naschkatzen in diesem Traditionsgeschäft mit Panthertatzen, Kürbiskernölkipferl, Schoko-Orangenplätzchen, Haselnussstangerln oder Krapfen. Für Brotliebhaber gibt es das Pur-Pur Brot mit Sonnenblumenkernen, Dinkelbrot oder steirisches Landbrot, auch glutenfreies Brot und glutenfreie Mehlspeisen werden angeboten. Die Palette an Kleingebäck ist herausragend, wunderbare Torten gibt es auf Vorbestellung sowie feinsten Zwieback nach historischem Rezept und in drei Geschmacksrichtungen gebacken. Seit 2015 verkauft und produziert die Hofbäckerei

Edegger-Tax auch im fernen Tokio in einer eigenen Filiale. Anlässlich der 450-Jahre-Jubiläumsfeier gibt es nun auch die „Habsburger-Keks-Edition" mit fünf verschiedenen Kekssorten: Kronprinz Rudolf, Kaiser Friedrich III., Erzherzog Johann, Kaiserin Elisabeth und Kaiser Franz Josef. Onlineshop.

HONIGPARADIES
8010 Graz, Hamerlinggasse 1, +43/316/812812
www.honigparadies.at

Honigparadies

Das Geschäft verströmt schon beim Betreten den wunderbaren Duft von Honig und Bienenwachs. Die Warenvielfalt ist beeindruckend: Man findet Waldhonig, Kastanienhonig, Lindenhonig, Akazienhonig, Honig mit Walnüssen, Lavendelblüten, Zitronenblüten, Honig mit Gelée Royale, verschiedene Cremehonige mit Löwenzahn, um nur ein paar der Sorten zu benennen. Internationale Honige wie Urwaldhonig, Kaffeeblütenhonig, Heidehonig, Neuseeländischer Manukahonig u.s.w. sind ebenfalls erhältlich wie ein großes Lavendel-Sortiment aus der Provence sowie Zirbenprodukte wie Öl, Polster u.s.w. Hier wird sehr viel Wert auf Qualität und Herkunft gelegt, die angebotenen Honige stammen allesamt aus der Steiermark, teilweise auch in Bio-Qualität. Gemahlene Blütenpollen werden ebenso angeboten wie edle Liköre, Paracelsusgeist, Honigmet aus Blüten- oder Waldhonig oder feinster Lebkuchen. Für die Gesundheit gibt es Propolis oder reines Gelée Royale, auch Honigseifen und kostbare Honigkosmetik finden sich im umfangreichen Programm.

IL PASTAIO FEINES AUS ITALIEN
8010 Graz, Schlögelgasse 3, +43/316/835204
www.il-pastaio.at
Wer bei Italien an erlesene kulinarische Genüsse denkt, der wird sich im Il Pastaio ganz wie im Urlaub fühlen, denn hier dreht sich alles um italienische Köstlichkeiten. Die Spezialitäten sind saisonal stark geprägt, sie variieren daher je nach Jahreszeit. Bezogen werden die Schmankerl von verschiedenen Manufakturen aus den Regionen Piemont, Fiaul, Toscana, Veneto und teilweise

auch Apulien oder Sizilien. Die Produktpalette reicht von bestem Olivenöl, schwarzen Oliven, Trüffelsalami bis zu erstklassigen Antipasti und Kafeespezialitäten. Es gibt täglich frische, hausgemachte Pasta ebenso wie Käse (Bel Paese, Büffelmozarella und Burrata, Pecorino oder Taleggio), feine Schinken, Wildschwein-Prosciutto, Trüffelpesto und edlen Balsamico in allen Altersstufen. In der Spirituosenabteilung gibt es den klassischen Grappa, und zum Probieren zwischendurch das eine oder andere Gläschen Rotwein oder Prosecco. Und das Ganze mit herzlicher und kompetenter Beratung.

KÄSESPEZIALITÄTEN FÄRBER
8010 Graz, Kaiser-Josef-Platz, Stand 34a, +43/316/845617
Eine Institution am Grazer Käsehimmel. Hier wird dem Käseliebhaber mitten am Marktplatz eine schon fast unglaubliche Vielfalt an feinsten Milch- und Käsespezialitäten geboten. Beeindruckend ist das umfangreiche Sortiment: Holunder-, Ingwer-, Preiselbeer-, Ziegen- und Schafkäse, Schaftopfen (aus der Genussregion Weizer Berglamm), Bio-Murtaler-Käse für Histaminunverträglichkeit, Käse für Laktoseunverträglichkeit, Ziegenfrischkäse mit Knoblauch aus Pöllau, Parmesan, Frischkäse mit Kürbiskernen, Trüffelbrie, Bio-Camembert, Steirerschimmel- und Fasslkäse, Schafjoghurt mit echten Früchten, um nur einen Bruchteil aufzuzählen. Acht Monate gereiften Bergkäse gibt's frisch vom 40-kg-Laib, überhaupt wird praktisch keine verpackte Ware angeboten, und die Qualität ist hervorragend. Dazu gibt es offene Landbutter und offenen Topfen, Roggenschrot- oder Weizer Bauernbrot. Die Chefin betreut die Kunden sehr freundlich und kompetent.

KAISER JOSEF MARKT
8010 Graz, Kaiser-Josef-Platz

Kaiser Josef Markt

Der bekannteste und vielleicht sogar der beliebteste Bauermarkt in Graz. Das Angebot ist enorm und die Qualität hervorragend. Grazer assoziieren den Kaiser-Josef-Platz mit kulinarischen Genüssen, mit echt Steirischem, das täglich frisch von den Bauern angeliefert wird. Das Einkaufen und Gustieren an Ort und Stelle macht Spaß. Die Händler beraten gerne und mit viel Wissen rund um ihre angepriesenen Waren. Öffnungszeiten: Mo – Sa 6:00 Uhr bis 13:00 Uhr.

KASALM ERNST KOSCHUCH
8010 Graz, Kaiser-Josef-Platz, Stand 14, +43/316/830074
www.kasalm.at

Kasalm Ernst Koschuch

ROHMILCHKÄSE
EDLE WEINE

Käseherz, was willst du mehr?! Dieser Stand am Marktplatz bietet 350 verschiedene Käsedelikatessen aus Österreich und ganz Europa. Ein Großteil der Produkte ist biologischer Herkunft und/oder ursprungsgeschützt. Einige der zahlreichen Spezialitäten: vom Epoisses (franz. Weichkäse) über Pecorino (ital. Schafkäse) bis zum Gudbrandsdalsost (norwegischer Süßmolkenkäse), echtem holländischen Gouda oder italienischem Parmesan, Grana Padana bis zum exquisiten Pecorino mit Albatrüffeln. Aus den Genussregionen: Alpenkäse aus dem Bregenzerwald, Murtaler Steirerkäse, Ennstaler Steirerkäse, Pinzgauer Bierkäse, Käse und Speck aus dem Gailtal sowie Montafoner Sura Kees. Diplom-Käse-Sommelier Ernst Koschuch empfiehlt den richtigen Wein zum Käse sowie Edeldestillate, Chutneys, Marmeladen, eingelegte Früchte, Essige, Olivenöle oder handgeschöpfte Schokolade. Catering aus feinsten Käsekompositionen mit Weinbegleitung!

LENDPLATZ BAUERNMARKT
8020 Graz, Lendplatz

Lendplatz Bauernmarkt

Das Besondere am Bauernmarkt am Lendplatz sind wohl die vielen fixen Standln mit ihren Köstlichkeiten. Ein Treffpunkt für alle, die sich gerne regional und saisonal ernähren. Er wird permanent von Montag bis Samstag von Vollerwerbsbauern, Gärntnern, kleineren und großen Erzeugungsbetrieben mit Obst, Gemüse, Speck, Wurst, Fleisch, Gebäck, Essigen, Getränken, Blumen und saisonbedingten Waren bestückt. Der Bauernmarkt am Lendplatz hat das ganze Jahr über Mo – Sa von 6:00 bis 13:00 Uhr geöffnet.

LINZBICHLER
8010 Graz, Franziskanerplatz 16, +43/316/848346
www.linzbichler-schoko.at

Linzbichler

Familie Linzbichler führt dieses kleine Süßwarengeschäft bereits in zweiter Generation. Noch heute gibt es hier die Zuckerln aus Großmutters Naschlade, eine feine Auswahl exklusiver, internationaler Schoko-Kreationen und als einziges Geschäft in Graz die gesamte Palette der Zotter Schokoladenmanufaktur. Gemeinsam mit ausgesuchten Chocolatiers und Konfiseuren werden zudem typisch steirische Kreationen wie die Grazer Schlossbergkugeln oder die Schilcher Trüffeln entwickelt, die exklusiv bei Linzbichler zu finden sind. Übrigens gibt's hier auch Lebkuchen.

MARTIN KLEINDL VULGO STADTBAUER

8041 Graz, Liebenauer Hauptstraße 238, +43/664/5354208
oder +43/316/406034

Martin Kleindl vulgo Stadtbauer

MARTIN KLEINDL
VULGO
STADTBAUER

Gemüse vom Bauernhof im Reigen der Jahreszeiten bietet Martin Kleindl vulgo Stadtbauer am Bauernmarkt am Grazer Lendplatz an. Die Mitarbeit der gesamten Familie ermöglicht es, ganzjährig eine unglaublich breite Palette an saisonalem Gemüse aus ausschließlich eigener Produktion anzubieten, vom Spargel im Frühjahr bis zu Schwarzwurzeln und Pastinaken im Winter. Daneben dürfen auch Klassiker wie der Grazer Krauthäuptel, Steirische Käferbohnen sowie verschiedene Sorten Erdäpfel bis hin zu Zwiebelsorten von süß bis scharf nicht fehlen. Auch werden alte lokale Gemüsesorten, wie die echte Butterbohne oder auch Kipflerbohnen, angebaut. Kürbiskernöl aus eigenem Anbau rundet die bunte Palette des Angebotes ab. Mittwoch, Freitag und Samstag ist der Stand von Martin Kleindl am Lendplatz vertreten.

SOFISCH

8010 Graz, Kaiser-Josef-Platz, Marktstand 59-61
+43/316/423527-20
www.sofisch.com
Ein Fischspezialitäten-Marktstand, der hauptsächlich frischen Meeresfisch, frische Meeresfrüchte und Muscheln bietet. Frisch, sauber und geschmackvoll präsentiert. Das Team von Sofisch

fahrt mehrmals pro Woche an die Fischmärkte an der Adria und wählt das Beste und Frischeste aus Fisch, Muscheln und Meeresfrüchten aus.

STADT-BAUERNLADEN MARIA BAUER

8010 Graz, Hamerlinggasse 3, +43/316/8050-1260 oder +43/664/6025961260
www.stadtbauernladen.at
Unter dem Motto: „Nimm dir das Beste", werden im modernen und sehenswerten Stadtbauernladen verführerische Genussprodukte aus der Steiermark – darunter zahlreiche Bio-Produkte – präsentiert. Die Chefin berät hier persönlich, engagiert und äußerst freundlich. Online-Shop: www.stadtbauernladen.com

UNI-ENO

8010 Graz, Heinrichstraße 51, +43/316/381410
Die Enoteca entführt mit Geschmack und Flair nach Italien und bietet Spezialitäten aus fast allen Regionen der Apenninhalbinsel: Käse wie Provolone (Kuhmilchkäse aus Norditalien), Trüffel- und Schafmilchkäse, Caciotta al tartufo, olive oder pepe. Die Feinkostabteilung ist beeindruckend. Natürlich werden auch exklusive Weine aus Italien angeboten und können auch vor Ort verkostet werden.

UNIMARKT KOCH

8042 Graz, Waltendorfer Hauptstraße 121, +43/316/471025
unimarkt.at/standort/graz
Obst und Gemüse Frischeinsel, Feinkost vom Feinsten, der Duft nach frischem Brot und Gebäck … Ob Markenartikel oder besondere, regionale Produkte. Das Geschäft ist eine Mischung aus Supermarkt und regionalem Bauernmarkt. Einkaufserlebnis pur.

WALDHERR – DER VOLLKORN-BIO-BÄCKER

8010 Graz, Gleisdorfer Gasse 21, +43/316/835441
www.vollkornbaeckerei-waldherr.at
Seit 1994 setzt Clemens Waldherr auf Vollkorn, Bio, alte Getreidesorten und traditionelles Bäckerhandwerk. Im liebevoll renovierten Winzerhaus werden Brot & Gebäck streng nach den Richtlinien der Vollwerternährung hergestellt. Das Vollkorn-Bio-Sortiment umfasst traditionelle Sauerteig-Brotklassiker, Spezialbrote und Gebäck mit und ohne Hefe oder aus alten und alternativen Getreidesorten wie Dinkel, Roggen, Noah's Korn oder Amaranth. Echte Besonderheiten sind u.a. das Vollkorn-Bio-Quinoabrot und das glutenfreie Vollkorn-Bio-Reisbrot mit Zutaten aus fairem Handel und das glutenfreie und intensiv aromatische Vollkorn-Bio-Buchweizenbrot. Pikante und süße Gebäckspezialitäten und Mehlspeisen aus Dinkel runden das Sortiment ab. Bei Waldherr gibt es auch regelmäßig Neues zu entdecken, so auch das Essenerbrot ohne Hefe. Vervollständigt wird das Angebot mit feinen Fruchtaufstrichen.

ZUMKOCHEN

8010 Graz, Theodor-Körner-Straße 37, +43/316/689998
www.zumkochen.at

Hier finden Hobbyköche nicht nur Handwerkszeug und Schönes für den Tisch, sondern auch eine umfangreiche Palette an Gewürzen und Delikatem. Das Sortiment umfasst ca. 30 verschiedene Pfeffersorten und -mischungen aus Indien, China oder Australien, zahlreiche Gewürzmischungen, diverse Salze wie etwa Schwarzes Pyramidensalz, Fleur de Sel und geräuchertes Salz. Aber auch Fonds, Antipasti, Tapas, Senf, Spezialessige und -öle, Oliven, Sardinen und Nudeln sind in dem hübschen kleinen Geschäft zu finden. Natürlich dürfen auch Trüffel-Feinheiten und süße Gaumenfreuden wie Pralinen und edle Schokoladen nicht fehlen.

Zum Kochen

GRÖBMING

FLEISCHEREI SPANBERGER

8962 Gröbming, Gröbming 234, +43/3685/22375
www.fleisch-spanberger.at

Kunden aus der ganzen Region lockt dieses kleine geschmackvolle Fleischerfachgeschäft. An Spezialitäten aus der Region findet man den Ennstaler Speck, den Paprika- sowie den Knoblauchspeck, den Almspeck und viele hausgemachte Wurstsorten. Im Fleischbereich wird neben dem Standardsortiment auch Saisonales, auf Bestellung auch verschiedene Bio-Produkte und Selbstgemachtes wie Beuschl und Gulasch angeboten. Sauergemüse, Rot- und Sauerkraut, Senf, Suppen und verschiedene Nudeln finden sich ebenfalls im Programm.

GROSSPESENDORF

ILZTALER HOFLADEN, FAMILIE ERTL

8211 Großpesendorf, Prebensdorf-Stadt 111, +43/3113/3748
www.hausgemachtes.at/pp/ertlilztalerhof

Das Beste aus der Region wird hier in der gemütlichen Atmosphäre des sehr urigen Kellergewölbes präsentiert. Der Oststeirische

Apfel mit all seinen verschiedenen Produktfacetten hat hier seinen großen Auftritt – ob als Saft, Schnaps, Most oder als Frucht. Bei den Spirituosen dominieren verschiedenste Liköre wie Kürbiskern-, Holunder-, Brombeer, Quitten- oder Zirbenlikör, um nur einige wenige zu nennen. Marmeladen, wie Trauben- oder Apfel-Weisel-Marmelade, wissen zu überzeugen.

HALBENRAIN

BÄCKSTEFFL BAUERNSPEZEREIEN

8492 Halbenrain, Dietzen 32, +43/664/4151989
www.baecksteffl.at

Der Hofladen Bäcksteffl befindet sich in einem liebevoll renovierten Stallgebäude. Man taucht in die Welt der Steirischen Käferbohne ein und erfährt alles Wissenswerte rund um die violetten „Proteinbomben". Selbstverständlich findet auch das Steirische Kürbiskernöl g.g.A. seinen wohlverdienten Platz. Weiters gibt es Dinkelprodukte, Kürbiskerne, Schnäpse & Liköre, Kürbis-Chutney, außergewöhnliche Marmelade-Sorten, wie z.B. Käferbohne-Isabella. Weitere Köstlichkeiten aus der Region sind Weine, Essig, Nudeln und Honig.

HARTBERG

BIO-SPHÄRE WECHSELLAND

GENUSS GUIDE AWARD 2023

8230 Hartberg, Hofgasse 4
+43/3332/32012, www.bio-sphaere.at

Gewinner des Genuss Guide Award 2023, „Bester Genussladen in der Steiermark"/Kategorie Supermärkte, siehe Seite 237.

Bio-Sphäre Wechselland

JOSEF LEBENBAUER

8230 Hartberg, Ring 8, +43/3332/64308
www.biohof-lebenbauer.at

Alles bio. In diesem Hofladen hat man ein geschmackvolles Angebot an Feinkost mit Herkunft. Neben Joghurt aus der Region (im

Glas) gibt es sehr viele Käsesorten wie Frisch-, Weich-, Hart- oder Schafkäse. Das Obst- und Gemüseangebot ist heimisch und wird von den Jahreszeiten bestimmt, auch Salat- und Gemüsepflanzen finden sich im Programm. Hausgemachte Nudeln, Fruchtsäfte und Mostessig runden das Sortiment ab, das Personal berät überaus freundlich und hilfsbereit.

HARTL

Hartler Marktplatz

HARTLER MARKTPLATZ

8224 Hartl, Fruturastraße 1, +43/664/1380800
www.hartler-marktplatz.at
Im Hartler Marktplatz wird besonderes Augenmerk auf regionale, biologische und nachhaltige Produkte gelegt. Auch ein feines Sortiment für Vegetarier, Veganer und Produkte für alle mit diversen Unverträglichkeiten ist in den Regalen zu finden. Viele bäuerliche Spezialitäten, Biere von regionalen Brauereien sowie handgefertigtes Kleinkunsthandwerk sind ebenfalls im großen Sortiment. Saisonal gibt's Erdbeeren, Kirschen und Marillen aus der Region. Natürlich dürfen Steirisches Kürbiskernöl, verschiedene Essigsorten, Bio-Schnäpse und -Liköre, Säfte sowie handgemachte Nudeln und Getreideprodukte aus heimischen Mühlen nicht fehlen. In der Vinothek werden erlesene Spitzenweine aus der Region geboten. Einkaufen im Hartler Marktplatz ist ein echter Genuss! Öffnungszeiten: Mo-Fr 9:00 bis 19:00 Uhr, Sa 9:00 bis 13:00 Uhr.

HAUSMANNSTÄTTEN

KEFERS HOFLADEN

8071 Hausmannstätten, Dorfstraße 6, +43/3135/47888
www.kefers.at
In Kefers Hofladen gibt es nicht nur Köstliches vom eigenen Hof und aus eigener Produktion, wie zum Beispiel den prämierten Hamburger Speck, Selchwürstel Salami, Kochschinken, Frisch-

fleisch, saisonales Gemüse, Säfte und Marmeladen, sondern auch ausgesuchte regionale Produkte und über die Region hinaus.

HEIMSCHUH

ÖLMÜHLE HARTLIEB

GENUSS GUIDE AWARD 2023

8451 Heimschuh, Mühlweg 1
+43/3452/82551, www.hartlieb.at
Gewinner des Genuss Guide Award 2023, „Bester Genussladen in der Steiermark"/Kategorie Spezialisten, siehe Seite 237.

Ölmühle Hartlieb

ILZ

FINK'S DELIKATESSEN

8262 Ilz, Walkersdorf 23, +43/3385/260
www.finks-haberl.at
In der hauseigenen Delikatessenmanufaktur wird in reiner Handarbeit eingelegt und eingekocht. So entstehen Köstlichkeiten wie Essigfrüchte, Chutneys, Pestos, Röster, Marmeladen, in Sirup eingelegte Raritäten und noch viele mehr. Dafür werden die besten Zutaten verwendet, nämlich Obst und Gemüse aus der Region, frisch vom Baum oder vom Feld. Eingelegt und angesetzt werden die Früchte bei Fink's zum Zeitpunkt der optimalen Reife, und das ganz ohne künstliche Konservierungs-, Aroma- und Farbstoffe. Onlineshop.

KAUFHAUS DIETER BARONIGG

8262 Ilz, Hauptplatz 3, +43/3385/261
www.baronigg.at
Das Angebot an genussversprechenden Spezialitäten ist im Kaufhaus von Dieter Baronigg wahrlich riesig. Insgesamt ein sehr geschmackvoller und sympathischer Nahversorger mit einem hohen Anteil an Bio-Produkten.

SCHALK MÜHLE

8262 Ilz, Kalsdorf 18, +43/3385/312
www.schalk-muehle.at
Im kleinen Mühlenladen finden sich ausgesuchte Öle, Pesto, Aufstriche, Snacks, aber auch Mehle und Hülsenfrüchte wie Linsen oder Kichererbsen. Das Besondere ist: Alle Rohstoffe sind zu 100 Prozent bio und aus Österreich. Auch das Angebot an hochwertigen Ölen ist bemerkenswert! Bei einer Führung hat man die Gelegenheit, hinter die Kulissen zu schauen.

KAINDORF

RODLER MARKT

8224 Kaindorf, Kaindorf 8, +43/3334/22910
www.rodler-markt.at
Eine genussvolle Vereinigung der Familie Rodler mit landwirtschaftlichen Selbstvermarktern aus der Region Kaindorf und Umgebung. Christoph und Birgit Rodler führen den Markt mit viel Engagement und Liebe zur Region. Das Angebot ist umfangreich. Von täglich angelieferten frischen Bauernbroten, Germspeisen, Mehlspeisen, Kleingebäck, saisonalem Obst und Gemüse über Säfte, Weine, Marmeladen und Honig, Geselchtem, Aufstrichen, Würstel, Käsesortiment, Milchprodukte, Kernöl, Essig und Eier bis zu Stutenmilcherzeugnisse aus der Region. Aus weiteren Genussregionen sorgen Bergkräutermischungen, Schokoladen, Hirschbirnköstlichkeiten, Uhudler für kulinarischen Hochgenuß! Nachvollziehbare Herkunft, kontrollierte Verarbeitung und kurze Transportwege – damit sind Genuss-Kunden auf der sicheren Seite und helfen mit, die Produktvielfalt der Region zu sichern.

KAMMERN IM LIESINGTAL

BIOIMKEREI STABLER

8773 Kammern im Liesingtal, Steinrissergasse 3b
+43/664/4310594
www.imkerei-stabler.at
Die Bioimkerei Stabler ist ein traditionsreiches Unternehmen, das auf über 70 Jahre Arbeit mit Bienen blicken kann. Neben den traditionellen Honigsorten werden auch Spezialitätenhonige erzeugt. Der Selbstbedienungs-Laden auf dem Hof ist täglich von 6:00 bis 20:00 Uhr geöffnet.

KIRCHBACH IN DER STEIERMARK

GRASMUGG – DAS BAUERNECK

8082 Kirchbach in der Steiermark, Kirchbach 24
+43/664/7977322
www.grasmugg.at
Im heimeligen Bauerneck bei Grasmugg wird eine breite Palette an steirischen Spezialitäten von mittlerweile 40 Direktvermark-tern und Bio-Betrieben angeboten. Zum Genuss verführen hier aber auch die zahlreichen, täglich frischen und hausgemachten Mehlspeisen wie Guglhupf, Rehrücken, Schnitten, Nusspotizen, Krapfen (Fasching), Striezel (Allerheiligen) und Kleingebäck (Weihnachten). Und auf Vorbestellung gibt es zusätzlich köstliche Brötchen und Aufschnittplatten für alle Gelegenheiten. Die Mitarbeiter sind sehr engagiert und kompetent, was das einkaufen zusätzlich zum Vergnügen macht.

KITZECK IM SAUSAL

STUPPERHOF KITZECK

8442 Kitzeck im Sausal, Gauitsch 20, +43/6601832003
www.stupperhof.at

Oberhalb steiler Weingärten thront der traditionsreiche Gasthof Stupperhof. Mit prächtigem Ausblick über Weinberge und Wälder werden feinste Produkte aus dem Hause Domaines Kilger und aus der Region angeboten. Im Genussladen des Hauses können die Weine der Domaines Kilger verkostet und gekauft werden. Natürlich auch das prämierte Kernöl der eigenen Ölmühle, sowie die Fleischerzeugnisse der Domaines Kilger. Weinverkostungen sind auf Vorbestellung möglich. Wintersperre bis 31.03.23.

NAHVERSORGER ÜBER GENERATIONEN –
DAS HEISST, AUF DIE MENSCHEN IN DER REGION ZU ACHTEN.

Familie Rodler in Kaindorf kennt jeder. Der Familienbetrieb in vierter Generation ist eine Institution. Zentral gelegen und seit jeher am gleichen Standort. Dieses Jahr feiern Christoph & Birgit Rodler das 100-jährige Firmenjubiläum.

Die Rodlers stehen für gesunden, regionalen und nachhaltigen Genuss. „Aktiv und vor Ort bleiben, das Gesunde und Gesuchte für Kunden bereitstellen," das sieht Familie Rodler als Nahversorger als ihre Aufgabe.

Sie finden hier frisches Bauernbrot, Germspeisen, Mehlspeisen, Kleingebäck, saisonales Obst und Gemüse, Weine, Marmeladen und Honig, Geselchtes und vieles mehr – und das alles aus der nahen Umgebung. Die Äpfel, Kartoffel und Eier kommen ausschließlich aus der Region. Das Sortiment punktet aber auch mit Schmankerln aus weiteren Genussregionen und die „natürlich für uns"-Produkte gewährleisten die Rückverfolgbarkeit bis hin zum Produzenten.

In Rodlers Baunerladen gibt es mittlerweile Produkte von 35 heimischen Produzenten. Frisches Obst, Säfte und Schnäpse kommen von Familie Singer, Familie Posch versorgt die Kunden vom Frischfleisch bis zu hin zu feinen Schmankerln wie Blutwurst, Leberkäse und mit frischem Bauernbrot. Ebenfalls bestes Brot aus Produkten aus eigener Landwirtschaft gibt es von Familie Nöherer. Striezel, Dinkelkekse, Buchweizenkekserl, Kletzenbrot, Schaumrollen, Krapfen & Co machen die Auswahl nicht leicht. Zu den ganzjährlich erhältlichen Schmankerln gesellen sich natürlich viele saisonale Produkte. Familie Rodler betreibt auch einen Baumarkt, der im Frühjahr 2019 neu gestaltet wurde.

NAH&FRISCH RODLER GMBH
8224 Kaindorf, Kaindorf 8 | +43 3334 2291 |
www.nahundfrisch.at/de/kaufmann/rodler-gmbh

ÖFFNUNGSZEITEN
Mo bis Fr 6.45 - 18.00Uhr
Sa 7.00 - 17.00 Uhr

ESSIGMANUFAKTUR OSWALD / SCHAFFER

8191 Koglhof bei Birkfeld, Rossegg 27, +43/680/1262001
www.essigmanufaktur.at

Die kleinste Essigmanufaktur Österreichs liegt auf 760 m Seehöhe im Naturpark Almenland und ist in einem Bauernhaus aus dem Jahr 1799 untergebracht. Verarbeitet werden hier ausschließlich naturbelassene, alte steirische Obstsorten aus eigenen Streuobstwiesen und jenen der unmittelbaren Nachbarn. Früchte, Beeren und Kräuter werden im hofeigenen Hausgarten gezogen oder in Wildsammlung geerntet. Derzeit sind ca. 45 Essigsorten je nach Saison rund um's Jahr immer erhältlich. Ob Lindenblüten-, Walnuss-, Quittenessig oder der mehrfach prämierte Apfel-Schlehdornessig ... viele Kräuter-, Frucht- und Trinkessige werden angeboten. Zu finden sind auch handgemachte Essigseifen, salinierte Kräuter oder Rosenzucker — es fällt aufgrund der großen Auswahl schwer, sich nur für eine davon zu entscheiden. Am besten, Sie machen sich selbst ein Bild von diesem wahrlich speziellen Geschäft oder tauchen bei einer der angebotenen Führungen in die Welt des sauren Genusses ein. Onlineshop.

STEIRISCHER BAUERNLADEN I.D. KÖFLACHER PASSAGE

8580 Köflach, Rathausplatz 1, +43/664/1420158
Schon seit Generationen werden die frischen, qualitativ hochwertigen und vor allem geschmackvollen Produkte der Familie Weixler ab Hof verkauft. Das angebotene Sortiment, das ständig durch neue regionale Schmankerl erweitert wird, besteht ausschließlich aus Genussprodukten aus der eigenen Produktion sowie von etwa 20 bäuerlichen Betrieben aus der Region. Aus den Genussregionen kann man auch die Südoststeirische Käferbohne finden.

KAUFHAUS LODER

8062 Kumberg, Am Platz 1, +43/3132/23020
www.loder.co.at
„Der Loder" wird seit 1875 von der Familie Loder betrieben. Seit nunmehr fünf Generationen versorgt der Betrieb die Region. Auf großer Verkaufsfläche werden die vielen regionalen Produkte aus dem Schöcklland, den Steirischen Genussregionen und von Bio-Fleischern und Hofkäsereien bestens präsentiert. Gleich beim Betreten des Geschäfts wird man von einer einzigartigen Obst- & Gemüseabteilung empfangen. Die Vinothek bietet den gesamten Querschnitt der österreichischen Spitzenweine. Einkaufserlebnis auf höchstem Niveau — Genuss pur!

METZGERHANDWERK PFEILER

8931 Landl, Kirchenlandl 43, +43/3633/3111
www.metzgerhandwerk.at
Kunden aus der ganzen Region lockt dieses für seine Wildwürstel mehrfach mit Gold prämierte Fleischerfachgeschäft an, in dem seit 1964 ausschließlich Produkte aus eigener Erzeugung angeboten werden. Zum Genuss verführt auch die Xeis Maus, ein gehacktes, geräuchertes Pöckelfleisch aus Wild- und Schweinefleisch im Schweinsnetz verschnürt. Zusätzlich: Marmelade von Bauern aus der Region, regionale Weine sowie hausgemachte Nudeln.

COFFEESHOP VINOTHEK MICHAEL ADANITSCH

8430 Leibnitz, Hauptplatz 23, +43/3452/82625
Das Geschäft bietet zahlreiche Spezialitäten und eine sehr beeindruckende Auswahl an Rot- und Weißweinen von den renommiertesten Weingütern der Südoststeiermark. Überhaupt verfügt

das Geschäft über eine vielseitige Produktpalette: Wein- und Mostessig, zahlreiche Edelbrände, Zotter-Schokolade, Staud's-Marmeladen.

MARIA LANKOWITZ

GENUSSFLEISCHEREI KRANZELBINDER

8591 Maria Lankowitz, Hauptstraße 175, +43/650/8093404
Seit über 50 Jahren wird bei der Fleischerei Kranzelbinder eine hohe Qualitätskultur in Sachen Fleisch, Wurst und Schinken gepflegt. Es finden sich Schmankerl wie Rindfleisch vom Stubalmochsen, frische Weißwürste oder Prosciutto vom Weststeirischen Strohschwein sowie Edelschimmelgereifte Stubalsalami und erlesene Speckkreationen vom Turopoljeschwein. Regionale Teigwaren, Kürbiskernöl oder Teespezialitäten sowie Permakultur-Produkte des auf 600 m Höhe gelegenen Sonnhof.

MARIAZELL

Kaufhaus Caj. Arzberger

KAUFHAUS CAJ. ARZBERGER

8630 Mariazell, Am Hauptplatz 6, +43/3882/2611
www.arzberger.co.at
Die wohltuende Wirkung des Mariazeller Magenliqörs ist seit Generationen weit bekannt. Cajetan Arzberger entwickelte die einzigartige Rezeptur 1883, seitdem wird sie von Generation zu Generation weitergegeben. Die Wein- und Spirituosenabteilung bietet ein breites Sortiment an edlen Weinen von namhaften österreichischen Winzern sowie feine Brände und Liköre aus Österreich. Darüber hinaus findet sich auch ein feines Sortiment an Edelessigen und -ölen (z.B. Macadamiaöl), aber auch Steirisches Kernöl aus der Genussregion, feine Mariazeller Likörpralinen, hergestellt vom K.u.K. Hofzuckerbäcker Demel in Wien, sowie Tees und Gewürze von Sonnentor. Genuss-Bar. Onlineshop.

PIRKER LEBKUCHEN MARIAZELL

8630 Mariazell, Grazer Straße 10, +43/3882/2179
www.pirker-lebkuchen.at
Filialen in 8630 Mariazell: Pirkers Mariazellerhof, Grazer Straße 10, Pirker am Hauptplatz und Pirkers Gourmet-Snackbar mit Lifestyle-Shop, Hauptplatz 1, Lebkuchenshop Wiener Straße 7, erLEBZELTEREI und Shop Wiener Straße 9. Filiale in Wien: Pirker am Stephansplatz, Stephansplatz 2, Filiale in Salzburg: Pirker in Salzburg, Universitätsplatz 15. Seit mehr als 300 Jahren wird der Mariazeller Honiglebkuchen gebacken. Familie Pirker betreibt bis heute das Handwerk des Lebzelters, Wachsziehers und Metsieders und fertigt viele Produkte rund um den Honig. Besondere Aufmerksamkeit verdient der Mariazeller Lebkuchen mit 80 unterschiedlichen Variationen, darunter Feines wie Trüffel-Lebkuchen, zarte Lebkuchen-Plättchen mit Fruchtfülle und köstliches Lebkuchenkonfekt. Insgesamt werden von Familie Pirker mehr als 400 Spezialitäten in handwerklicher Fertigung hergestellt. Die Geschäft am Hauptplatz bieten einen wunderschönen Ausblick auf die Basilika sowie in die Schaubäckerei.

MÖNICHWALD

KROGGER'S BIOHOF

8252 Mönichwald, Karnerviertel 61, +43/3336/48651
www.hochwechsel.at/krogger
Kroggers Biomilch wird in der Hofkäserei zu nicht gereiftem Frischkäse verarbeitet. Die Käsefertigung erfolgt nach handwerklicher Tradition nach altbewährten Rezepten und modernen ökologischen Grundsätzen. Ausgesuchte Produkte aus dem Wechselgebiet wie Hartkäse, Tofu, Dinkellaibchen, Teigwaren, Honig, Kernöl und Brot runden das Sortiment ab.

MURAU

Bauernladen Murau

BAUERNLADEN MURAU

8850 Murau, Grazerstraße 27, +43/664/1611327
m.facebook.com/Bauernladen-Murau-2023113257909992
Ein großes Angebot an regionalen Spezialitäten bietet dieser Bauern- oder vielmehr Feinkostladen. Obst und Gemüse, Brot, Speck, Würstel, Käse, Marmeladen, Honig, Kräutertees, Säfte, Getreide, Pilze aus Grundners Pilzmanufaktur ... und jede Menge Geschenksideen. Großartig und bio!

MURECK

MEISTER-FLEISCHEREI JÖRG OBERER

8480 Mureck, Hauptplatz 16, +43/3472/2109
www.oberer-mureck.at

In der feinen Fleischerei werden von der bereits vierten Generation wie in der guten alten Zeit noch alle angebotenen Fleisch-,
Wurst- und Selchwaren ausschließlich selbst produziert und anhand von traditionellen Familienrezepten verfeinert. Die Rinder,
Kälber und Schweine werden ausnahmslos aus der Steiermark
bezogen, damit ist hohe Qualität beim Frischfleisch garantiert.
Verschiedene Rind- und Schweinefleischzuschnitte aus verschiedenen Reifungsverfahren, darunter Rindertalgreifung, Dry
Aging und vieles mehr. Vervollständigt wird die Palette an Feinheiten mit Aufstrichen und Salaten.

NEUBERG AN DER MÜRZ

SPAR NEUBERG AN DER MÜRZ

8692 Neuberg an der Mürz, Hauptstraße 18, +43/3857/8221
de-de.facebook.com/SparNeuberg

Die Schwestern Medea und Melina Knaflitsch traten in die Fuß-
stapfen der Pimeshofers und sichern damit den Fortbestand des
Spar-Supermarkts. Der Nahversorger ist eine Institution in der
Region und bekannt für sein breites Sortiment an Spezialitäten
von Zulieferern aus der Umgebung.

Spar Neuberg an der Mürz

OBDACH

MANDL KAUFHAUS UND BAUERN-GENUSS-LADEN

8742 Obdach, Hauptstraße 37, +43/3578/4081
www.bauern-genussladen.at

Angeboten wird eine Vielfalt an regionalen und steirischen Produkten wie Kürbiskernöl, Knabberkerne, Essige, Schnäpse und
Liköre, Säfte und Nektare, Aufstriche, aber auch Fleisch- und
Selchwaren aus bäuerlicher Erzeugung – von mehr als 80 Lieferanten. 24 Stunden Automaten mit regionalen Produkten vor dem

Geschäft. Öffnungszeiten im Genussladen: Montag bis Freitag
8:00 bis 12:00 und 14:00 bis 18:00 Uhr, Samstag 8:00 bis 12:00 Uhr.

PALDAU

LUGITSCH GEFLÜGEL-FRISCH-MARKT

8341 Paldau, Saaz 95, +43/3152/242436
www.lugitsch.at

Der Geflügel-Frisch-Markt ist das Kompetenzzentrum für Geflügel in der Genussregion des Steirischen Vulkanlandes und hat
sich als regionaler Nahversorger etabliert. Onlineshop (www.
steirerhuhn.at).

PASSAIL

ALMENLAND STOLLENKÄSE

8162 Passail, Arzberg 32, +43/3179/23050-0
www.stollenkaese.at

Im Genussladen im ehemaligen Grubenhaus findet man nicht nur
das komplette Sortiment rund um den stollengereiften Welt-
meisterkäse, sondern auch ein großes Angebot von regionalen
Spezialitäten aus dem Naturpark Almenland. Onlineshop.

ALMENLAND-IMKEREI KREINER

8162 Passail, Lindenbergweg 39, +43/3179/23788
www.imker.at

Der Honigladen der Almenland-Imkerei Kreiner ist etwas für
echte Genießer. Schon beim Betreten des Ladens steigt der Duft
von Bienenwachs, Propolis und Lebkuchen in die Nase. Neben
den klassischen Honigprodukten wie Löwenzahn-Cremehonig
oder Almenland Waldhonig, Propolis, Blütenpollen, Met, Honig
Lebkuchen oder Honig Pralinen gibt es immer wieder Neues zu
entdecken wie Honig mit Brennnesselsamen.

REISINGER EINKAUFSZENTRUM

8162 Passail, Markt 17, +43/3179/23301
www.reisinger.st

Was 1878 als Greißlerei in Passail in der Region Almenland begann, ist heute ein modernes Kaufhaus und viel mehr als nur ein
typischer Nahversorger. Durch eine enge Zusammenarbeit mit
den Bauern der Region wird der Einkauf regionaler Spezialitäten
zum Genuss. Onlineshop.

PISCHELSDORF

CLAUDIA'S KULINARIUM

8212 Pischelsdorf, Pischelsdorf 24, +43/3113/3750
claudias-kulinarium.edan.io

Feinkost vom Feinsten in heimeliger Atmosphäre. Claudia's Kulinarium bietet fast ausschließlich regionale sowie biologische Produkte. Das Sortiment an Käsespezialitäten ist umfangreich und wird sehr ansprechend präsentiert, Wurst und Schinken gibt es von bäuerlichen Betrieben aus der Region, die nach den Mondphasen schlachten, das Angebot reicht vom Schopf über Karree und Knoblauchsalami bis zu Wurzelspeck und Hauswurz'n. Die Genussregionen sind mit der Pöllauer Hirschbirne oder dem Weizer Berglamm vertreten. Die perfekte Beratung rundet den sehr guten Eindruck ab und macht den Einkauf zum Genuss.

PÖLLAU

BUCHBERGER FLEISCH- UND WURSTSPEZIALITÄTEN
8225 Pöllau, Mittelgasse 39, +43/3335/2317
www.buchberger.co.at
Buchberger hat sich als Familienbetrieb ganz dem Genuss und der Tradition verschrieben. Über 120 hochwertige Fleisch- und Wurstspezialitäten sowie regionale Schmankerl werden in diesem einladenden und freundlichen Fleischerfachgeschäft angeboten. Alte, überlieferte Handwerkskunst wird hier im großen Stil gelebt. Die Rinder (die üblicherweise den Sommer auf der Alm verbringen), Kälber und Schweine stammen aus den Regionen um den Naturpark Pöllauertal.

CAFÉ KONDITOREI LEBZELTEREI EBNER
8225 Pöllau, Lamberggasse 31, +43/3335/2350
www.konditorei-ebner.at
Qualität ist eine Selbstverständlichkeit und die Grundlage aller Zutaten. Therese Ebner ist die Dirigentin in der Backstube. Das Handwerk der Zuckerbäcker und die Tradition der Kaffeesieder bilden seit 75 Jahren die Basis der Café-Konditorei Ebner in Pöllau. Die Spezialität des Hauses ist die Steirertorte, für die ausschließlich beste Grundprodukte aus der Region infrage kommen: allen voran Kürbiskerne, Eier, Butter und Kürbiskernöl. Die süße Glasur steht dabei im spannenden Kontrapunkt zur Ribiselmarmelade im Inneren. Einfach köstlich und obendrein glutenfrei!

OBSTHOF RETTER
8225 Pöllau, Winzendorf 142, +43/3335/4131
www.obsthof-retter.com
Seit 1886 besteht der Obsthof Retter, der sich aus einer kleinen Landwirtschaft im Pöllauer Tal zu einer international anerkannten Obstmanufaktur entwickelte. In der nunmehr dritten Generation führt Werner Retter die Etikette des qualitätsbewussten naturgerechten Obstbaues fort unter konsequentem Verzicht auf alle Zusätze wie etwa Zucker, Wasser, Süßstoffe, Konservierungs- und Geschmacksstoffe. Seit 1990 ist der Obsthof Retter bio-zertifiziert. Onlineshop.

ÖLMÜHLE FANDLER
8225 Pöllau, Prätis 1, +43/3335/2263-0
www.fandler.at

Ölmühle Fandler

Seit 1926 lebt der steirische Traditionsbetrieb aus Pöllau seine ganz besondere Vorstellung von Vollkommenheit. Egal ob heimische Saaten und Kerne oder exotische Nüsse - verarbeitet werden nur beste, handverlesene Rohstoffe. Inzwischen umfasst der Fandler-Sortenreichtum 20 Bio-Öle von Kürbiskern über innovativen Chia bis zu beinahe vergessenen Raritäten wie Camelina und Hanf, die mit größter Sorgfalt zu bestem Öl verarbeitet werden. Der Presskuchen, der alle wertvollen Eigenschaften der Nüsse, Kerne und Saaten in sich trägt, wird im Sinne gelebter Ganzheitlichkeit zu glutenfreien Bio-Mehlen verarbeitet. Bei Fandler werden alle Öle schonend kaltgepresst, ohne zusätzliches Erhitzen und Reibungswärme. So bleiben wertvolle Bestandteile, Fettsäuren und Vitamine ebenso erhalten wie der sortentypische Duft, der unverfälschte Geschmack und die natürliche Farbe. Gearbeitet wird bei Fandler mit viel Fingerspitzengefühl, der Erfahrung von Jahrzehnten und nach alter Familientradition, laufend frisch und in kleinen Mengen. All diese „Zutaten" sind sorgsam aufeinander abgestimmt und bringen jenen unverfälschten Geschmack und Duft hervor, der die Fandler-Öle charakterisiert und unverwechselbar macht.

PÖLLAUER BAUERNLADEN

8225 Pöllau, Hauptplatz 2, +43/3335/4550
www.poellauer-bauernladen.at
Produkte von Bauern aus der Region und natürlich die Pöllauer Hirschbirne aus der Genussregion in vielen Produkt-Varianten von Schinken bis Most über Cider stehen im Mittelpunkt. Angeboten werden natürliche Milchprodukte,, Fleisch vom Bio-Rind und -Schwein, würzige und geschmackvolle Dauerwaren aus der Selchkammer wie Hauswürste, Bioobst und -gemüse direkt vom Bauern und natürlich frisches Brot aus der Region, übrigens ausschließlich mit Sauerteig hergestellt und auch in Bio-Qualität. Und selbstverständlich darf auch das Steirische Kürbiskernöl aus der Genussregion hier nicht fehlen.

PREDING

GUT HORNEGG

8504 Preding, Schloss Hornegg 1, +43/3185/2304
www.gut-hornegg.at
Gut Hornegg ist ein Traditionshaus am heimischen Fischsektor. Elf heimische Arten Bio-Fisch werden hier gezüchtet: Karpfen, Hecht, Giebel, Zander, Brachse, Schleie, Wels ... Im Hofladen gibt es auch ein Sortiment steirischer und slowenischer Weine. Verkauf: Donnerstag 15:00 bis 18:00 Uhr. Ein sehr spezielles Angebot: der Versand von Frischfisch und Delikatessen (Sülzchen, Räucherfisch, Aufstriche, Salate...) über Nacht in ganz Österreich.

PREMSTÄTTEN

GENUSSBAUERNHOF HILLEBRAND – DAS GENUSSZENTRUM IM SÜDEN VON GRAZ

8141 Premstätten, Bierbaum 43, +43/3135/53106
www.genussbauernhof.com

Genussbauernhof Hillebrand – Das Genusszentrum im Süden von Graz

Am 1. GenussBauernhof Österreichs erwartet die Besucher Genuss von der Ernte bis zum Verkauf im GenussBauernLaden und vom Verkauf bis zum Genuss in der GenussKochSchule sowie im GenussCafe. Im GenussZentrum im Süden von Graz wird alles auf

einem Hof angeboten. Seit Generationen dreht sich auf dem Familienbetrieb alles um die Produktion hochwertiger Gemüsespezialitäten. Auf rund 33 ha Ackerfläche im wunderschönen Grazer Feld, werden rund 40 verschiedene Sorten mit viel Liebe, Hingabe und sehr viel Handarbeit produziert. Samen und Setzlinge können bei ihnen natürlich, schonend und im Einklang mit der Natur, gedeihen und reifen. Der Grazer Krauthäuptel und das eigene selber kultivierte und verarbeitete Premstättner Sauerkraut sind die Aushängeschilder der eigenen Produktpalette. Ihr Ziel ist es, Mensch, Produkt und Region in den Mittelpunkt zu stellen. Sie haben es sich zur Aufgabe gemacht, Bewusstseinsbildner für ihren Berufsstand zu sein. Mit dem Erlebnis Bauernhof möchten sie Emotionen wecken. Der Slogan „Guter.Regionaler.Genuss" verdeutlicht und verstärkt diese Philosophie. Im Laden werden über 1.700 verschiedene regionale, saisonale, nachhaltig produzierte, leistbare und streng kontrollierte bäuerliche LEBENSmittel von über 90 Bäuerinnen und Bauern aus der Region angeboten. Eine unglaublich große Auswahl aller Lebensmittel des täglichen Bedarfs- und Genusses auf höchstem Niveau in einer tollen Atmosphäre ist einzigartig.

RATTEN

Adeg Dampfhofer

ADEG DAMPFHOFER

8673 Ratten, Kirchenviertel 84, +43/3173/2306
www.dampfhofer.info
Das Familienkaufhaus bietet alles für den täglichen Bedarf und noch viel mehr. Das Geschäft bietet auf fast 800 m² Verkaufsfläche viel Raum für Köstlichkeiten aus den Genussregionen der Steiermark mit Spezialitäten aus dem Joglland, Almenland und Vulkanland. Köstlichkeiten von den Bauern aus der Region wie Brot, Honig, Met, Liköre, Schnäpse, Most, Butter, Fleisch- und Selchwaren, frische Forellen und Bachsaiblinge, Bio-Getreideprodukte, Topfen, Pirker Lebkuchen und Erdäpfel sind hier ebenfalls zu finden. Eine Besonderheit sind die hausgemachten Spezialitäten von Bine (Marmeladen, löffelfertige Müslis, Sirupe, Aufstriche, Suppeneinlagen, Mehlspeisen), die das breit angelegte regionale Sortiment abrunden. Brot und Gebäck kommen mehrmals täglich frisch aus der Backstation und von regiona-

len Bäckern und einmal pro Woche frisch vom Bio-Bauern. Das Frischfleisch stammt ausschließlich aus Österreich und ist AMA-zertifiziert. Weiters wird ein Brötchen- und Plattenservice für jeden Anlass, Zustellservice, Schmankerl-Geschenkskörbe u.v.m. geboten. Obst und Gemüse wird 5 x pro Woche frisch angeliefert und zusätzlich saisonal frisch von Bauern aus der Region. Die großzügige Vinothek bietet gut sortierte Spitzenweine aus dem In- und Ausland mit Schwerpunkt auf die Steiermark.

RIEGERSBURG

DAVID GÖLLES – HOUSE OF WHISKEY, GIN & RUM

8333 Riegersburg, Lembach 16, +43/3153/7555
www.davidgoelles.at

David Gölles – House of Whiskey, Gin & Rum

Im house of whiskey, gin & rum setzt David Gölles, Sohn von Essig- und Obstbrandpionier Alois Gölles, auf neue Wege und bewährtes Handwerk. Im steirischen Vulkanland, am Fuße der imposanten Riegersburg, schreibt Gölles unter dem Motto „stories told in good spirit" die Geschichte der Spirituosen neu und produziert in fesselnd verspielter, aber konsequent anspruchsvoller Manier Whiskey, Gin und Rum in kompromisslos hoher Qualität. Besucher können sich durch den imposanten Fasskeller mit über 600 verschiedenen Fässern führen lassen und das breite Sortiment von RON JOHAN Rum, RUOTKERS Whiskey und HANDS ON Gin verkosten.

MANUFAKTUR GÖLLES

8333 Riegersburg, Stang 52, +43/3153/7555
www.goelles.at
Alois Gölles betreibt bereits in dritter Generation den Obstbau in Riegersburg. Höchste Qualität ist sein Anspruch, daher werden nur die besten Früchte für die Produktion verwendet, und so wird auch der Edelbrand mit besonderer Hingabe verarbeitet. Verbunden mit moderner Technik und handwerklichem Geschick entstehen die vielfach prämierten Edelbrände und feinste Essige — Gaumenfreude pur. Die Klaren und Fassgelagerten werden bis

zum endgültigen Verkauf zweimal gebrannt und in Glasballons oder Eichenfässern gelegt. Eine Spezialität im Sortiment ist der Apfel Balsamessig, der acht Jahre gelagert wird. In Kooperation mit Manfred Tement entstand die Kreation ALFRED, ein Wermut verfeinert mit ausgewählten Botanicals. Aber auch Essig-Gelees mit Früchten oder die neue Zitronenwürze verführen zum Genuss. Darüber hinaus wird eine Erlebnistour mit Verkostungsmöglichkeit geboten. Onlineshop (shop.goelles.at).

The Cheese Artist

THE CHEESE ARTIST

8333 Riegersburg, Bergl 2, +43/3153/71473
www.thecheeseartist.at
Die Fromagerie zu Riegersburg ist Österreichs erste Käsereifungs- und Käsekunstwerkstatt. Mit Blick auf die Riegersburg, dem Wahrzeichen des steirischen Vulkanlandes, eröffnet sich hier ein Refugium des Geschmacks und der Düfte! Vom Koch zum Almsenner und schließlich zum diplomierten Käsesommelier — so lassen sich die würzigen Stationen von Cheese Artist Bernhard Gruber beschreiben. Jeder Käse ist ein Unikat, und der Cheese Artist kombiniert dabei mit unterschiedlichsten regionalen Zutaten ganz neue individuelle Kreationen. Abhängig von der Jahreszeit und auch dem biologischen Rhythmus von Kuh, Ziege und Schaf. So entstehen besondere Feinheiten wie der Schafkäse mit kandierter Mango und Rose, Vulkanland Cheddar mit Buchenasche und Schabzigerklee oder der seidig-milde Zotter Cremissimo. Führungen in den Reifekellern und in der Butterei geben einen Einblick in die Welt der Käseveredelung und Buttererzeugung, Verkostungen im Shop von 10 aktuell reifen Käsesorten sind nach Anmeldung möglich.

ZOTTER SCHOKOLADE

8333 Riegersburg, Bergl 56, +43/3152/5554
www.zotter.at
Seit jeher verzaubert Schokolade die Menschen, betört die Sinne, bereichert die Seele und schafft Wohlempfinden. In der Zotter Schokofabrik werden unter der Regie von Josef Zotter Schokoladenkreationen in unerschöpflicher Sortenvielfalt hergestellt, natürlich in Bio- und Fair-Trade-Qualität. Zum Kultobjekt

avancierte die handgeschöpfte Schokolade. Trinkschokoladen, Balleros Kugeln (getrocknete Früchte und Nüsse in Schokolade gerollt), Labooko (laktosefrei und vegan), Mitzi Blue (vegan), Chocoshots, Biofekt und Lollytops zählen dazu. Durch das eigene Schokoladewerk ist es möglich, das Beste aus der Kakaobohne herauszuholen. Und auch die neuesten Kreationen wie Cola & Popcorn, Müsli + Früchte, Portwein + Feige u.v.m. verführen zum Genuss. Die Verkostungstour durch die Zotter-Schokoladewelt bietet Wissenswertes über Schokolade und viele kreativ inszenierte Naschstationen (unbedingt vorab reservieren). Im Online-shop www.zotter.at finden sich neben den süßen Verführungen auch Zotters DelikatESSEN - Wurst- und Selchwaren aus eigener Produktion in Bio-Qualität, wie z.B. Schinken vom Damwild oder vom Weideschaf, Mangalitza-Speck, Sugo, Pasteten, Hirsch-würstel, Lardo-Creme u.v.m.

ROHRBACH AN DER LAFNITZ

AICHSTERN KÄSEREI, HOFLADEN
8151 Rohrbach an der Lafnitz, Rohrbach 80, +43/664/1304716
www.aichstern.at
Die Käserei am Aichsternhof ist modern, mit mehreren Reiferäumen, wo die Käselaibe ihren Geschmack entfalten. An zwei bis drei Tagen in der Woche verarbeitet Vinzenz Michael Stern zwischen 200 und 250 Liter Rohmilch zu Käse. Hauptdarsteller ist der Aichstern, ein halb-harter, milder Schnittkäse – eine einzigartige Kombination aus Bier- und Bergkäse. Im angeschlossenen Hofladen reicht das vielfältige Angebot von Kürbiskernöl, Knabberkernen, Käse, Jogurt, Topfen, Molke, Äpfeln, Apfelsaft, -most, -essig, Freilandeiern, Honig und Geschenkkörben bis zu einer großen Auswahl an edlen Weinen aus der Steiermark und dem Burgenland. Und im Automaten gibt es immer frische Milch, Freilandeier und Most aus 100 % ungespritzten Äpfeln.

ROSENTAL AN DER KAINACH

FLEISCHEREI & PARTYSERVICE PASSEGGER
8582 Rosental an der Kainach, Hauptstraße 63
+43/3142/21623
www.passegger.at
Seit drei Generationen wird das Fleischerhandwerk von der Familie Passegger aus Leidenschaft gelebt. Es wird großer Wert auf Regionalität und Nachhaltigkeit gelegt, deshalb werden alle Rinder, Kälber und Schafe nur von Bauern des Bezirks Voitsberg bezogen und im eigenen Haus zerlegt und verarbeitet. Angeboten werden besondere Schmankerl wie Kürbiskernwurst, Schilcherstangerl, Schoko-Chili Wurzn, Whisky-Rohschinken sowie Halbfertiggerichte, Grillspezialitäten und traditionelle Fertiggerichte. Abgerundet wird das Sortiment mit einer feinen Auswahl an Käsespezialitäten, hausgemachten Aufstrichen und Salaten.

SCHLADMING

HEIMATGOLD – DER BAUERNLADEN
8970 Schladming, Coburgstraße 49 , +43/3687/22505350
www.heimatgold.at/schladming_geschaeft.html
Bäuerliche Lebensmittel aus der Region wie Schinken, Speck und Würste von den Bauern der Region, Rohmilchkäse von heimischen Kühen, Schafen und Ziegen sowie selbst gemachte Marmeladen, Honige, Aufstriche, Sirupe und Säfte, Edelbrände und Liköre oder auch Bauernbrot und frische Bauernbutter gibt es bei Heimatgold Schladming und Zell am See online.

Heimatgold – Der Bauernladen

SCHWANBERG

FLEISCHEREI RUPERT MAUTHNER
8541 Schwanberg, Hauptplatz 20, +43/3467/8264
www.mauthners.at
„Qualität ist Ehrensache", das ist der Leitspruch des Betriebs. Die Schweine, wie das Südoststeirische Woazschwein und Rinder werden von Bauern aus der Region bezogen, das angebotene Geflügel (Sulmtal-Hendl) stammt ebenfalls aus kontrollierten Betrieben. Bekannt sind die Selch- und Wurstwaren, Frisch- und Dauerwürste sowie die Schinken, die nach überlieferten Rezepten hergestellt werden. Auch eine kleine, feine Palette an Käse wird angeboten. Außerdem: hausgemachte Aufstriche, verschiedene Kürbisprodukte, Steirisches Kürbiskernöl aus der Genussregion.

SÖCHAU

NAH&FRISCH SPÖRK
8362 Söchau, Übersbach 35, +43 3387 418 41
www.nahundfrisch.at
Nah&Frisch Spörk ist mit vier Filialen in Übersbach, Breitenfeld, Hatzendorf und Großwilfersdorf ein wichtiger Nahversorger in der Südost-Steiermark. Lebensmittel aus der Region sind bei Nah&Frisch Spörk eine große und natürlich geschmackvolle Produktgruppe. Frisches Obst kommt da schon mal direkt von den Nachbarn und die Beeren aus dem Garten von Carina Kren, die Nah&Frisch Kauffrau mit Leib und Seele ist.

NACHHALTIGKEIT UND ACHTSAMKEIT IM UMGANG MIT LEBENS-MITTELN SIND BEI NAH&FRISCH SPÖRK GELEBTER ALLTAG.

Carina Krenn, Nah&Frisch Spörk, ist mit insgesamt vier Geschäften der größte Nahversorger in der Region Süd-Ost-Steiermark. Das Stammgeschäft ist in Übersbach, weitere Filialen gibt es in Breitenfeld, Hatzendorf und Großwilfersdorf. Nachhaltigkeit wird natürlich in allen Geschäften richtig großgeschrieben. So gibt es viele lokale Spezialitäten, um lange Transporte zu vermeiden, oder auch biologisch abbaubare Obst- und Gemüsesackerl. Müllvermeidung liegt der jungen Geschäftsfrau besonders am Herzen. „Dass wir Lebensmittel einfach wegwerfen, kann nicht die Lösung sein." Carina Krenn hat deshalb gemeinsam mit ihrem Team ein Nachhaltigkeitssystem entwickelt, das Müll weitestgehend vermeidet. Im Arbeitsalltag läuft das mittlerweile ganz nebenbei wie selbstverständlich. Die Energieversorgung des Stammgeschäfts übernimmt übrigens die eigene Photovoltaikanlage.

Verpackung vermeiden

Viele Kunden bringen Behältnisse, vor allem für die Feinkost, von zu Hause mit. „Damit fällt schon viel Papier und Plastik weg," erzählt Carina. „Eine große Möglichkeit, um Lebensmittelverschwendung zu vermeiden, ist die Versorgung der örtlichen Nachmittagsbetreuung. Beste, aber nicht mehr ganz frische Lebensmittel kommen in unsere Küche und werden zu feinen Gerichten. Aus trockenen Semmeln werden Brösel und Knödelbrot, übrig gebliebenes Obst zu Marmelade und auch mal zu Kuchen. Und manche Speisen sind ja bekanntlich besser, wenn man sie in großen Mengen kocht. Also gibt es immer wieder auch mal ein saftiges Gulasch oder Kaspressknödel."

Raritäten aus'm Dorf

Die Nähe zu den Produzenten ist Carina Krenn natürlich sehr wichtig. Das Kürbiskernöl kommt vom Onkel im Ort, Sauergemüse und Säfte von Frau Ettl aus dem Nachbarort, die Weine und Spirituosen stammen von Winzern und Brennereien aus der Umgebung. Die legendären Spagatkrapfen und andere Mehlspeisen liefert die Frau Neubauer aus Hatzendorf. Für so viele kleine Produzenten aus'm Dorf ist ihr Nah&Frisch Geschäft wichtig.

NAH&FRISCH SPÖRK
8362 Übersbach/Söchau, Übersbach 25 | +43 3387 418 41 |
www.nahundfrisch.at/de/kaufmann/spoerk-uebersbach-inh-carina-krenn

ÖFFNUNGSZEITEN
Mo bis Fr 6.00 - 18.00 Uhr
Sa 6.00 - 12.00 Uhr

ADEG GRABNER

8274 St. Magdalena, St. Magdalena 21, +43/3332/8100
www.grabners.at

Adeg Grabner

Hochwertige Produkte, vielfach aus der Region, aber auch aus ganz Österreich. Die Bauernecke überzeugt mit heimischen Produkten wie Honig, Sekt, Marmeladen, Kürbiskernöl, Aroniaprodukten und Weinen. Das Obst- und Gemüsesortiment ist ebenfalls gut sortiert und bietet auch dort viel Regionales und Saisonales. Auch als Caterer hat sich dieser Markt bereits einen guten Namen gemacht.

NAH&FRISCH WEISS

8061 St. Radegund bei Graz, Hauptstraße 17, +43/3132/2202
www.nahundfrisch.at/de/kaufmann/weiss
Ein Nah&Frisch Markt, der Wert auf die Herkunft und Qualität der angebotenen Lebensmittel legt. Regionale Produkte „aus'm Dorf" wie eine große Auswahl an Arzberger Stollenkäse Spezialitäten, Wild's Kürbiskernöl, Fleisch- und Wurstspezialitäten nach altsteirischer Art von Reiß, Pendl's Fruchtsäfte sowie ein großes Bio-Sortiment sind ebenso zu finden wie feinste Konditorware.

NAH&FRISCH ANDREAS ROSSMANN

8511 St. Stefan ob Stainz, Sankt Stefan ob Stainz 140
+43/3463/80289
www.nahundfrisch.at/de/kaufmann/andreas-rossmann-kg
Der Markt bietet neben einem guten Feinkostsortiment (Bärlauchkäse, Steirerkäse, Mettwurst u.s.w.) ein breites Angebot an Bioprodukten sowie Feinkost aus der Region. Die Bauernecke

offeriert den einzigartigen Schilerol, Schnäpse, Wein, hausgemachte Nudeln, Marmelade und Säfte von Ribes in hervorragender Qualität, die Genussregionen sind mit Steirischem Kürbiskernöl, Steirischem Kren, Grazer Krauthäuptel und Südoststeirischer Käferbohne vertreten.

KAUFHAUS HUBMANN

8510 Stainz, Grazer Straße 1, +43/3463/2106
www.hubmann.st

Kaufhaus Hubmann

In diesem Kaufhaus findet man den Geschmack der Region. Neben dem gut sortierten Feinkostbereich mit Schmankerln wie Kürbiskernkäse, Rebella, St. Severin und Biokäse von der Hofkäserei Deutschmann sowie zahlreichen internationalen Spezialitäten gibt es eine große Auswahl an frischem Obst und Gemüse, knusprigem Brot und Gebäck. Almo-Rindfleisch, frischer Fisch (Forellen, Karpfen, Saibling, Lachsforelle) aus der Region. Sehr geschmackvoll präsentiert wird auch das Sortiment an Produkten von Bauern aus der Umgebung. Die Genussregionen sind mit Oststeirischem Apfel, Steirischem Kren, Südoststeirischer Käferbohne, Grazer Krauthäuptel, Steirischem Kürbiskernöl und Steirischem Vulkanland Schinken vertreten. Selbst die feinen Torten werden hier noch selbst gebacken. Im Cafe Hubmann wird wöchentlich frisch der „Stainzer Kaffee" geröstet.

LUKASHOF GENUSSMANUFAKTUR – BIOHOF

8510 Stainz, Grafendorf 11, +43/3463/3950
www.lukashof.com
In der Genussmanufaktur am Lukashof – der sich bereits seit dem 16. Jahrhundert im Familienbesitz befindet — werden mit viel Liebe und in Handarbeit hochwertige Bio-Spezialitäten hergestellt. Hier entstehen verführerische Pestos, Chutneys, außergewöhnliche Senfsorten, Essige & Öle, Knabberkern- und Schmalzsorten sowie Gelees, Konfitüren und Sirupe. Vervollständigt wird das Sortiment mit Salzmischungen, Sauerhonigen,

Hydrolaten sowie Tinkturen und Ölauszügen. Geschmackserlebnisse sind garantiert. Onlineshop.

MESSNER FEINKOST

8510 Stainz, Hauptplatz 21, +43/3463/2118 230
www.messner-wurst.at

In der Stainzer Filiale von Messner findet der Wurst- und Schinkenliebhaber alles, was sein Herz höherschlagen lässt, die Palette an ausschließlich aus heimischem Fleisch mit besten Zutaten hergestellten Genussprodukten reicht von Würstel frisch aus der Selcherei bis zum ofenwarmen Schweinsbraten. Qualität und Auswahl überzeugen, die Präsentation im Geschäft zeugt von viel Sorgfalt, Liebe und Erfahrung. Hochwertiges frisches Fleisch gibt's vom Rind, Schwein oder Huhn, beim Schinken findet man feine Schilcher- und Saunaschinken, bei der Aufschnittwurst Krakauer, Beskiden — eine gebratene und über Buchenholz geräucherte Fleischwurst — oder Rosenkogler. Beliebt sind die „Messner rein"-Produkte, die ohne Zusatz von Geschmacksverstärkern, Farbstoffen und künstlichen Aromen hergestellt sind sowie der Schinkenaufschnitt, eine Variation aus gebratenem, gekochten und geräucherten Schinken. Natürlich dürfen die feine Kalbsleberstreichwurst, die Knoblauch- und die Röstzwiebelstreichwurst nicht fehlen. Verschiedene Beilagen und Suppeneinlagen für die schnelle Küche. Das frische und herrlich duftende Brot und Gebäck kommt aus dem Bäckereishop im Geschäft.

Messner Feinkost

ÖLMÜHLE HERBERSDORF

8510 Stainz, Herbersdorf 9, +43/664/4108097
www.herbersdorf.at

Die Ölmühle Herbersdorf zählt zu den ältesten und kleinsten Ölmühlen in der Steiermark, wo das Steirische Kürbiskernöl noch ganz traditionell hergestellt wird. Das Steirische Kürbiskernöl der Ölmühle wurde 2022 zum 22. Mal mit der Goldmedaille prämiert und auch von Gault Millau wieder unter die besten Öle gereiht. Im Verkaufsraum werden neben den eigenen Kernölen verschiedene Köstlichkeiten des Vereines Schilcherland-Spezialitäten angeboten.

STRADEN

GENUSSGUT KRISPEL

8345 Straden, Neusetz 29, +43/3473/7862
www.krispel.at

Genussgut Krispel

Im Weingut Krispel dreht sich alles ums Wohlfühlen, gutes Essen und Trinken. Genauer gesagt, um Weine und Wollschweine. Die Veredelung von Lebensmitteln ist schon seit jeher Toni Krispels Passion. Kulinarischer Star am Gut ist der Neusetzer®, der weiße Rückenspeck, mit erlesenen Gewürzen veredelt und von einer Salzkruste umhüllt. Osso Collo, Salami, Hauswürstl oder die Mangalitzerl — würzige Miniwürstel zum Knabbern — vom Wollschwein gibt es ebenso im Ab-Hof-Verkauf „KostBar" wie Paprikaspeck oder die Neusetzer Kuh — ein Kuhmilchkäse mit Rotschimmel, ummantelt mit Neusetzer Fein-Speck und Kräutern. Onlineshop.

GREISSLEREI DE MERIN

8345 Straden, Straden 5, +43/664/1562260
www.demerin.at

In dieser liebevoll und engagiert geführten Greißlerei, einer Vereinigung von Landwirten, Winzern sowie genuss- und kulturorientierten Menschen der Pfarre Straden, werden die besten Erzeugnisse aus der Region Straden angeboten. Die Grundidee war, die in der Region traditionellen Erzeugungsmethoden zu bewahren, die Verfeinerung der landwirtschaftlichen Produkte zu fördern und für die Erzeugnisse einen schönen Verkaufsraum zu schaffen. Das ist dieser Greißlerei perfekt gelungen.

HOFLADEN HIRSCHMANN
8345 Straden, Muggendorf 4, +43/664/5930398
www.hofladen-hirschmann.at

Im Bio-Hofladen von Hirschmann kann man eintauchen in die Welt von Kürbissen, Bohnen (auch die Südoststeirische Käferbohne aus der Genussregion ist vertreten), Trauben, Kräutern und Gewürzen, Obst und Gemüse. Früchte und Feldfrüchte aus eigenem Anbau werden hier ohne Zusatz von Farb-, Geschmacks- oder Konservierungsmittel von Hand zu wahren Köstlichkeiten weiterverarbeitet. Die Leidenschaft gilt hier vor allem den hausgemachten Leichtmarmeladen, es gibt mittlerweile mehr als 30 teilweise prämierte Sorten. Die Qualitätsweine aus dem eigenen Weinbau, Liköre – wie Holunder oder Apfel-Zimt – und Edelbrände sowie eigene Schokoladekreationen vervollständigen das verführerische Angebot.

Hofladen Hirschmann

LANDKAUF BUND
8345 Straden, Wieden-Klausen 35, +43/3473/82540
www.bund.at

Im Sparmarkt von Landkauf Bund wird den Kunden auf 800 m² ein breites Sortiment geboten. Von 35 Produzenten aus der Region werden Fleisch- und Wurst, Fisch, Teigwaren, Milchprodukte, Eier, Säfte, Weine, Saucen, Gewürze und vieles mehr bezogen. Das frische Obst und Gemüse der Saison der landwirtschaftlichen Betriebe ist besonders beliebt. Das Weinregal glänzt mit vielen verschiedenen Weinen von den besten Winzern rund um Straden, aber auch verschiedene Essigvariationen und Öle werden angeboten.

STUDENZEN

CEPIN „ABHOF"
8322 Studenzen, Fladnitz im Raabtal 9, +43/699/11344400
www.abhof.org

Bei Cepin „Abhof" ist ein ganz besonderes Sortiment an verführerischen Köstlichkeiten zu finden. Bei den Spezialitäten steht an erster Stelle das Kaninchenfleisch, gefolgt vom Kürbiskernöl g.g.A., das 2022 „Ölkaiser I. Platz" und zum 20. Mal prämiert wurde. Knabberkerne in allen möglichen Geschmacksrichtungen, fruchtige Marmeladen von Johannisbeere bis Heidelbeere, aber auch Honig wie der Waldhonig wird hier produziert, und auch die Freilandeier stammen vom eigenen Hof. Und dann gibt's noch die legendären Edelbrände wie den Zwetschkenbrand und den Mirabellenbrand, die 2022 mit Silber ausgezeichnet wurden. Onlineshop.

TIESCHEN

NAH&FRISCH PUNTIGAM ANGELIKA
8355 Tieschen, Tieschen 12, +43/3475/2306
www.nahundfrisch.at

Das Nah&Frisch Geschäft mit einer Verkaufsfläche von 240 m² bietet alles, was das Herz der Kunden begehrt und noch vieles mehr. Frischfisch in Bedienung ist ein Extra vom Chef persönlich. Besonderen Stellenwert haben regionale Produkte und Weine aller Winzer vom Ort. Die regionale Kräuter- und Teevielfalt stammt vom Schmid aus „Laasen", die Teigkreationen von MONIS in Gratkorn – Manufaktur von Knödeln, Pasta & Ravioli und vieles mehr. „Kauf'ma Karls" hausgemachte Spezialitäten im Glas vom örtlichen Weiderind, wie z.B. Steintal Chili vom Chef persönlich zubereitet. Ebenso neu ist auch der bargeldlose 24-Stunden-Automat vor dem Kaufhaus.

TURNAU

SEIDL TURNAU. BÄCKEREI. CAFÉ. KONDITOREI. FRÜHSTÜCKSPENSION
8625 Turnau, Turnau 8, +43/3863/2242
www.baeckerei-seidl.at

Seidl Turnau

Bereits seit 1937 duftet es aus dem Hause Seidl nach selbst gebackenem Brot. Nach traditionellen Rezepten aus naturbelassenen Rohstoffen werden täglich 30 verschiedene Brot- und Backwaren hergestellt, wie z.B. das Heumilchbrot, Buchweizenbrot, Jakobus-brot, Hildegard von Bingen Brot, Erzherzog Johann Brot, Wilderer Leiberl, Steirerbrot (Eigenkreation), Joghurtbrot, Bründlwegbrot und vieles mehr. Liebhaber von Süßem kommen mit der Eierlikör-torte, oder der Jakobustorte, auf ihre Kosten. Und das „Regionale Eck" bietet frische Heumilch vom Bauernhof, Butter, Joghurt, Himbeeressig, Kürbiskernöl, Nudeln, Honig u.v.m.

VOGAU

VINOFAKTUR GENUSSREGAL SÜDSTEIERMARK

GENUSS GUIDE AWARD 2023

8472 Vogau, An der Mur 13, +43/3453/406770
www.vinofaktur.at
Gewinner des Genuss Guide Award 2023, „Bester Genussladen in der Steiermark"/Kategorie Am Markt, siehe Seite 238.

Vinofaktur Genussregal Südsteiermark

VOITSBERG

STEIRISCHER BAUERNLADEN

8570 Voitsberg, Grazer Vorstadt 23, Blue Sky
+43/664/1138330
Produkte der Familie Weixler gibt es nicht nur in Köflach, sondern auch im Steirischen Bauernladen in Voitsberg. Das Sortiment besteht ausschließlich aus Genussprodukten aus der eigenen Produktion sowie von etwa 20 bäuerlichen Betrieben aus der Region. Fleisch (Freilandschweine), die nach überlieferten Rezepten hergestellten Wurst- und Selchprodukte sowie der Speck stammen vom eigenen Hof, genauso wie das frische Brot und die hausgemachten Mehlspeisen. Von den regionalen Bau-ern zugeliefert werden die edle Kernöl aus der Genussregion, hausgemachte Nudeln, Käse, Schilcher, Schnäpse und Liköre, Freilandeier oder Marmeladen. Spezialitäten sind der Hirscheg-ger Speck, der in 1.200 m Seehöhe getrocknet wurde, oder der original Vorarlberger Alpkäse. Das umfangreiche Sortiment wird

ständig erweitert, aus den Genussregionen kann man auch die Südoststeirische Käferbohne finden.

WAGNA

F. KRAINER FLEISCH- UND WURSTWAREN

8435 Wagna, Marburgerstraße 91, +43/3452/82190-0
www.krainer.co.at

F. Krainer Fleisch- und Wurstwaren

Auf der Basis von regionalen Rohstoffen und unter Einbeziehung von traditionellen Veredelungsmethoden werden in diesem Fleischerfachgeschäft vielfach prämierte Qualitätsprodukte hergestellt. Die Wanderjoschi, eine nach altem Familienrezept hergestellte Dauerwurst, überzeugt die Genusssuchenden. Alle Specksorten sind zu 100 % aus der Steiermark. Das heißt, dass die Schweine in der Steiermark geboren, großgezogen, geschlachtet und von Krainer veredelt werden. Auch beim Frisch-fleisch setzt Krainer auf Herkunft und Qualität.

WEITENDORF

AM DORFPLATZ 8

8410 Weitendorf, Am Dorfplatz 8, +43/664/3332574
www.amdorfplatz8.at
Am Dorfplatz 8 findet man Köstliches aus der Steiermark, mit frischen Zutaten direkt vom Hof, wie z.B. fruchtige Chutneys, Ap-fel-Kürbis-Orangen Fruchtaufstrich, Bratapfel Fruchtaufstrich, Kürbis-Nougat Schokolade, diverse Kürbis-Knabberkerne und nicht zuletzt das prämierte Kürbiskernöl in der Tonflasche. Und wer es nicht nach Weitendorf schafft, der kann sich bequem über den Onlineshop ein Stück Steiermark nach Hause holen..

WEIZ

BIOINSEL ROSENBERGER

8160 Weiz, Hans-Sutter-Gasse 1, +43/3172/42028
www.bioinsel.at
Ein echter Feinkostladen zu 100 % Bio. Neben dem großen Kä-seangebot findet man im Wurst- und Schinkenbereich Speziali-

täten aus der Region und aus ganz Europa. Das Obst- und Gemüseangebot ist ganz im Biogedanken von der Jahreszeit geprägt, Brot und Gebäck stammen von regionalen Biobäckern, die sehr guten Bio-Mehlspeisen von Chance B, einem Gleisdorfer Sozialprojekt. Das Weinsortiment ist übersichtlich mit Schwerpunkt auf die heimischen Tropfen. Genussvoller Einkauf in angenehmer Atmosphäre.

BUCHIS GMBH
8160 Weiz, Birkfelder Straße 51, +43/3172/41082
www.brot-fleisch.at

Buchis GmbH

Wo sich bestes Brot & bestes Fleisch treffen! Bäcker Klaus Buchgraber und Fleischer Robert Buchberger möchten mit ihrem steiermarkweit einzigartigen Geschäftskonzept eine neue Art der Nahversorgung schaffen. Unter ihrem Motto: „Wo sich bestes Brot und Fleisch treffen", entstand ein neuer Filialtyp, in dem sich zwei Traditionsbetriebe unter einem Dach vereinen. Höchste Qua- lität und unverkennbarer Geschmack – neben Klassikern wie dem mehrfach ausgezeichneten Angerer Bauernbrot, Buchgraber's Steirerwurz'n, dem herzhaften Buchberger Leberkäse oder dem saftigen Pöllauer Hirschbirnschinken stehen viele weitere Brot- und Fleischspezialitäten zur Auswahl.

FEINKOST BLEYKOLM
8160 Weiz, Europa-Allee 10, +43/3172/2381-0
www.nahundfrisch.at/de/kaufmann/feinkost-bleykolm
Die sehr gute Auswahl an Delikatessen beginnt schon beim Käse, bei Wurst und Schinken verführen ebenfalls Genussregions-Feinheiten wie Weststeirisches Turopoljeschwein oder Steirischer Vulkanland Schinken, aber auch Angerer Naturschinken sowie zahlreiche Roh- und Kochschinken und das Cult Beef zum Genuss. Wild gibt es hier ebenso wie frischen Fisch (Forellen, Karpfen, Zander aus der Weizklamm, Lachsforelle und Fischsulz von Kulmer), Obst und Gemüse sind regional durch die Genussregionen vertreten.

QUALITÄTSFLEISCHEREI FEIERTAG
8160 Weiz, Dr.-Karl-Renner-Gasse 12, +43/3172/2717
www.derfeiertag.at
Artgerechte Haltung, Bio und Topqualität sind in diesem biozertifizierten Betrieb selbstverständlich. Das hochwertige Fleischangebot stammt von Biobauernhöfen aus der Umgebung und von Weizer Schafbauern sowie aus der Genussregion Weizer Berglamm und Südoststeirisches Woazschwein, auch ausgewähltes Rindfleisch aus dem Almenland findet sich im Sortiment. Bei Wurst und Schinken findet man Speckspezialitäten vom Turopoljeschwein. Weiters wird eine große Bio Dry Aged-Steakpalette, hausgemachtes Pulled Pork sowie hausgemachte Nudeln, Edelbrände und Bio-Pesto aus der Region angeboten. Tipp: Das Genuss-Kisterl mit feinsten Fleischerspezialitäten. Filialen: 8010 Graz, Kaiser-Josef-Platz Stand 13-15; 8020 Graz, Lendplatz Stand 7; 8200 Gleisdorf, Ludwig-Binder-Straße 14.

Schwindhackl Cafe, Konditorei

SCHWINDHACKL CAFE, KONDITOREI
8160 Weiz, Klammstraße 5, +43/3172/2486
www.schwindhackl.at
Ganz im Zeichen von Slow Food setzt man in der Konditorei Schwindhackl auf regionale Zutaten und nimmt sich Zeit für die Herstellung süßer Köstlichkeiten, aber auch fürs Genießen. Die zahlreichen Trüffelkreationen werden in der Manufaktur mit viel Liebe zur Qualität hergestellt. Edelschokoladen, Gelataria, hausgemachte Marmeladen. Spezialitäten der Konditorei sind die Weizer Apfeltrüffel und die Steiermark Torte in 3 verschiedenen Größen. Online-Bestellung.

WEIZER SCHAFBAUERN
8160 Weiz, Obergreith 70, +43/3172/30370
www.mähh.at
Hier dreht sich alles rund ums Schaf. Artgerechte Haltung, gutes Futter und richtige Sortenwahl von Fleisch- und Milchschafen bilden die wertvollen Grundlagen für die erstklassigen Produkte aus der Genussregion Weizer Berglamm und Schaf, die hier angeboten werden. Von Milchprodukten bis zu Wurstspezialitäten, wobei der Lammrohschinken unbedingt einmal probiert werden sollte. Erlebnis- und Schaukäserei. Onlineshop!

TIROL

DIE BESTEN GENUSSLÄDEN
IN TIROL

FEINKOST
UND GREISSLEREI

TRE.CULINARIA DELIKATESSEN
6100 Seefeld, Klosterstraße 43, +43/5212/52955
www.genussgipfel-seefeld.tirol
Michael Jank und sein Team bietet eine reiche Palette an regionalen und internationalen Produkten wie Wildprodukte, Tiroler-
Grauvieh-Produkte, Trüffelprodukte, feine Gänseleber, delikate
Senfsaucen, Essige, Öle, Balsamico, Schnäpse, handgeschöpfte
Schokoladen, herzhafte Käseselektionen sowie Weine und verschiedene Spirituosen. In der Genusslounge genießt man Spitzenweine, Prosecco und Champagner aus aller Herren Länder.
Sehr zu empfehlen sind die eigens kreierten Alpentapas oder
regionales Beef Tatar. Tre.culinaria feierte im Jahr 2020 sein
10jähriges Jubiläum. Die grandiose Geschichte ist Michael Jank,
Geschäftsführer und Inhaber von Tre.culinaria zu verdanken.
2019 wurde er zum Gastronomen des Jahres gekürt und hat die
Region Seefeld zu einem Mekka für Feinkost und Weinliebhaber
gemacht. Auch der beachtliche Weinkeller mit vielen Raritäten
aus Österreich und den Best of the Alps-Regionen lassen das
Herz eines jeden Connaisseurs höherschlagen. Gerne verköstigt
man hier die Gäste im exklusiven Weinkeller mit edlen Tropfen
und delikaten Häppchen. Tre.culinaria ist eines der führenden
Top-Fachgeschäfte Österreichs mit zahlreichen Auszeichnungen
und Zertifikaten.

SUPERMÄRKTE

SPAR SUPERMARKT MAIR

6232 Münster, Dorf 499 , +43/5337/8277
www.sparmair.at

„Tradition ist nicht die Anbetung der Asche, sondern die Weitergabe des Feuers." Dieses berühmte Zitat von Jean Jaurès ist wohl das Motto von Anna Mair. Ihr Spar Makt in Münster wird bereits in vierter Generation von Familie Mair geführt und feierte 2020 das 135-Jahr-Jubiläum. Geboten wird ein umfangreiches Angebot in allen Warengruppen. Die Käsetheke lockt mit Spezialitäten wie Zillertaler Schmugglerkäse, Käse von der Sennerei Reith im Alpbachtal und Heumilchkäse der Sennerei Zillertal sowie vielen Graukäsesorten. Feine Fleisch- und Wurstprodukte von Hörtnagl und Wimpissinger, Weine und Spirituosen, frisches Brot vom Bäcker aus der Umgebung und eine wunderbar frische Obst-und-Gemüse-Abteilung, bestückt u.a. mit täglich frisch geerntetem saisonalen Gemüse von einem Bauernhof in Münster.

Regionalität und Bio werden hier besonders großgeschrieben, das Bio-Angebot zieht sich durch praktisch alle Warengruppen. Jede Woche ab Mittwoch gibt es fangfrischen Fisch. Produkte der Genussregionen: Alpbachtaler Heumilchkäse, Bregenzerwälder Käse oder Nordtiroler Gemüse, Osttiroler Berglamm oder die Stanzer Zwetschke. Einkaufen ist hier wirklich ein Genuss!

SPEZIALISTEN

DER BÄCKER RUETZ

6175 Kematen in Tirol, Sportplatzweg 2, +43/5232/2208-48
www.ruetz.at

Das Ruetz-Backhaus in Kematen ist ein beliebter Treffpunkt für alle Liebhaber und Genießer der Tiroler Brotkultur. Und das nicht erst seit gestern. Seit 1899 steht Ruetz für Qualität und besten Geschmack. Urgroßvater Ferdinand Ruetz I. begann in Kematen

mit seinem ersten Wecken, die Familiengeschichte zu schreiben. Er begründete die Ruetz-Tradition, die noch heute gelebt wird. So erzielte der Bäcker Ruetz heuer zum fünften Mal den Gesamtsieg beim Internationalen Brotwettbewerb — mit unglaublichen 30 von 30 möglichen Goldmedaillen! Übrigens gab es noch nie in der langen Tradition der Veranstaltung die volle Anzahl an Goldenen für einen Bäcker! Mit diesem Sensationsergebnis hat Tirols meistprämierter Bäcker wahrlich einen neuen Meilenstein gesetzt, was Produktqualität anbelangt. Christian Ruetz legte gemeinsam mit seinem Schwager Norbert Fagschlunger die Grundsteine für das neue Jahrtausend. Die originalen Familienrezepte sind seit über 115 Jahren die Grundlage der Brotspezialitäten. Daran wird stetig gefeilt, um immer wieder auch neue Klassiker entstehen zu lassen. Eines haben alle Ruetz Brote gemeinsam: traditionelle Vorteige, keine Zusatzstoffe und erstklassiges Handwerk. Das Ruetz-Herzstück ist und bleibt das Backhaus in Kematen.

WELTGENUSS

SARDINIENPRODUKTE
6020 Innsbruck, Innrain 15, Ursulinenpassage
+43/664/4660781
www.sardinienprodukte.at
Dieses Geschäft ist eine Liebeserklärung an Sardinien oder vielmehr an die kleine Ortschaft Seneghe. Das Angebot ist groß und

großartig, reicht von edlen Olivenölen über Artischockenmousse, Wilddisteln in Olivenöl, Antipasti, Bottarga (getrockneter Fischrogen), Pasta, Reis, Risotto, Pesto, Sugo (Wildschwein-, Artischocke-, Steinpilz etc.) u.v.m. Konfitüre, Marmeladen, Honig und was man daraus macht – von bitter bis süß. Der volle Geschmack der sardischen Macchie. Aber auch viele besondere Gewürze wie Safran und Gewürzöle werden geboten, ebenso wie hochwertige Olivenkosmetik. Wer Sardinien kennt und die Insel besucht hat, der weiß: der Mirto (oder Myrthenlikör) und der Grappa „Filu Ferru" gehören zu Sardinien. Alle Sarden lieben den Mirto, und viele machen ihn sogar selbst. Die besten Mirti ausgewählter Destillerien finden sich im Angebot. Und natürlich dürfen Panettone zu Weihnachten und Colombe zu Ostern nicht fehlen! Ein erlesenes Sortiment an feinen Weinen und Grappe sowie köstlicher Limoncello runden das Angebot genussvoll ab. Onlineshop.

AM MARKT

FRUCHTHOF – DER FRISCHEMARKT
6020 Innsbruck, Josef-Wilberger-Straße 19, +43/512/262664
www.fruchthof.com
Der Spezialitätenmarkt Fruchthof wird nicht umsonst als „Naschmarkt" Tirols bezeichnet. Fruchthof steht für höchsten Genuss, für das Streben, das Beste anzubieten und immer noch besser zu werden. Die Gemeinschaft der einzelnen Betriebe – jeder ein Spezialist in seinem Bereich – ergibt eine Partnerschaft, die ein einzigartiges Einkaufserlebnis möglich macht. Marktgefühl inklusive. Das Warenangebot reicht von feinsten und sorgfältig ausgewählten Käsesorten über eine enorme Vielfalt an Obst, auch raren Gemüsesorten, Gewürzen aus aller Welt bis zu exquisiten Essigen und Ölen, Marmeladen, Tee und Kaffee. Das Warenangebot aus den Genussregionen ist umfangreich und reicht von Ländle Apfel über Nordtiroler Gemüse bis zu Mühlviertler Bergkräuter, Waldviertler Mohn, Marchfelder Spargel und

Kittseer Marille. Als Gipfel des Genusses gelten Belon-Austern, aber auch Black-Tiger-Garnelen aus Wildfang. Verschiedene Fischsalat-Spezialitäten runden das Angebot ab. Auch das Fleischsortiment trägt das Prädikat wertvoll: schonend gereiftes Dry Aged Beef, argentinisches Campo Beef, schmackhaftes Iberico-Schwein oder französisches Edelgeflügel mit dem Label Rouge werden angeboten.

Österreich hat Geschmack

Die Geschmacks-
Agentin S.
auf der Suche nach
den besten Rezepten
Österreichs

Die Reporterin Sonja Kaiblinger begibt sich auf eine kulinarische Reise durch Österreich, um renommierte österreichische Handelsbetriebe, Restaurants und Sterne-Hotels zu besuchen.

Alle zwei Wochen geht Agentin S. auf geheime Mission um ein besonderes Rezept zu erhaschen und in ihrer geheimen Online-Datenbank auf www.ÖsterreichhatGeschmack.at zu veröffentlichen. Jeden zweiten Sonntag auf ORF III und jederzeit online auf

www.ÖsterreichhatGeschmack.at

Gerne besuchen wir auch Ihren Betrieb!
Wir freuen uns auf Ihre Kontaktaufnahme unter

info@oesterreichhatgeschmack.at

Ihr Ansprechpartner für diese Produktion:
www.product-placement.at | Tel.: +43 1 813 68 00-0

PRODUCT PLACEMENT
INTERNATIONAL

ALPBACHER DORFLADEN

6236 Alpbach, Haus Moa 173, +43/664/4729185
www.alpbachtal.at/de/region-und-orte/a-z-liste/Alpbacher-
Dorfladen_isd_136818
Der Dorfladen in Alpbach bietet eine große Auswahl an BIO-Produkten und besonderen SchmankerIn aus der Region. Von geräucherten und frischen Forellen, Bio- Heumilchkäse, verschiedenen
Ölen und Essigen, Kräutersalzen und Gewürzen bis hin zu Marmeladen und Honig, Tiroler Schokolade, Bauernhofeis, Weinen und
Edelbränden, Kräutertees und Biokosmetik. Freitag und Samstag
gibt es frisches Bauernbrot. Regionalität und Qualität mit Herz.

METZGEREI WIMPISSINGER

6321 Angath, Obere Dorfstraße 8, +43/5332/74307
www.metzgerei-wimpissinger.at
Filiale: Dorf 4, Reith im Alpbachtal. Die Verbundenheit mit der
regionalen Landwirtschaft spielt hier seit jeher eine große
Rolle. Die Rinder werden ausschließlich von Bauern aus der Region bezogen, auch das Schweinefleisch stammt zu 100 % aus
Österreich. Hergestellt werden über 70 verschiedene Wurst- und
Schinkenspezialitäten, das Angebot reicht von frischen Auf-
schnittwürsten, zarten Schinken, verschiedensten Würsteln,
hausgemachten Blut- und Leberwürsten, Streichwürsten, Sulzen
bis zu deftigen Rohwürsten – über 60 Goldmedaillen zeugen von
der hohen Qualität der Produkte.

Metzgerei Wimpissinger

MARIA'S BAUERNLADEN

6323 Bad Häring, Thiergartlstraße 1, +43/5332/72885
www.bio-angererhof.com/biobauernhofurlaub-urlaub-auf-dem-
biobauernhof.html
Im Laden von Familie Maria & Mathias Egger müssen die Produkte
zumindest in eine Kategorie passen: entweder regional produ-

ziert, biologisch oder vom eigenen Hof. Oder alles zusammen. Es
gibt Bio-Freilandeier, Eiernudeln, freitags frisches Bauernbrot,
frisches Gemüse, Ziegenmilchprodukte und Kitzfleisch. In der
Produktpalette findet man biologische Kosmetik- und Pflegeprodukte sowie Babykleidung aus Biobaumwolle, Schaf- und Ziegen-
milchseifen und Lammfellpatschen. Und ganz umsonst dazu gibt
es immer eine Top Beratung und ein freundliches Lächeln.

Bäckerei-Konditorei Margreiter

BÄCKEREI-KONDITOREI MARGREITER

6252 Breitenbach am Inn, Dorf 102, +43/5338/8856
www.baeckereimargreiter.at
Alte Handwerkskunst mit moderner Technik kombiniert. Großer
Wert wird auf heimische Rohstoffe gelegt, welche zum größten
Teil aus biologischem Anbau stammen. Für die Teigherstellung
wird belebtes Granderwasser verwendet. Das Bauernbrot, den
Welser und das Urgetreide-6-Kornbrot oder die Weinbeer-
Weckerl muss man einfach gekostet haben. Torten, Kuchen und
Schnitten, die in der hauseigenen Konditorei täglich und zu allen
Anlässen angefertigt werden, sind wahre Verführer. Filialen in
Kundl, Dorfstraße 19 und Austraße 21, Kirchbichl, Radfeld und
Reith i.A.

BÄCKEREI HIRZINGER

6364 Brixen im Thale, Dorfstraße 28, +43/5334/8102
www.hirzinger.com
Die Bäckerei Hirzinger ist ein alteingesessener Handwerksbetrieb und blickt auf 60 Jahre Bäckerhandwerk zurück.
Hauptaugenmerk wird seit jeher auf Qualität gelegt, und diese
Leidenschaft ist auch der Ansporn, nur beste Rohstoffe nach traditionellen Rezepturen zu verarbeiten. Das frische und knusprige
Angebot umfasst rund 150 herrlich duftende Brot- und Gebäcksorten, darunter Spezialitäten wie den Brixentaler Krustenlaib,
aber auch Bio-Spezialitäten wie das Bio-Roggenvollwertbrot
oder das prämierte Bio-Dinkel-Knäckebrot. Auch Innovationen
wie der Bierspitz finden sich im Angebot, und Naschkatzen wer-

den bei den vielen süßen Versuchungen wie Buchteln, Krapfen, Hirzinger Zelten – ein über die Landesgrenzen hinaus beliebtes Früchtebrot – oder dem Hirzinger Lebkuchen mit echtem Tiroler Bienenhonig sicher ebenfalls fündig. Das Personal berät charmant und mit viel Fachwissen.

DÖLSACH

KUENZ NATURBRENNEREI

9991 Dölsach, Gödnach 2, +43/4852/64307
www.kuenz-schnaps.at
Im absolut sehenswerten Hofladen des bereits seit 400 Jahren im Besitz der Familie Kuenz stehenden Erbhofes werden edelste und vielfach prämierte Brände und Liköre angeboten. Die Auswahl reicht vom mit Gold ausgezeichneten Pregler, einer alten Osttiroler Spezialität aus verschiedenen Apfel- und Birnensorten, über sortenreine Apfelbrände, Birnen-, Marillen- oder Kirsch- bis zu Vogelbeer. Fruchtliköre sowie naturtrüber Apfelsaft und Obst je nach Saison werden ebenfalls angeboten. Die neueste Kreation aus dem Hause Kuenz ist der eisblaue „ALPINE ICE GIN". Ebenfalls vom Kuenzhof kommt der Rauchkofel Whisky, der bei den World Whiskies Awards 2020 mit Gold ausgezeichnet wurde. Degustierfreunden bietet sich hier aber auch die Gelegenheit, die Kultur des Obstbrennens näher kennenzulernen und einen Einblick in die aufwendige und nach alter Tradition erfolgende Herstellung der exquisiten Produkte zu gewinnen (Reisegruppen bitte anmelden). Im Hofladen werden darüber hinaus auch Spezialitäten der Initiative „Natur aus Osttirol" angeboten.

Kuenz Naturbrennerei

EHRWALD

DORFLADEN EHRWALD

6632 Ehrwald, Kirchplatz 25, +43/664/7334 6009
dorfladen-ehrwald.at
Ein Nahversorger, der auch viele Lebensmittel aus der Region anbietet. Besonders die Backwaren werden vielfach gelobt. Das Angebot reicht von Wurst- und Käsespezialitäten regionaler Bauern über Nudeln, Pastasauce, Ölen vom Samenkönig in Gamlitz

über Spirituosen der Bergbrennerei Löwen, Tiroler Edle Schokoladen bis zu Uschi's Marmeladen. Verführerisch ist auch die „Einladung" zu Kaffee und Kuchen. Ebenso im Dorfladen zu finden sind Schafmilchseifen, Waldeseifen (alte Seifenfabrik 1777), Geschenkartikel und Souvenirs. Ein sehr freundlich geführtes kleines Geschäft. Bitte mehr davon!

ELBIGENALP

SPAR WINKLER THOMAS

6652 Elbigenalp, Elbigenalp 46 A, +43/5634/20123
de-de.facebook.com/spar.winkler
Der Spar-Markt von Thomas Winkler ist im November 2019 in ein neues Gebäude in unmittelbarer Nachbarschaft übersiedelt und bietet nun auch einen größeren Parkplatz. Und auch hier werden regionale Spezialitäten, wohin das Auge reicht, geboten. Das breite Sortiment erstreckt sich von frischem Brot und Gebäck, das von zwei Bäckern der Umgebung laufend frisch geliefert wird, über Wurstspezialitäten bis hin zu Lechtaler Käse oder den Almkäsespezialitäten von der Petersberg-Alm. Einige Schmankerln wie z.B. Grill- und Sandwichsaucen werden von den Mitarbeitern nach eigenem Rezept zubereitet und schmecken unverwechselbar. Feinkostplatten, Partyservie und das komplette Spar-Angebot garantieren eine umfassende Nahversorgung nach dem neuesten System.

ERL

ERLER BÄCK – DORFBÄCKEREI MAIER

6343 Erl, Dorf 37, +43/5373/8146
www.erler-baeck-maier.at
In dieser kleinen, aber feinen Dorfbäckerei werden seit hundert Jahren von der Familie Maier beste Backwaren, natürlich und mit Granderwasser nach alten Rezepten im Steinofen gebacken. Spezialitäten des Hauses sind das Schüttelbrot, die Almkracherl mit Dinkelvollkornmehl und Wildkräutern sowie das Fladenbrot mit Sesam und Leinsamen. Ganz im Sinne eines dörflichen Nahversorgers werden in der Feinkostabteilung auch Produkte des täglichen Bedarfs angeboten, so kommen Käse, Butter und Buttermilch von der Käserei Plangger, Ziegenfrischkäse vom Moosbauer, Wurst & Speck von der Metzgerei Schlögl und vom Schererhof. Selbst gemachte Nudeln, Bio-Eier sowie eine feine Auswahl an heimischem Saisongemüse runden das Angebot ab.

TIROLER PASTA-MANUFAKTUR

6343 Erl, Dorf 42, +43/681/10837293
www.tirolerpasta.com
Andrea Menichelli kreiert mit seinen Pasta-Rezepten „nicht bloß Nudeln", denn es braucht ein perfektes Zusammenspiel aus erstklassigen Zutaten, viel Ideenreichtum, ein großes Spektrum

an Fachwissen und ganz viel Leidenschaft und Herzblut, um qualitativ hochwertige Pasta zu produzieren. Jede Woche gibt es neue Füllungen, je nach Saison und Verfügbarkeit der frischen, regionalen Zutaten. Von Gemüsefüllungen über Käse bis Fleisch und Fisch entwickelte Andrea Menichelli in den letzten Jahren über 150 verschiedene Füllungen für Ravioli und Tortellini, die er immer wieder verfeinert. Die Herkunft der verwendeten Zutaten liegt ihm sehr am Herzen. Filiale: die SCHWÄZeria befindet sich in Schwaz, Franz-Josef-Straße 12. Onlineshop.

FIEBERBRUNN

Fleischerei Horngacher

FLEISCHEREI HORNGACHER

6391 Fieberbrunn, Spielbergstraße 29, +43/5354/5258412
www.fleischerei-horngacher.at

Handwerk und das Wissen um die Herkunft der Zutaten werden in diesem Familienbetrieb in Fieberbrunn großgeschrieben. Das breite Sortiment an Wurst, Schinken und Fleisch stammt fast durchwegs aus eigener Produktion. Heimische Qualität wie beispielsweise Lamm ist bei den Kunden besonders gefragt, auch das Rindfleisch kommt vorwiegend von regionalen bäuerlichen Lieferanten. Im Dry Ager Reifeschrank reift zartes Steakfleisch zu Gaumengenuss. Die gereiften heimischen Rinderrücken werden zu Prime Rib-, Ribeye-, Roastbeef oder T-Bone-Steaks portioniert. Aber auch Steak-Spezialitäten aus Australien, Südamerika und den USA werden geboten. Alle Wurstwaren sind allergen- und glutamatfrei. Wurstsalate und andere kleine Snacks können vor Ort verkostet werden, auch Gewürze, fertige Suppen und Nudeln kann man hier kaufen. Onlineshop, Catering & Partyservice, und der neue Fleischautomat hat 24 Stunden/7 Tage geöffnet!

FÜGEN

ZILLERTALER HEUMILCH SENNEREI

6263 Fügen, Sennereistraße 2, +43/5288/62334
heumilch.tirol

Das Zillertal steht für eine wunderschöne Naturlandschaft mit saftigen Wiesen und urigen Almen, die dank der nachhaltigen Be-

wirtschaftung durch mehr als 270 Bauern gepflegt und erhalten wird. Durchschnittlich 30 bis 50 verschiedene Arten von Gräsern und Kräutern stehen so bei den Kühen auf dem Speiseplan. Und das freut nicht nur die Kühe, denn je höher der Artenreichtum, umso höher ist auch das Aroma und die Qualität der Käse. 85 Jahre Käsetradition haben viele schmackhafte Käsesorten hervorgebracht, so z.B. den traditionellen Zillertaler Graukäse, Der Chillige, Alpenkönig, Rahmlaib, Heublumenkäse, Gipfelstürmer, Naturbutter … Es gibt hier übrigens nicht nur eine Schaukäserei, sondern auch ein Käsemuseum.

FULPMES

KRÖSBACHER HELMUT METZGEREI

6166 Fulpmes, Kirchenstraße 5, +43/5225/62225
www.metzgerei-kroesbacher.at

Krösbacher Helmut Metzgerei

Helmut Krösbacher, Österreichs erster Fleischsommelier, kennt sich mit Fleisch aus. Heimisches Fleisch wird nach alten Familienrezepten zu Stubaier Spezialitäten verarbeitet und schon der erste Blick in die Vitrine ist ein Genuss, die Auswahl und Frische der Produkte sind absolut überzeugend. Das Angebot an Wurst- und Schinkenköstlichkeiten ist überdurchschnittlich, das Fleisch – mit Spezialitäten wie Aged Beef (Dry, Aqua, Asche, Wet) – kommt ausschließlich aus dem Stubaital und aus der hauseigenen Schlachtung. Auch Nordtiroler Grauvieh sowie Almochs aus der Genussregion werden angeboten. Feine Spirituosen aus dem Stubai und Spezialöle runden das genussvolle Angebot ab. Freitags gibt es frisches Bauernbrot und samstags Frischfisch. Onlineshop.

GÖTZENS

METZGEREI SCHWEIGHOFER

6091 Götzens, Kirchplatz 11, +43/5234/32230
www.metzgerei-schweighofer.at

Traditionsmetzgerei, in der 3. und 4. Generation nach überlieferten Rezepten bestes ausgesuchtes heimisches Fleisch mit edelsten Gewürzen und fachmännischem Know-how köstliche Spezialitäten in Spitzenqualität herstellen. So kommen die Bio-Hühner aus dem Stubaital, das Kalbfleisch ist reinstes Milchkalb aus dem Tiroler Unterland, Schweinefleisch und Rindfleisch von ausgesuchter und bester Qualität kommen aus Oberösterreich. Zu Mittag kocht Juniorchef Michael herzhafte Gerichte. Ausgesuchte Delikatessen und Spezialitäten von heimischen und internationalen Produzenten ergänzen das hochwertige Sortiment.

`HALL IN TIROL`

ALPENGARNELEN

6060 Hall in Tirol, Kasernenweg 43, +43/676/835846450
www.alpengarnelen.at

Die AlpenAquaFarm ist die erste „Indoor-Aquafarm" Österreichs – hier befindet sich die Heimat der Alpengarnelen. Daniel Flock und Markus Schreiner züchten White-Tiger-Garnelen, ohne Medikamente und ohne Pestizide. Das Wasser für die Aufzucht stammt aus den Tiroler Bergen und ist reich an Mineralien und bekannt für seine ausgezeichnete Qualität. In Kombination mit hochwertigem Meersalz wird es direkt in die Aufzuchtbecken geleitet. Damit sich die Garnelen wohlfühlen, werden sie in 28 °C warmen Wasser gehalten. Die White Tigers eignen sich hervorragend für die Aufzucht in Aquafarmen. Sie überzeugen durch ihren einzigartigen süßlich-nussigen Geschmack und die knackige Konsistenz. Der Ab-Hof Verkauf ist freitags von 14:00 bis 18:00 Uh geöffnet. Onlineshop.

Alpengarnelen

DER BÄCKER RUETZ

6060 Hall in Tirol, Sparkassengasse 1, +43/5223/54828
www.ruetz.at

In der Bäckerei Ruetz wird der Genusssuchende nicht nur mit der Aussicht auf den malerischen Haller Stadtplatz, sondern auch mit Frische und Qualität überrascht und verführt. Man findet eine große Auswahl an frischem, herrlich duftenden Brot und Gebäck, wie z.B. den Tiroler Krustenlaib, den Tiroler Ruetz-Wecken oder

das Ruguette sowie saisonale Kuchenschnitten und sündhaft gute Krapfen mit Vanille- oder Eierlikörfüllung. Die breite Palette an Kleingebäcken wird mehrmals täglich frisch gebacken, und auch feines Frühstück wird hier angeboten.

FEINKOST SCARTEZZINI

6060 Hall in Tirol, Amtsbachgasse 1, +43/5223/57283
scartezzini.com

Feinkost Scartezzini

Seit über 115 Jahren betreibt Familie Scartezzini das Lebensmittelgeschäft in Hall. Die italienischen Wurzeln liegen zwar über 100 Jahre zurück – trotzdem herrscht noch dieselbe Atmosphäre in diesem kleinen Laden – familiär, stimmungsvoll und gemütlich. Die genussvolle Auswahl in der Feinkosttheke reicht vom Bergkäse Alpe Lizum, Gamskaminwurzen, frischen Aufstrichen und Salaten bis zum italienischen Prosciutto, welcher für Gaumenfreuden sorgt. Aus der eigenen Imkerei gibt es Honig von Scartezzini's Bienen und weitere Produkte vom Bienenvolk. Aber auch Spezialitäten aus dem Burgenland von „dazu" oder der in Zusammenarbeit mit der Wildkaffee Rösterei kreierte „Hausblend" verführen zu mehr. Großartig. Catering-Service.

GUTES AUS DER NATUR

6060 Hall in Tirol, Eugenstraße 7, +43/5223/4594413

Nomen est Omen. In diesem originellen Geschäft in einem wunderschönen Gewölbe schlägt das Herz des Feinschmeckers höher. „Gutes aus der Natur" ist spezialisiert auf Wein aus Österreich. Die Palette an Edelbränden und Likören von Kuenz erfreut anspruchsvollste Genießer. Aber auch das Fleischpaket vom Tuxer Jahrling weiß von der Qualität zu überzeugen. Eine wahre Gaumenfreude sind die Senf Spezialitäten von Lustenauer Senf und Defregger Senf. Die Auswahl an Süßem ist klein, aber fein: Bio Naschfrüchte umhüllt mit Fair-Trade-Schokolade und ein feines Sortiment an Tiroler-Edle-Schokoladen. Erlesene Öle von Hartl wie Hanfsamen- oder Haselnussnöl und Essige von Goelles wie Tomaten- oder Bieressig und von Hartlieb wie Quitten- und Schilcheressig sind hier ebenfalls erhältlich. Feines Brot und Gebäck stammen von der Vollwertbäckerei Hauber.

HALLER BAUERNMARKT

6060 Hall in Tirol, Oberer Stadtplatz, +43/676/719 9799
www.hall-wattens.at/de/maerkte.html

Haller Bauernmarkt

Seit über 30 Jahren ist der Bauernmarkt am Oberen Stadtplatz in Hall wöchentlicher Treffpunkt für Ernährungsbewusste und Genießer regionaler Produkte, die hohe Qualität und charmantes Flair schätzen. Angeboten werden Genussprodukte aus bäuerlichen Familienbetrieben, von knackigem Gemüse und Obst, frischen Milchprodukten, selbst gemachtem Brot oder Marmeladen bis hin zu Honig, Fisch-, Fleisch-, Speck- oder Wurstspezialitäten und Blumen – was auf den heimischen Feldern und Gärten wächst, kann beim Haller Bauernmarkt jeden Samstag von 9:00 bis 13:00 Uhr direkt verkostet und gekauft werden.

HÖRTNAGL – JENS BECKER

6060 Hall in Tirol, Wallpachgasse 10, +43/5223/54294
www.hoertnagl.at

Die Filiale in der Haller Altstadt wurde rundum renoviert und begeistert mit modernem Design. Seit 20 Jahren führt Jens Becker diese Hörtnagl-Filiale als Franchise-Partner – Wurst und Fleisch wird in großer Auswahl und bester (teilweise Bio-) Qualität perfekt präsentiert. Neben der geschmackvollen und umfangreichen Schinkenauswahl stechen auch die zahlreichen Würste, wie z.B. die Halberstädter oder die Bauernkrainer, ins Auge. Beim Fleisch – das von bäuerlichen Betrieben aus der Region bezogen wird – dominieren Regionalität und Saison. Auch Produkte aus den Genussregionen wie Nordtiroler Grauvieh Almochs oder Osttiroler Berglamm finden sich im Programm. Feinkost-Salate von Dahlhoff bereichern das Angebot. An der heißen Theke gibt's Deftiges: Stelzen, Schweineripperln oder auch ein Grillhendl. Ein Genuss!

INNSBRUCK

BÄCKEREI KRÖLL

6020 Innsbruck, Riesengasse 9, +43/512/588074
www.facebook.com/BaeckereiKroell

Jahrelange Erfahrung, das nötige Know-how, die eigene Backstube, die Liebe zum Beruf, und natürlich beste Qualität, beschreibt diese Bäckerei schon mal ganz gut! Das kleine, gemütliche Geschäft in der Riesengasse im Herzen der Innsbrucker Altstadt zieht nicht nur treue Kundschaft in die Innenstadt, sondern begeistert auch vorbei gehende Passanten. Die Backstube befindet sich direkt neben dem Geschäft und verzaubert, besonders in den Morgenstunden, die Innenstadt mit dem Geruch von frisch gebackenem Brot. Wenn man früh genug auf den Beinen ist, kann man durch das große Fenster den Bäckern bei der Arbeit zusehen. Besonders beliebt ist das Fenster am Wochenende bei den Nachtschwärmern. Mein Tipp: Vanille-Apfeltaschen.

BÄCKEREI MOSCHEN KG

6020 Innsbruck, Schillerstraße 1, +43/512/571893
www.moschen-baeckerei.com

Bäckerei Moschen

Qualität und Backhandwerk werden hier geschmackvoll seit 1965 täglich aufs Neue gelebt. In der Backstube werden täglich über 60 Sorten Brot hergestellt. Man setzt auf althergebrachte, verfeinerte Rezepturen und Rohstoffe von heimischen Lieferanten. Das Sortiment umfasst u.a. Dinkelbrot, ein nach altem Rezept hergestelltes Sauerteigbrot, oder das Powerbrot, aber auch Kleingebäck sowie italienische Brotspezialitäten wie Ciabatta oder Vinschgerln. Das Balance Brot aus 90 % Roggenvollkorn und 10 % Dinkelvollkornmehl verführt nicht nur Figurbewusste. Im Angebot findet sich auch ein „Kuchen des Tages", Zitronen-Mohntörtchen und Feingebäck. Je nach Saison wird man aber auch süß mit Apfel-, Rhabarber- oder Marillenstrudel verführt. Die freundliche, kompetente Beratung und die Kostproben erleichtern die Auswahl. Filialen: Bozner Platz 2, Pradlerstraße 34.

BIERWELT.TIROL

6020 Innsbruck, Marktgraben 2, +43/677/61158171
www.bierwelt.tirol

Die Bierwelt.Tirol ist seit 2013 das Zentrum für alle Bierliebhaber in Innsbruck. Mit großem Engagement wird daran gearbeitet,

Genuss und Vielfalt auf neue Weise zu kultivieren. Über 3.000 Biersorten haben Einzug in das Geschäft im Zentrum von Innsbruck gefunden, aber nur die Auserlesensten wurden in das Stammsortiment übernommen, denn Bier ist nicht gleich Bier. Mit Passion und Kompetenz ist man auf traditionelle Biere sowie internationale Craftbiere spezialisiert, man arbeitet mit kleinen Spezialbrauereien zusammen und importiert das Bier selbst.

BIO-BAUERNLADEN HAUS IM LEBEN

6020 Innsbruck, Amberggasse 1, +43/660/9253056
www.gutefruecht.at/bio-bauernladen-innsbruck

Ein saisonales und vielfältiges Angebot aus nachhaltiger und transparenter landwirtschaftlicher Produktion – von Gemüse über Obst, Milchprodukte, Eier, Nudeln, Honig, Tee, Fleisch, Getreide, Säfte und vielem mehr reicht die Produktpalette im Bio-Bauernladen Haus im Leben. Die Basis dafür bildet der BIO AUSTRIA-Qualitätsstandard. Ein Geschäft und eine Plattform für biologische Landwirte aus Tirol. Bei Wein hat man eine weiter gefasste Definition von Regionalität und hat Bio-Wein vom Biohof Klampfer aus Eisenstadt im Angebot.

BRUNO'S FRUCHTINSEL

6020 Innsbruck, Herzog-Siegmundufer 1 - 3
+43/699/17093019
www.markthalle-innsbruck.at/wir-sind-markthalle/brunos-fruchtinsel

Dem regelmäßigen Markthallenbesucher ist Bruno Stampfer und seine Fruchtinsel ein Begriff. Bruno's Fruchtinsel verführt zu heimischen und exotischen Köstlichkeiten. Produkte aus den Genussregionen Stanzer Zwetschke, Oberländer Apfel, Nordtiroler Gemüse, Wachauer Marille sowie Marchfeldspargel, Trockenfrüchte und Nüsse, aber auch Kürbiskernöl, Bio-Olivenöl und eine Auswahl feiner Marmeladen ergänzen das umfangreiche Sortiment.

DER BÄCKER RUETZ

6020 Innsbruck, Maria-Theresien-Straße 18, +43/512/573672
www.ruetz.at

Ein Bäckerei-Café in gewohnt bewährter Ruetz-Qualität. Die Lage in den Innsbrucker Rathausgalerien ist praktisch. Geboten wird ein vielfältiges Angebot an täglich frischen Brot- und Gebäckspezialitäten sowie frisch zubereiteten Snacks und köstlichen Kuchenschnitten.

DIE BROTBUBEN

6020 Innsbruck, Museumstraße 37a, +43/512/584063
www.brotbuben.at

Filialen Innsbruck: Museumstr. 10 und 37; Andechstr. 76; Josef-Wilbergerstr. 19 (Fruchthof); Fischnalerstr. 10 a; Hunoldstr. 3; Innrain 9; Leopoldstr. 9. Bei den „Brotbuben", das sind Markus Lener und Alfred Unterwurzacher, werden über 100 Brotsorten, „Produkte mit Charakter", angeboten. Ein Stück Tradition, das nur enthält, was sich der Kunde auch erwartet: hochwertige Zutaten und keine geschmacksverstärkenden Zusätze. Dafür wertvolles mineralstoffreiches Keimlingsmehl und unraffinierte Natur-Sole. Krapfen werden hier noch händisch aus Butterteig hergestellt. Die Beratung ist freundlich und kompetent, der Einkauf ein echter Genuss.

FISCH PEER

6020 Innsbruck, Herzog Siegmund Ufer 1-3 (Markthalle)
+43/512/572562
www.fischpeer.at

Frische ist das Zauberwort! Der Fisch kommt von den größten Fischmärkten Europas wie dem Großmarkt Rungis in Paris – dem größten Fischmarkt vom Mittelmeer bis zum Atlantik – oder aus Bremerhaven für Fischspezialitäten aus dem Nordatlantik. Frische garantiert auch der kurze Transportweg vom großen Fischhafen in Chioggia in Italien direkt zu Fisch Peer. Aus den heimischen Gewässern finden sich z.B. Forellen aus dem Passeiertal oder Seesaiblinge. Aber auch King Crab, Wolfsbarsch aus Wildfang, Red Snapper, frische französische Austern und bester norwegischer Lachs aus der eigenen Peer-Räucherei finden sich im Sortiment sowie täglich viele frisch zubereitete Fischsalate.

Fisch Peer

FRUCHTHOF – DER FRISCHEMARKT

6020 Innsbruck, Josef-Wilberger-Straße 19
+43/512/262664
www.fruchthof.com
Gewinner des Genuss Guide Award 2023, „Bester Genussladen in Tirol"/Kategorie Am Markt, siehe Seite 276.

Fruchthof – Der Frischemarkt

FÜRBASS FEINKOSTMEILE

6020 Innsbruck, Amraser-See-Straße 56a, +43/512/325-513
www.fuerbass.cc
Seit 1893 ist das Tiroler Traditionsunternehmen im Bereich von Geflügel und Wildspezialitäten und Lammfleisch bemüht. Dabei wird großer Wert auf Frische, Qualität, Bio und Regionalität gesetzt. Aus artgerechter Haltung bzw. der freien Wildbahn entstammen sowohl das Bio Geflügel, Kaninchen, auch saisonal Wild. Das Lammfleisch wird ausschließlich und exklusiv aus der Nationalparkgegend Hohe Tauern bezogen, saisonal gibt es auch Bio-Milchlamm und Ziegenkitz. Die Beratung ist freundlich und kompetent. Sehr zu empfehlen: Das große Imbissangebot.

GOTTARDI WEINHANDLUNG UND WEIN-VERSAND

6020 Innsbruck, Heiliggeiststraße 10, +43/512/584493
www.gottardi.at
Das traditionsreiche Familienunternehmen präsentiert eine genussvolle Auswahl an über 300 heimischen und internationalen Weinen. Auch „Weinneulinge" werden bei Gottardi nicht alleine gelassen, sondern mit hilfreichen Informationen und Tipps durch das umfassende und vielseitige Angebot begleitet. Daneben gibt es noch ein kleines, aber feines Angebot an Sherry, Portwein und Grappa. Tipp: Jeden Tag wird hier ein anderer Wein verkostet!

GREENROOT

6020 Innsbruck, Marktgraben 14, +43/660/2400824
www.greenroot.at
Verpackungsfrei in Innsbruck. Greenroot betrachtet Nachhaltigkeit aus unterschiedlichen Perspektiven. Für Inhaber Egin Dogan

ist Nachhaltigkeit mehr als Müllvermeidung, denn hinter dem Begriff steht auch Fairer Handel, biologische Landwirtschaft, Urgetreide, Permakultur, Regionalität und vieles mehr — und auch die Solidarität mit den Bauern. Geboten wird ein reichhaltiges Angebot an Nüssen, Gewürzen, Getreide, Reis, Müsli und Trockenfrüchten, Schokoladen, Nudeln & Pasta, selbstverständlich in Bioqualität, sowie Demeter Milchprodukte und vieles mehr.

HÖRTNAGL

6020 Innsbruck, Burggraben 4-6, +43/512/59729
www.hoertnagl.at
Seit 160 Jahren ist der Name Hörtnagl in Tirol mit Genuss verbunden. Es wird ausschließlich Fleisch von Tieren verarbeitet, die in Tirol bzw. Österreich geboren und aufgewachsen sind und dort auch geschlachtet wurden. Denn zu wissen, wo's herkommt, ist bei Hörtnagl ebenso höchster Anspruch, wie die Veredelung des Fleisches zu besten Wurst-, Schinken- und Speckspezialitäten. In der Feinkostvitrine reihen sich aromatische Käsesorten, Spezialitäten aus den Genussregionen (Bregenzer Alp- und Bergkäse, Großwalsertaler Bergkäse, Jagdberger Heumilchkäse) und internationale Größen an Wurst- und Schinkenspezialitäten. Schokoladig süß verführen heimische Anbieter mit den verschiedensten Sorten. Obst und Gemüse wird vom geschulten Personal betreut. Besondere Gustostückerln sind auch die Brote von regionalen Bäckern sowie Bio-Kräutertees. Das Weinangebot lässt keine Wünsche offen.

Hörtnagl

HOUSE OF TEA & COFFEE

6020 Innsbruck, Kiebachgasse 2, +43/664/1602737
tee-kaffee-shop.com

Das House of Tea & Coffee ist aufgrund der Passion von Hans Friembichler für Tee entstanden. 1999 gründete er mit viel Fachkenntnis und einer tiefen Liebe zu Tee das Spezialitätengeschäft House of Tea & Coffee. Eine feine Auswahl an Honig, Kandis- und Rohzucker sowie Tee-Zubehör ergänzen das Angebot optimal. Nach dem Umbau 2019 erstrahlt das Geschäft in neuem Glanz und der kleine Gastgarten lädt dazu ein, die wunderbaren Tees und Kaffees in der ruhigen Seitengasse der Innsbrucker Altstadt zu genießen. Onlineshop!

INVINUM

6020 Innsbruck, Innrain 1, +43/512/575545
www.invinum.com

In der Weinbar und Vinothek INVINUM in der Altstadt von Innsbruck eröffnet sich dem Besucher die feine Welt exquisiter Weine, sowohl von jungen, aufstrebenden Weinbauern, als auch von Top-Winzern. Ausgesuchte Klassiker, spritzige Neuheiten und feinste Tropfen aus Österreich lassen das Herz des vinophilen Kenners und jener, die es werden wollen, höherschlagen. Hausherr Diplom-Sommelier Dietmar Pfister bietet geführte Verkostungen, bei denen er nicht nur sein umfassendes Weinwissen mit den Teilnehmern teilt, sondern auch Insidertipps für Einsteiger

parat hält. Die INVINUM-Weinverkostung beinhaltet sieben verschiedene Weine, bei der sensorisch geführten Verkostung für Gruppen werden insgesamt zehn Weine verkostet (Anmeldung über Formular auf der Homepage). Ein weiteres Geschäft, VINUM IN Bar Café, befindet sich am Herzog-Siegmund-Ufer 1-3 in Innsbruck.

KRÖLL – STRUDEL CAFE

6020 Innsbruck, Hofgasse 6, +43/512 574347
www.strudel-cafe.at

Kröll – Strudel Cafe

Hier dreht sich alles um Strudel. Und die sind richtig gut. Man lässt sich hier aber auch gerne zu süßem Gebäck, hausgemachten Marmeladen und Croissants mit verschiedenen Füllungen verführen. Und sogar Eier von „glücklichen Hühnern" vom eigenen Hof werden angeboten.

MARKTHALLE INNSBRUCK

6020 Innsbruck, Herzog-Siegmund-Ufer 1-3, +43/512/4004404
www.markthalle-innsbruck.at

Genuss im Herzen von Innsbruck – ein beliebter Treffpunkt für Feinschmecker und Genießer. In der Markthalle erlebt man Vielfalt mit zahlreichen Frischanbietern unter einem Dach. Regionale Köstlichkeiten treffen hier auf internationale Spezialitäten und selbstverständlich Schmankerl aus ganz Österreich. Feinschmecker kommen in der Markthalle Innsbruck ganz sicher auf ihre Kosten.

MARTIN STAUDER OBST UND GEMÜSE

6020 Innsbruck, Pradlerstraße 55, +43/512/341187
www.obst-stauder.at

Bereits seit dem Jahr 1924 überzeugt der Familienbetrieb Stauder mit verführerisch frischem Obst und knackigem Gemüse. Von einer großen Auswahl an Nordtiroler Gemüse über die Stanzer Zwetschke bis hin zu exotischen Früchten und vielfältigen Kräutern findet sich alles, was das Genießerherz begehrt. Besonders geschätzt wird auch das vielseitige Angebot an Trockenfrüchten, Backzutaten und verschiedensten

Nüssen, die auf Wunsch frisch gerieben werden. Unter dem Titel „Italia & Amore" werden hochwertige, traditionelle italienische Naturprodukte angeboten, die nicht nur großartig schmecken, sondern zudem gesunden Genuss versprechen. Wöchentlich gibt es frischen Büffelmozzarella aus Rohmilch und Pasta direkt aus der Manufaktur im Piemont. Aus dem Süden kommen auch die Gourmet-Bergapfelsäfte von Thomas Kohl, die der Südtiroler exklusiv bei Stauder vertreibt.

NIEDERWIESER OBST UND GEMÜSE
6020 Innsbruck, Museumsstraße 19, +43/512/588406-1
www.niederwieser.tirol

Niederwieser Obst und Gemüse

„100 Prozent regional und weltweit das Beste", ist das Credo von Niederwieser in Innsbruck. Eine unglaubliche Auswahl an heimischen, aber auch exotischen Früchten, überzeugt einfach. Frische Trüffeln aus Alba sind täglich von November bis Jänner erhältlich. Aus den Genussregionen gibt es Nordtiroler Obst und Gemüse wie Stanzer Zwetschke, Haiminger Äpfel, Thaurer und Rumer Gemüse sowie Oberinntaler Erdäpfel oder Marchfelder Spargel. Großes Augenmerk wird auf die enge Zusammenarbeit mit den heimischen Bauern gelegt. Selbst gekochte Spezialitäten wie Polenta, Spargelrisotto oder Gemüselasagne machen Appetit auf mehr und man erhält auch immer den passenden Weintipp!

SARDINIENPRODUKTE
6020 Innsbruck, Innrain 15, Ursulinenpassage
+43/664/4660781
www.sardinienprodukte.at
Gewinner des Genuss Guide Award 2023, „Bester Genussladen in Tirol"/Kategorie Weltgenuss, siehe Seite 276.

Sardinienprodukte

SÜSSWAREN RAJSIGL
6020 Innsbruck, Maria-Theresien-Straße 18, +43/512/587487
Ein kleiner, süßer Laden im wahrsten Sinne des Wortes, mit einer riesigen Auswahl an außergewöhnlichen Verführungen für Naschkatzen. Eine große Vielfalt von Schokoladen, darunter die handgeschöpften Schokoladen von Pichler aus Osttirol, die Tiroler Edle aus Landeck, Berger aus Lofer und noch viele mehr lassen die Herzen und natürlich die Gaumen von süßen Genießern höherschlagen. Neben einem umfangreichen Angebot an erlesenen offenen Pralinen von Lauenstein und Coppeneur verführen heimische Produkte der Firmen Wenschitz und Bachhalm sowie verschiedenste Sorten Zotter-Schokoladen. Freundlich, hilfsbereit und kompetent!

TIROL MILCH MARKT
6020 Innsbruck, Valiergasse 15, +43/664/6106820
www.tirolmilch.at
Alle Tirol Milch Produkte sind aus 100 % bester Tiroler Bergbauernmilch hergestellt. Das zeigt sich selbst bei der Bergbutter, die aus dem Rahm der Tiroler Bergbauernmilch hergestellt wird, ebenso wie Buttermilch, Topfen und Joghurt. Das Herzstück ist natürlich der Käse, der hier in einer unglaublichen Geschmacksvielfalt geboten wird, so z. B. der Alpzirler, der Tiroler Adler, der Tiroler Felsenkeller oder das Tirol Milch Höhlentrio, das im Kitzbüheler Felsenstollen zu wahren Spezialitäten veredelt wird.

TIROLER SPECKERIA
6020 Innsbruck, Hofgasse 3, +43/512/562068
www.speckeria.at
Speck ist ein Stück Tiroler Lebensgefühl, und schon beim Betreten des Geschäfts duftet es fantastisch nach geräuchertem

Schinken und Kaminwurzen. Die Speckeria in der Altstadt von Innsbruck hat sich der Tiroler Speck-Tradition in all ihren geschmackvollen Varianten wie z.B. Schinkenspeck, Kaiserspeck oder Karreespeck verschrieben. Aber auch geräucherte Würste, Bergkäse und das Schnapserl gehören zu Tirol, wie die beeindruckenden Berge mit ihren saftigen Almwiesen im Sommer und tiefverschneiten Hängen im Winter. Produziert und gereift nach traditionellen Rezepten, bietet die Speckeria ein vielfältiges Angebot für Mitbringsel und die perfekte Erinnerung an Tirol. Das Sortiment reicht von Teufels-Würstel, Hirschschinken, Wildschweinschinken, Schweinefilet geräuchert und Salami bis hin zu Schüttelbrot, Marmeladen u.v.m. Für den Hunger zwischendurch wird die typische Tiroler Brettljause mit der ganzen Vielfalt des Tiroler Geschmacks serviert. Neben ausgesuchten Bauernschnäpsen sind handselektierte Genüsse wie Südtiroler Speck, Salamis von Hirsch, Reh und Gams und viele andere Spezialitäten erhältlich.

TOLLINGER KÄSE
6020 Innsbruck, DEZ Einkaufszentrum Innsbruck, Amraser-See-Straße 56a, +43/512/345917
www.kaese-tollinger.at
Das Käsefachgeschäft bietet neben einer großen Auswahl an regionalen- und Bio-Spezialitäten auch internationale Besonder-

Tollinger Käse

neys, Honig, Wein, Speck, Schüttelbrot und Schnaps ergänzen die hervorragende Auswahl an Käsespezialitäten. Geschenkkörbe und -boxen werden mit den vielen Köstlichkeiten gefüllt und liebevoll für jeden Geschmack und Anlass verpackt. Freundliche und kompetente Beratung. Wir vom Genuss Guide sagen „Cheese"!

TYROLER GLÜCKSPILZE
6020 Innsbruck, Karmelitergasse 21, +43/512/251066
gluckspilze.com/Pilzshop-Innsbruck
Mit einer reichen Fülle an biologisch produzierten Vital- und Speisepilzen unsere Ernährung bunt und abwechslungsreich zu gestalten – das ist die Vision der Tyroler Glückspilze. Man will die herrlich duftenden Schwammerlgerichte aus Großmutters Küche mit neuen und wiederentdeckten Pilzsorten neu aufleben lassen. Dafür wurde eine eigene Pilzzucht gegründet. Zu kaufen gibt es verschiedene frische Pilze wie Schopftintling oder Shiitake ... Und alles rund um den Pilzanbau im Garten und im Gewächshaus. Bücher für Kochen mit Pilzen sind ebenfalls erhältlich. Onlineshop.

ISCHGL

BÄCKEREI KONDITOREI KURZ
6561 Ischgl, Dorfstraße 53, +43/5444/5211
www.baeckerei-kurz.at
Die Tradition des Brotbackens wird hier nach wie vor gelebt, und das schmeckt man auch. Spezialitäten wie das Dinkelkrustenbrot aus 100 % hellem Dinkelmehl, Breatli, Ruchbrot oder die verschiedenen Pain Paillasse-Spezialitäten muss man einfach probiert haben. Auch das Bio-Angebot überzeugt den Gaumen, vervollständigt wird die Genusspalette mit Torten, feinen Krapfen und Strudeln, gefüllten und ungefüllten Lebkuchen sowie einer kleinen Auswahl an Marmeladen und Honig. Bis heute ist die Bäckerei Kurz ein Familienbetrieb geblieben, freundlich und kompetent wird hier mit viel Liebe zum Handwerk gearbeitet.

PLANGGER DELIKATESSEN
6561 Ischgl, Dorfstraße 79a, +43/5444/20142
www.plangger.net
Plangger steht seit über 100 Jahren für Genuss und herausragende Qualität. Innovationen von heimischen Käseproduzenten, Champagner- oder Safran-Edelschimmelkäse sowie ein großes Sortiment an Grand Crus sind ebenso zu finden wie Hirsch-, Gams-, Steinbock- oder Rehschinken, Salami von Mufflon oder Gämse, Wildschinken und Wildwurzen und Produkte vom Tiroler Grauvieh. Aus den Genussregionen findet man Paznauner Almkäse, Bregenzerwälder Alp- und Bergkäse, Steirisches Kürbiskernöl oder Käferbohnen und Produkte von der Stainzer Zwetschke. Die bestens ausgestattete Vinothek hält feine internationale Weine und Weine von regionalen Winzern, wie der Tiroler Walzer von Claus Aniballi, bereit.

heiten und Klassiker sowie hausgemachte feine Aufstriche, Milch, Butter, Joghurt – alles da. Geschenkkörbe und -boxen für jeden Geschmack, gefüllt mit vielen Köstlichkeiten wie Marmelade, Chut-

ITTER

GENUSSWELT ITTER

6305 Itter, Alte Bundesstraße 2, +43/664/8562192
www.genusswelt-shop.com
Kulinarische Köstlichkeiten aus der Region mit bester Qualität: über 120 „AGER-Produkte" des Inhabers Josef „Pepi" Ager, wie Speckspezialitäten, Wildschinken und Wildfleisch. Das Käsesortiment ist vom Allerfeinsten. Der Bergkäse von der Käserei Plangger ist in allen Altersstufen ein Gedicht, auch die verschiedenen „Käse Rebellen" sind sehr zu empfehlen. Kombinieren Sie Ihren Käse mit feinsten Saucen der Tiroler Früchteküche, deftigen und süß-sauren Saucen der Spezerey, süßen Chutneys von Fink oder würzigen Senfsaucen von Fischerauer & Plangger. Neben hausgemachten Nudeln beinhaltet das Sortiment Schokoladiges – feinste Variationen von Berger, Pralinen u.v.m., Schnaps und Edelbrände, ein handverlesenes Wein- und Biersortiment, Marmeladen, Pestos, Chutneys, Kürbiskernöle ... Genuss pur! Dazu steht täglich frisch gebackenes Brot, Semmeln, Brezen und Vinschgerln auf dem Programm. Und Sie finden individuelle Geschenkideen zu jedem Anlass. Eine weitere Genusswelt befindet sich in Rattenberg: Genusswelt Rattenberg/Felsengrotte, Südtiroler Straße 33, +43/664/8562193.

Genusswelt Itter

JOCHBERG

KRIMBACHER METZGEREI

6373 Jochberg, Dorf 7, +43/5355/5223
www.metzger-kitzbuehel.at
Als Familienbetrieb steht die Metzgerei Krimbacher seit 1919 für Frische, Qualität und besten Service. Hier werden neben dem klassischen Speck- und Schinkensortiment auch Selchwaren, Sulze, Speck und Würstel vom heimischen Hirsch, Gams und Reh noch selbst hergestellt. Aber auch Produkte vom Mangalitza Wollschwein wie Frischfleisch, Speck, Schinken, Rohwurst, Sulze und Bratwürste überzeugen. Frische Freiland-Bauernhendl sind auch fertig gegrillt bestellbar. Da es neben der Metzgerei auch eine Gaststube und Café gibt, findet man bei Krimbacher´s auch hausgemachte Kuchen, Torten, Süßspeisen, handgemachte

Schokolade, Pralinen, hausgemachte Marmeladen und Liköre. Zahlreiche Produkte von den umliegenden Bauern sowie aus den Genussregionen runden das Sortiment ab.

Krimbacher Metzgerei

KEMATEN IN TIROL

DER BÄCKER RUETZ

GENUSS GUIDE AWARD 2023

6175 Kematen in Tirol, Sportplatzweg 2
+43/5232/2208-48
www.ruetz.at
Gewinner des Genuss Guide Award 2023, „Bester Genussladen in Tirol"/Kategorie Spezialisten, siehe Seite 275.

Der Bäcker Ruetz

WILDER KÄSER

6382 Kirchdorf/Gasteig, Schwendtner Straße 76
+43/5352/ 63666
www.wilder-kaeser.at

Bernd Widauer, der Wilde Käser, ist ein Original, ein Tiroler mit „Laib und Seele", der die wertvollen Qualitäten seiner Heimat in seinen Käsespezialitäten nach alter Tradition verarbeitet. Die Schaukäserei mit 400 m² Schauraum ist einen kulinarischen Ausflug wert. Hier kann man den handveredelten Köstlichkeiten beim Reifen zuschauen und allerlei Käse-Geschichte(n) erfahren. Herzstück ist das original erhaltene 500 Jahre alte Bauernhaus mit Verkostungsstüberl. Im Bauernladen finden Sie die besten Produkte der Tiroler Bergwelt: herzhafte Kaminwurzen & Bauernspeck, feinste Marmeladen, Tiroler Edelbrände und Destillate, Honig, Schokoladen … und natürlich den würzigen Tiroler Alpen-Weichkäse (großer Stinker) und den milderen Tiroler Berg-Camembert (kleiner Stinker) oder den Almkräuterkäse sowie den Steinbeißer und noch vieles mehr. Die Käsespezialitäten gibt es auch im Online-Bauernladen.

METZGEREI HUBER

6370 Kitzbühel, Bichlstraße 14, +43/5356/62480
www.huber-metzger.at

Qualität lohnt sich! Nach diesem Motto arbeitet das Traditionsunternehmen Huber seit über 200 Jahren in der Herstellung der vielfach ausgezeichneten traditionellen Kitzbüheler Spezialitäten wie Speck, Schinken sowie Rohwürsten. Als Kitzbüheler Traditionsmetzgerei gehören Schinken und Speck zum Kernsortiment. Die Original Kitzbüheler Spezialitäten werden allesamt in der hauseigenen Produktion aus österreichischem Qualitätsfleisch hergestellt. Aber auch das angebotene Frischfleisch macht Lust auf Genuss. Rind, Kalb, Lamm und Schweinefleisch bezieht der Familienbetrieb von über 100 Landwirten direkt aus der Region. Das umfangreiche Angebot wird durch hausgemachte Produkte wie Grillsaucen ergänzt und durch eine feine Auswahl an Essig, Ölen sowie Teigwaren und Getränken abgerundet. Eier, Milch und Brot sind ebenfalls aus der Region. Nicht zuletzt die ausgezeichnete Beratung und freundliche Bedienung machen den Einkauf hier zu einem Erlebnis. Onlineshop: tirolspeck-shop.com

PLANGGER

6370 Kitzbühel, Im Gries 20, +43/5356/21021
www.plangger.net

Plangger Delikatessen

Neben einem speziellen „regionalen Sortiment" aus Tirol, Südtirol und Graubünden wird den internationalen Gästen auch ein hochwertiges Delikatessensortiment aus aller Welt angeboten. Großer Wert wird auf die handwerkliche Herstellung der Produkte gelegt. Unbedingt probieren muss man die Alpentapas, die Käsevariation oder das herzhafte Beef Tatar. Die bestens ausgestattete Vinothek hält feine internationale Weine und Weine von regionalen Winzern, wie der Tiroler Walzer von Claus Aniballi, bereit. Onlineshop.

TUTTO ITALIA

6370 Kitzbühel, Hinterstadt 16, +43/5356/72244
www.tuttoitalia.at

Ein kleines Stück Italien im Herzen von Kitzbühel. Hier findet der Italienliebhaber alles, was sein Herz begehrt. Im Feinkostbereich werden verschiedene Schinkenspezialitäten und Salami, Antipasti und natürlich Käse von der Burrata bis hin zum gereiften Montasio geboten. Die Auswahl an italienischen Weinen überzeugt ebenso wie das Pastasortiment, bei Olivenölen und Essigen bleibt auch kein Wunsch offen. Abgerundet wird das Sortiment durch feine Zotter Schokoladen und feinste Confiserie. Einkaufen und gustieren in typisch italienischer Atmosphäre bei besonders freundlicher Beratung.

KÖSSEN

KAISERWINKL SENNSTUBE

6345 Kössen, Mühlbachweg 3, +43/5375/5331
www.almsenner.at

Naturnähe, Nachhaltigkeit und langjährige Erfahrung sind das Geheimnis der Käsespezialitäten der Kaiserwinkl Sennerei Kössen, die ein Zweigbetrieb der Pinzgau Milch in Maishofen ist. Die Milch von rund 60 Bauern aus der Region wird täglich zu Käse verarbeitet. Im Sennereiladen in Kössen kann man sich von der Vielfalt der köstlichen Almsenner Käsespezialitäten überzeugen, Käseliebhaber haben die Qual der Wahl zwischen dem Almsenner Almfeuer, Almsenner Glocknerkönig, dem Senn-, Berg- oder Almhüttenhüttenkäse … Aber auch der Frühlingsblütenkäse oder der Pinzgauer Bauernkäse überzeugen. Neben einer erlesenen Auswahl an hochwertigen Milch- und Käseprodukten werden viele weitere regionale Spezialitäten wie Speck, Honig und feine Brände angeboten.

KRAMSACH

PRÜGELTORTEN MADER

6233 Kramsach, Winkl 63, +43/5337/64977
www.pruegeltorten.at

Prügeltorten Mader

Die Originale Tiroler Prügeltorte ist eine besondere Spezialität, die im Hause der Familie Mader nach ursprünglichem Rezept hergestellt wird. Während der zweistündigen Backzeit ist ein gefühlvolles Drehen und gleichmäßiges Beträufeln wichtig, denn nur so erhält die Prügeltorte am Ende ihr Aussehen mit den charakteristischen Spitzen. Jede Prügeltorte ist ein Unikat und wird von Hand geschnitten. Enthält keine Konservierungsstoffe und bleibt kühl und trocken gelagert über mehrere Wochen frisch.

KUFSTEIN

1. VOLLWERTBÄCKEREI HEIDI HAUBER

6330 Kufstein, Arkadenplatz 1, +43/5372/62168
www.vollwertbaeckerei-hauber.com

Seit 1937 wird hier bereits in 3. Generation Brot gebacken, das nach traditionellen, selbst entwickelten Rezepten von Hand gefertigt wird. Die Vollwertbäckerei Hauber hat sich auf die Produktion von vollwertigen Brot- und Backwaren spezialisiert wie z.B. Dinkel- und Vollkornbrot, Spezialbrote für Allergiker und Semmeln für die FX Mayr Kur. Ein gesunder Genuss sind auch die Vollwertkuchen und Torten aus Dinkelmehl und die hausgemachten Müslis. Sehr freundliche Bedienung!

DER BÄCKER RUETZ

6330 Kufstein, Salurner Straße 38, +43/5372/65259
www.ruetz.at

Nicht nur mit nationalen und internationalen, sondern vor allem auch mit typisch Tiroler Spezialitäten aus Natursauerteig – wie dem Tiroler Krustenlaib oder dem Tiroler Roggenbrot – werden Genießer beim Bäcker Ruetz verwöhnt. Die gesamte Palette an Brot und Gebäck verführt mit Frische und herrlichem Duft, unbedingt probieren sollte man auch die verschiedenen süßen Verführungen. Die Bedienung ist freundlich und um jeden Kunden bemüht. Der gemütliche Sitzbereich und sonnige Gastgarten mit Kinderspielplatz laden zum Verweilen ein. Alles in allem ein echtes Genussgeschäft!

JUFFINGER'S GAUMENWERK

6330 Kufstein, Herzog-Stefan-Straße 3, +43/5372/62151
www.gaumenwerk.at

Seit seinen Anfängen hat sich Bio-Metzgermeister Anton Juffinger das Ziel gesetzt, gesunde Lebensmittel zu produzieren und so seinen Kunden höchste Bio-Qualität zu bieten. Denn wo „Bio" draufsteht, darf nichts als Natur drin sein. Die konsequent biologische Philosophie und die modernste Produktionstechnik liefern Ihnen ein komplettes Biosortiment in kraftvoller Tiroler Topqualität. Die Produkte von Juffinger sind nicht nur zu 100 Prozent Bio, sondern echte LEBENS-Mittel. Im Gaumenwerk können die Juffinger Köstlichkeiten nicht nur gekauft, sondern auch gleich probiert werden.

Juffinger's Gaumenwerk

LANDECK

JP-FEINDESTILLERIE KÖSSLER

6500 Landeck, Stanz 57, +43/5442/61200 oder
+43/664/4231560
www.edelbraendetirol.at

Im Geburtshaus des bedeutenden Barockbaumeisters Jakob Prandtauer kreiert Christoph Kössler in seiner JP-Feindestillerie Kössler vielfach ausgezeichnete Qualitätsbrände, die zu den besten der Welt zählen. Über 40 verschiedene Edelbrände, Whisky, Gin und eine Vielzahl an naturbelassenen Fruchtlikören können

hier in heimeliger Atmosphäre verkostet werden. Aus der Genussregion findet man auch die Stanzer Zwetschke. In der Schaudestillerie kann man dem Brenner darüber hinaus auch bei der Arbeit zusehen. Eine strenge Obstselektion, die Gärung in Edelstahltanks, modernste Destillationstechnik sowie die Lagerung in Glasballons sind das Geheimnis für die mit Gold prämierten Edeldestillate. Tipp: „GRANTA SPRIZZ", der natürliche Tiroler Aperitif!

SCHOKO-LADEN HAAG

6500 Landeck, Maisengasse 19, +43/5442/62328
www.tiroleredle.at

Konditormeister & Edel-Chocolatier Hansjörg Haag ist ein süßer Verführer, denn seiner handgeschöpften Schokolade aus frischer Milch vom Tiroler Grauvieh kann man kaum widerstehen! Mit handwerklichem Geschick entsteht die Tiroler Edle in Verbindung mit hochwertiger Kakao-Kuvertüre und ausgezeichneten Rohstoffen aus der Tiroler Heimat. Empfehlenswert sind auch die Trinkschokoladen, z.B. mit Blutorange oder Nougat. Das Pralinensortiment lässt keine Wünsche offen, selbst für ausgefallene Geschmäcker gibt es genussvolle Verführungen. Onlineshop.

LIENZ

IL SALENTINO

9900 Lienz, Messinggasse 2, +43/676/5835190

Salvatore Biasco aus Apulien bietet mit seinem Il Salentino ein kleines Stück Italien mitten in Lienz. In diesem Feinkostgeschäft gibt es angeblich den besten Espresso der Stadt und die hausgemachten Cantuccini sind unglaublich gut. Hier findet man alles, was man sonst nur im Urlaub genießt. Unter anderem Olivenöl aus eigener Produktion, Mostarda, Lardo, in Öl eingelegtes Gemüse, Pasta, Salami, Cacciatori, original italienische Mortadella, Prosciutto, Hirschcarpaccio und, je nach Saison, bis zu 35 Sorten Käse. Wurst, Prosciutto, eingelegtes Gemüse, Nudeln, Sugo im Glas, herrliche Weine aus dem Friaul, Veneto, Apulien, Prosecco aus Valdobiadene und Grappa! Die Produzenten – die Salvatore Biasco persönlich aufsucht – kommen aus ganz Italien. Der Feinkostenladen in der Messinggasse führt auch frisches Obst und Gemüse und ganz aktuell frische, unbehandelte Orangen und Zitronen. Che buono!

METZGEREI ORTNER ANDREAS KG

9900 Lienz, City Center, Hauptplatz 15, +43/4852/72925
www.metzgerei-ortner.at

Seit drei Generationen steht die Metzgerei Ortner für frische, regionale Erzeugnisse aus eigener Produktion. Das verarbeitete Fleisch stammt von Osttiroler Bauern und das Reh-, Gams- und Hirschfleisch stammt zur Jagdsaison aus Osttirol bzw. Österreich. Der kulinarische Schwerpunkt liegt auf seinen Speckspezialitäten: Osttiroler Schinken-, Karree-, Bauch-, Haus-,

Schopfspeck, darunter das Rindshenkele sowie die Villgrater Hirschrohwurst. Köstlichkeiten aus der Genussregion wie das Villgrater Frischlamm, und auch Convenience-Produkte wie Speck-, Kaspress- und Spinatknödel versprechen dem Gaumen wahre Freuden. Onlineshop.

Weinphilo

WEINPHILO
9900 Lienz, Messinggasse 11, +43/4852/61253
www.weinphilo.com

„Guter Wein ist wie gute Musik – er bringt die Seele zum Schwingen". Das ist der Leitspruch von Alexandra und Mario Urso. In ihrem kleinen Feinkostladen und Bar wird „Italienphilosophie" gelebt. Mario, gebürtiger Kalabrese und Alexandra, Lienzerin, bemühen sich um ausgezeichnete Produkte, die sie direkt importieren. Ein wichtiger Punkt ist für sie, die Produzenten persönlich zu kennen. Neben besten Weinen aus Österreich und Italien werden auch ausgezeichnete Destillate, besondere Kaffee-, Käse- und Wurstspezialitäten, Nudeln, Antipasti und Süßes zur Degustation und zum Verkauf angeboten – in gemütlicher Atmosphäre und mit fachlicher Beratung.

FLEISCHEREI MÜHLSTÄTTER
9971 Matrei in Osttirol, Rauterplatz 7, +43/4875/6464
www.henkele.at

Hausgemachte Osttiroler Spezialitäten wie Schlick- oder Käsekrapfen und landesgemäß verschiedene Knödel sind neben dem Henkele seit über 100 Jahren das Aushängeschild dieses Traditions-Fleischerfachgeschäfts. Das Henkele ist eine luftgetrocknete, geräucherte Spezialität von Rind, Hirsch, Lamm und Wildschwein sowie Gams, das in der über 1.000 Meter hochgelegenen Naturselch entsteht. Aber auch für die beste Fleischqualität bei Rind, Schwein und Kalb, die Wildspezialitäten von Wildschwein, Hirsch, Gams und Reh sowie das Tauernlamm aus der Genussregion ist Mühlstätter bekannt. Zum Genuss verführen auch die feinen Osttiroler Hirsch-, Lamm- oder Pfefferwürstel. Darüber hinaus gibt es eine feine Auswahl an edlen heimischen Spirituosen. Onlineshop!

ERLEBNISSENNEREI ZILLERTAL – AB-HOF-VERKAUF
6290 Mayrhofen, Hollenzen 116, +43/5285/62713
www.erlebnissennerei-zillertal.at

Täglich wird hier die Heumilch von rund 400 Almen & Bergbauernhöfen zu einer vielseitigen Produktpalette veredelt. Das Angebot an frischen und veredelten Heumilchprodukten der Erlebnissennerei Zillertal wird im eigenen Shop „ab Hof" angeboten und reicht von der bunten und frischen Heumilch-Vielfalt von Kuh, Schaf und Ziege bis hin zum 12 Monate gereiften Käse aus der Schatzkammer. An der Käsetheke kann daher wahrlich gestaunt werden: über die breite Auswahl an regionalen Köstlichkeiten und die besonders herzliche und kompetente Beratung. Neben den Heumilchprodukten findet man auch Honig und Bio-Eier vom Schau-Bauernhof, Gutes zum Käse und Schönes zum Verschenken. Onlineshop: www.esz.tirol

SENNEREIGSCHÄFTL MAYRHOFEN
6290 Mayrhofen, Hauptstraße 446, +43/5285/64926
www.erlebnissennerei-zillertal.at

Das „Sennereigschäftl" der Erlebnissennerei Zillertal im Herzen von Mayrhofen. Die Heumilch der Zillertaler Bergbauern wird zu einer bunten Produktpalette weiterverarbeitet: von Frischmilch, über Fruchtjoghurts bis hin zu Heumilchkäse von Kuh, Schaf und Ziege. Und das kann man im „Sennereigschäftl" ausgelassen verkosten und danach gleich ein Stück Zillertal für zu Hause mitnehmen.

SPAR SUPERMARKT MAIR
GENUSS GUIDE AWARD 2023
6232 Münster, Dorf 499, +43/5337/8277
www.sparmair.at
Gewinner des Genuss Guide Award 2023, „Bester Genussladen in Tirol"/Kategorie Supermärkte, siehe Seite 275.

Spar Supermarkt Mair

NIEDERNDORF

KÄSEREI PLANGGER

6342 Niederndorf, Sebi 25, +43/5373/61260
www.kaeserei.at

Käserei Plangger

In diesem Familienbetrieb in Niederndorf werden die Bio-heumilch-Käsespezialitäten ausschließlich aus silofreier Bioheumilch und kristallinem Karpatensalz und nach überlieferten Rezepten hergestellt. Die Spezialitäten wie der Biosennkäse, Bockshornkleekäse, Rahmkäse, Rohmilch-Emmentaler und Bergkäse, Blauschimmelkäse oder Tilsiter reifen und lagern im Felsenkeller bis zu 12 Monate. Auch wer frische Heumilch, Sauerrahmbutter, Topfen, Rahm, Joghurt und Bio-Sonnenblumenöl aus der hauseigenen Presse schätzt, ist hier an der richtigen Adresse. Aber der Laden hat noch vieles mehr zu bieten: herrlich duftende Kaminwurzen, Hirschwurzen, Knoblauchwurzen, Salami, luftgetrocknetes Rindfleisch, Bio-Honig, Tees und Gewürze, Eier, Bio-Weine aus Österreich, Teigwaren, Essige und Öle, Marmeladen, frisches Brot & Gebäck, darunter auch das Schüttelbrot u.v.a.m.

NIEDERNDORFER BAUERNLADEN SEBASTIAN GASSER

6342 Niederndorf, Niederndorf Nr. 61, +43/5373/614357
www.niederndorfer-bauernladen.at
Wer regionale Köstlichkeiten direkt vom Erzeuger sucht, wird im als Familienbetrieb geführten Bauernladen in Niederndorf mit Sicherheit fündig. Besonders geschätzt wird die Qualität, Frische sowie naturnahe Erzeugung. So stammen Speck und Wurst sowie die silofreie Frischmilch aus der eigenen Produktion vom Umingerhof. Die Auswahl reicht von hervorragendem Almkäse und Kaiserwinkl Heumilchkäse über frische Milch und Kartoffel bis zu saftigen Äpfeln und Tiroler Bauernspeck aus dem eigenen Zucht- und Mastbetrieb. Eier von frei laufenden Hühnern und Getreide werden ebenso angeboten wie Apfelsaft, Most, feine Schnäpse wie der Wildschönauer Krautinger Schnaps, Sirupe oder luftgetrocknete, hausgemachte Eiernudeln. Vervollstän-

digt wird das Sortiment mit naturbelassenem Wein, Marmeladen, Honig und Kräutertees. Ein Muss für Genießer sind der hausgemachte Holunderlikör und das knusprige Hausbrot. Öffnungszeiten: Mo – Fr 8:00 bis 12:00 Uhr und 14:00 bis 18:00 Uhr, Sa 8:00 bis 12:00 Uhr.

NIEDERNDORFERBERG

BIO-SENNEREI HATZENSTÄDT

6346 Niederndorferberg, Gränzing 22, +43/5373/61713
www.hatzenstaedt.at

Bio-Sennerei Hatzenstädt

seit 1937
sennerei hatzenstädt

Seit 1937 wird in der Sennerei Hatzenstädt gekäst – bis heute hat sich dabei nicht viel verändert. Für die Produktion werden nach wie vor ausschließlich reines Quellwasser, naturbelassene Biomilch, Naturlab, Salz und sonst nichts verwendet. Ein Genuss sind der Hatzenstädter Emmentaler, der Bergkäs, der Almbauernkäse und der Kaiserwinkl Heumilchkäse. Die Hatzenstädter Sennereibutter gehört ebenso zu den Köstlichkeiten wie frischer Topfen, Biowein aus Südtirol und Niederösterreich, Edelbrände sowie Marmeladen und Kräutertees aus der Region. Tipp: Am Freitag wird immer frisches Bauernbrot angeboten! Hervorragende Beratung. Die Öffnungszeiten sind Mo – Fr 8:00 bis 12:00 Uhr und 14:00 bis 18:00 Uhr, Sa 8:00 bis 12:00 Uhr und 14:00 bis 17:00 Uhr.

BÄCKEREI SCHLUIFER

6406 Oberhofen im Inntal, Franz-Mader-Straße 22
+43/5262/63333
www.schluifer.at

Die Tiroler Bäckerei mit langjähriger Tradition produziert köstliches Gebäck nach den neuesten Standards in Tiroler Qualität. Für einige spezielle Brotsorten mahlt Klaus Schluifer das Mehl selbst, um den natürlichen Geschmack zu bewahren. Alte klassische Brotsorten werden nach alten Rezepturen hergestellt und neue Geschmackskombinationen bringen Vielfalt und Abwechslung in die Produktpalette. Sehr zu empfehlen sind die Partybrezen. 6 Standorte: Oberhofen, das Herz des Unternehmens, Flaurling, Hatting, Inzing, Silz und Oberperfuss.

OETZ

Plangger Delikatessen Oetz

PLANGGER DELIKATESSEN

6433 Oetz, Hauptstraße 41, +43/676/6287989
www.plangger.net/standorte/oetz

Seit mehr als einem Jahrhundert erfreut die Feinkost der Firma Plangger durch ein einmaliges Sortiment an exklusiven Delikatessen, herzhaften Spezialitäten, edlen Weinen und Spirituosen. Das Unternehmen unterhält 9 Standorte in den Top-Urlaubsdestinationen Tirols, alle Geschäfte sind nach dem Konzept Delikatessen – Vinothek – Bistro im Alpinen Stil mit viel Altholz eingerichtet. Großer Wert wird auf die Auswahl der Produkte und heimische Unternehmen gelegt. Im Feinkostsortiment findet man regionale Produkte wie Zirbensalami, Gams-, Hirsch- und Wildschweinsalami, Hochlandrindschinken, Wildschinken, Alm- und Bergkäse aus der Genussregion Paznaun, Almrosenhonig aus der Genussregion Landeck, nachhaltige Tiroler Grauvieh-Produkte aus der Genussregion Paznaun, handgeschöpfte Haag-Schokoladen von der Tiroler Edlen aus der Genussregion Landeck und Stilfser Bio-Bergkräuter aus dem Nationalpark Stilfserjoch in Südtirol. Neben den regionalen Spezialitäten sind auch Delikatessen aus aller Herren Länder bei Plangger zu finden: Salzperlen aus Hawai, Weine, Champagner, 100-jähriger Balsamico aus Modena,

aromatische Essige und Öle, Trüffelprodukte, diverse Risotto-Variationen, edle Trüffelpralinen sowie die feinsten Konfiserien.

KNITTEL BÄCKEREI KONDITOREI

6600 Reutte, Obermarkt 29, +43/5672/62507
www.knittel.co.at

Der Weg zur geschmackvollen Vielfalt an Brot und ofenfrischem Gebäck sowie zu Torten und Kuchen führt über einige Stiegen. Die kleine Mühe lohnt sich aber. Torten, Kuchen und Gebäck sind verführerisch. Im Ofen im Geschäft wird nach Sauerteigführung und Belebung durch Granderwasser Brot frisch gebacken. Spezialbrote wie das Abendbrot mit wenig Kohlenhydraten, Chili-Tomaten-Baguette oder Olivenbrot sorgen für genussvolle Abwechslung. Sämtliche Leckereien können sofort vor Ort verkostet werden, das Café lädt aber mit seinem gemütlichen Ambiente auch zum Genuss der herrlichen Süßspeisen (legendär: die Butterbrezen!) und geschmackvollen Kaffeespezialitäten ein.

MAIR'S BEERENGARTEN

6421 Rietz, Bichl 2, +43/5262/65317
www.mairs-beerengarten.at

Mair´s Beerengarten

Frische Beeren, handverlesen geerntet aus eigenen Obstgärten in der Genussregion Oberländer Apfel, sowie handwerkliche und sorgfältige Verarbeitung in überschaubaren Einheiten – das ist das Genusskonzept. Ziel war es immer, die Natürlichkeit der Früchte auch in den Produkten weiterleben zu lassen. Und das ist den Mairs gelungen – sowohl bei der Herstellung von Edelbränden, Schaumweinen, Sirupen, Früchtetees mit dem Geschmack von Himbeere oder Holunder sowie Marmeladen (insgesamt 25 Sorten, darunter Waldbeere, Zwetschke, Quitte, Johannisbeere oder Bergnektarine), Beerenessig sowie Gelees und Chutneys als auch bei Schokoladen, Pralinen und Edelbrandtrüffeln. Die Beratung ist freundlich und voll fruchtiger Leidenschaft.

SPAR-SUPERMARKT STEFAN RAUCH

6262 Schlitters, Schlitters Nr. 327, +43/5288/72949
www.spar.at

Spar-Supermarkt Stefan Rauch

Frische, Qualität, Regionalität und bester Service. Frisches Brot und Gebäck wird von Bäckereien in der Umgebung geliefert, an der Feinkosttheke findet man Zillertaler Speck- und Wurstspezialitäten in großer Auswahl ebenso wie feinen Grau- und Bergkäse, aus den Genussregionen verführerischen Zillertaler und „Alpbachtaler" Käse. Wildfleischspezialitäten sind auf Vorbestellung erhältlich. Für die schnelle Küche werden hausgemachte Knödel sowie Kaspressknödel angeboten. Bio-Produkte finden sich in praktisch allen Warengruppen, auch die Obst- und Gemüseabteilung glänzt mit großer Auswahl und toller Präsentation. Einkaufen in genussvoller und kompetenter Atmosphäre ist hier garantiert.

ERLEBNISSENNEREI ZILLERTAL – SENNEREIGSCHÄFTL

6130 Schwaz, Franz-Josef-Straße 25, +43/5242/66226
www.erlebnissennerei-zillertal.at
Ein echter Insidertipp in Sachen Käse. In diesem kleinen Fachgeschäft wird viel Wert auf ein regionales Angebot an Käse-

sorten gelegt: von Spezialitäten wie Zillertaler Zwerglkäse und Heumilchkäse aus der Genussregion, würzigem Schaf- und Ziegenkäse (Edelschaf & Edelziege) bis hin zu selbst gemachten Aufstrichen. Sennereibutter, Frischmilch oder Ziegenmilch kann man hier ebenso kaufen wie ausgefallene Senfsaucen für den perfekten Käsegenuss. Die Beratung ist freundlich und kompetent. Imbissbereich, Graukäsetorten oder kalte Platten gibt es auf Bestellung.

NATURLADEN BEWUSST LEBEN

6130 Schwaz, Hirschenkreuz 6, +43/676/7727157
www.naturladen-schwaz.at
Familie Schiffmann ist immer auf der Suche nach besonders hochwertigen und hochschwingenden Lebensmitteln, die, soweit möglich, aus regionalen Betrieben stammen. Unterstützung bekommt sie auch aus dem Raum Bodensee, wo sich besonders viele Bauern dem biologischen und sogar biodynamischen Landbau (DEMETER) zugewandt haben. Geführt werden regionale Käsespezialitäten von würzig bis mild, ein großes Sortiment an frisch gemahlenem Getreide, saisonales Obst & Gemüse von ausgewählten Lieferanten, feine und qualitätsvolle Essige & Öle etc. Hier ist man überzeugt, dass jedes Lebensmittel auf Körper, Seele und Geist einwirkt.

Naturladen Bewusst Leben

SENNEREI DANZL GMBH

6385 Schwendt, Dorfstraße 25, +43/5375/6818
www.sennerei-danzl.at
Eine intakte Umwelt und beste Rohstoffe sind die Voraussetzung für die Qualität der Produkte. Die Sennerei Danzl legt besonderen Wert auf naturnahe Erzeugung, wie sie traditionell überliefert ist, um so die biologische Qualität der Käse- und der anderen Milchprodukte auf bestmögliche Art und Weise zu erhalten. Die Milch wird täglich von den Bauern abgeholt, zentrifugiert und frisch weiterverarbeitet. Hier werden die vielfach ausgezeich-

neten Käsespezialitäten aus reiner Heu- und Biomilch aus der eigenen Käserei angeboten. Bio-Bergkäse, -Kräuterberger und -Bocksberger, Kaiserwinkl Heumilchkäse aus der Genussregion, Kümmelkäse, Tilsiter mit einem ganz speziellen Eigengeschmack sowie Biofasslbutter sind die Gaumenfreuden, die hier verführerisch präsentiert werden. Reife Leistung: Der Tiroler Bergkäse reift entweder 3 bis 4 Monate für einen mild-aromatischen oder 6 bis 8 Monate für einen vollmundigen Geschmack. Käseeinkauf voll Genuss ist hier garantiert, aber auch Wurst und Speck oder Schnäpse von heimischen bäuerlichen Betrieben kann man hier kaufen.

Sennerei Danzl GmbH.

DORFSENNEREI SEE

6553 See, See im Paznauntal 23, +43/5441/8589
www.dorfsennerei.com

Dorfsennerei See

Klein, aber fein — so präsentiert sich die Dorfkäserei in See. Die wertvolle Milch wird von November bis Mitte Juni von acht Bauern aus der Umgebung geliefert, im Sommer wird die Milch von ca. 50 Kühen auf der Paznauner Taja verarbeitet. Daraus entstehen nach bis zu 8 Monaten Reifung herrliche Köstlichkeiten wie der Wilderer Käse, Paznauner Bergkäse aus der Genussregion und Paznauner Schmugglerkäse. Aber auch Joghurt (natur & mit Früchten), Butter und verführerisches Bauernhof-Eis wird hergestellt. Heimische Spezialitäten wie Bauchspeck, Karreespeck, Schulterspeck und Kaminwurzen, die im Paznauntal Schübling heißen, sowie auch Heugelee, Honig, Chutneys und Marmeladen runden das Angebot perfekt ab.

SPAR ALBRECHT

6100 Seefeld, Innsbrucker Straße 24, +43/5212/2229-0
www.spar-seefeld.at

Spar Albrecht

Der älteste Lebensmittelmarkt in Seefeld besteht seit über 150 Jahren und ist seit jeher im Familienbesitz der „Albrechts". Der moderne Supermarkt mit dem besonderen Charme eines Nahversorgers bietet eine hervorragende Auswahl an rund 90 Käsesorten. Die Wurst- und Schinkenspezialitäten — vieles davon in Bioqualität — stehen einem Delikatessenladen in keinem Punkt nach. Das perfekt präsentierte Nordtiroler Gemüse verführt knackig und frisch. Die Bedienung ist durchwegs freundlich und kompetent. Die Weinabteilung hält viele erlesene Tropfen bereit. Der Markt hat auch an Sonn- und Feiertagen von 10:00 bis 13:00 Uhr und 15:00 bis 18:00 Uhr geöffnet.

TRE.CULINARIA DELIKATESSEN

6100 Seefeld, Klosterstraße 43
+43/5212/52955
www.genussgipfel-seefeld.tirol
Gewinner des Genuss Guide Award 2023, „Bester Genussladen in Tirol"/Kategorie Greisslerei und Feinkost, siehe Seite 274.

Tre.Culinaria Delikatessen

PLANGGER DELIKATESSEN

6534 Serfaus, Untere Dorfstraße 28, +43/5476/20018
www.plangger.net
Plangger steht seit Generationen für Genuss, Qualität und ein herausragendes Angebot. Innovationen von heimischen Käseproduzenten, Champagner- oder Safran-Edelschimmelkäse sind ebenso ein Geschmackserlebnis wie der Paznauner Almkäse. Zum Genuss verführen darüber hinaus Wildschwein-, Steinbock- oder Rehschinken, Salami vom Mufflon oder von der Gemse, Wildschinken und Wildwurzen. Zu den hochwertigen Teigwaren gibt es feine Trüffel- und Steinpilzsaucen, Antipasti und Pesto in höchster Vielfalt und Qualität, Bärlauchpaste, Basilikum-Minzpaste und viele Öle und ausgefallene Essigsorten wie einen 100 Jahre alten Balsamico. Ebenso wird ein erlesenes Sortiment an internationalen Weinen und von regionalen Winzern angeboten. Ein wahres Gourmetparadies, freundlich und kompetent!

METZGEREI ORTNER ANDREAS KG

9920 Sillian, Sillian 96, +43/4842/6250
www.metzgerei-ortner.at
Seit drei Generationen steht die Metzgerei Ortner für frische regionale Produkte aus eigener Erzeugung. Das für die handgemachten Schinken- und Wurstspezialitäten verarbeitete Rind-, Kalb- und Schweinefleisch wird von Osttiroler Bauern bezogen und nach überlieferten Rezepturen hergestellt. Beinschinken, Bauernschinken, Nussschinken, Burgunderschinken, Rindersaftschinken oder auch die Thurntaler Rohwurst stellen den Genusssuchenden vor die Qual der Wahl. Aber auch die delikaten Specksorten wie Pustertaler Speck, Osttiroler Schinken-, Karree-, Bauch-, Haus-, und Schopfspeck — und vor allem das Rindshenkele oder die Villgrater Hirschrohwurst verführen zum Genuss. Köstlichkeiten aus der Genussregion wie das Villgrater Frischlamm sowie Hirsch-, Gams- und Rehfleisch zur Jagdsaison versprechen dem Gaumen wahre Genussfreuden.

LANDMETZGEREI PIEGGER KG

6073 Sistrans, Kirchgasse 77, +43/512/377238
www.piegger.at

Landmetzgerei Piegger KG

„Für die Region — von der Region", lautet das Motto dieses Familienbetriebs. Auf eine möglichst stressfreie Schlachtung im eigenen Betrieb wird ganz besonderer Wert gelegt. Wurst, Schinken und Speck kommen aus der eigenen Produktion. Auch Spezialitäten aus den Genussregionen wie Nordtiroler Grauvieh Almochs werden angeboten. Das Käseangebot und der frische Fisch machen Lust auf mehr. „Bio" wird in dieser Landmetzgerei ebenfalls großgeschrieben und zieht sich durch das ganze Sortiment, das sehr liebevoll präsentiert wird. Ein Betrieb, in dem Freundlichkeit und Fachkenntnis selbstverständlich sind. Großartig! Party-Service.

PLANGGER DELIKATESSEN
6580 St. Anton am Arlberg, Dorfstraße 32, +43/5446/93044
www.plangger.net

Dieses kleine Juwel, untergebracht im Hotel Rundeck in St. Anton am Arlberg, besticht durch sein ausgewähltes Sortiment an erlesenen Köstlichkeiten aus aller Herren Länder. Feinste Spirituosen, Trüffelspezialitäten aus dem Hause Giuliano Tartufi aus Umbrien, Grossauer Edelpesto aus Trüffel, Mohn oder Walnüssen, feinste Olivenöle aus den besten Anbaugebieten Italiens und Südtiroler Waldblüten- und Kastanienhonig sind nur einige der Köstlichkeiten, die im Hause Plangger zum Genießen verführen. Auch ein Blick in die Feinkosttheke dieses Gourmettempels lässt keine Wünsche offen. Ob Paznauner Almkäse, Safran- und Aschenputtelkäse aus Galtür, die prämierte Highlander Beefsalami oder Wildschinken und Wildwurzen – diese hochwertigen Spezialitäten, präsentiert in einem Ambiente im Altholzstil mit elegantem Flair, machen einfach Lust auf mehr.

Speck Stube

SPECK STUBE
6580 St. Anton am Arlberg, Dorfstraße 27, +43/5446/2117
www.handltyrol.at

Das Fachgeschäft ist spezialisiert auf geräucherte und luftgetrocknete Fleischspezialitäten aus eigener Produktion, die man gleich vor Ort verkosten kann und muss. Die Auswahl dieser Spezialitäten, allen voran der Tiroler Speck g.g.A., der Bergluftschinken, der Rinderrauchschinken, die Rohwürste Kaminwurzen und Bergwurzen und nicht zuletzt der Bauernbraten sind hervorragende Botschafter der Tiroler Esskultur. Regionale Käsesorten wie der Almkäse und eine kleine Auswahl an Schnäpsen wie Birne, Marille oder Apfel aus der Region runden das Sortiment ab. Originelle Geschenke rund um den Speck sind ein tolles Präsent

zum Mitnehmen für sich selbst oder zum Weiterschenken. Die Mitarbeiter beraten freundlich, mit viel Charme und Fachwissen. Onlineshop!

BROTKULTUR HASENAUER
6392 St. Jakob in Haus, Holzerweg 1, +43/5354/57100
www.brotkultur.tirol

Brotkultur Hasenauer

Frisch hergestellt mit natürlichen und regionalen Zutaten. So bäckt Georg Hasenauer und sein Team seit 2002. Ein wichtiges Anliegen hierbei ist ihm der hausgemachte Sauerteig und die Vielfalt der Brotsorten, die auf die Bedürfnisse und den Geschmack der Kunden abgestimmt sind. So reiht sich das dunkle Roggenmischbrot, Fieberbrunner an das Landbrot, den Almlaib, das Kartoffel-Topfen Brot ... Oder soll es doch ein Pillerseer, also ein reines Roggenbrot mit gemahlenem Koriander, sein? Das Lieblingsbrot vieler ist jedoch das Hausara, das auf Stein gebacken wird. Die Kunden haben also die wunderbare Qual der Wahl.

BÄCKEREI MADREITER „SCHLARAFFENLAND"
6380 St. Johann in Tirol, Kaiserstraße 33, +43/5352/62215
www.madreiter.com

Es ist eine K.u.K. Backwaren-Manufaktur seit 1907, die schon immer unter dem Motto: „Das Leben ist zu kurz, um schlechtes Brot zu essen!" gebacken hat. Hier wird Brotkultur zelebriert! Die Namen der Backwaren sind ebenso kreativ. Es gibt das Aufreißer Dosenbrot, Jahrtausend Himmelsbrot, LebendKeim Dinkel B Brot, Elysee Dinkel Baguette, Reis-Hirse Brot, Aroma Ruch Dinkel Kruste und vieles mehr. Der Bäckermeister aus St. Johann wird mit seinen unkonventionellen und doch traditionell produzierten Brotkreationen „Freibrot" sogar von Ärzten weit außerhalb der Grenzen Tirols empfohlen. Woran es liegt? Natürliche Zutaten und eine lange Teigführung. Genaue lebensmittelchemische und ernährungsphysiologische Auskünfte gibt der studierte Bäckermeister gerne.

DER POSTMARKT – FEINKOSTLADEN

6380 St. Johann in Tirol, Speckbacherstraße 3
+43/5352/63643-55
www.dashotelpost.at/de/Postmarkt

Der Postmarkt - Feinkostladen

Die vielen Produkte, die im Postmarkt - Feinkostladen erhältlich sind, stammen aus kleinen Manufakturen und werden mit viel Liebe hergestellt. Süßes gibt es von Pichler Schokoladen, dem Hause Zauner und die Tiroler Prügeltorte von der Konditorei Mader. Sie finden Knabbereien, Nudeln, Saucen und Pestos, Gewürze, Essige und Öle von ausgewählten Produzenten. Auch die Fleischtheke ist top mit Produkten der Schinkenmanufaktur Thum, den Mangalitza-Produkten vom Genussgut Krispl, heimischen Wild- und Rindfleisch vom Brunnhof, der hauseigenen Landwirtschaft sowie Würstl und Fleischkas vom Brunnhofer Rind und Kalb. Neben einer großen Auswahl von regionalen Bioprodukten wie Danzl Käse und Butter oder Bichler's Honig werden hier auch Liebhaber der italophilen Küche fündig: Tartuffi, Pancetta & Prosciutto, Weiße Polenta, San Marzano Tomaten und vieles mehr. Exklusiv im Postmarkt gibt es das Postbrot aus Kärntner Bio Urroggen, gemacht vom Brotsommelier Phillip Decker, sowie verschiedene Bio Brote von Joseph Brot aus dem Waldviertel.

HÖRTNAGL KLAUSNERPARK

6380 St. Johann in Tirol, Brauweg 1, +43/5352/90405
www.hoertnagl.at

Seit 160 Jahren ist der Name Hörtnagl in Tirol untrennbar mit Genuss verbunden. Es wird ausschließlich Fleisch von Tieren verarbeitet, die in Tirol bzw. Österreich geboren und aufgewachsen sind und dort auch geschlachtet wurden. Denn zu wissen, wo's herkommt, ist bei Hörtnagl ebenso höchster Anspruch, wie die Veredelung des Fleisches zu feinsten Wurst-, Schinken- und Speckspezialitäten. In der Feinkostvitrine reihen sich aromatische Käsesorten wie Biokorbkäse, Waldviertler Goaskas, getrüffelter Rohmilchkäse, Spezialitäten aus den Genussregionen (Bregenzer Alp- und Bergkäse, Großwalsertaler Bergkäse, Jagdberger Heumilchkäse) und internationale Größen an Wurst- und Schinkenspezialitäten wie der ausgelöste Beinschinken sowie Rouladen und Pasteten aus eigener Produktion. Verlockend sind

die Gustostückerln vom Nordtiroler Grauvieh Almochsen oder die Tiroler Edelweiße, die Weißwurst aus 100 % Tiroler Zutaten. Schokoladig süß verführt die Tiroler Edle in verschiedenen Sorten. Obst und Gemüse wird von der Firma Reinstadler betreut. Besondere Gustostückerln sind auch die Brote von heimischen Bauern sowie Bio-Kräutertees. Das Weinangebot lässt keine Wünsche offen, es finden sich alle Top-Winzer Österreichs. Die Frischfischabteilung ist klein, aber anspruchsvoll sortiert. Die Bedienung ist freundlich, lädt zum Verkosten ein und hilft bei der schwierigen Aufgabe, sich in dieser Genusswelt zu entscheiden. Das Café mit großzügigem Gastgarten lädt zu vielerlei Stärkung ein.

Hörtnagl Klausnerpark

STANZACH

SPAR WINKLER MICHAEL

6642 Stanzach, Stanzach 29, +43/5632/281
www.spar.at

Produkte aus der Region und das Spar-Angebot machen das Geschäft zu einem echten Nahversorger. Käse wird vor allem von der Lechtaler Naturkäserei Sojer in Steeg bezogen, bzw. von einer Naturkäserei in Hinterhornbach. Die Milch beider Produzenten stammt ausschließlich von den Bergbauern der Umgebung. Sojer erzeugt reine Naturprodukte, die immer noch händisch gepflegt und nach alter Tradition behandelt werden. Die Lagerung des Bergkäses erfolgt in den altbewährten Holzstellagen, die die Fähigkeit besitzen, jene Feuchtigkeit aufzunehmen und wieder abzugeben, die der Käse benötigt. Würste aus der Region, Brot von heimischen Bäckern und ein Cateringservice runden das Angebot bei Michael Winkler geschmackvoll ab.

STEEG

LECHTALER NATURKÄSEREI SOJER

6655 Steeg, Steeg 16, +43/5633/5636
www.kaesereisojer.at

Die Lechtaler Naturkäserei ist die einzige Käserei im ganzen Lechtal und befindet sich am Fuße des Arlbergs. Das aus historischer Sicht bemerkenswerte Gebäude der alten Sennerei aus dem 17. Jhdt. wurde 2020 behutsam renoviert und umgebaut und um ein kleines, gemütliches Restaurant mit Bar, einem Verkaufsraum für die hausgemachten Milchprodukte und weiteren regionalen Köstlichkeiten sowie einer Ausstellungsfläche über die Geschichte des Ortes und der Sennerei erweitert. Nach wie vor liefern 17 Bergbauern und 5 Almbetriebe (im Sommer) die köstliche Milch täglich in die Käserei. Gekäst werden Camembert, Parmesan, Bergkäse, Emmentaler und Schnittkäse. Aber nicht nur der eigene Käse wird hier geboten – es gibt auch Rässkäse, Vorarlberger Sauerkäse, Graukäse, Schaffrischkäse sowie von der Ziege Camembert, Schnitt- und Frischkäse und Roquefort. Hausgemachtes Joghurt, natur und mit den verschiedensten Beigaben wie z.B. Bircher Müsli, Pflaume-Mandel-Walnuss, Maroni ... runden das Angebot ab.

STEINACH AM BRENNER

VINOTHEK NAGELE

6150 Steinach am Brenner, Brennerstraße 74, +43/5272/20294
www.vinothek-nagele.at
Diese Vinothek hat sich gänzlich den leiblichen und ästhetischen Genüssen verschrieben. In freundlichem und gediegenem Ambiente trinkt man gemütlich ein gutes Glas Wein oder einen köstlichen Kaffee. Man informiert sich über das große Angebot an Weinen mit Schwerpunkt Österreich und lässt sich dann die erlesenen Tropfen von namhaften Winzern zeigen. Aber auch das Angebot an Edelbränden von Erber, Gölles, Hämmerle, Likören sowie internationalen Spirituosen wie Oval Vodka, Schaumweinen und Bieren sowie feinen Lebensmitteln und Süßigkeiten ist verlockend. Diverse Accessoires und unzählige Geschenkideen rund um das Thema „Essen, Trinken & Wohnen" runden das Angebot ab. Eine große Auswahl der erlesenen Tropfen gibt es auch im Onlineshop.

THIERSEE

DER DORFMETZGER PFLUGER

6335 Thiersee, Vorderthiersee 42, +43/5376/5236
www.pfluger.at
Der Dorfmetzger Pfluger im Sparmarkt Thiersee ist seit über 70 Jahren der Spezialist für Speck- und Wurstwaren der Region. Alle Rohstoffe für die Genussprodukte stammen ausschließlich aus Tiroler bzw. österreichischen Qualitätsbetrieben. Regionalität, Qualität und Nachhaltigkeit – dafür steht der Tiroler Traditionsbetrieb im Familienbesitz. Die Spezialitäten des Hauses – die übrigens alle aus eigener Produktion stammen – sind die gschmackigen Pfluger Kaminwurzen, Pfluger Karreespeck, Pfluger Schinken- und Schopfspeck, Pfluger Bauchspeck und Pfluger Kaiserspeck. In einer besonderen Mischung aus Salz und

Gewürzen eingelegt, wird der Pfluger Speck bei einer Temperatur von 18 bis 20 Grad über Buchenholz geräuchert. In der Thierseer Bergluft reift er dann zwischen 3 und 5 Monate heran. Auch Grillspezialitäten von Fleisch- und Würstelvariationen werden in feinster Manier liebevoll für Sie hergerichtet. Als Kunde wird man freundlich und kompetent durch das Sortiment geführt. Verkostungen sind natürlich erwünscht!

Der Dorfmetzger Pfluger

TULFES

TUXERBAUER

6075 Tulfes, Schmalzgasse 5, +43/664/5433060
schnaps-brennerei.at
Die Schnapsbrennerei mit Bauernladen. Aus Leidenschaft und Tradition werden aus ausgesuchten Früchten und Kräutern vorzügliche Edelbrände, Liköre, Sirup und Säfte auf höchstem Niveau hergestellt, die selbstverständlich auch im Bauernladen angeboten werden. Aber nicht nur der Liebhaber eines hochgeistigen Tröpfchens kommt auf seine Rechnung, sondern jeder, dem nach Tiroler Speis' lüstet. Sei es nach einer Tiroler „Jausn" mit Speck, Tiroler Käse, Grammelschmalz, frischem Joghurt, Honig oder Marmeladen. Weitere Gaumenfreuden aus der Region: Biofleisch von Rind, Kalb und Schwein sowie saisonal selbst Erlegtes wie Hirsch, Reh und Gams. Und dann noch selbst gebackenes Bauernbrot, das Obst stammt aus dem eigenen Garten. An das Geschäft angeschlossen ist ein Bauernrestaurant für ca.

100 Personen. Hier gibt es feinste Tiroler Spezialitäten rund um Knödel, Braten, Krapfen und mehr.

CULINARIA

6134 Vomp, Au 50, +43/5242/72889
www.neururer.cc

Der Getränkeanbieter im Tiroler Unterland. Die Vinothek bietet ca. 400 verschiedene Weine von ausgezeichneten Winzern aus aller Welt mit dem Schwerpunkt Österreich. Weiters zu finden ist eine große Auswahl an Grappas und Edelbränden sowie Rum und Whisky und zahlreiche Biersorten. Eine kleine, aber sehr feine und erlesene Auswahl an Lebensmitteln wie z.B. Wurstspezialitäten von den Metzgereien Falorni (Toskana) Speckspezialitäten aus Südtirol, Teigwaren von Morelli (Pisa) sowie erlesene Olivenöle und Balsamicoessige. Für die süße Verführung gibt es Schokoladen von Berger feinste Confiserie. Einen besonderen Genuss bieten Luce-Kaffeespezialitäten aus der hauseigenen Rösterei.

Culinaria

DER BÄCKER RUETZ DRIVE-IN

6134 Vomp, Industriestraße 6, +43/5242/73271
www.ruetz.at

„Drive-in" und genieße: für besonders Eilige, die es nicht erwarten können, das frisch gebackene Plundergebäck und die köstli-

chen Kuchen zu kosten. Die Bedienung ist sehr freundlich und die Atmosphäre in der Bäckerei gemütlich. Das Warenangebot ändert sich laufend und ist auch an saisonale Gegebenheiten angepasst. Snacks wie Schnitzelsemmel, Thunfischsalat, unterschiedlich gefüllte Fladenbrote, Kleingebäcke zum Mitnehmen oder vor Ort Verspeisen sind ein echter Genuss.

Der Bäcker Ruetz Drive-In

PREM METZGEREI

6134 Vomp, Dorf 64, +43/5242/62320
www.metzgerei-prem.at

Die mehrfach ausgezeichnete Metzgerei besteht bereits seit über 250 Jahren in Vomp und ist in der 8. Generation im Familienbesitz. Bei der Erzeugung der ca. 40 Wurst- und Selchwaren wird größter Wert auf Qualität gelegt. Tiroler Bauernspeck, Vomperlocha Würstl, acht verschiedene Schinkenspezialitäten sowie Pasteten und vieles mehr verführen zum Genuss. Selbstverständlich gibt es auch Tipps für die Zubereitung des Frischfleisches aus heimischer Tierhaltung. In der Gaststube kann man sich von der Qualität gleich vor Ort überzeugen, die Imbisspalette ist umfangreich und reicht vom Frühstück bis zum Abendessen. Sollte man die Spezialitäten lieber zu Hause und gleich fertig genießen, dann kann man aus der großen Auswahl an Halbfertigprodukten wählen. Sehr innovativ: der „Blechmetzga" und die „Blechmetzgarin" stehen 24 Stunden 7 Tage die Woche bereit.

BRENNEREI SEIBL

6384 Waidring, Entthgries 11, +43/5353/5254
www.brennerei-seibl.at

Hier wird ein großes Sortiment an Schnäpsen und Likören angeboten. Der Pillerseetal „Blauer" ist ein leichter Obstler, erzeugt aus der Zwetschke und mit dem Kern der Frucht verfeinert! Es gibt mit höchster Sorgfalt gewonnene Essige aus kleinen Betrieben und Biokäse von der Käserei Danzl aus Schwendt in den Sorten Bergkäse, Schnittkäse, Bierkäse, Tilsiter, Kräuterberger, Bocksberger und Weinberger, die jeden Gaumen verwöhnen. Duftende, aromatische Speckspezialitäten, Kaminwurzen und Landjäger stammen aus zwei regionalen Metzgereien aus dem Pillerseetal. Die Süßen können zu feinster Schokolade greifen oder zu den Marmeladen: Marille, Erdbeere, Kirsche & Co stecken – je nach Saison – im Glas. Tees, Chiliprodukte und Souvenirs erweitern die Produktpalette.

BÄCKEREI KONDITOREI LODER
6344 Walchsee, Hausbergstraße 6, +43/5374/5907
www.loderbäck.com
Hier in der Bäckerei Loder ist alles hausgemacht. Dabei verwendet man in der Bäckerei Loder zum Großteil Zutaten aus der Region. Zum Genuss verführt wird man in der einladenden Bäckerei mit appetitlich präsentierten Krapfen aus frischem Germteig oder mit knusprigem, duftendem Brot aus natürlichem Sauerteig, mit Kürbiskernbrot oder Soja-Nussbrot, aber auch mit frischem Gebäck wie Roggenlaibchen. Selbstverständlich wird Brot auch in Bio-Qualität angeboten. Unser Tipp sind die Dinkelblattl mit Kümmel und Sesam und die große Auswahl an regionalen Bauernbroten. Im angeschlossenen Café kann man die Köstlichkeiten gleich vor Ort genießen.

BIOKÄSEREI WALCHSEE
6344 Walchsee, Moosen 7, +43/5374/529612
www.biokaeserei-walchsee.at

Biokäserei Walchsee

Die schon seit dem Jahr 1904 bestehende Biokäserei Walchsee wurde im Herbst 2020 am neuen Standort in Walchsee Moosen mit neuer Kellertechnik und einem Verkaufsladen mit Bistro eröffnet. Im großzügigen Käseladen wird das komplette Sortiment der Bio-Heumilch-Käsesorten der Biokäserei Walchsee und zusätzlich auch Frischmilch, Butter und Buttermilch, Joghurt, Topfen und Frischkäse sowie noch zahlreiche landwirtschaftliche Produkte aus der Region Kaiserwinkl und Umgebung wie zum Beispiel Würste, Speck, Eier oder Imkereiprodukte angeboten. Onlineshop.

LIEB THOMAS GRAUKÄSEERZEUGUNG
6133 Weerberg, Waldeben 1, +43/5224/68244
www.graukaese.at
Der Graukäse, eine echte Tiroler Spezialität, ist ein Sauermilchkäse, der schon seit Jahrhunderten die alpine bäuerliche Esskultur bereichert und aus magerer Kuhmilch hergestellt wird. Im jungen Zustand ist Graukäse meist etwas topfig und bröselig, mit zunehmendem Alter bildet er von außen eine gräuliche, „speckige" Schicht. Daher auch der Name. Seit vier Generationen wird bei Lieb „sakrisch guater" Graukäse hergestellt. Angeboten wird er in Laib-, Brot- und Stangenform. Zudem stellt Thomas Lieb auch den g'schmackigen Weerberger Zieger her – eine Hartkäse-ähnliche Spezialität, die sich wie Parmesan bestens zum Reiben eignet.

Lieb Thomas Graukäseerzeugung

SPAR-STADLER
6311 Wildschönau, Oberau, Kirchen 481, +43/5339/2425
www.spar-stadler.at
Regionalität wird hier auf 600 m² großgeschrieben: Spezialitäten und regionale Produkte von Bauern aus dem Hochtal Wildschönau, wie der Krautinger aus der Genussregion und Wildschönauer Almkäse, sind geschmackvolle Beispiele. Vom Bauernhof direkt in das Geschäft: Eier, Bauernbutter, Milch, Buttermilch, Graukäse, Nudeln und Edelwurzn. Und am Montag und Mittwoch gibt's ofenfrisches Bauernbrot, Freitag und Samstag gibt's frischen Fisch. Neben dem großen Angebot in allen Warengruppen gibt es auch Party- und Plattenservice sowie Hauszustellung. Die Beratung ist freundlich und kompetent, das Einkaufen ein wahrer Genuss!

BÄCKEREI MITTERER
6300 Wörgl, Innsbrucker Straße 1, +43/5332/72241
baeckerei-mitterer.at
Mit ihrem Motto „Mitterer – Brot ist Leben", macht die Bäckerei dem Brot alle Ehre. Gebacken wird wie zu Großmutters Zeiten

nach traditionellen Rezepten, mit Dampfl und selbst gemachten Weizen- und Roggen-Natursauerteigen. Bei Brot und Gebäck fällt die Auswahl zwischen 50 verschiedenen Spezialitäten, darunter ein würziges, knuspriges und köstlich duftendes Holzofenbrot, schwer. Für Frühaufsteher gibt's ab 6:00 Uhr ein mehr als reichhaltiges Frühstücksangebot, das Personal glänzt mit überragender Warenkenntnis und Freundlichkeit. Und sollte man am Wochenende Lust auf die eine oder andere Spezialität haben: Diese Bäckerei hat auch am Sonntag geöffnet!

CLAUDIA'S SAFTLADEN – NIX DRIN®
6300 Wörgl, Bahnhofstraße 39, +43/660/6300111
www.claudias-saftladen.at
Viel drin, aber mit NIX DRIN® – unter diesem Motto bietet der Naturfeinkostladen im Tiroler Unterland ein großes Sortiment an Naturprodukten mit „nix drin", d.h. ohne chemische Zusätze, hergestellt von österreichischen, vorwiegend Bio-Produzenten. Das Geschäft „Claudia's Saftladen" ist Zotter „Shop in Shop-Partner" mit einem reichhaltigen Sortiment. Mitunter hat sich Claudia's Saftladen auf Geschenkkörbe und Geschenkkartons, auch für den Firmenbereich, spezialisiert. Diese beinhalten Köstlichkeiten wie Naturfruchtsäfte, Moste, Edelbrände & Liköre, histaminfreie Bioweine vom Weinhof Paradeiser Alfred (NÖ), Speck, Käse, Steirisches Verhackertes, Essige, Pasta, Olivenöl, Kräuter, Marmeladen, Honig, Craft Bier der Brauereien Bierol und Gusswerk, Email Geschirr von Riess, Gmundner Keramik, Emil – die Flasche zum Anziehen, Zirbenprodukte u.v.m.

DIE BROTBUBEN
6300 Wörgl, Salzburger Straße 3, +43/5332/72597
brotbuben.at
Die Brotbuben im Shoppingcenter M4. Bei den „Brotbuben", das sind Markus Lener und Alfred Unterwurzacher, werden über 100 Brotsorten, „Produkte mit Charakter", angeboten. Ein Stück Tradition, das nur enthält, was sich der Kunde auch erwartet: hochwertige Zutaten, keine geschmacksverstärkenden Zusätze. Dafür wertvolles mineralstoffreiches Keimlingsmehl und unraffinierte Natur-Sole. Die Beratung ist freundlich und kompetent, der Einkauf ein echter Genuss.

LANDMETZGER GRAUS
6300 Wörgl, Salzburger Straße 16, +43/5332/73921
landmetzger-graus.stadtausstellung.at
Genießer kommen hier voll auf ihre Rechnung: Das Sortiment an Schinken- und Wurstspezialitäten stammt aus eigener Produktion mit einem klaren Schwerpunkt auf Spezialitäten aus der Region. Salami und Rohschinken stehen köstlich im Mittelpunkt. Bei Rind und Schwein wird das Frischfleisch überwiegend von bäuerlichen Betrieben aus der Umgebung bezogen. Für den kleinen Hunger gibt es ein breites Angebot an ausgezeichneten

Imbissen. Die Beratung ist freundlich und kompetent und hilft gern bei der Speisezusammenstellung oder auch mit Rezepten. Partyservice.

ZAMS

DER GRISSEMANN
6511 Zams, Hauptstraße 150, +43/5442/6999
www.dergrissemann.at

Der Grissemann

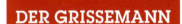

Schon seit Jahrzehnten spielt Regionalität bei Grissemann eine große Rolle. Unter der Eigenmarke „Unsere Kostbarkeiten" werden wahre Schätze aus dem Tiroler Oberland geboten. Wenn es um Fleisch geht, sind die hohen Maßstäbe noch höher. Im eigenen Schlachthof & Metzgerei werden – soweit möglich – Tiere von den Bauern aus der Region verarbeitet. In der imposanten Vinothek befinden sich über 600 österreichische und internationale Weinspezialitäten. Wem die Wahl beim exzellenten Angebot an regionalen und internationalen Käsespezialitäten schwerfällt, der kann sich gerne vom Käsesommelier beraten lassen. In der großen Obst- und Gemüseabteilung gibt es eine reichhaltige Auswahl an regionalen Produkten direkt vom Bauern sowie exotische Köstlichkeiten. Viele Obst- und Gemüsesorten können auch in Bio-Qualität genossen werden. Onlineshop.

VOR
ARL
BERG

DIE BESTEN GENUSSLÄDEN
IN VORARLBERG

FEINKOST
UND GREISSLEREI

CULINARIA
6900 Bregenz, Kaiserstraße 4, +43/5574/42944
www.gsiberger.at/culinara

Alles begann 1987, als Werner Bentele das Imkern und die Schnapsbrennerei als Hobby für sich entdeckt und erkannt hat, dass genau dort seine Leidenschaft liegt. Das Hobby wurde schon bald zum Beruf. Dass ihm damals das Staatsrecht für die Schnapsbrennerei zuerkannt wurde, sieht er noch heute als großen Glücksfall. So entstanden die ersten Bentele Edelbrände und Liköre. Dass Schnaps nicht gleich Schnaps ist, erkannte nicht nur Bentele selber, auch die Kunden schätzen die hohe Qualität, die im Haus Bentele produziert wird. Zeitgleich wurden auch die Honigprodukte bekannt. Um die Bentele Köstlichkeiten den Kunden noch näherzubringen, wurde 2013 das sehr traditionsreiche Feinkostgeschäft Culinara in Feldkirch übernommen, das für seine edlen Essige und hochwertige Öle bekannt ist. Culinaria Bregenz gibt es seit 2016 und bringt den kulinarischen Genuss aus dem Bregenzerwald in die Stadt. Im Sortiment der Bentele Produkte sind aber auch heimische Spezialitäten und Produkte aus Österreich und Italien. Die große Auswahl an Feinkost, Weinen, Pasta und Antipasta sowie 50 verschiedene Essige und Öle ist damit nicht nur in Alberschwende bei Bentele Genuss erhältlich, sondern auch in den beiden Feinkostgeschäften Culinaria in Bregenz und Feldkirchen.

SUPERMÄRKTE

IRMTRAUD ECKL NAH&FRISCH

6741 Raggal, Marul 17, +43/5553/354-0
www.nahundfrisch.at/de/kaufmann/eckl

Bei diesem kleinen und sehr einladenden Nahversorger lässt es sich auf fast 900 Meter Seehöhe genussvoll einkaufen. Nachhaltiges Handeln im Nahversorgungsbereich besteht bekanntlich aus vielen kleinen und größeren Schritten. Das beginnt bei den Produkten, die vertrieben werden, der Bevorzugung regionaler und saisonaler Produkte oder der Auswahl der richtigen, möglichst nahen Lieferanten. Für Irmtraud Eckel und ihr Team ist das selbstverständlich. An der Käsetheke findet man hier neben zahlreichen regionalen Spezialitäten aus dem Biosphärenpark Großwalsertal, wie dem empfehlenswerten Bergkäse aus der Biosennerei Marul, auch Dachsteiner oder Weinkäse. Auch bei der breiten Palette an angebotenen Wurst- und Schinkenspezialitäten wird der Genießer sicher fündig. Das Biosortiment ist umfangreich und reicht von verschiedenen Kräutern über Spezialöle und Salben bis hin zu regionalem Kräutertee. Eine kleine, aber feine Auswahl an „aus'm Dorf"-Produkten wie Maruler Bienenhonig oder Bio Hartweizengrieß- und Bio Dinkelnudeln runden das ansprechende Angebot ab. Irmtraud Eckl und ihr kompetentes Team kennen ihr Produktangebot und nehmen sich gerne Zeit für die Kunden.

SPEZIALISTEN

SCHÖCH'S MEATHOUSE

6800 Feldkirch, Sebastian-Kneipp-Straße 2, +43/5522/72184
www.meathouse.at

Nachhaltig, bewusst und modern ist das Konzept der Premium Metzgerei. Geschlachtet wird hier noch selbst, was vor allem möglichst stressfrei für die Tiere sein soll. Warum man sich diese „Arbeit" noch macht? Weil es wichtig ist, die Tiere lebend zu sehen, sind sich die Meathouse Betreiber Christof Schöch und Stefan Marxer einig. Verarbeitet wird das ganze Tier, also „from nose to tail". Ein weiterer wichtiger Gedanke bei der Gründung des Unternehmens war die Nachhaltigkeit. Kurze Transportwege, der direkte Kontakt mit den Bauern und Viehhändlern garantiert beste Fleischqualität. In Schöch's Meathouse in der Sebastian-Kneipp-Straße und Meathouse – die Stadtmetzgerei in der Johannittergasse 6 – werden neben Fleisch aus eigener Schlachtung und Wurstwaren auch Hühner vom Hühner.Gut Keiler in Höchst angeboten. Auch am Hühner.Gut steht die artgerechte Tierhaltung und stressfreie Schlachtung im Mittelpunkt und ist die Basis der Zusammenarbeit mit Schöch's Meathouse. Natürlich gibt es im Meathouse auch warme Speisen wie z.B. Pulled Pork Burger, Snacks sowie ein täglich wechselndes Fleisch- und Vegi-Menü an der heißen Theke zu entdecken. Party-Service, Grillmeisterservice für Veranstaltungen. Onlineshop.

WELTGENUSS

ein Großteil der Weine aus dieser Provinz stammt mit dem wohl berühmtesten Tropfen – dem Barolo. Nicht zu vergessen sind aber auch Barbera, Dolcetto und Nebbiolo. Aufseiten der Weißweine locken Arneis, Chardonnay, Lugana oder Favorita. Aus den anderen Regionen Italiens stammen die Weine Chianti, Primitivo etc. Ganz besonders hervorzuheben ist aber der Prosecco im Il Contadino. Verschiedene typisch italienische Spezialitäten wie Original Prosciutto, der nach eigener Würzung hergestellt wurde, Olivenöle und Antipasti stammen aus den verschiedensten Regionen Italiens. Neben der italienischen Pasta findet sich aber natürlich noch viel mehr: Sugo, Pesto, Salami, italienische Süßigkeiten, Risottoreis, Polenta … und Käse. Eine feine Auswahl an italienischen Kaffeespezialitäten rundet das Angebot ab, und zum Kaffee gibt es neuerdings auch Kuchen- und Tortenstücke von der Konditorei Waltner in Hard. Catering, Onlineshop!

VINOTHEK IL CONTADINO
6971 Hard, Seestraße 7, +43/5574/62025
www.ilcontadino.at
Il Contadino – italienische Feinkost, Vinothek, Kaffeehaus. Ein kleines und sehr geschmackvolles Stück Italien, mit besonderer Nähe zum Piemont: Daher ist es nicht verwunderlich, dass

AM MARKT

GÖTZNER GENUSSMARKT
6840 Götzis, Am Garnmarkt, +43/5523/5986-229
www.goetzis.at/leben-in-goetzis/wochenmarkt
Der Götzner Genussmarkt findet jeden Dienstag ab acht Uhr beim Marktplatz statt: Regionale Köstlichkeiten für die genussuchenden Götzner Gaumen. Einiges hat sich verändert. Die Produktvielfalt ist größer geworden, der ganze Markt neu gestaltet. In Götzis trifft man sich am Markt, denn hier ist das Einkaufen mehr als die reine Besorgung von Lebensmitteln. Zum Beispiel trifft man hier Martin Rhomberg, ein wahrer Experte in Sachen Wildfleisch, der seinen Kunden Wildspezialitäten von Kaminwurzen, Hauswürste, Stangenwürste bis hin zu Mostbröckle und geräuchertem Schinken bietet. Die feinen Ziegenkäse der Familie König wurden mittlerweile schon mehrfach bei Käseprämierungen ausgezeichnet. Ein breitgefächertes Sortiment an regionalem und saisonalem Gemüse, frischen Kräutern und, je

nach Jahreszeit, diverse Setzlinge vom Mahlerhof, die nur darauf warten, einen Platz in Ihrem Garten zu finden. Aber auch Südtiroler Spezialitäten wie Schüttelbrot oder Vinschger Paarlbrot gibt es hier. Der Götzner Genussmarkt steht für nachhaltiges Einkaufen, für das Zusammenkommen, für Lebensfreude und Gemeinschaft! Hier wird „mit Händ und Herz" gearbeitet – überzeugen Sie sich selbst.

„So ein Saftladen!"
Ihr Ex-Kunde

DIE GEHEIME WAFFE MYSTERY-SHOPPING
FÜR DEN GENUSS-GUIDE 2019 WURDEN DIE GENUSS-TESTER ERNEUT VON PROFESSIONELLEN MYSTERY-SHOPPERN DER FIRMA **WHITEBOX** UNTERSTÜTZT.

Wenn Mystery-Shopper einkaufen gehen, haben sie keinen Einkaufszettel, sondern einen detaillierten Fragebogen, den sie exakt erfassen müssen. Sie sind daher bei ihrem „Einkauf" besonders aufmerksam, achten nicht nur auf das Warenangebot und die Präsentation, sondern auf den Gesamteindruck, die Atmosphäre und die vielen Kleinigkeiten, die oftmals über den Erfolg eines Geschäftes entscheiden. Neben dem vordefinierten Fragebogen werden von den Testern auch Erlebnisberichte verfasst, in denen alle Eindrücke, die im Zuge des Testbesuchs wahrgenommen werden, zusätzlich schriftlich festgehalten werden. Diese Berichte liefern wertvolle Informationen zu den abgegebenen Bewertungen und erhöhen die Nachvollziehbarkeit des Testbesuchs. Außerdem können damit zusätzliche Informationen und Anregungen gewonnen werden (z.B. Empfehlungen zur Verbesserung).

„Produkte und Leistungen werden immer austauschbarer – Kunden aber nicht! Kunden sind Menschen mit Bedürfnissen und Erwartungen – diese muss man, um erfolgreich zu sein, unbedingt kennen", erläutert Daniela Höllerbauer, Geschäftsführerin der WHITEBOX GmbH. Das in Linz ansässige Unternehmen hat sich auf Kundenzufriedenheit und Servicequalität spezialisiert und deckt auf, wo es Schwachstellen in punkto Kundenorientierung gibt. „Wir finden heraus, was Kunden wirklich wollen und zeigen das ungenützte Potenzial von Angebot und Service und der tatsächlichen Nachfrage auf", so Höllerbauer.

WHITEBOX wurde 2002 gegründet. Als Experte für qualitative und quantitative Marktforschung ist das Unternehmen in Österreich, Deutschland, Schweiz, Ungarn, und talien, tätig. In den letzten 19 Jahren wurden über 90.000 Testungen (sogenannte Mystery-Shoppings) in unterschiedlichen Branchen erfolgreich durchgeführt. Rund 19.000 TesterInnen sind in Österreich für WHITEBOX im Einsatz. Eines der wichtigsten Kriterien für die erfolgreiche Umsetzung von Mystery-Shopping-Projekten ist die Qualität der eingesetzten Tester. Aus diesem Grund wird bei WHITEBOX großer Wert auf die Auswahl und Schulung der Testpersonen gelegt.

WHITEBOX
Mystery Shopping
Marktforschung

Daniela Höllerbauer MBA
Vertriebsleitung / Senior Consultant

BENTELE GENUSS – GSIBERGER

6861 Alberschwende, Nannen 1133, +43/5579/82380
www.gsiberger.at

Ein großes Thema im Hause spielt seit 30 Jahren die Imkerei. Das Wirtschaften mit über 100 Bienenvölkern gehört zum Arbeitsalltag, ist aber gleichzeitig Ausgleich zu der sonst so schnelllebigen Zeit. Um den kulinarischen Genuss im Bregenzerwald voll abzurunden, befinden sich im Produktsortiment neben heimischen Spezialitäten auch Produkte aus Österreich und Italien. Auf rund 2.000 m² verteilt auf 3 Ebenen gibt es neben Produktions- und Verkaufsräumen noch die nagelneu eingerichtete Schaubrennerei und Imkerei/Imkerschule. Dort bekommt der Besucher einen Einblick in die Herstellung der Destillate und fachkundiges Wissen vermittelt. Onlineshop. Weitere Geschäfte: Culinaria in Feldkirch gegenüber dem Rathaus, Bregenz Kaiserstraße.

Maan Spirituosen

MAAN SPIRITUOSEN

6861 Alberschwende, Stauder 750, +43/664/3426662
maan-spirituosen.at

Tradition neu inszeniert: Der ursprünglich bäuerlichen Handwerkskunst verleiht Brennmeister Markus Rambach einen Hauch Moderne, und das in herausragender Qualität. Dabei entstehen Edelbrände und Liköre, die dem Zeitgeist entsprechen. Die Spezialität aus dem Ländle: der Subirer, ein sortenreiner Edelbrand aus Vorarlberger Sau-Birnen. Wie früher werden die Flaschen von Hand befüllt und etikettiert. Onlineshop.

DAS BREGENZERWÄLDER KÄSEHAUS

6866 Andelsbuch, Hof 144, +43/5512/26346
www.kaesehaus.at

Hier erfährt der Besucher alles rund um den Käsegenuss und kann aus über 60 Käsesorten an Hart-, Schnitt-, Frisch- und Weichkäsesorten aus Kuh-, Ziegen- oder Schafmilch aus der Region wählen – von sehr mild bis hocharomatisch. Darunter sind auch zahlreiche Spezialitäten aus der Genussregion Bregenzerwälder Alp- und Bergkäse. Als zentraler Marktplatz für die gesamte regionale Vielfalt beliefern Bauernfamilien das Bregenzerwälder Käsehaus mit einer Vielfalt bäuerlicher Produkte: Das Sortiment bei Speck und Wurst ist umfangreich und enthält auch Regionales wie zum Beispiel die Bregenzerwälder Hirsch- oder Kaminwurzen. Feine Kräuter aus dem Bregenzerwald werden zu Kräutersalz verarbeitet. Daneben gibt es eine große Auswahl an Produkten aus der Region wie Marmelade, Honig, Joghurt, verschiedene Brot- und Gebäcksorten. Schmankerl rund um den Käse werden im gemütlichen Restaurant serviert, und zum Kaffee ist das hausgemachte Birnenbrot sehr zu empfehlen. Onlineshop.

DER HOFMETZGER

6866 Andelsbuch, Bersbuch 746, +43/5512/26281
www.natter-derhofmetzger.at

Seit beinahe 30 Jahren führen Hubert und Heike Natter ihre Metzgerei mit eigener Schlachtung inklusive Zerlegung und Weiterverarbeitung zu Wurst- und Speckwaren für die heimischen Landwirte. Dabei kennt Hubert Natter die Landwirte, die sich an die strengen Ländle-Metzg-Richtlinien halten, persönlich und weiß um die gute Qualität seines Frischfleisches in der Verkaufsvitrine. Neben einer großen Auswahl an Wurst- und Fleischprodukten steht Speck, wie der vielfach ausgezeichnete Karreespeck und die 2022 ausgezeichneten Schmankerl Alpenschinken und, Wälder Salami und Wälder Landjäger geschmackvoll im Mittelpunkt. Kreativität und Geschmack sind das Geheimnis, das in der Metzgerei Natter mit viel Liebe zum Detail umgesetzt wird. Mit dem Fahrverkauf wurde ein besonderer, kundenfreundlicher Service ins Leben gerufen: Alle 14 Tage werden die Kunden aufgesucht und man kann aus dem reichhaltigen Angebot seinen Einkauf tätigen. Verkaufsautomat mit saisonalen Schmankerln rund um die Uhr.

BIO ZIEGENHOF BERLINGER – ZUM SEILERHUS

6883 Au, Lebernau 21, +43/5515/2844
www.berlinger.at

Bio Ziegenprodukte aus der hofeigenen Manufaktur im Bregenzerwald. Im 300 Jahre alten Bauernhaus dreht sich alles um die vielfach prämierten Ziegen, die sich das ganze Jahr über frei auf den Wiesen oder im Stall bewegen können und bestmöglich umsorgt werden. Gräser und Kräuter werden in den Sommermonaten vom Bregenzerwald hinauf bis auf den Arlberg gemäht und bilden die Grundlage für die zahlreichen prämierten Produkte wie dem „Goldenen Kasmandl" Österreichs. Die Bio Ziegen- und Schaf-Heumilch der eigenen Tiere wird in der hauseigenen Sennerei von Hand gekäst und in der Käseküche täglich frisch zu Bio Ziegen- & Schaffrischkäse mit und ohne Kräuter, Topfen und in Bio-Olivenöl eingelegte Spezialitäten verarbeitet. Und natürlich auch zu Hartkäse, der bereits mehrfach ausgezeichnet wurde. Die Köstlichkeiten kann man ab Hof nach telefonischer Vereinbarung kaufen, bei BioBinlch in Dornbirn oder über das Bestellformular auf der Homepage.

Bio Ziegenhof Berlinger – Zum Seilerhus

UR-ALP NATURLÄDELE

6883 Au, Bundesstraße 533, +43/5515/25192
www.ur-alp.at
Im Naturlädele des Erlebnisgasthofes Ur-Alp findet man Naturprodukte aus den hohen Bergen — ausgewählte Produkte aus erlesener und heimischer Landwirtschaft wie Hochalpkäse, Speck, Kaminwurzen, Hirschschinken und vieles andere mehr.

BEZAU

SENNHAUS BEZAU OBERDORF

6870 Bezau, Mittlere 119, +43/664/1982000
www.sennhaus-bezau.at
Die an der KäseStrasse Bregenzerwald gelegene Dorfsennerei verführt vor allem mit der großen Auswahl an selbst erzeugten und mehrfach prämierten Bergkäsesorten und mit vielen Feinheiten aus der Genussregion wie der Bregenzerwälder Alp- und Bergkäse. Der leidenschaftliche Käser berät mit viel Fachwissen, die Auswahl zwischen lange gereiftem oder noch ganz jungem Bergkäse wird einem trotzdem schwerfallen. Im Sennhaus Lädele werden darüber hinaus auch weitere ausgesuchte Naturprodukte aus dem Bregenzerwald wie frische Sennereibutter, Frischmilch, Butterschmalz, ein reichhaltiges Käsesortiment von der KäseStrasse Bregenzerwald sowie regionale Weine und Schnäpse angeboten. Direkt vor dem Sennhaus befindet sich der SB-Kühlschrank, wo die Produkte 7/24 eingekauft werden können.

BIO-HOFKÄSEREI HILKATER

6874 Bizau, Hilkat 142, +43/676/9244976
www.hilkater.at
Auf dem Biobauernhof der Familie Meusburger geht es den Kühen und Kälbern richtig gut, denn „nur glückliche, gesunde Kühe geben beste Bio-Heumilch. So „wohnen" die Kühe z.B. in einem geräumigen, hellen Laufstall. Täglich wird die frische Bio-Heumilch

in der Hofsennerei in Handarbeit zu verschiedenen Schnitt- und Hartkäsespezialitäten verarbeitet. Die Hilkater-Biokäsespezialitäten gibt es in elf Sorten, die von milden Schnittkäsen wie Bauern-, Räß- und Wildkräuterkäse, Weinkäse, Kanisfluhkäse, Kräuterkäse und Casanova bis hin zu würzigen Hartkäsen wie Magdalenarkäse, Bergkäse und dem parmesanähnlichen Rochus reichen. Immer wieder zeugen Auszeichnungen von der Qualität der Produkte, die bei einem Besuch im Hofladen gerne gekostet werden können. Selbstbedienungskühlschrank vor dem Hofladen. Hausgemachte Spezialitäten wie Rosen- und Waldmeistersirup, Hilkater Gin, Butter, Butterschmalz, Kräutersalz und Tees mit Zutaten aus dem eigenen Kräutergarten runden das Angebot ab.

Bio-Hofkäserei Hilkater

BLUDENZ

BIOPARK BLUDENZ

6700 Bludenz, Werdenbergerstraße 44, +43/699/10369745
biopark-bludenz.at
Ein entzückender „Tante-Emma-Laden": Die große Verbundenheit zur Natur von Inhaberin Karin Ess zeigt sich an den Produkten in den Regalen. Lebensmittel in Bioqualität, nachhaltig produziert und möglichst von regionalen Erzeugern, z.B. von Frima Biohof, BackKultur, Lisilis Biohof, Eier von Pirmin Bickel, Bio Bauern Sulzberg u.a. bilden das Sortiment. Ihr Anliegen ist es, die Kunden mit natürlichen, frischen, regionalen und unverkünstelten Lebensmitteln zu versorgen. Frisches Obst und Gemüse, Milchprodukte, Brot u.v.m. wird in Bioqualität angeboten, einige Produkte sogar verpackungsfrei! Und der BioPark schaut über den Tellerrand: Die nicht mehr verkäuflichen Lebensmittel landen nicht in der Tonne — sie werden verschenkt oder es werden daraus wunderbare Speisen gekocht, die samstags im Geschäft verkostet werden können. Das finden wir großartig!

FOHRENBURGER LADA

6700 Bludenz, Fohrenburgstraße 5, +43/5552/606-15
www.fohrenburger.at/shop/brauerei-lada
Der Laden für alle, die ihre Lieblingsbiere direkt dort kaufen möchten, wo sie produziert werden, oder auf der Suche nach

bierigen Geschenken sind. Neben den legendären Oberländer Bier-Spezialitäten gibt es bierige Geschenkideen & Fanartikel, exklusive Spirituosen, ein ausgewähltes Weinsortiment sowie Diezano Limoländlenade. Onlineshop.

Fohrenburger Lada

IDA NATURLADEN
6700 Bludenz, Wichnerstraße 36, +43/5552/31236
Der kleine und feine Bioladen bietet ein Vollsortiment an regionalen Produkten. Die Käse und Wurstwaren stammen von den Biobauern Sulzberg, das Obst und Gemüse nach Saison vom FRIMA Biohof in Ludesch ist knackig und frisch. Jeden Freitag gibt es frisches, knuspriges Brot von der Bio Bäckerei Lampert in Götzis. Bio-Freilandeier, Bio-Leinöl, Olivenöl, Sugo, vegane und glutenfreie Produkte sowie Hildegard-von-Bingen-Produkte ergänzen das liebevoll zusammengestellte Sortiment.

BREGENZ

ADEG THALER
6900 Bregenz, Schendlingerstraße 32a, +43/5574/72737
www.adeg.at
Ein Supermarkt für Genusssuchende. Beste Qualität und hausgemachte Spezialitäten stehen hier im Fokus: Selbst gemachte Grill- und Nudelsoßen verführen pikant, während eine große Auswahl an Keksen und Marmeladen die süßen Herzen höherschlagen lässt. Zum Probieren laden auch die zahlreichen Produkte aus den österreichischen Genussregionen ein, die sich durch fast alle Warengruppen ziehen. Die heiße Theke bietet knuspriges Backhendl, Fleischkäse, Würstel und Schnitzel. Unbedingt probieren muss man das hausgemachte Birnenbrot. Die Weinpalette ist mehr als umfangreich, das Personal ist freundlich, kompetent und hilfsbereit und steht den Kunden stets mit Rat und Tat zur Seite.

BÄCKEREI MANGOLD
6900 Bregenz, Riedergasse 2, +43/5574/54054
www.bäckerei-mangold.at
In der Bäckerei Mangold wird bereits seit 1850 mit Liebe zum Handwerk gebacken und das Bäckerwissen von Generation zu Ge-

neration weitergegeben. Diese Tradition schmeckt man in jedem Brot, in jedem Gebäck und in jedem Kuchen. Seit jeher wird in der Backstube sehr viel von Hand gemacht, Maschinen werden dort eingesetzt, wo sie die Bäcker und Konditoren unterstützen und entlasten können. Handwerk beginnt aber nicht beim Formen und Füllen. Bereits die Zubereitung der Teige, die Teigführung, die Ruhezeiten, ja selbst der Einkauf der Zutaten verlangt viel tradiertes Wissen und handwerkliches Können. Und diese Tradition wird bei Mangold seit über 170 Jahren gepflegt. Filialen siehe Website.

BIOSTORE
6900 Bregenz, Montfortstraße 3, +43/5574/58033
www.biostore.at
Im Biostore von Detlef & Rosi Schiener werden nur Produkte angeboten, die den Kriterien „biologisch, ökologisch, nachhaltig und regional" entsprechen. Die Feinkostabteilung bietet Pesti & Saucen, frisches Obst und Gemüse aus der Region sowie einige köstlich präsentierte Käsesorten. Aber auch Antipasti, Olivenöle Extra Vergine und feinste Saat-Öle, Essige, Honig und Aufstriche, Reis, Getreide und Hartweizen-Teigwaren. Die vegane Ecke bietet Fleisch- und Wurstalternativen, Ei-Ersatz sowie Milch- & Sahne-Alternativen. Superfood wie Chia-Samen oder Erdmandeln und CBD-Produkte komplettieren das Angebot. Freundlichkeit und Kompetenz sind hier wirklich auffallend.

BUONGUSTAIO
6900 Bregenz, Anton-Schneider-Straße 10, +43/5574/44713
www.buongustaio.at
Gourmetshop mit Lokal zum Genießen und Verweilen mit einem exklusiven Sortiment an Antipasti, Pasta und Sugo bis hin zu Grappa, Prosecco und ausgewählten Weinen. In ansprechender Präsentation locken zarter Prosciutto San Daniele, Lardo, Salsiccia, Bresaiola oder Pancetta, 24 Monate gereifter Parmesan und Mozzarella di Bufala sowie ein feiner, cremiger Gorgonzola DOP. Aber auch Balsamico und exklusives Olivenöl Extra Vergine wissen zu überzeugen. Und selbstverständlich darf die Nocciola Piemonte IGP – die Haselnuss aus dem Piemont – nicht fehlen! Viele der Produkte werden auf Slow food Messen in Italien entdeckt, sie zeichnen sich allesamt durch eine hohe Verbundenheit zur Region, zu alten Produktionsmethoden und regionalen Kulturen aus. Die Mitarbeiter sind freundlich und geben gerne und kompetent Auskunft über das Warenangebot. Die Spezialitäten von Buongustaio gibt es auch in Dornbirn und am Garnmarkt in Götzis.

CAFÉ GÖTZE CONDITOREI
6900 Bregenz, Kaiserstraße 9, +43/5574/44523
www.conditorei-goetze.com
In der kleinen, bezaubernden Café-Konditorei mit hauseigener Pâtisserie und Confiserie wird die österreichische Kaffeehaus- und Konditortradition in vierter Generation gelebt. Kaum

widerstehen kann man der feinen Auswahl an hausgemachten Spezialitäten wie Pralinen, Fruchttörtchen, Schokolade-Spezialitäten und Trüffelkonfekt, Grillage-Haustorte, kleinen süßen Petit Fours, Florentiner und auch Lebkuchen. Aber auch feines Teegebäck oder pikante Canapés verführen zum Genuss. Nicht zuletzt auch wegen der sehr freundlichen und zuvorkommenden Bedienung ist diese Café-Konditorei ein Geheimtipp.

CULINARIA

GENUSS GUIDE AWARD 2023

6900 Bregenz, Kaiserstrasse 4
+43/5574/42944, www.gsiberger.at/culinara
Gewinner des Genuss Guide Award 2023, „Bester Genussladen in Vorarlberg"/Kategorie Greisslerei und Feinkost, siehe Seite 306.

Culinaria

VINCENT'S BACKSTÜBLE

6900 Bregenz, Anton-Schneider-Straße 30, +43/5574/42790
www.facebook.com/vincents.backstueble
Vincent Gunz, Bäckermeister & Chocolatier, ist in die Räumlichkeiten der Backstube von der Thannen gezogen und führt die kleine, aber feine Bäckerei weiter. Und auch seine Brotsorten überzeugen ebenso wie die frischen Semmeln, Brezeln, Dinkel Knäckebrot und süßes Gebäck wie zum Beispiel Topfentascherl und die Ischler Kekse. Vincents handgeschöpfte Trüffel Schokolade in verschiedenen Geschmackssorten, feinste Trüffel und Schokoherzen lassen die Herzen aller Schokoholics höherschlagen. Weiters werden Milchprodukte vom Schlösslehof in Hard und Sennerei-Butter aus Schlins geboten, saisonal Lebkuchen, Weihnachtsstollen, Birnenbrot und Kloasamänndle. Für das gemütliche Frühstück gibt es im Backstüble auch sonntags eine große Auswahl an frischen Broten, Kleingebäck und süßen Leckereien.

XOCOLAT MANUFAKTUR BREGENZ

6900 Bregenz, Kirchstraße 12, +43/5574/43157
xocolat-bregenz.at
Die Welt der Schokolade ist vielfältig — Konsistenz und Geschmack variieren von Land zu Land, von Sorte zu Sorte. Deshalb finden sich in der Xocolat Manufaktur neben den Eigenkreationen vorwiegend von Hand gefertigter Pralinen, Dragiertem, Bonbonnieren auch eine feine Selektion anderer Erzeuger, darunter fantastische Grand Crus, Bean-to-bar und Single Origin Schokoladen.

DOREN

ALMA BERGSENNEREI HUBAN

6933 Doren, Huban 139, +43/5516/2001
www.alma.at
Das Tor zum Bregenzerwald liegt in Doren. Hier beginnt nicht nur die KäseStrasse Bregenzerwald, hier hat auch 1901 Österreichs Käsekultur ihren Anfang genommen, die von der Sennerei Huban fortgesetzt wird. Im kleinen Sennereiladen kann aus einer großen Palette hausgemachter und mehrfach prämierter Käsespezialitäten aus 100 % Heumilch g.t.S. gewählt werden. Feinheiten aus der Genussregion Bregenzerwälder Alp- und Bergkäse, Wildblumen- und Muskatellerkäse oder der Hillsidecheese — ein Schnittkäse, der in Kooperation mit dem Winzer Leo Hillinger entstanden ist. Feines hausgemachtes Joghurt, Hubaner Süßrahm-Sennereibutter, Süßmolke sowie die Hubaner Käsemischung für Käsespätzle, das Hubaner Frischkäsle, Marmelade aus bäuerlicher Herstellung oder edle Spirituosen aus der Region finden sich ebenfalls im Sortiment. Vor der Sennerei gibt es einen Selbstbedienungskühlschrank für einen Käseeinkauf rund um die Uhr. Vorbeikommen lohnt sich. Onlineshop (shop.alma.at).

Alma Bergsennerei Huban

Alma | BERGSENNEREI Huban

BEVANDA WEIN & DESTILLATE

6850 Dornbirn, Färbergasse 15, +43/5572/386631
www.bevanda.cc

Bevanda Wein & Destillate

Genuss ohne Grenzen. Eine Genusswelt, die sich auf 600 m² entfaltet, hat sich den Zusatz „grenzenlos" redlich verdient. Insbesondere dann, wenn sie mit mehr als 1.000 Weinen und 750 Destillaten aus aller Welt zu verwöhnen weiß. Viele Großflaschen und auch Raritäten sind ebenso zu finden. Diese beachtliche Vielfalt rundet Bevanda mit stilvollem Ambiente, herausragender Expertise und ehrlicher Passion ab. Bevanda ist mit 2 Geschäften in Vorarlberg vertreten. Neben dem Hauptgeschäft in Dornbirn in Rhomberg's Fabrik auch in Rankweil im Hotel FIRMAMENT, wo auch noch bis 22 Uhr Wein eingekauft werden kann. Zusätzlich präsentieren in der Vinothek in Dornbirn internationale Winzer jeden ersten Freitag und Samstag im Monat ihre Weine. Besonders ist auch, dass das allermeiste vorab an der Degustationsbar verkostet werden kann, so dass hier in der größten Vinothek Vorarlbergs jeder Gaumen zu seinem Lieblingstropfen findet – mit professioneller Beratung der gut geschulten Sommeliers und erlebbarem Genuss, der ebenso vielfältig wie grenzenlos ist. Ein „Virtueller Rundgang" durch die Wein- und Destillate-Welt ist auf www.bevanda.cc möglich.

BIO – BIN – ICH

6850 Dornbirn, Marktstraße 61, +43/5572/394578
www.biobinich.at

Natur und Natürlichkeit haben bei Bio Bin Ich Priorität und sind für die Inhaberinnen Angelika und Gabriele Fetz eine Selbstverständlichkeit. Der grüne Gedanke zieht sich seit 16 Jahren durch das gesamte Sortiment ihres Naturkostladens mit einem breiten und anspruchsvollen Angebot. Mittlerweile ermöglichen über 9.000 Bio-Produkte einen gesunden, nachhaltigen Lebensstil. Besonderes Augenmerk wird auf das frische Gemüseangebot gelegt, aber auch Feinschmecker-Käse von Kuh, Ziege oder Schaf, feiner Fisch und Knuspriges von Vorarlberger Bäckern verwöhnen den Gaumen.

FEINKOSTINA

6850 Dornbirn, Marktstraße 37a, +43/5572/424056
www.feinkostina.at/dornbirn

Das Geschäft für Gourmets und Genießer in der Marktstraße in Dornbirn. Hier finden Sie erlesene Feinkost-Produkte wie Essige, Öle, Gewürze, Pasta, Liköre, Schnäpse, Schokoladen und Pralinen. Diese gibt es auch als individuelle Geschenke-Sets und Präsentkörbe. Das Besondere: Hier ist wirklich für jeden Appetit etwas Feines parat. Ob herzhaft oder exotisch, ganz klassisch oder lieber pikant – man kann aus über 300 verschiedenen Feinkost Produkten und Gourmet Spezialitäten wählen. Weitere Filialen in Hohenems – Schweizer Straße 10 und Götzis – Am Ganmarkt 1.

HOPS & MALT

6850 Dornbirn, Eisengasse 2, +43/664/4178714
www.hopsandmalt.at

Biergenuss hat einen Namen: Hops & Malt bietet die ganze Vielfalt des edlen Gerstensafts auf 50 m². Traditionelle bis fassgelagerte Biere geben einen Einblick in die neue Welt der Biere – vom Weizenbier bis hin zum extravaganten Craft Beer mit exotischem Geschmack. Bei über 300 verschiedenen Sorten findet sicher jeder sein Lieblingsbier. Natürlich gibt es auch Eigenkreationen wie Drank Sinatra, ein heller Bock, Siren's Call Weizendoppelbock oder Smokin Bacon, ein Rauchbier. Hops & Malt gibt es auch in Bregenz, Maurachgasse 16.

JÜRGEN'S STADTMETZG

6850 Dornbirn, Moosmahdstraße 24a, +43/5572/22811
www.juergens-stadtmetzg.at

Jürgen Fontains kulinarische Kreationen sind so außergewöhnlich, wie er selbst. Wer das besondere Angebot sucht, wird in der Moosmahdstraße fündig, z.B. bei Fleisch vom Argentinischen Angusrind oder vom heimischen Wild. Von Hausmannskost wie hausgemachte Gersten- oder Mostsuppe, Tiroler- oder Spinatknödel, Maultaschen, Geschnetzeltes über Wildspezialitäten bis hin zu feinen französischen Käsespezialitäten, diversen

WANDERLÜGE #3
NO OA KURVA
MÜDE VON DEN WANDERLÜGEN?

NEU

DEIN DURST BRAUCHT WAS EHRLICHES!

Traditionell gebraut, ehrlich im Geschmack. Das neue Weizen direkt aus Vorarlberg, erfrischend anders.

www.mohrenbrauerei.at

Weck den Durst in dir!
Hol dir dein Gipfelbier!

Senfsaucen und Drexel's Wurzelbrot findet der Feinspitz hier jede Menge Genuss. Kreativ, abwechslungsreich und gleichzeitig Vorarlberg-verbunden, kommt man hier voll auf seine Rechnung. Und auf Wunsch organisiert der Stadtmezg auch Fleischsorten exotischerer Art, vom Strauß über Krokodil und Känguruh bis zum Bison. Ein breites Catering-Angebot mit exklusiven Buffets für jeden Anlass rundet das Gesamtbild perfekt ab.

KAFFEEBOHNE

6850 Dornbirn, Marktstraße 41, +43/5572/394858
www.kaffeebohne.co.at

Kleine und feine Rösterei im Herzen von Dornbirn, in der hochwertige, sortenreine Kaffeebohnen aus der ganzen Welt schonend geröstet werden. Das breite Kaffeeangebot geht von den besten Hochlandlagen bis hin zu speziellen Raritäten, sodass jeder die richtige Sorte nach seinem Geschmack findet – egal ob für Filter, Vollautomat oder Siebträgermaschine. Ebenso werden verschiedene Modelle von Siebträgermaschinen und Kaffeemühlen und das dazu passende Zubehör präsentiert. Und als süße Begleitung zum Kaffee gibt es hochwertige Schokoladen aus aller Welt. An der Kaffeebar kann man den Kaffee gleich vor Ort genießen, und für den kleinen Hunger werden hausgemachte Aufstriche auf täglich frischem Brot der Bäckerei Stadelmann angeboten.

MOHRENBRÄU BIERERLEBNISWELT – S'LÄDELE

6850 Dornbirn, Dr.-Waibel-Straße 2, +43/5572/3777-224
www.mohrenbrauerei.at

Mohrenbräu Biererlebniswelt – s'Lädele

Bierfreunde kommen in Vorarlberg an Mohrenbräu wohl kaum vorbei. S'Lädele in der Mohrenbräu Biererlebniswelt mitten im Zentrum von Dornbirn bietet Köstlichkeiten aus bieriger Rohstoffen und regional produziert: Vom Biersenf über Spezialbrand bis hin zur herbsüßen Bierschokolade oder bierigen Chutneys – ein Sortiment, das jeden Gaumen erfreut. Aber nicht nur der Gaumen wird erfreut: angefangen von T-Shirts, über Badehosen, bis hin zur Lederhose oder Mohrenbräu Hölzlern (Bregenzerwälder Holzschuh) - im Mohrenbräu Lädele findet jeder etwas - ob als Geschenk oder für sich selbst.

Moses Tee Shop – Harald Moosbrugger

MOSES TEE SHOP – HARALD MOOSBRUGGER

6850 Dornbirn, Marktstraße 14, +43/650/2010530
tee-shop.at

Im Moses Tee Shop offenbart sich die gesamte Teewelt von Ronnefeldt und Moses Tee. Mit viel Charme und Fachwissen überzeugt Michaele Moosbrugger, die erste Tee-Sommeliére Vorarlbergs, und bietet eine breite Palette an feinsten Produkten exklusiven Tees in seiner ganzen Vielfalt. Als Vertretung des Scotch Single Malt Circles gibt es eine breite Palette an edlen Whisky-Raritäten aus Schottland sowie ausgewählte internationale Spezialitäten, Gin und seltene Rumsorten aus Mittel- und Südamerika. Zum süßen Abschluss gibt es handgefertigte Whisky Kugeln, Bio-Schokolade von Zotter, feine Tee-Bonbons und Kandis, Honig, Sirup und Fidji-Ingwer kandiert. Das sehr freundliche und kompetente Personal rundet den sehr positiven Eindruck ab. Onlineshop.

STADELMANN – BÄCKEREI, KONDITOREI, CAFÉ

6850 Dornbirn, Bergstraße 9, +43/5572/22601
stadelmann.biz

Die Bäckerei für Spezialbrote in Dornbirn. Beim Sortiment spannt Stadelmann einen Bogen vom „normalen Brot und Gebäcksortiment" über diverse Spezialitäten hin zum Biobrot, das seit 1978 hier gebacken wird. Ein Schwerpunkt liegt in der Erzeugung von Vollkornbroten aus frisch vermahlenem biologischen Getreide. Für Allergiker steht eine breite Palette an Brot und Gebäck bereit – sei es weizenfrei, hefefrei, zuckerfrei oder lactosefrei. Im angeschlossenen Kaffeehaus überzeugt eine Vielfalt an süßen Versuchungen wie Torten und Schnitten, Brandteiggebäck und saisonalen Schmankerl.

EGG

LaWurscht – Das Spezialitätengeschäft

LAWURSCHT – DAS SPEZIALITÄTENGESCHÄFT

6863 Egg, Pfister 619, +43/664/4418074
www.lawurscht.at

„LaWurscht ist ein Laden wie gestern, für morgen: Weil das Sortiment umfassend, aber übersichtlich ist. Weil die Lebensmittel einen Ursprung haben, den man kennt und aus kleinen, handverlesenen Manufakturen stammen", so Inhaberin Sonja Gmeiner. Vor über 10 Jahren entstand LaWurscht im Gedanken, die Erzeugnisse der eigenen Bio-Landwirtschaft in Langenegg direkt zu vermarkten: Bio-Rind-, Kalb- und Schweinefleisch, Bio-Eier, Wurst- und Schinkenspezialitäten. Inzwischen bietet LaWurscht ein liebevoll ausgesuchtes Sortiment an Bio-Lebensmitteln und handwerklich gefertigte Spezialitäten, zum Beispiel Nudeln aus dem Bregenzerwald, Horn- und Gepsenkäse aus Egg oder Eingelegtes wie Chili-Raritäten, Zucchini und Paprika; Leinöl, Schwarzkümmelöl, getrocknete Beeren, Schokolade von Xocolat, Marmeladen, Säfte, Weine, Schnäpse und noch vieles mehr. Feine italienische Spezialitäten wie etwa Risotto, Pesto und Sugo ergänzen das Angebot.

METZLER KÄSE-MOLKE GMBH

6863 Egg, Bruggan 1025, +43/5512/3044
www.molkeprodukte.com

Der Familienbetrieb setzt auf Genuss: Aus der hofeigenen Kuh- und Ziegenheumilch werden vielfach prämierte käsige Köstlichkeiten, wie z.B. der Wälder Edelziege Camembert, der Wälder Edelziege Bergkäse, Die Freche Muh Hofkäse oder die Freche Muh Rotkäse hergestellt. Aus der bei der Käseproduktion anfallenden Molke werden hochwertige, innovative und mittlerweile europaweit bekannte Produkte hergestellt, wie Molke-Drinks oder

zahlreiche Pflegeprodukte. Selbstverständlich findet man im Angebot auch Spezialitäten aus der Bregenzerwälder KäseStrasse wie Bregenzerwälder Alp- und Bergkäse oder Heumilchkäse. Als Ergänzung finden sich Wurst- und Schinkenspezialitäten der Traditionsmetzgerei Broger und vom eigenen Bergbauernhof sowie herzhafte Bauernspezialitäten, Tees, Gewürze, Schnäpse und Liköre u.v.m. Onlineshop.

EICHENBERG

ALMA BERGSENNEREI LUTZENREUTE UND HINTEREGG

6911 Eichenberg, Lutzenreute 23, +43/5573/83380;
6911 Hinteregg 49, +43/5574/45472
www.alma.at

Alma Bergsennerei Hinteregg

Am Pfänder in Vorarlberg pflegt man bis heute das Käsehandwerk nach alter Tradition. Die Alma Senner und Sennerinnen käsen von Hand in großen Kupferkesseln den vielfach prämierten Vorarlberger Bergkäse g.U. (geschützte Ursprungsbezeichnung). Die Milchlieferanten liegen alle in einem Umkreis von 8 km und liefern täglich frische Heumilch g.t.S. zur Weiterverarbeitung. Bevor der Käse zum Verzehr bereit ist, reift er mindestens 3 Monate auf Fichtenbrettern im Käsekeller und entwickelt dabei seinen einzigartigen Geschmack. Onlineshop (shop.alma.at).

BENGODI

6800 Feldkirch, Schmiedgasse 7, +43/660/6800771
www.bengodi.at

Der Name BENGODI wurde nicht zufällig gewählt, denn es heißt übersetzt „Schlaraffenland" und kommt aus dem Italienischen und wird von „godere bene" abgeleitet, was soviel wie „gut genießen" heißt. Die 2022 renovierte Vinothek mit Bistro liegt in der Altstadt und erstrahlt nun noch heller und freundlicher. Vom typischen Caffè über Weinverkostungen und feinen italienischen Delikatessen finden Sie das ganze Jahr beste Produkte aus allen Regionen Italiens. Das Sortiment wird kontinuierlich erweitert. Der Schwerpunkt liegt auf Wein und Schaumwein, aber auch Spirituosen und Kochbücher, Weingläser, Geschenkkarten und vieles mehr dürfen nicht fehlen. Also auf nach Bengodi. Onlineshop.

Ehrne.Bio

EHRNE.BIO

6800 Feldkirch, Sebastianstraße 25, +43/5522/75320
www.ehrne-bio.at

Als BioAustria Mitgliedsbetrieb ist bei Ehrne natürlich alles in Bioqualität. Vor allem gibt es saisonales Obst und Gemüse, wie Erdbeeren, Physalis oder Andenbeeren sowie Kartoffeln, Gemüse und Getreide aus der eigenen biologischen Landwirtschaft, aber auch eine große Palette von biologisch erzeugten Lebensmitteln von anderen Biobauern: Milch und Milchprodukte von Vorarlberg Milch, Käse der BioBauern Sulzberg und der Maruler Biosennerei, Ziegenprodukte von Berlinger fehlen ebenso wenig wie Wurstwaren, Rauchfleisch und Bauchspeck der BioBauern Sulzberg, frisches Brot, Tees, Gewürze und Eier. Das saisonale Obst und Gemüse wird am Hof auch zu einer feinen Auswahl an Fruchtaufstrichen, Kompotten und eingelegtem Gemüse veredelt.

NATUR & KOST

6800 Feldkirch, Johannitergasse 6, +43/5522/78480
www.naturundkost.at

Biologisch, fair und transparent. Diese Werte trägt Petra Natter bereits seit 20 Jahren in die Welt. Die Produktpalette reicht von frisch geerntetem, saisonalen Obst und Gemüse von Biobauern aus der Region und dem Bodenseeraum über diverse Käsespezialitäten von nah und fern, Oliven, auserlesene Weine, Antipasti, Nudeln und Getreide von Rapunzel, Naturata, Davert, La Selva, Vita Verde sowie duftend frisches Brot von den Biobäckern Backkultur in Göfis und Lampert in Götzis bis zu einem umfangreichen Teesortiment und Gewürze und Gewürzmischungen aus aller Welt. Auch ist eine Vielzahl glutenfreier, lactosefreier und fructosefreier Produkte in den Regalen zu finden, darüber hinaus zählt auch Köstliches aus der veganen Ecke zur angebotenen Ware. Übrigens: Unverpackt einkaufen ist auch bei „natur & kost" möglich! Zertifizierte Naturkosmetik. Ein großartiges Geschäft!

SCHNELL

6800 Feldkirch, Liechtensteiner Straße 21, +43/5522/73333
www.schnell.cc

Seit vier Generationen wird nun schon beim Schnell gebacken. Das Geheimnis des Geschmacks der köstlich knusprigen Brot- und Gebäcksorten und der feinen Kuchen und Torten liegt im Handwerk mit Tradition. Klassisch, aber modern interpretiert. Und natürlich die sorgfältige Auswahl allerfeinster Zutaten — immer der Region verbunden. Backkunst geht hier mit den Jahreszeiten. In der Weihnachtszeit gibt es „Birabrot" (also Birnenbrot) und Keksle. Tipp: Das Frühstücks- und Brunchangebot ist ein echter Genuss. Die Bäckerei & Konditorei Schnell gibt es viermal in Feldkirch sowie in Rankweil, Dornbirn und in Hard.

SCHÖCH'S MEATHOUSE

6800 Feldkirch, Sebastian-Kneipp-Straße 2
+43/5522/72184
meathouse.at

GENUSS GUIDE AWARD 2023

Gewinner des Genuss Guide Award 2023, „Bester Genussladen in Vorarlberg"/Kategorie Spezialisten, siehe Seite 307.

Schöch´s Meathouse

VORARLBERG MILCH

6800 Feldkirch, Noflerstraße 62, +43/5522/72130-0
www.vmilch.at

Das V-Milch Lädele bietet Käseliebhabern höchste Käsekompetenz, das Angebot reicht vom Vorarlberger Bergkäse und

Vorarlberger Bergkäse Reserva über Ländle Räßkäse und Ländle Arlberger bis zum Ländle Wein- oder Mostkäse, dem Ländle Safrankäse mit echten Safranfäden, dem Ländle Bioberger aus Biomilch oder dem Ländle Sura Käs aus Heumilch. Sämtliche Käsespezialitäten können gerne im Lädele verkostet werden, die Devise lautet: zuerst probieren, dann kaufen. Natürlich wird auch die ganze Palette an Frischeprodukten wie Milch, Sauerrahm, Creme fraiche oder Fruchtjoghurts angeboten. Auch regionale Produkte wie Nudeln, Honig, Gewürze, Limonade oder auch frisches Obst und Gemüse finden sich im Lädele. Das Personal berät aufmerksam, freundlich und sehr kompetent. Einkaufen ist hier ein echter Genuss!

Vorarlberg Milch-Lädele Feldkirch

GAISSAU

BODENSEEFISCHEREI REGULA BÖSCH
6974 Gaißau, Rheinstraße 29, +43/664/4617613
Liebhaber von fangfrischem Bodenseefisch sind bei der Fischerei Bösch an der richtigen Adresse, denn es wird ausschließlich Wildfang aus dem Bodensee angeboten. Felchen, Barsch, Hecht, Zander, Wels, Karpfen, Schleie, Rotauge, Brachsen, Saibling, Forelle bietet Regula Bösch an, wenn der See es gibt – also je nach Jahreszeit und Fang. Ab Hof verkauft sie die Fische frisch, aber auch geräuchert oder verarbeitet zu Köstlichkeiten wie Brotaufstrich von der Räucherbrachse, der bereits ausgezeichnet wurde. Verkauf ab Hof nach telefonischer Vereinbarung.

GÖFIS

BACK KULTUR
8611 Göfis, Pfründeweg 3b, +43/650/4440772
www.back-kultur.at
In der Backwaren Manufaktur von Rupert Lorenz steht das Handwerk im Vordergrund und die Maschine wie Ofen und Teigkneter ist nur das „Werkzeug", alles andere wird von Hand hergestellt. 100 % biologische Ursprungs-Rohstoffe und so weit wie möglich regionale Zutaten werden zu feinstem Brot und Gebäck verarbei-

tet. Doch was sind „Ursprungs-Rohstoffe"? Dass die Lebensmittel heutzutage nicht mehr vorrangig dem menschlichen Organismus dienlich sind, hängt auch mit den verwendeten modifizierten Rohstoffen zusammen, so Rupert Lorenz. „Wenn ich zum Beispiel das Getreidekorn hernehme und eine jahrhundertalte, bewährte Sorte durch Züchtung und Verschneidung zwar ertragreicher mache, aber dessen Nährwert und Verträglichkeit außer Acht lasse, dann erhalte ich das heutige Weizenkorn." Die Backwaren Manufaktur verwendet keinen handelsüblichen Weizen, sondern beschränkt sich auf das Urkorn der Getreidegruppe Weizen: den Rotkorn Dinkel. Großartig!

SUNNAHOF TUFERS
6811 Göfis, Tufers 33, +43/5522/70444
www.sunnahof.or.at
Der Sunnahof ist ein Lebenshilfeprojekt und ein echtes Kleinod. Der BioAustria Mitgliedsbetrieb ist aber auch eine Landwirtschaft mit Hofladen, wo bsundrige Bio-Produkte aus eigener Herstellung angeboten werden. Das Fleisch vom „Sunnahof Bio-Schwein" wird in der Metzgerei Walser portionsmäßig zugeschnitten und vakuumiert verpackt. Bio-Rindfleisch gibt es auf Vorbestellung. Hier gibt es alles ab Hof, unter anderem feine Bio Wurstwaren und selbst geräucherter Speck, Sunnahof-Bioeier, fruchtige Obstsäfte, handverlesene Kräutertees, vollmundige Schnäpse sowie die prämierten Essig-Spezialitäten, die mit Kräutern aus der hauseigenen Sunnahof-Gärtnerei angereichert wurden, und viele weitere regionale Köstlichkeiten. Natürlich alles bio.

GÖTZIS

GÖTZNER GENUSSMARKT
6840 Götzis, Am Garnmarkt
+43/5523 5986 - 229
goetzis.at/leben-in-goetzis/wochenmarkt
Gewinner des Genuss Guide Award 2023, „Bester Genussladen in Vorarlberg"/Kategorie Am Markt, siehe Seite 308.

GENUSS GUIDE AWARD 2023

Götzner Genussmarkt

HARD

ALMA KÄSLÄDELE HARD

6971 Hard, Rheinstraße 1, +43/5573/8080 8770
Die Alma Käslädele bieten regionale sowie internationale Käsespezialitäten, Vorarlberger Bergkäse g.U. der Alma Bergsennereien, Senfsaucen, Fondue und Raclette für die kalte Jahreszeit
sowie attraktive Geschenkideen und Gutscheine an. Alma gibt es
seit über 100 Jahren in Vorarlberg. Käsetradition und Käsewissen
wird hier großgelebt und lässt sich gut schmecken.

Alma Käslädele Hard

NATURPRODUKTE FLATZ

6971 Hard, Landstraße 30, +43/5574/65974
www.naturprodukte-flatz.at
Flatz bringt die Schätze der Natur ein Stück näher, denn die
eigene Landwirtschaft von Judith und Klaus Flatz ist die Grundlage für das Angebot im Naturprodukteladen. Die Verarbeitung
des eigenen Rind- und Putenfleisches erfolgt direkt am Hof,
die fachmännische Veredelung von Frischfleisch zu Wurst- und
Selchspezialitäten garantieren die Ländle Metzgerei Dür in Hohenweiler und die Bärenmetzgerei Bösch in Lustenau. An Wurst-
und Speckspezialitäten von der Pute werden u.a. Wienerle, Speck,
Schinken, Leberkäse und vieles mehr geboten. Gustostücke vom
Rind sind von September bis Juni erhältlich. Und je nach Saison

gibt es köstliche Gerichte für die schnelle Küche wie Schnitzel-
rollen, Puten-Wildragout, Schlemmer- oder Hausbraten. Fündig
wird man auch bei Getreide (Braunhirse, Haferflocken, Getreide-
dereis, Polenta), Brot & Gebäck der Bäckerei Waltner, Eier, Bio
Obst und Gemüse nach Saison, würzigen Käse von ausgewählten
Vorarlberger Sennereien, Joghurt und Topfen der Sennerei Schnifis, Pastasaucen, Pesti, Antipasti und Chutneys von Söhmsen's
Manufaktur in Dornbirn, Ölen der Ölmühle Fandler, Schokoladen
von Fenkart, Weinen und Edelbränden ... Die Naturprodukte gibt
es auch jeden Freitag am Bregenzer Bauernmarkt und jeden
Samstag am Markt in Dornbirn bei der Europapassage.

VINOTHEK IL CONTADINO

6971 Hard, Seestraße 7, +43/5574/62025
www.ilcontadino.at
Gewinner des Genuss Guide Award 2023, „Bester Genussladen in Vorarlberg"/Kategorie Weltgenuss, siehe Seite 308.

Vinothek il Contadino

HITTISAU

SENNEREI HITTISAU

6952 Hittisau, Platz 190, +43/5513/2786
www.sennerei-hittisau.at
Die in der Sennerei Hittisau erzeugten Produkte werden ausschließlich aus frischer, roher Heumilch erzeugt, so z.B. der Hittisauer Bergkäse, der in den Reifegraden „mild" und „würzig" und
„über 12 Monate gereift" erhältlich ist, der Hittisauer Emmentaler
sowie die „Hittisauer SennButter". Zudem findet sich im kleinen,
aber ansprechenden Verkaufsladen ein großes Sortiment an bäuerlichen Produkten aus der Region, wie Ziegen- und Schafskäse,
aber auch feiner Bio-Honig oder Edelbrände, Freilandeier direkt
vom Hittisauer Bauernhof, Bregenzerwälder Sig, frisch gepresste Öle, Senfsaucen oder Kräutersalz. Und — man darf kosten! Das
Personal überzeugt mit Fachwissen und Freundlichkeit. Einfach
Genuss pur. Öffnungszeiten: Mo-Mi 8:00 bis 12:00 Uhr, Do-Fr 8:00
bis 12:00 und 14:00 bis 18:00 Uhr, Sa 8:00 bis 12:00 Uhr und 14:00
bis 17:00 Uhr. Wer es zu den Ladenöffnungszeiten nicht schafft,

der kann sich die Käse-Köstlichkeiten rund um die Uhr aus dem vor dem Laden befindlichen Automaten (24/7) holen.

ADEG KONSUMVEREIN HÖCHST

6973 Höchst, Landstraße 50, +43/5578/75201
konsum-hoechst.at
Ein Adeg-Markt, der vor allem mit Regionalität und Auswahl punktet. Obst und Gemüse überzeugen mit Frische und Präsentation, in der prämierten Fleischabteilung werden ausschließlich von Vorarlberger Betrieben angelieferte Rind-, Kalb- und Lammspezialitäten angeboten, und auch die Auswahl im Feinkostbereich lässt keine Wünsche offen. Frisches und ofenwarmes Brot und Gebäck kommt aus der eigenen Bäckerei, und in der umfangreichen Weinabteilung berät der Chef gerne persönlich und kompetent. Ein reichhaltiges Bio-Sortiment rundet das Angebot ab. In besonders freundlicher Atmosphäre macht der Einkauf Spaß. Für Ihre Feiern werden auch Feinkostplatten, Fondue, diverse Bratenspezialitäten, Lasagne u.v.m. angeboten.

ADEG MARKT ZUBCIC

6912 Hörbranz, Lindauerstraße 75, +43/5573/82211
www.adeg-zubcic.at

Adeg Markt Zubcic

Sehr einladender Frischemarkt, der sich nicht nur durch eine gut sortierte und sehr ansprechende Obst- und Gemüseabteilung auszeichnet, sondern auch durch die umfangreiche Palette an frischem knusprigen Brot und Gebäck. Das Angebot an der Feinkosttheke ist hervorragend, vor allem die Auswahl bei Wurst und Schinken weiß zu punkten. Der große Tisch im Feinkostbereich lädt dazu ein, Platz zu nehmen und sich quer durch das Sortiment zu kosten. Delikatessen aus den Genussregionen wie Ländle Apfel, Bregenzerwälder Alp- und Bergkäse, Sauer- oder Heumilchkäse finden sich ebenfalls im Angebot. Im Bio-Bereich gibt es das Adeg-Standardprogramm, das Personal bedient überaus freundlich und zuvorkommend. Catering-Service.

ALMA DIREKTVERKAUF HÖRBRANZ

6912 Hörbranz, Krüzastraße 4, +43/5573/84213
Nahe an der deutschen Grenze und gleich in der Nähe vom Bodensee ist der neue, moderne Alma Direktvertrieb in Hörbranz angesiedelt. Hier finden Käseliebhaberinnen und Käseliebhaber neben echtem Vorarlberger Bergkäse g.U. von den Alma Bergsennereien auch eine große Auswahl an Hart-, Schnitt- und Streichkäse sowie weitere regionale Spezialitäten.

Alma Direktverkauf Hörbranz

GUNZ BROT

6912 Hörbranz, Lindauer Straße 46, +43/5573/82239
www.baeckerei-gunz.at
Herbert Gunz ist Bäcker aus Leidenschaft. Nach alter Tradition und in Handarbeit werden aus regionalen Rohstoffen rund 200 klassische Back- und Süßwaren in bester Qualität hergestellt. Der Duft von frisch gebackenem Brot und Gebäck empfängt einen schon beim Betreten der hellen und freundlichen Bäckerei. Das Sortiment umfasst neben teilweise biologisch zertifizierten Brotsorten, Gebäck und Mehlspeisen auch für Allergiker geeignete Back- und Süßwaren, wie laktose- und weizenfreie Produkte. So wird nach alter Tradition Dinkel, Amaranth, Kamut, Hirse oder Soja zu feinen Backwaren verarbeitet. Bio Sauerkrautbrot, Bio Sojabrot, Bio Zwiebelbrot sowie zahlreiche Torten und Plundergebäck-Variationen zählen zu dem vielfältigen Sortiment. Filiale: Rathausstraße 1, 6900 Bregenz.

HEHLE FREILANDHOF

6912 Hörbranz, Ziegelbachstraße 46, +43/680/2458384
www.bioladen-vorarlberg.at

Martin und Daniela Hehle führen ihren Freilandhof mit Bio-Freiland-Rindern, Bio-Freilandputen und Bio-Freiland-Hühnern mit der großen Überzeugung, dass Bio + Regional optimal sind. Themen wie Bodenfruchtbarkeit, Naturschutz, artgerechte Tierhaltung und Tierwohl stehen an oberster Stelle. Der Bio-Laden wurde geschlossen, die hochwertigen Produkte wie Ländle Bio-Rindfleisch und Bio-Eier können jedoch auf telefonische Nachfrage weiterhin ab Hof erworben werden.

Hehle Bioladen und Freilandhof

HOHENEMS

FENKART SCHOKOLADENGENUSS

6845 Hohenems, Schlossplatz 10, +43/5576/72356
www.schokoladengenuss.at

Feinste Schokoladenkreationen zum Dahinschmelzen. In der Hohenemser Manufaktur entsteht aus feinsten Kakaobohnen und den besten Zutaten handgeschöpfte Schokolade. Chocolatier Gunther Fenkart produziert seine Schokolade „Bean to Bar" von der rohen Kakaobohne bis zur fertigen Spezialität. Diesen Aufwand betreiben nur sehr wenige Chocolatiers in Europa! Bei der Veredelung seiner Kreationen lässt Fenkart Spezialitäten aus der Bodenseeregion wie Trockenfrüchte oder Destillate einfließen. Ein Geheimtipp sind die Sonderanfertigungen des leidenschaftlichen Handwerkers, bei denen auf Wunsch aus eigenem Wein oder Schnaps maßgeschneiderte Spezialitäten entstehen. Essbares Glück: feinste Pralinen und Trüffel be- und verzaubern den Gaumen ebenso wie die Schokoladendragees mit Nusskernen aus Italien, die frisch in der Manufaktur geröstet werden. Führungen durch die Schokoladenmanufaktur. Onlineshop.

METZGEREI SCHATZ

6845 Hohenems, Kaiser-Franz-Josef-Straße 10
+43/5576/72246
www.metzgerei-schatz.at

In der Traditionsmetzgerei wird noch alles selbst gemacht – von der Schlachtung über die Wurst- und Fleischproduktion bis hin zum Verkauf. Das Unternehmen bezieht das Ländle-Vieh von ausgewählten Betrieben, die man persönlich kennt. Über 140 verschiedene hausgemachte Wurst-, Schinken-, Speck- und Salami Kreationen lassen den Besuch zu einem kulinarischen Erlebnis werden. Auch die riesige Palette an hochwertigem Frischfleisch aus der hauseigenen Schlachtung (darunter viele Bioprodukte, auch Schmankerln vom Lamm und Wild kann man hier finden) wird Genießern gefallen. Hausgemachte Delikatessen wie feine Pasteten, würziges Pesto, Salate und küchenfertige Fertiggerichte oder exklusive Senfvarianten machen Lust auf Genuss, die kleine, aber feine Käseauswahl weiß zu überzeugen. Das Personal berät freundlich und mit viel Kompetenz.

HOHENWEILER

LÄNDLE METZGEREI DÜR

6914 Hohenweiler, Leutenhofen 21, +43/5573/82226
www.metzgerei-duer.at

Metzgerei und Nahversorger in einem: Einkaufen mit Herz und Genuss, bei bester Qualität und Beratung. Das Fachgeschäft für Fleisch- und Wurstwaren mit eigener Schlachtung bietet auch viele SPAR Ländle Produkte für den täglichen Bedarf wie frisches Obst und Gemüse und Milchprodukte. Die Palette an Käsespezialitäten zeichnet sich durch beste Frische und Hochwertigkeit aus, als Metzgerei gibt es natürlich auch Wurst und Schinken in großer Auswahl (übrigens auch gluten- und allergenfrei), ebenso wie exquisites Frischfleisch. Überhaupt mangelt es nicht an Bioprodukten, Köstlichkeiten aus den Genussregionen (wie z.B. aus der Genussregion Ländle Kalb) fehlen ebenso wenig wie frisches Brot und Gebäck. Die Chefin berät freundlich und kompetent. Die feinen Produkte kann man sich auch durch das Catering-Angebot für jedes Fest nach Hause holen. Im 24-Stunden-Automat direkt vor der Metzgerei findet man eine Auswahl der Produkte.

KOBLACH

WEGWARTE

6842 Koblach, Kiesweg 7, +43/5523/54816
www.wegwarte.at

Was vor 40 Jahren auf einem kleinen Acker im Gemüseanbau begann, ist heute ein feiner Naturkostladen mit Lebensmitteln von A bis Z. Besonders Lust auf Biogenuss macht das frische saisonale Gemüse, pro Saison finden über 600 Produkte, 40 verschiedene Gemüsesorten und 140 Kräuter aus eigenem Anbau und je nach Saison auch Raritäten wie Artischocken und Okra ins Lädile. Im Winter wird das Sortiment von Bio-Bauern aus dem Süden ergänzt. Vorarlberger Bio-Bauern beliefern zusätzlich mit Gemüse, Fleisch- und Milchprodukten, z.B. die BioBauern Sulzberg, Lisilis Hof in Meiningen, Kristahof Tschagguns oder die Maruler Biosennerei. Das Lädile bietet auch Geschmackvolles aus der Feinkost: Ziegen- oder Schafkäse sowie köstliches Brot, das von Bauern aus der Region bezogen wird, sowie Schokolade, Teigwaren, Fischprodukte, Saucen, Tee, Kräuter bis hin zu Ketchup, Senf, Wein und verschiedenen Fruchtsäften.

LANGENEGG

LANGENEGGER DORFSENNEREI

6941 Langenegg, Berkmann 116, +43/5513/6190
www.kaeserei.com

Seit über 100 Jahren wird in Langenegg gesennt, die hohe Qualität der Langenegger Milch wird durch die Senner in mehrfach prämierten Käsesorten und der köstlichen Sennereibutter bewahrt. Ob Blütenkäse, Thymian-Zitronenpfeffer-Käse, Sonnen- oder Kräuterkäse oder der von Kaffeeliebhabern geschätzte Espresso Käse und insbesondere der Bergkäse – die Langenegger Käse erfreuen den Genussmenschen. Nach einer längeren Bauphase konnte 2021 der neue Käsekeller in Betrieb genommen werden. Das Sennerei Lädele bietet neben selbst erzeugten Milchprodukten eine breite Auswahl an Köstlichkeiten für Küche und Keller, z.B. Säfte von Dietrich, Prinz Edelbrände, Margot's Gewürze, Produkte der Ölmanufaktur Österle sowie Produkte von Langenegger und Bregenzerwälder Bauern u.v.m. Einkaufen rund um die Uhr: Die Spezialitäten der Langenegger Dorfsennerei sind im Käseautomaten vor Ort erhältlich oder über shöpping.at bestellbar.

LAUTERACH

DIETRICH VORARLBERGER KOSTBARKEITEN

6923 Lauterach, Lerchenauerstraße 45, +43/5574/63929
dietrich-kostbarkeiten.at

Dietrich Vorarlberger Kostbarkeiten

Als „Lebensmittelhandwerker" im Vorarlberger Rheintal veredelt Richard Dietrich Riebelmais und Streuobst zu Kostbarkeiten und sichert damit deren Fortbestand – von der weißen Polenta über Riebelchips bis zum Riebelmais Whisky, von den gedörrten Birnen bis zum Birnenbalsam und Holder-Mus. Die große Auswahl an typischen Vorarlberger Spezialitäten kann im Hofladen oder auch im Onlineshop erstanden werden.

LINGENAU

GENUSSWELT KÄSESTRASSE IM BREGENZERWÄLDER KÄSEKELLER

6951 Lingenau, Zeihenbühl 423, +43/5513/42870-41
www.kaesestrasse.at

Genusswelt KäseStrasse im Bregenzerwälder Käsekeller

Seit 1998 gibt es die KäseStrasse Bregenzerwald, die verschiedene Straßenzüge des Bregenzerwaldes umfasst. Rund 180 Mitglieder zählt der „Verein KäseStrasse". Im Mittelpunkt stehen die bäuerlichen Erzeuger: Bauernhöfe mit Hofläden, Dorfsennereien und Alpsennereien. Über 80 verschiedene Bregenzerwälder Käsesorten, darunter auch die bekannten Alp- und Bergkäse aus der Genussregion Bregenzerwälder Alp- und Bergkäse (bis zu zwei Jahre gereift), sind hier versammelt. Das köstliche Käsesortiment wird mit einem ausgesuchten Angebot an Wurstwaren aus der Region, verschiedenen Molkeprodukten und auch kulinarischen Kostbarkeiten vervollständigt. Ein Highlight für Gruppen ist die Käse-Wein-Verkostung mit Informationen zur Bregenzerwälder Käsekultur, der Bergkäsereifung sowie zur KäseStrasse Bregenzerwald, die auf Anmeldung durchgeführt wird. Eine süße Spezialität ist der Bregenzerwälder Sig, der aus Molke und Karamell hergestellt wird. Diese traditionelle Nascherei wird fälschlich auch als „Wälder Schokolade" bezeichnet. Schauraum und Onlineshop!

BÄRENMETZGEREI HERMANN BÖSCH

6890 Lustenau, Maria-Theresien-Straße 78, +43/5577/82146
Eine ausgezeichnete Fleischqualität hat bei Familie Bösch höchste Priorität. Der traditionsreiche Familienbetrieb steht seit 1932 für solides Handwerk, besten Geschmack und höchste Qualität bei Fleisch-, Wild- und Wurstspezialitäten. Die Auswahl bei den hausgemachten Wurst- und Schinkenspezialitäten ist groß. „Wir verarbeiten ausschließlich artgerecht gehaltene Tiere von Bauern aus der Region"; Bösch ist mittlerweile Lustenaus einziger Betrieb mit eigener Schlachtung. Und sollte einen der kleine Hunger quälen, so kann man hier auch aus einer kleinen, aber feinen Palette an fertigen Gerichten wählen und sie gleich vor Ort verspeisen. Zum Verschenken oder Selbstbehalten: Die neuen, in verschiedenen Varianten erhältliche Genussboxen. Und auch die 24-Stunden geöffneten Automaten „Theo" und „Paula" versorgen mit hausgemachten Fleisch- und Grillprodukten, verschiedenen Salaten und Saucen und einem ausgesuchten Getränkesortiment.

LUSTENAUER SENF

6890 Lustenau, Rheinstraße 15, +43/5577/82077
www.lustenauer-senf.com
Lustenauer Senf kennt keine Zusatzstoffe wie Konservierungsmittel, Aromen u.s.w. Neben dem klassischen Lustenauer Senf werden auch kreative Senfsorten angeboten, wie Senf mit Trauben- oder Kürbiskernöl, Senfkaviar in den Variationen Tomate, Zitrone oder Heidelbeere. Auch der Feigensenf darf nicht fehlen oder der Senf mit Blutorangen. Dass man offen ist für Innovationen, das beweist der Birnensenf mit Subirer Schnaps oder das Schwarze Gold, ein Senf mit Aktivkohle und eingedicktem Apfelsaft sowie der Juri Gargalic mit rotem Paprika und Grünen Veltliner. Unbedingt probiert haben sollte man die neue Gewürzlinie mit feinen Currys, Pfeffer- und Grillmischungen.

KÄSE MOOSBRUGGER

6841 Mäder, Mähderle 2, +43/5523/54152
www.kaese-moosbrugger.at
Im Lädele von Käse Moosbrugger findet man das gesamte KäseStrasse-Sortiment, darunter auch der von der EU ursprungsgeschützte Bregenzerwälder Berg- und Alpkäse. Eine weitere Spezialität im Angebot ist der Bregenzerwälder Knöpflekäse. Neben den regionalen Spezialitäten aus den Genussregionen Bregenzerwald sowie dem Großwalsertaler Bergkäse findet man hier auch Schlierbacher Käse sowie Murtaler Steirerkäs. Aber auch besondere Eigenkreationen hat Moosbrugger zu bieten: Gemeinsam mit Amann Kaffe wurde der Kaffee-Käse entwickelt, mit der Destillerie Freihof der KäsSchnaps, und das Mohren Kel-

lerbier gibt es auch als Käse. Und die Käse-Kreation „Wäldergold Blütenzauber", ein mit Wildblüten affinierter Käse, wurde bereits ausgezeichnet. Eine Vielzahl an internationalen Käsesorten aus Frankreich, Spanien, Holland, Italien und Griechenland und England runden das Sortiment ab. Die freundliche und kompetente Beratung macht Lust auf noch mehr Käse.

Käse Moosbrugger

LISILIS BIOHOF

6812 Meiningen, Scheidgasse 17, +43/5522/31107
www.lisilis.at
Bereits seit mehreren Jahrhunderten wird der Hof in Meiningen von der Familie Kühne bewirtschaftet. Vor über 30 Jahren stellten Karl und Brigitte Kühne ihren Hof auf biologische Bewirtschaftung um und konnten dadurch nicht nur die kleinbäuerliche Struktur erhalten, sondern auch eine große Vielfalt entwickeln, welche sich in den Gemüsesorten, in der Tierhaltung und in der sorgsamen Veredelung der Produkte wiederfindet: Lisilis Biohofladen ist ein echter Nahversorger und neben Gemüse von den eigenen Feldern gibt es auch Milchprodukte aus Brigittes Milchkammer, Getreide, Kräuter aus eigenem Anbau, Säfte und Schnäpse aus eigener Herstellung und Eier von Lisilis Bio-Hühnern. Die Lisilis Biokiste wird wöchentlich geliefert und ausschließlich mit selbst angebautem saisonalen Gemüse befüllt. Das Gemüse wird kurz vor der Auslieferung geerntet – das garantiert Frische und vollen Geschmack. Der Selbstbedienungsbereich am Hof (Milch, Eier, Gemüse) ist 7/24 geöffnet.

Lisilis Biohof

METZGEREI WALSER

6812 Meiningen, Schweizerstraße 50, +43/5522/71344-0
www.walser-metzgerei.at

Metzgerei Walser

VORARLBERGER METZGERHANDWERK

Im Genussmarkt Meiningen der Metzgerei Walser sind das Fleischerfachgeschäft und der Nahversorger geschmackvoll kombiniert. In allen Bereichen bietet die Metzgerei ein großes Sortiment, z.B. über 290 verschiedene, selbst hergestellte Wurst-, Schinken- und Speck-Spezialitäten. Das Fleisch in bester Qualität stammt größtenteils aus der eigenen Schlachterei. Und auch die Auswahl an saisonalen Schmankerln wie Weißwurst Leberkäse, Vorarlberger Blutwürste und Leberwürste erfreuen den Gaumen. In der Herbstsaison werden Reh- und Hirsch-Edelteile, auf Bestellung auch Wildschwein, geboten – dazu gehören auch einige köstliche Wurst-, Rohwurst-, und Rohschinken-Spezialitäten. Aus der Genussregion finden sich Spezialitäten vom Bio-Alp-Schwein sowie allerlei aromatische Käse von der Sennerei Schnifis. Nudeln vom Martinshof, Limonade VoÜs, Bio-Eier von den Bio Bauern in Sulzberg, Schnaps vom Prinz und vieles mehr ergänzen das vielseitige Angebot. Die Auswahl an kochfertigen Menüs zum Mitnehmen ist groß, die Bedienung überzeugt mit erstklassigem Fachwissen, ist freundlich und kompetent. Einkaufsgenuss ist hier und auch in den weiteren Walser-Filialen in Sulz, Tosters und Dornbirn Hatlerdorf garantiert.

RAGGAL

IRMTRAUD ECKL NAH&FRISCH

GENUSS GUIDE AWARD 2023

6741 Raggal, Marul 17, +43/5553/354-0
www.nahundfrisch.at/de/kaufmann/eckl
Gewinner des Genuss Guide Award 2023, „Bester Genussladen in Vorarlberg"/Kategorie Supermärkte, siehe Seite 307.

Irmtraud Eckl Nah&Frisch

RANKWEIL

BEVANDA WEIN & DESTILLATE

6830 Rankweil, Römergrund 1, +43/664/1968566
www.bevanda.cc
Auch in der Rankweiler Filiale des Unternehmens in Dornbirn wird Genuss ohne Grenzen geboten. Denn sie weiß mit mehr als 1.000 Weinen und 750 Destillaten aus aller Welt zu verwöhnen. Viele Großflaschen und auch Raritäten sind ebenso zu finden. Diese beachtliche Vielfalt rundet Bevanda mit stilvollem Ambiente, herausragender Expertise und ehrlicher Passion ab. Bevanda ist mit 2 Geschäften in Vorarlberg vertreten. Neben dem Hauptgeschäft in Dornbirn in Rhomberg's Fabrik auch in Rankweil im Hotel FIRMAMENT, wo auch noch bis 22 Uhr Wein eingekauft werden kann. Zusätzlich präsentieren in der Vinothek in Dornbirn internationale Winzer jeden ersten Freitag und Samstag im Monat ihre Weine. Besonders ist auch, dass das allermeiste vorab an der Degustationsbar verkostet werden kann, so dass hier in der größten Vinothek Vorarlbergs jeder Gaumen zu seinem Lieblingstropfen findet – mit professioneller Beratung der gut geschulten Sommeliers und erlebbarem Genuss, der ebenso vielfältig wie grenzenlos ist.

SATTEINS

LÄNDLE METZG GEROLD HOSP

6822 Satteins, Rankweiler Straße 1, +43/5524/2891
www.meistermetzgerei.at
Tradition und Qualität wurden bei der Meistermetzgerei Hosp immer schon großgeschrieben. Die kleine, familiäre und nicht

nur bei den Einheimischen sehr beliebte Meister-Metzgerei im Walgau ist erste Anlaufstelle für hervorragende Fleisch- und Wurstprodukte aus eigener Schlachtung. Die Palette an verführerischen Wurst- und Schinkenfeinheiten ist riesig, an der Fleischtheke gibt es viele Produkte für zu Hause auch in einer halbfertigen oder vorgekochten Variante. Den kleinen Hunger kann man aber auch direkt an der Imbisstheke stillen. Die Bedienung ist sehr freundlich und kompetent

SENNEREI SCHNIFIS

6822 Schnifis, Jagdbergstraße 84, +43/5524/2588
www.sennerei-schnifis.at
Im Einklang mit der Natur – das schmeckt man in den Produkten der Sennerei Schnifis. Bereits seit 1906 gibt es die Sennerei Schnifis, und die im Lauf der Zeit gesammelte Erfahrung kann man in den hervorragenden und vielfach prämierten Köstlichkeiten der Sennerei schmecken. Im sehenswerten Sennereigeschäft („Üs'r Lada") werden ausschließlich Käsespezialitäten aus eigener Produktion, wie der echte Schnifner Bergkäse in verschiedenen Reifestufen, der echte Schnifner Laurentius oder der traditionelle Sauerkäse sowie Vorarlberger Naturprodukte zum Kauf angeboten. „Üs're Stuba" lädt zum Verkosten der verführerischen Käsespezialitäten ein. Daneben werden aber auch täglich frisch erzeugte Sennereibutter, Schnifner Topfen, eigene Joghurts oder Heumilch verkauft. Das süße Sortiment umfasst handgeschöpfte Schokoladen, Säfte, Likör, Honig-Gummibärchen oder Knuspertaler.

Bergkäserei Schoppernau

BERGKÄSEREI SCHOPPERNAU

6886 Schoppernau, Unterdorf 248, +43/5515/30151
www.bergkaeserei.at
In der Schau- und Erlebnissennerei im malerischen Dorf Schoppernau findet man neben den zahlreichen selbst hergestellten, vielfach prämierten Käsespezialitäten und frischer Sennereibutter auch den Weinviadla Kas oder Reibkäse. Das Vorzeigeprodukt ist der Schoppernauer Bergkäse, der in verschiedenen Reifegraden zum Kauf angeboten wird. Darüber hinaus sind viele weitere Käsesorten von anderen umliegenden Sennereien zu finden. Weiters werden von heimischen Betrieben regionale Produkte und Geschenkideen wie Honig, Schnäpse, hausgemachter Sirup, Marmeladen, Kräutersalze, Öle, Bauernjoghurt, Cremen/Seifen aus Molke u.s.w. angeboten. Das sehr freundliche und hilfsbereite Personal stellt auf Wunsch gerne Geschenkkörbe zusammen. Interessierte haben hier darüber hinaus die Möglichkeit, dem Käser im Rahmen einer Führung über die Schulter zu schauen. Onlineshop.

CAFÉ KONDITOREI CONFISERIE FREDERICK

6780 Schruns, Kirchplatz 6, +43/5556/735577
In dieser Café-Konditorei am Kirchplatz in Schruns wird die österreichische Kaffeehaustradition hochgehalten. Verwöhnt wird man nicht nur mit einer großen Auswahl an verführerischen, hausgemachten Mehlspeisen wie Montafoner Nußtorte, Quittenspeck oder der süßen Montafoner Schieferplatte und köstlichen edlen Pralinen, sondern auch mit Eis aus eigener Erzeugung. Bekannt ist das Haus auch für die mehr als 20 Sorten hausgemachter Marmeladen (je nach Saison in Kombination mit Exotischem von Hemingway-Kirsche über Erdbeer-Banane, Preiselbeer-Birne bis Tarocca-Orange). Vervollständigt wird das umfangreiche Angebot mit Bio-Produkten aus der Region wie Obst (auch aus der Genussregion Ländle Apfel), Rahm, Butter oder Eiern. Regionalität ist hier gefragt. Donnerstags ist immer Strudeltag mit bis zu 15 Sorten und freitags gibt es Buchteln in besonderen Sorten wie Karamellbuchteln mit Vanillesauce. Für Erfrischung sorgen hausgemachter Eistee, Fruchtsäfte von Rauch, Budweiser Pils und Fohrenburger Weizenbier.

GENUSSBOUTIQUE MONTAFON

6780 Schruns, Bahnhofstraße 7, +43/660/3105352
www.genussboutique.at
Im Herzen des Montafons gibt es seit 2010 die Genussboutique im Hauptort Schruns. Als das best-selektierte Feinkostgeschäft der Region bietet sie Feines und Edles aus dem Montafon, Österreich und Europa. Die Eigentümer Yvonne und Manuel Bitschnau legen viel Wert auf handverlesene Qualitätsprodukte aus kleinen persönlich bekannten Genuss-Manufakturen. Das Angebot reicht von Spezialitäten vom Montafoner Steinschaf, Honigprodukte, feinste Pestos, Saucen und Senfe, Gewürze, veredelte Balsamessige und Öle sowie Trüffelprodukte, eingelegte Schwarze Nüsse und heimische Riebelspezialitäten bis hin zu edlen Schokoladen, Sirupen, Likören, Schnäpsen und sogar Champagner. Wer auf der Suche nach kulinarischen Raritäten, nach dem Besonderen ist, wird in der Genussboutique Montafon mit Sicherheit fündig.

KÄSEHAUS MONTAFON
6780 Schruns, Montafonerstraße 17, +43/5556/93093
www.kaesehaus-montafon.at

Käsehaus Montafon

Das Käsehaus Montafon beherbergt alles unter einem Dach: einen Hofladen, eine Sennschule und ein Gasthaus. Im Hofladen wird die Vielfalt der regionalen Kleinproduzenten in Kooperation mit dem Verein Bewusst Montafon angeboten. Dieser steht für die Zusammenarbeit von Landwirten, der Gastronomie und dem Handel im ganzen Montafon. Die Bewusstseinsbildung von Einheimischen und Gästen sowie die Produktion von echten, regionalen Produkten stehen dabei im Vordergrund. Auf 150 m² findet man so eine interessante Auswahl an regionalen Produkten. Vom Käse über Speck, Schnaps, Nudeln bis zur Naturkosmetik. Teilweise sind die Produkte nur in geringen Stückzahlen erhältlich. Was früher nur auf dem eigenen Hof verkauft wurde, wird nun im Käsehaus dem breiteren Publikum zugänglich gemacht. Natürlich ist hier auch der berühmte Montafoner Sauerkäse, also Sura Kees, erhältlich. Ein guter, reifer Montafoner Sura Kees besitzt eine glatte, leicht speckige, glänzende Oberfläche und eine goldgelbe bis rötlichbraune Schmiere. Der Käse im Inneren selbst sollte hellgelb bis weiß, schnittfest und geschmeidig sein. Reifer Montafoner Sura Kees besitzt einen mild-aromatischen Geruch und Geschmack, der mit zunehmendem Alter leicht pikant bis mild säuerlich wird. Mit gruppengerechten Sennvorführungen wird veranschaulicht, wie Käse produziert wird. Die Idee: Eine Region mit dem Gaumen erleben und sich dann noch ein Stück nach Hause mitnehmen.

SCHWARZENBERG

FEINKÄSEREI EDWIN BERCHTOLD
6867 Schwarzenberg, Gsess 421, +43/680/5002818
vorarlbergkaese.at/betriebe/sennereien/feinkaeserei-edwin-berchtold
Die private Feinkäserei erlaubt genussvolle Einblicke in die Welt der Käseproduktion. Der Schwerpunkt des kleinen Weichkäsebetriebes liegt auf hochwertigen Spezialitäten wie dem feinen Camembert in Sternform (Natur oder Nuss) mit Edelschimmel oder dem Münsterkäse. Als besondere Spezialität wird hier aber auch Ziegenmilch aus der unmittelbaren Umgebung zu edlem Camembert-Brie und vorzüglichem Ziegentopfen verarbeitet. Verkauft wird die umfangreiche Palette an sehr empfehlenswerten Käsefeinheiten auf dem Bregenzer und Dornbirner Bauernmarkt sowie im Käsladen von Maria Vögel.

KÄSLADEN VÖGEL
6867 Schwarzenberg, Hof 18, +43/5512/2960
www.kaesladen.com
Feinster Käse auf kleinstem Raum. Der Gewölbekeller des alteingesessenen Käsladens von Maria Vögel birgt erstklassige käsige Köstlichkeiten aus dem Bregenzerwald, allen voran natürlich Bergkäse in allen Reifestufen. Für Käsegenießer ist der kleine Laden so etwas wie eine Legende geworden. Hier werden seit Jahren mit viel Charme und Kompetenz die Käsespezialitäten der Feinkäserei Berchtold sowie ausgewählte Käsefeinheiten aus der Genussregion Bregenzerwälder Alp- und Bergkäse und von traditionellen Sennereien aus der Umgebung angeboten. Zudem kann man den Köstlichkeiten im Käsekeller (Käs-Kär) auch vom Geschäft aus beim Reifen zusehen. Natürlich kann man die verschiedenen Käse im Käsekeller auch verkosten, und den passenden Wein wird man hier ebenfalls finden. Neben den heimischen Käsesorten gibt es eine kleine Auswahl an italienischen Klassikern wie Gorgonzola und Parmesan, außerdem auch würzige, selbst zusammengestellte Käsespätzlemischungen. Viele regionale Spezialitäten – darunter zahlreiche Produkte aus den Genussregionen oder hervorragende hausgemachte Marmeladen und Chutneys – runden das genussvolle Sortiment ab.

SONNTAG

SENNEREI BODEN-SONNTAG
6731 Sonntag, Boden 34, +43/5554/20010
www.grosseswalsertal.at/Sennerei_Sonntag
Im Biosphärenpark Großes Walsertal finden Genusssuchende ein echtes Schmuckstück. Bereits architektonisch sticht das biosphärenpark.haus ins Auge, Moderne und Tradition verschmelzen zu einer Einheit. In der Sennerei Sonntag-Boden wird von Mitte September bis Ende Mai täglich bis zur Mittagszeit Walserstolz-

Bergkäse aus reiner Heumilch hergestellt. Dabei wird für ein Kilogramm Käse ca. 10 Liter frische Milch verarbeitet. In der Schausennerei kann man zu den Öffnungszeiten des biosphärenpark.haus hinter die Kulissen der Käseerzeugung blicken. Im angeschlossenen biosphärenpark.laden sind der Walserstolz sowie landwirtschaftliche Produkte aus der Region wie Marmeladen, Tees und Säfte erhältlich. Tipp: die individuell befüllten Geschenkekisten als Mitbringsel oder für den Genuss daheim.

Sennerei Boden-Sonntag

WALTER'S BROTLÄDELE

6771 St. Anton im Montafon, Silvrettastraße 29
+43/5552/67145
www.walters-brotlaedele.at

Traditionelles Handwerk und ausgesuchte Rohstoffe stehen für die hochwertige Qualität der vielfältigen Bio-Vollwert-Produkte. Seit über 30 Jahren überzeugt Walter's Brotlädele seine Kundschaft in St. Anton im Montafon mit gesunden und hochwertigen Produkten auch über die Grenzen des Montafon hinaus. Als „Schnitzer – Bio – Vollwertbäcker" mahlt man das Getreide täglich, sodass sämtliche Teile des Korns und die darin enthaltenen Vitamine voll und ganz erhalten bleiben. Des weiteren werden auch weizen- und lactosefreie Produkte hergestellt. Spezialgebäck wie Schnitzer-Bäckerei, Amaranth-, Gersten- und Dinkelbrot, Canihuabrot oder das Bio-Vollwert-Andenbrot muss man unbedingt probiert haben.

FREIHOF SULZ

6832 Sulz, Schützenstraße 14, +43/5522/45808
www.freihofsulz.at

Hier wird Bio-Genuss gelebt. Geboten wird täglich frisches Bio-Brot von Backkultur, eine große Auswahl an regionalem Obst und Gemüse, Milchprodukte aus der Region, Getreide, kulinarische Leckerbissen zum Mitnehmen und Alltägliches. Ein bisschen wie früher, das Einkaufen im Dorfladen – und das alles Bio.

KÄSEREBELLEN

6934 Sulzberg, Dorf 2, +43/5516/21351
www.kaeserebellen.com

Die Sulzberger Käserebellen gibt es bereits seit 1860. Damals wie heute ist der Anspruch sehr hoch, so eint die Käserebellen von damals und heute ihr Geheimrezept, nämlich die Herstellung aus 100 % Bergbauern-Heumilch und die Käsehandwerkskunst nach altbewährter, bäuerlicher Tradition. So entstehen vielfach prämierte Köstlichkeiten bzw. Rebellen in großer Vielfalt, z.B. Traditions-Rebellen, Rebellen mit Zutaten (neu: der Senf Rebell, verfeinert mit gelben Senfkörnern), cremige Weichkäse und Sennerei-Spezialitäten wie der Bergkäse, der in unterschiedlichen Reifegraden erhältlich ist. Aber auch saisonale Rebellen (Kürbiskern Rebell, Sommer Rebell) wissen Käseliebhaber zu überzeugen. Die Spezialitäten sind auch rund um die Uhr am Käseautomaten direkt an der Rebellen-Alm in Zell am Ziller erhältlich!

METZGEREI SALZGEBER

6774 Tschagguns, Kreuzgasse 1, +43/5556/75241
metzgerei-salzgeber.at

Eine Traditionsfleischerei, die bereits in dritter Generation auf beste Qualität setzt. Von seinem Großvater durfte Remo Salzgeber einige Rezepte übernehmen, nach denen noch heute feinste Wurstspezialitäten hergestellt werden. Dabei ist die Herkunft besonders wichtig. Das angebotene Kalb- und Rindfleisch stammt großteils aus der Region. Schweinefleisch wird aus Oberösterreich bezogen. Handwerk und Technik in bester Kombination. Über 100 Wurst-, Schinken- und Speckspezialitäten gibt es aus eigener Produktion sowie köstliche Fertiggerichte im Glas aus der eigenen Küche, z.B. Chili con Carne, Montafoner Gerstensuppe, Hirschragout, Kalbsbeuschel, Putengeschnetzltes u.v.m. Wochentags wird ein Mittagsmenü geboten. Die Bedienung ist freundlich und kompetent. Onlineshop.

SCHWANENBÄCKEREI FITZ – ÄCHLER BROTLÄDELE

6922 Wolfurt, Achstraße 34a, +43/5574/86843
www.schwanenbaeckerei-fitz.at

Wolfgang Fitz backt bereits in dritter Generation nach althergebrachten Herstellungsarten und Rezepten über 120 Sorten Brot, Gebäck, Süßgebäck und Torten, die in der SchwanenBäckerei sehr ansprechend präsentiert werden. Den kleinen Hunger zwischendurch stillen frische Salate und gefüllte Brötchen. Das Personal bedient aufmerksam und freundlich. Filialen siehe Homepage.

WIEN

DIE BESTEN GENUSSLÄDEN
IN WIEN

FEINKOST
UND GREISSLEREI

HEU & GABEL BIO FEINKOST

1120 Wien, Meidlinger Markt, +43/664/8521426
www.heuundgabel.at

Ein halbes Jahr haben Katharina und Mario Schinner-Krendl Bauernhöfe und Manufakturen aus der Region besucht, ließen sich kulinarisch inspirieren, bevor sie im Sommer 2020 ihren Laden am Meidlinger Markt gefunden und nach bestem Geschmack umgestaltet haben. Und zwar so, wie sie sich einen Bilderbuch-Feinkostladen mit Bewirtung vorstellen können. Heu & Gabel am Meidlinger Markt bietet liebevoll ausgesuchte Produkte. Katharina und Mario haben ein tolles Sortiment zusammengestellt. Lebensmittel von Manufakturen aus Wien, dem Burgenland, aus Niederösterreich und der Steiermark, die auf das Tierwohl achten, den Boden wertschätzen und unter höchsten Qualitätskriterien - mit dem, was die Natur uns schenkt - arbeiten. Die köstlichen Produkte wie Würste von der Nationalpark-Fleischerei

Karlo, Eingelegtes von Stekovics, Dazu-Biosenf, frisches Brot von Kasses, Beinschinken von Thum, Ziegenkäse von Hautzinger, Spezialitäten von Hilkater Käse, Chutneys von der Spezerey, Florentiner von Wiegand, vegane Aufstriche von Goldblatt, Rotwein von Christian Tschida u.v.m. Katharina und Mario freuen sich mit ihren Kunden an den hochwertigen Bio-Produkten in ihrem Laden.

SUPERMÄRKTE

INTERSPAR AM SCHOTTENTOR

1010 Wien, Schottengasse 6 - 8, +43/800221120
www.interspar.at/schottentor

Wo früher die Tresore einer Bank waren, finden sich nun in den denkmalgeschützten Räumen ganz andere Schätze: Köstlichkeiten aus aller Welt treffen in architektonisch spannendem Raum auf die besten Schmankerln aus ganz Österreich, die nur darauf warten, von Genießern entdeckt zu werden. Der Interspar am Schottentor ist übrigens der bisher kleinste Standort, den die Spar-Gruppe unter der Vertriebslinie Interspar führt. Rund 1.770m² Verkaufsfläche stehen zur Verfügung, in diesem besonderen Gebäude die besten Lebensmittel zu präsentieren. So verführt die Fleisch- und Wurstabteilung mit heimischem Dry Aged Beef, Wagyu-Rind, Mangalitza Schinken und frischem Prosciutto. Exklusive Pastaspezialitäten gibt es täglich frisch aus der La Pasteria Produktion. Beim Käse begibt man sich bei über 450 verschiedenen Sorten auf eine kulinarische Reise durch Europa. In der Vinothek beraten ausgebildete Sommeliers, um den richtigen Wein zu finden. Der Lieblingswein wird zudem in Minutenschnelle auf die optimale Trinktemperatur gekühlt. Und natürlich verlockt ein großes regionales Angebot unter dem Motto „Von dahoam das Beste". Fazit: Einfach großartig.

SPEZIALISTEN

GROISSBÖCK CAFE&KONDITOREI

1100 Wien, Neilreichgasse 96-98, +43/1/6042510
www.groissboeck.at

Krapfen, Konditorprodukte und Kaffee - diese drei Zutaten, gewürzt mit sehr viel Liebe zum traditionellen Wiener Zuckerbäckerhandwerk, haben eine einzigartige Marke geschaffen: Groissböck ist vor allem in Wien der Inbegriff eines erfolgreichen Konditoreiunternehmens. Seit mehr als vierzig Jahren verführt Groissböck mit süßen Zuckerbäckerkreationen und vor allem mit seinen flaumigen Krapfen, die weit über die Grenzen Wiens bekannt sind. Der Wiener Schlemmerkrapfen ist das Markenzeichen der Familie Groissböck. Kaum ein anderer versteht es, mit diesem traditionellen Backwerk so zu begeistern, und nicht umsonst wurde dem Groissböck-Krapfen bereits mehrfach der Titel „Bester Krapfen von Wien" verliehen. Die Krapfen werden täglich frisch vor den Augen der Kunden zubereitet. Und das rund ums Jahr. Regionale und frische Zutaten, der Verzicht auf jegliche Fertigbackmischungen sowie die Freude am Experimentieren bezeichnet Oliver Groissböck als sein Erfolgsrezept. Zu dieser Experimentierfreude zählt auch die eigene Kaffeeröstmaschine in der Filiale Neilreichgasse. Aber auch das zarte Plundergebäck, diverse Kuchen und Schnitten und eine große Auswahl an Torten lassen keine Wünsche offen.

WELTGENUSS

PROSI EXOTIC SUPERMARKET
1070 Wien, Wimbergergasse 5, +43/1/9744444
www.prosi.at

Das Prosi, direkt am Gürtel auf Höhe Burggasse, ist bereits eine Institution in der Welt der sogenannten Ethno-Shops. Es ist das älteste und auch größte internationale Lebensmittelgeschäft in

Österreich. Im Jahr 1999 wurde der PROSI Exotic Supermarket mit Produkten aus über 60 Ländern aus aller Welt eröffnet. Tatsächlich offenbaren sich in diesem Supermarkt ungeahnte exotische Geschmackswelten. Prosi hat heute die größte Auswahl an Lebensmitteln aus dem asiatischen, afrikanischen und lateinamerikanischen Raum in Österreich. Über 10.000 Produkte, von frisch importiertem Gemüse über Gewürze, exotische Saucen, Reis und Getreideprodukte, Früchte, Snacks und Getränken bis hin zu speziellen Lebensmitteln, auch aus der Ayurvedischen Küche, machen neugierig. Es gibt auch frisch importierte Cherimoya-Frucht aus Südamerika, reihenweise eingelegtes Gemüse bis hin zu in 1,5-Liter-Flaschen abgefüllten Fischsaucen. Ein spannender Supermarkt, in dem es für Genießer und kulinarisch interessierte garantiert viel Neues zu entdecken gibt. Und man wird richtig gut beraten.

AM MARKT

KAAS AM MARKT
1020 Wien, Karmelitermarkt 33 - 36, +43/699/18140601
www.karmeliter.at

Das Feinkostgeschäft am Karmelitermarkt ist auch ein Bistro, kompetent und liebevoll geführt von Isabel Mantl-Kaas. Die Produkte stammen vorwiegend von österreichischen Bauern und kleinen Produzenten. Vieles, was man vor Ort kaufen kann, findet man auch in dem täglich frisch zubereiteten Mittagessen und auf der Speisekarte wieder. Neben einer geschmackvollen Käseauswahl mit außergewöhnlichen Sorten (z.B. Trüffelgouda) und einer sehr großen Auswahl an verschiedenen Schaf- und Ziegenkäseprodukten wird der Gaumen auch zu Delikatem wie Osso Collo vom Wollschwein, Beinschinken von Thum, Selchspeck von Labonca, Neusetzer Speck vom Weingut Krispel und luftgetrocknetem Rinderschinken verführt. Eine große Auswahl an frischem Brot vom Kasses, Öfferl oder Kolm ist auch zu finden. Wer Lust

auf besondere, regionale Spezialitäten hat, dem werden gerne Waldviertler Whisky oder Wiener Weinbergschnecken empfohlen. Vieles kann auch vor Ort verkostet werden, freitags und samstags auch die köstlichen, frischen Ravioli. Eine besonders geschmackvolle Genuss-Bereicherung am Karmelitermarkt mit dynamischem und freundlichen Mitarbeitern. Hier is(s)t man einfach gerne!

A WORLD OF DELICIOUS FOOD

1010 Wien, Himmelpfortgasse 13, +43/1/5120854
www.awodf.com

Wien ist um einen weiteren Gourmettempel reicher. Im historischen Stadtpalais Erdödy-Fürstenberg wurde ein neuer Hotspot für anspruchsvolle Genießer mit einem luxuriösen sowie exklusiven Sortiment eröffnet. Erstmals in Österreich findet man hier exklusiv Produkte der traditionsreichen Luxusmarke Fortnum & Mason — London, von außergewöhnlichen Keksvariationen über exquisite Tee-Mischungen und Marmeladen. Von feinsten Schokoladen der Manufaktur Cadbury in Birmingham über österreichische Schmankerln, italienischem Olivenöl und südamerikanischem Kaffee bis zu Fruchtsäften von Pelzmann aus Niederösterreich und Bio Steak Snacks der Peck Brothers aus dem Burgenland findet man alles, was das Herz begehrt.

A World of delicious Food

A. GERSTNER K.U.K. HOFZUCKERBÄCKER SHOP . BAR . CAFÉ-RESTAURANT

1010 Wien, Kärntner Straße 51, +43/1/5261361
www.gerstner.at

Seit 1847 begeistert die Gerstner K.u.K. Hofzuckerbäckerei Kenner und Genießer, denn Tradition verpflichtet nicht nur zu bestem Geschmack und erlesener Qualität, sondern auch zur Perfektion. Eine Welt handverlesener Köstlichkeiten eröffnet sich dem Besucher im liebevoll gestalteten Shop im Erdgeschoss der Gerstner K. u. K. Hofzuckerbäckerei. In der Vitrine präsentieren sich handgefertigte Kreationen aus Pâtisserie und Confiserie zum Selbstverwöhnen und Verschenken.

BABETTE'S SPICE & BOOKS FOR COOKS

1010 Wien, Am Hof 13, +43/1/5336685
babettes.at

Kochbuch-Eldorado oder Gewürzmarkt? Café oder Kochschule? Babette's ist all das: ein besonder Ort für Kochlustige und Lebensgenießer. Es wird gemischt, gemahlen, ausprobiert. Neben Chili- und ausgefallenen Pfeffersorten, edler Vanille, duftenden Blüten und Kräutern findet man hier die besten Gewürze aus aller Welt, die von zertifizierten Lieferanten bezogen werden. Workshops für Neueinsteiger und arrivierte Hobbyköche. Onlineshop.

Babette's Spice & Books for Cooks

BÄCKEREI FELBER

1010 Wien, Tuchlauben 11, +43/1/5332556
felberbrot.at

Die Liebe und Leidenschaft fürs Backen, ursprüngliches Handwerk, traditionelle Backmethoden und die besten Zutaten wie 100 % Mehl und Getreide aus Österreich, wertvolle Teebutter oder selbst kultivierte Sauerteige überzeugen. Der größte Teil der Rohstoffe stammt aus biologischem Anbau, die Produktion erfolgt vielfach noch von Hand.

BEA'S FEINSTES

1010 Wien, Wollzeile 22, +43/1/5137062
beasfeinstes.at

Das kleine, exklusive Schokoladengeschäft bietet allerfeinste Schokoladen von ausgewählten Chocolatiers. Neben fantasievollen Schachteln und Dosen gibt es hier auch die originellen Porzellangefäße von Barbara Beranek — Bibi Porzellan, einer Wiener Künstlerin. Aus Eigenproduktion stammen köstliche Süßigkeiten, wie die Original Hernalser Süßgrammeln und Bea's hausgemachte Schokosünde.

BEAULIEU

1010 Wien, Herrengasse 14, Ferstelpassage, +43/1/5321103
www.beaulieu-wien.at

Beaulieu ist das perfekte Zusammenspiel von Feinkost (Épicerie fine) und Bistrot. Käseliebhaber werden sicher ihren Genuss bei der feinen Vielfalt von Ziege, Schaf und Kuh und weiteren Köstlichkeiten aus allen Teilen Frankreichs finden. Bei Schinken, Terrinen, Bio-Tee von Terre d' Oc, einer großen Auswahl an erlesenen Weinen und süßen Verführungen wie Maccarons oder kleinen Tartes au citron bleiben hier keine Wünsche offen. Und selbstverständlich ist auch das originale französische Baguette erhältlich, auch gefüllt zum Mitnehmen mit Zutaten aus der Épicerie fine!

BERIOSKA – RUSSISCHE SPEZIALITÄTEN

1010 Wien, Marc-Aurel-Straße 9, +43/1/7124095
www.facebook.com/berioskaruss
Der Name des kleinen, aber feinen Lebensmittelgeschäfts leitet sich vom russischen „Berjoska" (kleine Birke, Birklein), dem Namen des russischen Nationalbaums, ab. Dieser ist hier aber nicht zu finden, sondern eine schöne Auswahl an russischen Lebensmitteln und Spezialitäten.

BILLA CORSO HOHER MARKT

1010 Wien, Hoher Markt 12, +43/800/828700 (Servicehoteline)
www.billa.at/aktionenundmaerkte/corso/billa-corso-hoher-markt
Ein Besuch im BILLA Corso Hoher Markt ist eine Reise für den Geschmackssinn durch die ganze Welt. Köstlichkeiten aus der Heimat, exquisite, exotische Delikatessen und edle Tropfen für ganz besondere Anlässe bieten ein besonderes Einkaufserlebnis auf 2.000 m². Auf drei Ebenen werden hier alle Sinne mit einer einzigartigen Vielfalt an heimischen sowie internationalen Delikatessen verführt.

Billa Corso im Herrnhuterhaus

BILLA CORSO IM HERRNHUTERHAUS

1010 Wien, Neuer Markt 17, +43/1/51304810
www.billa.at
BILLA Corso im geschichtsträchtigen Herrnhuterhaus setzt Maßstäbe und bietet auf drei Ebenen und 1.000 Quadratmeter zum Standardsortiment eine exklusive Zusammenstellung von nationalen und internationalen Spezialitäten. Marmeladen von Lisl Wagner-Bacher, eine erweiterte Vinothek mit erlesenem Weinsortiment und exquisiten Champagnern, ein spezielles Produktsortiment von namhaften Produzenten wie Gölles, Demmer oder Zotter gibt es ebenso wie Frischfisch und Fleisch in Bedienung. Genussvolle Lebensmittel zu leistbaren Preisen.

BUONGUSTAIO

1010 Wien, Singerstraße 13, +43/1/5120507
www.buongustaio.at
Buongustaio ist nicht nur ein Italienischer Alimentari, sondern auch ein Treffpunkt für Liebhaber italienischer Genüsse. Man erfreut sich an einem exklusiven Sortiment für die italienische Küche wie Mehl, Polenta, Risottoreis, handgemachte Pasta, Antipasti und Sugi. In ansprechender Präsentation locken Salami, Mortadella, zarter Lardo, Salsiccia, Bresaiola oder Pancetta. Die Käsetheke hält mit 24 Monate gereiftem Parmesan und Mozzarella di Bufala feinste Käsedelikatessen aus Kuh-, Schaf- und Ziegenmilch bereit. Für alle Hobbyköche gibt es auf der Homepage eine umfangreiche Sammlung an italienischen Rezepten zum Nachkochen. Magnificamente!

CHEESE & MORE BY HENRI WILLIG

1010 Wien, Kärntner Straße 12, +43/660/9325030
henriwillig.com/de/kasegeschafte/wien
Seit 2018 bringt Henri Willig seinen preisgekrönten Käse und somit ein Stück Holland nach Wien. Ein kleines und sehr gemütliches Geschäft, in dem man holländischen Käse vom eigenen Bauernhof probieren kann: Gouda in vielen Geschmacksvariationen, geräucherte und gereifte Käsesorten sowie Bio-Käse Spezialitäten oder Streichkäse.

CONDITOREI SLUKA

1010 Wien, Kärntner Straße 13 -15, +43/1/5124963500
www.sluka.at
Seit 1891 wird in der Conditorei Sluka am Rathausplatz die hohe Kunst der Zuckerbäckerei gelebt und gepflegt. Am zweiten Standort auf der Kärntner Straße erlebt der Besucher ein Zusammenspiel der Wiener Kaffeehaustradition mit der Wiener Geschichte auf höchstem Niveau. Einfach fantastisch!

Confiserie & Sacher Eck

CONFISERIE & SACHER ECK

1010 Wien, Philharmonikerstraße 4 / Eingang Kärntner Straße
+43/1/51456-1041, Sacher-Eck: +43/1/51456-1005
www.sacher.com
Mit herrlichem Blick auf die Kärntner Straße sowie auf die Wiener Staatsoper werden Kaffee und Schokolade im Sacher Eck auf eine neue Ebene gehoben – nicht nur im sprichwörtlichen Sinne, denn das Genusserlebnis erstreckt sich über zwei Ebenen. Hier verführen neben der weltberühmten Spezialität des Hauses –

der Original Sacher-Torte – weitere exquisite Sacher-Produkte wie Würfel, Punschdessert, Schnitten und Ecken.

CONFISERIE ALTMANN & KÜHNE

1010 Wien, Graben 30, +43/1/5330927
www.altmann-kuehne.at

Confiserie Altmann & Kühne

Das sehr charmante Traditionsgeschäft mit dem Flair der guten, alten Kaiserzeit möchte allen Naschkatzen ein Lächeln ins Gesicht zaubern: In wundervollen kleinen Kommoden, Hutschachteln und Laden reiht sich süßes Konfekt Seite an Seite – herrliche, nach Nougat, Marzipan und Kakao duftende kleine Pralinés, die zart auf der Zunge schmelzen. Jedes einzelne Konfekt wird von Hand gerührt, gerollt und gefüllt. Traditionell werden die einzelnen Schachteln nach ganz bestimmten Mustern befüllt, jede einzelne Verpackung ist ein Kleinod für sich. Wer es eine Nummer größer mag, dem sei die Hausmarke – die großen Geschwister des Liliputkonfekts – ans Herz gelegt. Online-Schokoshop mit weltweitem Versandservice.

CONFISERIE HEINDL

1010 Wien, Kärntner Straße 35, +43/1/5128241
www.heindl.co.at
Seit 70 Jahren setzt die Konfekt-Manufaktur auf Qualität und Frische, verbunden mit Tradition und Innovation. Hochwertige Rohmaterialien sind Voraussetzung für die Entstehung der süßen

Köstlichkeiten. Das Fairtrade-Kakaoprogramm ist für Heindl und Pischinger maßgeschneidert, denn es ermöglicht, einen der wichtigsten Rohstoffe – Kakao – aus fairem Anbau zu beziehen.

DEMMERS TEEHAUS

1010 Wien, Mölker Bastei 5, +43/1/5335995
www.tee.at
Wer Teespezialitäten und Raritäten sucht, wird hier fündig. Schon wenn man die Türe öffnet, kann man den wunderbaren Duft der vielfältigen Tees aus aller Welt wahrnehmen. Hier darf gerochen, gefühlt, aber auch geschmeckt werden – die freundlichen und hilfsbereiten Mitarbeiter unterstützen jeden, seinen persönlichen Lieblingstee zu finden! Viele Tees werden liebevoll vor Ort frisch abgepackt, entweder in der mitgebrachten Teedose oder im Teesackerl. Hier erlebt man Teekultur, die zieht!

DER SCHWEIZER

1010 Wien, Wollzeile 15, +43/1/9459057
www.derschweizer.eu
Ein außergewöhnliches Spezialgeschäft für Schweizer und auch britischen (Stawley, Tunworth, Stitchelton, Caerphilly, Ragstone...) Rohmilchkäse höchster Qualität von Schaf, Ziege und Kuh. Andrzej Koch, den die Liebe nach Wien geführt hatte, entdeckte auch da seine Liebe zu Käse. In kurzer Zeit ist es ihm mit seinem erlesenen Sortiment gelungen, den Ruf eines angesehenen Käse-Botschafters zu erwerben. Großartig!

Zuckerlwerkstatt

DIE ZUCKERLWERKSTATT

1010 Wien, Herrengasse 6 - 8, +43/1/890905612
www.zuckerlwerkstatt.at
Handgemachte Glücksmomente! Sie sind zurück ... die klassischen Seidenzuckerln und Krachmandeln! Karamellen in 100 % Bioqualität. Und natürlich können Sie direkt bei der Produktion zusehen: Mit Herbst 2021 ist eine neue große Schaumanufaktur in der Wiener Führichgasse eröffnet worden. Kreative Ideen und größtenteils heimische Zutaten machen die handgemachten Süßigkeiten zum einzigartigen Genuss.

DIE ZUCKERLWERKSTATT – NEUE SCHAUMANUFAKTUR

1010 Wien, Führichgasse 3, +43/1/890905618
www.zuckerlwerkstatt.at
Im Herbst 2021 wurde zusätzlich zur Manufaktur in der Wiener Herrengasse eine neue, große Schaumanufaktur auf rund 300 m² im Herzen Wien's errichtet: eine Oase für Glücksmomente in Form von klassischen Seidenzuckerln, Krachmandeln, Glaszucker Drops, Wiener Walzenzuckerl, Lollies, Fruchtgelees …

DOLCE PENSIERO

1010 Wien, Salzgries 9, +43/1/9927462
dolcepensiero.at

Dolce Pensiero

Die bezaubernde Welt der Pasticceria. Der aus der Lombardei stammende Williams Della Bona fertigt alles selbst in der Backstube der Dolce Pensiero, was so viel wie „süßer Gedanke" bedeutet. Die Köstlichkeiten werden nach althergebrachten italienischen und französischen Rezepten hergestellt.

EIS-GREISSLER

1010 Wien, Rotenturmstraße 14, +43/664/1051146
www.eis-greissler.at
Eisliebhabern offenbart sich hier Genuss pur, der kleine, aber feine Laden verspricht großen Geschmack. Die Zutaten für das Eis werden sorgfältig ausgewählt, damit jede Sorte auch hält, was sie verspricht. So wird ausschließlich Bio-Milch verwendet. Echte Nüsse, erntefrische Kräuter und hochwertige Gewürze stammen vom Eis-Greissler-Partner SONNENTOR und sorgen für intensive Geschmackserlebnisse. Weitere Filialen siehe Homepage.

EUGENIO

1010 Wien, Schwarzenbergstraße 8, +43/670/2010258
www.eugenio.at
Italy Flair mitten in Wien – Eugenio ist ein Lebensmittelshop, eine Bar und ein Café – aber hauptsächlich ein Lebensgefühl. Auf rund 80 m² wird „Italianità pura" geboten – Köstlichkeiten aus Nord- bis Süditalien, z.B. Pasta von Rummo, Mehl von Paolo Mariani aus Ancona, Prosciutti, Salumi, Formaggi, eingelegte Delikatessen, exquisite Olivenöle, feinste Marmeladen, Prosecco & Weine, Grappa, Dolci u.v.a.m. Catering.

FLEISCHEREI JOSEF KRÖPPEL

1010 Wien, Postgasse 1-3, +43/660/2814303
meinschinken.wien
Der Traditionsfleischhauer im Herzen Wiens direkt bei der U3-Station Stubentor punktet mit einer ungeahnten Auswahl an Wurst-Klassikern, Selchspezialitäten und vor allem mit seinem saftig-zarten Wiener Traditionsbeinschinken oder dem mini Beinschinken vom Spanferkel (beide auch in Bioqualität). Aber auch feine Mortadella, Schinkenspeck und Wiener Jausenpackerl verführen zum Genuss.

GRAGGER & CIE HOLZOFENBÄCKEREI

1010 Wien, Spiegelgasse 23, +43/1/5130555
www.gragger.at
Helmut Gragger geht zurück zum Ursprung des Brotes. Gebacken wird im Holzofen, durch die ruhige Hitze des Ofens werden die Brote auf natürliche Weise konserviert. Dabei bildet sich rasch eine knusprige Kruste und die Feuchtigkeit bleibt im Backgut. Verwendet werden nur biologische Rohstoffe und den selbst hergestellten Natursauerteigen wird die benötigte Zeit gegeben, damit sie sich auf natürliche Weise entfalten können. Mittags gibt es auch warme Speisen wie Suppen, Eintöpfe und Salate. Weitere Filialen: 1020 Wien, Vorgartenmarkt Stand 14-15 (mit Backstube); 1040 Wien, Wiedner Hauptstraße 50; 1070 Wien, Siebensterngasse 25; 1080 Wien, Josefstädter Straße 52; 1090 Wien, Nussdorfer Straße 16.

HAAS&HAAS PORTA DEXTRA

1010 Wien, Ertlgasse 4, +43/1/5333534
haas-haas.at

Haas & Haas Porta Dextra

In der ersten Ebene wird der Genusssuchende bei einer riesigen Auswahl an kulinarischen Schätzen kleiner und kleinster Produzenten sicher fündig: feine Pasta, Kamptaler Thymianöl, Bio-Essige und Brände, Birnensenf mit Dörrbirnen, schwarze Nüsse und Nusspesto, Erdbeer-Maroni-Konfitüre, Edelbrände u.v.m. Aus den Genussregionen gibt's u.a. Wachauer Marillenprodukte. Die Vielfalt an ausgezeichneten Genussprodukten ist überragend, das Personal ist aufmerksam, berät freundlich und kompetent. Die Vinothek im Kellergewölbe umfasst ein ausgewähltes Sortiment zu Ab-Hof-Preisen teilweise unbekannter österreichischer Winzer. Hier gibt es die original Wachauer Laberl von der Bäckerei Schmidl in der Wachau! Onlineshop: wein-feinkost.at

HAAS&HAAS TEEGESCHÄFT
1010 Wien, Stephansplatz 4, +43/1/5129770
www.haas-haas.at

Das Geschäft ist ein echtes Erlebnis für Teeliebhaber, die hier auf höchstem Niveau verwöhnt werden. Beeindruckend ist aber nicht nur die einzigartige Selektion reinsortiger Tees und Raritäten und eine Vielzahl an sonstigen Teespezialitäten, sondern auch die umfangreiche Palette an allem, was zum Teetrinken dazugehört. Internationale Confiserie, Teegebäck, kandierte Früchte und hervorragende dragierte Spezialitäten sowie köstliche Schokoladen versüßen das Sortiment und betören die Geschmackssinne und auch das Auge. Und ganz nach der Alt-Wiener Kaffeehauskultur sind auch sortenreine und aromatisierte Kaffeesorten sowie köstliche Mischungen erhältlich. Aus den Genussregionen sind die Wachauer Marille, der Waldviertler Mohn oder die Pielachtaler Dirndl vertreten. Ebenso gibt es Schilchergelee mit Kren, Kürbiskernsenf, Mangalitzasugo, Dirndlsauce, Erdbeer-Edelkastanien-Marmelade, Veilchenlikör ... Im angrenzenden Teehaus kann man ein breit gefächertes Angebot an Frühstücksvariationen genießen, am Nachmittag eine hervorragende Auswahl an Afternoon-Teas.

INTERSPAR AM SCHOTTENTOR
1010 Wien, Schottengasse 6 - 8
+43/800221120
www.interspar.at/schottentor
Gewinner des Genuss Guide Award 2023, „Bester Genussladen in Wien"/Kategorie Supermärkte, siehe Seite 330.

GENUSS GUIDE AWARD 2023

Interspar am Schottentor

JOSEPH – BROT VOM PHEINSTEN
1010 Wien, Naglergasse 9, +43/664/88395766
www.joseph.co.at

Joseph – Brot vom Pheinsten

Die erste der mittlerweile 6 Filialen in Wien. Josef Weghaupts Philosophie zieht sich durch alle Bereiche von Joseph Brot. Das beginnt mit der Auswahl der Zutaten, die natürlich alle 100 % biologisch sein müssen, und reicht bis zur Verarbeitung. Die erfolgt ausschließlich nach traditionellen Rezepten, die hie und da ein wenig in die Neuzeit transportiert wurden. Was er aber garantiert nicht verändern wird, ist die Liebe zum Handwerk. Ob das beliebte Bio Joseph Brot, Bio Altwiener Hausbrot, Bio Wiener Handsemmerl, Bio Pheinspitz – das köstlich knusprige Angebot verführt zu mehr – z.B. zu Bio-Süßgebäck wie Nusskipferl, Buttercroissant mit Zotter Schokolade oder Oma's Kaiser Kastanien Gugelhupf, Snacks, Bio-Milch und Bio-Müsli.

K.U.K. HOFZUCKERBÄCKER DEMEL
1010 Wien, Kohlmarkt 14, +43/1/5351717-0
www.demel.com

Wiener Zuckerbäckerkunst seit 1786 – die Traditionsbäckerei Demel blickt auf eine jahrhundertelange Geschichte zurück und das Flair der Kaiserzeit wirkt hier nach wie vor. Auf mehreren Etagen genießt man die typischen Demel-Spezialitäten wie Dobostorte, Cremeschnitten, feines Teegebäck, hausgemachtes Konfekt oder kandierte Veilchen. Die süßen Köstlichkeiten werden aus ausgewählten und natürlichen Zutaten hergestellt, in der Schaubäckerei kann man bei der Herstellung der süßen Verführungen zusehen. Das historische Geschäftslokal bietet den richtigen Rahmen, um diese Köstlichkeiten zu genießen. Eine täglich wechselnde Speisekarte mit warmen und kalten Schmankerln lockt nicht nur internationales Publikum an. Und sollte man keine Zeit haben, sich in den prunkvollen Räumlichkeiten niederzulassen, gibt es die köstlichen Mehlspeisen auch zum Mitnehmen. Viele der süßen Verführungen kann man sich übrigens auch online nach Hause bestellen. Die Demel-Salons bieten für jeden Anlass eine wunderschöne Atmosphäre für private Feste. Demels legendären Kaiserschmarrn gibt es täglich von 10:00 bis 19:00 Uhr. Das Demel-Museum ist jeden Freitag von 10:00 bis 12:00 Uhr für Besucher geöffnet.

K.U.K. HOFZUCKERBÄCKER L. HEINER

1010 Wien, Wollzeile 9, +43/1/55122343
www.heiner.co.at

L. Heiner Hofzuckerbäcker

„Der Heiner" ist bei den Wienern sehr beliebt und gilt auch unter den Touristen deshalb als Geheimtipp. Bereits seit 180 Jahren durchgehend von der Gründerfamilie geführt – derzeit in sechster Generation – wurde hier anlässlich des Katholikentages 1933 die berühmte Kardinalschnitte, die 2023 ihr 90-jähriges Jubiläum feiert, von Ludwig Heiner erfunden. Weiters gibt es natürlich jede Menge süße und pikante Köstlichkeiten wie Sachertorte, Esterházy-Torte, Cremeschnitte, Apfelstrudel, Dukatenbuchteln, Kipferlschmarrn, überbackene Topfenpalatschinken, aber auch warme Tagesteller und kalte Gerichte wie Schinkenrolle, Mayonnaise-Ei, Brötchen und Canapés. Zum Sortiment zählen weiters handgeschöpfte Schokoladen, Pralinen und hausgemachtes Eis. Aber auch die Torten für Hochzeiten und spezielle Anlässe erfreuen sich großer Beliebtheit. Neben dem Stammsitz in der Wollzeile ist die Konditorei L. Heiner an drei Standorten in Wien (Kärntner Straße 21-23, Simmeringer Hauptstraße 423 und Hernalser Hauptstraße 161) und in Niederösterreich in Perchtoldsdorf und Stockerau vertreten. Onlineshop.

KILGER'S WEINKOSTLADEN

1010 Wien, Riemergasse 6
Feine Weine und kulinarische Leckerbissen im Herzen von Wien. KILGERs WEIN KOST LADEN vereint die Vorzüge einer Vinothek mit einem unvergleichlichen Angebot nationaler und internationaler Weine der renommiertesten Winzer mit der Gemütlichkeit einer hervorragenden Weinbar. Neben den Weinen der eigenen Weingüter Domaines Kilger, Weingut Kilger & Schiefer und Domäne Müller wird ein großartiges Sortiment an Weinen österreichischer Top-Winzer sowie feinsten Gewächsen aus Bordeaux, Burgund, Italien, Spanien und der neuen Welt geboten.

LE CRU – COMPTOIR DE CHAMPAGNE

1010 Wien, Petersplatz 8, +43/1/5334260
www.lecru.at

Der „Comptoir de Champagne" liegt im historischen Zentrum der Wiener Innenstadt und ist eine einzigartige, exklusiv auf Champagner spezialisierte Fachhandlung. Abseits der bekannten Champagner-Häuser präsentiert sich Champagner so bunt und vielfältig in Eigenart, Machart und Charakter und kleine, handwerklich arbeitende Winzer erscheinen am Markt mit Champagner einer neuen, ganz eigenen Stilistik. Man fühlt sich verpflichtet, Champagner als das zu präsentieren und zu vermitteln, was er eigentlich ist: ein großer Terroir-Wein. Schließlich ist es nicht nur die Produktionsmethode, die Champagner so einzigartig macht. Das Sortiment umfasst rund 250 verschiedene Champagner, wobei der Fokus des Sortiments auf hochklassigen Champagnern kleiner, unabhängiger Produzenten liegt. Eine feine Auswahl von Produkten großer Champagner-Häuser – zumeist im Jahrgangs- und Prestige-Bereich – rundet das Angebot ab. Es besteht die Möglichkeit, Champagner aus einer wöchentlich wechselnden Karte zu verkosten. Zugleich ist das Le Cru aber auch ein Ort des Austauschs und der Vermittlung – regelmäßig werden kommentierte Verkostungen und Champagner-Seminare angeboten.

LESCHANZ – WIENER SCHOKOLADE KÖNIG

1010 Wien, Freisingergasse 1, +43/1/5333219
www.leschanz.at

Wiener Handwerkskunst und edelste Rohstoffe verschmelzen in den Produkten aus dem Hause Leschanz zu allerfeinsten Schokoladekreationen. Der kleine Wiener Familienbetrieb vereint Tradition und Qualität und fertigt hochwertige Edelschokoladen der Sonderklasse. Im liebevoll adaptierten, seit 1844 nahezu unverändert erhaltenen Geschäft der Wiener Schokoladen Manufaktur können sich Naschkatzen gelebtes Wiener Handwerk auf der Zunge zergehen lassen. Das äußerst geschmackvoll und dekorativ präsentierte, exquisite Konfekt und die Pralinen sind ausnahmslos handgefertigt und teilweise aus Bio-Edelschokolade hergestellt.

LISL'S GENUSS MANUFAKTUR

1010 Wien, Annagasse 18, +43/2732/82937
www.lisls.at

Hier gibt es die köstlichen Kreationen von Lisl Wagner-Bacher für zu Hause. Das Angebot umfasst eine Vielzahl an Marmeladen, Kochsaucen, Suppen und Schnäpsen. Alle Produkte sind hausgemacht, aus natürlichen Zutaten und ohne Konservierungsmittel hergestellt. Unter Hobbyköchen besonders begehrt sind die ungemein aufwändig und ohne Konservierungsmittel zubereiteten Saucen, die jedem Gericht den besonderen geschmacklichen Kick verleihen.

MANNER

1010 Wien, Stephansplatz 7 /Ecke Rotenturmstraße
+43/1/5137018
www.manner.com
Seit 1898 begeistert Manner Jung und Alt mit seinen „Neapolita-
ner Schnitten", und der Weg zum Manner Shop am Wiener Stephansplatz führt nicht nur in das Herz von Wien, sondern auch an
den Ursprung der Josef Manner & Comp. AG! Josef Manner I. eröffnete sein erstes Geschäft am Stephansplatz Nummer 6. Seit
damals ziert der Stephansdom die rosa Marke. Manner Schnitten
gibt es natürlich als Klassiker, aber längst auch in vielen verschiedenen Varianten wie beispielsweise Manner mio! die Caffè
Latte Sorte oder den Trink Cacao.

MANUFACTUM

1010 Wien, Am Hof 3-4, +43/1/3889999111
www.manufactum.at
Manufactum, das Warenhaus der guten Dinge, hat auch in Wien
ein richtig schönes Geschäft im bekannten Manufactum-Stil
eröffnet. Spezialitäten aus allen Warengruppen verführen zum
Einkauf. Das Lebensmittelangebot bietet Spezialitäten im Tro-
ckensortiment. Konserven wie Rouladen vom Tiroler Graurind,
Bratwurst vom Eichelweideschwein, Bauchfleisch vom weißen
Thunfisch von der baskischen Atlantikküste, Filder Sauerkraut
und anderes eingelegtes Gemüse. Dazu gibt es Küchen- und
Haushaltsutensilien. Onlineshop.

MARCO SIMONIS – BASTEI 10

1010 Wien, Dominikanerbastei 10, +43/1/5122010
www.marcosimonis.com

Marco Simonis - Bastei 10

Ein Atelier für Genuss und Kunst, ein moderner Marktplatz mitten in der Inneren Stadt. Marco Simonis ist bemüht, einen Ort
zu schaffen, der sich auf das Wesentliche besinnt und trotzdem
immer wieder überrascht. Im Shop warten wunderbare Schokoladen von Johan von Ilten, beste Olivenöle, eigene kreierte Gewürzmischungen, französische Kekse, Sirupe, Limonaden und eine
kleine, feine Weinauswahl, die sich sehen lassen kann.

MEINL AM GRABEN

1010 Wien, Am Graben 19, +43/1/5323334
www.meinlamgraben.eu

Meinl am Graben

Seit über 70 Jahrzehnten ist Julius Meinl am Graben untrenn-
bar mit der Wiener Innenstadt verbunden. Die Wienerinnen und
Wiener lieben ihren Julius Meinl am Graben, den Feinschme-
ckertempel für Gourmets und Genießer mit seiner einzigartigen
Sortimentsauswahl. Auf zwei Geschoßen wird feinste Kulinarik
und damit ein außerordentliches Einkaufserlebnis geboten. Die
Fischtheke bietet jeden Tag und je nach Saison die frischesten
Fischsorten. Die Obst- und Gemüsefläche stellt Früchte aus aller
Welt bereit. Die große Fleischtheke wartet mit einem beinahe
unvergleichlichen Ausmaß an Fleisch- und Wurstprodukten. Das
Angebot wird durch die hauseigene Pâtisserie, eine umfassende
Wein-, Käse-, Brot- und eine kleine Tiefkühlabteilung sowie einen
flexiblen Veranstaltungsbereich ergänzt. Dabei lässt der stets
exzellente Service von Julius Meinl am Graben keine Wünsche
offen.

MÖRWALD KOCHAMT & BOUTIQUE

1010 Wien, Palais Ferstel – Herrengasse 14, +43/664/8132525
www.moerwald.at
Das Kochamt im Palais Ferstel ist eine Hommage an die österreichische Küche und ihrer Nachbarn. Toni Mörwald schuf einen Ort,

an dem die Kultur des Kochens, Essens und Trinkens in all ihren Facetten zelebriert wird. Die im Entrée des Kochamts gelegene Delikatessenboutique bietet neben der Mörwald-Produktlinie eine große Auswahl an saisonalen und frischen Delikatessen. Hier findet man auch praktische Accessoires und Küchenutensilien, Kochbücher und Geschenkartikel.

ÖFFERL DAMPFBÄCKEREI
1010 Wien, Wollzeile 31, +43/2522/88337
oefferl.bio

Die handgemachten Bio Backwaren der Weinviertler Dampfbäckerei Öfferl sind längst weit über die Grenzen des Weinviertels bekannt. Ob Ulrich Urkorn, Madame und Mademoiselle Crousto oder Rainer Roggen — der familiengeführte Traditionsbetrieb überzeugt seine Kundschaft nicht nur mit außergewöhnlichen Namen — von der Bio Rohmilch Semmel über den Erdäpfel Sonntagsbriocheknopf bis zu den Böhmischen Powidlbuchteln wird hier alles von Hand gebacken. Und das mit den besten Rohstoffen. Weitere Filialen: 1010 Wien, Schottengasse 3; 1060 Wien, Mariahilfer Straße 9; 1180 Wien beim Kutschermarkt, Währinger Straße 93 und samstags am Yppenmarkt und am Bio- und Spezialitätenmarkt Lange Gasse.

PARÉMI BOULANGERIE – PÂTISSERIE
1010 Wien, Bäckerstraße 10, +43/1/9974148
paremi.at

Wer französisches Brot und die feine Pâtisserie de Paris in Wien vermisst, wird hier fündig. Das verwendete Mehl kommt von kleinen Getreidemühlen in Frankreich, die auch den Keim behutsam vermahlen und so dem Brot seinen einzigartigen Geschmack geben. Jedes einzelne Gebäck wird frisch und von Hand gefertigt. Die Pâtisserie wartet auf mit kulinarischen süßen Köstlichkeiten wie Éclairs, Tartes saison, Moelleux au Chocolat, Entremets, Choux Praliné, Macarons, Financiers und Madeleines sowie mit Eigenkreationen wie „Le Citron", ein Törtchen aus weißer Schokolade und mit Zitronenmousse gefüllt.

POPCORNER
1010 Wien, Ertlgasse 4, +43/699/11997110
www.popcorner.at

Die Schwestern Emina und Sanela Mandzuka haben ihre Liebe zu Popcorn realisiert und darin ihre Berufung gefunden und mittlerweile den heimischen Markt mit süßem Popcorn erobert. Die kleinen süßen Mais-Snacks, die nach Apfelstrudel, Himbeere, dunkler Schokolade, weißer Schokolade und Erdbeere, Vanille, Früchten ... duften und schmecken, zergehen förmlich auf der Zunge. Trendige Sorten sind Meersalz mit Kokosöl, Pfeffer mit feiner Zitrusnote, Toffee, Vanilla Sky oder Blue Moon mit Heidelbeerstücken. Das Popcorn ist immer „bio", teilweise vegan/laktosefrei/glutenfrei, der Geschmack genial.

RADATZ
1010 Wien, Schottengasse 3a, +43/1/5338163
www.radatz.at

Vom Bio-Galloway-Rind aus Österreich über zartes Kalbfleisch vom Bauernhof, vom Geflügel aus der Steiermark bis hin zum Schweinefleisch aus dem Weinviertel — Herkunft & Beratung haben bei Radatz höchste Priorität. Hier findet man immer eine große Auswahl an Hausmannskost bis hin zu besonderen Spezialitäten, eine feine Auswahl an Käse, dazu natürlich eine hervorragende Palette an feinsten Wurst- und Schinkenspezialitäten. Das Menü des Tages kann übrigens im Internet auswählt und vorbestellt werden.

REIMER
1010 Wien, Wollzeile 26, +43/1/5121433
www.lebensbaumtorte.at

Der Wiener Familienbetrieb wird bereits in 3. Generation geführt — ein Wiener Original, in dem eine Vielfalt an traditionellen und ausgewählten Süßwaren angeboten wird: von den legendären Tortendekoren für jeden Anlass über die Original Kaisertorte, Minikonfekt, Trüffelspezialitäten und Kuvertüre aus Frankreich, Lakritze aus England, Pariser Zuckermandeln, feinsten Wiener Nougatwürfeln bis zu den beliebten Krachmandeln. Echte kandierte Veilchen sowie Fliederblüten sind ebenfalls im Sortiment.

SONNENTOR WIEN WOLLZEILE
1010 Wien, Wollzeile 14, +43/1/3360339
www.sonnentor.com7wien-wollzeile

Sonnentor Wien Wollzeile

In dem entzückenden Geschäftslokal trifft modernes Design auf traditionelle Elemente. Hier befindet sich das komplette Sonnentor Sortiment — von biologischen Teespezialitäten über eine Vielzahl an Gewürzen bis hin zur Bio-Bengelchen Kinderlinie, Hildegardprodukten und kreativen Geschenkideen! Süße Verführungen wie Zotter-Schokoladen, Bio-Kekse und auch feine Sirupe muss man probiert haben.

STRÖCK RINGTURM

1010 Wien, Schottenring 30, +43/1/20443999
www.stroeck.at
Seit über 50 Jahren begeistert Ströck mit seinem Brot und Gebäck. Stetige Weiterentwicklung des Handwerks, Innovation und Tradition zeichnen die Produkte aus. Bei allen Brot- und Kleingebäcksorten verzichtet Ströck auf Zusatzstoffe wie Emulgatoren oder Konservierungsmittel. Heute stellt Ströck wieder Handsemmeln her, die Feierabend-Brote sind Ausdruck des Bäckerhandwerks. Ströck holte sich Pâtissier Pierre Reboul in die Backstube – es entstanden das Pierres Croissant sowie der Laurenzio-Wecken aus frisch gemahlenem Bio-Weizen.

Ströck Ringturm

VULCANOTHEK

1010 Wien, Herrengasse 14, Palais Ferstel Passage
+43/1/5321658
www.vulcanothek.at
Im wunderbaren Ambiente des Palais Ferstel entführt die Schinken und Weinbar der Vulcano Schinkenmanufaktur in Auersbach bei Feldbach auch außerhalb der steirischen Grenzen in die Welt feiner Vulcano Produkte und den Georgiberg Weinen. Gourmets werden mit dem gesamten geschmackvollen Schinkensortiment verschiedener Reifezeiten verwöhnt. Die Vulcanothek hat aber noch mehr Steirisches zu bieten: Kürbisprodukte, ausgewählte Edelbrände, Speck, Salami, Essige u.v.m.

WELTHONIG WIEN

1010 Wien, Hoher Markt 8-9 / Eingang Judengasse 1
+43/1/9925006
www.welthonig.at
In diesem besonders süßen Bio-Laden taucht man in die Welt des Honigs ein. Freundlich und ausgesprochen kompetent erfährt man alles über Honig. Der Schwerpunkt liegt auf heimischen Imkerei-Erzeugnissen. Besucher erwarten Raritäten, die nur selten angeboten werden: Mohnhonig aus dem Waldviertel, essbare Honigwaben aus der Steiermark, Bio-Honig aus Wien, Honig aus ökologischer Bienenhaltung u.s.w. Auch internationale Honigspezialitäten werden präsentiert, unter anderem der berühmte Manuka Honig aus Neuseeland. Honigfans können über 80 Sorten kostenlos probieren und vergleichen. Wer auf Verpackungen verzichtet, der kann sich seinen österreichischen Bio-Honig frisch abfüllen lassen (bitte ein leeres Glas mitbringen). Zu erwähnen ist auch das große Sortiment an Naturkosmetik aus der Imkerei sowie Met (Honigwein), Honigbier und eine große Auswahl an Destillaten. Neu: Honig vom Steirischen Imkerzentrum in Graz sowie österreichisches Bienenwachs. Nun ist es möglich, die süßen Genüsse auf der Website zu bestellen und im Geschäft abzuholen und bezahlen.

WIENER SPEZIALITÄTEN BÄCKEREI GRIMM

1010 Wien, Kurrentgasse 10, +43/1/5331384
www.grimm.at
Filialen: 1020 Wien, Untere Augartenstraße 39; 1040 Wien, Wiedner Hauptstraße 82; 1020 Wien, Hollandstraße 1
Ein Haus mit Tradition. Die Bäckerei Grimm in der Wiener Innenstadt gibt es bereits seit 1536. Die Auswahl ist hervorragend, vom Sauerteigbrot, Bio-Buchweizenbrot oder Graubrot über Semmeln, Kornweckerln und Laugengebäck bis zu Nougatkipferln, Teegebäck oder feinsten Torten reicht die Palette. Saisonales wie Festtagsstollen, Kletzenbrot oder Osterpinze werden ebenso angeboten. Zusätzlich kann man hier neben Koch- und Backzutaten wie glutenfreies Mehl, Keks- und Lebkuchenteig, Blätterteig auch glutenfreie Nudeln und Erzeugnisse für die vielen Diätrichtungen erwerben.

XOCOLAT

1010 Wien, Freyung 2, Palais Ferstel, +43/1/5354363
www.xocolat.at
Im Xocolat Kontor findet man die Welt des Schokoladen-Wohlgeschmacks in ausgewählten Beispielen. Weil diese Welt so groß ist, kann das Angebot nur sehr umfangreich sein: Die Kollektion von Xocolat orientiert sich ausschließlich an der Güte der Schokoladen, ihrer Authentizität, Originalität und Tiefe des kulinarischen Charakters. Das Reich der schokoladigen Sinnesfreuden: Konfekt, Truffes und feinste Tafelschokoladen, gefüllte und gewürzte Schokoladekompositionen, verlockende Köstlichkeiten mit Nougat, Marzipan und Nüssen sowie Trinkschokoladen machen hier den süßen Gaumen glücklich. Eintreten, eintauchen und – wenn es beliebt – ein kleines oder größeres Stück vom kulinarischen Glück einkaufen. Mehr als 400 Sorten Tafelschokolade, an die 100 Sorten Konfekt und zahlreiche weitere Spezialitäten aus und mit Schokolade verführen zum Genuss. Viele Geschenkideen, sehr nette Beratung. Alles über Verwandlung von Schokolade in feinste Näschereien in exklusiven Workshops in der Xocolat Manufaktur.

ZUM SCHWARZEN KAMEEL

1010 Wien, Bognergasse 5 und Bognergasse 7, +43/1/5338125
www.kameel.at
Seit 1618 besteht das Kameel am selben Ort im Zentrum von Wien, hier findet der Besucher Gastlichkeit auf höchstem Niveau. Opti-

sches Schmuckstück der Pâtisserie ist die edle schwarze Vitrine von Josef Hoffmann, in welcher sich Esterhazy Schnitten, Pariser Spitze, Limettenrouladen, Früchte in Schokolade getunkt sowie handgemachte Schokoladen u.v.m. tummeln. Hier ergänzen einander Feinkostabteilung, Bar und Restaurant auf geradezu gefährlich appetitanregende Weise. Die Feinkost-Vitrine ist eine wahre Schatzkiste an kulinarischen Köstlichkeiten. Das Herzstück bildet der Beinschinken – er wird seit über 50 Jahren vom selben Produzenten nach dem ganz privaten Rezept des Hauses hergestellt. Darüber hinaus umfasst das Sortiment Spezialitäten von ausgewählten Produzenten sowie Delikatessen aus der Restaurant-Küche, vom Roastbeef bis zur Gänseleber und vom Kaviar bis zum Bio-Lachs. Käse aus aller Welt ist nicht nur gut sortiert, sondern wird auch sehr ansprechend präsentiert. Aus der Genussregion kommen der Marchfeldspargel, das Wiener Gemüse oder die Waldviertler Erdäpfel. Im Weinkeller lagern über 800 Positionen und eine feine Selektion ist stets im Geschäft präsent. Allerlei Köstlichkeiten wie Prosciutto-Grammeln, Chutneys, Marmeladen, Pestos, edle Öle und Essige, Schokoladen und Pralinen, feine Tee- und Kaffespezialitäten, ausgesuchte Spirituosen und erlesene Geschenkideen runden das Angebot ab. Und: Im Restaurant und an der Bar kann man zu jeder Tageszeit eine herrliche Auswahl an Köstlichkeiten genießen.

Zum Schwarzen Kamel

2. BEZIRK

DER BURGENLÄNDER

1020 Wien, Ernst-Melchior-Gasse 3, +43/1/2125149
der-burgenlaender.jimdo.com
Die Genuss-Greißlerei mit Heurigen-Vinothek bringt Produkte aus dem Burgenland nach Wien. Das Sortiment umfasst unter anderem ein frisches Bäcker-Vollsortiment mit Bio-Vollwertgebäck von Gradwohl, saisonales Obst und Gemüse, Kräuter und Gewürze, ausgewählte Käse- und Wurstsorten, auch vom (Mangalitza-) Schwein, Rind, Schaf, Ziege, Pute und Wild, frischen Fisch, Milch und Milchprodukte (Kuh, Schaf, Ziege und Soja), diverse Aufstriche sowie Nudeln, Getreideprodukte, Pestos, Chutneys, Chillisaucen, Fruchtaufstriche, Marmeladen, Salze, Öle und Essig. Für die Süssen gibt es Schokolade und Mehlspeisen. Das Sortiment

wir ständig erweitert, so z.B. mit Trüffeln und Trüffelprodukten aus Istrien. Das Getränke-Sortiment reicht von Mineralwasser, diversen Fruchtsäften und Limonaden über Bier bis hin zu einer großen, vielfältigen Auswahl an Weiß-/Rosé-/Rotweinen aus den burgenländischen Weinbaugebieten sowie Sekt und Schnäpsen. Und dann gib es noch den gemütlichen Gastronomie-Teil, wo gekocht wird wie „bei Oma"!

Der Weinladen

DER WEINLADEN

1020 Wien, Haidgasse 2, +43 1 212 31 89
www.derweinladen.shop/content/laden-in-wien
Wenn es um Wein geht, ist man bei Silvia Eichhübl und ihrem Team genau richtig. Altbewährtes, aber vor allem auch viele Neuentdeckungen und Hochprozentiges gibt es im schicken Weinladen im Karmeliterviertel. Alle Weine werden persönlich von Silvia ausgewählt und verkostet. Ganz gleich ob national oder international, die Weine werden direkt vom Produzenten bezogen. Viele Weine gibt es übrigens ausschließlich in diesem Geschäft. Kulinarisch gibt es Olivenöl, Essig, Pesto, Schnecken und anderes. Weinseminaren bzw. Weinverkostungen: In Gruppen von maximal 12 Personen hat man Möglichkeit, mit Gleichgesinnten einen kurzweiligen, informativen Abend zu verbringen.

DIE PILZBRÜDER

1020 Wien, Praterstraße 13, +43/699/19251895
pilzbrueder.at
In einem wunderschönen Altbau-Gewölbekeller mitten in Wien züchten „die Pilzbrüder" Martin und Otto Kammerlander verschiedene Bio-Speisepilze wie Shiitake, Kräuterseitlinge, Kastanienseitlinge, Rosenseitlinge, Friseé und Pompom. Verkauft werden die Bio-Pilze und eigene Produkte wie Antipasti und Bruschetta vom Shiitake und Kräuterseitling wöchentlich ab Hof in der Praterstraße 13.

FISCH AM MARKT

1020 Wien, Vorgartenmarkt Stand 11, +43/1/7268377
www.fischammarkt.at
Ausgewählte Nachhaltigkeit, die nach erlesener Qualität schmeckt – das Sortiment an fangfrischen Süß- und Salzwas-

serfischen sowie an Meeresfrüchten erfüllt selbst die höchsten Ansprüche. Der Schwerpunkt liegt auf heimischem Fisch wie Karpfen, Forelle, Huchen oder Saibling. Aber es gibt auch eine schöne Vielfalt an fast ausschließlich MSC-zertifizierten, saisonalen Meeresfischen und Seafood, französischen Miesmuscheln, Austern und fischaffinen Delikatessen. Fischwünsche gehen hier besonders kompetent und geschmackvoll in Erfüllung. Der beste Tag um einzukaufen ist hier übrigens Freitag.

HADAR SUPERMARKT
1020 Wien, Krummbaumgasse 12, +43/1/9580774
Hadar bedeutet „die Pracht". So führt Natan Abaev seinen kleinen, aber feinen koscheren Supermarkt in der Krummbaumgasse mit ganz prächtigen hebräischen Köstlichkeiten. Aber auch für jene, die nicht koscher essen, ist ein Streifzug durch den Laden ein Erlebnis. Man stößt vor allem auf nicht ganz Alltägliches – Salzzitronen, Pastrami (Rauchfleisch für Sandwiches) oder Bottarga (getrockneter Fischrogen). Aber auch Heimisches ist vertreten – zum Beispiel koscherer Wein aus dem Burgenland vom Weingut Hafner oder Milch.

KAAS AM MARKT

1020 Wien, Karmelitermarkt 33 - 36
+43/699/18140601
www.karmeliter.at
Gewinner des Genuss Guide Award 2023, „Bester Genussladen in Wien"/Kategorie Am Markt, siehe Seite 332.

Kaas am Markt

KOPI KADÉ – DER KAFFEELADEN
1020 Wien, Walcherstraße 1a/24, +43/699/15050081
araliyakaffeewerk.at/kopi-kade
Kaffee vom Feinsten. In der Kaffeerösterei in Leobersdorf/Triestingtal wird in liebevoller Handarbeit in kleine Mengen immer frisch geröstet. Das langsame und schonende Röstverfahren in dem kleinen Röster, bei dem jede Sorte einzeln und in perfekter zeitlicher Abstimmung veredelt wird, bringt einen Kaffeegenuss

voller Harmonie und einer perfekten Balance zwischen Säure, Körper und Aroma hervor.

LAMEHADRIN – ALLES KOSCHER
1020 Wien, Taborstraße 48A, +43/1/9092299
www.lamehadrin.com
Wer auf der Suche nach koscheren Lebensmitteln und Produkten aus Israel ist, der ist im LaMehadrin richtig! Ein weiteres Geschäft befindet sich in 1020 Wien, Kleine Sperlgasse 6.

LIEBLINGSFISCH! AM KARMELITERMARKT
1020 Wien, Karmelitermarkt 44, +43/664/2624189
www.eishken.at/lieblingsfisch

Eishken LieblingsFisch! am Karmelitermarkt

Die gewohnte Eishken-Qualität – frischen Fisch, Muscheln, Krustentiere, Kaviar und andere Spezialitäten – gibt es nun auch in der Dependance, das „LieblingsFisch! am Karmelitermarkt". Während man den Einkauf erledigt und sich mit seinem „Lieblingsfisch" eindeckt, kann man Gerichte aus der Karte probieren. So werden den Gästen zum Beispiel „Sarde in Saor", „Oktopus Salat", die „beste Bouillabaisse Österreichs" und spontan wechselnde Überraschungsgerichte als „LieblingsFisch des Tages" serviert. Gerne werden auch ein paar frische Austern von David Hervé geöffnet oder Räucherlachs aus der hauseigenen Räucherei aufgeschnitten.

LUNZERS MASS-GREISSLEREI

1020 Wien, Heinestraße 35, +43/1/2121387
www.mass-greisslerei.at

Lunzers Maß-Greißlerei

Hier gibt es alles unverpackt nach Maß und Ziel. Alle Lebensmittel in der Maß-Greißlerei stammen aus biologischem Anbau und von regionalen Landwirten und kleinen Produzenten. Die Verpackung bringt man entweder selbst mit, bedient sich bei den Papiersackerln oder man kauft Lunzers Gläser. Saisonales Obst & Gemüse stammt u.a. aus der eigenen Landwirtschaft, angeboten wird feiner Käse von Kuh, Schaf und Ziege, Eier sowie Getreide, Hülsenfrüchte, Pasta, Tees und Gewürze, aber auch Süßes wie Mandeln oder Haselnüsse in Vollmilchschokolade sowie gelatinefreie Gummibärli oder belgische Schokoladen. Es gibt feinste Essige und Öle sowie ein wechselndes Brotsortiment von Joseph Brot und dem Mauracherhof.

MARISCHKA

1020 Wien, Gredlerstraße 10 , +43/660/3622910
www.marischkawien.com

Alexandra Marischka glaubt an eine Pâtisserie, die das ideale Gleichgewicht von ausgewählten Zutaten, feinem Geschmack und hochwertigem Design anstrebt. Sämtliche Rezepte werden sorgfältig perfektioniert, wobei dem Grad der Süße sowie der rezepttypischen Konsistenz besondere Aufmerksamkeit zukommen. Jedes Stück wird als Objekt genauso wie als Süßspeise entworfen, der Gestaltung von Oberflächen und Silhouette kommt dabei besondere Bedeutung zu. So entstehen Backwaren, die grafisch und schlicht, aber auch dramatisch und skulptural gebaut sind.

MEIN-NASCHMARKT

1020 Wien, Vorgartenmarkt Stand 37, +43/677/63869621
www.mein-naschmarkt.at

Mein-Naschmarkt ist die Anlaufstelle für Liebhaber (italienischer) Spezialprodukte, Wein-Geheimtipps aus Österreich und der Toskana. Der Onlineshop bietet frischen Fisch von den Radlberger Fischteichen und Meeresfrüchte aus der Eishken Fischtheke, Bio Fleisch & Würste von Sonnberg, frische handgemachte Pasta (frische Pasta von Doris Wasserburger), Essig und Öl (Gölles, Hartl Ölmühle), Gugumuck Schnecken, Büffelkäse von Robert Paget, Craft Bier und Wein ... abgeholt werden die Köstlichkeiten, die fachgerecht gelagert werden, ganz einfach am Stand am Vorgartenmarkt.

OLIVENHAIN GREEK.DELI.WIEN

1020 Wien, Taborstraße 8b, +43/660/6730109
www.olivenhain.at

Paris Priskomatis hat seinen Olivenhain zwar mitten in Wien, das Angebot an Spezialitäten ist aber vor allem griechisch. Kaum anderswo findet man eine derart große Auswahl an Nativ extra Olivenölen sowie köstlichen Oliven wie original Kalamata, grüne Chalkidiki, Rosinen Amfissa sowie Oliventapenaden. Lust auf original griechischen Käse? Im Olivenhain gibt es Graviera aus Kreta, Feta, Kefalotiri aus 100 % Schafmilch, Kaseri ... sowie griechische Bratwurst, Bio Bratwürste vom Bison und Wildschwein. Die Auswahl an Honigsorten wie Thymian-, Orangen-, Pinienhonig lässt ebenfalls keine Wünsche offen. Natürlich findet man auch eine herrliche Auswahl an griechischem Tee, Kräutern und Gewürzen. Ein weiterer Standort befindet sich in der BahnhofCity Wien West, 1150 Wien, Europaplatz 2-3 – im Erdgeschoß.

RADATZ

1020 Wien, Im Werd 1 / Karmelitermarkt, +43/1/2145783
www.radatz.at

Eine moderne Filiale am Rande des Karmelitermarkts. Geboten wird ein umfangreiches Genusssortiment in den Bereichen Fleisch, Wurst und Schinken mit Schmankerln wie saftiger Beinschinken oder den Wien Gin Beinschinken mit Holunder und Fruchtnoten oder zart-rosa Roastbeef. Die Auswahl an Käsespezialitäten ist hervorragend und wird ständig erweitert.

SCHNEIDER GEFLÜGELHANDEL & WILD

1020 Wien, Karmelitermarkt 5, +43/1/2146675
www.spezialitaeten-schneider.at

Wer auf der Suche nach einer großen Auswahl an Wild und Geflügel mit zahlreichen Zusatzangeboten ist, der ist hier am Karmelitermarkt goldrichtig. Geboten werden Spezialitäten wie Bio Ente vom Schneebergland, österreichische Bio Weidegans oder Mostviertler Weidegans, aber auch Feines vom Hirsch, Reh, Wildhasen, Fasan, Kaninchen oder vom Wildschwein. Lammspezialitäten sind ganzjährig erhältlich, zu Ostern gibt es Ziegenkitz und Milchlamm, und Maibock im Mai. An ganzjährigen Spezialitäten vom Huhn finden sich Maishühner aus Freilandhaltung, Perlhühner, Stubenkücken und Wachteln. Das Weinsortiment bietet eine kleine ausgesuchte Palette an Spezialitäten.

SHEFA-MARKT
1020 Wien, Heinestraße 24-28, +43/1/2646159
www.shefa-markt.at
Shefa ist einer der größten koscheren Supermärkte Europas mit über 800 Quadratmetern Verkaufsfläche. Geboten wird ein breites Sortiment an allem, was der Gaumen begehrt: koschere Milchprodukte, Salate, diverse Fleischwaren, koschere Süßigkeiten und noch vieles mehr.

SIMON & JAKOBER
1020 Wien, Taborstraße 35, +43/676/9093882
simon-jakober.at

Das kleine Geschäft entstand aus einem Familienprojekt im Waldviertel. Im Moosauer-Hof in der Nähe von Gars am Kamp produziert Simon Heinisch Bio Honig im Nebenerwerb sowie saisonales Obst & Gemüse – und das brachte ihn auf die Idee, ein Geschäft mit feinen Produkten aus traditionellen Produktionen mit regionaler Herkunft zu eröffnen. So haben feine Waren von Tirol bis Burgenland Einzug in das kleine Geschäft gehalten. Praktisches & Nützliches aus Leinen sowie viele Geschenkideen, wie z.B. handgemachte Seifen von Wiener Seife und noch vieles mehr. Onlineshop.

SLAVIANSKI –
INTERNATIONALE SPEZIALITÄTEN
1020 Wien, Untere Augartenstraße 6, +43/660/4880208
de-de.facebook.com/slavianskivienna
Neben traditionellen russischen Delikatessen bietet Slavianski auch internationale Spezialitäten an Käse, Fisch und Spirituosen sowie Bioprodukte. Hausgemachte Pelmeni aus Bio-Rindfleisch, roter und schwarzer Kaviar, geräucherter und gesalzener Fisch, Pralinen und andere Süßigkeiten (Mishka, Belochka, Sefir, Baranki u.v.m.), eingelegte Pilze, Tomaten und Gurken, Marmeladen, Bier, Wein, Champagner, Kwas und Milchprodukte wie Topfen und Rjazhenka ergänzen das vielfältige Angebot.

SUSSITZ – WIR LEBEN WEIN
1020 Wien, Krummbaumgasse 2 - 4, +43/1/2125000
www.sussitz.eu
Als Weinfachhandel bietet Sussitz eine große Auswahl bekannter Weine von Traditionswinzern, Raritäten aus Österreich mit unschlagbaren Preisen und „kleine Unbekannte". Ergänzt wird das Weinsortiment durch den Schwerpunkt Italien sowie einer gut durchdachten Weinauswahl aus aller Welt. Pasta & Reis, Sughi & Pesto kleiner Manufakturen werden als Grundzutat für einen mediterranen Abend angeboten.

TUTTA POSTO
1020 Wien, Haidgasse 10, +43/681/20227032
tuttaposto.com
Tutta posto – alles bereit auf seinem Platz. Auf 35 m² präsentiert Danilo Fusco einen Steinwurf vom Karmelitermarkt entfernt ein liebevoll ausgesuchtes Sortiment an Feinkost aus „bella Italia". Er kennt die Persönlichkeiten und Geschichten hinter den Produkten – es sind kleine (Bio)Produzenten, denen neben hoher Qualität auch Nachhaltigkeit und der unverwechselbare Geschmack wichtig sind.

UGOLOK – RUSSISCHE SPEZIALITÄTEN
1020 Wien, Taborstraße 62 / Ecke Heinestraße 1
+43/660/8350247
www.ugolok-wien.at
Bei UgolOK, dem russischen Spezialitäten-Geschäft im 2. Wiener Gemeindebezirk, umfasst das Sortiment eine Vielfalt an Fisch- und Fleischprodukten, verschiedene Sorten an Kaviar, diverse Milchprodukte, Konserven sowie eine große Auswahl an Bier, Wodka, Wein, Cognac und Sekt.

UNGERSBÄCK
1020 Wien, Taborstraße 28, +43/1/3812828
www.ungersbaeck.at
Das traditionsreiche Familienunternehmen in Brunn am Gebirge sorgt auch in Wien für köstlich knuspriges Brot. Das beliebte Hausbrot, ein Roggenmischbrot, wird seit 50 Jahren aus Natursauerteig bei ruhiger Hitze auf Steinplatten gebacken – und das schmeckt man! Tipp: feine Krapfen gefüllt mit Marille-, Nougat,- Vanille,- Powidl,- Weincreme oder Zimtzucker frisch aus der Krapfenbackstube!

WIENER RÖSTHAUS IM PRATER
1020 Wien, Straße des 1. Mai, Parzelle 80/2, +43/1/7201174
www.wienerroesthaus.at
Kaffeerösterei nach Wiener Tradition, in Spitzenqualität und sortenrein – 100 % Arabica, denn die Herkunft wirkt sich stark auf die Eigenschaften des Kaffees aus. Boden, Klima und Höhenlage geben jeder Sorte ihren ganz individuellen und unverkennbaren

Geschmack. Nur pur kann jede Varietät vollständig zur Geltung kommen und wahrgenommen werden. Diplom-Kaffeesommelière, Barista und Röstmeisterin Silvia Maino herrscht über das Herzstück des Unternehmens – den Röstofen. Mit viel Leidenschaft und ausgefeilter Technik zaubert sie und ihr Team in ihrer Kaffeerösterei in Wien außergewöhnlich hochwertige Edelkaffees. Onlineshop.

WULFISCH
1020 Wien, Haidgasse 5, +43/1/9461875
www.wulfisch.at
Geboten wird typisch norddeutsches Zeugs – Fischbrötchen, Wraps, Salate, Jever, Astra und vieles mehr. Zum Mitnehmen oder direkt vor Ort genießen. In jedem Fall superlecker! Highlights sind die Nordseekrabben aus Ostfriesland, Eismeer-Garnelen, Matjes aus Holland oder der hausgebeizte Lachs. Frische Sylter Royal-Austern gibt es jeden ersten Freitag im Monat.

3. BEZIRK

BEANS KAFFEESPEZIALITÄTEN
1030 Wien, Landstraßer Hauptstraße 81, +43/1/7105429
www.beans.at

Beans Kaffeespezialitäten

Seit über 10 Jahren macht die Inhaberin von Beans, Doris Schleger, die Leidenschaft der italienischen Kaffeeröster für ihre Kunden erlebbar und will das Wissen um das „Schwarze Gold" mit Kaffeeliebhabern teilen. Im kleinen Geschäft, das gut sortiert ist und sich ganz dem perfekten Kaffee verschrieben hat, warten rund 75 Espresso- und Kaffeesorten darauf, entdeckt zu werden.

BERGER SCHINKEN
1030 Wien, Rennweg 56, +43/1/7981151
www.berger-schinken.at
Der Name Berger steht für Qualität und Regionalität bei Fleisch, Wurst und Schinkenspezialitäten. Man findet eine einmalige Auswahl an feinsten Wurst- und Fleischgenüssen, darunter die vielfach ausgezeichneten Schinkenspezialitäten wie der Trüffelschinken. Weiters sind saisonale Schinkenvariationen im

Angebot. Neben täglich frisch zubereiteten Menüs findet sich in den heißen Theken Stelzen, Knödel oder Gulasch, auch Salate und Aufstriche werden angeboten. Eine Vielzahl an Gerichten der klassischen österreichischen Küche sind im Tiefkühlschrank unter der Marke „Oma's" zu finden.

BIOSCHWESTERN – FAIR & REGIONAL EINKAUFEN
1030 Wien, Ungargasse 36/3, +43/676/4393536
bioschwestern.at

Bioschwestern – Fair & Regional einkaufen

Die Bioschwestern gehen einen ganz besonderen Weg. Sie bieten regionale und faire Produkte aus biologischem Anbau von Bauern und Bäuerinnen aus der Region. Alle Produkte kommen aus Wien, Niederösterreich, dem Burgenland und der Steiermark. Somit werden die Transportwege kurz gehalten und die Umwelt geschont. Bestellt wird über den Webshop von Samstag bis Dienstag 14:00 Uhr. Das frische Sortiment wechselt wöchentlich, es gibt das zu kaufen, was die Natur im Moment anbietet. Bis Freitag wird die Bestellung von den Bauern und Bäuerinnen vorbereitet und an die Bioschwestern geliefert. Freitag von 11:00 bis 19:00 Uhr und Samstag von 10:00 bis 12:00 Uhr kann die Bestellung, die in einem Kistl zum Umpacken in die eigene Einkaufstasche fixfertig vorbereitet ist, bei den Bioschwestern in der Ungargasse abgeholt werden. Das finden wir großartig! Unter anderem finden sich Saibling, Forelle, Lachs- & Goldforelle – frisch, geräuchert oder gebeizt von Martin Zöchling aus dem Traisental, frisches Gemüse von der Gärtnerei Fleischhacker aus Simmering, „Mama-Kuh" Rohmilch, Joghurt, Käse, Topfen von Julia & Bernhard Kurz (Kurz ums Eck) und vieles mehr im Sortiment.

COLONO
1030 Wien, Landstraßer Hauptstraße 6, +43/660/9362437
www.colonowien.at
Colono ist Gourmet Shop und Tapas Bar in einem. Geboten werden spanische und portugiesische Spezialitäten von kleinen Produzenten, die ihre Produkte in traditioneller Handarbeit und mit viel Leidenschaft herstellen. Natürlich dürfen Pata Negra Schinken,

Ibérico Schinken und Serrano Schinken, Sobrasada, Paella Reis und Zutaten nicht fehlen, ebenso wenig wie Chorizo, Oliven, hochwertige Olivenöle, Käse (Manchego) – auch von Schaf und Ziege – Pasteten, Salsa, Sardinen & Sardellen, Gewürze und Hülsenfrüchte. Und auch Weinliebhaber werden bei der Auswahl der edlen Tropfen, darunter Rioja, Ribera del Duero, Rueda oder Cava, sicher fündig. Onlineshop.

FEINKOST GROMES
1030 Wien, Fasangasse 18, +43/1/7993715
Wolfgang Gromes bietet auf kleinstem Raum in seinem Feinkostgeschäft eine große Auswahl an Genussprodukten. Die Auswahl an Spezialitäten aus den Genussregionen ist überragend. Bei Wurst und Schinken findet man besten Beinschinken, feines Roastbeef, Wacholderspeck, Schinkenspeck aus Tirol und Oberösterreich oder auch das Osttiroler Henkele. An der Käsetheke gibt es eine feine Auswahl an Spezialitäten mit Bregenzerwälder Alp- und Bergkäse, Paznauner Almkäse oder Almkönig, plus ein umfangreiches Angebot an hausgemachten Aufstrichen und Salaten. Donnerstags gibt es auf Vorbestellung auch Frischfleisch und Fisch. Liebhaber von Spirituosen und Weinen finden ein hervorragendes Angebot.

FLEISCHEREI WILHELM BAIDINGER
1030 Wien, Baumgasse 16, +43/1/7131190
Wilhelm Baidinger ist Fleischer mit Leib und Seele. Die vielen Stammkunden schätzen die selbst gemachten Spezialitäten wie den hausgemachten Beinschinken, über Buchenholz geräuchertes Selchfleisch, die hausgemachte Blutwurst, Selch- und Kräuterspeck, Gemüse- und Fleischsulz, aber auch die zahlreichen Schinkenspezialitäten. Pferdewurst und -fleisch (auf Bestellung) wird hier ebenso angeboten wie Fleisch vom Kuhkalb. Für den süßen Abschluss gibt's hausgemachte Mehlspeisen mit Bio-Obst aus Baidingers Obstgarten im Burgenland.

Käseland Marina Poppenberger

KÄSELAND MARINA POPPENBERGER
1030 Wien, Rochusmarkt / Stand 5, +43/1/7132410
Das Käseland am Wiener Rochusmarkt lässt das Herz eines jeden Käseliebhabers höherschlagen. Rund 250 Sorten machen hier die Auswahl schwer. Frankreich und Italien dominieren das reichhaltige Sortiment, doch auch Österreich (mit zahlreichen Produkten aus den Genussregionen wie Bregenzerwälder Alp- und Bergkäse) und die Schweiz sind stark vertreten.

Konzept:Greissler

KONZEPT:GREISSLER
1030 Wien, Neulinggasse 34-36, +43/1/8906638
www.konzept-greissler.at
Der neue trendige Nahversorger bringt eine bunte Mischung an persönlich ausgesuchten Produkten. Im Fokus stehen saisonale und regionale Produkte. Der Konzept:Greissler bietet Backwaren aller Art sowie frisches Obst und Gemüse aus der Region an. In der Feinkostabteilung findet man nicht nur Klassiker wie Beinschinken und Salami von Thum oder Knabbernossi vom Gleinkersee, sondern auch Spezialitäten von österreichischen Bauern und Manufakturen. Die eigene Abfüllstation vermindert Verpackungen.

LINGENHEL
1030 Wien, Landstraßer Hauptstraße 74, +43/1/7101566
www.lingenhel.com
Lingenhel ist Genuss-Oase, Feinschmecker-Treffpunkt, Käse-Erlebniswelt und urbane Lebensmittel-Werkstätte in einem. In der Stadtkäserei wird dem Käse-Afficionado nähergebracht, wie cremiger, milder und intensiv aromatischer Käse aus frischer Kuh-, Büffel- und Ziegenmilch hergestellt wird. Der Greißlerei angeschlossen ist ein schickes Restaurant.

ONKEL SAM'S OBST UND GEMÜSELADEN
1030 Wien, Rochusmarkt, Stand 38, +43/1/7135061
www.facebook.com/OnkelSams.Austria
Wer das Besondere in Sachen Obst und Gemüse in 1a-Qualität sucht, ist bei Onkel Sam's am Rochusmarkt genau richtig. Der Spezialist für Pilze bietet Parasol, Kaiserlinge, Herrenpilze u.v.m. an, auf Wunsch können alle Pilze, auch exotische, rund ums Jahr bestellt werden. Die Palette an verführerischem Obst ist riesig. Als Besonderheit gibt es hier auch die österreichische „Geschmackstomate" Paradiso von Herret in Wien.

STANZL SPEZIALITÄTEN – FLEISCHEREI & CATERING

1030 Wien, Erdbergstraße 83, +43/1/7133130
www.stanzl-spezialitaeten.at

Die Traditionsfleischhauerei steht seit vielen Jahren für die hohe Qualität ihrer Fleisch- und Wurstwaren aus eigener Herstellung. Das Frischfleisch, das ausschließlich von ausgewählten Betrieben bezogen wird und teilweise auch in Bio-Qualität verfügbar ist, findet man eine hochwertige Auswahl, je nach Saison Wild (übrigens aus eigener Jagd) sowie Biokitz und Bioweidegänse. An der Wursttheke verführen zahlreiche nationale und internationale Spezialitäten zum Genuss, auch Wildschweinschinken sowie Hirschrohschinken kann man hier finden ebenso wie eine feine Auswahl an Weinen aus den heimischen Weinbauregionen.

WARENHANDLUNG WENIGHOFER & WANITS

1030 Wien, Marxergasse 13, +43/1/2864095
www.warenhandlung.at

Zwei Schwestern, die ihre Leidenschaft für gesunde Ernährung und gelebtes Umweltbewusstsein zum Ausdruck bringen. Und Müll kann hier einpacken! Man kann zur Gänze auf Verpackung verzichten, Gläser leihen, aber auch Papiersäcke, Taschen und Gläser kaufen. Die Waren werden direkt bei den Bauern bestellt und ohne Zwischenhändler eingekauft. So stammt beispielsweise das Brot von Gragger, die Milch mit Glaspfand vom Milchhof Langschlag in Niederösterreich. Andere Milchprodukte wie Joghurt kommen vom steirischen Froihof, Bio-Hülsenfrüchte von der Familie Roth aus dem Nordburgenland und Fleisch von der Wiener Fleischerei Thum. Käseliebhaber werden sich über das breite Sortiment freuen – den Käse liefert die Käserei Jumi und die Schafmilchprodukte stammen von Milchmäderl. Obst, Gemüse, Feinkost, verschiedene Öle, Nudeln, Getreide oder Linsenfrüchte präsentieren sich appetitlich auf 140 m², die in drei Bereiche aufgeteilt sind: Bäckerei, Greißlerei und einem kleinen (Steh-)Café. Egal, ob man nur auf einen Bio-Kaffee aus der „Koffeinschmiede" oder sich als Gustostückerl ein Glas der handgemachten Fruchtaufstriche „made in Guntramsdorf" mitnimmt – ein Besuch zahlt sich in jedem Fall aus.

WEIN MAG KÄSE

1030 Wien, Ungargasse 55, +43/677/62922314
www.weinmagkaese.at

Wein und Käse bilden zusammen eine perfekte Harmonie – sei es als reifer Bergkäse zu einem kräftigen Rotwein, als Weichkäse, der sich mit einem spritzigem Weißwein verbandelt, oder ein Gorgonzola mit einem süßen Eiswein. Bei Wein mag Käse lebt man für guten Käse aus Österreich, mit ca. 60 angebotenen heimischen Sorten geht's auf Bundesländer-Tour – vom Blauhudler aus dem Burgenland, dem Pecorino aus Niederösterreich und dem Camembert aus Oberösterreich über Salzburger Bauernkäse

bis zum feinen Almkäse aus Vorarlberg und dem Tiroler Kleiner und Großer Stinker. Dazu wird ein ausgewähltes Sortiment an österreichischen Spitzenweinen präsentiert, die im Bistro gleich genossen werden können.

4. BEZIRK

15 SÜSSE MINUTEN

1040 Wien, Weyringergasse 21, +43/664/7938044
www.15suesseminuten.at

Daniel Colakovic betreibt zwei Filialen der „15 süße Minuten" mit Standorten im 4. und 6. Bezirk (Gumpendorfer Straße 45) in Wien. Geboten werden verschiedenste Backwaren wie Handsemmerl, Bio Vollkornbrote (Dinkel, Einkorn), Natursauerteigbrote. Die Bäckerei im 4. Bezirk bietet besondere Torten an: Die kalorienarmen, flaumigen Cheesecakes werden mit Birkenzucker zubereitet und können, je nach Saison, in bis zu fünf Variationen genossen werden.

15 Süsse Minuten

BOBBY'S FOODSTORE

1040 Wien, Schleifmühlgasse 8, +43/1/5867534
bobbysfoodstore.at

Kein „hidden place", sondern sehr beliebte Anlaufstelle in Wien für Produkte aus Großbritannien, Irland, Australien und den USA. Nicht Frischprodukte, sondern Originale machen den besonderen Flair aus. Hier kann man selbstverständlich auch alles für das traditionelle englische Frühstück finden sowie Speck und Würstel, Suppen von Heinz, Kartoffelecken, Burgerkäse und Burgerbrot, Erdnussbutter, amerikanische Grillwürstel, Cider, Bier und Spirituosen, typische Cerealien, eine große Auswahl an Süssigkeiten und Snacks ... Alles, ebenso die Mitarbeiter, ist very british.

CRUPI ALIMENTARI

1040 Wien, Margaretenstraße 3, +43/650/8583850
www.crupi.at

Im kleinen Laden in Wien bietet Nino Crupi bei bester Beratung viele Produkte aus eigenem Anbau bzw. aus eigener Produktion sowie einige Spezialitäten wie den Ricotta salata aus Ziegen- und Schafmilchmolke, herrlichen Pecorino Parmigiano Reggiano (30 Monate und länger gereift) oder diverse Wurst- und Schinkenspezialitäten wie Parmaschinken (mind. 18 Monate gereift). Im Sommer bietet das italienische Original Honig- und Zuckermelonen aus eigenem Anbau an. Den Auftakt der Orangensaison machen im November die dünnschaligen mild-aromatischen Navelina-Orangen. Dann folgen die rötlich gesprenkelten, saftigen Tarocco-Orangen und die herrlich herben Bitterorangen. Wunderbare hausgemachte Antipasti, Honig, Kapern und Panettone di Sicilia sowie Mandelsüßspeisen verführen zum Genuss, grünes Olivenöl aus eigener Produktion wird hier frisch abgefüllt.

Délices du Midi

DÉLICES DU MIDI
1040 Wien, Margaretenstraße 47/IV, +43/1/5851316
www.delices-du-midi.at
Seit vielen Jahren begeistert das Fachgeschäft seine frankophilen Kunden mit besonderen und liebevoll ausgesuchten Spezialitäten. Abseits der gängigen Marken suchen Christine und Berndt Martin in kleinen bäuerlichen Betrieben und bei spezialisierten lokalen Herstellern in verschiedenen Regionen Frankreichs nach Neuem und Besonderem. Dabei legen sie besonderes Augenmerk auf Hersteller, die biologisch und nachhaltig produzieren.

DER GREISSLER – UNVERPACKT.EHRLICH
1040 Wien, Margartenstraße 44, +43/677/61615420
www.der-greissler.at
Unverpackt. Regional. Biologisch. Fair. Um im Regal von Greißler Alexander Obsieger zu landen, muss ein Produkt mindestens drei der genannten vier Kriterien erfüllen. Zudem muss eine Müllersparnis gegeben sein: Der Einkauf wird einfach in die mitgebrachten Gefäße gefüllt. Bei Bedarf kann man sich eine Dose ausleihen. Und das Sortiment ist riesig: Brot und Mehlspeisen der Bäckerei Kasses, Obst & Gemüse, Honig, Marmeladen, Gewürze, Essig & Öl. Täglich werden frische Speisen zubereitet, ob Salate, Suppen oder Eintöpfe, verarbeitet wird ausschließlich das hier erhältliche Gemüse in Bio-Qualität. Sehr zu empfehlen sind die täglich

frisch zubereiteten ZeroWasteKnödel: Tiroler Speckknödel, Spinatknödel, Kasnocken, Rote Rüben Gorgonzola Knödel u.v.m. findet man zur weiteren Zubereitung in der Kühltheke.

DONATELLA
1040 Wien, Margaretenstraße 42/ Ecke Preßgasse
+43/1/5810231, www.donatellafood.eu
Bella Italia lockt mit hier außergewöhnliche Delikatessen und zeigt, was es kulinarisch zu bieten hat. Die Auswahl reicht von Bracigliano Salumi, Salsicce, Pancette, Coppe und Soppressate von Calvanese, Käse aus der Milch vom Italienischen Braunvieh wie Sorvit, Ricotta, Scamorza und Caciocavallo Casicavaddro, Antipasti, Saucen & Pesti, Bruschette, Fischspezialitäten über verschiedene Nudelsorten und gegrilltem Gemüse bis zu Oliven und Olivenöl, frisch gemahlenem, auf Eichenholz geröstetem Kaffee und hervorragenden Weinen aus Italien, geriebenem Thunfischrogen u.v.m. Der Limoncello ist hier übrigens hausgemacht.

EDELGREISSLEREI OPOCENSKY
1040 Wien, Favoritenstraße 25, +43/1/5036311
www.opocensky.at
In der Edelgreißlerei Opocensky erhält man, was besonders ist und gut schmeckt: Delikatessen aus Österreich und dem Mittelmeerraum. Reichhaltige Käsevitrine, feine Schinken- und Wurstspezialitäten (Prosciutto, Beinschinken, Magalitzasalami, etc.), heimisches Bio-Fleisch, frisches Holzofen-Brot vom Waldviertler Bauern und ofenfrisches Brot vom Wiener Bäckermeister, erlesenes Bio-Obst und -Gemüse und die hausgemachten Kuchen und Süßspeisen aus Barbara's Mehlspeisküche überzeugen. Frischen Fisch gibt es auf Bestellung.

GRAND WHISKY
1040 Wien, Schleifmühlgasse 15, +43/1/5877036
grandwhisky.at
Anders, als der Name des Geschäfts vermuten lässt, gibt's im Grand Whisky nicht nur Whisky, sondern dem Besucher eröffnet sich hier die spannende Welt der Spirits in einem breiten, selektierten Aromenspektrum mit einer reichen Auswahl an Whisky-, Rum- und Ginspezialitäten, zahlreichen französischen Champagnern, herrlichen Cognacs sowie ein ausgesuchtes Sortiment an edlen Weinen vor allem von österreichischen Winzern.

KÄSESCHATZTRUHE
1040 Wien, Kettenbrückengasse 10, +43/699/19022884
www.kaeseschatztruhe.at; www.kaesetorte.at
Käseschatztruhes Käse ist das Ergebnis einer perfekten Harmonie von Natur-Tier-Mensch-Tradition. Die diplomierte Käsesommelière Daniela Pavel bietet handwerklich gefertigten und prämierten Käse von zumeist kleinen Sennereien und regionalen

Produzenten aus den österreichischen Bundesländern an. Alle Produzenten werden persönlich besucht, persönlichen Beratung sowie umfassende Information über die Produzenten, über deren Betrieb und über die Region gibt es beim Einkauf dazu.

KRUSTE & KRUME

1040 Wien, Heumühlgasse 3/1, +43/664/9264772
krusteundkrume.at/greisslerei

Alles, was Brot braucht und der Himmel für alle, die leidenschaftlich gerne Brot backen! Kruste & Krume ist die erste Mehl-Greißlerei Österreichs und liegt nur einige Baguettelängen von der historischen Heumühle aus dem 14. Jahrhundert entfernt. Die Greißlerei bietet alles, was man zum Brotbacken braucht. Die besten Bäckermehle österreichischer, italienischer und französischer Mühlen, Brotbackzubehör wie Getreidemühlen, Gärkörbe, Baguetteleinen und -messer, Malze, Brotbacktöpfe und Backzutaten wie Brotgewürze, Salze, Saaten, Honige und vieles mehr. Das Kruste&Krume Team gibt gerne fachkundigen Rat oder gibt hilfreiche Tipps.

Kruste & Krume

MALVINA – RUSSISCHE SPEZIALITÄTEN

1040 Wien, Favoritenstraße 17, +43/676/9303050
malvina.business.site

Russland ist für seine Märkte bekannt und fast alles, was es dort zu kaufen gibt, findet man auch bei Malvina. Wer auf der Suche nach Pelmeni, Smetana-Rahm, russischem Eis oder Kwas ist, wird hier sicher fündig. Geboten werden auch u.a. frische Piroggen, Kaviar und Fischspezialitäten, russische und georgische Weine sowie eine große Auswahl an verschiedenen Wodkas.

MARCO SIMONIS URBAN BBQ & MEAT

1040 Wien, Taubstummengasse 13, +43/1/5031747
www.marcosimonis.com

Aus Marco Simonis Urban Appetite wurde Marco Simonis Urban BBQ & Meat. Mit dem Bio-Fleischlieferanten Hannes Hönegger von Lungaugold und Big Green Egg Griller eröffnete Marco Simonis ein BBQ-Kompetenzzentrum mit allen Produkten für die perfekte Grillerei – vom Big Green Egg über verschiedene Holzkohlevarianten, exklusives Olivenbaumholz, Grillzubehör jeglicher Art

bis hin zu kulinarischen Highlights wie perfekt gereifte Lungauer Bio-Steaks, Fisch, hausgemachte Chilisauce und ausgesuchten Barbecue-Produkten aus aller Welt. Ein Eldorado für alle passionierten Grill-Liebhaber!

ORIGINAL WIENER OBLATEN

1040 Wien, Rechte Wienzeile 25-27, +43/664/5339833
www.wiener-oblaten.at

Original Wiener Oblaten

Die Original Wiener Oblaten, vormals Original Karlsbader Oblaten, werden hier seit 1912 mit viel Liebe und Sorgfalt gefertigt und in alle Welt exportiert. Jedes einzelne Stück erhält durch die händische Fertigung einen eigenen unverwechselbaren Charakter, was den Produkten eine internationale Prämierung des Internationalen Taste Institutes einbrachte. Die Oblaten sind ohne Füllung, mit Schokolade- oder Haselnussfüllung erhältlich. Einzigartig ist das geschmackvolle Original Wiener Käsegebäck, das von einem Wiener Bäcker genauso wie die Oblaten kreiert wurde und alleine sehr gut schmeckt, das aber auch mit Wurst und sonstigem belegbar ist und gerne als köstliches Fingerfood serviert werden kann, und in den Geschmacksrichtungen Natur, Rosmarin, Kümmel und Chili erhältlich ist. Dazu harmonieren Spirituosen aus Vorarlberg, die ebenfalls auf der Rechten Wienzeile erhältlich sind.

PERLAGE – CHAMPAGNER & CO

1040 Wien, Schleifmühlgasse 1, +43/676/7758173
www.perlage.at

Ein erlesenes Fachgeschäft, das mehr als nur prickelnd ist: Champagner, Cremant und Creme de Cassis, Cognac und Calvados stehen bereit, um den Genusssuchenden zu verführen. Außerhalb der Champagne gibt es kein zweites Fachgeschäft mit einer derartig großartigen Auswahl an Winzerchampagnern! Und ein feines Angebot an österreichischen Fruchtbränden gesellt sich dem Angebot hinzu. Champagner-Gläser der Glashütte Eisch perfektionieren das sensationelle Angebot. Die regelmäßigen Verkostungen bieten die Möglichkeit zu einem tieferen Einblick in die Welt des Champagners, und auch als Location für kleinere Veranstaltungen ist das Lokal geeignet. Ein Buffet mit interessanten kleinen Köstlichkeiten gibt es auf Vorbestellung. Aktuelle Öffnungszeiten entnehmen Sie der Homepage. Onlineshop.

SCHÖNBERGERS CAFFÈ BAR

1040 Wien, Wiedner Hauptstraße 40, +43/1/9671172
www.schoenbergers.at

Das Credo der Caffè-Bar: „Life is too short for bad coffee!" wird aus ganzem Herzen gelebt. In der Caffè-Bar in der Wiedner Hauptstraße wird man mit Kaffeespezialitäten sowie italienischen Drinks & Süßigkeiten verwöhnt, und im angeschlossenen Kaffeegreissler-Laden, hat man die Wahl aus über 50 verschiedenen Röstungen aus kleinen und feinen italienischen, österreichischen und deutschen Privatröstereien – Kaffeevielfalt lautet das Stichwort! Es erwartet Sie „schokoladige" Kaffeevielfalt, also dunklere Röstungen! Man hat die Auswahl: Kaffee, Maschinen und Bohnen, ESE-Pads und Cialde zum Mitnehmen! Und für alle, die's genau wissen wollen, werden Hobby-Barista-Kurse angeboten.

SEKTCOMPTOIR

1040 Wien, Schleifmühlgasse 19 , +43/664/4325388
www.sektcomptoir.at

Im Sektcomptoir können Sie in familiärer Atmosphäre ein Gläschen der zahlreichen, edlen Sekt- und Frizzante-Produkte der Sektkellerei Szigeti aus Gols im Burgenland genießen und sich von speziellen Veranstaltungen übers Jahr überraschen lassen und zu Ab-Hof-Preisen einkaufen. Von einer kleinen Aufmerksamkeit bis zum exklusiven Geschenksarrangement – für jeden Anlass findet man hier sicher das Richtige, z.B. edle Sektgläser, Altausseer Natursalz, Schokolade und ein kleines, feines Champagnersortiment.

SINO ASIA SUPERMARKT

1040 Wien, Rechte Wienzeile 37, +43/1/5852347

Ein Stück authentisches China in Wien. Der Sino Markt ist ein etwas kleiner Supermarkt, doch von der Größe des Geschäfts sollte man sich nicht täuschen lassen: Hier kaufen sehr viele Menschen mit chinesischer Herkunft ein – und das spricht für sich. Das Personal ist ausgesprochen hilfsbereit und freundlich und erklärt gerne, wie man manch „Exotisches" zubereitet. Das Angebot an frischen Kräutern ist riesig, den Koriander bekommt man hier sogar mit Wurzel. Weiters wird eine große Auswahl an herrlichen Tofu-Varianten geboten – vom seidig zarten Silken-Tofu bis zu festeren Sorten zum Braten. Fermentierter Senfkohl, diverse Chilipasten, Knoblauchsprossen, Kohlgemüse (Kai Choi), chinesischer Schnittlauch, Schlangenmelanzani und natürlich auch Austernsaucen, Shrimps als Tiefkühlware oder sogar lebende Fische im Wasserbecken runden das Angebot ab.

BAUERNLADEN HELENE

1050 Wien, Kettenbrückengasse 7, +43/660/6662822
www.bauernladenhelene.at

Gesunde Lebensmittel direkt vom Bauernhof. Helene Zieniel, Bäuerin aus Leidenschaft, bietet in ihrem einladenden Geschäft nicht nur Obst & Gemüse nach Saison von den eigenen Feldern in Frauenkirchen im Seewinkel. Wie auf einem kleinen Marktplatz werden auch die Produkte von 26 regionalen, bäuerlichen Anbietern präsentiert. Hier gibt es auch Marmeladen, Säfte und Gewürzgurken vom Obstbau Samm, Honig & Propolis der Imkerei Preissl & Neuburger, Kuh-, Schaf- & Ziegenprodukte (Camembert, Ziegenkäse, Joghurt, Butter) vom kasKISTL Weine der Privatkellerei Burda in Gols, Marmeladen, Apfelwein und Kürbiskernöl vom Obstbau Weiss, diverse Öle der Farmgoodies, frische & geräucherte Fischspezialitäten wie Saibling, Lachsforelle, Forelle, Wels, Zander aus der Fischzucht Familie Zechner aus Mönchhof, Gemüse von Oppitz, Obst & Säfte von Nikles, Essige von Hirmann, Kürbisprodukte von Thamhesl, knuspriges Brot & Gebäck von Joseph, Kaffee aus Lupinen u.v.m. Übrigens: Um gemeinsam Müll zu vermeiden, gibt es im Bauernladen keine Sackerl & Taschen – sie selbst mitzubringen. Ein weiteres Geschäft befindet sich auf der Hernalser Hauptstraße 45, 1170 Wien, weiters ist der Bauernladen (Helene am Markt) von Mai bis Oktober samstags am Wiener Naschmarkt ab 6:00 Uhr zu finden.

CHILI-WERKSTATT

1050 Wien, Pilgramgasse 16, +43/1/9610104
chiliwerkstatt.com

Chili-Werkstatt

In der Chili-Werkstatt stehen Chili, Pfeffer und andere aromatische Gewürze im Mittelpunkt. Nach dem Motto „from seed to sauce" ist das Sortiment ein Paradies für Liebhaber scharfer Genüsse. Aus der Werkstatt-Küche kommen handgemachte Hot Sauces von mild bis wild, g'schmackige Salsas, leckere Chili-

Würz-Mixes und pikante Kräutersalze, scharfes Sauergemüse und noch vieles mehr. Bei der Herstellung der Produkte wird größter Wert auf beste Zutaten aus der Nähe gelegt, vieles kommt aus nachhaltigem oder biologischem Anbau und der authentische Geschmack sowie spannende Rezepturen sind in der Chili-Werkstatt ohnehin selbstverständlich. Vieles kann übrigens vor Ort probiert und gekostet werden. Und wer noch mehr Wissen zu den Themen Chili, Pfeffer & Co. benötigt, der bucht einen der diversen Workshops, die regelmäßig in der Chili-Werkstatt stattfinden. Onlineshop!

GRUNDBIRA - VORARLBERGER SPEZIALITÄTEN

1050 Wien, Margaretenstraße 78/III, +43/676/4929890
www.grundbira.at

Grundbira – Vorarlberger Spezialitäten

Authentisch, nachvollziehbare Herkunft und voll guat – das zeichnet die Produkte im Grundbira-Geschäft aus. Katrin Schedler führt diesen ersten Ländle-Greißler in Wien: Nicht nur die Gsiberger in Wien vermissen „ihre Produkte" aus der Heimat, sondern auch die Wiener wissen um die hervorragende Qualität Bescheid und schätzen diese. Die Köstlichkeiten stammen größten Teils von kleinen Familienbetrieben und Manufakturen aus den unterschiedlichen Vorarlberger Regionen. Das Ländle hat viel mehr als den Bergkäse zu bieten, z. B. Mostessig aus Vorarlberger Streuobst, den einzigartigen Riebelmais Whisky bis hin zum Subirer Birnenbrand. Neben den traditionellen Köstlichkeiten ausschließlich aus dem Ländle finden sich auch Kochbücher mit Vorarlberger Rezepten und Pflegeprodukte wie die handgemachte Ziegenmilchseife aus dem Bregenzerwald. Vorbeischauen lohnt sich! Wer lieber online einkauft, der findet auch im Onlineshop eine Auswahl an Vorarlberger Spezialitäten.

HENZLS ERNTE

1050 Wien, Kettenbrückengasse 3/2, +43/676/7552526
www.henzls.at
In der kleinen Manufaktur von Gertrude Henzl werden Delikatessen aus Wiese, Wald und Garten, selbst gesammelte Wildpflanzen – sowohl verarbeitet als auch als Frischware – angeboten.

Die frischen Kräuter können als Salatmischung oder für Pestos und Aufstriche verwendet werden. Das Obst und Gemüse stammt aus den Gärten von Familie und FreundInnen und werden nach saisonaler Verfügbarkeit verarbeitet. Gertrude Henzl komponiert in ihrer Werkstatt Köstlichkeiten in Kleinauflagen wie Kräutersalze, Blütenzucker, Chutneys, Marmeladen, Fruchtmatten in Rohkostqualität, gezuckerte Blüten, essigsauer Eingelegtes, Würzsaucen (Paradeiser, Pilze ...) sowie Sirupe. Von Ende März bis Ende Juni bietet Fr. Henzl auch Wildpflanzenwanderungen mit Kochkurs (Frühling bis Sommerbeginn, ab 5 Personen) und Seminare zur Herstellung von Gewürzsalzen und Aromazucker (ab 5 Personen) an.

RORI'S

1050 Wien, Pilgramgasse 11, +43/1/5485959
www.roris.at
Eine feine Pâtisserie, die durch eine Vielzahl französisch inspirierter Süßigkeiten bezaubert. Torten, Tartes, Quiches, Pavlova und Éclairs werden in der Manufaktur in Wien-Margareten sorgfältig von Hand hergestellt und lassen die Herzen der „süßen Gourmets" höherschlagen. Onlineshop.

SCHREI & SÖHNE

1050 Wien, Schönbrunner Straße 48, +43/677/63048748
www.schrei.wien

Schrei & Söhne

Das Feinkostgeschäft Schrei & Söhne verwöhnt mit hochwertigen Lebensmittel, Weinen, Frischwaren, Craftbieren. Von steirischen Hauswürsteln bis zu italienischem Mozzarella und spanischen Oliven: Herr Schrei hat eine Menge handverlesener Köstlichkeiten zu bieten, die mit höchster Sorgfalt ausgewählt wurden und die nicht im Supermarktregal zu finden sind. Es ist ein feiner, kleiner Feinkostladen, in dem man die Delikatessen auch gleich verkosten kann. Geboten werden Antipasti-Platten, Weine, Bier und Spirituosen, Prosciutto, Mortadella, Pecorino, Oliven, Burrata, saftiger Beinschinken, cremige Blunzn u.v.a.m.

VINOTHEK LA CAVE

1050 Wien, Bacherplatz 12, +43/1/5447383
www.lacave.at

Catherine Sajus und Michael Klonfar sind die Spezialisten, wenn es um Weine aus Frankreich geht. Vor mittlerweile mehr als 30 Jahren begannen sie, französische Weine und Spezialitäten zu importieren. In ihrer Vinothek La Cave am Bacherplatz bieten sie heute bei hervorragender Beratung nicht nur eine riesige Auswahl an Top-Weinen aus praktisch allen Anbaugebieten Frankreichs, sondern auch Spezialitäten wie Hirsch- oder Fasanpastete, Wildschweinterrinen, Entenconfit, französische Wildschwein- oder Kräutersalami oder hervorragende Fischsuppen. Für den süßen Abschluss gibt's Schokoladentrüffel mit Ingwer oder Chili. Weinkostungen werden regelmäßig gegen Voranmeldung angeboten.

6. BEZIRK

ARAXI

1060 Wien, Naschmarkt / Stand 439-443, +43/1/5852889

Waren Sie schon einmal im Souk von Kairo und haben dort den unglaublichen Geruch der Gewürze wahrgenommen? Eine Ahnung davon erhalten Sie bei Araxi, dem größten Gewürzhändler des Naschmarkts mit über 400 Gewürzen aus aller Welt. Die Produktpalette reicht von getrockneten Früchten, Hülsenfrüchten, Getreide, Gewürzen bis zu vielen Sorten von Reis (auch iranische Reiskocher stehen im Regal), aber ebenso schwarze Berglinsen, Honigessig, Granatapfelkerne (auch gemahlen) und Fleur de Sel, Kubebenpfeffer, Langer Pfeffer (Java Pfeffer), Cajun-Mischung, Piment d'Espelette, Rosenknospen, Apfeltee. Große Auswahl an Käse, Weichkäse (150 verschiedene Sorten aus ganz Europa), Schinken und Wurst.

Araxi

BEERLOVERS

1060 Wien, Gumpendorferstraße 35, +43/1/5810513
www.beerlovers.at

BeerLovers – das Craft Bier Fachgeschäft überzeugt Bierkenner und Einsteiger gleichermaßen von der vielfältigen Welt der

Craft Biere. Rund 1.500 Craft Bier Spezialitäten von über 100 Brauereien stehen zur Wahl, und beinahe täglich werden es mehr! Highlights beim Biereinkauf sind neben der unglaublichen Vielfalt das Wissen um die optimalen Bierbedingungen. Es gibt sogar eine begehbare Kühlzelle, damit man sein Bier nicht mehr zu Hause einkühlen und lange darauf warten muss, bis es kalt ist. Neben Bieren werden im Shop auch Ciderspezialitäten, Biergläser und ein Equipment für's Selberbrauen angeboten.

BITTER SÜSS
WIENER SCHOKOLADEN MANUFAKTUR

1060 Wien, Hirschengasse 1, +43/664/8250763

Bitter süss – die Wiener Schokoladen Manufaktur bietet feinste handgemachte Trüffeln und Pralinen, hochwertigste Edelkakao Schokoladen und Cremes wie Nougatcreme und Pistaziencreme, Dulce de Leche, eine Milchkaramellcreme. Vieles ist auch in veganer und laktosefreier Qualität erhältlich.

Bitter Süss Wiener Schokoladen Manufaktur

FISCH GRUBER

1060 Wien, Naschmarkt / Stand 33, +43/1/5863273
www.fisch-gruber.at

Am ältesten Stand des Wiener Naschmarkts hat Familie Gruber ein wahres Paradies für Fischliebhaber geschaffen. Ein Spaziergang entlang der Vitrinen beginnt mit einem riesigen Sortiment an Garnelen aus Wildfang und Zucht. Weiter geht es mit Muscheln (wilde Pfahlmuscheln aus der Normandie und Bretagne, Miesmuscheln aus dem Limfjord in Dänemark) und Süßwasserfisch aus ausgesuchten Teichwirtschaften sowie Wildfängen aus dem Neusiedlersee wie Zander, Wels, Wildkarpfen, Aale und Hechte. Die Auswahl an Meeresfisch sucht ihresgleichen – der Schwerpunkt liegt auf Wildfängen von kleinen Booten, wie z. B. Red King Wildlachs aus Alaska oder Wolfsbarsch aus Holland.

FISCHVIERTEL

1060 Wien, Naschmarkt Stand 177 - 178, +43/1/8905198
www.fischviertel.at

Dreimal wöchentlich, nämlich Montag, Mittwoch und Freitag, werden die Fische und Meeresfrüchte von den Küsten der Meere angeliefert und kommen frisch in die Vitrine – Heilbutt, Angler, Seeteufel, direkt aus Frankreich der Wolfsbarsch, Drachenköpfe, Zahnbrasse, Seezungen, Papageienfisch ... Sie alle liegen hier auf Eis. Und die heimischen Fischer liefern täglich und direkt. Man kennt die Lieferanten persönlich und weiß genau, woher die Fische kommen, daher ist die beste Frischqualität garantiert. Salate, Räucherfisch, Kaviar, Garnelen ... Alles, was das Herz begehrt, wird hier geboten.

FLEISCHEREI RINGL

1060 Wien, Gumpendorfer Straße 105, +43/1/5963278
www.fleischerei-ringl.at
Seit 2009 führen Claudia und Monika Ringl den kleinen Familienbetrieb in dritter Generation. Wie damals setzt man auch heute auf höchste Qualität und Genuss ohne Zusatzstoffe. Das Frischfleisch wird ausschließlich von klein-strukturierten Bauernhöfen bezogen, das zart-marmorierte Angus-Rindfleisch aus dem Innviertel lässt man noch vier Wochen am Knochen reifen, damit wird es mürbe und für jeden Rindfleischliebhaber zu einem außergewöhnlichen Genuss, so wie das Beef Jerky, das hier auch erhältlich ist.

GEGENBAUER

1060 Wien, Naschmarkt / Stand 111-112, +43/1/5812443
www.gegenbauer.at
Das saure Gold von Erwin Gegenbauer gilt in Fachkreisen als der Rolls Royce unter den Essigen. In der Wiener Essig Brauerei werden mehr als 60 Sorten aus Zutaten wie Tomaten, Spargel, Melonen, Feigen, Bier oder auch Dirndln schonend hergestellt. Die Essige sind allesamt reine Naturprodukte. In der Wiener Öl Mühle widmet sich Gegenbauer darüber hinaus verstärkt der Produktion von hochwertigen Ölen. Weiters gibt es Wiener Bier aus Emmer und Einkorn, die Urkörner werden biologisch und direkt im 10. Bezirk angebaut. Und mit der Wiener Kaffee Rösterei bietet Gegenbauer drei verschiedene Kaffeemischungen an.

GRADWOHL BIO VOLLWERTBÄCKEREI

1060 Wien, Mariahilfer Straße 23, +43/1/5856899
www.gradwohl.info
In den Produkten von Gradwohl spürt man die Kraft des Korns. Neben Liebe und Leidenschaft für die Backwaren ist der größte Schatz der Familie Gradwohl das wertvolle Wissen über jedes einzelne Korn wie z.B. über den Mittelburgenland Dinkel aus der Genussregion. So saftig und gut muss Vollkorn schmecken.

HASE UND IGEL FEINKOST

1060 Wien, Theobaldgasse 16, +43/1/9716029
www.haseundigel.at
Ein kleiner biologischer Feinkostladen, der liebevoll eingerichtet ist und sehr verspielt nach „retro" aussieht. Bio Obst und Gemüse

im Reigen der Jahreszeit, Brot von Joseph, pflanzliche Aufstriche von Goldblatt, Wurst, Schafkäse von Milchmäderl, Milch & Joghurt vom Milchhof Langschlag, Getreide und Hülsenfrüchte, Mehlspeisen und frisch zubereitete Menüs, die man natürlich gleich vor Ort genießen kann.

KÄSEHÜTTE

1060 Wien, Naschmarkt / Stand 509, +43/1/5855034
kaesehuette-naschmarkt.at

Käsehütte

Die Auswahl an internationalen Käsesorten ist riesig – weit über 300 Spezialitäten aus aller Herren Länder, darunter auch Spezialitäten wie Brie de Meaux mit Trüffel oder Explorateur, aber auch Heimisches wie Heublumenkäse, Walserstolz, Stollenkäse, Vorarlberger Weichkäse oder Steirischer Kürbiskäse, natürlich auch Käse aus den Genussregionen wie der Bregenzerwälder Alp- und Bergkäse, der Alpbacher Heumilchkäse oder der Pinzgauer Bierkäse sowie auch Käsekaiser – wahrlich ein Paradies für jeden Käseliebhaber.

KÄSELAND

1060 Wien, Naschmarkt / Stand 172-174, +43/1/5872958
www.kaeseland.com
Vor über 40 Jahren wurde aus dem Naschmarktstand 172 das Käseland. Mit 200 verschiedenen Käsesorten aus 14 europäischen Ländern. Egal, ob Hartkäse, Halbhartkäse, Weich- oder Schimmelkäse, das Käseland ist stets bemüht, bei der Auswahl der Köstlichkeiten mit Rat und Tat zur Seite zu stehen – und es darf gekostet werden! Ergänzend zum Käse passend gibt es noch Fruchtsenfe aus dem Tessin, französische Butter mit AOP Prädikat sowie scharfe Chorizo Wurst, an der selbst das Käseland nicht vorbei konnte. Gemäß dem Motto „Käse steht auf Wein!" wurde das Sortiment um erlesene Weine zu Abholpreisen erweitert.

KILGERS AM NASCHMARKT

1060 Wien, Naschmarkt-Stand C8, Nr. 975 Ecke Linke Wienzeile und Schleifmühlgasse, +43/664/2072252

www.domaines-kilger.com

Im Kilgers am Naschmarkt trifft Weinbar auf kulinarische Köstlichkeiten, die auf der Sonnenseite des Naschmarkts in lockerer Atmosphäre genossen werden. Neben dem eigenen Weinsortiment der Domaines Kilger und hauseigenen Edelbränden werden auch Raritäten aus Bordeaux, Burgund, Champagne und Italien ebenso angeboten wie Köstlichkeiten vom Bison, Wasserbüffel und Wild aus eigener Produktion. Großartig.

Kilgers am Naschmarkt

LIEBER OHNE

1060 Wien, Otto-Bauer-Gasse 8-10, +43/1/3750064

www.lieberohne.at

Ein wunderbares Angebot an regionalen Bio-Lebensmitteln und andere ökologisch wertvollen Produkten. Viele davon unverpackt, lose oder in Pfandbehältern. Brot & Gebäck stammen aus der Bio-Vollkorn-Bäckerei-Waldherr. Alle Brot- und Backwaren gibt es gerne auf Vorbestellung (bis 15:00 für den darauffolgenden Tag möglich). Auch glutenfreie Brote sind erhältlich. Obst und Gemüse gibt es der Saison entsprechend, Fleisch allerdings nur auf Vorbestellung. Die Käseauswahl spiegelt den Geschmack Österreichs wider. Bergkäse und Gouda aus Tirol, Butterkäse aus Kärnten, Emmentaler aus Salzburg, Edelziege aus Niederösterreich, Camembert aus dem Mühlviertel ... Getreide, Reis und Hülsenfrüchte sind natürlich ohne Verpackung. Essig und Öl füllt man ebenfalls selbst ab. Lieber ohne unterstützt auch die Bewegung „Enkeltaugliches Österreich". Ein großartiges Geschäft!

MARAN VEGAN

1060 Wien, Stumpergasse 57, +43/1/5954900

www.maranvegan.at

„Leben und leben lassen", ist das Motto, weil es eben nicht „wurst" ist, was wir konsumieren. Das Sortiment umfasst mehr als 4.000 vegane Produkte, laufend kommen neue hinzu, wie z.B. die „WieFleisch-Reihe", die rein aus Gemüse hergestellt wird – ohne Soja, Weizeneiweiß und ohne Zusatzstoffe. Bei der Auswahl an köstlichen Bio-Säften, veganen Limonaden, Eistees, Energy-Drinks und Wein fällt oft die Wahl schwer. Besonders die Obst- und Gemüseabteilung macht richtig Freude! An der Nuss-Trockenfrüchte Bar können nur soviel Maulbeeren, umfermentierte Kakaobohnen, Rohkost-Datteln u.v.m. entnommen werden, wie man braucht.

MARTINA HIMMELSBACH OBST- UND GEMÜSESPEZIALITÄTEN

1060 Wien, Naschmarkt / Stand 41-45, +43/1/5814565 oder +43/664/5129001

www.obst-gemuese-naschmarkt.at

Der Ursprung des Himmelsbach Marktstandes beginnt in den 1960er-Jahren, wo schon Martinas Großmutter als stolze Standlerin arbeitete. Offeriert wird eine Vielfalt von über 250 Obst- und Gemüsesorten, darunter exzellente Spezialitäten wie z.B frische Trüffel (saisonal) und Trüffelprodukte. Heimische Erzeugnisse können ebenfalls nur saisonbedingt angeboten werden – internationale und exotische Produkte sind ganzjährig erhältlich.

MOTTO BROT

1060 Wien, Mariahilferstraße 71a, +43/1/5814400

www.mottobrot.at

Ein Himmel aus Brot – dieser Brotladen ist ein wahres Paradies für Teig-Gourmets. Brot-Enthusiast Bernd Schlacher und Slow-Food-Aktivistin Barbara van Melle haben Freude am Handwerk und bedingungslose Qualität der Produkte sind die obersten Gebote. Alle Brote wie z.B. das Bio Neunerlei oder das Bio Motto-Brot beinhalten nur die besten Bio-Zutaten und werden aus langsam geführten Natursauerteigen gebacken. Ergänzt wird das knusprige Angebot durch feine Croissants und Brioches, aromatische Tartes und Éclairs sowie köstlichem Feingebäck aus der Pâtisserie.

PETI PARI

1060 Wien, Otto-Bauer-Gasse 2 , +43/664/2035453

petipari.com

Chef Pâtissière Anna Idzik verführt mit ihren herrlichen Kreationen aus klassischer französischer Pâtisserie-Kunst, die sie mit modernen Zutaten und hochwertigen Produkten wie z.B. Callebaut und Valrhona Schokolade verbindet. Ob hausgemachte Viennoiserie und Pâtisserie – Croissants, Pain au chocolat, Mandelcroissants in verschiedenen Ausführungen und entzückende Törtchen lösen eine Geschmacksexplosion aus. Liebhaber der herzhaften französischen Küche können sich an den hausgemachten Käsestangen und Quiches erfreuen.

PÖHL AM NASCHMARKT

1060 Wien, Naschmarkt / Stand 167, +43/1/5860404

www.poehlamnaschmarkt.at

Pöhl am Naschmarkt ist ein Treffpunkt für Feinspitze, die sich gerne beraten und verwöhnen lassen wollen. Der Schwerpunkt liegt auf Käse – speziell aus Frankreich, Italien, Österreich und Spanien. Spezialitäten wie Epoisses de Bourgogne, cremiger Pardoux Chèvre oder Jahrgangsselektionen beim Comte gehören zum Standard von Pöhl am Naschmarkt – und Sie können den Reifegrad des Käses bestimmen. Ausgewählte Prosciutti und Salamisorten, Büffelbresaola und Eselbresaola lassen das Herz jedes Feinschmeckers höherschlagen. Heimische Produkte wie Gänsegrammelschmalz, Speck aus dem Vulkanland, luftgetrockneter Schinken von der Hohen Wand und noch vieles mehr runden das Sortiment ab und verwöhnen den Gaumen.

RAFAEL'S VINOTHEK
1060 Wien, Naschmarkt / Stand 121, +43/676/847857200
de-de.facebook.com/Rafaels-Vinothek-881208771963286
Hier setzt man auf die Entdeckerfreude der Weinfreunde und bringt Weine, die schon Geheimtipps sind oder es noch werden können. Das Sortiment umfasst insgesamt rund 450 österreichische Weine, darunter natürlich Topwinzer, ganz besondere Spezialitäten wie die koscheren Weine vom Hafner oder auch Bio-Weine. Und wer einen besonderen Wodka sucht, wird hier sicher fündig werden. Das bunte Treiben im Geschäft kann man übrigens auch vom netten Schanigarten aus verfolgen.

UMAR FISCHHANDLUNG
1060 Wien, Naschmarkt, Stand Nr. 38 - 39, +43/1/5870456
www.umarfisch.at

Umar Fischhandlung

Seit 1996 steht das Umar-Fischgeschäft, und seit 2003 auch das Umar-Restaurant, für frische Topqualität bei Fisch und Meeresfrüchten. Und weil das alles in einer (Familien-)Hand ist, darf man sich auf die bei Fisch nötige Qualität bedenkenlos verlassen – Inhaber Erkan Umar kümmert sich persönlich für den Import der allerfeinsten Ware. Viermal pro Woche wird, je nach Angebot, frischer Fisch geliefert. Dabei wird die Kühlkette selbstverständlich nie unterbrochen und die Ware ist meist innerhalb von 24 Stunden im Geschäft.

URBANEK
1060 Wien, Naschmarkt / Stand 46, +43/1/5872080
Gerhard Urbanek und seine Söhne Daniel und Thomas bieten auf 14 Quadratmetern Raritäten und Spitzenprodukte aus Österreich und der ganzen Welt. Vom Hirschschinken aus dem Ausseer Land über Prosciutto di San Daniele, Büffelmozzarella aus dem Waldviertel, Bregenzerwälder Alp- und Bergkäse aus der Genussregion bis hin zum Jamón Ibérico vom eichelgefütterten Schwarzfußschwein aus Spanien reicht die Palette. Nicht zu vergessen das täglich frisch gebratene Roastbeef oder Alpenlachs, Seesaibling sowie Kaviar von Grüll in Salzburg. Und eine große Käseauswahl mit Schwerpunkt Frankreich. Dazu eine kleine, fein abgestimmte Auswahl an passenden Weinen, alles garniert mit einer sehr netten und kompetenten Beratung.

Urbanek

ZHOU & DU ASIA SUPERMARKT
1060 Wien, Linke Wienzeile 54, +43/699/12148288
Der chinesische Supermarkt gegenüber vom Naschmarkt ist eine Fundgrube für geheimnisvolle, (vielleicht) nie zuvor gesehene Lebensmittel und eine der besten Adressen für exotisches Frischgemüse und Kräuter, wie z.B. chinesischer Stangenkohl, Knoblauchsprossen, fermentierter Senfkohl, Bittergurke und so manches andere, was nur chinesische Namen trägt, und eine Fundgrube für frischen Baby-Pak Choy, Koriander und Bambussprossen.

7. BEZIRK

BONBONS
1070 Wien, Neubaugasse 18, +43/1/5236360
www.bonbons-neubaugasse.at
Das Zuckerlgeschäft wahrt nicht nur eine kulinarische Tradition, sondern auch viele Erinnerungen, die wieder an die Oberfläche des Bewusstseins kommen, wenn man das Bonbons betritt. Krachmandeln, Himbeer-, Lilliput oder Seidenzuckerln, Manner-Karamellen, Gummi-Süßwaren, Nougat- und Kokoswurst, Schokoladetafeln von Zotter, Dolfin, Hachez, Lindt ... die Auswahl scheint schier unendlich. Zur absoluten Hingabe am Genuss laden Schokos mit Rosenblüten, Chili oder Veilchen ein.

CASA CARIA

1070 Wien, Schottenfeldgasse 48A , +43/670/4020061
casacaria.com
Casa Caria bringt die besten Seiten Italiens nach Wien. Die große Leidenschaft und Expertise gilt hier vor allem dem hochwertigen, reinsortigen nativen Olivenölen extra, die von ausgewählten kleinen Produzenten bezogen werden. Darüberhinaus gibt es ein abwechslungsreiches Sortiment an verschiedensten italienischen Spezialitäten, die je nach Jahreszeit auch variieren können. Ein weiterer Delikatessen-Shop befindet sich in 1070 Wien, Lindengasse 53. Onlineshop.

CASA MEXICO – MEXIKANISCHE & SÜDAMERIKANISCHE SPEZIALITÄTEN

1070 Wien, Siebensterngasse 16, +43/1/3154539-6
www.casamexico.at

Casa Mexico

Der Foodstore bietet auf über 80 m² Spezialitäten aus Mexiko und Südamerika (Argentinien, Brasilien, Peru, Kolumbien) in großer Vielfalt und einem sowohl breiten als auch tiefen Sortiment: Tortilla Wraps, Chorizo, Jambon Serrano, Guacamoles, typisches Brot und natürlich die exquisiten Gewürze, mexikanisches Bier und 110 Sorten Tequila sind u.a. im Angebot.

DELIKROAT

1070 Wien, Neubaugasse 60, +43/660/3767090
delikro.at
Mario Harapin bietet die besten kroatischen Delikatessen aus den Regionen Dalmatien, Istrien, Nordkroatien und Slawonien in seinem Delikatessengeschäft mitten in Wien. Er kennt viele seiner Produzenten persönlich und weiß, wie die Produkte entstehen. Von Olivenöl über Spitzenweine bis (Trüffel-)Käse oder Prosciutto: Jedes Produkt ist sorgfältig ausgewählt, die meisten werden in kleinen Mengen von regionalen Produzenten handgemacht. Besonderheiten wie schwarzer Knoblauch sind ebenso im Angebot wie autochthone Weine aus Istrien, Terran Likör oder Fuzi (traditionelle Teigwaren).

DEMMERS TEEHAUS

1070 Wien, Kirchengasse 6, Kaufhaus Gerngross
+43/1/5266655
www.tee.at

Demmers Teehaus

Ein wunderbares Geschäft für alle Teefreunde! TeeliebhaberInnen können in diesem kleinen, aber feinen Teefachgeschäft auf eine kompetente Fachberatung und beste Teequalität zählen. Wer Teespezialitäten und Raritäten sucht, wird hier fündig.

FELZL BÄCKEREI CAFÉ

1070 Wien, Lerchenfelder Straße 99 - 101, +43/1/522 38 09
www.felzl.at
Filialen: 1, Helfersdorferstraße 2 / Schottentor; 2, Leopoldsgasse 43 / am Karmelitermarkt; 5, Pilgramgasse 24; 7, Kaiserstraße / Ecke Westbahnstraße; 9, Währinger Straße 54.
Eine traditionsreiche, aber sehr moderne Bäckerei und Café mit Anspruch auf höchste Qualität und einem Sinn für Regionalität. Mit Weizen aus dem Pielachtal, Dinkel und Roggen aus dem Waldviertel und Kürbiskernen direkt aus der Steiermark werden in der eigenen Backstube von Hand gefertigte Produkte jeden Tag frisch gebacken. Brot und Gebäck, das nach Ladenschluss nicht mehr verkauft wird, kann von 20:00 bis 6:00 Uhr zu einem günstigeren Preis vom Automaten geholt werden – die perfekte Idee, um der Lebensmittelverschwendung den Kampf anzusagen!

GASTRO FISCH BRAČ

1070 Wien, Zollergasse 12, +43/676/5404906
www.gastrofisch.at
Ein „Fischmarkt" direkt in Wien. Gastro Fisch Brač ist ein Familienunternehmen mit dalmatinischen Wurzeln. Der Hauptsitz an der Adria in Split ermöglicht den Zugang zu Fisch und Meeresfrüchten von allerhöchster Qualität, die direkt aus der Adria innerhalb von 12 bis 24 Stunden geliefert werden. Die Eigenmarke AMARE ist aus Liebe zu allem, das aus dem Meer kommt, entstanden. Die Garnelen, Scampi und Anchovis aus Dalmatien werden in Eigenproduktion direkt nach dem Fang mariniert, tiefgefroren oder eingesalzen – ohne chemische Zusatzstoffe. Käse von der

Insel Pag, kroatische Weine und Öle und weitere Delikatessen aus Dalmatien runden das Angebot ab.

GRADWOHL BIO VOLLWERTBÄCKEREI

1070 Wien, Zieglergasse 1, +43/1/5223814
www.gradwohl.info

In den Produkten von Gradwohl spürt man die Kraft des Korns. Neben Liebe und Leidenschaft für die Backwaren ist der größte Schatz der Familie Gradwohl das wertvolle Wissen über jedes einzelne Korn wie über z.B. den Mittelburgenland Dinkel aus der Genussregion. In der Bäckerei finden Sie eine Riesenauswahl an immer frischen Vollkornbroten und -mehlspeisen, dazu noch Produkte für Allergiker und warme, pikante Snacks in Vollkornhülle und -fülle. So saftig und gut muss Vollkorn schmecken. Freundliche, kompetente Bedienung.

GRAND CRU

1070 Wien, Kaiserstraße 67-69, +43/1/5241310
grandcru.at

Alle Produkte im „Grand Cru" wurden danach ausgewählt, dass sie die Prädikate „wohlschmeckend, erlesen, delikat und hochwertig" verdienen, also Delikatessen – auf gut Wienerisch „Schmankerl" – sind. Die Angebotspalette reicht von Whisky, Rum, Gin, Champagner, Wein über Kaffee & Tee, Schokolade bis hin zu Essig & Öl sowie Gewürzen – alles von erlesener Qualität und nur von ausgesuchten Herstellern!

JOSEPH BROT VOM PHEINSTEN

1070 Wien, Kirchengasse 3, +43/1/7102881
www.joseph.co.at

Joseph Brot vom Pheinsten

Natürlichkeit ist die Grundzutat bei Joseph Brot. Die Filiale in der Kirchengasse ist geschmackvoll und puristisch. Geboten wird eine wunderbare Auswahl an Bio Broten und Gebäck, allesamt mit knuspriger Kruste und saftiger Krume. Die Zutaten kommen großteils aus dem Waldviertel, denn hier liegen auch die Wurzeln der Bäckerei. Aber auch Süßes schmeckt hier ganz natürlich wie z. B. Omas Kaiser Kastaniengugelhupf.

NATURKOST SANKT JOSEF

1070 Wien, Zollergasse 26, +43/1/5266818
de-de.facebook.com/NaturkostSt.Josef

Der sehr gut sortierte Bioladen ist seit 1986 eines der Bio-Piongeschäfte und langjähriger Demeter-Aktiv-Partner. Obst und Gemüse überzeugen mit bester Qualität, Frische und großer Auswahl, das ausgesuchte Angebot an Käsespezialitäten, frischem Brot und Gebäck sowie Süßwaren führt auch Bio-Neulinge in Versuchung und überrascht durch den regionalen Fokus.

PROSI EXOTIC SUPERMARKET

1070 Wien, Wimbergergasse 5
+43/1/9744444
www.prosi.at

Gewinner des Genuss Guide Award 2023, „Bester Genussladen in Wien"/Kategorie Weltgenuss, siehe Seite 332.

Prosi Exotic Supermarket

RADATZ

1070 Wien, Neubaugasse 7, +43/1/5233313
www.radatz.at

In dieser Filiale ladet eine besonders appetitlich präsentiertes Sortiment zum Genuss ein. Zur Wahl steht eine Vielzahl von Wurst-, Schinken- und Fleischspezialitäten (z. B. Beinschinken, Schönbrunner Schinken). Ein kleines, aber feines Angebot an Käse, auch frischer Alpenlachs vom Schneeberg vervollständigen das Angebot. Die heiße Theke bietet verschiedene Sorten Leberkäse – auch zum Fertigbacken –, Kümmelbraten und die beliebten Suppen, Gulasch & Co zum Mitnehmen. Dazu gibt's eine Selektion an österreichischen Weinen.

SALUMERIA PRINCIPE

1070 Wien, Burggasse 81, +43/699/10077684
www.salumeriaprincipe.com

Ein Ort, der für den Genuss von hochwertigsten Produkten und Italienische Fein(st)kost biologischer Herkunft steht. Die Auswahl an italienischen Delikatessen aus biologischer Landwirtschaft ist groß. Besonders zu empfehlen: Olivenöl, das im

Geschäft aus dem Großgebinde in Flaschen gefüllt wird, die unvergleichliche handgemachte Pasta von Gragnano, die man nur einmal kosten muss, um fortan keine andere mehr zu wollen. Den Kaffee von Salimbene kann man gleich vor Ort genießen.

SCHOKOV
1070 Wien, Siebensterngasse 20, +43/664/88513145
www.schokov.com
Schokov bietet feinste Schokoladen für alle, die Außergewöhnliches wollen und schätzen. Inhaber Thomas „Tomkov" Kovazh möchte die Menschen mit Schokolade glücklich machen und jedem einzelnen ein Stück vom ultimativen Glück geben. Egal, ob es sich bei diesem Stück um Nougat-, Brombeer-, Meersalz- oder 100 %-ige Schokolade handelt. Schokov gibt es auch im 1. Bezirk, Rudolfsplatz 7.

UN JOUR EN FRANCE
1070 Wien, Westbahnstraße 9, +43/664/4475364
www.unjourenfrance.at
Bei David Schuster dreht sich alles um Genuss, Geschmack und Produkte, die von kleinen Familienbetrieben in Frankreich hergestellt werden. Der Elsäßer eröffnet dem Besucher eine Welt der (fast) unbekannten Köstlichkeiten aus Frankreich. Zu entdecken gibt es Hummer- und Jakobsmuschelterrine, Entenconfit und -rillettes, Enten- und Gänseleber im Glas, Olivenöl mit Knoblauch & Thymian, Feigenessig, erlesene Süßigkeiten (Anisbonbons!) ... einfach köstlich! Und natürlich dürfen Champagner (Angebot von über 40 Champagnerwinzern), Crémant, Wein & Spirituosen sowie Cidre, Limonaden und Bier aus Korsika nicht fehlen, ebenso wenig wie die wunderbaren bretonischen Sardinen von La Belle-Iloise. Onlineshop.

VINO NUDO
1070 Wien, Westbahnstraße 30, +43/650/8215552
vinonudo.at
Geschäftsinhaber Dominik Portune mag Weine, die nichts zu verbergen haben, Weine, die unverfälscht sind und die ihre geschmackliche Vielschichtigkeit einzig und allein der Weingartenarbeit und dem behutsamen Ausbau im Keller ohne Zusatzstoffe und ohne physikalischen Manipulationen zu verdanken haben. Mit einem Wort: „Naturweine". Vinonudo importiert und handelt daher ausschließlich mit ausgesuchten, feinen Naturweinen.

WALD & WIESE
1070 Wien, Neubaugasse 26, +43/1/9078107
www.waldundwiese.at
„Das Besondere, das Beste und das Edelste suchen und finden wir für unsere Kunden auf naturbelassenen Wiesen und in unberührten Wäldern", so die Inhaber Marianne und Kurt Wilhelm. Und das Ergebnis dieser Suche sind die Honig- und Trüffelspe-

zialitäten von Wald & Wiese. Trüffeln aus Istrien gibt es hier frisch oder veredelt. Trüffelbutter, -Öle, -Pasteten, -Käse und raffinierte Gourmetaufstriche verzaubern den Gaumen. Und als süße Verführung locken Manukahonig aus Neuseeland, diverse Blüten- und Cremehonige, Honigvariationen, Honigzuckerl, Propolisdrops, Met, Whiskylikör und Honig Grappa. Weitere Geschäfte: 1010 Wien, Wollzeile 19; 1030 Wien, Landstraßer Hauptstraße 19; 1070 Wien, Kaiserstraße 33. Onlineshop.

WEIN & CO MARIAHILFER STRASSE
1070 Wien, Mariahilfer Straße 36, +43/5/706-3021
www.weinco.at

Wein & Co Mariahilfer Straße

Auf 242 m² Fläche bietet sich nicht nur die Möglichkeit, die vielfältige Welt von WEIN & CO mit unterschiedlichsten Weinen und Feinkost zu entdecken, sondern auch das gastronomische Angebot rund um den Wein mit feinen Köstlichkeiten wie Pasta, verschiedenen Käseplatten und Delikatessen aus dem Shop zu genießen.

8. BEZIRK

BARBARELLA - SIZILIANISCHE SPEZIALITÄTEN
1080 Wien, Lerchenfelderstraße 16, +43/660/5077995
www.facebook.com/barbarellasizilien
Eigentlich ist Paolo Strano Imker und seit vielen Jahren im Lebensmittelbereich in Sizilien tätig – dieser Erfahrung verdankt er seine Bezugsquellen für die angebotenen Köstlichkeiten, handelt es sich meistens um Familienbetriebe, die noch traditionell arbeiten. Gemeinsam mit seiner Frau Barbara Rizzuto führt er das exquisite kleine Geschäft, in dem Honigspezialitäten (z.B. Orangenblüte), hausgemachte Mehlspeisen, Dolci (Granita Mandorla, Cantucci ...), Marmeladen, eingelegtes Obst, Kaffee, sizilianische Weine, Prosecco, exquisite Öle, Sugo, Pasta, Mehle geboten werden.

CONFISERIE ENGELECKE

1080 Wien, Alserstraße 21, +43/1/4064268
www.engelecke.at

Seit 90 Jahren werden Naschkatzen von den einladenden Aus-
lagen zum Betreten des Geschäfts verführt. Ein wohl bekannter
Duft aus Kindertagen begrüßt den neugierigen Besucher. Und es
gibt viel in der Confiserie zu entdecken: Holzregale — voll, bunt
und gefüllt mit Leckereien. Zuckerl aller Art, süß und krachend,
Marzipan, Florentiner, Türkischer Honig, Liliput-Konfekt, aro-
matisches Gelee, feinste Trüffeln und edle Schokoladen ... sind
wahrlich eine kleine Sünde wert!

CONFISERIE ZUR LERCHE

1080 Wien, Lerchenfelder Straße 112, +43/1/4064458
www.schokoladegreissler.at/confiserie-zur-lerche

Tradition seit 1913. Die Confiserie zur Lerche ist eine der ältesten Confiserien Wiens mit einem tollen Sortiment an Süßwaren:
von Zaunerstollen, Zotterschokoladen sowie vielen anderen Tafelschokoladen, Marzipan in allen Formen und Farben, Konfekt
und Trüffeln lose, in edlen Bonnonieren oder Mini-Kommoden,
Seidenzuckerln, Krachmandeln, Eibisch- oder Hustenzuckerl
bis zu Geleefrüchten. Es gibt Tautropfen — also flüssig gefüllte
Köstlichkeiten wie „anno dazumal" genauso wie kandierte Veil-
chen- oder Rosenblüten.

FLEISCHLOSEREI

1080 Wien, Josefstädter Straße 47 - 49, +43/681/84845163
www.fleischloserei.at

Fleischloserei

Die Fleischloserei ist die erste vegane „Fleischerei" Österreichs,
in der ausschließlich pflanzliche Wurst und frische fleischlose
Produkte hergestellt und verkauft werden. Hier gibt es veganen
Speck auf Basis Weizenprotein, Blutwurst ohne Blut (aus schwar-
zen Bohnen), vegane Weißwurst aus Tofu, Seitan-Roulade, Roast
Baff, ... Großartig! Onlineshop.

GEIER. DIE BÄCKEREI

1080 Wien, Josefstädterstraße 36, +43/1/4083478
www.geier.at

Geier. Die Bäckerei

Seit mehr als 120 Jahren fühlt sich die Familie Geier mit dem
Marchfeld und Weinviertel – der Kornkammer Österreichs – von
Herzen verbunden. In nunmehr vierter Generation wird bei Geier
Brot und Gebäck mit Liebe zum Handwerk und nach überlieferten
Rezepturen gebacken. Die Geier Brote sind Einzelstücke und werden von Hand aufgearbeitet und geformt. Nur mit den Händen ist
es möglich, lange gereifte und weiche Teige zu verarbeiten. Dabei
entstehen geschmackvolle Brote mit langer Frischhaltung. In
der modernen Handwerksbackstube verbindet Geier. Die Bäckerei traditionelles Handwerk mit moderner nachhaltiger Technik,
denn Maschinen werden nur dort eingesetzt, wo es die Hand nicht
besser kann. Die Rohstoffe für die Herstellung stammen zu 80 %
aus einem Umkreis von 50 km. Das Bäckereifachgeschäft im Herzen des 8. Wiener Bezirks bietet allen Besuchern ein reichhaltiges
Frühstücksangebot und eine große Auswahl an frischem Brot und
Gebäck. Große Auswahl an hochwertigen Backwaren, ambitioniertes Personal und tolles Ambiente!

GOLDFISCH

1080 Wien, Lerchenfelder Straße 16, +43/664/2549596
www.goldfisch.wien/cms/fischladen-fischkueche

Goldfisch ist seit 2015 der sichere Hafen im achten Bezirk für
alle, die gerne Fisch & Co essen. Angeboten werden liebevoll
ausgewählte Produkte aus dem Meer und heimischen Gewässern,
ausschließlich aus nachhaltigem Wildfang oder von ausgewählten Biozuchten.

JUMI KÄSE

1080 Wien, Lange Gasse 28, +43/1/9619868
www.jumi.wien

Die Geschichte von Jumi ist bereits legendär. Die Firmengründer
Jürgen Wyss und Mike Glauser verfolgen eine ganz eigene Strategie abseits der Supermärkte: Der Käser und der Landwirt ver-
treiben Rohmilch-Käsesorten von kleinen schweizer Landwirten,

erfinden selber neue, originelle Rohmilchkäse-Variationen mit originellen Namen (oft auf Schwyzerdütsch) und in allen Farben und verkaufen ihren Käse von Kuh, Schaf und Ziege nur in Mini-Shops. Und einen gibt's auch in Wien. Zum Käse Passendes wie Wein, Senf oder Honig rundet das ausgefallene Angebot ab. Tolles Geschäft, das mit viel Leidenschaft für Käse geführt wird. Jumi ist samstags auch am Yppenplatz/Brunnenmarkt von 7:00 bis 13:00 mit einem Stand vertreten. Oder man bestellt den Käse einfach per Lastenfahrrad (Bezirke 1 - 9 und 16 - 19). Alle anderen Bezirke und alle anderen Bundesländer Österreichs erhalten den Käse mit der Post zugesandt.

LA GRÈCE – GRIECHISCHE SPEZIALITÄTEN
1080 Wien, Lerchenfelder Straße 26, +43/1/4059102 oder
+43/676/6205272
www.lagrece.at
La Grèce lasst Urlaubserinnerungen wieder aufleben und mit dem umfangreichen Angebot an griechischen Spezialitäten und einer großen Auswahl an hervorragenden hausgemachten Delikatessen wie z.B. Moussaka, Schafkäseaufstrich, gefüllte Weinblätter und diverse Salate kann man sich ein Stück Griechenland nach Hause holen. Besonders erwähnenswert: das sortenreine Olivenöl aus Koroneiki-Oliven, Thymianhonig aus Kreta und ein umfangreiches Angebot der Bio-Marke Mani. Für Naschkatzen steht eine reichhaltige Auswahl an Halva, schmackhaften Baklavas sowie Loukumi bereit.

VERDE 1080
1080 Wien, Josefstädter Straße 27, +43/1/4051329
www.verde1080.at

Verde 1080

Hier wird BIO groß geschrieben, und genussvoll einkaufen in angenehmer Atmosphäre ist garantiert. Die Palette an frischem Obst und Gemüse überzeugt auch anspruchsvolle Genießer. Darüber hinaus locken Convenience-Produkte, ein großes Saucenangebot, belgische Schokolade, Kaffee, Tee, Süßwaren, Senf, Trockenfrüchte, Säfte, Kräuter und Gewürzmischungen. Catering

wird ebenfalls angeboten, als Mittagsmenü gibt es spezielle Gerichte, auch die hervorragenden Suppen verführen zum Probieren. Sehr persönliche Beratung, gute Atmosphäre.

VINOE
1080 Wien, Piaristengasse 35, +43/1/4020961
www.vinoe.at
Spezialisierte Vinothek für niederösterreichische Weine. Neben bekannten Namen werden hier auch viele junge, aufstrebende Winzer präsentiert. Derzeit finden sich ca. 400 Weine von über einhundert Winzern aus Niederösterreich im Programm. Eine wechselnde Auswahl an Weiß- und Rotweinen steht bei bester Beratung immer zur Verkostung bereit. Neben Weinen werden aber auch Winzersekte, Fruchtsäfte, Edelbrände, Marmeladen, Bio-Honig, Kürbiskerne, Kürbiskernöl, Rapsöl, handgeschöpfte Schokoladen sowie Weinaccessoires angeboten.

Vinoe

BURATINO – RUSSISCHE SPEZIALITÄTEN
1090 Wien, Alserbachstraße 22, +43/676/848846211
buratino-shop.weebly.com
Ein Stück Russland mitten in Wien. Mit mehr als 150 verschiedenen Vodka Sorten, frischem russischen Fisch aus dem Norden, Kaviar und einer Auswahl an russischen Lebensmitteln und Artikeln bringt Buratino (italienisch: Hampelmann, Kasperle – von Alexei Nikolajewitsch Tolstoi geschaffenes, russisches Gegenstück zu Pinocchio) Russland ein Stück näher.

CONFISERIE ZUM SÜSSEN ECK
1090 Wien, Währinger Straße 65, +43/1/4027974 oder
+43/660/4027975
www.suesseseck.at
Ein richtig schönes, charmantes Wiener Zuckerlgeschäft vis-à-vis der Volksoper, das es bereits seit 1914 gibt, mit rund 5.000 süßen Genüssen — besondere und traditionelle Süßigkeiten, die man kaum woanders bekommt. Schokoladen aus aller Welt — nach Kakaoanteil oder Anbaugebiet des verwendeten Kakaos sortiert, Pralinen, Frischrahmtrüffel, fast 90 Sorten Lakritze ... Auch Allergiker und Diabetiker sind hier im süßen Himmel.

Je näher, desto Gusto!

Wiener Gusto – die neuen BIO-Produkte der Stadt Wien! Aus deiner Nähe, 100% biologisch und frisch.

Jetzt bestellen auf wienergusto.at

Stadt Wien

wienergusto.at

9. BEZIRK

EDELSCHIMMEL KÄSEBAR & GREISSLEREI
1090 Wien, Servitengasse 5, +43/1/3993926
www.edelschimmel.at

Edelschimmel Käsebar & Greisslerei

Die Genussmeile im Servitenviertel hat einige Highlights zu bieten, und mit der Edelschimmel Käsebar und Greißlerei befindet sich dort ein wahres Eldorado für Käseliebhaber — mit rund 100 Käsespezialitäten von himmlisch leicht bis wahrlich wunderbar deftig. Mit echter Leidenschaft für Käse wird dieses Geschäft betrieben. Eine Vielfalt an saisonalem Bio Obst & Gemüse aus der Region, Schinken und Frischfleisch von regionalen Kleinproduzenten, Joghurt, Butter und Brot & Gebäck von Kasses ergänzen das Sortiment.

FAVVAS GOURMET
1090 Wien, Nußdorfer Straße 27, +43/676/3114771
www.favvas-gourmet.com
Favvas Gourmet ist ein Griechischer Feinkost-Deli, in dem man in entspannter Atmosphäre exklusive und hochwertige Produkte ausgewählter Hersteller einkaufen kann. Panagiotis Favvas führt aber nicht nur viele griechische, sondern auch kroatische, italienische und spanische Spezialitäten.

HOFLADEN DAZU
1090 Wien, Liechtensteinstraße 73/3, +43/1/9220156
www.dazu.at/hofladen
Seit 4 Generationen beschäftigt man sich am Biohof von Georg Rohrauer mit der Natur und in seinem sehr liebevoll eingerichteten Hofladen in Wien wird alles angeboten, was „die eigene Landwirtschaft im Burgenland" hergibt: Honig, Senf, Chilipasten, Ketchup, Pesti u.v.m. Und wenn es Mutter Natur zulässt, gibt's auch immer wieder Specials wie Basilikumsirup oder Ribiseln mit Pfeffer. Daneben findet man im Hofladen aber auch viele Grundprodukte wie Brot, Käse und Gemüse, die direkt und mit gutem Gewissen von anderen Bio-Bauern bezogen werden.

KÖNIG – SPEZIALITÄTEN AUS EUROPA
1090 Wien, Servitengasse 6/4-5, +43/664/8450451
www.koenigswelt.at
Gerald König ist der „Grätzl"-Nahversorger mit höchstem Qualitätsanspruch. Schwerpunkt und Steckenpferd ist der direkte Import französischer Spezialitäten wie Käse — man beachte hier die Rohmilchkäse!, Süßigkeiten, Patés, Honig, Foie Gras u.v.m. Im Sortiment finden sich aber auch Prosciutto, köstliche Suppen, Hühnerleberaufstrich sowie eine feine Auswahl an französischen Weinen, Champagner & Crémant. Als süße Besonderheit gibt es Gavottes, das sind köstliche Waffelröllchen. Seit Anfang an und immer beliebter sind die frischen Austern: Fine de Claire 2 aus der Bretagne, Fine de Claire 3 aus Marennes Oléron und Utah Beach 2 aus der Normandie. Neu im Sortiment sind Saucisson Sec (Salami) aus Lyon von Maison Chillet, süße Spezialitäten aus der Provence und „Le Chocolat des Francais" in Bio-Qualität. Königlich wunderbar!

LA MERCERIE
1090 Wien, Berggasse 25
www.facebook.com/pages/La-Mercerie/730891580395567
Das Ecklokal „La Mercerie" mit lieblich-antikem Flair am Eingang des Servitenviertels stillt viele Sehnsüchte des frankophilen Menschen — optisch, akustisch und kulinarisch. Das kulinarische Konzept ist quasi Bäckerei mit Kleinigkeiten zu essen. Baguette, Croissants und Pain au Chocolat sind natürlich hausgemacht so wie alles angebotene Weißbrot, die dunklen Brote kommen von Joseph Brot. Macarons, Éclairs und Tartes werden täglich frisch vom preisgekrönten Pâtissier Pascal Caffet aus Paris angeliefert.

LA PASTERIA
1090 Wien, Servitengasse 10, +43/1/3102737 oder
+43/664/4026204
www.la-pasteria.at
Ein Eldorado für alle Pasta-Fans! Die Teigwaren werden täglich frisch aus Hartweizen und ohne Konservierungsmittel produziert, an die 20 Sorten, die auch in grünem, rotem, schwarzem oder auch in Vollkornteig oder vegan erhältlich sind. Mit mehr als 200 verschiedenen Füllungen lässt die Produktauswahl keine Wünsche offen.

LEBENS-MITTEL LIEBLING
1090 Wien, Porzellangasse 50, +43/1/3195792
www.facebook.com/Liebling1090
Das kleine, einladende Geschäft mit Greißlerflair bietet viele verführerische (Bio)Köstlichkeiten, bevorzugt von regionalen Produzenten. Frisches und knackiges Obst und Gemüse findet man ebenso wie feine Wurstspezialitäten. An der Käsetheke lockt Bio-Käse. Brot und Gebäck, Vollkornsauerteigbrote stammen

KÖNIG - SPEZIALITÄTEN AUS EUROPA

Spezialitäten aus den Mittelmeerländern, aber ganz besonders aus Frankreich, stehen bei König in der Servitengasse im 9. Wiener Bezirk, im Mittelpunkt. Das Spezielle ist: König bezieht die Ware direkt bei den Produzenten. Entscheidend ist der Geschmack, nicht die Inszenierung.

von Waldviertler Bio-Bauern. Donnerstags ist Frischfischtag, man kann wählen zwischen Forellen, Saiblingen und Lachs. Das Sortiment umfasst aber auch afghanische Spezialitäten. Zusätzlich werden Suppen, Gulasch, Gemüselaibchen, Gemüse-Eintopf, Linsen, Indisches Daal und vieles mehr sowie Eingelegtes zum Mitnehmen angeboten.

MORTONS FEINKOST
1090 Wien, Porzellangasse 32 , +43/664/1635855
mortons.at

Mortons Feinkost

Ein kleiner Feinkostladen, aber auch ein Traum, den sich der bekannte Koch Robert Morton erfüllt hat. Delikatessen aus Österreich, Weine aus der ganzen Welt und ganz viel gutes Essen, das man auch mit nach Hause nehmen kann.

NASCHSALON
1090 Wien, Liechtensteinstraße 38A, +43/664/453 4193
www.naschsalon.at/der-naschsalon
Das kleine Café mit den vielen hausgemachten Naschereien hat sich zu einer Institution am Alsergrund entwickelt. Im Naschsalon von Astrid Kampf ist alles Handarbeit. Jede Nascherei ist ein liebevoll zubereitetes Einzelstück, angefangen von Torten, Kuchen, Marmeladen bis hin zu frischen Croissants. Naschboxen kann man auch online bestellen.

NATUR & REFORM
1090 Wien, Währinger Straße 57, +43/1/4062630
www.natur-reform.com
Im alteingesessenen Reformgeschäft wird eine große Auswahl an Drogerie- und Bioprodukten geboten: An der kleinen Käsetheke verspricht eine feine Auswahl an heimischen Sorten wie Salzburger Bauern-, Rauchkuchlkäse und Fastenkäse, aber auch Vorarlberger Bergkäse sowie Schaf- und Ziegenkäse Genuss, tierisches und pflanzliches Lab wird ebenfalls angeboten. Dazu gibt es passend Bioweine von Allacher oder Bio-Bier von Hirter, Bio-Vollkornbrote, kaltgepresste Öle und frisch gepresste Bio-Obst- und Gemüsesäfte.

REFORMHAUS REGENBOGEN
1090 Wien, Garnisongasse 12, +43/1/4086585
www.regenbogenreform.at
Für Genuss sorgt das Angebot an Bio-Produkten, das von feinem Käse und Milchprodukten, Tees und Gewürzen bis zu Spezialitäten wie Lotoswurzeln, Flohsamenschalen, Gerstenpulver, Meeresalgen, Pfeilwurzelmehl oder Himalaya Ursalz reicht. Bioschokoladen, Säfte aller Art und hausgemachte Mehlspeisen werden ebenso angeboten.

10. BEZIRK

BEDRONKA – POLNISCHE SPEZIALITÄTEN
1100 Wien, Davidgasse 85-89, +43/1/8906552
bedronka-supermarkt.business.site
Bedronka bietet alles, was das Herz begehrt, wenn man auf der Suche nach polnischen Lebensmitteln ist: ein gut sortierter, übersichtlich gestalteter polnischer Supermarkt mit einer interessanten Auswahl an Spezialitäten. Ein Geheimtipp für Naschkatzen sind die Krapfen mit Rosenfüllung.

GEGENBAUER – WIENER ESSIG BRAUEREI
1100 Wien, Waldgasse 3, +43/1/6041088
www.gegenbauer.at

Gegenbauer – Wiener Essig Brauerei

Erwin Gegenbauer stellt eigentlich keinen Essig her, er produziert saures Gold. Seine Fruchtessige werden nicht nur zu 100 Prozent aus dem Grundprodukt hergestellt, auch die Bakterien, die den vergorenen Fruchtsaft in einer zweiten Gärung in Essig umwandeln, sind selbst gezüchtete Bakterien der entsprechenden Sorte. „Lebens-Mittel", nennt er seine Produkte — mit Betonung auf Leben. Die Essige sollen lebendig bleiben und werden deshalb weder pasteurisiert noch filtriert. Aktuell sind es 70 Essigsorten und weitere werden sicher noch folgen. Im Lauf der Jahre hat Gegenbauer weitere Genusszweige aufgebaut — von feinsten Ölen und Fruchtsäften über erlesenen Kaffee bis zum Bier aus Emmer und Einkorn. Ein enormes Sortiment für Genießer!

ETWAS BESSERES KANN IHREN WÜRSTELN NICHT PASSIEREN.

GROISSBÖCK CAFE&KONDITOREI

GENUSS GUIDE AWARD 2023

1100 Wien, Neilreichgasse 96-98
+43/1/6042510
www.groissboeck.at
Gewinner des Genuss Guide Award 2023, „Bester Genussladen in Wien"/Kategorie Spezialisten, siehe Seite 331.

Groissböck Cafe & Konditorei

GUGUMUCK WIENER SCHNECKEN-MANUFAKTUR

1100 Wien, Rosiwalgasse 44, +43/676/3653643
www.gugumuck.at
Es ist der Beharrlichkeit von Schneckenzüchter Andreas Gugumuck zu verdanken, dass die Weinbergschnecken wieder salonfähig sind. Schneckenknödel, Schneckenpasteten, gespickte Schnecken, Schneckenwürste oder Schnecken mit Kren oder Weinkraut. Genau dieses kulinarische Erbe wird mit der Wiener Schneckenzucht wiederbelebt. Schneckenfarm Führungen, Zuchtseminare, Schule am Bauernhof.

KONDITOREI OBERLAA AM KURPARK

1100 Wien, Kurbadstraße 12, +43/1/6892589-0
www.oberlaa-wien.at
Seit 1974 entführt die Konditorei Oberlaa ihre Gäste in eine Welt höchster Pâtisserie & Confiserie Kunst. Erlesene Kreationen und ausgesuchte Köstlichkeiten werden aus ausgewählten und natürlichen Zutaten in der hauseigenen Pâtisserie liebevoll gefertigt. Hier wird man wahrlich zum Genießen verführt! Es locken Spezialitäten wie die Oberlaa Kurbad Torte, Schoko-Mousse- oder Erdbeer-Obers Torte und vieles mehr.

SOFRA MARKET & ŞARKÜTERI

1100 Wien, Knöllgasse 19, +43/699/11166332
„Sofra" bedeutet auf Bosnisch soviel wie „reich gedeckter Tisch, der sich unter den Speisen fast biegt". Der größte österreichische Händler von Balkan-Produkten befindet sich im zehnten

Bezirk und bietet über 1.300 Produkte auf 200 m² an. Wie wäre es mit bosnischer Presswurst, mit Lepinije, dem typischen Fladenbrot, Brajlovic Tiefkühl-Cevapcici oder Pleskavica? Oder haben Sie schon einmal Bureks gegessen, die feinen mit Fleisch gefüllten Blätterteigschnecken?

11. BEZIRK

BIO FEIGENHOF

1110 Wien, Am Himmelreich 325, +43/664/4224480 oder +43/1/3187074
www.feigenhof.at
Hochwertige Lebensmittel, plückfrisch auf den Teller. Am Feigenhof in Simmering reifen von Mitte Juni bis Anfang November 150 verschiedene Sorten im Glashaus und in der Freilandplantage. Als Mitglied der Genussregion Wiener Gemüse wird auch frisches Bio-Gemüse in allen Variationen (darunter viele Raritäten und alte Sorten, vor allem bei Paradeiser, Kürbis, Chili und Erdäpfeln), 300 verschiedene Kräuter-Sorten (von Azteken-Süßkraut bis zur Zitronenverbene) und Salat angebaut. Ergänzend zu den eigenen Bio Produkten vom Feigenhof gibt es Brot von Joseph und der Dampfbäckerei Öfferl, Hautzinger Schafkäse, Köstliches von der Salami Trocknerei Saller, Bio Mangaliza Salami von Thum, griechisches Bio-Olivenöl von Yiannis, Bio Camembert von den Milchbuben sowie ausgesuchte Weine von Artner und vom Weingut Burner in Sievering. Onlineshop.

GÄRTNEREI SCHIPPANI

1110 Wien, Hörtengasse 156, +43/664/1106727
www.stadtlandwirtschaft.wien/betrieb/4159187/gaertnerei-schippani

Gärtnerei Schippani

Gärtner Leopold Schippani ist im elften Wiener Gemeindebezirk zu Hause. Der Stadtgärtner aus Simmering bietet seine Produkte auch „ab Hof". Kultiviert werden Rispen-, lose Paradeiser, Gurken und Kohlrabi, Rucola und Brokkoli im geschützten Anbau. „Ich bin kostbar", unter diesem Titel bietet Anneliese Schippani nicht nur frisches Gemüse, sondern auch die seit 2012 zertifizierte „Schule am Bauernhof".

ANKER

1120 Wien, Meidlinger Hauptstraße 77-79, +43/1/8135593
www.ankerbrot.at

Seit über 130 Jahren gehört Ankerbrot zu Wien wie das Glas Wasser zum Kaffee. Die rund 110 Anker-Filialen sind eine echt wienerische Melange aus Bäckerei, Kaffeehaus und Convenience-Store. Neben dem klassischen Produktsortiment an Brot, Gebäck, Mehlspeisen und Getränken (z.B. Coffee to go) wird ein umfangreiches Imbissangebot vom gefüllten Weckerl bis zum Salat im Sommer oder zur warmen Suppe im Winter angeboten.

BASIC BIO-SUPERMARKT

1120 Wien, Schönbrunner Straße 222-228, +43/1/8171100-0
basicbio.de

„Bio-Genuss für alle" – das ist das Motto des basic Bio-Supermarkts. Bewusste Genießer erhalten hier ein Vollsortiment hochwertiger Lebensmittel – ausschließlich in bester und geprüfter Bio-Qualität. Eine geradezu vorbildliche Obst-und-Gemüse-Abteilung mit regionalen Topangeboten sowie das hervorragende und umfassende Käse-, Wurst- und Frischfleischsortiment verführen zum Genuss.

HEU & GABEL BIO FEINKOST

1120 Wien, Meidlinger Markt
+43/664/8521426, www.heuundgabel.at

Gewinner des Genuss Guide Award 2023, „Bester Genussladen in Wien"/Kategorie Greisslerei und Feinkost, siehe Seite 330.

Heu & Gabel Bio Feinkost

KÄSTREFF FEINKOST
1120 Wien, Meidlinger Markt 65-70, +43/660/5139287
www.facebook.com/Kaestreff
Ein Treffpunkt für Käseliebhaber. Über 50 verschiedene Hart- und Weichkäse aus Österreich, aber auch Italien oder Holland machen Lust, sich einfach durch diese großartige Geschmackswelt zu probieren. Das ist hier natürlich erlaubt und erwünscht. Trüffelkäse, Karottenkäse oder ein Tiroler Weichkäse im Blütenmantel … Bei Feinkost dürfen natürlich Wurstspezialitäten nicht fehlen.

MEIDLINGER MARKT
1120 Wien, Niederhofstraße/Reschgasse

Meidlinger Markt

Ein wenig versteckt zwischen Reschgasse und Niederhofstraße liegt der in der Zwischenkriegszeit entstandene Meidlinger Markt. Die Atmosphäre auf dem mit 50 Ständen eher kleineren Straßenmarkt ist eher wienerisch-traditionell, hier und da ploppt orientalisches Flair auf, dann wieder ein Hauch Bauernmarkt mit rustikaler und regionaler Ware. Der Markt ist flexibel und es trifft Tradition auf Innovation. Dazwischen finden sich auch einige Stände, die sich internationalen Spezialitäten verschrieben haben, wie etwa türkische und rumänische Bäckereien. Zudem gibt es auch mehrere Feinkostläden, wie „Anna am Markt", das gleichzeitig ein Café ist, und wo österreichische und französische Delikatessen aus biologischer Produktion angeboten werden, oder Kästreff Feinkost. Freitags und samstags kann man am Bauernmarkt in der Reschgasse regionale Produkte von Bauernbetrieben aus Wien und Umgebung erstehen.

13. BEZIRK

1130 WEIN – IHRE HIETZINGER VINOTHEK
1130 Wien, Lainzer Straße 1, Eingang gegenüber Altgasse 27
+43/699/18000002
www.1130wein.at
Robert Sponer-Triulzi bietet in seiner Vinothek 1130 eine große Auswahl an Wein und anderen Genüssen. Für den diplomierten Sommelier zählt nur Top-Qualität – aber immer zu vernünftigen Preisen. Das Weinsortiment umfasst österreichische Weine aus beinahe allen Weinbauregionen und aus der ganzen Welt. Darüber hinaus gibt es Schaumweine, Champagner und Edel-Destillate. Abgerundet wird das Sortiment von diversen kleinen Köstlichkeiten: verschiedene Öle, exquisite Essige, Salze und Senf lassen die Herzen seiner Kunden höherschlagen. Viele dieser Produkte eignen sich auch hervorragend als Geschenk und Mitbringsel! Einige der Weine kann man auch zu Ab-Hof-Preisen einkaufen. Regelmäßig finden auch Weinverkostungen statt. Onlineshop.

1130 Wein – Ihre Hietzinger Vinothek

DAS KISTERL
1130 Wien, Hummelgasse 2, +43/1/890 8761
www.daskisterl.at
Das Kisterl holt das Beste von österreichischen Manufakturen und kleinen bäuerlichen Betrieben nach Hietzing. Das umfangreiche Angebot reicht von Lebensmitteln für den täglichen Bedarf über kleinere Mitbringsel. Ein wunderbares Geschäft, wo man Genuss zum Verschenken in Holzkisterln steckt.

FEINKOST RUMPEL
1130 Wien, Hietzinger Hauptstraße 13, +43/1/8775240
www.rumpel.at
Das exquisite Feinkostgeschäft hält ein außergewöhnlich gutes und genussversprechendes Angebot bereit und setzt dabei stark auf die regionale Herkunft, viele Produkte werden von kleinen Herstellern und Manufakturen bezogen. Christian Rumpels Qualitätsansprüche sind dabei enorm hoch. „Jedes Produkt, das in

unserem Geschäft verkauft wird, ist von mir persönlich ausgewählt. Es gibt keine Waren, für die ich nicht die Hand ins Feuer legen würde." Für spezielle Anlässe gibt es tolle Geschenkkörbe.

KALKALPENFISCH

1130 Wien, Hietzinger Hauptstraße 150, +43/660/4545414
www.kalkalpenfisch.at
Im kleinen Ober St. Veiter Laden werden nachhaltig gezüchtete Fische aus dem Traunviertel geboten: Seesablinge, Regenbogenforellen, Lachsforellen und ab November Karpfen. Ebenso gibt's feinen Wels aus Niederösterreich und Alpengarnelen aus Tirol. Eine köstliche Fischsuppe, Welsgulasch, Räucherforelle sowie Steckerlfische gibt es zum Mitnehmen. Eine Selektion an Weinen vom Weingut Karasek in Unterretzbach, Biere von Der Belgier, Fruchtsäfte von Preiß im Traisental u.a. runden das Angebot ab.

LECKERWIESE

1130 Wien, Camillianergasse 40
leckerwiese.com
Ein Greißler, wie man ihn sich wünscht. Gute regionale Qualitätsprodukte sollten auch leistbar sein, war der Grundgedanke von Natalia und Norbert Schindler. Durch die Coronapandemie haben sie verstanden, wie wichtig die Regionalität der Lebensmittelversorgung ist. Das Angebot hervorragender Produkte aus Kleinbetrieben begeistert, der Gedanke der Nahversorgung wird hier wirklich gelebt. Das Sortiment überrascht aber auch mit Produkten, die man in der Umgebung sonst nicht bekommt.

Leckerwiese

WALDVIERTLER NATURKOST

1130 Wien, Tiroler Hof im Tiergarten Schönbrunn
+43/1/8795812
www.waldviertler-naturkost.at
Einkaufen am Bauernhof mitten in der Stadt. Feine Bio-Spezialitäten findet man im Tirolerhof im Tiergarten Schönbrunn – der entsprechend den Öffnungszeiten des Tiergartens geöffnet hat. Verführerisches hat das Geschäft nicht nur im Bereich Biokäse mit verschiedenen Genüssen von Schaf, Ziege oder Kuh zu bieten,

sondern auch bei Biowurst (Beinschinken oder Trockenwürste), bei frischem Biobrot und Gebäck (Landbrot, Vollkornprodukte) und je nach Jahreszeit auch bei geräuchertem Fisch.

14. BEZIRK

FEINKOST-SPEZIALITÄTEN ASCHAUER

1140 Wien, Linzer Straße 254, +43/800/240431485
www.feinkost-aschauer.at

Feinkost-Spezialitäten Aschauer

Das familiengeführte Feinkostgeschäft ist für beste Qualität der vorwiegend österreichischen, regionalen Spezialitäten bekannt. Köstlicher Käse aus dem Bregenzerwald, Steirischer Stollenkäse, Toma della Roca aus Italien, Büffelcamembert von Robert Paget, Löffelgorgonzola, Kärntner Bio-Heumilchkäse, Steinmehlkäse, Thum Mangalitza-Beinschinken oder hervorragende Trüffelmortadella sowie das hausgemachte Roastbeef machen Lust auf mehr. Straußensalami, Wild- und Vulcano-Rohschinken, Gailtaler Speck, ergänzt durch internationale Käse und Schinkenspezialitäten, runden das vielfältige Angebot ab. Biofrischfleisch und Rehfleisch gibt es auf Vorbestellung. Die feine Palette an Weinen, allen voran der eigene Wein aus Schönberg am Kamp, überzeugt. Biosaibling von Heinz Heinisch und Bio-Sauerteigbrot vom Öfferl vervollständigen das genussvolle Angebot.

15. BEZIRK

ATLANTIK FISCH

1150 Wien, Meiselmarkt, Stand J3, +43/699/19681955
www.atlantik-fisch.at
Seit über 20 Jahren überzeugt der Stand von Atlantik Fisch am Meiselmarkt Fischliebhaber mit absolut fangfrischen Fischen und Meeresfrüchten. Rund 30 Arten befinden sich im Sortimet, darunter auch Biofische und Lebendfisch. Natürlich ist auch der Waldviertler Karpfen aus der Genussregion vertreten, und Kaviar vom sibirischen Stör gibt es auf Vorbestellung. Darüber hinaus verführen Austern, Seafood-Spieße oder 10 verschiedene köstliche, frisch zubereitete Heringsalate. Das Personal berät kom-

petent und freundlich. Ein Lieferservice für Wien und Umgebung bringt Ihnen den Einkauf bequem nach Hause.

FLEISCHEREI HORST STIERSCHNEIDER
1150 Wien, Märzstraße 9, +43/1/9858303
www.fleischerei-stierschneider.at

Fleischerei Horst Stierschneider

Über Geschmack wieder zur Qualität: Im bereits 70 Jahre bestehenden Traditionsbetrieb von Horst Stierschneider, Fleischermeister in dritter Generation, schreibt man Qualität groß, die Fleischspezialität stammen von heimischen Bauern aus dem Waldviertel, der Bucklingen Welt und dem Tullnerfeld. Die hausgemachten Wurstwaren werden nach alten Familienrezepturen hergestellt. Die Auswahl an Produkten ist umfangreich, das frische Fleisch stammt unter anderem von Kalbinnen, Jungstieren oder vom Mangalitza-Schwein. Aber auch Bio-Henderl, Bio-Gänse, Bio-Enten und Bio-Lamm finden sich im Angebot ebenso wie saisonal Wild oder zu Ostern Bio-Kitz. Die Fleischerei Stierschneider ist aber vor allem auch bekannt für die große Auswahl an hervorragenden Steaks (Porter House, Rib-Eye, Bull Rib …), die ausschließlich aus Nieder- und Oberösterreich stammen, sowie für seine „Fledermäuse" – ein echter Geheimtipp für den Grill – oder für seine Schweins-Maisen. Hier findet man das wahre Fleischparadies vor, und viele Stammkunden wissen das ebenso zu schätzen wie das frisch gekochte Tagesgericht.

KARL'S FISCHSPEZIALITÄTEN
1150 Wien, Meiselmarkt D1, +43/1/9853916

Karl´s Fischspezialitäten

Ein kleiner, geschmackvoller und feiner Fischstand mit einer großen Auswahl an frischem Fisch, Muscheln, Austern und Garnelen und einem sehr einladenden Restaurant. In der Genusspalette finden sich geräucherte Forellen, Aale oder Lachs, aber auch Fisch- und Heringsalate. Was es nicht gibt, kann auf Wunsch gern besorgt werden. Im Restaurant kocht der Chef persönlich. Wer nicht so viel Zeit hat, dem sei der kleine, aber feine Imbiss empfohlen. Natürlich darf der Karpfen aus dem Waldviertel als Genussregionsbeitrag hier nicht fehlen!

LANDKIND
1150 Wien, Schwendermarkt Stand 16, +43/660/9391045
www.landkind.wien
Landkind ist ein Bauernladen und Marktcafé, das seit 2016 aus Leidenschaft für nachhaltige Produktion sowie Respekt vor Handwerk und kleinstrukturierter, regionaler Landwirtschaft im Familienverbund betrieben wird. Saisonales Obst & Gemüse, Bauernbrot von Schrott, Bio Eier, Honig & Gewürze, Säfte, Schnäpse, Biere von Klein(st)brauereien sowie eine feine Auswahl an Weinen finden sich ebenfalls im liebevoll ausgesuchten Sortiment. Ausnahmslos regional und saisonal.

MIX-MARKT – OSTEUROPÄISCHE SPEZIALITÄTEN
1150 Wien, Gablenzgasse 5-13, Lugner City, OG 55
www.mixmarkt.eu/de/austria
Mix-Markt hat sich auf den Verkauf osteuropäischer Produkte spezialisiert, insbesondere Lebensmittel aus der GUS, dem Baltikum, Polen, Rumänien und dem Balkan finden sich in den Regalen. Die russischen Nationalgerichte wie Pelmeni und Warenik sind ebenfalls im Sortiment, russische Wurst und andere Fleischwaren, frischer Fisch, Eingelegtes und Eingekochtes, russische Süßigkeiten und Gebäck sowie Erfrischungsgetränke und Spirituosen. Für die Balkanküche typische Gemüsezubereitungen oder traditionell bosnische Würste und Fleischzubereitungen, polnische Milch- und Käseeinheiten runden die große Auswahl ab.

UNVERSCHWENDET

1150 Wien, Schwendermarkt Stand 18, Schwendergasse 29
+43/660/393 4280
www.unverschwendet.at

Unverschwendet

Die Geschwister Cornelia und Andreas Diesenreiter haben es sich zum Ziel gesetzt, dass weniger Obst und Gemüse weggeworfen wird. Bereits seit 2015 verwandeln sie überschüssiges Obst und Gemüse in köstliche Produkte wie Marmelade, Sirup, Chutneys, Senf und vieles mehr. Am Schwendermarkt gibt es eine köstliche Auswahl wie Bruschetta aus Kirschtomaten, Fruchtaufstrich aus Marille und Vanille oder BIO Weichsel & Zotter Schokolade Fruchtaufstrich, Sirup aus Wassermelone und Pfeffer oder ein süßer Senf mit Apfel und Mohn ... und vieles mehr. Muss man probiert haben und kann es mit gutem Gewissen genießen.

16. BEZIRK

FLEISCHEREI GISSINGER

1160 Wien, Ottakringer Straße 140, +43/1/4862473
www.gissinger.at
Angefangen hat das kulinarische Streben nach dem perfekten Beinschinken in der Familie in den 1930er-Jahren. Heute ist die Gissinger Schinkenmanufaktur im Herzen Ottakrings auch Hersteller von feinen Wurstwaren, Speckschmankerln und Alt-Wiener Spezialitäten. Es gibt aber auch Frischfleisch und Fertiggerichte.

GUMPRECHT – DIE PFERDEFLEISCHEREI

1160 Wien, Wilheminenstraße 81, +43/1/4894001
www.gumprecht.at
Qualität aus Tradition ist für den Familienbetrieb eine Selbstverständlichkeit. Der „Leberkäse-Spezialist" bietet eine große Auswahl an feinen Spezialitäten vom Pferd und Fohlen, wie Lungenbraten, Beiried, Rostbraten oder Gulasch, sechs Sorten Leberkäse, Rohwürste, Aufschnittwurst und Schinken. Eine ganz besondere Spezialität ist der Leberkäse-Guglhupf.

KÄSEPARADIES

1160 Wien, Brunnengasse / Marktstand 84, +43/699/11213114
www.kaeseparadies.at
Der Name könnte nicht treffender sein. Inmitten des bunten Treibens am Brunnenmarkt verlockt das Käseparadies mit einer nahezu himmlischen Auswahl von über 400 verschiedenen Käsespezialitäten aus aller Welt. Äußerst fein und appetitlich präsentiert, verführen Vorarlberger und Montafoner Bergkäse, Schweizer Höhlengreyerzer, Französischer Brie de Meaux, Irischer Cheddar, Holländischer Gouda, Spanischer Manchego, Italienischer Pecorino, Slowakischer Brimsen, Griechischer Kefallotiri ... den Käseliebhaber zum Genuss. Dazu gibt es ein großes Sortiment an Oliven, hausgemachter Hummus, Tarama- und Melanzaniaufstrich, Tsatsiki, Trockenfrüchte und Lebensmittel aus dem Orient. Käseplatten werden auf Wunsch in jeder Größe mit allen gewünschten Käsesorten frisch zubereitet.

Käseparadies

LA SALVIA – COSE BUONE DAL FRIULI ALL'ISTRIA

1160 Wien, Yppenplatz, Marktstand I39 (Ecke Weyprechtgasse/
Schellhammergasse), +43/1/2367227
www.lasalvia.at
Klein, aber oho! Auf einer Fläche von nur 28 m² ist La Salvia Vinothek und Feinkostladen in einem, Auswahlkriterien sind Qualität
und Originalität der Produkte, die von kleinen Produzenten und
Familienbetrieben hergestellt werden.

MICHAEL CERVENKA FISCHFEINKOST

1160 Wien, Thaliastraße 84, +43/1/4811933
www.fisch1160.at
Dieses feine Fischgeschäft ist aus Ottakring nicht mehr wegzudenken – Michael und Betka Cervenka führen den Familienbetrieb, der sich großer Beliebtheit erfreut, bereits in fünfter
Generation. Die Theke bietet ein täglich frisches Fischangebot
in hervorragender Auswahl und abwechslungsreich nach Saison.

STAUD'S PAVILLON AM BRUNNENMARKT

1160 Wien, Ecke Brunnengasse/Schellhammergasse
+43/1/4068805-21
www.stauds.com

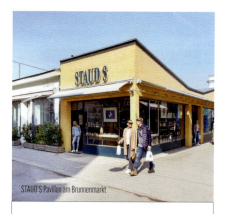

STAUD'S Pavillon am Brunnenmarkt

Der Pavillon am Brunnenmarkt, auch liebevoll Staud's „Standl"
genannt, ist seit jeher beliebter Treffpunkt für GenießerInnen.
Hier werden neben den feinen Staud's Kreationen, je nach Saison
und Verfügbarkeit, auch frisches Obst und Gemüse von regionalen Partnern angeboten. An die große Auswahl feinster Konfitüren reihen sich Kompotte, Chutneys und Weingelees neben
feinsaure, eingelegte Gemüsesorten. Außerdem finden die neuesten Kreationen wie die zuckerreduzierten Fruchtaufstriche,
ausgewählte Bio Kompositionen und limitierte Spezialitäten eine
geschmackvolle Auslage. Die Rohstoffe stammen bevorzugt aus
regionalem Anbau in Österreich und werden in der Manufaktur
in Wien-Ottakring in altbewährter Handarbeit und mit neuester
Technik verarbeitet. Und zu besonderen Anlässen gibt es die
passende musikalische Untermalung zum kulinarischen Genuss.
Immer besonders: die freundliche und charmante Bedienung.

VORARLBERGER KÄSESTAND

1160 Wien, Brunnenmarkt 97, +43/676/4772930
Seit 20 Jahren erfreut der Stand am Brunnenmarkt Käseliebhaber mit rund 200 Käsesorten aus aller Welt. Die Vorarlberger Käsespezialitäten werden direkt von den Sennereien bezogen. Die
Genussregionen sind mit dem Bregenzerwälder Alp-Bergkäse,
dem Großwalsertaler Bergkäse, dem Jagdberer Heumilchkäse
und dem Montafoner Surakäse stark vertreten. Aber auch französische, italienische, schweizer und deutsche Käsesorten sind
zahlreich zu finden.

18. BEZIRK

CONFISERIE EIBENSTEINER

1180 Wien, Währinger Straße 135, +43/1/4050366
eibensteiner.wien

Confiserie Eibensteiner

Die Confiserie Eibensteiner verführt mit ihren süßen Köstlich-
keiten, die täglich frisch in der Manufaktur gefertigt werden.
Marzipan, feinster Nougat, Rohkost mit dem Fruchtfleisch reifer
Marillen, Orangen, Zitronen, Datteln und Feigen, handgemachte
Schokoladen, Ganache-Pralinés oder die saisonalen Maroni-
Herzen überzeugen auch die anspruchsvollsten Naschkatzen.

Eine besondere Spezialität des Hauses ist das in liebevoller Detailarbeit geformte und verzierte Liliput®-Konfekt.

DER BAUER
1180 Wien, Kutschkergasse 33, +43/1/4034157
www.derbauer.or.at
Der kleine, feine Bio-Laden ist ein Musterbeispiel dafür, wie man bäuerliche Genussprodukte erfolgreich vermarktet. Ein Großteil der angebotenen Spezialitäten kommt aus der eigenen Produktion, der Rest wird von bäuerlichen Betrieben aus dem Wein- und Waldviertel geliefert. Die Familie Christine und Josef Bauer bietet ihre Produkte neben dem Bioladen am Kutschkermarkt auch auf ihrem Biohof in Grund 7, 2042 Guntersdorf, an.

LIEBSTÖCKEL DEINE BIO GREISSLEREI
1180 Wien, Währingerstraße 133, +43/660/6522259
www.facebook.com/people/Liebst%C3%B6ckel-Deine-Bio-Greisslerei/100054575853647
Hakan Yavuz ist nicht der typische Greißler. Nach jahrelanger Erfahrung als Pâtissier, Metzger, Chefkoch und im Catering eröffnete er die Bio Greißlerei in Wien-Währing. Die Produkte bezieht er von ausgesuchten Unternehmen, die seinen hohen Maßstäben entsprechen. Obst & Gemüse kommen von Bio Lutz, Frischfleisch und Würste gibt es vom Angushof Anderl und von Höllerschmied, Bio-Fruchtsäfte von Hasenfit, Forellen, Saiblinge und Karpfen liefert Holzinger Fisch, das köstliche Brot stammt von der Dampfbäckerei Öfferl. Senf von Dazu, Alt Wien Kaffee, ein feines Sortiment an Sonnentor-Produkten, Biere der Neufeldner BioBrauerei u.v.m. ergänzen das Angebot, das laufend erweitert wird.

MAYR DELIKATESSEN OG
1180 Wien, Kutschkergasse 31, +43/1/4029874
mayr-delikatessen.at
Dieser Marktstand hat einiges zu bieten – man findet Ziegenkäse von Lingenhel, Schafkäse der Familie Nuart und Butter und Käse von Strasser. Eine Besonderheit ist das Schwarze Schaf aus Schafrohmilch, der in Asche gereift einen grau-blauen Edelschimmel entwickelt, oder der Ketschnas aus 100 %iger Ziegenmilch von Südtiroler Höfen von der Capriz Feinkäserei. Dazu gibt es Brot von der Vollkornbäckerei Waldherr, der Traditionsbäckereien Schmidl aus der Wachau und Kolm aus Mödling, dem Spezialbäcker Grimm aus Wien, dem innovativen Felzl, der Dampfbäckerei Öfferl und dem Slow-Bäcker Kasses.

NATURKOST BRUNNADER
1180 Wien, Kutschkergasse 29, +43/1/4024368
laden.brunnader.at
Die Familie Brunnader hatte schon immer eine Leidenschaft für echte Lebensmittel. Diese Leidenschaft hat sich zu einem der ältesten Naturkostläden Wiens entwickelt. Trotz seiner Größe

bietet der kleine Bioladen ein feines (Voll-)Sortiment an Bio-Produkten und auch einiges Veganes.

TAKAN'S DELIKATESSEN
1180 Wien, Kutschkermarkt Stand 48, +43/650/2600485
takansdelikatessen.at

Takan's Delikatessen

Ein Delikatessenstand mit eindeutigem Fisch-Schwerpunkt. Das große Angebot variiert speziell bei den Salzwasserfischen. Krustentiere und Weichtiere werden ebenso geschmackvoll präsentiert wie Meeresfrüchtesalate und einige Fischsnacks. Oliven, etwas feiner Käse sowie ein kleines Sortiment an Essigen und Ölen bereichern das Angebot, dazu gibt es eine breite Auswahl an gut selektierten Weinen.

19. BEZIRK

BERNHART & STIX BAUERNLADEN
1190 Wien, Döblinger Hauptstraße 62, +43/1/3675833
www.bauernladendoebling.at
Seit 25 Jahren versorgt der Bauernladen die Einwohner Wiens mit Produkten und Feinkost von bäuerlichen Betrieben. Besonders empfehlenswert ist nicht nur das Angebot aus den Genussregionen mit Waldviertler Erdäpfel, Waldviertler Mohn, Mostviertler Schofkas oder Mostviertler Birnmost. Es gibt eine gut sortierte Palette an Käsespezialitäten von Kuh, Schaf und Ziege, frisches Fleisch vom Rind, Schwein, Lamm, Huhn und Pute, Schinkenspezialitäten und feine Würste, natürlich knackiges Obst und Gemüse, fast alles auch in Bio-Qualität. Bemerkenswert ist das Angebot an Wein und Saft. Ebenfalls ein Schwerpunkt im Sortiment: ein reichhaltiges Angebot an Alternativprodukten für verschiedene Unverträglichkeiten.

BIOLADEN BABIC
1190 Wien, Sonnbergplatz 7, +43/1/3687175
Suchen Sie etwas Biologisches? Die Auswahl reicht von frischem Obst und Gemüse über Prosciutto, Salami und Putenschinken bis

JOSEPH – BÄCKEREI PÂTISSERIE
1190 Wien, Obkirchergasse 37-39, +43/1/7102881
www.joseph.co.at
Eine Filiale für alle Sinne – Schmuckstücke zum Essen, denn in Joseph's Pâtisserie kommen Auge und Gaumen gleichermaßen zum Genuss. In der Backstube wird stetig an neuen Kreationen gearbeitet, die die klassischen österreichischen Mehlspeisen in ein neues Licht rücken. Ob täglich frisch zubereitete Törtchen, Schnitten und Kuchen – die Saisonalität spielt dabei eine große Rolle, denn es werden in der Pâtisserie ausschließlich Früchte verwendet, die gerade reif sind und daher am besten schmecken. Schön, dass es das gibt!

SCHLUMBERGER WEIN- UND SEKTKELLEREI
1190 Wien, Heiligenstädter Straße 43, +43/1/3682258-0
www.schlumberger.at

Schlumberger Wein- und Sektkellerei

Die älteste Sektkellerei Österreichs sorgt seit 1842 für prickelnde Genussmomente und feierte ihr 180-jähriges Bestehen mit einer speziellen Edition. In den Schlumberger Kellerwelten bietet eine rund 50 minütige Besucher-Tour Wissenswertes über die Herkunft und Herstellung von Sekt und Champagner sowie über die richtige Lagerung. Ein eigenes Ghega-Portal und ein Sektbrunnen von der Weltausstellung 1873 verdeutlichen ein weit über die Sektherstellung hinausgehendes Erbe des Hauses. Ein Shop bietet auch losgelöst von Führungen das breite Sortiment an Schlumberger-Produkten zu attraktiven Ab-Hof-Preisen. Stöbern Sie in der Vielfalt des Angebots, finden Sie besondere Spezialitäten, seltene Großflaschen und edle Geschenke. Ein besonderes Highlight ist eine persönliche, mit dem Namen oder Glückwünschen etikettierte Flasche in den Größen 0,2l, 0,75l, 1,5l und 3,0l – natürlich nur auf Vorbestellung erhältlich.

SONNBERG BIOFLEISCH
1190 Wien, Sonnbergplatz 2, +43/1/3689828
www.biofleisch.biz
Sonnberg Biofleisch ist der größte 100 % Bio Fleischer Öster-

reichs. Neben der hauseigenen Schlachtung und Zerlegung in Unterweißenbach betreibt Sonnberg Biofleisch auch einen Schaubetrieb, wo den Besuchern die Wurstproduktion im Betrieb nähergebracht wird. Herkunft und artgerechte Tierhaltung sind oberste Produktionsrichtlinien. Die bekannte, beste Qualität der Fleisch-, Schinken-, Speck- und Wurstwaren aus eigener Produktion gibt es unter anderen in der Filiale am Wiener Sonnbergplatz. Angeboten wird Fleisch aus biologischer Landwirtschaft, von Rind, Kalb, Schwein, Lamm und Geflügel. Ebenso im Programm sind frischer Fisch, Käse, Wein, Gewürze und noch vieles mehr, alles in bester Bio Qualität!

20. BEZIRK

LANDFLEISCHEREI RONGITS
1200 Wien, Allerheiligenplatz 2, +43/1/3309398
www.fleischerei-rongits.at
Seit 1982 bürgt der Name Rongits für Produkte bester Qualität. Von jeher wird ausschließlich Fleisch aus heimischen landwirtschaftlichen Betrieben unter höchsten Qualitätsansprüchen verarbeitet. Das Angebot beinhaltet Spezialitäten wie Teile vom Mangalitza Schwein, Kalbskopf zum Backen, über Buchenholz geräucherte Wurst- und Selchprodukte, hauchdünn aufgeschnittener Beinschinken, Prosciutto, Salumi & Co u.v.m.

ZUCKERLTANTE
1200 Wien, Klosterneuburger Straße 30, +43/1/3303121
www.zuckerltante.at
Seit vier Generationen verzaubert die Zuckerltante in Brigittenau mit ihren zuckersüßen Verführungen und bringt Kinderaugen zum Leuchten. „Mir ist wichtig, hochwertige, nicht industriell gefertigte Produkte von heimischen Produzenten anzubieten", so Inhaberin Monika Erhart. So kommen etwa die handgefertigten Trüffel vom Maitre Chocolatier Wenschitz aus Oberösterreich und die handgeschöpfte Schokolade von Pichler aus Tirol. Das Angebot ist schier unendlich ... Zitrusspalten, Eibischteig, Nougat, Krachmandeln, Seidenzuckerl, Lakritze, Marzipan und Weingummi ... sowie Tortendekoration.

21. BEZIRK

DROPSBOUTIQUE AM SPITZ
1210 Wien, Am Spitz 1, +43/1/2705267
www.dropsboutique.at
Sweets for my sweet. Das charmante Alt-Wiener-Süßigkeitengeschäft in Wien Floridsdorf ist der Inbegriff eines original Wiener Zuckergeschäfts und lässt mit seinen kleinen Köstlichkeiten nicht nur Kinderherzen höherschlagen. Geboten wird eine Vielzahl sorgfältig ausgewählter edler Schokoladen, Trüffeln, Pralinen, Bonbons, Rohkost, Gummibärchen, Lollipops und vieles mehr.

SIE LIEBEN ÖSTERREICH? WIR AUCH!

Daher veredeln wir seit 1842
nur beste österreichische Weine
zu prickelnden Spezialitäten.

UNVERKENNBAR
AUSTRIAN SPARKLING

JOSEPH – BÄCKEREI PÂTISSERIE

1190 Wien, Obkirchergasse 37-39, +43/1/7102881
www.joseph.co.at

Eine Filiale für alle Sinne – Schmuckstücke zum Essen, denn in Joseph's Pâtisserie kommen Auge und Gaumen gleichermaßen zum Genuss. In der Backstube wird stetig an neuen Kreationen gearbeitet, die die klassischen österreichischen Mehlspeisen in ein neues Licht rücken. Ob täglich frisch zubereitete Törtchen, Schnitten und Kuchen – die Saisonalität spielt dabei eine große Rolle, denn es werden in der Pâtisserie ausschließlich Früchte verwendet, die gerade reif sind und daher am besten schmecken. Schön, dass es das gibt!

SCHLUMBERGER WEIN- UND SEKTKELLEREI

1190 Wien, Heiligenstädter Straße 43, +43/1/3682258-0
www.schlumberger.at

Schlumberger Wein- und Sektkellerei

Die älteste Sektkellerei Österreichs sorgt seit 1842 für prickelnde Genussmomente und feierte ihr 180-jähriges Bestehen mit einer speziellen Edition. In den Schlumberger Kellerwelten bietet eine rund 50 minütige Besucher-Tour Wissenswertes über die Herkunft und Herstellung von Sekt und Champagner sowie über die richtige Lagerung. Ein eigenes Ghega-Portal und ein Sektbrunnen von der Weltausstellung 1873 verdeutlichen ein weit über die Sektherstellung hinausgehendes Erbe des Hauses. Ein Shop bietet auch losgelöst von Führungen das breite Sortiment an Schlumberger-Produkten zu attraktiven Ab-Hof-Preisen. Stöbern Sie in der Vielfalt des Angebots, finden Sie besondere Spezialitäten, seltene Großflaschen und edle Geschenke. Ein besonderes Highlight ist eine persönliche, mit dem Namen oder Glückwünschen etikettierte Flasche in den Größen 0,2l, 0,75l, 1,5l und 3,0l – natürlich nur auf Vorbestellung erhältlich.

SONNBERG BIOFLEISCH

1190 Wien, Sonnbergplatz 2, +43/1/3689828
www.biofleisch.biz

Sonnberg Biofleisch ist der größte 100 % Bio Fleischer Österreichs. Neben der hauseigenen Schlachtung und Zerlegung in Unterweißenbach betreibt Sonnberg Biofleisch auch einen Schaubetrieb, wo den Besuchern die Wurstproduktion im Betrieb nähergebracht wird. Herkunft und artgerechte Tierhaltung sind oberste Produktionsrichtlinien. Die bekannte, beste Qualität der Fleisch-, Schinken-, Speck- und Wurstwaren aus eigener Produktion gibt es unter anderen in der Filiale am Wiener Sonnbergplatz. Angeboten wird Fleisch aus biologischer Landwirtschaft, von Rind, Kalb, Schwein, Lamm und Geflügel. Ebenso im Programm sind frischer Fisch, Käse, Wein, Gewürze und noch vieles mehr, alles in bester Bio Qualität!

20. BEZIRK

LANDFLEISCHEREI RONGITS

1200 Wien, Allerheiligenplatz 2, +43/1/3309398
www.fleischerei-rongits.at

Seit 1982 bürgt der Name Rongits für Produkte bester Qualität. Von jeher wird ausschließlich Fleisch aus heimischen landwirtschaftlichen Betrieben unter höchsten Qualitätsansprüchen verarbeitet. Das Angebot beinhaltet Spezialitäten wie Teile vom Mangalitza Schwein, Kalbskopf zum Backen, über Buchenholz geräucherte Wurst- und Selchprodukte, hauchdünn aufgeschnittener Beinschinken, Prosciutto, Salumi & Co u.v.m.

ZUCKERLTANTE

1200 Wien, Klosterneuburger Straße 30, +43/1/3303121
www.zuckerltante.at

Seit vier Generationen verzaubert die Zuckerltante in Brigittenau mit ihren zuckersüßen Verführungen und bringt Kinderaugen zum Leuchten. „Mir ist wichtig, hochwertige, nicht industriell gefertigte Produkte von heimischen Produzenten anzubieten", so Inhaberin Monika Erhart. So kommen etwa die handgefertigten Trüffel vom Maitre Chocolatier Wenschitz aus Oberösterreich und die handgeschöpfte Schokolade von Pichler aus Tirol. Das Angebot ist schier unendlich ... Zitrusspalten, Eibischteig, Nougat, Krachmandeln, Seidenzuckerl, Lakritze, Marzipan und Weingummi ... sowie Tortendekoration.

21. BEZIRK

DROPSBOUTIQUE AM SPITZ

1210 Wien, Am Spitz 1, +43/1/2705267
www.dropsboutique.at

Sweets for my sweet. Das charmante Alt-Wiener-Süßigkeitengeschäft in Wien Floridsdorf ist der Inbegriff eines original Wiener Zuckergeschäfts und lässt mit seinen kleinen Köstlichkeiten nicht nur Kinderherzen höherschlagen. Geboten wird eine Vielzahl sorgfältig ausgewählter edler Schokoladen, Trüffeln, Pralinen, Bonbons, Rohkost, Gummibärchen, Lollipops und vieles mehr.

FLEISCHEREI ANDREAS TRAXLER

1210 Wien, Floridsdorfer Markt / Stand 68, +43/1/2709871
Die besonders umfangreiche Auswahl an frischem Fleisch vom Rind, Kalb, Schwein und Lamm sowie Wild, Geflügel und Fisch, feiner Wurst und aromatischem Schinken (ganze Stücke, nicht „gepresst") zeichnet dieses Geschäft am Floridsdorfer Markt aus. Geräuchert wird hier über Buchenholz. Prosciutto, Schinkenspeck & Co verführen zum Genuss. Als besondere Spezialität wird das mächtige Feuerstein-Steak (amerikanische Schnittvariante!) und das Tomahawksteak offeriert sowie das zarte Spanferkel, für das Andreas Traxler weit über den Floridsdorfer Markt hinaus bekannt ist. Großartig!

LEOPOLD MARCHSTEINER KG

1210 Wien, Floridsdorfer Markt, Stand 27, +43/1/2711585
www.marchsteiner.at
Seit beinahe einhundert Jahren produziert der Familienbetrieb Eingelegtes und Eingemachtes in besonderen Geschmacksvarianten. Angefangen bei mit Kraut gefülltem Paprika, Roten Rüben, Sauerkraut und Pfefferoni spannt sich der Bogen bis hin zu den Essiggurken. Für seine Bioproduktlinie hat Marchsteiner das Bio-

Zertifikat „Austria Bio-Garantie" erhalten. Tipp: die scharf-süße Pfefferoni-Grillsauce von Marchsteiner.

22. BEZIRK

BLÜN

1220 Wien, Schafflerhofstraße 156, +43/677/62933935
www.bluen.at
Blün ist eine Gruppe erfahrener Landwirte, die in Wien arbeiten. Aber vor allem ist blün etwas Neues. Am Wiener Stadtrand steht eine Aquaponik-Anlage, in der ressourcenschonend und nachhaltig Welse und Fruchtgemüse produziert werden. Durch die Produktion in einer Kreislaufwirtschaft, geht bei blün kein Tropfen Wasser verloren. Das nährstoffbeladene Fischwasser wird zur Düngung der Pflanzen im Glashaus verwendet. So wachsen und gedeihen bei blün der Afrikanische Raubwels oder der Wiener Wels, deren Filet sich hervorragend zum Braten und Grillen eignet, da es eine feste Konsistenz hat. Das Gemüsesortiment reicht von fruchtigen Cherrytomaten über aromatische Ochsenherzen, Roséparadeisern und die klassischen Rispenparadeiser bis hin zu Paprika, Melanzani und Gurken. Um Lebensmittelver-

schwendung entgegenzuwirken, werden sogar ein eigenes Sugo, Passata und Ketchup produziert. In Hofladen gibt nicht nur alles für die eigene Speisekammer, sondern auch schmackhafte Besonderheiten zum Verwöhnen und Genießen, wie z.B. Wels graved oder Welsleberkäse, von der Bio-Bäckerei Brotocnik im Waldviertel Besonderes wie Roggen-Lavendelbrot, Waldstaudenroggenbrot, Erdäpfelbaguette, Hanfbeugel. Weiters Aschauer's Bauernhofmilch und -joghurt, KasKistl Bio Sauerrahmbutter u.v.m. Onlineshop.

GENUSS GÄRTNEREI GANGER
1220 Wien, Aspernstraße 15-21, +43/664/8450472
www.gaertnerei-ganger.at

Genuss Gärtnerei Ganger

Gemüse „aus der Region – für die Region". In der Gärtnerei Ganger, die auch Mitglied bei Arche Noah ist, wird Gemüse „natürlich" kultiviert. Eine liebevoll präsentierte Vielfalt an insgesamt 214 Sorten Gemüse wie z. B. Paradeiser, Paprika, Melanzani, Zucchini, Gurken und eine große Auswahl an Obst, eine Fülle an blühenden Pflanzen und ein alle zwei Wochen stattfindender Bauernmarkt machen die Gärtnerei Ganger längst nicht mehr nur zum Geheimtipp für Genießer. Im Hofladen überzeugen neben dem Sortiment aus frisch geerntetem Gemüse und Obst auch deren verarbeitete Spezialitäten zu „Süßem und Saurem", wie z. B. Marmeladen, Ketchup, Chilis im Glas und eingelegtes Gemüse.

HUT UND STIEL – DIE WIENER PILZKULTUR
1220 Wien, Naufahrtweg 14A, +43/660/6024253
www.hutundstiel.at
Hut & Stiel ist eine StadtLandwirtschaft, die unter Verwendung lokal vorhandener Ressourcen und umweltschonender Prozesse mitten in Wien Speisepilze züchtet. Das Besondere daran: Die Austernpilze wachsen auf Kaffeesatz – einem Abfallprodukt mit großem Potenzial. Der Kaffeesatz wird in Wiener Büros, Hotels, Restaurants und Großküchen eingesammelt und in der

Produktion in der Lobau zu Pilzsubstrat weiterverarbeitet, das als Nährboden für die Pilze dient. Ernteüberschüsse werden zu veganem Pesto, Aufstrich, Sugo, Gulasch und Pilzwürstel weiterverarbeitet.

OIL & VINEGAR
1220 Wien, Donauzentrum, Wagramer Straße 94, Top 744
+43/1/2025181
www.oilvinegar.com
Nicht nur die Auswahl von ca. 60 Sorten an verschiedenen Olivenölen und Essigen ist – wie der Name verspricht – zu finden, auch alles Eingelegtes, Antipasti, Dips, Tapenaden, Dressings, Aufstriche, Gewürze, Pasta, Salz, Marmeladen sowie Belgische Schokoladen-Trüffel verführen zum Genuss.

STIFT SCHOTTEN – SCHOTTENOBST
1220 Wien, Breitenleer Straße 247, +43/1/7344445-75
www.schottenobst.at
Zu den Hauptaufgaben des Landwirtschaftsbetriebs des Stift Schotten, dessen Geschichte bis ins Jahr 1200 zurückreicht, zählen die Produktion von Obst, Ackerfrüchten und Energie wie auch die Haltung von Nutztieren. Das erntefrische Obst aus den Klostergärten ist jedes Jahr ein köstlich-knackiger Genuss, der frisch geerntet in den Hofladen kommt. Darüber hinaus gibt es im Hofverkauf auch die daraus verarbeiteten Produkte, beispielsweise Apfelsaft, Zwetschkenbrand und Essige sowie der eigene Wiener Gemischte Satz. Zusätzlich werden aber auch landwirtschaftliche Qualitätserzeugnisse und Spezialitäten anderer Spitzenbetriebe geboten, z.B. Zwiebelprodukte, Honig, Fruchtaufstriche, Kürbis und Kürbiskernöl aus dem Marchfeld, Gugumuck Schnecken, Räucherfische von blün, Milch- und Käseprodukte von kasKistl im Mostviertel, Produkte von Hut & Stiel, Craft Bier der Wiener Brauerei Brew Age.

23. BEZIRK

BÄCKEREI DER MANN
1230 Wien, Perfektastraße 100, +43/1/8669922
www.dermann.at
Die Bäckerei „Der Mann" steht seit 160 Jahren für Frische, Qualität, Innovation und Liebe zum Handwerk. Vor Ort werden die Backwaren nicht auf-, sondern von den Mitarbeitern frisch „vom rohen Teig weg" gebacken. Alles, was nicht vor Ort frisch zubereitet werden kann, wird bis zu zwei Mal täglich ofenfrisch geliefert. In „Der Mann" Zentrale kann man von der Besuchergalerie „Brotway" in die Backstube schauen und den Bäckern und Konditoren bei ihrer Arbeit zusehen. Nach wie vor wird ein Großteil der Produkte traditionsgemäß nach altem Bäckerhandwerk gefertigt. Bei Brot und Gebäck gibt es neben dem ausgezeichneten Brotsortiment auch stetig neue Kreationen und Innovationen.

EISHKEN ESTATE
1230 Wien, Großmarkt Wien, Laxenburger Straße 365, Halle A2, Stand 1-8, +43/1/8893733
www.eishken.at

Eishken Estate

AIBLER

EISHKEN ESTATE

FISCHHANDEL

Fische & Meeresfrüchtespezialitäten aus kleinen Fischereibetrieben, höchster Frischegrad und Reinheit sind nur ein paar der Qualitätsmerkmale, die dem Premium-Fischhändler Eishken Estate wichtig sind. Die Liebe zu Fisch und der hohe Anspruch des 1986 von Franz Aibler gegründeten Familienbetriebes spiegeln sich in der Qualität der Ware, im flexiblen Kundenservice sowie der persönlichen Beratung wider. Neben dem in Österreich einzigartigen Salzwasserbecken für Muscheln & Austern findet man erlesene Meeres- & Süßwasserspezialitäten aus der ganzen Welt sowie aus der eigenen Fischzucht in der Naturteich-Wirtschaft Radlberg in Niederösterreich. Besonderes Augenmerk wird auf nachhaltigen Umgang mit der Natur gelegt, danach richtet sich auch die Verfügbarkeit der Ware. Exklusiv in Österreich führt Eishken Estate einzigartige Austern von David Hervé und hochwertigen italienischen Kaviar von Calvisius im Sortiment.

HANDWERK MACHT SZIHN
1230 Wien, Breitenfurter Straße 354, +43/1/8690120
www.szihn.at
Hier ist das Firmenmotto kein Lippenbekenntnis, deshalb werden bei der Brotproduktion keine Abstriche — und schon gar keine zeitlicher Natur gemacht. Und so bekommen die Teige genau das, was sie brauchen: nämlich genügend Aufmerksamkeit, viel Handarbeit und Zeit, denn im eigens dafür entwickelten Reiferaum rasten die Teige bis zu 44 Stunden — und das schmeckt man. Aus dem Altbrot von Bäckermeister Stefan Szihn wird Brotbier!

THUM SCHINKENSPEZIALITÄTEN
1230 Wien, Triesterstraße 201, +43/1/5442541
www.thum-schinken.at
Seit über 150 Jahren produziert die Familie Thum Wiener Beinschinken und hat quasi den Wiener Beinschinken, abgeleitet vom Prager Schinken, erfunden. Der erste Thum kam aus Böhmen nach Wien und begann 1860, Schinken nach der alten Methode des Adernpökelns zu erzeugen. Und noch heute wird im Familienbetrieb alles händisch produziert. Das Angebot an feinen Köstlichkeiten ist groß — es gibt Beinschinken, Schinken vom Spanferkel, ausgelöste Schinken sowohl konventionell als auch nach biologischen Richtlinien, sowie eine eigene Linie vom frei lebenden Bio Mangalitza Schwein, das direkt von den Bauern angeliefert wird. Neben exquisitem Schinken sind auch Speck, Würste, Schmalz und viele weitere Produkte, die aus dem Mangalitza Schwein hergestellt werden, erhältlich. Auch Kochkurse und Workshops zu verschiedenen Themen wie „Wurst machen" werden angeboten. Abgerundet wird das Sortiment durch eine feine Weinselektion und biologische Säfte aus Österreich. Regionalität, biologischer Ursprung, der Verzicht auf künstliche Zusatzstoffe und höchste Qualität sind die Kriterien für alle angebotenen Waren.

Thum Schinkenspezialitäten

Thum SCHINKEN

GENUSS GUIDE 2023

HERAUSGEBER	Andrea Knura, Willy Lehmann, Germanos Athanasiadis
AUTOR	Andrea Knura
REDAKTIONELLE KOORDINATION	Marion Kaiser
LEITUNG GUIDES	Michael Stein (m.stein@medianet.at)
GRAFIK	Alexandra Denk
COVERFOTO	Canva

FOTOS Agrarfoto.com (S. 179/Kremstal), Annamartha/pixelio.de (S. 164), APA/Arman Rastegar (S. 340/Meinl), Thomas Apolt (S. 137), Bernhard Bergmann (S. 260), Bio Austria (S. 31), Biosphärenpark Großes Walsertal (S. 328), BMNT/Netzwerk Kulinarik (S. 13), Petra Bork/pixelio.de (S. 162/Leone, 214/Seekirchen, 308/Götzner), christianschütz.at (S. 160, 207/Hehenberger), Kim Daniels on Unsplash (S. 357/Urbanek), Domäne Wachau (S. 133), Evotion (S. 121), Fotostudio Kerschbaum (S. 148/Whisky), Andreas Friedle (S. 276, 284/Fruchthof), Markus Gmeiner/Vorarlberg Tourismus GmbH. (S. 304), Alexander Grader (S. 118/Walter), GRÖ (S. 267/Grabner), Gerhard Groger (S. 296/Danzl), Marcel Hagen (S. 306, 313/Culinaria), Alexander Haiden/BML (S. 102), Toni Hiltpolt (S. 274), Interspar/Brunnbauer (S. 331, 338), David Johansson (S. 297/Tre Culinaria), Joujou/pixelio.de (S. 279/Hirschmann), Kai (S. 228, 298), Käsestraße Bregenzerwald (S. 323), J. Kernmayer (S. 271/Vinofaktur), Melina Kiefer on Unsplash (S. 248/Bakaliko), Philipp Kleber (S. 320/Alma), Sabine Klimpt (S. 71), Marcel Klinger/pixelio.de (S. 319/Götzner), Martin Klotz (S. 294/Plangger), Andrea Knura (S. 45, 73, 105, 106, 112, 120, 123), Domagoj Koloni (S. 238, 249/Brigante), Patricia Koppenberger (S. 162, 182/Pastamacher), Lagerhaus Urfahr (S. 169), Land Oberösterreich (S. 8/Achleitner), Land Oberösterreich/Margot Haag (S. 8/Langer), Land schafft Leben 2021 (S. 14), Wolfgang Langenberger (S. 43), Herbert Lehmann (S. 352), Philipp Lipiarski (S. 378), Loisium (S. 142), Mauracherhof (S. 65), Günter Menzl (S. 362/Verde), MiliBadic (S. 74/Hiesiges), Udo Mittelberger (S. 317/Alma), M. Nasia on Unsplash (S. 160), Nicole Oberhofer (S. 155/Höller), Oberösterreich Tourismus GmbH (S. 24/Robert Maybach, S. 19, 21/Innviertel, Stefan Mayerhofer; S. 20/Mühlviertel, Robert Maybach; S. 22/Wolfgangsee Michael Grössinger; S. 23/Böhmerwald, Robert Maybach), PantherMedia /Feirlight (S. 35), PantherMedia/Pinkyone (S. 61), PantherMedia/Rupert Trischberger (S. 71), Florian Payer (S. 360), Wolfgang Rada/www.orange-foto.at (S. 128, 148/Macaron), Michael Reidinger (S. 261/Arzberger), Kerstin Reiger (S. 334/Delicious Food), Sacher (S. 335), Armin Salcher (S. 7), Salzburger Land Tourismus (S. 210), sams-photo.com (S. 329/Vinothek), Martin Schemm/pixelio.de (S. 198/Achleitner), Roswitha Schneider (S. 317/LaWurscht), Christian Schramm (S. 321/Alma), Sonnentor (S. 141, 341), Spar/Johannes Brunnbauer (S. 80), Spar/Werner Krug (S. 122), Julia Stix/Bäckerei Hager (S. 152), Suchan René (S. 84/Werkovits), TomLamm (S. 241/Felber, 252/Kaiser Josef Markt), Wasserbauer (S. 263), Harry Winkelhofer (S. 49), www.photo-simonis.com (S. 340), Zachl Christof (S. 150), Silvia Zellinger (S. 188), ; Archiv, whitebox, beigestellt

ANZEIGEN/KOOPERATIONEN	Günter Konecny, Thomas Parger
MARKETING UND VERTRIEB	Alexandra Otto
ONLINEREDAKTION	a.knura@medianet.at
MEDIENINHABER	MN Anzeigenservice GmbH, 1110 Wien, Brehmstraße 10/4. Stock
	Tel.: +43/1/919 20-0, Fax: +43/1/919 20-2231, www.medianet.at
DRUCK & BUCHBINDER	Bösmüller Print Management GesmbH & Co. KG, 2000 Stockerau
VERTRIEB	Medienlogistik Pichler-ÖBZ GmbH & Co KG, IZ-NÖ Süd, Straße 1, Obj. 34, 2355 Wr. Neudorf
BESTELLUNG	www.genuss-guide.net
COPYRIGHT	© 2023 by MN Anzeigenservice GmbH
ISBN	978-3-903254-57-2
VERKAUFSPREIS	19,90 Euro

Genuss Guide